Hellmut Diwald

Heinrich der Erste

Die Gründung des Deutschen Reiches

BASTEI LÜBBE

BASTEI-LÜBBE-TASCHENBUCH   Band 61 191

Bildnachweis
Archiv für Kunst und Geschichte, Berlin (Tafeln XII, XV oben);
Bildarchiv Foto Marburg (Tafeln I, II oben, VIII, IX, X/XI);
Jürgens Ost + Europa-Photo, Köln (Tafeln III unten, IV, V, VI/VII, XIII, XIV oben
rechts, XIV unten links, XVI);
Ullstein-Bilderdienst, Berlin (Tafeln XIV unten rechts, XV unten links).
Karten: Roland Winkler

© 1987 by Gustav Lübbe Verlag GmbH, Bergisch Gladbach
Printed in West Germany, Oktober 1990
Einbandgestaltung: Manfred Peters
Titelbild: Ullstein-Bilderdienst, Berlin
Satz: ICS Communikations-Service GmbH, Bergisch Gladbach
Druck und Bindung: Ebner Ulm
ISBN 3-404-61191-8

Der Preis dieses Bandes versteht sich einschließlich
der gesetzlichen Mehrwertsteuer

Inhalt

Vorrede

»Ich habe mich nach Kräften bemüht, des Menschen Tun weder zu belachen noch zu beweinen, noch zu verabscheuen, sondern es zu begreifen.«

Baruch Spinoza,
Tractatus politicus I, § 4

Unter dem Gesichtspunkt der Ewigkeit sind tausend Jahre wie ein Tag. Wir selbst allerdings sind kaum fähig, mehr als eine knappe Spanne der Zeit zu erfassen – trotz der Gottebenbildlichkeit, die uns seit Moses zugemutet wird. Noch betrüblicher steht es mit dem Versuch, Ereignissen nahezukommen, die Jahrhunderte zurückliegen, und Menschen darzustellen, die vor endlos vielen Jahren gelebt haben. Wer sich trotzdem auf das Abenteuer einläßt, von jemandem zu berichten, dessen Existenz hinter tausend Horizonten versunken ist, der hat es ständig mit den Unsicherheiten der alten Chroniken und Texte zu tun und ihrem Staub, und über ihm zeigt sich nur selten ein Stern.

Gewöhnlich betrachten wir einen Menschen und sein Leben als ein Ganzes. Wir unterstellen, daß es sich um etwas in sich Gerundetes handelt, um etwas Abgeschlossenes, dessen Tore sich öffnen und schließen durch Geburt und Tod. Die Persönlichkeit, so meinen wir, entfaltet sich im Verlauf der Jahre und Jahrzehnte – was ihr auch widerfährt: Es gibt ihr Profil. Das Ableben bezeichnen wir, gleichermaßen verkürzend wie beschönigend, als »Vollendung des Daseins«. Bei der Zahl der Lebensjahre gehen wir von einer bestimmten Spanne aus, die wir für normal erklären. Es müssen nicht die oft genannten siebzig oder achtzig Jahre sein, die der Psalmist als köstlich bezeichnet, wenn sie Mühe und Arbeit gewesen sind. Aber wir sprechen doch zu schnell von Frühvollendeten, wenn wir an Persönlichkeiten wie Alexander den Großen denken oder Königin Luise von Preußen, die beide nur vierunddreißig Jahre wurden.

Der Geschichtsschreiber ist gezwungen, das Leben seiner Personen in der angemessenen Entsprechung zu ihrer Zeit zu sehen, samt der Wirkung, die von ihnen ausgegangen ist. Ihr Dasein ist eine Funktion der Komplexität ihrer inneren Verbindungen und der Verflechtung mit den Handlungen, zu denen sie durch äußere Ereignisse gezwungen wurden. Deshalb ist auch die Biographie großer Persönlichkeiten der Geschichte nicht mit ihrem Tod beendet; sie schließt ihr Wirken über die Jahrhunderte hinweg mit ein. Der Historiker wird die Lebensgeschichte ihren Zäsuren gemäß in Abschnitten entwickeln, vielleicht auch prismatisch, oder – wenn irgend möglich – im Gleichmaß der aufeinanderfolgenden Bewegung, mit der ein Radarstrahl auf dem Bildschirm kreist. Ob das geschilderte Leben tatsächlich so verlaufen ist, wie es in der Biographie wiedergegeben wird, ist keine Gretchenfrage. Wer es unternimmt, ein Leben zu beschreiben, muß sich an die Richtwerte dieses Lebens selbst halten.

Das Fundament historischer Darstellungen sind die Zeugnisse der Zeit; sie allein garantieren einen festen Untergrund. Die Texte der Chronisten sind gewöhnlich zuverlässiger, als es heute aufgrund der reich verästelten Einsichten der neuzeitlichen Geschichtswissenschaft häufig vermutet wird. Aber man darf kaum jemals vergessen, daß es sich bei den Verfassern überwiegend um christliche Mönche handelt, für die es selbstverständlich war, ihre Berichte immer wieder mit Bildern der Verklärung zu überdecken. Vor allem aber sind wir heute kaum noch fähig zu der herzhaften Gläubigkeit, die den Mönchen des frühen Mittelalters ihre feste Handschrift ermöglicht hat. Wir werden uns hüten, das Finale einer Biographie, die sich mit der höchstmöglichen Zuverlässigkeit maskiert hat, in einer ähnlichen Apotheose ausklingen zu lassen, wie es Henoch, dem siebenten der zehn Urväter vergönnt war: »Und dieweil er ein göttliches Leben führte, nahm ihn Gott hinweg, und er ward nicht mehr gesehen.« In welch glücklicher Lage befand sich deshalb der Mönch Widukind von der Benediktinerabtei Corvey an der Weser, dem ältesten Kloster des Sachsenlandes, der einige Jahrzehnte nach dem Tod Heinrichs des Ersten seine biographische Skizze des Königs mit dem Satz beschloß: »Nachdem er seinen Letzten Willen verkündet und alle seine Angelegenheiten geordnet hatte, verschied er, der großmächtige Herr, der Erste unter den Königen Europas, den keiner übertraf an jeglicher Tugend des Leibes und der Seele.« So viel Unschuld reizt uns zu milder Ironie: Wir gleichen sie nur mühsam durch den Spott darüber aus, daß wir zu schwächlich geworden sind, Widukinds knorrigen Stolz auf den Sachsenstamm und seinen großen König Heinrich zu teilen.

Geschichtsschreibung ist ein zweigleisiges Geschäft. Sie hat es mit Sachen, Taten, Menschen zu tun, die vergangen sind, um nicht von ihnen zu sagen: Gott nahm sie hinweg, und nichts mehr ward von ihnen gesehen. Der Historiker hat folglich etwas Unsichtbares sichtbar zu machen. Ist an diesem Geschäft etwas ungewöhnlich? Jeder, der einen Stift zur Hand nimmt und schreibt, unternimmt dasselbe, ob es ein Brief ist oder der Entwurf eines geplanten Projekts, ob es sich um sein Tagebuch handelt oder um Lyrik oder Prosa. In jedem gesprochenen und geschriebenen Wort wird Unsichtbares sichtbar gemacht: Gedanken, Empfindungen, Informationen, Hoffnungen, Absichten, Sehnsüchte, Pläne, Intimes, Kriminelles, Träume, Ängste, Überschwang.

Der wesentliche Unterschied zwischen Menschen, die Briefe oder Texte schreiben, und den Historikern wird durch den Imperativ der Geschichtsschreibung gesetzt: Halte dich innerhalb derjenigen Grenzen, durch deren Beachtung deine Darstellung höchstmögliche Authentizität gewinnen kann. Diese Grenzen werden von dem Material bestimmt, das der Historiker als Grundlage seiner Darstellung besitzt. Es handelt sich um die Aufzeichnungen der damaligen Chronisten, um die Annalen – die Notizen entsprechend dem Verlauf der Jahre –, um Erlasse, Briefe, Verordnungen, Berichte, um die Schilderungen der verschiedensten Begebenheiten: Kämpfe, Krönungen, Heiraten, Raubzüge, Gerichtsurteile, Weistümer, Rechtsverordnungen, Klostergründungen, Belagerungen, Koalitionen, Wortbrüche, Stiftungen, Vertragstexte, Königsurkunden. Alles das und noch sehr viel mehr gehört zu dem Sammelbegriff Geschichtsquelle.

Die Geschichtsquelle ist das Alpha und Omega der Historiographie. Sie ist ihre Zentralsäule, sie allein trägt das gewaltige, das riesenhafte Dach der historiographischen Welt. Die Quelle ist für den Geschichtsschreiber ein unverwüstliches Fundament, sie gibt ihm Sicherheit, ermöglicht ihm klare, entschiedene Urteile, verhilft seinem Tun zu Solidität. Sollte Geschichtsschreibung auch nur entfernt mit Triumphalem zu tun haben, dann hängt selbst dies von der Geschichtsquelle ab.

Geschichtsquelle und Triumph? Fast alles, was mit den düsteren, inferioren Zumutungen der Geschichtsschreibung zu tun hat und was den Historiker mehr als dienlich mit

Melancholie quält, ergibt sich ebenfalls aus der Geschichtsquelle. Der Historiker darf nicht über das hinausgehen, was die Quelle enthält. Dieser Verzicht gehört zum Imperativ seiner Arbeit. Trotzdem wird er ununterbrochen dazu gedrängt, mehr zu schreiben, als ihm auch die großzügigste Auslegung seiner Dokumente erlaubt.

Hier beginnt die entscheidende Schwierigkeit, die ganze Last und die ganze Lust der Historiographie. Wenn Geschichtsschreibung nur darin bestünde, die Quellen einfach abzudrucken, würde es sich um eine der einfachsten Arbeiten handeln, die es gibt. Quellendokumentationen, Aktenveröffentlichungen, die Bestände in den unzähligen Archiven des Erdballs sind und bleiben die Basis des geschichtlichen Gebäudes. Es handelt sich bei ihnen aber nicht um das Gebäude selbst. Das Gebäude entsteht erst dadurch, daß der Historiker den Inhalt der Quelle erklärt und deutet, ihn mit anderen Quellen verbindet, die Aussagen überprüft, ihren Gehalt kritisch abklopft, seine Folgerungen zieht und das Ganze schließlich in lesbare Sätze bringt.

Seit den frühesten Zeiten segelt die Geschichtsschreibung zwischen zwei Klippen: Auf der einen sitzen die Rhapsoden, Sänger und Dichter, viel zu hoch, als daß ihnen der erd- und aktengebundene Historiker das Wasser reichen könnte. Auf der anderen Klippe hausen die Archivare, Justitiare und Scharfrichter der Präzision, die lieber zehn Worte zu wenig als ein Wort zuviel gelten lassen.

Beschreibt der Historiker zu intensiv, dann kommt die Authentizität in Gefahr und bleibt bald auf der Strecke. Doch jede Authentizität hängt unweigerlich von der Entschlossenheit des Historikers ab, nicht nur zu schreiben, sondern etwas Unsichtbares der Geschichte nachzuvollziehen und im darstellenden Wort sichtbar werden zu lassen. Die Ereignisse, alle Geschehnisse der Vergangenheit lassen sich ja tatsächlich nicht anders fassen als dadurch, daß man sie mit dem Werkzeug der Sprache in Worte faßt. Die Quelle ist zwar das Fundament der Geschichtsschreibung, doch sie allein ist nicht genug – genaugenommen ist sie nicht einmal genug, um das Fundament zu bilden. Würde der Historiker die Ereignisse und Menschen nur vor dem Raster der Quellentexte schildern, hätte es der Leser mit armseligen Zeugnissen zu tun, deren Studium kaum ansprechender wäre als das Betrachten von Farbe beim Trocknen. Wenn ein Chronist des zehnten Jahrhunderts mit den einfachsten Worten von den wilden Wäldern Deutschlands berichtet, von der Grausamkeit der Kämpfe zwischen Franken und Sachsen, Ungarn und Schwaben, von den vielen Toten, den brennenden Dörfern, den Intrigen und Ränken der Herren und Fürsten und ebenso von ihrem Opfermut, dann spricht er von Dingen, die einmal so bedrängend waren, wie uns heute die Nöte und die Hoffnungen unserer eigenen Gegenwart bedrängen und ihre glücklichen Fügungen uns mit dem Gegenteil versöhnen.

Darf der Historiker nicht versuchen, auch das Leben zu schildern, von dem die kargen Berichte der Zeit meistens nur in Andeutungen sprechen, also von Dingen zu schreiben, die nur vage durch den Untergrund der Quellentexte schimmern, ja *muß* er nicht gerade deshalb, weil so wenig davon zu lesen ist, darüber ausführlich berichten, ist das nicht der wichtigste Teil seines Geschäfts, wenn er aus der Zeit des frühen Mittelalters die Sachen selbst verdeutlichen will? Muß er also nicht ständig auf Anschaulichkeit bedacht sein, auf Bildhaftigkeit, auf die Rekonstruktion von Abläufen, die kaum etwas mit Mechanik zu tun haben, dafür aber sehr viel mit der Imaginationskraft – sowohl mit seiner eigenen als auch – und vielleicht noch viel mehr – mit derjenigen seines Lesers?

Wer heute versucht, einige bestimmende Momente unserer Zeit zusammenzustellen, wird sicherlich den Willen, sich mit

Außerpersönlichem gleichzusetzen, nicht dazuzählen. Ob es sich dabei um objektive Tatbestände religiöser Natur handelt oder um jene des Gemeinwesens, des eigenen Volkes oder gar um jene Phänomene, für die unsere Vorfahren einmal das Wort Deutschland benutzt haben, ist unwesentlich. Solange wir unserer Geschichte nicht mehr an Neigung entgegenbringen, als sie für uns den Vorwand abgibt, die desolate Lage unseres Volkes erträglich zu machen, werden wir weder mit uns selbst in Einklang kommen noch ein Verständnis für die Notwendigkeiten entwickeln, die für ein Gemeinwesen unentbehrlich sind und von denen in den Bankauszügen nichts zu lesen ist.

Wer seine Selbstfindung mit Hilfe der historischen Tatbestände unternimmt, der entdeckt bald, daß unsere Geschichte es nicht nötig hat, rehabilitiert zu werden. Man muß sich nur ernsthaft mit ihr befassen und die bestehenden Vorurteile an ihr prüfen. Dann erkennt man auch, daß die tausend Jahre, die sich angesichts der Ewigkeit zu einem einzigen Tag verkürzen, für unser Empfinden bei weitem nicht so entfernt sind, wie es uns die Chronologie der Zahlen einredet. Das Alltagsleben, die Mühsal der Arbeit, der Mut zur Selbstwehr, die Sehnsucht nach Sicherheit, das Opfer für die Eigenen, die Hoffnung auf Liebe, der Jammer von Krankheit und Tod ist immer gegenwärtig und reduziert den Menschen nicht zu einer wechselnden Zeiterscheinung.

Deshalb sind die Ereignisse, die schon mehr als ein Jahrtausend zurückliegen, zwar zeitlich sehr fern, aber sie sind uns doch nicht so fremd, als hätten sie sich auf einem anderen Stern zugetragen. Noch mehr gilt dies für diejenigen Persönlichkeiten, in denen sich etwas ausgedrückt hat, das wir als charakteristisch für uns selbst ansehen oder das von den Späteren mit ihnen verbunden worden ist. Das trifft in einem besonderen Ausmaß auf die erste große Gestalt der deutschen Geschichte zu, auf König Heinrich von Sachsen.

Wer von ihm erzählt, sein Leben beschreibt, wer versucht, aus dem Überlieferten, Angehäuften und Verschütteten die Umrisse seiner Gestalt sichtbar zu machen, der hat es nicht nur mit irgendeiner Persona dramatis der Vergangenheit zu tun. Er hat es mit einem Menschen und Herrscher zu tun, mit dem sich so viel Gemeinsames aus unserer Geschichte verbindet, wie nur bei wenig anderen Exponenten. Das wichtigste Stichwort dafür heißt: das Reich.

Politik ohne Ideen ist verkörperte Dürftigkeit. Das gilt in erhöhtem Maß für die Globalpolitik in der nuklearen Ära und ihre weltweiten Verwicklungen, einer Politik, die sich in einem beständigen Reparieren von Defekten erschöpft, die an allen Ecken des Erdballs schneller aufbrechen, als sie sich beheben lassen. Aus diesem Grund erscheint den Deutschen ihr »Reich« so unwirklich wie eine Phantasmagorie in Breitwandkolor. Wer sich jedoch Gedanken darüber macht, ob »deutsch« noch etwas mehr bedeuten könnte als die Staatsbürgerschaft der beiden deutschen Republiken, der wird auch früher oder später über die Bedeutung des Reiches nachdenken. Dann aber hat er es mit Überlegungen zu tun, die auf ähnliche Weise schon Heinrich den Ersten bewegten. Auch unsere Gegenwart hat noch immer, so wie es jedem anderen Volk selbstverständlich ist, mit den Anfängen unserer Geschichte zu tun. Diesen Sachverhalt hat der Dichter Josef Weinheber in einer besonders trüben Stunde des 20. Jahrhunderts in die Verse gebracht:

»Wollen Götter ein Volk strafen, so fügen sie,
daß ein irres Geschlecht seinen Beginn verwirft:
Kron und Leiden der Mütter.
Dies ist Nacht. Und es fällt dahin.«

1. Die Nachricht

> *»Die Ungarn richteten in Sachsen allerorten ein solches Blutbad an, daß eine völlige Verödung des Landes drohte.«*
>
> Widukind von Corvey

Am 18. September 1862 telegraphierte der preußische Kriegsminister Albrecht von Roon dem damaligen Gesandten Otto von Bismarck nach Paris: »Periculum in mora. Dépéchez vous!« – »Äußerst bedrohliche Lage! Beeilen Sie sich!« Das Telegramm war für den Fall verabredet worden, daß sich die innenpolitische Lage Preußens aufgrund des Konflikts des Königs mit dem Abgeordnetenhaus wegen der Heeresreform zur Staatskrise verschärfte. Bismarck reiste sofort ab und erklärte in Berlin dem zutiefst deprimierten König, daß er bereit sei, den Kampf mit dem Parlament aufzunehmen. Wilhelm I. verglich seine Zukunft mit dem Schicksal Ludwigs XVI. in der Französischen Revolution: »Ich sehe ganz genau voraus, wie das alles endigen wird. Da vor dem Opernplatz, unter meinen Fenstern, wird man Ihnen den Kopf einschlagen und etwas später mir.« Bismarck erwiderte: »Et après, Sire?« – »Ja«, sagte der König, »après, dann sind wir tot!« Darauf Bismarck: »Ja, dann sind wir tot, aber sterben müssen wir früher oder später doch, und können wir anständiger umkommen? Ich selbst im Kampfe für die Sache meines Königs, und Eure Majestät, indem Sie Ihre Königlichen Rechte von Gottes Gnaden mit dem eignen Blute besiegeln, ob auf dem Schafott oder auf dem Schlachtfelde ändert nichts an dem rühmlichen Einsetzen von Leib und Leben für die von Gottes Gnaden verliehenen Rechte.«

Der König ernannte daraufhin Bismarck zum Ministerpräsidenten und übertrug ihm die politische Führung Preußens.

Das Telegramm Albrecht von Roons war die entscheidende Nachricht in der schwersten Krise Preußens seit der Revolution des Jahres 1848. Ein Jahrtausend zuvor, im Frühmittelalter, waren die Fürsten und Könige auf Information durch ihre reitenden Boten angewiesen. Von ihren Nachrichten, ihrer Glaubwürdigkeit und ihrer Treue hingen alle Entschlüsse ab, zu denen sie aufgrund ihrer Herrschaft über den Stamm oder Gau, über das Herzogtum oder das Reich gezwungen waren. In den reitenden Boten verkörperte sich damals alles, was wir heute von der Post, dem Telefon, Fernschreiber, Radio, Fernsehen, von den Zeitungen und Zeitschriften erwarten.

Die reitenden Boten waren Männer eines absoluten Vertrauens. Von ihrer Zuverlässigkeit hing oft der schwerwiegendste Entschluß ab. Eine falsche Information hatte zumeist katastrophale Folgen. Die elementare Verantwortung des Boten ist in allen Maskierungen seiner Funktion bis heute erhalten geblieben, ob er Herold, Gesandter, Parlamentär, Kurier, Legat, Konsul, Nuntius, Botschafter oder Geschäftsträger heißt. Die berühmte Schilderung von der Reise an den Hof des Hunnenkönigs Attila, die der byzantinische Diplomat und Historiker Priskus im Jahr 449 nach Christus seinem Kaiser Theodosius II. gab, wurde entscheidend für die Entschlüsse des Oströmischen Reiches; sie wurde zum klassischen Muster eines Gesandtschaftsberichts.

Die Nachricht des Boten verwandelt unklare Vermutungen in blankes Wissen, gleichgültig, ob es sich um eine Freuden- oder Hiobsbotschaft handelt, oder um eine schlichte Information. Jeder, der im Frühmittelalter politische oder militärische Entschlüsse fassen mußte, war auf die Nachrichten seiner reitenden Boten angewiesen. Sie allein verhalfen ihm zu einem Überblick über die Möglichkeiten, machten ihm deutlich, womit zu rechnen oder nicht zu rechnen war. Ohne die Nachrichten der Boten gab es keine Vorausschau und deshalb keinen Entschluß und keine Handlung. Die Information befreit vom Irrtum, sie liefert die Grundlage, von der aus die richtigen Antworten auf die gestellten Fragen zu geben sind – auf die richtigen Fragen genauso wie auf die falschen.

Die Boten besaßen zu allen Zeiten einen Sonderstatus. Ihr größtes Vorrecht war ihre Unverletzlichkeit. Noch heute sind sämtliche Gesandtschaften in allen Ländern der Welt exterritoriales Gebiet. Der reitende Bote hatte Anspruch auf Unterkunft, Verpflegung, Hilfe und Schutz für sich und sein Pferd, und, falls er nicht allein unterwegs war, für seine Diener. In Engern, der Stadt des Sachsenherzogs Widukind, gab es die Einrichtung der Sattelmeier. Sie waren verpflichtet, ständig dem Herrscher ein Sattelpferd in Bereitschaft zu halten, und zwar nicht nur für den Kriegsdienst, sondern um auch als Boten »Nachrichten in und außer Landes – wenn sie beordert werden und so oft die Tour an sie kommt – zu bestellen.«

Information bedeutet Erkenntnis, Einsicht, Wissen. Sie hat immer ein Doppelgesicht, sie kann Gutes und Böses bedeuten, Glück und Unglück. Boten lebten seit alters gefährlich. Es gab Zeiten, da wurde einem Unglücksboten der Kopf abgeschlagen.

Zuerst wollte er dem Boten nicht glauben. Der Mann war erschöpft, er hatte Schlimmes durchgemacht. Das mußte seinen Sinn verwirrt haben. Der Bericht des Reiters erinnerte ihn an die alten Geschichten, die er als Kind von seinem Vater gehört hatte. Dieselben Geschichten kannte auch sein Großvater, auch er hatte sie erzählt – Geschichten aus einer Zeit, die endlos zurücklag: Überfälle fremder Reiterheere, zu Tausenden waren sie herangestürmt, hatten alles gemordet, was sich bewegte, brannten die Gehöfte und Dörfer nieder, plünderten, quälten, schleppten Mädchen und Frauen hinweg. Doch das viele Blut, die Feuersäulen, die Schreie, das Trommeln der Hufe – alles war weit im Osten geschehen, in einer unvorstellbaren Ferne, vor unvorstellbar vielen Jahren.

Nun dieser Bote. Er saß ab, ließ die Hand einen Augenblick am Zügel, als wollte er sich noch nicht von seinem Pferd trennen, nicht einmal bei einer kurzen Rast. Tagelang war er geritten, die Knie und Schenkel eins mit dem Pferdeleib, in langem Trab, Stunde um Stunde. Wenn er zurückblickte, sah er die Rauchsäule am Horizont. Sie schien ihm zu folgen. Er glaubte sie auch dann noch zu sehen, als er die Zone der Verwüstung schon weit hinter sich gelassen hatte. Er wußte nicht: War sie in der Ferne noch immer sichtbar, oder hatte sich das Entsetzliche nur als Brandmal seiner Vorstellung eingeprägt. Doch darauf kam es nicht an. Er hatte es erlebt, hatte es gesehen, hatte das Stöhnen gehört und das Schnauben der kleinen Pferde und die Schreie der Fremden. Was dort geschehen war, das war die Wirklichkeit, und daran änderte sich nichts, auch wenn seitdem schon viele Tage vergangen waren.

Er war ein Bote. Er mußte berichten. Das war sein Auftrag. Was er dabei empfand, welche Gefühle ihn bewegten, war unwichtig. Es kam allein auf den Sachverhalt an, nicht auf die Emotionen, die der Sachverhalt in ihm hervorrief. Die Wirklichkeit dieses Sachverhalts war keine Funktion seiner Empfindungen. Kein Zweifel, daß er Empfindungen und Gefühle hatte und haben durfte – wie jeder andere: Aber es stand ihm nicht zu, sie zu äußern. Vor allem hatte er sie nach Möglichkeit von seinem Bericht zu trennen. Er war ein Bote, er überbrachte Informationen. Er hatte immer ein guter, ein zuverlässiger Bote sein wollen. Sein Stolz war, daß ihm der Herzog vertraute. Noch nie hatte er mehr berichtet, als was sich wirklich ereignet hatte, und noch nie weniger, als es den Tatsachen entsprach. Die zuverlässige Information, die er lieferte, war die Grundlage des Vertrauens seines Herzogs. Das Amt und die Aufgabe des Boten bestanden nicht darin, aus den Berichten die Schlüsse zu ziehen. Seine Aufgabe bestand vielmehr darin, so zu berichten, daß die richtigen Schlüsse gezogen werden konnten.

Als der Reiter von den gemordeten Bauern, den erschlagenen Frauen und Kindern erzählte, flackerte es in seinen Augen. War sein Sinn verwirrt? War der Eindruck zu übermächtig gewesen, zu gewaltig für seine Fassungskraft, hatte er seine Sinne zerrüttet, so daß die überlieferten und überall lebendigen Sagen mit den erlebten Szenen zusammenflossen? Versuchte er also in seiner Verstörung nur die alten Geschichten von König Attila und der Hunnennot neu zu erzählen? Der Junge hatte den Klang der Heldenlieder, wie sie zu seiner Zeit erzählt wurden, im Ohr, er kannte ihren Tonfall, wußte die Worte aus dem *Walthari-Lied*:

»Unter den Völkern Europas sitzt Pannoniens Volksstamm,
Den wir ja meistens auch Hunnen zu nennen gewohnt sind.
Dies starke Volk war mächtig an Mannesmut und durch
    Waffen;
Bezwungen hatt' es nicht nur die ringsum liegenden Lande,

Darüber drang es hinaus zu Ozeans Strand und Gestade,
Gewährte den Willigen Bündnis und warf die Trutzenden
nieder.
Schon über tausend Jahre soll es die Herrschaft haben.

Vor Zeiten lenkte als König Etzel dieses Land,
Ständig war er bestrebt, zu erneuern den alten Kriegs-
ruhm.
Er hieß den Heerbann marschieren, die Franken zu über-
fallen.
Da traf die beflügelte Kunde ihres furchtsamen Königs
Ohren:
Über die Donau dringe ein feindlicher Heereshaufe,
Der übersteige die Sterne, den Sand des Meeres an
Menge.

Sie zogen in gleich großen Scharen und langer Kolonne
dahin.
Vom Hufschlag der Rosse erschüttert, hallte die Erde
ächzend,
Die Luft erdonnerte da bebend vom Dröhnen der Schilde.
Ein Wald aus Eisen erglänzte und gleißte durchs ganze
Gefild.«

»Waren es Hunnen?« Der Junge sah den Reiter an.
»Nein, es waren keine Hunnen. Das ist schon lange her. Die
Hunnen Attilas gibt es nur noch in den Sagen, die du von
deinem Vater gehört hast. Es sind Ungarn.«

Am nächsten Morgen ritt der Bote weiter, nach Nordwesten,
eine kurze Strecke am Bach entlang, dann bergan, über die
flache Anhöhe neben dem Feld. Der Junge sah ihm unverwandt nach. Die Gestalt befand sich in einem merkwürdigen

Einklang mit der Umgebung, obwohl sie immer kleiner wurde. Auf der Kuppe des Berges war der Reiter noch einmal als scharf umrissene Silhouette zu sehen. Er verhielt, wendete das Pferd. Er sah zurück. Sein Blick ging weit in die Ferne.

2. Das Land

»In diesen einsamen Gegenden sah der Mann Gottes
nichts als Himmel und Erde und gewaltige Baumriesen.
So zog er allein durch die schreckliche Einsamkeit,
umgeben von einer Unzahl wilder Tiere, gefiederten
Vögeln, ungeheuren Bäumen – nichts sah er sonst in
diesen verlassenen Gegenden.«

Abt Eigil in seinem *Leben Sturmis von Fulda (Vita Sturmii)*

Von der Kuppe des Berges geht der Blick weit in die Ferne, über die dunklen Segmente der Wälder. Nach Norden hin reichen sie bis zum Rand des Himmels – finster, drohend, ein Riesenareal der Furcht, der Einsamkeit. Nur ein paar bläulich verschleierte Täler und Mulden leuchten hervor, nur wenig helle Wiesen. Sie wirken fast beruhigend wie Inseln, aber ihre Sicherheit ist trügerisch, die hochragenden Bäume an ihrem Rand vor der schwarzen undurchdringlichen Masse des Waldes markieren eine Zone ununterbrochener Gefahr.

Von oben, von der Kuppe des Berges aus läßt sich das täuschende Bild des Friedens lange halten, vor allem frühmorgens zwischen Nacht und Wirklichkeit, in der Stunde der absoluten Ruhe, deren Schauder und Beglückung die Mönche und die Einsamen besonders gut kennen. Das leise Vogelgezwitscher bestätigt die seltsame Stille des Atemholens zwischen Dämmerung und Morgen. Im Osten beginnt die Sonne schon den Durchbruch. Dort, über dem hohen schwarzen Wald, wird der Himmel blaß, ein durchsichtiger

Schleier, der unmerklich verweht. Über die Wiese zwischen den Waldstücken am Horizont blitzen die ersten Strahlen, flirren durch den Tau, verdichten sich zum Anbruch des Lichts, zur Dünung des Tages, jagen die Dunkelheit vor sich her, drängen sie ab hinter die Büsche und das Gehölz, für den Rest einer kurzen Zeit, bis die Nacht resigniert.

Dieses Jahrhundert ist eine Zeit der Wildnis, der ungebärdigen Flüsse, die schon nach zwei oder drei Regentagen weit über die Ufer treten; es ist eine Zeit der überschwemmten Niederungen, der Quellen und Bäche und Farne, des Dikkichts, des Brachlands, der Sümpfe und zahllosen Seen voller Fische; es ist die Zeit der Hirsche und Bären, der Wölfe, Rehe, Hasen, Eber, Füchse, Marder, der Dachse und Luchse, der Wisente und Auerochsen, jener »ungeheuren, furchtbaren Tiere«, von denen an der Wende vom neunten zum zehnten Jahrhundert der Dichtermönch Notker der Stammler vom Kloster Sankt Gallen voll ängstlicher Bewunderung spricht.

Und es ist die Zeit der mühseligen Rodungen. Die Felder werden dem wüsten Wald, dem Dornengestrüpp, dem chaotischen Unterholz abgetrotzt. Alles Bebaute wird erschreckend schnell wieder zu Ödland und verwandelt sich dann unter der Axt der Bauern nur überaus langsam wieder zu ständig gesicherter Umfriedung; einmal bestellt und abgeerntet, liegen die Felder im Wechsel brach, zwei oder drei Jahre, in denen sie sich erholen und erneuern. Von der Frühdämmerung bis in die Nacht lärmen die Wildvögel, die Feldlerchen, Stare, Grasmücken, Drosseln, Amseln, Zaunkönige, Finken, und hoch über den Fluren und Lichtungen kreist der Bussard in der Weite des Himmels, zieht schwerelos seine Schleifen, schwebt gelassen, beharrlich, souverän.

WALD. In den Schriften der Chronisten wird das Land zwischen Rhein und Elbe, zwischen dem Nordmeer und dem Main mit seinen Einöden und Wüsteneien und schier endlosen Wäldern gleichförmig eingespannt in den Rahmen der Nöte und der gefährlichen Unwirtlichkeit. Die Unterschiede zwischen den Gebieten im Norden und denjenigen nach Süden hin sind zwar beträchtlich, aber die Härte der Wildnis ist überall gleich. Das Schwabengebiet ist nicht milder als das Hessenland, an der Donau lebt es sich nicht leichter als in den Gebirgen Bayerns und Tirols: Deutschland im neunten, im zehnten, auch noch im elften Jahrhundert ist ein Raum der Wildnis, geprägt von dem, was wir heute als unverstümmelte Natur bezeichnen.

Es ist ein Land der ungeheuren Wälder, der Urwälder, der Wälder mit endlos dunklen Horizonten, der Baumriesen über dem wüsten Geheck von scharfdornigem Unterholz, einer Mischung aus Eichen, Buchen, Tannen, Ulmen, Fichten, Eschen, Birken, ganz unterschiedlich in den Gegenden der deutschen Stammesgebiete: Im hessischen Bergland, im Taunus, Odenwald und Spessart überwiegen die Laubbäume, im Südwesten, in Bayern und nach Böhmen hin herrschen die Nadelbäume vor. Durchweg aber bleibt es Urwald; ein Widerschein davon findet sich heute im Nationalpark des Bayerischen Waldes im Gebiet um den Großen Rachel und den Lusen an der Grenze nach Böhmen.

Der Wald in diesen Jahrhunderten ist immer dunkel. Sein Inneres ist so fest überdacht vom Gefilz der Zweige und Blätter, daß nur gelegentlich breitere Bündel des Sonnenlichts bis zum Boden dringen. Deshalb ist der Wald auch im hohen Sommer feucht und modrig und düster. Er ist aber nicht nur aufgrund seiner Abgeschlossenheit gegenüber dem Tageslicht finster, er ist auch finster im bedrohlichen Sinn des Wortes. Am Eigentümlichsten drückt sich das in den deutschen Märchen aus. Durchweg erscheint in ihnen der Wald als die Verkörperung des Gefährlichen, Bedrohlichen, als Raum des Schreckens und geheimnisvoller Mächte, die dem Menschen feindlich gegenübertreten. Der Grund dafür ist unschwer zu finden: Die Entstehungszeit der deutschen Märchen fällt ins frühe Mittelalter, also in jene Jahrhunderte, in denen es keinen Nutzwald gab wie heutzutage, keinen von Menschen gepflegten Forst, sondern Deutschland überwiegend von unermeßlichen Urwäldern bedeckt war.

Dieser Urwald war das krasse Gegenstück zum bebauten, durch die Arbeit des Bauern kultivierten Land. Er war die Inkarnation des Trostlosen, Wüsten, Unheimlichen. Deshalb spricht auch der unbekannte Verfasser des *Heliands,* der altsächsischen Dichtung vom Leben und Leiden Christi aus dem neunten Jahrhundert, nicht von den Stein- und Sandwüsten des Vorderen Orients, die zum Neuen Testament gehören; er kennt diese Wüsten nicht. Statt dessen beschreibt er die finsteren Wälder Deutschlands, wenn er den Eindruck von trostloser Verlassenheit wecken will. Das gilt auch für andere mittelalterliche Dichtungen; der unendliche Wald übernimmt die Stelle der Wüsten und Ödnisse in den Ländern der Heiligen Schrift.

Der Wald gilt als Bereich der größten Gefahren, deshalb werden die dichten Waldungen vom Menschen gemieden, er schreckt davor zurück. Der Wald ist für ihn in jeder Hinsicht undurchdringlich. Er ist dem Menschen so feindlich, daß die Ächtung und Verbannung in den Wald als Todesstrafe verhängt wird. In der Einschätzung des Waldes gehen die germanischen Rechtsbücher und die Motive der deutschen Märchen von derselben Grundlage der Erfahrung aus. Deshalb ist andererseits der Wald auch der Schauplatz für die Bewährung des Menschen. Im »Bestehen des Waldes« zeigt sich die Tüchtigkeit, die Tapferkeit, zeigen sich seine besten Fähigkeiten. Dort muß der junge Krieger die Proben seiner Mannhaftigkeit ablegen: im »finsteren Walde« und im Kampf gegen »furchtbare Ungeheuer«. Das Erlegen eines wilden Tieres als erste Mutprobe ist ein stehender Zug in der epischen Dichtung der Germanen. Kein Mensch durchquert in dieser Zeit und noch Jahrhunderte später einen Wald aus freien Stücken, und wer dazu gezwungen ist, muß mit ihm ringen, kaum anders als die Bäume in ihm selbst miteinander ringen um das Sonnenlicht, sich gegenseitig unterdrükken, verbiegen, nach oben krümmen. Die Starken, die Riesen, die hinauf ins Freie durchbrechen, allen voran die Eichen, entfalten deshalb ihre Kronen wie einen sichtbaren Triumph.

Aus denselben Gründen bietet der Wald dem Menschen aber auch den besten Schutz. Es erfordert die größten Kräfte, um in ihn einzudringen, seine Hindernisse zu überwinden. Deshalb wird er von allen Flüchtlingen bevorzugt – in der Wendung ungezählter Märchen: ». . . er floh in den dichten Wald, und seinen Verfolgern war der Weg versperrt.« In seine Undurchdringlichkeit retten sich bis in den Dreißigjährigen Krieg im siebzehnten Jahrhundert die Bauern mit ihren Familien und dem Vieh, nirgends sind sie besser geschützt vor der Soldateska, den Plünderern, den feindlichen Heeren.

Das Dasein der Menschen wird im frühen Mittelalter vom Wald bestimmt, es orientiert sich am Wald, hat sich wohl oder übel an ihm zu orientieren. Den umgebenden Raum, den sich der Mensch schaffen muß für sein Leben – das zunächst immer ein Überleben ist –, hat er dem Wald abzuringen. Soweit es möglich war, begann der Ackerbau im offenen, lichteren Gelände. Grundsätzlich war aber zunächst die Rodung nötig: eine überaus harte, fast unmenschliche Arbeit. Für die Weltschöpfung gilt: Am Anfang war das Wort. Für das Leben auf der Erde Mitteleuropas gilt: Am Anfang war die Rodung. Die Niederungen und das flache Terrain wurden bevorzugt, im Bergland setzte die Rodung zumeist erst im elften Jahrhundert ein: im Schwarzwald, in der Rhön, im Frankenwald, in Thüringen und im Vogtland. Noch später, im zwölften und dreizehnten Jahrhundert, setzt die Rodung auch im Gebirgsland ein.

Das Bebauen beginnt mit der Axt und dem Feuer. Die deutschen Ortsnamen sind noch heute kaum zu zählen, die auf -rod, -raden, -reuth oder -brand enden, und ebenso viele enthalten Silben wie -buch, -eich, -ficht oder -tann. Die Waldbäume, die der Bauer schlägt, werden zu seinem Bau- und Nutzholz. Der Wald ist zwar sein Feind, aber er bestimmt sein Leben nicht unwesentlich auch durch den Gewinn, den er ihm ermöglicht. Das reicht vom Feuer im Herd bis zu seinen Früchten, den Beeren und Kräutern, Wurzeln und Pilzen, und nicht zuletzt auch bis zur Eichel- und Bucheckernmast der Schweine an den Waldrändern. Ebenso treibt der Bauer oft seine Pferde in die Grenzbereiche zwischen Weide und Waldesinnerem, dort läßt er sie auch häufig nachts im Freien. Die Randgebiete stehen seit alters den Bauern und Siedlern frei zur Nutzung. Sie zählen zur Allmende, zum allgemein, zum gemeinsam genutzten Land der Markgenossenschaft. Als Bereich, der niemandem gehörte, zählte in den frühen Jahrhunderten der Wald zur Mark, zum herrenlosen Grenzgebiet, für dessen Nutzung jedem die gleichen Anrechte zustanden, vor allem auch für die Fischerei und die Jagd. Seit den ältesten Zeiten gehört zum Wald die Jagd. Damals war sie nach dem Kampf in Kriegszeiten das gefährlichste Unterfangen, ein Unternehmen der Tapferkeit, der Bewährung, der Gewandtheit der Männer. In der Zeit des Frankenreiches begannen die

Könige, das Verfügungsrecht über die Wälder an sich zu ziehen, sie gestatteten Anrodungen, verteilten Waldgebiete als Schenkungen an die Klöster, behielten sie als Krongut in der Hand, gestatteten oder untersagten die Jagd. Hier liegt der Ursprung des Jagdprivilegs der Herren und Fürsten, das in den späteren Jahrhunderten so erbittert umkämpft wurde.

Deutschland in dieser Zeit ist Urwald, und nach Norden hin, soweit das Auge reicht, finden sich Sumpf und Moor und Bruch, für Unkundige und Fremde zumeist völlig unwegsam und genauso schwer zu durchqueren wie der Wald. Aber dazwischen liegen auch große Gebiete von Brachland, versteppten Wiesen und Lichtungen, die nur von Wildgestrüpp durchsetzt sind. Das ist für die Siedler ein natürliches Weideland, es bietet sich fast selbstverständlich zum Frucht- und Getreidebau an. Kaum jemals allerdings finden sich die Ansiedlungen in den größeren Flußtälern, denn sie sind meistens von versumpftem Gebiet begrenzt oder wegen der langanhaltenden Überschwemmungen für Niederlassungen ungeeignet. Die Regel ist in den frühen Zeiten zunächst das Einzelgehöft, in Gebieten, die von vornherein waldfrei waren, auch die lockere Siedlung. Die winzigen Dörfer, die gewöhnlich weit auseinanderliegen, sind nur selten durch Pfade verbunden.

Seit der karolingischen Zeit und der Christianisierung, seit dem achten Jahrhundert wird Deutschland allmählich gesprenkelt mit Klöstern, den Bastionen der christlichen Mission, die immer eingefaßt sind von gutbestelltem Boden und Gärten, Ställen und Scheunen. Denn die Mönche trugen zwar das Kreuz, aber in den Fäusten hatten sie zumeist dasselbe Gerät wie die Bauern. So war das Trockenlegen des Landes zwischen der Weser und der Zuidersee den Mönchen der rund fünfzig Zisterzienser- und Prämonstratenserklöster zu verdanken; erst durch sie wurde das Land urbar. Von ihrer Arbeit leitet sich auch das Fachwort Urbar ab, das im frühen Mittelalter eine bedeutende Rolle spielt. Der Ausdruck stammt vom althochdeutschen Wort erberan ab, das heißt: Ertrag bringen und bezieht sich auf die Einkünfte, die der urbar gemachte Grund und Boden ermöglicht. Später bedeutet das Urbar auch das Grundstück selbst, aber auch die Listen über die Einkünfte und Güter der Wirtschaftsführung, die seit dem neunten Jahrhundert von den Klöstern und Bistümern angelegt wurden.

EIS UND LICHT. Das Leben der Menschen steht damals ganz im Zeichen einer großen Mühsal. Es muß der Natur abgerungen werden, und deshalb wird diese Natur ganz anders empfunden als heute, nämlich in ihrer elementaren Unmittelbarkeit, direkt und leibhaftig. Ihr gegenüber kann der Mensch nur mit seiner ungeteilten Kraft bestehen, weil er sie selbst als ungeteilte Kraft erlebt. Diese Erfahrung wird zur Grundlage seiner Gefühlswerte. Und deshalb hat er auch ein erstaunlich klares Bewußtsein von ihrer anderen Seite. Das zeigt sich überraschend früh, es läßt sich schon ablesen an dem kleinen Eintrag in einer Handschrift des Benediktinerklosters Wessobrunn in Oberbayern aus dem Jahr 814, an den Stabreimzeilen des *Wessobrunner Gebets* über die Weltschöpfung:

>»Das erforschte ich unter den Menschen als der Wunder größtes,
>daß Erde nicht war, noch der Himmel darüber,
>nicht Baum, noch Berg, nicht Sonnenschein,
>noch das Leuchten des Mondes, noch der herrliche See . . .«

Der wache Blick für die Lage eines Ortes, die Besonderheiten seiner Umgebung, auch für die Schönheit der Landschaft wird fast zwangsläufig von den Mönchen entwickelt, die durchs Land ziehen und nach Standorten für neue Klöster suchen. Als wild wird so gut wie alles bezeichnet, was eine Ansiedlung übermäßig erschwert oder überhaupt verhindert, also in erster Linie Fels und Gebirge und Wald, ebenso jeder Ort, der weitab von Bächen und Flüssen liegt. Das Verhältnis zur Natur wird aber nicht nur von der Perspektive des Überlebens oder der Nützlichkeit bestimmt. Abt Norbert von Iburg, der Biograph des Bischofs Benno II. von Osnabrück, bemerkt ausdrücklich, daß Benno nicht zuletzt durch »die liebliche Lage des Berges«, auf dem sich die alte und berühmte Festung Iburg befand, im elften Jahrhundert dazu bewogen wurde, die Anlage südlich von Osnabrück zu einem Kloster umzubauen.

Obwohl sich ähnliches auch in anderen Lebensbeschreibungen und Schilderungen findet, bleibt die Beziehung zur Natur doch insgesamt zurückhaltend. Der Sinn für das Landschaftliche ist in dieser Zeit kaum jemals frei vom Druck der bedrohlichen Natur; ihre düstere Seite herrscht vor, und nicht die anmutige. Das rauhe, feindselige Klima, die schauerliche Finsternis der Wälder, wenn sie von Gewittern und Herbststürmen, das heißt vom Wilden Jäger durchtobt sind, der klirrende Frost, der monatelang alles Leben erstarren läßt, der die Felder und Wiesen mit einer Eisdecke überzieht, auf der sich nichts bewegt außer den Kolkraben, die endlos scheinende Dunkelheit des Winters, der die Menschen in die Umhöhlungen der Hütten und Häuser und eigenen Hinterhältigkeit zwingt: Das vor allem ist in dieser Zeit Natur. Der Dichtermönch Froumund von Tegernsee hat das dazugehörige Empfinden in einen einzigen Satz gebracht, unübertrefflich genau: Der Winter, das ist die Zeit,

»wo wir alle Hu Hu sagen (tempus nunc est, hu hu quo dicimus omnes).«

Um so tiefer deshalb das Gefühl für Wärme und Licht und Frühling, die Jahreszeit der Liebe, deren Schönheit selbst von denjenigen, die sich der klösterlichen Sinnesentsagung geweiht haben, stärker empfunden wird als die christlich bestätigte Sündhaftigkeit derselben Liebe. Auch dazu findet sich Aufschlußreiches in den alten Handschriften. Die Namen der Dichter kennen wir nicht, doch wovon sie sprechen, das kennen wir, und wir kennen es um so besser, weil es überwältigend schlicht gesagt wird:

> Lob ich nun des Maien Güte,
> die uns manche Freude gibt; was tröstet das?
> Wenn ich bis zum Gürtel in der Blüte
> roter Rosen wate, die vom Taue naß . . .

Das ist die Zeit des Kuckucks und des Schwalbenflugs, der trommelnden Spechte und Hohltauben, der Bachstelzen und Rotschwänzchen, des Braunkehlchens und Neuntöters – all diese Vorboten der Nachtigall, die schon damals als Königin der singenden Vögel gefeiert wird, die im Sommer »weithin ihren festlichen Gesang schickt«, wie es in einer Lieder-Handschrift des elften Jahrhunderts heißt. Doppelt und dreifach intensiv wird die strahlende Natur wahrgenommen, ihr Aufbruch zur Sonne wird immer wieder als eigene Neugeburt durchlebt, wird jubelnd begrüßt als Befreiung aus einer mörderischen Erstarrung, als zeitlose Verkettung von Frühling und Liebe:

> Nur eine kann mir Freude geben.
> Ihr Leib ist allen Glückes Schrein.
> Ach Gott, und sollt' ich immer leben,

und immer, immer bei ihr sein,
so freut' ich mich der lieben Tage.
Mir ist, seh' ich die Herrin an,
als ob hier alles Rosen trage.

Und schließlich jenes Gedicht aus einer Münchner Handschrift des zwölften Jahrhunderts, das am Anfang aller
deutschen Dichtung der Liebe steht, für immer steht:

Du bist min, ich bin din:
des solt du gewis sin.
Du bist beslozen
in minem Herzen;
verlorn ist daz Slüzzelin:
du muost immer drinne sin.

Niedergeschrieben wird das zwei Jahrhunderte nach jener
Zeit, in der das Reich der Deutschen entstand, doch am
Grundbestand hatte sich noch nichts geändert, weder an
demjenigen der Natur und ihrer Wirkungen noch an den
menschlichen Empfindungen. Zeugnis dafür ist das älteste
deutsche Liebesgedicht, das sich freilich nur als Bruchstück
erhalten hat. Es stammt aus dem zehnten Jahrhundert. Ein
Ritter umwirbt eine Nonne, versucht ihre weltabgewandte
Entsagung zu durchbrechen, mit der Verlockung weltlicher
Ehren und der Schönheit des Frühlings:

»Süßeste Nonne, vertrau meiner Liebe!
Die Blüte ist da, es grünt das Gras auf Erden.«
»Was willst Du, daß ich tun soll, sag es mir, guter Mann!«
»Süßeste Nonne, versuche meine Liebe!
Von Liedern erklingen die Wälder, nun singen die Vögel
   im Wald.«

»Was kümmert mich die Nachtigall, Christi Dienerin
   bin ich.
Ihm hab' ich mich verlobt.«
»Liebste Nonne, versuche meine Liebe!
Ich werde Dir überdies weltliche Ehren geben.«
»Das schwindet all dahin wie Wolken am Himmel.
Allein Christi Reich bleibet in Ewigkeit.«

Eine stärkere Bindung der seelischen Regungen als unbefangene oder gar beglückende Übereinstimmung mit der
Landschaft, dem Wald, den Bächen und Seen, der bebauten
Erde findet sich naturgemäß nur in denjenigen Jahreszeiten
deutlich ausgeprägt, die den Menschen nicht zum körperlichen Selbstschutz zwingen. Aber auch diese Monate sind
kaum jemals völlig frei von der ständigen Bereitschaft zur
Selbstwehr, zum täglichen Kämpfen, auch zum Ringen auf
Leben und Tod. Die irdische Zeitspanne ist kurz, man kennt
es nicht anders, bestaunt nur die Langlebigen, die es auf
sechs oder sieben Jahrzehnte bringen und die so überaus
selten sind.

STRASSEN UND GRENZEN. Zu Beginn des zehnten Jahrhunderts lebten in Deutschland etwa fünf Millionen Menschen.
Die Bevölkerungsdichte schwankte erheblich stärker als in
den jüngeren Zeiten der gewerblichen Entwicklung und
schließlich der Industrialisierung, die sich auch der nicht-
städtischen Gebiete bemächtigt. Mit rund zweihundertsech-
zig Einwohnern je Quadratkilometer gehört die Bevölkerungsdichte bei uns in der Gegenwart in die Spitzengruppe
der Weltstatistik. Vor einem Jahrtausend lebten dagegen in
Deutschland nur etwa acht oder neun Menschen auf einem
Quadratkilometer. Die Vermutung, daß aufgrund dieser Tat-

sache ein Gefühl der Einsamkeit die Regel gewesen wäre, ist abwegig. Niemand kannte das Empfinden, daß die Menschen, die Nachbarn fehlten. Wenn etwas fehlte, dann war es jeder beengende Druck. Die Weiträumigkeit war das Gewohnte, auch das benachbarte Gehöft war nicht nahe oder fern, sondern es lag einfach außerhalb der täglichen Erfahrung.

Verfestigt wurde diese Empfindung durch einen Umstand, der die Reiche nördlich der Alpen grundsätzlich von der Art des Verkehrs in Italien, in den Gebieten des alten Imperium Romanum unterschied. Die vielgerühmten und bewunderten Römerstraßen gab es nur in kleineren Gebieten Süddeutschlands und im Westen. Was sonst als Straße bezeichnet wurde, ist, wenn man unsere Vorstellungen zugrunde legt, eine naive Beschönigung. Die Menschen allerdings kannten es nicht anders. Von Straßen im eigentlichen Sinn konnte man im Grunde erst ab dem zehnten Jahrhundert sprechen, und das Netz dieser Verkehrswege blieb noch bis in die Zeiten des Spätmittelalters ein dünnes Gespinst, das jede Reise zu einem gefahrvollen Abenteuer werden ließ, wenn sie nicht von einer starken Eskorte gesichert wurde.

Die wichtigsten Routen waren die sogenannten Straßen des Königs. Ihr Zustand allerdings entsprach kaum demjenigen unserer heutigen Feldwege. Eine ständige Pflege gab es nicht. Wenn Straßen durch Wälder führten, bestand immer die Wahrscheinlichkeit, daß sie durch Bäume, die der Blitz getroffen oder ein Sturm entwurzelt hatte, blockiert waren. Noch öfter wuchsen sie einfach zu. Allmählich entwickelte sich das Gewohnheitsrecht, daß die Straßen in den Bereichen, wo Anlieger wohnten, instandzuhalten waren. Aber solche Weistümer spiegelten meistens nur den Wunsch und nicht die tatsächliche Praxis.

Längere Regenperioden verwandelten die Straßen in Bahnen des Schlamms. In einem solchen Fall mußte man sich an die Ränder halten. War der Grund auch hier aufgeweicht und ohne Halt, kam man am besten voran, wenn man die Straßen völlig mied. Obwohl es am einfachsten gewesen wäre, die Straßen entlang der Bäche und Flüsse anzulegen, waren die Täler wegen der langen Überschwemmungszeiten und der versumpften Gebiete in den Niederungen dafür ungeeignet. Wegen des festen Untergrundes und des besseren Überblicks wurden sie deshalb über die Kuppen der Hügel und über Höhen geführt. Die sogenannten Hochstraßen wie die Schwarzwald-Hochstraße erinnern noch heute an die Bedingungen, die vor Jahrhunderten beim Straßenbau berücksichtigt werden mußten.

Flüsse bestimmten den Verlauf der Straßen nur dort, wo sie überquert werden konnten, und diese Möglichkeit bestand meist nur bei den Furten. Steinbrücken, wie sie die Römer in Trier über die Mosel bauten, wurden als Wunderwerke bestaunt. Ein solches Wunderwerk war auch die Holzbrücke, die Karl der Große in Mainz errichten ließ; sie brannte allerdings im Jahr 813 wieder ab. Bis zum zwölften Jahrhundert ließen sich große Flüsse nur auf Schiffsbrücken überwinden, wenn man von Booten und Kähnen absieht. Dann aber begann eine neue Ära. Die steinerne Brücke zu Regensburg mit ihren sechzehn gewölbten Bogen und einer Spannweite von dreihundertdreißig Metern, die der Bayernherzog Heinrich der Stolze im Jahr 1135 errichten ließ, wurde als technische Sensation bestaunt und riß noch vierhundert Jahre später Hans Sachs zur Bewunderung hin: »Der Brücken gleicht keine in Deutschland.«

Straßen hatten zwar damals auch bei uns den uralten Zweck, die Verbindung zwischen getrennten Orten und Menschen zu ermöglichen, aber wer sie betrat, verließ den gesicherten, befestigten Bereich des Hauses oder der umhegten Siedlungsgemeinschaft: Er betrat gefährdeten, das heißt gefährlichen Boden. Die Straße war in einem ganz ursprünglichen Sinn ein Mittelding zwischen Seßhaftigkeit und Nomadentum. Haus und Siedlung waren der umfriedete Ort. Hausfriedensbruch ist eines der ältesten Delikte, geradezu die Urform des Verbrechens. Die Straße dagegen gehörte von Anfang an und für lange Zeit nicht in den umfriedeten Bereich. Öffentliche Ordnung aufgrund respektierter Gesetze und territorialer Friede beginnen deshalb nicht zuletzt mit der Forderung: Macht die Straßen sicher! Und es vergingen Jahrhunderte, bis sich den Verbrechen auf den Straßen durch die Straßengerichtsbarkeit, deren Inhaber die Landesherren waren, ein Riegel vorschieben ließ.

Trotz dieser ununterbrochenen Bemühungen blieb der elementare Charakter der Gefährdung auf den Straßen über Land bis in unsere Zeit erhalten, weil die Straße im Vergleich zum festen Ort exterritorialer Natur ist. Wer sich auf die Straße begibt, der gewinnt Freiheit, er setzt sich aber auch den Risiken der Ungebundenheit aus. Bis heute klingt dabei ein Urverhältnis an, nämlich die Sonderung zwischen dem nomadischen Jäger und dem Seßhaften: Wer an einem festen Ort wohnt, umgrenzt seinen Lebensbereich. Die Straße führt über die Grenze hinweg ins Unbestimmte – das Charakteristikum des Unbestimmten ist das Fehlen von Grenzen. Das ist sogar in einem sittlich-moralischen Sinn zu verstehen. Das seßhafte Wohnen im umhegten Ort verläuft nach Regeln, die für alle Menschen, die dort leben, bindend sind. Das ist die Innengliederung des Wohnbereichs. Die Straße, die über die Grenze des Ortes hinausführt, verläßt dieses Regelsystem, sie setzt den Reisenden davon frei. Deshalb bezeichnet der Seßhafte aus seinem Grundempfinden heraus den nicht Ortsgebundenen etwas abfällig als Vagabunden, ein Wort, das viel Mißbilligung, aber auch eine Spur Bewunderung einschließt. Sie beruht auf einem Atavismus und macht noch heute in parterrer Form dem Auslandsurlauber als Neigung zu schaffen, sich jedweder Versuchung, oder was er dafür hält, zu überlassen. Durch die Straße, so ließe sich folgern, materialisiert sich das Transzendieren des Behausten, des irdisch Gebundenen.

Wer sich auf der Straße außerhalb einer Dorfgemeinschaft oder Einzelsiedlung befand, mußte schon allein mit der Strapaze fertig werden, daß er sich dem Unbehausten aussetzte, dem Zustand, kein Dach über dem Kopf zu haben, ausgeliefert dem Wind, der brütenden Sonne, dem Regen und Sturm, der Mittagsglut und morgendlichen Kälte, dem Durst und Hunger. Im Sommer, selbst wenn es nur ein, zwei Tage nicht geregnet hatte, wirbelte jeder Schritt und jeder Hufschlag Staubwolken auf. Löcher, Felsbrocken, Abbrüche durch Unterschwemmungen waren nichts Besonderes. Die Breite von Wegen durch den Wald wurde gewöhnlich dadurch bestimmt, daß der Reiter den Spieß quer über den Sattel legte. Meistens waren Straßen und Wege kaum viel mehr als Ziegenpfade. Erst im Spätmittelalter erging die Empfehlung, daß die Straßen in der Nähe von Dörfern breit genug sein sollten, damit zwei beladene Heuwagen aneinander vorbeifahren konnten und auch noch Platz für die Bauern blieb, die daneben zu Fuß gingen.

REISEN UND REGIEREN. Besonders wichtig waren die Straßen für die Verteidigung des Landes. Wenn der Heerbann aufgeboten wurde, konnten die Krieger nur auf den bekannten Wegen zusammenkommen. Sie waren an kritischen, sumpfigen Stellen mit Bohlen befestigt. Wenn es möglich war, hielten sie sich an den oberen Rändern der Täler, umgingen die Waldreviere, bevorzugten etwas erhöhtes, möglichst freies Gelände. Das garantierte ungehinderten Überblick, ließ aber auch feindliche Annäherungen frühzeitig erkennen.

Gewöhnlich waren nur Händler, Kaufleute und reitende Boten auf den Straßen unterwegs. Dabei muß allerdings deutlich getrennt werden zwischen den wenigen großen Fern- und uralten Handelsstraßen und den lokalen Wegen. Wichtig für unsere Zeit des zehnten Jahrhunderts ist der Umstand, daß diese großen Überlandrouten erst damals ihre Bedeutung erhielten, und zwar auch zum Teil als Heerstraßen und dann, nach der inneren Befriedung Deutschlands, als Pilgerstraßen. Ein exaktes Bild ist schwer zu erhalten, denn die meisten Nachrichten über die mittelalterlichen Straßenverhältnisse beziehen sich auf Zeiten, die zwei bis drei Jahrhunderte später liegen.

Am besten verlief eine Reise, wenn der Weg von Kloster zu Kloster führte. Denn bei den Mönchen konnte man fest auf die Gastfreundschaft, auf Kost und mit einem Nachtlager rechnen. Aber auch in jedem Einzelgehöft und in jedem Dorf erhielt ein Reisender Nachtquartier, sofern er nicht schon bei seinem Auftauchen spontanes Mißtrauen weckte. Der einzeln Reisende konnte auch bei den Pferde- oder Schafhirten, die im Freien nächtigten, unterkommen. Im wilden Wald hatte er als einzige Möglichkeit den Unterschlupf bei den Köhlern.

Der Zustand der Straßen befand sich in einem jammervollen Mißverhältnis zu der Bedeutung, die sie aufgrund der besonderen Form der Königsherrschaft im Deutschen Reich besaßen. Der Aufbau und die innere Gliederung Deutschlands zwang den Monarchen dazu, unentwegt von Ort zu Ort zu ziehen. Er übte, wie es hieß, sein hohes Gewerbe im

Umherziehen aus. Hielt er sich hin und wieder länger als einige Wochen an einem bestimmten Ort auf, wurde das staunend vermerkt; freilich auch mit einem leisen Seufzen vermerkt, denn die Kosten für den König und sein großes Gefolge waren nicht unbeträchtlich. Sie ließen sich am leichtesten verkraften von den wirtschaftlich ertragreichen, großen Bischofssitzen. Das unstete Leben des Königs und sein Umherziehen von einer Pfalz, einem Bischofssitz oder einem Kloster zum anderen ist eingefangen in einem guten Bild der Zeitgenossen, in dem entsagungsvollen Wort: Ein großer Vogel braucht ein großes Nest. Die Ehre des Besuchs stand auf dem einen Blatt, auf dem anderen standen die Kosten. Doch der Unwille blieb zart und hielt sich weit unterhalb der heutzutage eingebürgerten Reizschwelle bei Zugriffen des Staates, denn das Frühmittelalter hatte es kaum jemals mit Abstraktionen zu tun. Jedermann wußte, daß sich im König die Allgemeinheit verkörpert.

Das Deutsche Reich besaß keine Hauptstadt als Mittelpunkt. Regieren bedeutete deshalb für die Könige ständiges Reisen, und das blieb noch viele Jahrhunderte auch für die Kaiser eine feste Regel. Das Itinerar, das »Wegebuch« der Herrscher, in dem schon zur Zeit der Römer die Reisewege, Stationen und zurückgelegten Entfernungen notiert wurden und das sich aus den unterschiedlichsten Notizen, Zeitangaben und Urkunden zusammensetzt, wurde deshalb einmal treffend als »Gerippe der Reichsgeschichte« bezeichnet.

3. Die Sachsen

»Unbändig ist der Sachsen Art, und harten Gemütes.«
Poeta Saxo I 32

Die alte Stammessage berichtet, daß die Sachsen gegen Ende des ersten nachchristlichen Jahrhunderts zu Schiff über die Nordsee gekommen und in der Marsch links der Elbmündung bei dem Ort Hadolaun gelandet waren. Ihr ursprünglicher Wohnsitz lag in Dithmarschen und reichte bis nach Holstein. Das Gebiet unmittelbar hinter Hadolaun liegt zwischen Unterelbe und Unterweser, es erstreckt sich vom Fluß Oste westwärts über Cuxhaven hinaus bis zum Duhner Horn und bildet noch heute das Land Hadeln: fruchtbares Geestland, wie geschaffen zur Siedlung und Bebauung. Als die Ursachsen gelandet waren, sollen dort Thüringer gelebt haben, die alles andere als erfreut über die Invasion der Fremden gewesen sind. Die Ursachsen konnten sich gegen sie in den heftigen Kämpfen, die sich lange hinzogen, behaupten und vor allem den Hafen in ihrem Besitz halten. Schließlich einigten sich die Gegner mit Hilfe der ältesten Form des Friedensschlusses: sie legten aus

Erschöpfung die Waffen nieder und arrangierten sich. Die Sachsen sollten das Recht erhalten, von ihrem Stützpunkt aus Handel zu treiben, aber ausdrücklich auf jeden Landerwerb verzichten; ebenso verpflichteten sie sich, keinerlei Räubereien oder gar Raubmorde zu begehen.

Der Vertrag erfüllte seinen Zweck nur eine kurze Zeit. Als Grund gibt Widukind von Corvey, der bedeutendste Historiker und Chronist dieser Zeit, etwas ganz Einfaches an: »Als den Sachsen das Geld ausging und sie nichts mehr zu kaufen oder zu verkaufen hatten, meinten sie, daß der Friede für sie nutzlos wäre und sie nun auch den Vertrag nicht mehr zu halten brauchten.«

Um diese Zeit ging ein junger Sachse an Land, über und über mit kostbarem Schmuck behängt, mit goldenen Ketten und Spangen. Da begegnete ihm ein Thüringer; er sah den Sachsenjüngling verdutzt an: »Warum in aller Welt hängst du dir eine solche Menge Gold um deinen abgezehrten Hals?« – »Ich suche einen Käufer«, erhielt er zur Antwort, »nur deshalb trage ich das Gold zur Schau. Denn was soll ich mit dem Gold, wenn mein Magen vor Hunger knurrt.« Der Thüringer erkundigte sich nach der Höhe des Kaufpreises. »Mir kommt es nicht auf den Preis an«, meinte der Sachse, »was du mir auch dafür geben willst, mir soll es recht sein, und ich nehme es dankbar an.« Da lachte der Thüringer: »Und wenn ich dir nun mit der Erde hier den Rockbausch fülle?« Beide standen nämlich zufällig bei einem Haufen lockerer Erde. Der Sachse nickte, breitete sofort sein Gewand aus, ließ es voller Erde füllen und trennte sich dafür von seinem Gold. Dann liefen beide vergnügt zu den Ihrigen zurück. Die Thüringer jubelten hellauf, als sie von dem Handel erfuhren, sie gratulierten ihrem Landsmann zu der Schläue, mit der er den dummen Sachsen hereingelegt hatte, denn seit Lebzeiten war es noch niemandem gelungen, für einen solchen Spottpreis derartig viel Gold zu erhalten. Sie folgerten auch aus dieser Geschichte, daß die Lage der Sachsen verzweifelt sein mußte, denn sonst hätten sie nicht das Augenmaß verloren; deshalb würden sie bald abrücken.

Ein völlig anderer Empfang wurde dem jungen Sachsen zuteil, als er schwerbeladen mit Erde bei den Schiffen eintraf. Allgemeines Kopfschütteln; die einen lachten ihn aus, die anderen machten ihm die bittersten Vorwürfe, ohne Ausnahme aber hielten ihn alle seine Genossen für verrückt. Doch der Sachsenjüngling lächelte nur. Als sich die Erregung etwas gelegt hatte, befahl er auch den letzten, zu schweigen und ihn anzuhören: »Kommt mit mir und überzeugt euch selbst, welchen Nutzen euch das bringen wird, was ihr als Unsinn bezeichnet und als Dummheit verlacht.« Die Sachsen folgten ihm, zögernd und skeptisch. Der junge Mann ging voran, er streute die Erde wie ein Sämann über die benachbarten Felder, weit ausholend und so dünn wie nur möglich. Dadurch ergriff er Besitz vom umliegenden Land. Auf dem Gebiet schlugen die Sachsen ihr Lager auf.

Die Thüringer waren zunächst verblüfft, dann empört. Sie schickten Gesandte ins Lager, die scharf protestierten: Die Sachsen hätten die Abmachung verletzt und dadurch den Frieden gebrochen. »Keineswegs«, war die Antwort der Sachsen, »wir haben uns Punkt für Punkt an den Vertrag gehalten. Die Erde, auf der wir unser Lager aufgeschlagen haben, ist von uns mit Gold bezahlt worden. Kauf und Verkauf haben sich an Brauch und Recht gehalten, also haben wir auch ein Recht auf das erworbene Land. Wenn ihr Thüringer uns diesen Besitz nicht in Frieden belaßt, werden wir ihn mit den Waffen behaupten.«

Als der Gesandte berichtet hatte, brachen die Thüringer in Verwünschungen über das Gold der Sachsen aus, über das sie noch kurz zuvor so überschwenglich gejubelt hatten. Sie verfluchten den Mann, dessen Schlauheit sie anfangs nicht genug rühmen konnten: Er hätte Unheil über sie und ihr Land gebracht. Ihre Wut steigerte sich ins Unkontrollierte, sie ergriffen ihre Waffen und stürmten blindlings gegen das Lager der Sachsen. Doch ihr Angriff wurde erwartet, die Sachsen wehrten den Überfall ohne weiteres ab, unternahmen einen Gegenstoß, eroberten das gesamte angrenzende Gebiet und erklärten es kraft des Kriegsrechts zu ihrem Besitz. Den Thüringern war die rechtssymbolische Substanz des Tausches von Erde gegen Gold fremd gewesen; die Sachsen machten sie damit iure belli, mit Hilfe des Krieges und seines Rechts, vertraut. Der Kampf zwischen den beiden Stämmen hielt lange an. Schließlich kamen den Thüringern Bedenken, ob sie nicht auf die Länge der Sicht den kürzeren ziehen und noch mehr verlieren würden, als sie schon eingebüßt hatten. Sie entsandten einen Parlamentär mit dem Vorschlag, nochmals Verhandlungen über einen Frieden aufzunehmen. Dazu sollten an einem festgesetzten Tag die Kontrahenten zusammenkommen, ohne Vorbedingungen, ohne Waffen.

Die Sachsen waren einverstanden. Doch sie blieben mißtrauisch. Ihre Hauptwaffe waren damals lange, messerähnliche Hiebschwerter mit einer gekrümmten, abgerundeten Spitze. Sie hießen Sax, Sahs, Sachs oder Skramasax. Von dieser Waffe wurde der Name »Sachsen« abgeleitet: Es handelte sich um ein Volk, das mit dem Sachs oder Langsachs kämpft. Die Sachsen wurden deshalb auch als Sahsnotas, als Schwertgenossen oder Schwertleute bezeichnet. Sachs war aber auch der Name ihres obersten Kriegsgottes.

Die Ursachsen trafen nun mit den Thüringern am vereinbarten Ort zusammen. Sie kamen, wie es abgesprochen war, scheinbar ohne Waffen, doch sie hatten unter ihren Gewändern vorsorglich ihre Hiebschwerter versteckt. Als sie sahen, daß ihre Gegner keine Waffen trugen und sich auch sämtliche Stammesführer eingefunden hatten, meinten sie, daß keine bessere Gelegenheit kommen würde, um ihr Ziel zu erreichen. Sie rissen ihre Hiebschwerter heraus, stürzten sich auf die überraschten und wehrlosen Thüringer und hieben sie ausnahmslos nieder. Widukind von Corvey schließt den Bericht mit dem lapidaren Satz: »Nun fingen die Sachsen an, einen Namen zu bekommen und den benachbarten Völkern einen gewaltigen Schrecken einzujagen.«

WIDUKIND, DER MÖNCH UND HISTORIKER. Der Chronist aus dem Kloster Corvey war ein erstaunlicher Mann. Er entstammte dem sächsischen Adel und war möglicherweise verwandt mit Mathilde, der zweiten Gemahlin König Heinrichs. Widukind war im Jahre 940 in das Benediktinerkloster eingetreten, seine literarische Tätigkeit begann er zunächst mit der Abfassung christlicher Heiligenlegenden. Danach aber konzentrierte er sich auf die eigentliche Geschichtsschreibung. Seine drei Bücher Sachsengeschichte weisen ihn als den bedeutendsten Historiker seiner Zeit aus.

Widukind beginnt sein Werk mit dem Hinweis, daß er zwar einiges über den Ursprung und den Zustand des Volkes, dem er selbst angehört und auf das er sehr stolz ist, berichten werde, aber dabei müsse er »fast allein der Sage folgen, da die allzu ferne Zeit beinahe jegliche Gewißheit verdüstert. Denn die Meinungen über diesen Gegenstand sind verschieden.« Nun entstehen zwar auch Sagen niemals in einem luftleeren Raum, aber die Trennung zwischen Wirklichkeitskern und Zutat ist in späteren Zeiten auch nicht viel einfacher, als es für den gelehrten Mönch Widukind gewesen ist. Allerdings haben wir ihm gegenüber einen erheblichen Vorteil. Uns stehen weit mehr Dokumente zur Verfügung als ihm, und dadurch fällt es uns häufig leichter, die Spreu der ausschmückenden Phantasie vom Weizen des historisch Haltbaren zu trennen.

Unsere besseren Informationsmöglichkeiten geben uns aber nicht das Recht, auf die alten Berichterstatter selbstgefällig herabzusehen. Der Vorzug, mehr Nachrichten zu besitzen, wiegt nicht viel gegenüber dem ungeheuren Nachteil, daß der Adelsmönch Widukind in seiner Jugend die Gründung des Reiches durch König Heinrich selbst erlebte, daß er mit dem sächsischen Herrscherhaus verwandt war, und daß er sich vor allem seinem Stamm, seinem Volk und seinem Geschlecht mit einer Kraft verbunden fühlte, die uns Spätgeborenen selbst schon sagenhaft erscheint. Denn was ist schon die Erkenntnis des Kopfes im Vergleich zur Einsicht eines leidenschaftlich bewegten Herzens?

Und Widukind war leidenschaftlich bewegt bei jedem Gedanken an die Seinen. Geschichtsschreibung betrachtete er als die »Pflicht, meine Kräfte der Verehrung gegen meinen Stamm und mein Volk, soweit ich vermag, zu weihen.« Doch diese Anteilnahme treibt ihn nicht zur Beschönigung, er hält sich vielmehr an den »Leitstern der Gerechtigkeit und die Richtschnur der Wahrheit«. Der Weg des amor veritatis war für Widukind nicht mit Konzessionen gepflastert. Auch ein Historiker unserer Zeit, kurz vor der Wende zum dritten nachchristlichen Jahrtausend, in den Jahrzehnten der Katalysatoren und Mikrochips, wird bei seinem Geschäft die Absicht der Objektivität höher veranschlagen als die Möglichkeit der Wahrheit. Wir sind von den Chronisten der frühen Epochen nur durch die Zeit getrennt. Die Situation der Betrachtung ist au fond dieselbe.

DIE FAKTEN. Die Ursachsen waren nach Hadeln gekommen und hatten das umliegende Gebiet erobert oder durch List an sich gebracht. Die Sage von dem klugen Jüngling, der für sein Gold einen Haufen Erde erhält, sie in einer dünnen Schicht über das Land streut und dadurch das bedeckte Gebiet erwirbt, hat einen objektiven Kern. Sie taucht in ähnlicher Form und häufig abgewandelt wiederholt in deutschen, angelsächsischen und schwedischen Sagen auf. So soll auch Kaiser Heinrich II. einem seiner Gefolgsmänner soviel Land in Thüringen zugestanden haben, als er mit einem Scheffel Gerste bestreuen konnte. In Westfalen hat sich bis in die jüngste Zeit der Ausdruck »ein Scheffel Lein« als Grundstücksmaß gehalten. Im übrigen spiegelt sich in solchen Sagen das elementare Verhältnis der alten Zeiten zu Grund und Boden. Jacob Grimm, der geniale Begründer der germanischen Philologie, meinte, das sei »dem Geiste jugendlicher Völker, deren heiliges Geschäft Jagd, Ackerbau und Krieg sind, angemessen.«

Die Bewohner, die in dem eroberten Gebiet siedelten, wurden von den Sachsen unterworfen, in Abhängigkeit gebracht, sie wurden zu Hörigen gemacht. Das hatte noch nichts mit einer völligen Entrechtung oder gar mit einer Versklavung zu tun. Eigentlich dürften wir nicht einmal nach unserem üblichen Verständnis von einer Unterwerfung sprechen. Die Sachsen waren zwar die Sieger, sie hatten gezeigt, daß sie die Stärkeren, die Überlegeneren waren, aber die damaligen Bewohner des eroberten Landes scheinen von den Ursachsen im wesentlichen mit einer gewissen Ebenbürtigkeit in den Großstamm aufgenommen worden zu sein.

Für die Hörigkeit im frühen Sachsentum war einerseits die Gebundenheit an die Scholle charakteristisch, wie sie als »Glebae adscriptio«, als Erbuntertänigkeit und Schollenpflichtigkeit auch aus der Spätantike bekannt war. Andererseits war das Schutzverhältnis, in dem sich der Hörige zu seinem Grundherrn befand, kaum weniger charakteristisch. Bei der Hörigkeit handelte es sich zwar um ein Untertanenverhältnis, aber typisch dafür war nicht so sehr die Rangordnung des Oben und Unten als vielmehr die wechselseitige Treue, die den Kern der Beziehung bildete. Der Hörige war ein Grundholde; dieser niederdeutsche Ausdruck bedeutet treuer Diener. Die Beziehung zwischen dem Grundherrn und dem Hörigen beruhte auf dem Vertrauen zueinander, der Überzeugung von der Zuverlässigkeit des anderen.

Die germanische, die altsächsische Treue, deren Grundbedeutung das kernholzartig Feste ist, setzt die unwandelbare Gesinnung voraus, die Beharrungskraft des Menschen. Sie gehört zu den obersten sittlichen Werten, hat religiöse Bedeutung. Kaum etwas anderes wird in der altgermanischen Dichtung so oft besungen wie die Heiligkeit der Mannestreue. Diese Treue war bei den Sachsen am stärksten ausgeprägt. Sie liegt auch ihrem hartnäckigen Festhalten am Überkommenen zugrunde und ihrem jahrelangen Kampf um den eigenen Glauben: Die Bekehrung zum Christentum war den Sachsen fast ein Jahrhundert lang gleichbedeutend mit der Untreue gegen sich selbst.

Die genaueren Umstände der Landnahme durch die Ursachsen liegen zwar fast völlig im dunkeln, aber es dürfte immerhin sicher sein, daß die Unterwerfung der ursprünglichen Bewohner des Landes Hadeln nichts mit einer Unterjochung zu tun hat. Bewohnt war das Gebiet damals im übrigen nicht von den Thüringern, wie Widukind von Corvey mitteilt, sondern von den germanischen Chauken. Die Chauken waren zumeist Viehzüchter und Fischer; man kannte und fürchtete sie auch als Seeräuber. Ihr Stamm siedelte damals zwischen der Elbe und der unteren Ems. Nach der Eroberung durch die Sachsen werden die Chauken noch bis ins vierte Jahrhundert erwähnt, dann verschwindet ihr Name. Daß dieser Germanenstamm völlig in den Sachsen aufging, ist fast so gut wie sicher. Die Gebiete der Sachsen begannen erst im Verlauf ihrer Expansion nach Südosten, die etliche Jahrhunderte dauerte, an den Siedlungsbereich der Thüringer zu grenzen.

Die Ausweitung des sächsischen Siedlungsgebietes ging zum Teil durchaus friedlich vor sich. Während der Völkerwanderung entstanden in Mitteleuropa große Leerräume, die von den Anrainern rasch als Siedlungsboden besetzt wurden. Das Königreich der Thüringer zwischen Harz und Thüringer Wald, dessen Kerngebiet auf beiden Seiten der Saale und im Gebiet westlich von Magdeburg lag und das im fünften nachchristlichen Jahrhundert gegründet worden war, brach in den dreißiger Jahren des sechsten Jahrhunderts unter dem gemeinsamen Angriff der Franken und Sachsen zusammen. Die thüringischen Gebiete nördlich der Unstrut wurden zu sächsischem Stammland. Seit dieser Zeit wird die Geschichte der Thüringer praktisch identisch mit der Geschichte der Sachsen; ein Rest geht in den Franken auf.

KAMPF MIT DEN FRANKEN. Im fünften Jahrhundert verließ ein Teil der Sachsen den Kontinent und ging nach England. Damit setzt die eigene Geschichte der Angelsachsen ein. Auf dem Festland kam es im darauffolgenden Jahrhundert zwischen den Sachsen, deren Gebiet sich inzwischen von Norddeutschland aus über Thüringen, Hessen und den Niederrhein erstreckt hatte, und den Franken immer häufiger zu blutigen Auseinandersetzungen. Die ursprüngliche Partnerschaft, gefärbt von mißtrauischem Respekt voreinander, hatte sich durch die Entwicklung großer selbständiger Stammesverbände in Rivalität verwandelt, nicht zuletzt auch deshalb, weil diese Großgruppierungen die Neigung zeigten, sich zu selbständigen Staatsverbänden zu entwickeln. Diese Tendenz setzte sich zumeist bei denjenigen Stämmen durch, denen es gelang, die inneren Schwierigkeiten und Zwiste zu überwinden und zumindest in den Kriegen verhältnismäßig geschlossen aufzutreten.

In der *Vita s. Lebuini antiqua,* der älteren Lebensbeschreibung des angelsächsischen Friesen- und Sachsenmissionars Lebuinus, der um das Jahr 780 verstarb, heißt es: »Die alten Sachsen hatten keinen König, sondern bestellten Vorsteher für die einzelnen Gaue. Es bestand bei ihnen der Brauch, daß sie jährlich einmal eine allgemeine Beratung im mittleren Sachsen am Flusse Weser abhielten, und zwar an einem Ort mit dem Namen Marklo. Dort pflegten alle Gauvorsteher zusammenzukommen, ebenso aus jedem einzelnen der Gaue je zwölf gewählte Vertreter der Edlen, der Freien und der Laten. Sie erneuerten dort die Gesetze, entschieden über die wichtigsten Rechtsfälle und beschlossen in gemeinsamer Beratung, was sie im Verlauf des bevorstehenden Jahres sowohl in Kriegs- als auch in Friedenszeiten unternehmen wollten.«

Diese Notiz gehört zu den ältesten Berichten über die Sachsen. Sie ist im wesentlichen korrekt. Der sächsische Gesamtstamm setzte sich damals aus vier Großgruppen, den sogenannten Heerschaften zusammen: den Nordelbingern im ursächsischen Gebiet, den Engern an der Weser sowie den West- und den Ostfalen. Die Stammesgruppen selbst waren in Gaue untergliedert, an deren Spitze frei gewählte Gaufürsten standen. Zusammen mit den ebenfalls frei gewählten Vertretern der Stände kamen sie jedes Jahr einmal zur zentralen Stammesversammlung, dem Gau-, All-

oder Volksthing, zusammen. Unter politischem Gesichtspunkt handelte es sich um ein typisch demokratisches Repräsentativsystem. Die genaue Lage von Marklo an der Weser ist nicht mehr auszumachen, am wahrscheinlichsten ist die Nachbarschaft des heutigen Ortes Marklohe im niedersächsischen Kreis Nienburg an der Weser.

Im letzten Drittel des achten Jahrhunderts erreichte der Kampf zwischen den Sachsen und Franken seinen Höhepunkt. Das Ziel des Frankenherrschers König Karl war die Christianisierung der Sachsen und die Abrundung des fränkischen Großreiches. Im Verlauf des ersten dreißigjährigen Krieges auf deutschem Boden unterwarf Karl der Große den Stamm der Sachsen und bekehrte ihn gewaltsam zum römisch-katholischen Glauben.

Die Feldzüge des Frankenkönigs gegen die Sachsen zwischen den Jahren 772 und 804 zeigen bemerkenswerte Eigentümlichkeiten. Lange Zeit war das Andenken Karls des Großen in einer aufnahmewilligen Öffentlichkeit belastet durch den Beinamen »der Sachsenschlächter«. Er hing mit dem grausamen Blutgericht des Königs zu Verden an der Aller im Jahr 782 zusammen. Karl ließ an einem einzigen Tag viertausendfünfhundert Sachsenkrieger hinrichten. Der König reagierte damit nicht nur auf die permanenten Aufstände, mit denen sich die Sachsen gegen die Unterwerfung sträubten, sondern auch auf die Schlacht am Süntel, bei der die Franken eine vernichtende Niederlage hinnehmen mußten.

Die Zahl der hingerichteten Sachsen wird von Einhard, dem ersten Biographen Karls des Großen, mitgeteilt. Einhard war ein Freund des Frankenherrschers, er gehörte zu seinen engsten Vertrauten und Ratgebern, er war verantwortlich für die Bauten Karls und erhielt vom Herrscher auch mehrfach politische Missionen übertragen. Einhards Format als Gelehrter und hochgebildeter Chronist ist unbe-

Das Frankenreich zur Zeit Karls des Großen

53

stritten, seine Mitteilungen sind ausgesprochen zuverlässig, sieht man von den belangloseren Irrtümern ab, die keinem der damaligen Chronisten erspart blieben. Trotzdem ist die hohe Zahl der hingerichteten Sachsen angezweifelt worden, aus recht unterschiedlichen Motiven.

An der Erbitterung der Feldzüge und Schlachten zwischen Franken und Sachsen gibt es nichts abzuschwächen. Um so seltsamer wirkt es, daß König Karl sich immer wieder dazu verstand, den widerspenstigen, aufsässigen Sachsen im Zuge der Abmachungen, Verträge, wiederholt geleisteten Treueide erstaunlich viel Vertrauen zu schenken, obgleich er sich bis zum Schluß nicht darauf verlassen konnte, daß die Sachsen die Vereinbarungen hielten. Der Grund dafür ist nicht zuletzt in den vielfachen Bemühungen auch sächsischer Stammesfürsten zu finden, den langjährigen Auseinandersetzungen durch Zugeständnisse und Vermittlungen ihren rigiden Charakter zu nehmen.

Aufgrund unserer zeitgenössischen Vorbehalte gegenüber allen Kriegen vergessen wir nur zu leicht, daß in jenen Zeiten solche Tatsachen wie der Kampf und der Waffendienst ganz anderen Maßstäben unterlagen als denjenigen, die wir heute für angemessen halten. »Der Toten Tatenruhm« kostet uns heute meistens nur ein Achselzucken. Doch deshalb ist es trotzdem nicht zu bestreiten, daß derartige Normen, Wert- und Ehrvorstellungen vor eintausend Jahren gültig waren, selbst wenn uns dies so ungewöhnlich erscheinen sollte wie die Feststellung des römischen Historikers Tacitus über die alten Germanen: »Lebend das Schlachtfeld zu verlassen, wenn der Fürst fiel, ist für sie Schimpf und Schande für das ganze Leben. Ihn schützen und schirmen, die eigenen Heldentaten seinem Ruhme opfern, betrachten sie als heiligste Pflicht: Die Fürsten kämpfen um den Sieg, die Gefolgsmannen kämpfen für den Fürsten.«

4. Sachsentrotz

»Es war der langwierigste, grausamste und blutigste Krieg, den die Franken jemals geführt haben. Denn die Sachsen waren wie fast alle deutschen Stämme von Natur aus wild, zudem Heiden, gesetzlos, ungebunden.«

Einhard, *Vita Caroli Magni*

Tacitus hat dem Bild von den freien Germanen, deren kernige Kraft von einer gleichgearteten Moral veredelt wurde, zur Unsterblichkeit des Klischees verholfen. Am dauerhaftesten verkörperten sich seine Vorstellungen in den Sachsen. Von ihren Eigenschaften wird fast immer zuerst die ungewöhnliche Tapferkeit hervorgehoben, ihre kaum jemals erlahmende Waffenbereitschaft, ihr »schrecklicher Mut«, wie der spanische Presbyter Paulus Orosius mit behaglich ausgekostetem Schaudern zu Beginn des fünften nachchristlichen Jahrhunderts in seiner Weltgeschichte schreibt. Auch die Sachsen selbst bestätigen eindrucksvoll die Urteile der Zeitgenossen, nämlich durch ihre frühesten Dichtungen: durch die *Genesis,* von der wir allerdings nur ein Bruchstück besitzen, und den *Heliand,* die große altsächsische

Dichtung von Christus, die in der ersten Hälfte des neunten Jahrhunderts entstand, vermutlich um das Jahr 830.

Aller Wahrscheinlichkeit nach leistete Kaiser Ludwig I. der Fromme Geburtshilfe bei ihrem Entstehen. In diesen Jahrhunderten konnten nur die gebildeten Mönche und die Gelehrten aufgrund ihrer Lateinkenntnisse die Bibel lesen. Ludwig war jedoch entgegen den späteren Lehren der Kirche davon überzeugt, daß jeder einzelne und das ganze Volk die Bibel in seiner eigenen Sprache, nämlich in Deutsch, in theudisca lingua lesen sollte. Deshalb beauftragte er einen sächsischen Dichter, der bereits einen respektablen Ruf besaß, das Alte und das Neue Testament in dichterische Form zu bringen. Um wen es sich bei diesem Mann handelte, wissen wir nicht. Ungewiß ist es auch, ob die *Sächsische Genesis* und der *Heliand* denselben Verfasser haben, oder ob die erst nach dem *Heliand* abgefaßte *Genesis* von einem Schüler des *Heliand*-Dichters stammt.

Im *Heliand* steht zwar die Bergpredigt im Mittelpunkt, aber dieser heilige Christ des sächsischen Dichters vollführt seine Großtaten im Stil eines germanischen Volkskönigs, und in seinen Jüngern konnte sich jeder Sachsenadlige stolz wiedererkennen. Der *Heliand* überragt jede poetische Umformung des Evangeliums durch seinen unverhüllt kriegerischen Geist, durch die stürmische Kraft, mit der hier die neue christliche Botschaft den heidnischen Germanen überzeugend verkündet wurde, überzeugend deshalb, weil der Dichter ihr eine Gestalt gab, die der angestammten Mentalität der damaligen Deutschen nicht fremd war.

Abgesehen von ihrer Tapferkeit zeichneten sich die Sachsen durch die unerhörte Zähigkeit aus, mit der sie auf dem angestammten Besitz, dem Boden, der Heimat beharrten, ebenso durch ihren Realitätssinn, ihre eigensinnige Individualität, ihr Pochen auf altes Recht und überkommene Sitte.

Diese urwüchsigen Tugenden paarten sich mit einer Härte, die vor keiner Grausamkeit zurückschreckte und die ihnen so selbstverständlich wie eine Naturkraft erschien. Die Sachsengesetze sind geprägt von Unerbittlichkeit, die Todesstrafe spielt eine ebenso hervorragende wie anscheinend empfindungslos akzeptierte Rolle. Kein deutscher Stamm hat seine Eigenart durch die Jahrhunderte so unabänderlich bewahrt wie die Sachsen. Fast wirkt es wie ein Kuriosum, daß sich sowohl das Klischee als auch die Wirklichkeit geradezu mustergültig im Text des heute noch immer gültigen *Niedersachsenliedes* wiederfinden, typisch zumal in seinem Refrain:

Wir sind die Niedersachsen,
sturmfest und erdverwachsen.
Heil, Herzog Wittekinds Stamm!

Überaus kennzeichnend ist schließlich auch, daß der Sachsenstamm, obwohl er im Verlauf des achten Jahrhunderts außerordentlich groß geworden war, unverändert an seiner alten Verfassung festhielt und deshalb jede einheitliche Führung ablehnte. Schon der innere Zusammenhalt der einzelnen Gaue war recht unterschiedlich. Am kräftigsten äußerte er sich bei den Westfalen, etwas gedämpfter bei den Engern, am schwächsten bei den Ostfalen. Das Profil der einzelnen Stämme drückte sich nach außen hin allerdings nicht übermäßig aus. Denn wenn auch in den Quellen häufig die Stämme einzeln benannt sind, so wird doch in den meisten Fällen von ihnen verallgemeinernd als von den Sachsen gesprochen.

Politisch bestimmend war bei ihnen die Volksversammlung, der Thing, eine Zusammenkunft, die alle Merkmale einer urdemokratischen Prägung besaß. Kaum jemals treten die adligen Führer gebieterisch oder gar diktatorisch an die vordere Rampe der Szene, sei es beim Thing, sei es in ihrer gewählten Stellung als Gaufürst. Ihre Funktion erschöpft sich grundsätzlich in der Beratung der Versammlung, in der unterstützenden Meinungsbildung. Die Entscheidungen selbst trifft das Volk. Auch Gesandte an fremden Höfen äußern sich nie als Paladine eines sächsischen Fürsten, sondern nur als Sprecher und im Auftrag der Sachsen. Daß die Volksversammlung das politische Fundament dieses Germanenstammes bildete, war damals allgemein bekannt. Deshalb ist es nicht weiter überraschend, daß Karl der Große nach seinem Sieg über die Sachsen ihre Eingliederung in das Fränkische Reich dadurch einleitete, daß er ihre Grundverfassung zerstörte, nämlich strikt jede allgemeine Volksversammlung verbot und sie nur zuließ, wenn er einen entsprechenden Antrag erhalten und ihn genehmigt hatte und sie danach von seinen Boten einberufen wurde.

DIE STÄNDE. Die Stammesbindung der Sachsen, die dominierende Rolle des Volkes selbst war so charakteristisch, daß sie leitmotivisch auch auf die anderen germanischen Stämme wirkte und ein Grundmoment ihrer Selbstfindung wurde. Dadurch entwickelte sie sich auch zu einem der unverwechselbaren Merkmale aller Deutschen und ihrer Geschichte. Die regionale Bodenständigkeit, die unerschütterliche Bindung an die besiedelte Erde, die trotzige Bewahrung der Eigenart gegenüber allen Versuchen einer zentralen Führung, die bei den Sachsen so ausgeprägt ist, gilt seit einem Jahrtausend auch als ein typisches Merkmal des ganzen deutschen Volkes. Andererseits ist freilich ebenso kennzeichnend ein besonders starkes Gefühl der Zusammengehörigkeit, das zwar dieser Verwurzelung in der engeren Heimat in gewisser Weise zu widersprechen scheint, aber als realer Ausdruck eines stammesübergreifenden Gemeinsinnes nicht ignoriert werden kann und dasselbe Schwergewicht besitzt.

Die Sachsen bewahrten selbst nach Jahrhunderten noch immer die altgermanische Form des nicht organisierten, gleichwohl aber vorteilhaft funktionierenden Zusammenlebens. Auffallend war ihre in sich klare Gliederung, die sich allerdings ebenfalls nahezu unbeweglich an die von alters überkommenen Schichtungen hielt. Es gab drei Stände: die Edelinge oder Edelfreien, die Frilinge, das heißt die Freien, zu denen auch die Freigelassenen zählten, und die Laten, nämlich die Halbfreien oder Hintersassen. In einem Text aus der Mitte des neunten Jahrhunderts wird hinter die Edelinge noch ein weiterer Stand eingeschoben: die Freien (liberi). Diese Gruppe, die sich kaum von den Frilingen unterscheidet, taucht aber erst bei der territorialen Expansion Sachsens auf, denn es handelt sich dabei zumeist um Angehörige der fränkischen Kriegerkaste.

Die Stände waren zwar scharf voneinander getrennt, doch es bestand ein enges Beziehungsgeflecht untereinander. Die qualitativen Unterschiede ergaben sich aus den abgestuften Vorrechten der Stände. An den Bezeichnungen läßt sich ablesen, daß eines der obersten Rechte in der Freiheit gesehen wurde. Dieser Begriff hatte kaum etwas mit den modernen Vorstellungen des Liberalismus zu tun. Seit dem frühesten Mittelalter wurde Freiheit im wesentlichen im Sinne von Vorrecht gebraucht. Neben der von früher überkommenen, der angestammten Freiheit gab es die verliehene, die zugeteilte Freiheit. Sie konnte aber schließlich auch erworben, erkämpft und erzwungen werden. Charakteristisch für den Freien in dieser Zeit ist der feste Platz, den er in der Ständeordnung einnimmt. Damit schloß Freiheit gerade das nicht aus, was heute gewöhnlich als ihr Gegenteil angesehen wird, nämlich die Abhängigkeit. »Freiheit von etwas« bedeutete immer zugleich auch »Abhängigkeit von etwas«, und diese Abhängigkeit machte tatsächlich den materialen Gehalt der Freiheit aus. In einer Kurzfassung könnte man sagen, daß es im germanisch-christlichen Mittelalter nur Freiheit in Abhängigkeit gab, während in den neuesten Zeiten kaum etwas anderes vorstellbar erscheint als Freiheit von Abhängigkeit.

Widukind von Corvey läßt die Ständegliederung der Sachsen unmittelbar nach dem Abschluß der Landnahme einsetzen: »Die Sachsen teilten sich den Besitz dieser Ländereien mit jenen Freunden, die ihnen zu Hilfe gekommen waren, und mit freigelassenen Knechten; die Reste des geschlagenen Volkes aber nötigten sie zur Zinspflicht. Von dieser Zeit an bis auf den heutigen Tag teilt man deswegen das sächsische Volk, abgesehen vom Stand der Leibeigenen, nach Abkunft und Recht in drei Stände ein. Ferner wurde das ganze Herzogtum von drei Herzögen verwaltet, und jeder von ihnen begnügte sich mit der Befugnis, die Männer nur innerhalb bestimmter, abgegrenzter Gebiete unter die Waffen zu rufen. Diese drei Gebiete, nach Name und Art unterschieden, sind bekanntlich diejenigen der Ostfalen, der Engern und der Westfalen. Drohte jedoch ein allgemeiner Krieg, dann wurde einer der Fürsten, dem alle zu gehorchen hatten, durch das Los gewählt, um in dem bevorstehenden Kampf den Oberbefehl zu übernehmen. War der Krieg beendet, dann lebte jeder wieder nach gleichem Recht und Gesetz wie alle anderen, zufrieden mit seiner eigenen Macht. Auf die Vielfalt dieser Gesetze einzugehen, liegt nicht in unserer Absicht, denn das Volksrecht der Sachsen (Lex Saxonum) findet sich ja an vielen Stellen sorgfältig aufgeschrieben.«

Bei seiner Darstellung vermengt Widukind von Corvey die

Gesetze der alten Sachsen mit denjenigen, die zu seiner eigenen Zeit gültig waren und die in ihren wesentlichen Partien erst nach dem Sieg Karls des Großen über die Sachsen niedergeschrieben wurden. Das erwähnte Volksrecht der Sachsen, die Lex Saxonum, wurde in den Jahren 802 und 803 schriftlich zusammengefaßt und niedergelegt. Gesonderte, vorgreifende Gesetzesregelungen wurden schon in der Zeit des Kampfes zwischen Karl dem Großen und den Sachsen erlassen; in den Jahren 782 die *Capitulatio de partibus Saxoniae,* die der Frankenkönig 785 ergänzen ließ, und 797 das *Capitulare Saxonicum.*

KLEINKRIEG AUS KONSEQUENZ. Im Kern freilich ist die Darstellung Widukinds von Corvey korrekt. Bei den Sachsen gab es keinen Herrscher mit monarchischer Gewalt, keine institutionell verankerte monarchische Spitze. Selbst der Herzog, dem in Kriegszeiten die Führung des Heeres anvertraut wurde, ist nur in einem unpräzisen Sinn als Heerkönig zu bezeichnen, auch wenn er eine derartige Funktion besaß. Dieser lockere Verbund im Inneren belastete und erschwerte den Kampf um die Selbständigkeit des Gesamtstammes, zu dem die Sachsen durch Karl den Großen gezwungen wurden, außerordentlich. Sogar in denjenigen Jahren, in denen auch die Einzelstämme begriffen hatten, daß es um ihre ganze Existenz unter den überkommenen Bindungen ging, konnte Herzog Widukind nur in Ausnahmefällen sämtliche Gruppen und ihre Gaufürsten hinter sich bringen. Aus demselben Grund verfügte er in keiner einzigen Schlacht mit den Franken über Truppen, die dem Aufgebot der Gegner schon allein zahlenmäßig ebenbürtig gewesen wären. Das wirkte sich maßgeblich auf die Art des Kampfes und Widerstandes aus. Nur in den Entscheidungsphasen des Ringens kam es zu offenen Feldschlachten; Herzog Widukind wurde von der Übermacht der fränkischen Truppen dazu gezwungen. Sie widersprachen seinem Grundsatz, daß aufgrund der Bedingungen in Sachsen nur eine Art Guerillakrieg erfolgreich sein könne. Er überzog deshalb das sächsische Gebiet mit einem Netz von Stützpunkten, er organisierte schlagartige Überfälle, legte raffinierte Hinterhalte, schlug auch im Frieden notorisch unerwartet los, ohne Rücksicht auf Zusagen, Abmachungen oder Verträge – und dieser konsequente Kleinkrieg zwang den Frankenherrscher zu langwierigen Feldzügen, nötigte ihn schließlich entgegen seinen ursprünglichen Absichten zu brutaler Härte, verhinderte über lange Zeiträume hinweg, daß seine Herrschaft im Sachsengebiet zwischen Nordsee und Hessen, Elbe und Rhein wirklich gesichert war. Jahraus, jahrein mußte er damit rechnen, daß in diesem Territorium, das wie ein massiges Kinn des Nordens in sein christlich befriedetes Frankenreich ragte, ein Aufstand losbrach, daß seine Truppen überfallen und niedergemetzelt wurden, und daß der Wille zur Empörung übergriff in diejenigen Gebiete, die er soeben erst durch die Mission des Schwertes dem Kreuz der Christenpriester unterworfen hatte.

Erst nach Jahrzehnten gelang es Karl dem Großen, den Trotz und den Freiheitswillen der Sachsen zu brechen. Die Einheit und Einigkeit des gewaltigen Reiches, das dieser große Herrscher geschaffen hatte, markiert das Tor zur Geschichte der Deutschen. Doch bevor sich dieses Tor öffnen konnte, mußte dem Sachsenherzog Widukind und seinem rebellischen Volk ein derart hoher Tribut entrichtet werden, daß durch ihn auch die Richtung des künftigen Weges unabänderlich fixiert wurde.

WIDUKIND. Mehr als drei Jahrzehnte dauerte der Kampf der Sachsen gegen Karl den Großen. Heute werden wir dieses verzweiflungsvolle, unendlich blutige Ringen nicht mehr leichthin und ohne weiteres mit so alten Wendungen wie Tragik, Schicksal oder Größe charakterisieren. Doch dieser Kampf enthält alle Elemente einer Symbolik, die der Geschichte unseres Volkes eine unauslöschliche Signatur verleiht. Die ganze Erbitterung der Sachsen und ihr Trotz verkörpern sich geradezu idealtypisch in der Gestalt Herzog Widukinds. Sein Name – die alte Form lautete Wittekind – steht jenseits allen Wenn und Abers für die Liebe zur Freiheit, einer Liebe, die den Willen beflügelte, dieselbe Freiheit als oberstes Recht zu bewahren, dafür zu kämpfen und notfalls auch für sie zu sterben.

Von dem Menschen Widukind ist kaum etwas bekannt. Sein Ruhm befindet sich in einem desperaten Mißverhältnis zu unserem Wissen von seiner Persönlichkeit. Die spärlichen Mitteilungen über ihn stammen außerdem durchweg von frankenfreundlichen Berichterstattern. Daß es sich bei dem glorreichen furchtlosen Gaufürsten, der einem westfälischen Adelsgeschlecht angehörte, um eine Persönlichkeit handelte, deren Charisma demjenigen Karls des Großen nicht nachstand und der deshalb in den Berichten ohne Vorbehalte als ebenbürtiger Gegner des Frankenkönigs erscheint, ergibt sich aus den Umständen der Sachsenkriege selbst. Widukind wird von den Nachfahren einmütig als Herz und Seele des sächsischen Kampfes um die Unabhängigkeit des Stammes gerühmt, ein Urteil, dessen Geltung dann auf das ganze Ringen der Sachsen selbst ausgedehnt wurde, also weit über die eineinhalb Jahrzehnte hinaus, in denen Widukind persönlich an der Spitze der Erhebung stand.

Auch für Karl den Großen inkarnierte sich die ganze

Erbitterung und unglaubliche Widerstandskraft des Sachsenvolkes in der Person Widukinds. Der König bezeichnete den Herzog rundweg als »die Wurzel des ganzen Übels«. Seine Überzeugung, daß mit der Ausschaltung Widukinds auch die Aufsässigkeit und der Widerstandswille des Volkes zusammenbrechen würden, traf allerdings nicht zu; Person und Sache waren zwar eins geworden, hingen aber nicht voneinander ab.

Worum ging es bei diesem Kampf? Die Sachsen hielten den Glauben an ihre Götter fest. Seit Bonifatius im Jahr 723 die Eiche Donars, eines der bedeutendsten Heiligtümer der Germanen, bei Geismar im Kreis Fritzlar gefällt hatte, wußten die germanischen Stämme, daß ein Angriff im Zeichen des Christentums auf sie auch einen Angriff auf ihre Freiheit bedeutete. Am hartnäckigsten und längsten wehrten sich die Sachsen gegen die Herrschaft des Kreuzes. Wer in dieser Zeit das ungewöhnliche Ausmaß und die verbissene Energie des sächsischen Widerstands charakterisieren wollte, bezeichnete Widukind schlichtweg als Helden, und er meinte damit die altsächsische Bedeutung des Wortes, in der noch die urzeitliche Vorstellung vom Hirten enthalten ist, der sich mit außergewöhnlicher Tapferkeit gegen menschliche oder tierische Räuber zur Wehr setzt, um seine Herde zu schützen.

Wir sollten es auch heute als Faktum respektieren, daß in den Frühzeiten unserer Vergangenheit die Vorfahren sich in ihren Legenden und Sagen erkannten und so frei waren, die Substanz der Heldenlieder mit ihrem Reiz zu identifizieren. Daß wir selbst heutzutage deshalb kein entsprechendes Vokabular besitzen, weil uns die dazugehörigen Normen abhanden gekommen sind, brauchen wir unsere Ahnen nicht dadurch entgelten zu lassen, daß wir ihnen das Recht auf ihre eigenen Werte absprechen. Widukind wurde im übrigen nicht nur vom eigenen Volk als Held bezeichnet, sondern auch von seinen Gegnern. Selbst als die Sachsenkriege Karls des Großen schon an den Rand des Mythischen gerückt waren, bestaunten die Chronisten der Klöster und die christlichen Geschichtsschreiber Widukind nach wie vor wie eine seltsam lichtvolle Erscheinung der germanischen Wälder. Abt Norbert von Iburg spricht zweieinhalb Jahrhunderte später noch immer rühmend von Widukind als einem Mann, »fast übermenschlich an Mut und Kraft«.

DER ERSTE FELDZUG. Im Jahr 768 hatten die Brüder Karl und Karlmann die Regierung des Fränkischen Reiches übernommen. Die Doppelherrschaft war keine ausgewogene Interessengemeinschaft. Die Brüder entfremdeten sich zusehends, und es wäre zweifellos zu einem blutigen Zwist gekommen, wäre Karlmann nicht drei Jahre später, am 4. Dezember 771, unerwartet verstorben. Karl übernahm die ungeteilte Regierungsgewalt. Zwei Hauptprobleme bestimmten seine Politik: die Auseinandersetzung mit den Langobarden im Süden und Südosten und die Unterwerfung der Sachsen im Norden, die sich nicht nur gegen die Christianisierung sträubten, sondern durch Vorstöße in niederrheinisches und hessisches Gebiet eine ununterbrochene Bedrohung der fränkischen Reichsgrenze darstellten. König Karl ließ sich schon im Frühjahr 772 auf einem Reichstag zu Worms von den versammelten Reichsfürsten seinen Entschluß zu einer Expansion in sächsisches Gebiet ausdrücklich billigen und bestätigen. Der Frankenherrscher erhielt die Zustimmung ohne Schwierigkeiten. Sie wurde nicht zuletzt deshalb so prompt erteilt, weil zu diesem Zeitpunkt die Sachsen erneut in Hessen eingefallen waren.

Karl führte den ersten Feldzug in eigener Person. Die

Sachsen waren klug genug, sich auf keine direkte Auseinandersetzung mit der fränkischen Heeresmacht einzulassen. Sie wichen von Hessen nach Nordwesten zurück, teilten ihre Kräfte, um auch die Franken zur Dislozierung zu zwingen, konnten aber nicht verhindern, daß Karl mit den Hauptkräften zur Eresburg vorstieß, einer starken sächsischen Grenzfestung südlich von Paderborn bei dem heutigen Ort Obermarsberg an der Diemel. Nach der Eroberung der Eresburg entschloß sich König Karl zu einer ähnlichen Demonstration, wie sie Bonifatius durchgeführt hatte, als er bei Fritzlar die Donars-Eiche fällte. Karl vernichtete das zentrale Stammesheiligtum der Sachsen, die Irminsul, die sich auf der Spitze eines Berges nahe der Eresburg am Rand des Teutoburger Waldes befand.

Es handelte sich um eine geschnitzte Holzsäule, die dem altgermanischen König Irmin, dem Stammvater der Ostgermanen, der Irmionen, geweiht war und als Abbild der Weltesche verehrt wurde. Die Sachsen kamen bei der Irminsul seit den ältesten Zeiten zu Opfern und zur Feier der Sonnenwende zusammen. Karl benötigte drei Tage, um dieses altgermanische Heiligtum bis auf den Grund zu zerstören. Er plünderte auch die ungewöhnlich reichen Gold- und Silberbestände der Schatzkammer und zog dann mit dem Frankenheer ab. Ein Teil der sächsischen Bauern unterwarf sich den Franken, sie mußten ausdrücklich ihren alten Göttern entsagen und sich taufen lassen. Als Bürgschaft hatten sie dem König nach dem damals üblichen Brauch zwölf Geiseln zu stellen. In der Abschwörungsformel, die zu dieser Zeit erstmals vor der Taufe gesprochen werden mußte, hieß es unter anderem: »Ich widersage allen Teufelswerken und Teufelsworten, dem Donar, Wodan, Saxnot und all den Unholden, die ihre Genossen sind.«

LAUTER KLEINE SIEGE. Wie wenig dieser Erfolg den Widerstandswillen der Sachsen gebrochen hatte, bekam der Frankenkönig schon im darauffolgenden Jahr 773 zu spüren. Da er Papst Hadrian I. gegen die Langobarden zu Hilfe kommen mußte, zog er sämtliche Feldtruppen aus Sachsen ab und marschierte mit einer gewaltigen Militärmacht nach Italien. Die Sachsen boten daraufhin ohne Verzögerung den Heerbann auf, rückten vor die Eresburg, eroberten sie nach einem gnadenlosen Kampf zurück und machten die Besatzung bis auf den letzten Mann nieder. Ebenso fielen sie in Hessen ein, wüteten mit Feuer und Schwert, zerstörten vor allem Klöster und Kirchen. Als Karl von dem sächsischen Aufstand erfuhr, übermannte ihn der Zorn; von den Chronisten wird das Gelöbnis verzeichnet, das er abgelegt haben soll: »Ich werde das treulose, wortbrüchige Volk der Sachsen so lange bekriegen und die Waffen nicht eher ruhen lassen, bis es entweder völlig besiegt und zu Christen gemacht oder gänzlich ausgerottet ist.«

Auch vor dem nächsten Feldzug im Frühjahr 775 versammelte Karl die fränkischen Fürsten und Kleriker auf einem Reichstag. Er holte in Düren ihre Zustimmung zu seinem Vorhaben ein, »die Sachsen zu unterwerfen und zu Christen zu machen.« Mit mehreren Heeressäulen fiel er in Sachsen ein, und zwar zunächst in das Gebiet der Weserfestung. Die Hochfläche im Norden der Diemel hatte sich als vorzügliches Aufmarschterrain erwiesen; sie wurde auch in den folgenden Jahren die wichtigste Operationsbasis des Königs. Das gab der Eresburg ihr strategisches Gewicht. Deshalb wurde sie auch in allen wichtigen Phasen der Sachsenkriege heftig umkämpft.

Karl brachte sie also unverzüglich wieder in seine Hand, eroberte auch die Hohensyburg, das wichtigste Einfallstor ins sächsische Gebiet, und zog sich nach einer Reihe weiterer erfolgreicher Unternehmungen zufrieden ins Winterlager zurück. Zahlreiche Bauern und Gaufürsten hatten sich wiederum taufen lassen, die Sachsen mußten erneut Geiseln stellen, die geforderten Abgaben entrichten und Treueide leisten.

Mit der ersehnten Winterruhe für Karl und die Franken wurde es allerdings nichts, denn der König war wegen eines erneuten Hilferufs des Papstes genötigt, ohne Aufschub wieder nach Italien aufzubrechen – für die Sachsen die erwartete Gelegenheit zur nächsten Erhebung. Karl hatte kaum die Alpen überschritten, da erreichte ihn die Meldung, die Sachsen hätten die Eresburg wiederum überfallen und erobert. Die Hohensyburg hielt allerdings sämtlichen Angriffen stand.

Erst im Sommer 776 kam für den König die Gelegenheit zur Revanche. Das Ritual wiederholte sich: Zunächst wurde der neuerliche Feldzug gegen die Sachsen auf dem Reichstag zu Worms von den Fürsten bestätigt, dann zogen die Franken mit dem bis dahin größten Aufgebot in die Gebiete der sächsischen Rebellen. In den Annalen Einhards werden die folgenden Ereignisse sachgerecht geschildert, wenn auch selbstverständlich ganz in der Färbung der fränkischen Hofchronistik:

»Der König kam so schnell an sein Ziel in Sachsen, daß schon allein dadurch alle Versuche zu einem Widerstand durch die Sachsen von vornherein gebrochen wurden. Denn als er am Ursprung der Lippe eintraf, fand er dort das treulose Volk in Haufen versammelt. Es stellte sich sehr zerknirscht, flehte um Vergebung und tat, als bereute es seinen Irrtum. Karl verzieh ihm voller Barmherzigkeit, ließ diejenigen von ihnen taufen, die Christen werden wollten, und nahm ihre trügerischen Versprechungen entgegen, künftig die Treue halten zu wollen, sowie die Geiseln, die er als Gewähr zu stellen befohlen hatte. Dann ließ er die zerstörte Eresburg wieder errichten und erbaute eine zweite Festung, die Karlsburg, an der Lippe, ließ in beiden eine beträchtliche Besatzung, kehrte hierauf nach Gallien zurück und verbrachte den Winter in Heristal.«

Der Feldzug des Jahres 776 bedeutete einen ersten Einschnitt. Geht man von der Gesamtlage der Sachsen aus, so wird in diesem Jahr die innere Zerrissenheit des Stammes deutlich. Der Kampf gegen die Franken und das Christentum war von Anfang an belastet durch die Bereitschaft zahlreicher Sachsen, sich ohne Widerstand zu unterwerfen und taufen zu lassen. Das galt besonders für viele Edelinge. Andererseits klärte sich 776 die innere Lage. Daß die völlige Unterwerfung Sachsens kurz bevorstand, glaubte Karl aufgrund der vielen Taufen annehmen zu können; die Reichsannalen, die hier Einhards Bericht ergänzen, sprechen von einer »endlosen Zahl« von Täuflingen.

Der König gab nun – seinem berechtigten Mißtrauen folgend – den Befehl, daß zum Osterfest des Jahres 777 auf dem Reichstag zu Paderborn auch die sächsischen Edelinge zu erscheinen und ihm zu huldigen hätten. Die Annalen Einhards resümieren dieses Ereignis folgendermaßen und setzen damit auch den Akzent für die Entwicklung des nächsten Jahrzehnts: »Nach seiner Ankunft in Paderborn fand König Karl die Großen und das gesamte Volk, dessen Erscheinen er verlangt hatte, ganz bescheiden und scheinbar ergeben versammelt. Alle waren gekommen, bis auf Widukind. Dieser, ein Fürst der Westfalen, hatte wegen seiner zahllosen Verbrechen ein schlechtes Gewissen und war deshalb zum Dänenkönig Sigfred geflohen. Die übrigen überließen sich völlig der Gewalt des Königs und erhielten unter der Bedingung Verzeihung, daß sie bei einem erneuten Abfall Vaterland und Freiheit verlieren würden. Eine große Menge von ihnen wurde nun getauft, sie hatten versprochen, Christen werden zu wollen, doch war dies nur eine trügerische Vorspiegelung.«

ZWISCHEN WODAN UND CHRISTUS. Das Wechselspiel zwischen Vertrag und Vertragsbruch, Treueschwur und Eidbruch, Bekehrung und Abfall besitzt innerhalb der Christianisierung der Germanen nicht jene Rechtssubstanz, die gewöhnlich als Grundlage von Zwischenbeziehungen vorausgesetzt werden muß. Karl der Große spielte mit offenen Karten und bestritt nichts: Seine Schwertmission stellte die Heiden vor die Wahl, sich entweder für die Wassertaufe zu entscheiden oder für die Bluttaufe. Rechtlich hieß das nichts anderes, als daß die Entscheidung, bei der es schließlich um Leben und Tod ging, nicht frei gefällt wurde, sondern unter schwerem Zwang.

Die Nötigung ging nicht nur von den siegreichen Franken aus. Karl bemühte sich mit gutem Erfolg, möglichst viele Sachsenadlige friedlich für sich zu gewinnen. Er garantierte ihnen in den Gebieten, die er militärisch unterworfen hatte, ihren Besitz und ihre Güter, ihre Stellung und ihre Rechte, falls sie sich taufen ließen. Diese Proselyten des siegreichen Schwertes wurden zum eigentlichen Hebel, mit dem der Heidenglaube der Sachsen aufgebrochen werden und die Christianisierung des Landes Boden gewinnen konnte. Vor allem in Engern und Ostfalen konnte Karl beträchtliche Gruppen des Adels auf seine Seite ziehen. Sie befahlen im Jahr 776 ihrem Gefolge und sämtlichen Bauern in ihren Gebieten, sich kollektiv taufen zu lassen. Karl hatte bei seinen Sachsenfeldzügen stets ausreichend viele Priester bei den Truppen, um die unerläßlichen Zeremonien, die zur Taufe gehörten, zu jeder Zeit und an jedem Ort ohne Aufschub und Verzögerung durchführen zu können.

Seit den Tagen der Mission von Bonifatius, des Apostels der Deutschen, geschah die Christianisierung Germaniens fast durchweg in Form von Massentaufen. Bonifatius begann seine Mission in Hessen um das Jahr 722. Die hessischen Stämme grenzten unmittelbar an die Sachsenstämme, bei denen das germanische Heldentum besonders stark verwurzelt war. Bonifatius entschloß sich deshalb eineinhalb Jahrzehnte später, auch mit einer allgemeinen Sachsenmission zu beginnen. Der Erfolg war kläglich. Einem befreundeten Abt berichtet Bonifatius niedergeschlagen über seine kaum vorstellbaren Schwierigkeiten, er schildert sich als einen erbarmungswürdigen, »durch die Stürme des Germanischen Meeres umhergeworfenen und erschöpften Greis«.

Bei den Sachsen, diesem starrköpfigsten Stamm der Deutschen, hatten die Massentaufen den geringsten Erfolg; sie waren nun einmal in jeder Hinsicht, also auch in religiöser Hinsicht »sturmfest und erdverwachsen«. Die Konsequenzen, die sich aus den Massentaufen für den Christenglauben und seine Sicherung ergeben mußten, hätten leicht erkannt werden können. Noch einfacher allerdings waren sie an der Wirklichkeit abzulesen. Was erfuhren denn diese Zwangsbekehrten vom Christentum? Bestenfalls einige Grundlehren. Mehr konnte es gar nicht sein, denn dazu war die Zahl der Missionare und Priester viel zu gering. Und deshalb hielten die Sachsen auch so überaus lange Zeit an ihrem alten Glauben fest, an ihrer Stammesverfassung und an ihrem drakonischen Recht.

MISSION MIT DEM SCHWERT. Verschärft wurde diese Situation noch durch das beträchtliche Gefälle zwischen der theologischen Vorbildung der christlichen Sendlinge, die als völlig Fremde ins Land kamen, und den regionalen Voraussetzungen bei den durch Zwang bekehrten Neugläubigen. Was hatte denn der aufgenötigte Christenglaube eines germanischen Bauern mit dem wirklichen Christentum des Neuen Testaments zu tun oder zumindest mit demjenigen, das die Missionare und Schwertpriester verkündeten? Von der Lehre des Evangeliums, das Jesus gepredigt hatte, zu dem, was Karl der Große den Sachsen mit Schwert und Blut präsentierte, war selbst von klügeren Köpfen kein Weg zu entdecken.

Mission, Bekehrung und Christentum in den endlosen Wäldern, den Fluren und Siedlungen Germaniens war zunächst fast ausnahmslos Gewalt. Beileibe nicht immer nur diejenige Gewalt, die als brachiale, als Gewalt der Faust den Grundsinn des Wortes erfüllt. Es handelte sich auch um Gewalt in jener theologisch delikateren Form, die sich in der Wendung von der »Waffe des prophetischen Wortes« zu erkennen gibt. Sie stammt aus dem Neuen Testament. In der Johannes-Offenbarung wird vom Wort Gottes als dem »scharfen, zweischneidigen Schwert aus dem Munde des Herrn« (Offb. 1,16) gesprochen.

Diese Schriftstelle wurde im Jahrhundert der Germanenmission durch die christlichen Herrscher und Priester vom angestrebten Ziel her interpretiert. Das Ziel war die größtmögliche Verbreitung des Christentums, und so wanderte das Schwert »aus dem Munde des Herrn« kurzerhand in die Faust der christlichen Herren. Deshalb hielt man sich auch nicht lange mit Grübeleien darüber auf, ob nicht die Bekehrung zum Christentum eine innere Umkehr des einzelnen Menschen sein müßte, eine persönliche Glaubenserfahrung und Neuorientierung um der individuellen Seligkeit willen.

Daß nicht dieser, sondern ein anderer Weg eingeschlagen wurde, ergab sich allerdings auch daraus, daß eben kein anderer Weg möglich war, daß sich die freiwillige Einzelbekehrung nicht durchführen ließ. Das Reich des Herrn, das Bonifatius und die Priester Karls des Großen verkündeten, mußte in all seiner Stärke und Macht sichtbar werden. Christi Herrschaft ließ sich gegen den alten Germanenglauben nur kämpferisch durchsetzen: Waren die starren Nakken erst einmal gebrochen, die Köpfe geneigt und die Knie gebeugt, dann würde sich der christliche Glaube des Herzens und der Seele mit der Zeit von selbst einfinden, insbesondere wenn die fortlaufende Unterstützung der geduldigen Priesterhände jederzeit zu spüren war.

Die Christianisierung Germaniens fand also nicht in tausendfachen Einzelakten statt, sondern war eine Sache von Generationen. Bei den Massentaufen handelte es sich zunächst um etwas rein Äußerliches; trotzdem bildeten sie den ersten, den entscheidenden Durchbruch. Die Missionare und bewaffneten Sendboten verzeichneten ihre besten Erfolge zunächst durch die Überzeugungskraft eindrucksvoller Taten. Als Bonifatius sich entschloß, die Eiche Donars bei Fritzlar zu fällen, war die Wirkung bei weitem größer als eine feinsinnige Deutung der Bergpredigt. Mit solch spektakulären Aktionen ließ sich die gewaltige Überlegenheit und Macht des Christengottes gegenüber den alten Germanengöttern drastisch beweisen, besser jedenfalls als mit Hilfe theologisch geschulter Zungenfertigkeit. Eine erhebliche Unterstützung bei der Durchsetzung des Christentums war allerdings auch die behutsam-sorgliche Übernahme einer Fülle germanischer Glaubenselemente und ihre Einschmelzung in die Feiern des Kirchenjahres.

Bei den Sachsen erzielte König Karl mit der Zerstörung der Irminsul bei weitem nicht denselben Effekt wie Bonifatius bei den Hessen, als er die Axt an die Eiche Donars legte. Im Gegenteil: Die Sachsen, vor allem die meisten der freien

Bauern, erkannten darin nicht die Überlegenheit des Christengottes, sondern empörten sich über den gottlosen Frevel. Ihr Haß steigerte sich zur Raserei. Deshalb hatten auch die erzwungenen Massentaufen bei ihnen so wenig Erfolg. Für die meisten waren sie von vornherein ungültig. Vor die Wahl gestellt, sich für den Henker mit dem Schwert oder den Priester mit dem Kreuz zu entscheiden, empfahl ihnen die praktische Vernunft, die Taufe zu wählen, weil lebendige Schein-Christen den alten Glauben besser verteidigen konnten als getötete Rechtgläubige des Heidentums. Die Mehrzahl der sächsischen Zwangsbekehrten betrachtete die Konversion auch trotz der abgelegten Eidesformeln als nicht bindend. Wenn die unter erpresserischem Druck zum Glaubenswechsel Genötigten später ihren Entschluß revidierten, konnte ihnen der Rückfall nur von Kasuisten als Wankelmut oder Wortbruch zur Last gelegt werden.

Die fränkischen Christen mochten sich zwar über die »trügerischen Versprechungen« und Verstellungen der Sachsen empören, doch nachdenklicheren Herrschern, allen voran auch Karl dem Großen, erschien von der Warte einer besseren Einsicht in den menschlichen Charakter und seine Vorzüge der Trotz und verbissene Widerstand der Sachsen natürlicher und bewundernswerter als der bequeme Weg des schlichten Glaubenswechsels jenseits allen Für und Widers. Davon abgesehen rechnete der König auch mit der ständigen Bereitschaft dieser neubekehrten Christensachsen, wieder abzufallen. Das beste Mittel dagegen erschien ihm Druck und Drohung. Deshalb verlangte er von jedem getauften Sachsen ein Gelöbnis der Treue, mit dem er sich und seinen gesamten Besitz an Karl übereignete; der König stattete ihm alles wieder als Lehen zurück. Damit versuchte Karl eine besonders zuverlässige Sicherung einzubauen, denn nunmehr wurde jedem Abtrünnigen unter dem Anschein königlichen Rechts der »Verfall von Leib und Gut« in Aussicht gestellt. Diese Regelung hielt sich an altes sächsisches Recht; allerdings war dort vorausgesetzt, daß der Schwur auch freiwillig geleistet wurde.

WARTEN AUF RACHE. Einmütig bestätigen die zeitgenössischen Chronisten, daß sich Widukind im Gegensatz zu den meisten anderen sächsischen Adligen 777 nicht zum Reichstag in Paderborn eingefunden hatte. Der Sachsenfürst war aber keineswegs nur aus Sorge um seine Sicherheit dieser Zusammenkunft ferngeblieben; er hatte sich entschiedener als alle anderen Gaufürsten der Sachsen dem Kampf gegen König Karl, gegen die Franken und gegen das Christentum verschrieben. So verzeichnen die Lorscher Annalen auch lakonisch: »Rebellis extitit – Er blieb führender Rebell.«

Sichere Angaben über seine Beteiligung an den bisherigen Aufständen fehlen, allerdings ist die Wahrscheinlichkeit groß, daß er auch bei den Kämpfen um die Hohensyburg führend war. Eine seiner eigenen großen Besitzungen, der Oberhof am rechten Ufer der Ruhr, zu dem vier angrenzende Bauernschaften gehörten, lag in unmittelbarer Nähe der Hohensyburg; sie galt deshalb auch als seine Stammburg. Daß Widukind in Paderborn nicht erschien, war jedenfalls aufsehenerregend genug und muß als ein Beweis dafür angesehen werden, daß sich der Westfalenfürst inzwischen auch in der damaligen Öffentlichkeit zum wichtigsten Gegenspieler Karls in dem Ringen zwischen Franken und Sachsen profiliert hatte.

Auch der Sturm auf die Eresburg und ihre Eroberung im Jahr 775 scheint unstreitig von Widukind geleitet worden zu sein. Sein Aufgebot war allerdings dem Gegenangriff der

Franken und ihrer Panzerreiter im darauffolgenden Jahr nicht gewachsen. Widukind mußte durch ganz Westfalen bis über die Weser zurück; er beschloß nun, sich mit seinen Unterführern in das sichere Gebiet des dänischen Königs Sigfred, seines Schwagers, zurückzuziehen und hier die nächste Gelegenheit abzuwarten. Ob er sich möglicherweise damals im Sachsenland nicht mehr sicher fühlte oder ob die fränkischen Truppen bereits das ganze Gebiet unter Kontrolle hatten, läßt sich nicht feststellen. Am wahrscheinlichsten dürfte es sein, daß Widukind unter dänischem Schutz die künftigen Aktionen am ungestörtesten vorbereiten konnte.

IM TAL VON RONCESVALLES. Nach der Winterruhe zog Karl im Frühling 778 mit einem großen Heer in den Süden, nach Spanien, um jenseits der Pyrenäen eine feste Brückenkopf-Position zu schaffen und damit der beständigen Unruhe der Basken ein Ende zu setzen. Damit hätte er auch dem maurischen Spanien deutlich gemacht, wie es um die Abgrenzung der beiden Herrschaftsgebiete bestellt war. Die Franken eroberten Pamplona, marschierten siegesgewiß weiter nach Süden, überquerten den Ebro und erschienen vor Saragossa.

An den Mauern dieser Stadt brach sich das ganze Unternehmen, und Karl mußte sich zum Rückzug entschließen. Er hielt sich an dieselbe Route, die ihn bis vor Saragossa geführt hatte, ließ in Pamplona vorsorglich die Festungsmauern schleifen und zog den Pyrenäen entgegen. Im Tal von Roncesvalles wurde seine Nachhut unversehens von den Basken überfallen und bis auf den letzten Mann niedergemacht; eine große Zahl von Adligen aus der unmittelbaren Umgebung des Königs verlor dabei das Leben, an ihrer

76

Spitze Hruodland, Graf der Bretagne, einer der engsten Vertrauten Karls des Großen und Kommandeur der Nachhut. Diese Katastrophe erschütterte den König und die Franken zutiefst. Karl ließ kurz darauf an dieser Stelle eine Kirche als Grab für den Grafen bauen. Später wurde das Ereignis von Roncesvalles zum Kernpunkt des berühmten *Rolandsliedes* aus dem Sagenkreis um Karl den Großen. Seine erste literarische Form fand es am Ende des elften Jahrhunderts im altfranzösischen *Chanson de Roland.* Graf Hruodland avanciert darin zum Neffen und obersten der zwölf Paladine des Königs.

»NACH IHRER ÜBLEN GEWOHNHEIT«. In den *Fränkischen Reichsannalen* endet die kurze Schilderung des Überfalls im Tal von Roncesvalles mit dem Satz: »Dieser Verlust überlagerte wie eine Wolke im Herzen des Königs einen großen Teil der spanischen Erfolge.« Dem unbekannten Verfasser der *Reichsannalen* ist es im Dienst der Hofhistoriographie ein leichtes, die schmerzhafte Niederlage vor Saragossa in einen Erfolg umzumünzen. Doch dem König wurde in dieser Zeit noch weit mehr zugemutet. In Auxerre, dem alten Bischofssitz und der wichtigsten Festung zwischen Paris und dem Mittelmeer, erfuhr er, daß Widukind die Gelegenheit des spanischen Feldzugs genutzt und einen neuen Aufstand der Sachsen inszeniert hatte – »nach ihrer üblen Gewohnheit«, wie sich der Annalist entrüstet. Sein Kommentar hebt die Beharrlichkeit Widukinds und der Sachsen hervor. Immer wieder brechen sie auf, fast zur selben Zeit und so unvermeidlich, wie die Jahreszeiten sich einfinden.

In einem wahren Vernichtungsrausch war Widukind mit seinen Kriegern durch das Bergische Land bis zum Rhein gestürmt, hatte sich bei Deutz nach Südosten gewandt, war rheinaufwärts bis Koblenz gezogen und von dort aus durch den Lahngau tief nach Hessen vorgedrungen. Die Mönche von Fulda, zeitig gewarnt, konnten sich nur durch Flucht retten. Die Sachsen hatten auf ihrem sichelähnlichen Vernichtungszug gnadenlos jedes Kloster und jede Kirche niedergebrannt.

Der König gab in Auxerre den Befehl, daß ostfränkische und alemannische Truppen in Eilmärschen nach Norden ziehen sollten, um den Sachsen womöglich den Rückzug abzuschneiden und sie zu stellen, bevor sie ihr eigenes Land erreicht hatten. Der Plan mißlang, die Franken stießen nur noch auf die Nachhut des Sachsenheeres, dessen Gros schon die Eder, den linken Nebenfluß der Fulda, bei Leisa überquert hatte. Das Treffen bei der Furt des Flusses war blutig, die Verluste der Sachsen waren beträchtlich, doch bei weitem nicht so hoch, wie es die *Reichsannalen* darstellen. Entscheidend war vielmehr, daß Widukind mit dem Hauptteil des sächsischen Aufgebots unbehelligt die Heimatgebiete erreichte, denn die Franken verzichteten nach dem Treffen an der Eder auf die weitere Verfolgung und kehrten zurück.

Damit war Karl der Große allerdings nicht zufrieden. Auf dem Reichstag in seiner Pfalz Düren zwischen Köln und Aachen im Frühling 779 ließ er sich wiederum einen neuen Kriegszug gegen die Sachsen bestätigen. Es war das vierte große Unternehmen. Das Frankenheer überschritt den Rhein bei Lippeham im Raum Wesel und rückte gegen die Verschanzungen vor, die von den Sachsen noch außerhalb ihres Gebietes angelegt worden waren. Zum ersten größeren Zusammenstoß kam es bei Bocholt an der Aa; die Sachsen wurden geworfen. Noch größer war der Erfolg der Franken bei dem Treffen kurz darauf in den Coesfelder Bergen bei dem Dorf Darup. Die fränkischen Panzerreiter durchbrachen ohne Mühe die Befestigungen der Sachsen, teilten sich zu einer Zangenbewegung und eroberten die Anlage. Sie drangen danach bis zur Weser vor und schlugen linksseitig gegenüber von Uffeln ihr Lager auf. Damit hatten sie ganz Westfalen in ihrer Hand.

Trotz dieser Erfolge war es nicht der triumphale Sieg, den Karl erringen wollte. Gegenüber seinem Lager auf dem Amtsberg bei dem heutigen Ort Vlotho hatten die Engern und Ostfalen auf der anderen Seite der Weser eine vorzügliche Stellung ausgebaut, die ihnen eine sichere Beherrschung der Furt ermöglichte. Karl hütete sich deshalb, trotz seiner Truppenübermacht den Flußübergang zu versuchen. Auf beiden Seiten setzte sich schließlich die Überzeugung durch, daß ein gütliches Arrangement am vorteilhaftesten sei. Auf einer Insel in der Weser trafen Parlamentäre zu Gesprächen zusammen. Nach etlichen Tagen war man sich einig, die Engern und Ostfalen stellten Geiseln und leisteten die geforderten Eide. Karl verzichtete auf einen weiteren Vormarsch, er zog über Paderborn und die Eresburg nach Worms ins Winterlager und feierte in der Stadt Weihnachten und ebenso das Osterfest. Immerhin konnte sich der König mit dem Gedanken vertraut machen, daß es ihm gelungen war, die Sachsen auf ein Kerngebiet zurückzuwerfen, so daß die Front zwischen ihnen und den Franken nunmehr unwiderruflich an der Weser verlief.

POLITISCHE UNTERWERFUNG. Das wollte König Karl nunmehr erhärten. Er brach deshalb im Frühjahr 780 erneut an der Spitze eines Heeres auf, zog über die Eresburg ins Quellgebiet der Lippe nach Horheim. Er hatte den gesamten sächsischen Adel dorthin bestellt, um seine Unterwerfung entgegenzunehmen und die Taufe durchführen zu lassen.

Widukind blieb auch diesmal fern. Er sei, so wurde Karl erklärt, wiederum zum Dänenkönig gegangen und würde wahrscheinlich nie mehr in Sachsen auftauchen. Karl war deshalb überzeugt, daß jetzt der Widerstandswille der Sachsen nachhaltig genug gedämpft war, um auch die kirchlichen Angelegenheiten so zu regeln wie im ganzen Frankenreich. Der König führte auch für Sachsen die Grafschaftsverfassung ein. Das lief auf eine territoriale Gleichschaltung der sächsischen Gebiete hinaus. Die Verfügungen dieses Jahres untersagten die alten Volksversammlungen, allgemeine Zusammenkünfte mußten beim König angemeldet und von ihm genehmigt werden. Die christlichen Kirchen wurden rangmäßig den germanischen Götterhainen übergeordnet. Auch jene Sachsen, die sich noch nicht hatten taufen lassen, mußten dies anerkennen. Wer sich der Taufe entzog, hatte mit schwersten Strafen zu rechnen.

Letzte Hand an die innere Umgestaltung Sachsens wurde auf dem Reichstag des Jahres 782 in Lippspringe durch den Erlaß der *Capitulatio de partibus Saxoniae* gelegt. Damit war das fränkische Verwaltungssystem verankert und die politische Unterwerfung Sachsens besiegelt. Das Stammgebiet der Sachsen wurde dem Frankenreich als eine Provinz einverleibt, die alte Gauverfassung zerschlagen, Grafen über die Gaue gesetzt, das Land auf fränkische Edelinge und solche Sachsenfürsten verteilt, die sich beizeiten dem Frankenkönig unterworfen, das Christentum angenommen und sich an den Aufständen Widukinds nicht beteiligt hatten. Völlig neu war die Verpflichtung, den Priestern den Zehnten von allen geernteten Früchten und den Einnahmen als Kirchensteuer abzuliefern. Schließlich mußten sich die Sachsen auch dazu nötigen lassen, im Falle eines Angriffs auf die Grenzen des Frankenreiches Kriegsdienst zu leisten.

In den *Reichsannalen* wird ausdrücklich notiert, daß

Widukind auch diesmal nicht erschienen sei. Dagegen fand sich eine Abordnung des Dänenkönigs ein; aus welchem Grund dies geschah, darüber gibt es in den Quellen keine Auskunft.

DIE SCHLACHT AM SÜNTEL. Noch im selben Jahr glaubte Karl, die Verpflichtung der Sachsen zum Kriegsdienst auf die Probe stellen zu können. Die Sorben zwischen Elbe und Saale waren zu einem Plünderungszug in thüringisches Gebiet eingebrochen. Ein gemischtes Großaufgebot von Franken und Sachsen sollte sie verjagen. Wider Erwarten rückten die Sachsen mit erfreulich starken Einheiten heran. Die Kontingente sammelten sich am Süntel, einem langge-streckten Bergzug an der Weser nördlich von Hameln. Die genaue Stelle läßt sich nicht mehr markieren, weil in der alten Zeit der ganze Nordrand der Weserfestung, also der Wiehen – zusammen mit dem Wesergebirgszug, links und rechts der Porta Westfalica, als Süntel bezeichnet wurde. Höchstwahrscheinlich kam es im Raum östlich von Minden und damit tatsächlich in der Nähe des heutigen Süntelge-biets zur Schlacht.

Widukind hatte den Aufstand dieses Jahres besonders sorgfältig geplant, er konnte auch die Friesen dafür gewin-nen. Während die fränkischen Einheiten schon in das Gebiet rückten, das die Sorben heimsuchten, brach der Sachsen-aufstand los. Vor seiner Gewalt verblaßten alle früheren Rebellionen. Die Zahl der Krieger, die aus fast sämtlichen Sachsenstämmen zusammengeströmt waren, übertraf die Erwartungen – für Karl den Großen ein entsetzlicher Rück-schlag, da es keinen augenfälligeren Beweis dafür geben konnte, daß die sächsische Zusammengehörigkeit stärker war als jede Taufe und jeder Treueid.

Als die Führer der fränkischen Truppen die Nachricht erhielten, daß die Sachsen sich erhoben, die vom König eingesetzten Grafen erschlagen und zahlreiche Kirchen und Klöster niedergebrannt hatten, kehrten sie mit ihren Kontingenten sofort um. Kurz darauf trafen sie mit dem Grafen Theoderich, einem Verwandten des Königs, zusammen. Theoderich hatte in aller Schnelligkeit Truppen zusammengezogen und war ins Aufstandsgebiet gerückt. Die fränkischen Befehlshaber hatten von der Stellung des Sachsenheeres Widukinds ein genaues Bild. Sie verabredeten, den Gegner in einer Zangenbewegung von zwei Seiten zu umfassen. Im Osten wollten Marschall Gailo, der königliche Kämmerer Adalgis und der Pfalzgraf Worad mit ihren Truppen Widukind angreifen. Kurz darauf sollte Graf Theoderich mit seiner Einheit von Westen aus den Sachsen in die Flanke fallen.

Doch ein Plan ist nicht besser als seine Durchführung. Dem Bericht in den *Fränkischen Reichsannalen* ist kaum etwas hinzuzufügen: »Nachdem Graf Theoderich am Süntel sein Lager aufgeschlagen hatte, setzten die drei Befehlshaber, so wie es verabredet war, über die Weser, um so den Berg leichter umgehen zu können, und lagerten sich am Ufer des Flusses. Nunmehr besprachen sie sich untereinander und äußerten schließlich die Befürchtung, die Ehre des Sieges könnte dem Theoderich alleine zufallen, wenn er an der Schlacht teilnähme. Daher beschlossen sie, ohne ihn die Sachsen zu attackieren. Sie griffen also zu ihren Waffen und rückten in größter Eile, als ob sie es nicht mit einem in Schlachtordnung stehenden Feind zu tun hätten, sondern mit der Verfolgung von Fliehenden und mit Beutemachen, so schnell jeden sein Roß tragen konnte, auf die Sachsen los, die sie vor ihrem Lager in Schlachtreihe erwarteten. So unselig der Anmarsch, so unselig verlief auch der Kampf selbst. Kaum hatte die Schlacht begonnen, wurden sie von den Sachsen umzingelt und fast bis auf den letzten Mann niedergehauen. Wer sich retten konnte, floh nicht in das eigene Lager, von dem aus sie aufgebrochen waren, sondern in das Lager Theoderichs, das jenseits des Gebirges lag. Die Verluste der Franken waren noch höher, als es zahlenmäßig zu sein schien, denn Adalgis und Gailo, die beiden Sendboten des Königs, ferner vier Grafen und etwa zwanzig andere erlauchte und vornehme Männer wurden getötet, ebenso all die vielen anderen, die ihnen gefolgt waren und lieber mit ihnen sterben, als sie überleben wollten.«

In dem Bericht des Annalisten wird zwar der leichtsinnige, fast kopflose Angriff verurteilt, zu dem sich die Franken aus purer Ruhmsucht und aufgrund ihres arroganten Überlegenheitsgefühls verleiten ließen. Doch für die Katastrophe war das nicht ausschlaggebend. Entscheidend war die ausgezeichnete Führung, die Schlachtordnung und Disziplin der Sachsen, ebenso ihre überragende Tapferkeit. Nur dadurch war es ihnen möglich, den Ansturm der fränkischen Panzerreiter zerschellen zu lassen. In diesem Moment brachen sächsische Berittene aus ihren Flankenstellungen in den dunklen Waldgebieten des Süntels hervor, umzingelten das Frankenheer und hieben es zusammen.

Der Sieg der Sachsen am Süntel in der ersten offenen Feldschlacht gegen die Franken war so bedeutend, daß er sogar Erinnerungen weckte an den Triumph von Arminius und seinen Cheruskern über die Römer im Teutoburger Wald – gegenüber am Südrand der Weserfestung, knapp fünfzig Kilometer vom Ort der Süntelschlacht entfernt. Leopold von Ranke, der Alt- und Großmeister der deutschen Geschichtsschreibung, meinte denn auch in seiner *Weltgeschichte,* die Niederlage der Franken lasse sich

durchaus mit jener der Römer im Teutoburger Wald vergleichen, weil sie in der Tat mit ihr »eine entfernte Ähnlichkeit
darbietet«.

DAS BLUTGERICHT VON VERDEN. Als der König die Hiobsbotschaft erhielt, brach er umgehend mit allen Truppen auf,
die er in der Eile zusammenraffen konnte, und zog ins
Wesergebiet. Er befahl sämtlichen Sachsenführern, sich in
seinem Lager bei Verden, unterhalb der Mündung der Aller
in die Weser, zu versammeln. Die meisten fanden sich auch
mit ihren Kriegern ein. Als der König nach den Ursachen für
den neuen Aufstand forschte, wurde ihm übereinstimmend
versichert, daß Widukind dafür verantwortlich gewesen sei.
Doch bestehe keine Aussicht, ihn zu fangen, weil er sich
bereits wieder unerreichbar und gesichert bei den Dänen
befinde.

Diese Schuldzuweisung konnte die Wut und den Groll des
Frankenkönigs nicht besänftigen; sie wurde auch schwerlich mit der Absicht vorgetragen, Verantwortung abzuwäl-
zen. Die Erbitterung des Königs über den neuen Aufstand,
der fürchterlicher als jede frühere Erhebung gewesen war,
ebenso sein Zorn über die katastrophale Niederlage am
Süntel haben bei dieser Versammlung zweifellos eine erhebliche Rolle gespielt. Ausschlaggebend aber war die Ansicht
Karls, daß es sich bei diesen rebellierenden Sachsen, deren
Gebiet inzwischen nichts anderes mehr war als ein Territorium seines Frankenreiches, einfach um Hochverräter handelte, weil sie sich als seine Untertanen gegen ihn empört
hatten. Auf Hochverrat aber stand nach den geltenden Geset-
zen die Todesstrafe.

Den König interessierten in Verden nur beiläufig die
Gründe für den neuen Aufstand. Er war in erster Linie zum

Gerichtstag und zur Aburteilung gekommen. Sein Spruch lautete auf Tod. Er gab den Befehl, alle Sachsen, die man ihm vorgeführt hatte und die auf sein Urteil warteten, hinzurichten. Sie wurden sämtlich an einem einzigen Tag getötet, viertausendfünfhundert Mann.

Das Bild, die Vorstellung von dieser Exekution ist grauenhaft. Die Zahl der Getöteten erscheint horrend. Sie wurde vielfach angezweifelt, allerdings nicht aufgrund zuverlässigerer Nachrichten und Notizen in Geschichtsquellen, sondern weil man einerseits das Urteil Karls des Großen als Makel auf seiner weißen Weste der historischen Größe empfand, andererseits nicht akzeptieren wollte, daß diese wilden Sachsen plötzlich wie Schlachtvieh widerstandslos ihre Köpfe auf den Block des Henkers gelegt haben sollten. Zahlreiche Nachfahren und Historiker konnten sich nicht erklären, wieso sich ausgerechnet diejenigen Krieger, die auch der Sachsendichter (Poeta Saxo) gegen Ende des neunten Jahrhunderts in seinem Gedicht mit dem Satz schildert: »Ungezähmt ist der Sachsen Art und harten Gemütes«, wieso sich also Tausende dieser Krieger plötzlich ohne jede Gegenwehr von den Franken abschlachten ließen. Hatten doch die meisten derselben Sachsen erst kürzlich, nur wenige Wochen vor dem Tag von Verden, ein fränkisches Heer vollständig vernichtet.

Der Sachverhalt hat nichts Mysteriöses. Karl war mit einer starken Truppenmacht nach Verden gekommen. Die Sachsen erwarteten nicht nur unbewaffnet, sondern auch gefesselt sein Urteil. Auf welche Weise sie von ihren Grafen und Führern dazu gebracht wurden, in Verden zu erscheinen, wissen wir nicht. Aber sie waren nun einmal erschienen. Vermutlich rechnete keiner von ihnen mit einem derart brutalen Urteil, sondern jeder verließ sich auf die fast unbegreifliche Milde, mit der König Karl in den früheren Jahren ihre wiederholten Treubrüche hingenommen und sich dann für die Begnadigung entschieden hatte. Der unerwartete und so überaus heftige Aufstand des Jahres 782 und die schwere Niederlage am Süntel beendeten Karls moderate Umstimmungsversuche nach seinen Siegen in den jährlich aufeinander folgenden Sachsenzügen. Von jetzt an ging es auf Biegen und Brechen. Der König hing zwar auch von wechselnden Gefühlslagen ab, aber selbst wenn er sich in Verden in allerhöchster Erregung befunden hätte, so lag doch in seinem unerbittlichen Urteil eine Konsequenz, die sich geradezu zwangsläufig aus der Unversöhnlichkeit der beiden Gegner, den christlichen Franken und den heidnisch-germanischen Sachsen, ergab.

Die viereinhalbtausend Sachsen wurden nicht von Henkern enthauptet. Der Beruf des Henkers war damals noch unbekannt, er kommt erst seit dem dreizehnten Jahrhundert auf. Im *Sachsenspiegel* des Ritters Eike von Repgow, dem wichtigsten deutschen Rechtsbuch des Mittelalters, das im ersten Drittel des dreizehnten Jahrhunderts niedergeschrieben wurde, amtiert zwar der Gerichts- oder Fronbote auch als Vollstrecker der gefällten Urteile, aber es handelt sich immer um einen hochangesehenen Mann. Außerdem werden die Todesurteile auch noch lange Zeit gemäß dem tradierten altdeutschen Brauch von der ganzen Gemeinde oder von einzelnen ihrer Mitglieder vollstreckt.

Die Gerichtssitzung fand außerhalb Verdens statt, an der Stelle des heutigen Domplatzes. Die Sachsen standen gefesselt, eng nebeneinander, in einem riesigen Haufen vor dem König. Sie waren umringt von schwer bewaffneten Frankenkriegern. Nachdem Karl seinen Richtspruch gefällt hatte, wurden die Verurteilten sofort von den Kriegern exekutiert, mit den Schwertern zusammengehauen, mit den Spießen durchbohrt – nicht anders, als es auch in späteren Jahrhun-

derten öfter der Fall war, etwa in der deutschen Bauernre-
volution des sechzehnten Jahrhunderts. Die Leichen der
Sachsen wurden in die Aller geworfen, sie trieben in die
Weser und dann ins Meer. Einige Jahre später ließ Karl der
Große an der Gerichtsstätte eine Holzkirche errichten. Sie
wurde zum Mittelpunkt des Bistums Verden. An dem gleichen Ort begann 1185 der Bau des Domes. Fertiggestellt
wurde er gegen Ende des fünfzehnten Jahrhunderts, und so,
mit seinem unverwechselbaren Kupferdach, ist er noch
heute zu sehen.

DIE SCHLACHTEN BEI DETMOLD UND OSNABRÜCK. Karl
hatte versucht, im Herbst desselben Schicksalsjahres 782
und den ganzen Winter hindurch Widukind in Sachsen
aufzuspüren. Er verließ sich nicht auf die Versicherung, daß
der Rebell schon längst wieder bei seinem Schwager in
Dänemark sei. Selbst wenn die Wahrscheinlichkeit noch so
gering war, ihn durch einen Zufall zu entdecken und zu
fangen, der König wollte das Risiko nicht eingehen, auch nur
die kleinste Chance außer acht gelassen zu haben. Die
fränkischen Trupps, die das Land durchzogen, hieben gnadenlos alle bewaffneten Sachsen, auf die sie stießen, zusammen, setzten Häuser in Brand, verwüsteten die Siedlungen.
Das Blutgericht von Verden brachte freilich dem Land nicht
den Frieden der Furcht und die Ruhe der Lähmung, sondern
steigerte den Haß und Zorn der Sachsen auf einen Siede-
punkt. Im Frühjahr 783 war Widukind erneut zur Stelle.
Ohne besondere Anstrengungen sammelte er wieder starke
Verbände, auch von den Friesen wurde er kräftig unterstützt.

Karl hatte, kaum daß ihn die ersten Meldungen von der
neu aufgeflammten Empörung erreichten, starke Truppen

zusammengezogen, überquerte in aller Schnelligkeit den Rhein und fiel in Engern ein. Im Mai 783 kam es in der Nähe von Detmold zur zweiten großen Feldschlacht. Bei diesem Treffen wurde die Kriegserfahrung des Königs ausschlaggebend. Es gelang ihm, die sächsischen Heerhaufen noch vor ihrer Vereinigung einzeln zu besiegen. Die Verluste auf beiden Seiten waren außerordentlich. Doch ob es sich wirklich um einen so überragenden Erfolg der Franken gehandelt hat, wie die Annalisten glauben machen wollen, ist mehr als fraglich, denn Karl zog sich mit seinen Truppen in höchster Eile nach Paderborn zurück und wartete hier Verstärkung ab.

Eine Woche später kam es zu einem weiteren gewaltigen Treffen nordwestlich von Osnabrück an der Hase. Die Franken hatten diesmal vor allem westfälische und friesische Krieger unter der Führung Widukinds als Gegner. Die Schlacht tobte volle drei Tage und Nächte. Schließlich waren die Sachsen eindeutig geschlagen. Widukind mußte sich in eine nahegelegene Burg zurückziehen; sie trägt noch heute seinen Namen: Wittekindsburg. Die Zahl der Gefallenen auf beiden Seiten belief sich auf mehr als sechstausend. Die Franken konnten die Fluchtburg Widukinds einschließen. Als die Lage aussichtslos wurde, entschloß sich der Sachsenherzog zu einem nächtlichen Ausfall, durchstieß den Belagerungsring und entkam.

WIDUKIND AM »HEILIGEN TAUFQUELL«. Im darauffolgenden Frühjahr mußte König Karl wie gewohnt nach Sachsen aufbrechen, denn Widukinds erneuter Aufstand hatte nicht auf sich warten lassen. Da die Weser Hochwasser führte, war ein Übergang nicht möglich. Karl wandte sich deshalb nach Thüringen, um von der Elbe aus nach Ostfalen vorzudringen. Die Front in Westfalen hatte der König seinem Sohn Karl überlassen – freilich nur nominell, denn der Knabe war erst zwölf Jahre alt. Im münsterländischen Dreingau kam es zu einem Treffen, bei dem die Sachsen die Oberhand behielten. Da Widukind bis tief in den Herbst hinein, ja selbst noch im Winter ständig neue Überfälle inszenierte, blieb der fränkische König auch in der kalten Jahreszeit im Kriegsgebiet. Als Standort für seine engste Umgebung und seine Familie wählte er die Eresburg. Er bereitete schon in diesen Monaten den neuen Frühjahrsfeldzug vor und war jetzt entschlossen, den Widerstand der Sachsen ein für allemal zu brechen. Aus diesem Grund zahlte er Widukind seine ununterbrochene Aktivität mit gleicher Münze heim. In den Annalen heißt es dazu: »Während der König in der Eresburg weilte, schickte er vielfach Scharen ab und machte auch selbst einen Zug; er ließ die aufständischen Sachsen ausplündern, eroberte ihre Burgen, drang in ihre Befestigungen ein und säuberte die Straßen, bis der passende Zeitpunkt herangerückt war.«

Damit meint der Annalist den Reichstag zu Paderborn im Frühling 785. Karl zog unmittelbar darauf mit einem gewaltigen Heer durch den Bardengau bis zur Unterelbe. Nirgends hatten die sächsischen Truppen standhalten können. Sie waren jetzt im wesentlichen auf den nördlichen Raum rechts der Elbe, also auf ihr altsächsisches Stammgebiet zurückgeworfen.

In dieser Situation kam es zu einem entscheidenden Wechselgespräch. Die Details sind nicht zu klären, doch es scheint ziemlich sicher zu sein, daß sowohl der König als auch der Sachsenherzog bereit waren, einen Schlußstrich unter das verzweifelt blutige Ringen zu ziehen. Karl erhielt von Widukind ein Friedensangebot. Darin deutete er an, daß er nach Erfüllung bestimmter Garantien bereit sei, sich zu unterwerfen. Zur selben Zeit ließ der König durch sächsische Vermittler Widukind die Einstellung der Kämpfe nahelegen: Er garantierte ihm jeden Schutz, wenn er endlich seinen Widerstand aufgabe. Widukind nahm die Offerte an, verlangte aber zur Sicherheit die Stellung von Geiseln. Der König erfüllte die Bedingung und ließ diese Geiseln durch Amalwin, einen seiner Hofleute, überbringen. Damit betrachtete er die Unterwerfung Sachsens als beschlossene Sache, stellte alle Kämpfe ein und begab sich in eine seiner bevorzugten Residenzen, in die vom Merowingerkönig Chlodwig II. im Jahre 647 erbaute Pfalz Attigny an der Aisne in der Champagne, am Südrand der Ardennen.

Wenig später brach Widukind mit einem kleineren Gefolge unter Führung Amalwins ebenfalls nach Attigny auf. In seiner Begleitung befanden sich seine zuverlässigsten Gefährten, allen voran Abbio, der mit Widukind verwandt war, ebenso Widukinds Gemahlin Gera. Am Weihnachtsfest 785 ließen sich Widukind und sein ganzes Gefolge taufen, gleichzeitig legten sie einen feierlichen Eid auf den König ab. Karl der Große wurde Taufpate des Sachsenherzogs. Als Taufgeschenk erhielt Widukind vom König ein überaus kostbares, in Gold getriebenes Reliquiar.

Gleichgültig, ob mit diesem Ereignis wirklich der Widerstandswille aller Sachsen gebrochen war oder nicht: Karl konnte in der Unterwerfung Widukinds zurecht den so heiß ersehnten Triumph, die Krönung aller seiner Anstrengungen sehen. Wie hoch er diesen Erfolg einschätzte und wie erfreut seiner Überzeugung nach auch die abendländische Christenheit darüber sein würde, zeigt sich schon daran, daß er eilig und voller Stolz das Ergebnis nach Rom mitteilen ließ und den Papst darum bat, seinen Sieg über die Sachsen mit einer angemessenen Feier zu würdigen.

Hadrian I. antwortete dem König: »Mit Freuden habe ich

aus dem Brief, der mir durch Deinen Gesandten, den Abt Andreas, überbracht wurde, entnommen, daß Du die wilden und feindlichen Stämme der Sachsen zur Verehrung Gottes und zum rechten Glauben unserer heiligen, katholischen und apostolischen Kirche geführt hast. Du hast mit der Hilfe Gottes und der Fürbitte der heiligen Apostelfürsten Petrus und Paulus ihren Nacken unter Seine Macht und Herrschaft gebeugt und ihre Großen durch göttliche Erleuchtung mit königlichem Bemühen unterworfen und so jenes gesamte Volk der Sachsen zum heiligen Taufquell geführt.

Mir ist Dein Wunsch, für den Sieg eine Feier zum Lobpreis Gottes zu veranstalten, höchst erfreulich, und so habe ich beschlossen, daß in allen der heiligen römischen Kirche unterworfenen Teilen des Erdkreises am 23., 26. und 28. Juni 786 als dem Vorabend des Festes des heiligen Johannes des Täufers, am Feste des heiligen Johannes und Paulus und am Vorabend des Festes des heiligen Apostels Petrus Litaneien gehalten werden sollen. – Ich habe die Zeit der Feier deshalb so weit hinausgeschoben, damit auch die außerhalb des Frankenreiches wohnenden christlichen Nationen es bis dahin erfahren haben und an der Feier teilnehmen können.«

Der Gegensatz zwischen institutionalisiertem Kirchenglauben und persönlich verwurzelter Frömmigkeit, dessen Spannung auch zum Kampf zwischen Karl dem Großen und Widukind gehört, drückt sich in einer Legende aus, die im elften Jahrhundert der gelehrte Benediktiner, Wanderprediger und Kardinalbischof Petrus Damiani berichtet: Karl der Große habe nach langen Kämpfen und blutigen Schlachten Widukind endlich überwältigt und gefangen in sein Lager geführt. Dem Sachsenherzog fiel auf, daß der Kaiser bei der Mahlzeit auf einem erhöhten Platz thronte, während die Armen ihre Speise voll Demut am Boden zu sich nahmen.

Daraufhin meinte Widukind zu dem Sieger: »Euer Christus spricht: ›In den Armen habt ihr mich selbst aufgenommen.‹ Wie könnt ihr uns aber zumuten, daß wir den Nacken beugen sollen vor dem, den ihr selbst so verächtlich behandelt?« Karl der Große errötete vor Scham und erschrak zutiefst, daß ausgerechnet ein heidnischer Mann ihn mahnend an eine Grundlehre des Evangeliums erinnerte.

MIT WEIB UND KIND INS FRANKENREICH. Ein letztes Mal hatte sich König Karl in den Sachsen geirrt. Zwar machte das Beispiel Widukinds Schule, die meisten der sächsischen Adligen ließen sich nunmehr ebenfalls taufen und unterwarfen sich. Den Ausschlag gab vermutlich nicht Opportunismus, eine Eigenschaft, deren Anziehungskraft bei unseren germanischen Vorvätern und insbesondere den Sachsen kaum in Ansätzen zu finden ist, sondern jene germanische Frömmigkeit, die in tiefgreifenden, radikal umgestaltenden Ereignissen ein Ordal, ein Gottesurteil, erkannte und sich danach richtete. Mit der vulgären Anerkennung der militärischen Übermacht hatte das nichts zu tun. Schon der Zweikampf wurde in den germanischen Volksrechten als ein Iudicium Dei betrachtet, in der körperlichen Überlegenheit oder siegreichen Waffenführung sah man einen Triumph des Rechts. Der Zweikampf als Gottesurteil wurde dann auch auf den Krieg ausgeweitet.

Für Sachsen und Franken hatte es damals einen guten Sinn, im Ringen zwischen Karl und Widukind auch einen solchen Zweikampf zu sehen. Der elementare Ordalgedanke und die Ultima ratio waren damals nicht voneinander getrennt, in der materiellen Macht vermochte man durchaus ein höheres Wirken zu erkennen.

Widukinds Bekehrung wirkte in Sachsen zum Teil beispielgebend, zum Teil wie ein Schock. Erst im Jahr 792 kam es erneut zu kleineren Aufständen. Die Gründe dafür waren nicht zuletzt in der Abneigung gegen einige der neu eingesetzten Gaugrafen zu finden, Widukind hatte mit diesen Erhebungen nichts zu tun, auch nicht mit den größeren Empörungen, die im darauffolgenden Jahr in Sachsen ausbrachen, als König Karl erneut mit einem großen Heer nach Süden gegen die spanischen Araber ziehen mußte.

Die Aufstände rissen auch in den folgenden Jahren nicht ab, doch blieben sie durchweg lokal begrenzt. Karl begnügte sich mit wiederholten Strafzügen, kurzen, jedoch brutalen Unternehmungen, die zumeist durch die üblichen Ergebenheitserklärungen und erneuerten Eide der Sachsen sowie Geiselstellungen, aber auch zunehmend durch umfängliche Deportationen ganzer Bevölkerungsgruppen beendet wurden. Eine besonders große Zwangsumsiedlung fand 795 statt. Genaue Zahlen darüber gibt es nicht. In den *Annales Mosellani* heißt es allerdings, es habe sich um »eine gewaltige Menge« gehandelt, und zwar wurden Sachsen aller Stände deportiert: Edelinge, Frilinge und Laten. Der Verfasser der *Fränkischen Reichsannalen* trägt dann im Jahr 804 lapidar die abschließende Notiz ein: »Im Sommer zog der Kaiser mit einem Heer nach Sachsen und führte alle Sachsen, welche jenseits der Elbe und im Osten der Wesermündung wohnten, mit Weib und Kind ins Frankenland ab.« Es scheint sich um etwa zehntausend Familien gehandelt zu haben. Insgesamt dürften von Karl dem Großen mehr als fünfundzwanzigtausend Sachsen deportiert worden sein. Die Gesamtzahl der sächsischen Bevölkerung in dieser Zeit wird auf fünfhunderttausend geschätzt.

Mit dem Jahr 805 enden die sächsischen Erhebungen, bricht der letzte Widerstand zusammen. Zwar ist es nur ein Zufall, aber doch auch bezeichnend, daß diese Tatsache und das Ableben Widukinds beinahe zeitgleich sind. Sein genaues Todesdatum steht nicht fest, es wird zumeist auf den 7. Januar 807 verlegt. In Enger soll Widukind im Jahr 785, noch unmittelbar vor seiner Taufe, eine Kirche gestiftet haben. Hier dürfte er auch gestorben und begraben worden sein. Seine mutmaßliche Ruhestätte trägt seit dem elften Jahrhundert eine Grabplatte. Kaiser Karl IV. ließ es sich nicht nehmen, 1377 Widukinds Grab zu besuchen. Königin Mathilde, die Gemahlin Heinrichs und Ururenkelin Widukinds, gründete in den Jahren 947/948 das Stift Enger.

In dieser Stadt Widukinds wird seit mehr als einem Jahrtausend bis heute am Vortag seines Ablebens, dem 6. Januar, die Wittekindsspende gefeiert. Eingeleitet wird sie durch ein traditionell festgelegtes Läuten der Stadtkirchen; anschließend werden quadratisch geformte Brötchen – die Timpken – und Würste unter den Armen verteilt.

Der Name des Sachsenherzogs, seine legendäre Gestalt ist über ein Jahrtausend hinweg lebendig geblieben. Ein sächsischer Mönch des neunten Jahrhunderts, dessen Namen wir nicht kennen, meinte in seiner Lebensbeschreibung Ludgers, des ersten Bischofs von Münster, daß Widukind, »obgleich er ein Heide war, so doch wegen seiner vielgerühmten Weisheit, wegen seines Ruhmes, wegen seiner hinreißenden Beredsamkeit und seiner Kriegskunst mit Recht zu den größten Führergestalten zu zählen ist.« Auch wenn wir in Rechnung stellen, daß sich der Sachsenstolz im Zeichen des Kreuzes genauso lebendig erhielt, wie er im Zeichen Saxnots lebendig war, hat eine solche Einschätzung Widukinds nichts mit der bekannten Neigung zu tun, den Ruhm der Verstorbenen auf Kosten der Wahrheit ihres Lebens zu erhöhen. Niemand hätte dem nüchternen, harten Sachsensinn eine Schilderung zumuten können, die von dem wirklichen Ansehen Widukinds und seiner Bedeutung abgewichen wäre nach dem Panegyrischen hin, die also nicht seinen tatsächlichen Ruf, den er besaß, schlichtweg bestätigt hätte.

Das Urteil über ihn hat sich aller geschichtlichen Veränderungen und den dazugehörigen Meinungsschwankungen zum Trotz gehalten, auch unbeschadet aller mythischen Verklärung. Bis heute bildet Widukinds historisch gegenständlicher Kampf um die Freiheit und den Glauben seines Volkes, ebenso aber auch die Symbolik, die sich damit verbindet, eines der Grundelemente, das die Zeiten überdauert und den Völkern der Welt, also auch unserem eigenen, dazu verhilft, sich leichter wiederzufinden und zu erkennen, als es auf den Irrwegen und in den Mißhelligkeiten der Gegenwart möglich ist.

5. Liudolf. Die Ahnen Heinrichs

»Weißt du, wie lange schon der Solling steht?
Das kannst du denken nicht. Ich bin so alt,
Ich lebe, seit das Gras im Winde weht,
Der Sommer heiß ist und der Winter kalt.«
Paul Ernst: *Das Kaiserbuch*, Der Ahn

Nach Widukinds Tod mindert sich das Eigengewicht Sachsens. Die Geschichte des Stammes und seiner Länder wird in der folgenden Zeit noch über viele Jahre hinweg von der inneren Umgestaltung geprägt: von der Verwandlung Sachsens in eine Provinz des Fränkischen Reiches, seiner Durchsetzung mit der karolingischen Verwaltung, von den Bemühungen Karls des Großen, das Sachsenland seinem Reich so einzufügen, wie die anderen Gebiete bereits eingefügt waren. An dieser Durchdringung änderte sich auch durch den Tod des Kaisers zunächst kaum etwas. Erst nach der Regierungszeit seines Sohnes und Nachfolgers Ludwig I. des Frommen im Jahre 840 begannen sich als Folge der Aufteilung des Karolingerreiches unter die Söhne Kaiser Ludwigs zentrifugale Kräfte in den verschiedenen Herzogtümern durchzusetzen. Diese Entwicklung hatte sich schon in der Regierungszeit Ludwigs I. angebahnt, aller Welt sichtbar spätestens seit 830, als es zu einer wahren Revolution seiner Söhne in ihrem Kampf um die Herrschaft kam.

Der Vertrag von Verdun im Jahre 843 beendete die blutigen Auseinandersetzungen um das karolingische Erbe. Ludwig der Fromme, des verstorbenen Kaisers dritter Sohn, wurde König des Ostfränkischen Reiches. Seine Herrschaft erstreckte sich auf die Gebiete östlich der Linie Rhein-Aare, umschloß die linksrheinischen Distrikte um Speyer, Worms und Mainz, ferner Sachsen, Thüringen, Ostfranken, Alemannien – das heutige Schwaben samt der Schweiz – sowie Bayern, die Ostmark und Kärnten. Von diesen Territorien aus gesehen, war der Beiname Ludwigs als »der Deutsche« sachgerecht, als »Rex germanorum« wurde er auch schon von den zeitgenössischen Geschichtsschreibern tituliert. Die Geschlossenheit des Ostfränkischen Reiches konnte der König sechs Jahre vor seinem Tod nochmals eindrucksvoll besiegeln. Im Vertrag von Meerssen 870 teilten sich Karl der Kahle, der König des Westfrankenreiches, und Ludwig der Deutsche das Lotharingische Reich ihres Neffen Lothar II., der 769 ohne erbberechtigten Verwandten und damit ohne Nachfolger verstorben war. Ludwigs Gebiete vergrößerten sich dadurch um das Elsaß, Teile von Burgund, die linksrheinischen Territorien bis zu einer Linie zwischen den Ardennen und der Eifel – ab Lüttich mit der Maas als Grenzfluß – sowie um Friesland.

In der Mitte dieses neunten Jahrhunderts taucht in den alten Aufzeichnungen über Sachsen erstmals wiederum ein Name auf, der mehr bedeutet als nur die Chiffre einer Persönlichkeit, deren Umrisse im Nebel des Vergessens verschwimmen: Liudolf, Herzog der Ostsachsen – dux orientalium Saxonicum. Die Annalen in den Archiven des Klosters Gandersheim verzeichnen ihn mit separater Ehrerbietung. Der Grund dafür ist nicht nur in dem allgemeinen Ansehen

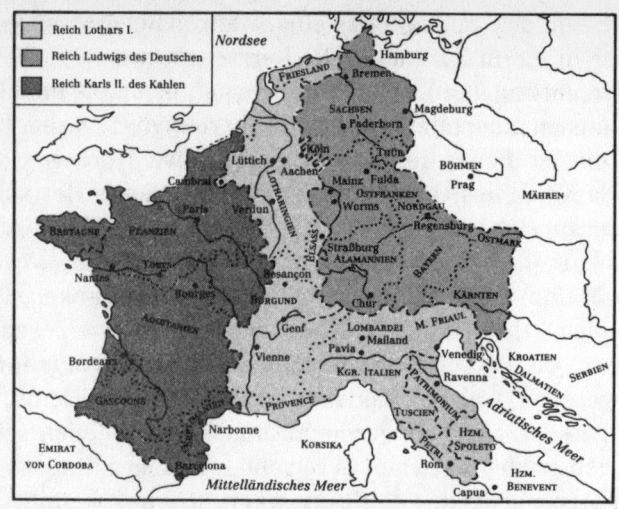

Das Frankenreich nach der Teilung von Verdun 843

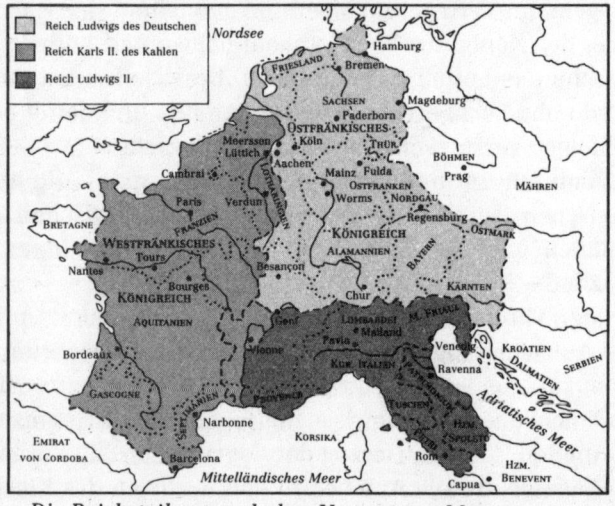

Die Reichsteilung nach dem Vertrag von Meerssen 870

zu finden, das sich der ostfälische Graf wegen besonderer Erfolge erworben hatte. Liudolf gehörte zu den sächsischen Adligen, die sich durch hervorstechende Frömmigkeit auszeichneten. Die Reihe seiner Ahnen geht weit zurück, das Geschlecht ist alteingesessen und scheint bis ins Vorgeschichtliche zu reichen, jedenfalls bis in Zeiten, von denen es nur mündliche Erzählungen gab und über die sich nichts Schriftliches erhalten hat. Daß der sächsische Gaufürst Bruno aus Engern, den wir aus der Zeit Karls des Großen kennen, zu seinen unmittelbaren Vorfahren gehört, ist zwar wahrscheinlich, läßt sich aber nicht zweifelsfrei nachweisen. Mehrfach heißt es sogar, daß Bruno der Vater Liudolfs gewesen sei; rein zeitlich wäre das durchaus möglich, denn Liudolf scheint um das Jahr 806 geboren worden zu sein.

SACHSENS ERSTE KLÖSTER. Im neunten Jahrhundert wurden in Sachsen, so wie in den anderen, schon längere Zeit christianisierten Gebieten Deutschlands, Klöster gegründet. Sie waren als Quellorte und Garanten der Durchsetzung und Verankerung des neuen Glaubens unersetzlich. Die ersten Stiftungen waren Corvey und Herford; sie entstanden in der Zeit Ludwigs des Frommen. Als Geburtshelfer wirkten Adalhard und Wala, zwei Vettern Karls des Großen. Adalhard, ein hochgebildeter Mann, gehörte jahrelang zum engsten Beraterkreis des Kaisers, bevor er Abt des Benediktinerklosters Corbie an der Somme wurde. Die Abtei war im Jahre 662 von Balthildis, der Witwe des fünf Jahre zuvor verstorbenen neustroburgundischen Königs Chlodwig II., gegründet worden. Auch Wala besaß hervorragende politische Erfahrungen; bevor er als Mönch in Corbie eintrat, hatte er ebenfalls lange Zeit dem Kaiser als Ratgeber gedient. Der Kaiser übertrug ihm die Verwaltung Sachsens, und er amtierte so vorzüglich, daß er sich im ganzen Land Sympathien erwarb. Junge Sachsenmönche, die nach Corbie kamen, weil es für sie in Sachsen noch keine geistlichen Bildungsmöglichkeiten gab, drangen in Wala, er möge doch ihrem Heimatland dabei behilflich sein, diesen Mangel zu beseitigen.

Der Abt von Corbie trug im Jahr 815 auf dem Reichstag in Paderborn den Plan einer Klostergründung in Sachsen vor. Sowohl Ludwig der Fromme als auch Hathumar, der Bischof von Paderborn, waren einverstanden. Noch im selben Jahr wurde mit der Arbeit begonnen. In Neuhaus am Solling errichteten Mönche eine Schulungsanlage mit mehreren Bauten. Doch das Projekt kam nicht über den ersten Schwung hinaus. Einige Versuche, den Standort zu verlegen, scheiterten, man war am Resignieren. Erst als Adalhard, der im Zuge des Regierungswechsels von Corbie entfernt worden war, im Jahr 821 wiederum Abt des Klosters wurde, nahm er sich mit Wala energisch der Neugründung am Solling an. Die Lage des Ortes schien tatsächlich nicht die beste zu sein, ein Platz im Wesertal wäre erheblich vorteilhafter gewesen. Wala wurde fündig, er konnte den Besitzer, Graf Bernhard von Höxter, davon überzeugen, daß es sowohl dem Herrgott als auch dem Kaiser lieb wäre, wenn er das Grundstück für den Klosterneubau verkaufen würde. Ludwig der Fromme erlegte den Kaufpreis und übertrug dieses Königsgut dem Kloster Corbie als Schenkung.

Nun kam Bewegung auf. Am 6. August 822 verließ der Konvent den Solling und zog zum neuen Standort. Wenige Wochen später waren die ersten Holzgebäude fertig für den kompletten Umzug der Mönche. Adalhard und Wala hatten sich persönlich um die Arbeiten gekümmert. Am 27. Juli 823 erließ der Kaiser ein Stiftungsprivileg für »Corbeia nova«, das bald als erstes Reichskloster in Sachsen unter dem Namen Corvey berühmt wurde. Ludwig der Fromme weihte der sächsischen Tochterstiftung Corbies aus seiner Palastkapelle eine Reliquie des Märtyrers Stephan – eine Heiligung dieser christlichen Wirkungsstätte, die dem Ort von vornherein hohen Rang verlieh. Bei dieser Reliquienspende handelte es sich um eine Besonderheit. Sie stammte aus dem Stephansreliquien-Hort, den Papst Leo III. im Jahr 799 persönlich aus Rom nach Paderborn gebracht hatte, als er zu Karl dem Großen fliehen und bei ihm um Schutz nachsuchen mußte.

Mit der Gründung Corveys hing auch der zweite Klosterbau in Sachsen zusammen, das hochadlige Frauenstift in Herford an der Werre, der älteste Frauenkonvent im Sachsenland. Hier konnte auf eine Urgründung des sächsischen Edelings Waltger aus dem Jahr 790 zurückgegriffen werden. Der Aufbau dieser beiden Klöster als geistliche Bildungsstätten für Männer und Frauen erscheint fast als eine Familienangelegenheit. Denn Theodrada, die Schwester von Adalhard und Wala, leitete seit dem Jahr 810 als Äbtissin das Marienkloster von Soissons an der Aisne. Und so, wie Corvey nach dem Vorbild seines Mutterklosters Corbie gestaltet wurde, leistete auf Betreiben der beiden Brüder der Äbtissin Theodrada die Königsabtei von Soissons dieselben monastischen Dienste dem Damenstift in Herford. Beiden Gründungen folgten 847 das Benediktinerinnenkloster Lamspringe südlich von Hildesheim, zehn Jahre später das Damenstift Freckenhorst im Kreis Warendorf und kurz darauf, 860, das Kanonissenstift Herzebrock im Kreis Wiedenbrück zwischen Münster und Paderborn.

IN DER OBHUT DES KAISERHOFS. In den ersten Jahren stand Adalhard sowohl in Corbie als auch in Corvey als Abt an der Spitze der beiden Klöster. Er starb 826, sorgte aber noch dafür, daß als sein Nachfolger Warin, ein Sohn der heiligen Ida aus dem sächsischen Hochadel und des Grafen Ekbert, der zeitweise als Stellvertreter Kaiser Karls in Sachsen als Herzog amtiert hatte, zum Abt von Corvey ernannt wurde. Eine Schwester von Abt Warin war die Mutter Haduwichs, der Gemahlin Herzog Ottos von Sachsen, dem Vater von König Heinrich dem Ersten. Aus welchen Gründen Adalhard sich für Warin eingesetzt hatte, wissen wir nicht; wahrscheinlich dürfte die Verwandtschaft dabei eine gewisse Rolle gespielt haben. Jedenfalls blieb durch Abt Warin, der bis zum Jahr 856 amtierte, die enge Bindung des Reichsklosters Corvey an den Kaiserhof erhalten. Dies war um so bedeutsamer, als die Abneigung der Sachsen gegen das Mönchtum während des ganzen neunten Jahrhunderts unausrottbar zu sein schien. In den vier Jahren, in denen Adalhard Corvey leitete, traten lediglich neun Mönche als Novizen in das Kloster ein. Fast alle Versuche, neue Abteien in Sachsen zu gründen, scheiterten.

In dieser Situation erhielt die Fürsorge des Kaisers ein besonderes Gewicht. Günstig wirkte sich dabei allerdings auch der Umstand aus, daß Ludwig der Fromme im Jahre 819 in zweiter Ehe die Edeldame Judith, deren Mutter Eigilvi dem sächsischen Hochadel entstammte, geheiratet hatte. Judith vergaß niemals ihre Abkunft. Dazu kam noch der gewaltige Einfluß, den sie auf Ludwig den Frommen hatte. Des Kaisers asketische Neigungen hatten sich mit der Zeit derart verstärkt, daß er wiederholt ernsthaft plante, dem Thron zu entsagen und sich ins Kloster zurückzuziehen. Die Zeitgenossen bedachten ihn deshalb mit dem Beinamen »Mönch«; das wurde erst später zu dem realpolitisch weniger verfänglichen »der Fromme« gemildert. Der Kaiser legte jedenfalls die Krone nicht nieder, und dabei dürfte Judith ihre Hand im Spiel gehabt haben, sofern das Wort Hand die angemessene Bezeichnung für ihre sogar akten-mäßig belegte unvergleichliche Schönheit sein kann. Der Kaiser war ihr derart verfallen, daß seine mönchischen Versuchungen keinerlei Einfluß mehr auf seine Entschlüsse ausübten, nicht zuletzt auch deshalb, weil Judiths politische Vorstellungen kaum weniger deutlich ausgeprägt waren als ihre physischen Reize.

Die Kaiserin förderte und umsorgte die sächsischen Reichsabteien, als wären es ihre eigenen Schöpfungen. Noch sieben Jahrhunderte später war ein kostbares Kreuz, das sie Corvey geschenkt hatte, im Kloster vorhanden. Ebenso wurde dort bis zur Säkularisation im Jahr 1803 jährlich das Judithenbrot gespendet, eine reichhaltige Armenspeisung. Die Fürsorge der Kaiserin wurde nach ihrem Tod im Jahr 843 fortgesetzt von ihrer Schwester Hemma, der Gemahlin des Ostfrankenkönigs Ludwig dem Deutschen. Corvey konnte in dieser Ägide der höfischen Betreuung seinen Missionsbezirk erheblich ausweiten. Es wurde Stützpunkt der Christianisierungsarbeit in der nordischen Mission, und große Schenkungen bestätigten den Rang der Abtei, deren Bedeutung das alte Missionszentrum Fulda bald erheblich übertraf, so daß es schließlich zum geistlichen und kulturel-len Zentrum des Reiches wurde. Gegen Ende des neunten Jahrhunderts entstand in Corvey mit größter Wahrschein-lichkeit auch das gewaltige Epos des Poeta Saxo auf Karl den Großen.

Die Mönche des Klosters erhielten als erste in Sachsen das Privileg, selbständig Münzen zu schlagen – ein Recht, über das nur noch Hamburg verfügte –, sie durften einen eigenen Markt errichten, der Bischof von Paderborn wurde vom Kaiser eigens angewiesen, die Freiheiten Corveys sorgsam zu schützen. Auch die enge familiäre Bindung zwischen dem Weserkloster und dem Damenstift Herford blieb erhalten, denn in der Mitte des Jahrhunderts wurde Addila, eine Schwester von Abt Warin, zur Äbtissin des Klosters ernannt. Nicht nur der Stand der Äbte und Äbtissinen zeigt im übrigen, daß in diesen Jahrhunderten die Überzahl der Mönche aus dem Adel kam; die Klöster standen zwar auch den anderen Ständen, ja grundsätzlich jeder Frau und jedem Mann offen, doch wer nicht aus dem Adel kam, mußte sich mit den minderen Diensten und Rängen begnügen. Das änderte sich erst nach den Auseinandersetzungen um das Armutsideal in der Kirche und der Gründung des Franziskanerordens eingangs des dreizehnten Jahrhunderts.

DIE ROLLE VON RELIQUIEN. Corvey besaß den Ruhm, das älteste Kloster in Sachsen zu sein. Im Jahr 836 wurde sein Rang durch eine besondere Auszeichnung nochmals erhöht: Abt Hilduin von dem berühmten Kloster Saint-Denis im Norden von Paris überließ Corvey die Gebeine von Veit, dem sizilischen Märtyrer und Heiligen, als Schenkung. Hilduin war nach seiner Verbannung durch Ludwig den Frommen im Jahr 830 von den Mönchen in Corvey überaus gastfreundlich aufgenommen worden. Aus Dankbarkeit stiftete er ihnen nach seiner Rückkehr die Reliquien des heiligen Veit; zusammen mit dem ersten Märtyrer des Christentums, dem heiligen Stephanus, wurde Veit der Schutzpatron Corveys.

Die Überführung der Gebeine aus dem Frankenreich nach Sachsen wurde schon kurze Zeit später auch als ein politisch-symbolischer Akt von erheblichem Gewicht eingeschätzt. In seiner *Sachsengeschichte* erzählt Widukind von

Corvey, daß König Heinrich der Erste im Jahr 923 bei den Kämpfen um die Rückgliederung Lothringens an das Deutsche Reich von einem Gesandten König Karls des Einfältigen begrüßt wurde. Er überreichte Heinrich ein Handreliquiar des Märtyrers Dionysius, das in Gold eingefaßt und reich mit Edelsteinen verziert war: »Du sollst es behalten als Pfand des ewigen Bündnisses und der gegenseitigen Liebe. Dieses Stück von dem einzigen Trost, der den in Gallien lebenden Franken geblieben ist, seitdem die Gebeine des erhabenen Märtyrers Veit uns zu unserem Verderben verlassen und zu eurem beständigen Frieden nach Sachsen überführt worden sind, wollte dir der König am liebsten zukommen lassen. Denn seitdem der Leichnam des heiligen Veit von uns hinweggeführt worden ist, haben auch die inneren und äußeren Kämpfe in unserem Land nicht aufgehört.«

Der Reliquienkult in der christlichen Kirche begann sich seit dem vierten Jahrhundert mächtig zu entfalten. Seine Wurzeln wurden auf das Alte Testament zurückgeführt; im zweiten Buch der Könige wird ein Toter nach der Berührung mit den Gebeinen des Propheten Elija wieder lebendig. Durch die Reliquien Veits wurde Corvey unter den Schutz des Heiligen gestellt. Dank dieses Patroziniums entwickelte sich das Kloster zur Hauptstätte christlicher Heiligenverehrung in Sachsen. Der Wunderkatalog hatte eine gewaltige Anziehungskraft auf das Volk, Corvey rückte zeitweilig geradezu in die Position eines nationalen Heiligtums des Deutschen Reiches. Nicht zuletzt aus diesem Grund verbreitete sich im Mittelalter die Verehrung Veits, einem der Vierzehn Nothelfer, in ungeheurem Ausmaß.

Das Beispiel Corveys löste eine Kettenreaktion der Reliquienjagd aus. Waltbert, ein Enkel Herzog Widukinds, unternahm im Jahr 851 eigens eine Wallfahrt nach Rom, um für Wildeshausen in Oldenburg an der Hunte die

Gebeine des heiligen Alexander zu erhalten; die Reliquien wurden übertragen, und in Wildeshausen wurde das Alexanderstift gegründet. Herford, dem Schwesterkloster von Corvey, gelang es im Jahr 860, aus Frankreich die Reliquien der heiligen Pusinna zu erhalten, einer Tochter des Grafen Sigmar von Perthes aus Binson bei Châtillon-sur-Marne in der Champagne. Ihre Zeit fällt in die zweite Hälfte des fünften Jahrhunderts. Von Bischof Alpinus von Châlons erhielt sie den Schleier und lebte nach dem Tod ihres Vaters als Einsiedlerin in dem Ort, an dem zwei Jahrhunderte später die Abtei Corbie gegründet wurde. Von den sechs Schwestern Pusinnas, die ebenfalls alle den Schleier genommen hatten, wurden auch Liudtrud und Menechildis nach ihrem Ableben heiliggesprochen. Um in den Besitz der Reliquien der heiligen Pusinna zu kommen, hatte die Äbtissin Addila die Beziehungen ihres Bruders, des einflußreichen Grafen Kobbo, der sich in westfränkischem Dienst befand, ausgenützt. Kobbo war es auch zu danken, daß der Zehntenbesitz an Corvey und Herford gebracht wurde.

REISE NACH ROM. Rang und Zukunft von neugegründeten Klöstern waren in dieser Zeit besonders gut gesichert, wenn sie durch Reliquien, die sich in ihrem Besitz befanden, geheiligt und unter den Schutz der verehrten Patrone gestellt wurden. Graf Liudolf hatte nicht die Absicht, in dieser Beziehung den Stiftern der bereits existierenden sächsischen Klöster nachzustehen. Er entschloß sich, selbst nach Rom zu pilgern und persönlich zu versuchen, die begehrten Reliquien zu erhalten. Auf dieser Reise wurde er von seiner Gemahlin Oda, einer Tochter des sächsischen Markgrafen Billung und der fränkischen Adligen Aeda, sowie einem zahlreichen Gefolge begleitet. Die Delegation war ausgerüstet mit kostbaren Geschenken und vor allem mit einem wortreichen Empfehlungsschreiben Ludwigs des Deutschen, des ostfränkischen Königs.

Liudolf wurde in Rom von Papst Sergius II. überaus huldvoll aufgenommen. Der Graf trug seine Bitte vor: Er wolle auf seinen Besitzungen in Sachsen ein Kloster gründen und erbete sich dafür aus dem überquellenden Reliquienschatz Roms eine Gabe. Das neue Stift sollte unter dem ausschließlichen und ganz besonderen Schutz des heiligen Petrus stehen. Papst Sergius ließ sich nicht lange bitten. Liudolf erhielt von den alten römischen Bischöfen und Heiligen Anastasius und Innozenz Teile ihrer durch die Jahrhunderte wundersam unversehrt erhaltenen Körper. Anastasius hatte von 399 bis 402 den römischen Bischofsstuhl innegehabt. Innozenz hatte seine Nachfolge angetreten, er war mit Anastasius eng befreundet gewesen, möglicherweise handelte es sich dabei um seinen Vater. Innozenz, der bis 417 den Petristuhl innehatte, wird in der Kirchengeschichte als erster Papst des römisch-katholischen Christentums geführt.

Sergius entließ den Sachsengrafen und sein Gefolge mit seinem Segen und versicherte ihm, daß die Klosterneugründung unter apostolischem Schutz stehen würde. Zu welcher Zeit Graf Liudolf in Rom war, wird in den Quellen nicht verzeichnet. Doch das Datum liegt verhältnismäßig genau fest, weil das Pontifikat von Sergius II. in die Jahre 844 bis 847 fällt. Die Anlage entstand zunächst in Brunshausen, unmittelbar neben dem alten Mönchsbau, der Cella s. Bonifacii, die vor dem Jahr 785 von Fulda aus errichtet worden war. Das neue Kloster Liudolfs wurde im Jahr 852 als Jungfrauenstift eingeweiht, und die Reliquien aus Rom wurden feierlich überführt.

Erste Äbtissin war Hathumod, eine Tochter Liudolfs, die

als Nonne in Herford begonnen hatte und schon als Zwölfjährige an die Spitze des Klosters gestellt wurde. Der Legende nach soll Hathumod durch eine weiße Taube zu einem Steinbruch geführt worden sein, der sich dem Anschein nach als Standort des Neubaus eignete. Obwohl sich also der Himmel selbst engagiert zu haben schien, dürfte die Wahl von Brunshausen schon bald bereut worden sein. Liudolf entschloß sich nämlich kurze Zeit später, das Kloster zu verlegen, und zwar in die Nachbarschaft seiner Stammburg, die sich am Übergang der Straße über die Gande befand, die den westfälischen Hellweg, die alte Königsstraße, nach Osten verlängerte.

NONNE UND POETIN. Hier, im niedersächsischen Bergland zwischen Harz und Leine entstand schließlich der neue Klosterbau, das spätere Reichsstift Gandersheim und Hauskloster der Ottonen. Die enge Verbindung zu seinem Gründer zeigt sich nicht zuletzt auch dadurch, daß drei seiner Töchter Äbtissinnen des Klosters wurden. Auf Hathumod folgte Gerberga, die eigens eine schon bestehende Verlobung löste, um den Schleier zu nehmen. Dritte Äbtissin wurde die jüngste Tochter Christina. Ebenso entschloß sich der jüngste Sohn des Herzogs, Ekbert-Agius, ins Kloster zu gehen, und zwar nach Corvey. Ekbert-Agius schrieb später eine Biographie seiner Schwester Hathumod, die *Vita Hathumodae*. Von seiner Hand stammen höchstwahrscheinlich auch die ansehnlichen Prunkurkunden für Gandersheim, mit denen sich sein Schwager, König Ludwig III. der Jüngere, bei Brun und Otto, den beiden ältesten Söhnen Liudolfs, für die Unterstützung durch sächsische Truppen in der Schlacht von Andernach im Jahr 876 gegen den Westfrankenkönig Karl den Kahlen bedankte. Ludwig III. verlieh dem Kloster Gandersheim auch den Transitzoll, den die Kaufleute vom Rhein bis zur Elbe und der Saale entrichten mußten.

Unvergänglich wurde die Neugründung an der Gande durch die um 935 geborene sächsische Adelsnonne und Dichterin Roswitha (Hrotsvith) von Gandersheim. Blutjung trat sie in das Kanonissenstift ein und schuf in den kaum fünf Jahrzehnten ihres Lebens eine überaus reiche Dichtung: Heiligenlegenden, Dramen, historische Gedichte, ferner im Auftrag der kaiserlichen Familie eine epische Darstellung der *Gesta Ottonis*, der Taten Ottos I. des Großen, ein Werk, das sich unter den Frühproduktionen der sächsischen Geschichtsschreibung durchaus behauptete.

Roswitha besaß bei aller Bescheidenheit ein erfrischendes Eigenbewußtsein, sie titulierte sich selbst als »die starke Stimme von Gandersheim«. Das sächsische Edelfräulein pries in ihren frommen Gedichten die Virginität und das Lob der Keuschheit mit einem unverkennbar sinnlichen Vergnügen. Ihre dramatischen Werke hat sie mit einer Vorrede eingeleitet, die für sich spricht: »Es gibt manche Christen – und ich selbst kann mich nicht ganz von Schuld freisprechen –, welche die heidnischen Schriften, obwohl ihr Inhalt nichtig ist, wegen ihrer glatten und gefälligen Sprache den nutzbringenden heiligen Schriften vorziehen. Andere wieder halten zwar an dem göttlichen Wort fest und verachten heidnisches Wesen, lesen aber dabei wiederholt die Dichtungen des Terenz. Indem sie sich an seiner sinnenkitzelnden Darstellung ergötzen, leiden sie durch das Kennenlernen schändlicher Dinge Schaden an ihrer Seele. Darum habe ich, die starke Stimme von Gandersheim, kein Bedenken getragen, jenen Dichter insofern nachzuahmen, daß ich in derselben Dichtungsart, in der Terenz die schändlichen Ausschweifungen wollüstiger Weiber schildert, die Keuschheit gottgeweihter Jungfrauen preise, so gut ich das vermag. Zwar ist mir bei diesem Unternehmen nicht selten die Schamröte ins Gesicht gestiegen, aber hätte ich die Arbeit aus Schamgefühl unterlassen, so würde ich weder das mir gesteckte Ziel erreicht noch das Lob der Keuschheit meinem Können entsprechend verkündigt haben. Denn je verführerischer der Reiz der Sinnenlust ist, desto ruhm- und lobwürdiger erscheint die Hilfe von oben und desto glänzender der Sieg über jene Sinnenlust, zumal wenn ein schwaches Weib den Sieg erringt, während des Mannes stolze Kraft gedemütigt wird und erliegt.«

Roswitha war die Schöpferin des christlichen Dramas im frühen Mittelalter, die erste dramatische Poetin der Deutschen. Ihre erstaunliche Bildung erhielt sie ausschließlich im Kloster, gefördert von der Äbtissin Gerberga, einer Enkelin König Heinrichs des Ersten und Nichte Kaiser Ottos I. des Großen. Die ebenso kraftvolle wie unbefangene Schönheit ihrer Dichtung wurde erst von den deutschen Humanisten eingangs des sechzehnten Jahrhunderts entdeckt, die Inszenierungen ihrer Stücke in unserer Zeit, und zwar in fast allen großen Ländern, sind nicht mehr zu überblicken – Sachsenformat scheint die wirkungsvollsten Mittel der Selbstdarstellung erfolgreich zu handhaben.

DER STARKE MANN IN SACHSEN. Graf Liudolf entfaltete außerordentliche politische Aktivitäten. Entscheidend wurde sein Einsatz bei der Abwehr der Däneneinfälle aus dem Norden. Es gelang ihm, für diese unerläßliche Grenzsicherung den gesamten Adel Ostfalens unter seiner Führung zu einen, wenig später stieß auch der Adel Engerns dazu. Ebenso garantierte Liudolf die Sicherung der Ostgrenze im sächsischen Bereich. Sein Name erhielt dadurch in kurzer

Zeit weit über sein eigenes Territorium hinaus einen außergewöhnlichen Klang, seine Zeitgenossen sprachen von ihm vereinfachend als dem Dux, dem Herzog von Sachsen. Ein solcher Titel war damals noch nichts Feststehendes. Liudolf konnte so benannt werden, weil er die Markgrafschaft gegenüber den Dänen innehatte, oder weil er als Befehlshaber das gesamte Heer führte. Schließlich wurde er auch förmlich von König Ludwig dem Deutschen als Dux orientalum Saxonum bezeichnet. Mit oder ohne Titel, als Herzog des Heeres oder als Begründer des sächsischen Volksherzogtums: Liudolf wurde von den Annalisten und Chronisten seiner Zeit zu den ersten Fürsten des Reiches gezählt und entsprechend achtungsvoll gewürdigt.

Macht wirkt magnetisch. Am schnellsten zieht sie Interessen an. Das starke Engagement des liudolfingischen Hauses an der lothringischen Politik des Ostfrankenkönigs brachte Arnulf von Kärnten, den illegitimen Sohn König Karlmanns, der 887 vom ostfränkischen Adel zum König gewählt wurde, dazu, seinen siebzehnjährigen Sohn Zwentibold im Jahr 897 erwartungsvoll mit Oda, einer Tochter Ottos, des zweitältesten Sohnes Herzog Liudolfs, zu verheiraten. Arnulfs Hoffnungen, daß Zwentibold durch diese Ehe ein wenig am sächsischen Charisma teilhaben könnte, zerschlugen sich rasch. Zwentibold war von seinem Vater zwei Jahre zuvor zum König von Lothringen erhoben worden. Dadurch wurde das Land zu einem autonomen Teilreich, doch Zwentibold war nicht fähig, sein regnum Lotharii zu behaupten. Nach einer Kette von Ungeschicklichkeiten und Einmischungen in die Thronkämpfe des Westfrankenreiches kam es im Jahr 900 zu einem Kampf mit dem aufständischen Adel Lothringens an der Maas. Zwentibold verlor dabei sein Leben, und Oda, die sächsisch-karolingische Königin, ihren Gemahl.

In der Zeit Liudolfs schlossen sich die sächsischen

Stämme zu einem so starken, einheitlichen Verbund zusammen, daß fortan die Trennungen der Gaue und altsächsischen Gruppierungen verblaßten und Sachsen in der ferneren Geschichte als eine Herrschaftsregion eigener Art erschien, deren Bevölkerung sich durch ihr markant geschlossenes Wesen auszeichnete. Daß dieser Konsolidierungsprozeß nicht nur von den Liudolfingern ausgelöst und vorangetrieben wurde, sondern sich auch um ihr ganzes Geschlecht kristallisierte, ist nicht verwunderlich. Gegen Ende des neunten Jahrhunderts war bereits abzusehen, wie bald es zur Gleichsetzung der Liudolfinger mit den Sachsen kommen würde.

Der legendäre Ruf Widukinds übertrug sich nur mit erheblichen Einschränkungen auf seine Familie und die unmittelbaren Nachfahren. Das ergab sich aus den besonderen Bedingungen seiner Taufe. Auch in der damaligen Zeit besaßen die aktuellen Fragen und Nöte ein größeres Gewicht als der Nachruhm. Selbst diejenigen, mit deren Familie sich ein mythischer Name verbindet, gewinnen nur insoweit einen Rang, als sie sich dieses Namens als würdig erweisen. Die Mehrzahl von Widukinds Verwandten lebte zunächst längere Zeit im Fränkischen Reich, nicht in Sachsen, und zwar in enger Bindung an den Königshof. Die Beziehungen zu den alten Stammesgebieten waren dadurch allerdings nicht völlig unterbrochen. Ein gutes Beispiel dafür bot Waltbert, der Enkel Widukinds. Er befand sich zwar als Vasall Lothars I. am kaiserlichen Hof, sorgte aber trotzdem für die Gründung des Klosters Wildeshausen. Doch die Verbindungen der Familie zu Sachsen lockerten sich, und dadurch ergab sich von Natur aus eine gewisse Indifferenz, so daß sich nicht einmal ein rivalisierendes Konkurrenzverhältnis gegenüber den führenden Sippen in der alten Heimat entwickelte. Die unmittelbare, spürbar lebendige Beziehung zum Adel des Landes, zur Gefolgschaft, zu den Bauern fehlte.

SACHSENS SONDERROLLE. Liudolf samt seinem Geschlecht wirkte im Vergleich mit den Nachfahren Widukinds wie eine gewaltig aufragende Säule. Er gehörte zu den reichsten Fürsten Sachsens. Seine Besitzungen befanden sich nicht nur in Ostfalen, sondern auch in Engern und den westlichen Teilen des Landes, insbesondere im Lippegebiet südlich von Münster. Auch dieser Streubesitz trug dazu bei, in Liudolf denjenigen Fürsten zu sehen und zu respektieren, in dem sich wie in keinem anderen Edeling das Land und der Sachsenstamm selbst materiell zu verfestigen schien. In der Ägide Liudolfs kam es zu einer Art Neuauflage der Sonderrolle, die Sachsen zur Zeit Widukinds besessen hatte.

Eine wesentliche Rolle dabei spielte in dieser Zeit allerdings auch der Verfall der karolingischen Macht aufgrund der entstandenen Teilreiche nach dem Tod Karls des Großen. Das Wechselverhältnis zwischen der zentripetalen Zentralgewalt und den zentrifugalen Teilgewalten, das zu den klassischen Konstanten der Weltgeschichte zählt, bestimmte das Jahrhundert zwischen 815 und 919, zwischen dem Ableben Karls des Großen und der Erhebung des Sachsenherzogs Heinrich zum deutschen König. Sicherlich spielten dabei auch die eigennützigen Interessen mächtiger Regionalherren eine wesentliche Rolle. Doch Interessen und Eigennutz sind zu allen Zeiten unersetzliche Antriebsmomente, deren vitale Kraft nicht durch verkniffene Perspektiven moralisch korrumpiert werden sollte. Die Macht eines Regenten war niemals, in keiner Epoche der Geschichte, größer als sein Wille und seine Fähigkeit, sie gegen alle Widerstände zu behaupten.

Der innere Zusammenhalt aller Sachsengaue festigte sich mehr oder weniger zwangsläufig durch die Notwendigkeit, sich in der Grenzmark gegen die Einfälle und Raubzüge der Dänen zu wehren. Zum anderen beließ Ostfrankens König Ludwig der Deutsche während seiner Regierung zwischen 843 und 876 in eigenem Interesse den Sachsen die Sorge für die Sicherheit ihres Landes und ihrer Grenzen, auch im Osten gegenüber den unruhigen Heidenstämmen jenseits der Elbe. Das nötigte Sachsens Fürsten zu einer Selbstbehauptung, die für das Land höchst charakteristisch wurde, weil sie dem Eigensinn seiner Bevölkerung entgegenkam. Sachsen stellte in dieser Zeit nur ein einziges Mal ein Aufgebot für einen Feldzug des Königs, nämlich im Jahr 872 gegen Mähren. Diese Sonderrolle förderte unweigerlich eine gewisse Distanzierung von den anderen deutschen Gebieten, trug aber auch zur Kräftigung des gemeinsächsischen Stammesbewußtseins bei.

Der König stärkte bewußt oder unbewußt auch dadurch die Exklusivität Sachsens, daß er sich seit dem Jahr 852, in dem der Reichstag zu Minden stattfand, nie mehr für längere Zeit in sächsischem Gebiet aufhielt und vor allem nicht in die Regelung der inneren Angelegenheiten eingriff. Des Königs Sohn Ludwig III. der Jüngere, der von seinem Vater 864 Franken, Sachsen und Thüringen übertragen erhielt, verheiratete sich kurz darauf mit Liutgard, einer Tochter Liudolfs; von ihr wird in den Quellen eigens und etwas betreten vermerkt, daß es sich um eine erklärt herrschsüchtige Dame gehandelt haben soll. Sie lebte nach dem Hingang ihres Gemahls im Jahr 882 bis zu ihrem Tod 885 auf ihrem Witwensitz Aschaffenburg, dem Ort, an dem sie sich mit Ludwig dem Jüngeren vermählt hatte.

Otto der »Erlauchte«. Liudolf, der erste große Sachsenherzog, starb um das Jahr 866, möglicherweise auch erst eingangs der siebziger Jahre; die Quellen lassen uns dabei, wie so oft in diesen Frühzeiten, im Stich. Seine Gemahlin Oda überlebte ihn um ein halbes Jahrhundert; sie wurde nachweislich 107 Jahre alt – eine erstaunliche Frau, denn sie war auch die Mutter von zehn Kindern. Liudolfs ältester Sohn Brun wird in den Fuldaer Annalen ebenfalls als Herzog bezeichnet. Ähnlich wie bei seinem Vater braucht diese Titelzuweisung nichts anderes zu bedeuten, als daß Brun Inhaber der herzoglichen Gewalt in Sachsen gewesen ist. Er kämpfte wiederholt gegen die dänischen Normannen, das letzte Mal am 2. Februar 880 in einer wilden Winterschlacht bei Ebbekesdorp, in der die Sachsen eine fürchterliche Niederlage hinnehmen mußten; ein großer Teil des sächsischen Adels verlor an diesem Tag sein Leben, auch Brun fiel in der Schlacht. Ansonsten ist von Brun kaum etwas bekannt; wir wissen auch nichts von einer Nachkommenschaft. Gleichwohl scheint sich sein Format nicht an das Mittelmaß gehalten zu haben, sonst hätte ihn die Legende wohl kaum mit der Gründung von Braunschweig, nämlich von Bruns-wiek, in Verbindung gebracht und ihn zum Ahnherrn des um 1090 ausgestorbenen Adelsgeschlechts der Brunonen erhoben. Brun gilt deshalb als Stammvater der Welfen.

Nach seinem Schlachtentod trat sein jüngerer Bruder Otto an die Spitze der Familie, auch er ein Fürst der klaren, hart heraustretenden Linie. Mit der Stabilisierung und Erweiterung des Einflusses des Geschlechts der Liudolfinger in Sachsen ging die territoriale Erweiterung des gesamten Landes Hand in Hand. Otto war 877 zum Gaugrafen in Südthüringen erhoben worden. Zwei Jahrzehnte später wurde er auch Gaugraf im Eichsfeld und vier Jahre darauf, 901, Laienabt des Klosters Hersfeld. Mit diesen Daten verband sich eine erhebliche Machtsteigerung, doch Otto sah sich nicht allein im Dienst liudolfingischer Familienpolitik, sondern er betrieb Politik für ganz Sachsen, eine Tradition, die genaugenommen schon der Stammvater des Geschlechts begründet hatte.

Daß Otto später den Beinamen »der Erlauchte« erhielt, umreißt seine Bedeutung in einem nobilitierenden Sinn, doch die Verdienste seiner nüchternen Stärkungspolitik kommen darin kaum zum Ausdruck. Otto gelang es nämlich, dem Land Sachsen das gesamte Territorium Thüringens einzuverleiben. Als Markgraf Burchard von Thüringen 908 im Kampf gegen die Ungarn sein Leben verlor, gliederte Otto kurzerhand dessen ganze Gebiete seinem eigenen Besitz in Thüringen ein, und zwar ohne Rückfrage beim königlichen Hof. Was dabei wie Eigenmächtigkeit wirkte, entsprach freilich nur der Herrschaftslage im Ostfrankenreich. Der regierende König, Ludwig IV. das Kind, war damals knapp fünfzehn Jahre alt. Während der Regentschaft bestimmten Erzbischof Hatto I. von Mainz, Bischof Salomo III. von Konstanz und Bischof Adalbero von Augsburg die Reichspolitik. Der Ausdruck »bestimmen« beschönigt allerdings ihre Fähigkeiten, denn diese drei Kirchenfürsten waren ebenso ambitiös wie erfolglos: Ihre Politik erschöpfte sich in reiner Taktik zu Nutz und Frommen der kirchlichen Interessen, nicht aber zu Nutz und Frommen des Reiches. Und dies trug ebenfalls nicht unwesentlich dazu bei, daß es in jener letzten Phase des verfallenden karolingischen Königtums zwangsläufig zu einer außergewöhnlichen Machtsteigerung der deutschen Stammesherzöge kam.

DER HEIMLICHE MONARCH. In einer Urkunde Konrads I., der 911 nach dem Tod Ludwigs des Kindes zum König des Ostfrankenreiches gewählt wurde, wird Otto ebenfalls als »Dux«, als Herzog in Sachsen bezeichnet. Diese Feststellung verweist nicht in erster Linie auf seine Macht, sondern bestätigt lediglich ihre Tatsache. Ottos politische Stellung wird damit exakt umschrieben. In Sachsen unbestritten als erster Fürst anerkannt, gebot er über ein Land, dessen östliche Grenze sich von Schleswig bis zum Fichtelgebirge erstreckte. Die spätere Geschichtsschreibung erweiterte in ihren Darstellungen zusätzlich noch recht freizügig den Umfang seiner Macht. So behauptet Widukind von Corvey in seiner *Sachsengeschichte*, nach dem Tod Ludwigs des Kindes hätten nicht nur die Sachsen, sondern auch die Franken und alle anderen deutschen Fürsten den Wunsch geäußert, Otto möge die Königskrone annehmen. Doch der Herzog habe auf sein hohes Alter verwiesen und deshalb abgelehnt. Diese Mitteilung wird auch von Bischof Thietmar von Merseburg in seiner *Chronik* bestätigt, doch dürfte dabei trotzdem die Phantasie oder die Absicht, den Rang Ottos von Sachsen über seine tatsächliche Stellung hinaus noch zusätzlich zu erhöhen, unkontrollierbar mitgespielt haben.

Daß die deutschen Fürsten allen Ernstes Herzog Otto die Königskrone anboten, ist unwahrscheinlich. Der Bericht darüber hält ungewollt raffiniert die Waage zwischen Wahrheit und Wahrscheinlichkeit. Otto war damals zwar wirklich schon hochbetagt – etwa fünfundsiebzig Jahre alt –, und deshalb scheint die Begründung seiner Ablehnung plausibel zu sein, aber von diesem Umstand läßt sich nicht zwingend darauf schließen, daß die Fürsten den Sachsenherzog auch tatsächlich zum König hätten wählen wollen.

Die Notiz bei Widukind spiegelt nichts anderes wider als den einfachen Sachverhalt, daß Otto als dem mächtigsten

Fürsten des Reiches die Stellung eines heimlichen Königs zugebilligt und ihm deshalb auch der dazugehörige Respekt entgegengebracht wurde. Ebenso war den Fürsten bewußt, welches politische Gewicht Sachsen gewonnen hatte, nachdem es Herzog Otto gelungen war, das Land zu vereinheitlichen und um die Gebiete Thüringens zu vergrößern. Daß Otto die Ehre widerfuhr, von Widukind von Corvey mit dem alten römischen Titel eines »Vater des Vaterlandes« ausgezeichnet zu werden, gehört in das Kapitel des so erfrischend ungezügelten Stammesstolzes der Sachsen und der nicht minder bedürfnisvollen allgemeinen Bildungsanleihen, denen unabhängig von den wechselnden Zeitumständen jeder Konjunktureinbruch fremd ist.

KÖNIG KONRAD. Am 10. November 911 wird Herzog Konrad in Forchheim, dem alten Königshof und Stapelplatz an einer Hauptstraße von Norden nach Süden in der Nähe von Bamberg, von den Fürsten der Franken und Sachsen zum König gewählt; die Schwaben und Bayern schließen sich diesem Votum in Nachwahlen an. Konrad entstammt einem rheinfränkischen Adelsgeschlecht, seine Familie verfügt über große Besitzungen in Hessen, Mainfranken und am Mittelrhein. Er selbst hat, so wie bereits sein Vater Konrad der Ältere, die Stammgrafschaft an der mittleren Lahn inne; die Stammfeste Wilineburch des konradinischen Hauses, das heutige Weilburg, liegt hoch über dem Fluß. Dort wird Konrad vermutlich auch geboren. Kein Chronist verzeichnet das Geburtsdatum, es dürfte zwischen den Jahren 880 und 890 liegen. Nach Konrad dem Älteren erhält das ganze Geschlecht später den Namen »die Konradiner«. Der Familienverband hat lange Zeit mit der Konkurrenz der Babenberger am Obermain zu kämpfen. Erst 906 wird der Zwist durch einen Sieg über die Babenberger entschieden. Bei Fritzlar kommt es zu einer Schlacht mit Adalbert von Babenberg. Konrad der Ältere verliert in ihr das Leben, und die Führung des Hauses geht in die Hände des Sohnes über. Mit ihrem Sieg über die Babenberger, der die Ächtung und Hinrichtung Adalberts von Babenberg folgt, erringen die Konradiner endgültig die Herzogsgewalt in Franken.

Nach dem Tod Ludwigs des Kindes entschloß sich der Adel des Ostfrankenreiches entgegen allen Erwartungen nicht dazu, den westfränkischen König Karl III. den Einfältigen als Nachfolger zu wählen, wie es aufgrund der erbrechtlichen Situation nahegelegen hätte und zwingend gewesen wäre. Das löste Überraschung, ja sogar Bestürzung aus, vor allem natürlich in Westfranken. Andererseits war es a conto der Macht- oder vielmehr Ohnmachtsverhältnisse doch wiederum nicht allzu erstaunlich. Der Westteil des karolingischen Großreiches und Ostfranken hatten schon längst eine jeweils eigene Entwicklung eingeschlagen, so daß diese Separierung des Königtums nur eine Bestätigung der Realitäten darstellte.

Die Wahl fiel also auf den Frankenherzog Konrad. Ob tatsächlich auch eine Kandidatur Herzog Ottos von Sachsen in Erwägung gezogen wurde oder nicht, spielt nur mit Rücksicht auf die Ereignisse der folgenden Jahre eine Rolle. Maßgeblich wirkte sich allerdings die Parteinahme des hohen Klerus für Konrad aus. Der Frankenherzog war am Hof der Karolinger aufgewachsen, die Geistlichkeit der ostfränkischen Gebiete war überzeugt, mit Konrad einen Fürsten als König zu erhalten, der im Unterschied zu den anderen deutschen Stammesherzögen nicht geneigt und bestrebt war, die eigene Autonomie zu Lasten eines von der bischöflichen Gewalt bestimmten Reichsverbandes zu festigen und auszubauen. Dieser Gesichtspunkt stand für den

Klerus über allen anderen Erwägungen, denn mit Konrad – so wurde gerechnet – schien sich die Machtstellung, die von der Kirche in den letzten beiden Jahrzehnten ausgebaut worden war, besser als mit jedem anderen Herrscher sichern zu lassen. Die Folgejahre bestätigten dies; mit einem gewissen Recht wurde deshalb einmal gesagt, daß die Kirche in der Regierungszeit König Konrads versucht habe, sich selbst als regnum zu konstituieren.

Konrad war mit der schwäbischen Gräfin Kunigunde verheiratet, der Tochter Burchards von Rätien und Witwe des Markgrafen Liutpold in Bayern. Aus Kunigundes erster Ehe entstammte Arnulf, der in jungen Jahren das bayerische Stammesherzogtum übernommen hatte, nachdem sein Vater 907 im Kampf gegen die Ungarn gefallen war. Die Unterstützung durch die Bischöfe bei der Wahl konnte Herzog Konrad zwar zur Königskrone, nicht aber zu bemerkenswerten politischen Erfolgen verhelfen. Seine wichtigsten Berater hatten schon Kaiser Arnulf von Kärnten in der Reichspolitik zur Seite gestanden: allen voran Hatto, der Erzbischof von Mainz, sowie Bischof Salomo von Konstanz. Konrad bestellte Hatto zu seinem Erzkaplan, Bischof Salomo hatte während der Regierungszeit des Königs das Amt des Kanzlers inne. Damit schien der Fortbestand des alten Bündnisses zwischen Kirche und Königtum gesichert zu sein.

In den Jahren 912 und 913 versuchte Konrad, mit Hilfe von drei Kriegszügen Lothringen wieder in das Ostfränkische Reich einzugliedern; die Lothringer hatten sich nach dem Tod Ludwigs des Kindes für den westfränkischen König erklärt. Konrads Versuche, das abgefallene Gebiet zurückzugewinnen, blieben ohne Erfolg. Kaum viel besser erging es ihm bei seinen Bemühungen, die Markgrafen von Rätien daran zu hindern, sich zu Herzögen in Schwaben aufzuschwingen. Burchard von Rätien wurde zwar deswegen 911 hingerichtet, 914 ging Konrad gegen Schwaben militärisch vor, 917 wurden auch Erchanger und Berthold, die beiden Söhne Burchards, exekutiert, doch König Konrad gelang es nicht, den dritten der Brüder, Burchard – er trug den Namen seines Vaters und war, seit Konrad sich mit Burchards Schwester Kunigunde vermählt hatte, des Königs Schwager –, niederzuzwingen. Burchard war 911 verbannt worden, kehrte jedoch 914 nach Schwaben zurück, was Konrad dazu bewog, erneut gegen Schwaben ins Feld zu ziehen.

DIE SYNODE VON HOHENALTHEIM. Die Versuche des Königs, gegen die Autonomiebestrebungen der deutschen Fürsten die karolingische Reichspolitik und ihre Zentralgewalt wenn nicht zu erneuern, so doch wenigstens in ihrem Bestand zu erhalten und zu verteidigen, schlugen auch bei den anderen beiden großen Stämmen Deutschlands fehl, bei den Sachsen und den Bayern. In diesen Herzogtümern besaßen die Fürsten von vornherein erheblich mehr Selbständigkeit, weil ausschließlich sie die ganze Last der Grenzsicherung gegenüber den Einfällen der Ungarn zu tragen hatten. Hauptgegner des Königs schien zunächst der bayerische Herzog Arnulf zu sein, denn dieser Fürst hielt sich und sein Stammesherzogtum dem Frankenherzog gegenüber für ebenbürtig, und von dieser Überzeugung konnte ihn auch die Krönung Konrads zum König nicht abbringen.

Im Jahre 913 gelang es einem schwäbisch-bayerischen Heer, die Ungarn auf ihrem Rückweg von einem Raubzug, der sie bis nach Burgund geführt hatte, am Inn zu stellen und vernichtend zu schlagen. Herzog Arnulf vereinbarte mit ihnen ein überaus vorteilhaftes Neutralitätsabkommen, das

Bayern für die nächsten eineinhalb Jahrzehnte von der Ungarnbedrohung befreite. Diese Situation begünstigte den Ausbruch eines offenen Zwistes zwischen dem König und Herzog Arnulf erheblich. Konrad marschierte im Sommer 916 mit einem starken Heer nach Bayern; was den unmittelbaren Anstoß dazu gab, läßt sich nicht mehr feststellen; vermutlich folgte der König einem Rat des Bischofs von Würzburg. Arnulf wurde in einem Treffen besiegt, er mußte sich in seine Hauptstadt Regensburg zurückziehen, wurde dort eingeschlossen und belagert. Kurz vor der Eroberung der Stadt konnte er mit seiner Gemahlin, seinen Söhnen und einem größeren Gefolge zu den Ungarn fliehen.

Bei der Erstürmung Regensburgs durch die Franken ging ein Teil der Stadt in Flammen auf. Bevor König Konrad aus der bayerischen Metropole abzog, besuchte er das Kloster St. Emmeram, das im achten Jahrhundert gegründet worden war und den Namen des westfränkischen Wanderbischofs Emmeram verewigte. In der Begräbniskirche waren Kaiser Arnulf von Kärnten und Ludwig IV. das Kind beigesetzt worden. Von seinen Kaplänen erhielt der König den Rat, einen prächtigen, überaus kostbaren Evangelienkodex, den Kaiser Arnulf dem Kloster geschenkt hatte, mitzunehmen. Als Konrad sein Pferd bestieg, um fortzureiten, bekam er einen derart mächtigen Anfall von Diarrhöe, daß er dies nur als einen drastischen Wink des Himmels zu deuten vermochte, den frevlerischen Raub zu unterlassen. Voller Reue brachte er den Evangelienkodex zurück, doch das Leiden blieb ihm weitgehend erhalten, und er mußte sich fortan mit den physischen Folgen seines kirchenschänderischen Fehltritts abfinden.

Nach dem Sieg über Herzog Arnulf schien dem König der beste Zeitpunkt gekommen zu sein, um erneut seine Sache von der hohen Geistlichkeit bestätigen und damit sichern zu lassen. Auch der Papst wurde um Unterstützung gebeten, um die königliche Gewalt gegen die Ansprüche der Herzogtümer zu kräftigen. Unter der Leitung eines päpstlichen Legaten fand am 20. September 916 in Hohenaltheim bei Nördlingen eine Synode statt, zu der sich König Konrad und die Geistlichkeit von Franken, Schwaben und Bayern einfand. Der Legat, Bischof Peter von Orta, hatte den Auftrag, »das in unseren Landen aufgegangene teuflische Unkraut auszurotten und die ruchlosen Umtriebe gewisser verderbter Menschen zu beschwichtigen und zu ersticken.«

Hohenaltheim am Nordhang der schwäbischen Alb war der beherrschende Platz über dem Donauries. Große Bedeutung hatte der Ort wegen seiner strategischen Lage schon für die Römer besessen, denn von Hohenaltheim aus war das ganze Vorland bis zum Limes zu überblicken. Später wurde Hohenaltheim fränkische Pfalz. Im Jahr 876, als Ludwig der Deutsche starb, vereinbarten seine Söhne in Hohenaltheim nach der Schlacht von Andernach am 8. Oktober die Aufteilung des Ostfrankenreiches.

Die Synode von Hohenaltheim verurteilte die beiden Brüder Erchanger und Berthold wegen ihrer Auflehnung. Sie sollten der Welt entsagen, für den Rest ihres Lebens ins Kloster gehen und dort Buße tun. König Konrad hielt sich nicht an diesen Spruch. Er ließ beide wegen Hochverrat zum Tod verurteilen und am 21. Januar 917 mit dem Schwert enthaupten. Da Herzog Arnulf nicht erschienen war, wurde für Bayern eine Synode nach Regensburg ausgeschrieben. Die sächsischen Bischöfe, die ebenfalls fehlten und die es nicht einmal für nötig gefunden hatten, wenigstens pro forma Vertreter zu schicken, wurden wegen dieses Ungehorsams scharf getadelt und unter Drohungen aufgefordert, sich auf der eigens für Sachsen ausgeschriebenen Synode in Mainz einzufinden. Sachsens Geistlichkeit stand jedoch fest zu ihrem Herzog. Denn in Hohenaltheim fehlte auch der wichtigste aller deutschen Fürsten, Herzog Heinrich von Sachsen.

6. »Ein Baum im Verborgenen«

»Heinrich war ein Abkömmling des hochedlen Stammes von Otto und Haduwich. Wie ein Baum im Verborgenen wuchs der Knabe auf; wie eine Blüte im jungen Frühling aber sproßte er, als sich allmählich seine Befähigung zum Krieger erwies.«

Thietmar von Merseburg

Das Zitat aus den *Oden* von Horaz, dem Schöpfer der lateinischen Lyrik, schien dem gelehrten Verfasser besonders geeignet zu sein, um die Art der Jugend Heinrichs von Sachsen zu charakterisieren. Bischof Thietmar dürfte sich dieses Vergleichs sicherlich nicht deshalb bedient haben, um mit seiner Bildung zu prunken, sondern weil ihm das Bild des lateinischen Klassikers sachgerecht erschien. Horaz hatte die Wendung auf Marcus Claudius Marcellus gemünzt, den altrömischen Konsul und großen Heerführer, der im zweiten Punischen Krieg den Karthagern im Jahr 212 vor Christus Syrakus entriß und den Ehrennamen »Schwert Roms« gegen Hannibal erhielt. Der Ruhm eben dieses Mannes, so meinte Horaz, wachse »unmerklich wie der Baum im Laufe der Jahre«. Bischof Thietmar setzt also die Art von Heinrichs Jugend mit dem Ruhm, der dem König später zuteil wurde, in eins.

Die Reiche nach den Verträgen von Verdun und Ribémont 879/80

Heinrich wurde um 876 geboren. Im selben Jahr verstarb am 28. August in seiner Frankfurter Pfalz König Ludwig der Deutsche, der »rex germanorum«, wie die Geschichtsschreiber ihn nannten. In dasselbe Jahr fiel auch die Teilung des Ostfrankenreiches durch Ludwigs Söhne. Heinrich war der dritte Sohn Herzog Ottos von Sachsen. Seine beiden älteren Brüder Thankmar und Liudolf starben bereits früh, noch vor dem Tod ihrer Mutter Haduwich, die am Weihnachtsabend des Jahres 903 verschied. Von Haduwich ist kaum etwas bekannt. Daß sie mit dem karolingischen Königshaus verwandt gewesen sein dürfte, ist wahrscheinlich. Mit Sicherheit wissen wir auch, daß es sich bei der Mutter Haduwichs um eine Schwester des Abtes Warin von Corvey handelte. Wer freilich ihr Vater gewesen sein könnte, darüber gibt es nicht einmal Spekulationen.

Heinrich ist noch keine vier Jahre alt, als sein Onkel Brun am 2. Februar 880 in der Schlacht gegen die dänischen Normannen fällt. Dieses Datum wird auch für den Jungen wichtig, denn jetzt tritt sein Vater Otto an die Spitze der Sachsen. Er übernimmt das Herzogamt und verläßt sein angestammtes Gebiet Thüringen. Heinrich wächst in Sachsen auf. Von seiner Jugend wissen wir kaum etwas, und die wenigen Nachrichten, die sich erhalten haben, sind fast durchweg gefärbt von der späteren Verehrung. Trotzdem läßt sich aus dem gleichbleibenden Tenor mit hoher Zuverlässigkeit einiges erschließen, was für den jungen Mann charakteristisch ist.

In den Lebensbeschreibungen von Heinrichs zweiter Gemahlin Mathilde wird mit Nachdruck hervorgehoben, daß Heinrich »von der ersten Blüte der Jugend an freier gestellt war in den Verhältnissen des Lebens, und er bildete sich weislich an allem, wodurch der Geist gehoben werden kann.« Daß der Sohn eines Herzogs, dem die Sorge für die geistlichen Stiftungen seines Landes besonders am Herzen lag, durch Geistliche und gelehrte Mönche eine solide Bildung erhielt, ist nicht unbedingt als etwas Ungewöhnliches oder als eine Besonderheit einzuschätzen. Weniger selbstverständlich ist Heinrichs leichte, rasche Auffassungsgabe, seine ausgeprägte Wißbegierde, die sich keineswegs mit dem Mindestmaß der erforderlichen Grundkenntnisse zufriedengab.

Die dem Bücherwissen verschworenen Chronisten und

Geschichtsschreiber geben zunächst natürlich der geistigen Bildung den Vorrang und streichen sie mit Nachdruck heraus. Das ist zu erwarten, aber um so entschiedener muß das Bild, das auf diese Weise entsteht, ergänzt werden durch die körperliche Schulung, die der junge Fürstensohn erhält und die in der damaligen Zeit von größter Bedeutung war: Er lernt, wie fast alle Sachsen, sehr früh reiten, er wird auf die Jagd mitgenommen und übt den Lanzenwurf bis zur Meisterschaft, er wird in sämtlichen Sparten des Waffenhandwerks geschult. Sein bester Lehrer und später ein unverbrüchlicher Freund des erwachsenen Mannes war Graf Thietmar. Widukind von Corvey notiert zwar nur in aller Kürze, daß Heinrich »schon in frühem Alter sein Leben mit Tugenden jeder Art« geziert hätte, doch läßt sich diese Bemerkung mit den Berichten über die Vorlieben des erwachsenen Mannes, des Herzogs und Königs ergänzen, der mit besonderem Vergnügen auf die Jagd ging, der ein hervorragender Reiter war und dessen körperliche Tüchtigkeit auch den hohen Standard erfahrener Krieger weit überstieg.

Versucht man die Summe zu ziehen, dann hatte man es bei dem Herzogssohn mit einem hochgewachsenen jungen Mann zu tun, der das Schwert ebenso geschickt wie kraftvoll führte, der von früh auf die Handhabung des Spießes bei der Eberjagd gelernt hatte, der den Speer zielsicher über weite Strecken und voller Wucht zu werfen verstand, der sich auf dem Rücken der Pferde genauso zu Hause fühlte, als wäre er der Fürstensohn eines Reitervolkes. In Heinrichs Haltung, der Ausgeglichenheit und beherrschten Lässigkeit seiner Bewegungen, in der verhaltenen Kraft und Energie seines Körpers drückte sich für jeden sichtbar sowohl Wesentliches von seinem Charakter als auch die Schulung durch die besten Waffenmeister und erfahrensten Kämpen aus, die am sächsischen Hof lebten.

Heinrichs körperlichem Erscheinungsbild entsprach geradezu spiegelbildlich sein starkes Selbstbewußtsein, eine Eigenschaft, die sich bei ihm schon in frühester Zeit meldet und die um so bemerkenswerter ist, als sie den jungen Mann niemals dazu verleitet, die eigenen Möglichkeiten falsch einzuschätzen. Auch diese Tatsache wird von den Chronisten übereinstimmend registriert und gebührend unterstrichen. Heinrichs intellektuelle Überlegenheit äußerte sich zumeist in Form abgewogener Urteile und in der Selbstbeherrschung, mit der er vorschnelle Schlüsse vermeidet. Sein Vater, ein nüchterner, realistischer Mann, erkannte die ungewöhnliche Begabung Heinrichs schon sehr bald. Herzog Ottos Vertrauen zu den Fähigkeiten des Sohnes wuchs von Jahr zu Jahr. Zweifel daran meldeten sich um so weniger, als durchweg auch die natürliche Herzlichkeit und Güte Heinrichs von allen gerühmt wird, die ihn kennen.

DER ERSTE KRIEGSZUG. Herzog Otto beauftragte gegen Ende des Jahres 905 seinen Sohn, mit einem starken Heer gegen die heidnischen Oststämme, die zwischen der Elbe und der oberen Freiberger Mulde siedelten, zu ziehen. Dieses Gebiet im Elbabschnitt um Meißen wurde in jener Zeit Daleminzien genannt; die Bezeichnung ist möglicherweise von dem deutschen Personennamen Dalamund abgeleitet. Die Bewohner dieses Gebiets bezeichneten sich selbst als Glomaci oder Glumaci; das Wort steht in Wechselbeziehung zum Namen der Stadt Lommatzsch, dem Mittelpunkt im Kerngebiet des ganzen Gaues, der sich nach Südwesten hin bis ins Gebiet vor Dresden erstreckte; öfter wurde auch ganz Daleminzien nach Lommatzsch benannt. Es handelte sich um ein altes Unruhegebiet. Herzog Otto hatte selbst wiederholt über längere Zeit hinweg gegen die Daleminzier kämpfen müssen. In diesem Bereich war die Grenze Sachsens besonders stark gefährdet.

Der Auftrag, den Herzog Otto seinem Sohn gegeben hatte, war eindeutig und klar. Nicht ganz so klar sind die Gründe für diesen Kriegszug, denn in keiner einzigen Quelle findet sich ein Hinweis darauf oder auch nur eine Andeutung dafür, daß die Daleminzier im Jahr 905 besonderen Anlaß zu einem militärischen Vergeltungszug der Sachsen gegeben hätten, sieht man von der latenten Gefahr ab, die sie seit vielen Jahren bildeten. Wahrscheinlicher ist dagegen, daß die internen Zwiste im Ostfränkischen Reich Herzog Otto dazu bewogen haben mochten, seinen Sohn Heinrich auf einen Kriegszug außer Landes zu schicken, damit sein Interesse abgelenkt wurde.

Heinrich, der inzwischen neunundzwanzig Jahre alt geworden war, verfolgte mit leidenschaftlicher Anteilnahme die Entwicklung der Gegensätze zwischen der von der Kirche gestützten königlichen Zentralgewalt und den Stammesherzogtümern im Ostfrankenreich. In dieser Zeit trieb der Kampf zwischen den Konradinern und Babenbergern um die Vormacht im Frankenland der Entscheidung zu. Adalbert von Babenberg war es gelungen, in einer Fehde die Konradiner zu besiegen, er machte sich aber bei diesem Anlaß der Landfriedensverletzung schuldig und rief dadurch die kirchliche Reichsgewalt auf den Plan. Graf Adalbert wurde in Bamberg von einem Reichsheer eingeschlossen und belagert. Da er nicht standhalten konnte, ergab er sich, rief aber vor seiner Kapitulation die Gnade des Königs an. Die Bischöfe, zumal Erzbischof Hatto von Mainz, der die Regentschaft für den unmündigen König Ludwig das Kind führte, sicherte Adalbert von Babenberg diese Gnade zu. Doch das gegebene Wort wurde gebrochen, Adalbert nach seiner Gefangennahme wegen Hochverrats zum Tod verurteilt und am 9. September 906 vor seiner Burg Theres am Main, dem Sitz der Babenberger in der Nähe von Haßfurt, enthauptet. Damit war der Kampf zwischen den Babenbergern und den Konradinern, der sich über Jahre hingezogen hatte, unwiderruflich entschieden; der Wortbruch allerdings wurde keineswegs schnell vergessen.

Sachsen stand auf der Seite der Babenberger. Das schloß die Opposition gegen die von der Kirche bestimmte Reichsgewalt ein, nicht freilich den Willen, auch mit dem Schwert Partei zu ergreifen, also ebenfalls Hochverrat zu begehen. Gerade davon aber schien sich Heinrich nur mit Mühe abbringen zu lassen. Deswegen dürfte es durchaus plausibel sein, daß sich Herzog Otto dazu entschloß, seinen ebenso rechtlich denkenden wie in diesem Fall zu stürmisch reagierenden Sohn vorsorglich gegen die Daleminzier zu schicken. Zweifellos hat auch die Verwandtschaft eine gewisse Rolle gespielt; welcher Art diese Bindung war, ist schwer zu klären. Zum einen behauptet Widukind von Corvey, Heinrich sei mit Adalhard von Babenberg, einem der drei Söhne des Markgrafen Heinrich I. von Babenberg, verwandt gewesen; um welches Verwandtschaftsverhältnis es sich handelte, bleibt unklar. Markgraf Heinrich, eine der herausragenden Persönlichkeiten des Frankenreiches in der damaligen Zeit, verlor im Jahr 886 in einer Schlacht gegen die Normannen das Leben.

In einer gesonderten Fassung von Widukinds *Sachsengeschichte* heißt es dagegen etwas genauer, Heinrich sei ein Vetter Adalberts von Babenberg gewesen, des im Jahr 906 hingerichteten Führers der Babenberger. Schließlich besteht auch die Möglichkeit, daß Heinrichs Mutter Haduwich unmittelbar von den Babenbergern abstammte. Aus einigen Hinweisen in verschiedenen Klosterbüchern läßt sich mutmaßen, daß sie eine Tochter von Markgraf Heinrich I. von Babenberg und der Gräfin Engeltrud, einer Enkelin Kaiser Ludwigs des Frommen, gewesen sein könnte. Damit hätte eine unmittelbare Verwandtschaft Heinrichs von Sachsen und des späteren Königshauses der Ottonen mit den Karolingern bestanden; freilich bleibt dies eine Mutmaßung. Sie läßt sich weder sicher bestätigen noch ebenso gewiß widerlegen.

Von dem Kriegszug des sächsischen Heeres unter Heinrich gegen die Daleminzier berichtet der Chronist, daß die Truppen das sorbische Land schwer verwüstet und gebrandschatzt hätten und dann erfolgreich zurückgekehrt seien. Das Unternehmen fand im Mai des Jahres 906 statt. Die Sorben waren dem Aufgebot der Sachsen in keiner Weise gewachsen und riefen deshalb in ihrer Not die Ungarn zu Hilfe, die sich auch nicht lange bitten ließen. Damit kam Heinrich zum erstenmal unmittelbar mit jenem Thema in direkte Berührung, das für sein ganzes Leben und seine Herrschaft die Bedeutung eines Schicksals erhielt.

LIEBESHEIRAT MIT HATHEBURG. Das Jahr 906 brachte auch in Heinrichs persönliches Leben eine Zäsur. Hätte er sich nicht bereits in jenem Alter befunden, das zumeist leichthin mit der Wendung »in der Vollkraft der Jahre« umschrieben wird, würde man dazu neigen, die Affäre den Frühlingsstürmen eines kaum Zwanzigjährigen zuzuschreiben. Widukind von Corvey, der die Einzelheiten am besten kannte, erwähnt die Angelegenheit mit keinem einzigen Wort, er nennt nicht einmal den Namen der ersten Gemahlin Heinrichs. Der Grund dafür ist leicht einzusehen. Widukind hat seine ganze *Sachsengeschichte* als Hofhistoriograph der kaiserlichen Familie geschrieben und alle drei

Bücher des Werkes der Königin Mathilde gewidmet, der zweiten Gemahlin Heinrichs. Er hat also aus Gründen der Dezenz die Angelegenheit übergangen und weitgehend unterschlagen. Dafür aber sind von Thietmar von Merseburg die wichtigsten Einzelheiten dieser ersten Ehe Heinrichs, die in Merseburg über die Zeiten hin lebendig geblieben ist, knapp und anschaulich notiert worden.

Immerhin waren, als Thietmar seine Chronik verfaßte, seitdem beinahe hundert Jahre vergangen, die mündliche Tradition, auf die sich Thietmar vor allem stützt, darf also nicht in jedem Punkt als zuverlässig angesehen werden. Andererseits hatte Thietmar auch ein persönliches Interesse an der Sache, denn sein Bischofssitz Merseburg war durch Heinrichs erste Ehe zu Sachsen gekommen, und das Jahr von Thietmars Investitur, 1009, fiel mit demselben Jahr zusammen, an dem sich Heinrich und seine erste Gemahlin exakt ein Jahrhundert zuvor wieder getrennt hatten.

Thietmar schreibt: »Heinrich erhielt Kunde von einer Dame namens Hatheburg, entbrannte mit dem ganzen Feuer der Jugend in Liebe zu ihr und war bemüht, sich mit ihr zu verbinden. Sie war eine Tochter des älteren Grafen Erwin im Hassegau, der den größten Teil der Merseburger Altenburg besaß. Da er keinen Sohn hatte, fiel bei seinem Tod das Erbe an seine beiden Töchter. Heinrich sandte wegen der Schönheit Hatheburgs und wegen des reichen Erbes eilig seine Werber zu ihr, versprach ihr die Treue und bat um ihre Hand, obgleich er wußte, daß sie Witwe war und den Schleier genommen hatte. Schließlich ließ sie sich nach vielen Bitten und Ratschlägen zum Nachgeben bewegen, folgte den Boten Heinrichs, wurde ehrenvoll empfangen und von Heinrichs Angehörigen, wie es sich ziemte, voller Liebe aufgenommen. Nachdem die Vermählung dem Brauch gemäß stattgefunden hatte, begab sich der Gatte mit seiner Gemahlin nach Merseburg. Da er ein Mann von hohem Rang war, lud Heinrich sämtliche Herren der Umgebung zu sich und nahm sie durch sein gewinnendes Wesen so für sich ein, daß sie ihn als Freund liebten und als Herrn verehrten.«

Das stürmische Werben Heinrichs um die schöne Witwe, die Energie, mit der er seine Absicht durchsetzte, beruhte zunächst auf ganz privaten Motiven. Wir dürfen, ohne daß wir den Dingen Überschwengliches antun, aus der Bemerkung des hochgebildeten und immer um Differenzierung bemühten Bischofs Thietmar über Hatheburgs Schönheit schließen, daß sich in der jungen Witwe so etwas wie die Essenz der Frauenschönheit Altsachsens vereint zu haben schien. Thietmar behilft sich auf den vielen Seiten seiner *Chronik* nur selten mit Floskeln, wenn er das Individuelle oder auffällige Merkmale an Personen, Verhältnissen oder Ereignissen deutlich machen will. Allerdings kann sich auch Thietmar nicht dem Vergnügen der damaligen Zeit an der körperlichen Schönheit und ihrer Schilderung entziehen; die geistlichen Chronisten verhalten sich dabei nicht anders als die weltlichen Schriftsteller. Bemerkenswert ist im übrigen im Unterschied zu späteren Zeiten, daß in den Texten der Schönheit eines Mannes eine höhere Wertschätzung entgegengebracht wird als der Frauenschönheit. Möglicherweise ist für diese Zurückhaltung der geistliche Stand der Berichterstatter verantwortlich und das gebrochene Verhältnis des Christenglaubens gegenüber der Frau.

Auskunft über das zeitgenössische Schönheitsideal der Frau gibt das anonyme Epos *Ruodlieb*, das in der Mitte des elften Jahrhunderts in Tegernsee für den Hof Kaiser Heinrichs III. geschrieben wurde: Die Stirn einer schönen Frau soll glatt sein, die Gesichtsfarbe zart, die Augen taubengleich, ihr Lächeln muß freundlich sein, die Zähne weiß und regelmäßig, ihr goldenes, seidenweiches Haar soll bis zu den Hüften reichen, der Hals hat zierlich zu sein und die Brüste klein und fest, die Proportionen ihres Körpers ohne Fehl. Die schöne Frau muß einen leichten, anmutigen Schritt besitzen, wenn sie einherschreitet, soll es sein, als würde der Mond aufgehen. Die panegyrischen Formen, mit deren Hilfe wir versuchen, die Schönheit der Frau oder des Mannes zu beschreiben, haben in der Geschichte unzählige Male gewechselt; doch kommt es dabei auf nichts anderes an, als daß sich – was schließlich kein Wunder ist – die Empfänglichkeit dafür durch die Zeiten erhält.

Abgesehen von der Leidenschaft, die Heinrich erfaßt und die den Ausschlag für seine Werbung gegeben hatte, war die Heirat auch eine hochpolitische Angelegenheit. Hatheburgs reiche Erbschaft, die »Alte Burg« samt den dazugehörigen Merseburger Territorien im Saalebogen, wäre der Kirche als Besitz zugefallen, wenn Hatheburg ihren Entschluß, ins Kloster zu gehen, nicht revidiert hätte. Ob dieser Entschluß tatsächlich feststand, wissen wir nicht. Es ist also nicht zu klären, ob Hatheburg schon die Klostergelübde abgelegt hatte oder ob dies noch nicht der Fall war. Die Vermutung spricht dafür, denn sie, die junge Frau, war verwitwet und trug den Nonnenschleier; dieser Schleier war das äußere Zeichen dafür, daß die Trägerin ihr weiteres Leben in Ehelosigkeit zuzubringen gedachte und sich auch ausdrücklich dazu verpflichtet hatte. Mit hoher Wahrscheinlichkeit allerdings war die Kirche selbst kräftig tätig gewesen, um die junge Witwe zu überreden, den Schleier zu nehmen. Thüringen, und damit auch Merseburg, gehörten zu der Diözese Mainz. Das Gebiet hätte den geistlichen Besitz an seiner Ostseite vorzüglich abgerundet, die alte Entwicklungslinie und der Ausdehnungsdrang des kirchlichen Territoriums von West nach Ost liefen nahezu geographisch schlüssig auf das Merseburger Gebiet zu. Repräsentant dieser Kirchenpolitik war in diesen Jahren derselbe Mann, der auch das erste Wort in der Reichspolitik sprach: Erzbischof Hatto I. von Mainz. Und mächtig unterstützt wurden seine Bemühungen noch von den Interessen des konradinischen Hauses.

KONFLIKT MIT DER KIRCHE. Das kühle Verhältnis Sachsens zur hohen Geistlichkeit, das in der Zeit Herzog Ottos auffällig zunahm, hatte mehrere, zum Teil recht verwickelte Gründe; eine erhebliche Rolle dabei spielten auch die höchst unterschiedlichen Territorialinteressen. Der Hausbesitz der Liudolfinger erstreckte sich in einem gewaltigen Bogen vom Harz bis in den Süden Thüringens, und dieses Gebiet zwischen Elbe und Fulda bis zur Abtei Hersfeld markierte die von Nord nach Süd gerichtete liudolfingisch-sächsische Expansion. Zum einen verlief sie quer zu den Mainzer Territorialbestrebungen, zum anderen mußte der Besitz des Merseburger Gebietes gerade unter dem Gesichtspunkt der bestmöglichen Sicherung der Ostgrenze denkbar wichtig sein – letzten Endes nicht nur für Sachsen, sondern auch für das Reich.

Diese machtpolitischen Verhältnisse bestimmten Herzog Otto dazu, sich mit der Heirat Heinrichs und Hatheburgs einverstanden zu erklären, ja, sie mit Genugtuung zu billigen. Ein militärischer Kampf um Merseburg wäre nicht möglich gewesen. Herzog Otto waren als Hüter des Landfriedens die Hände gebunden. Im gleichen Jahr 906 waren auch die Babenberger den Konradinern beim Kampf um die Macht in Franken endgültig unterlegen. So hingen also davon, ob Hatheburg dem Werben Heinrichs folgte oder an ihrem Entschluß festhielt, Nonne zu werden, erhebliche politische Gewichtsveränderungen ab.

Ob diese Rücksichten bei dem Jawort Hatheburgs eine Rolle spielten, wissen wir nicht. Die Wahrscheinlichkeit ist gering. Im Vordergrund steht zum einen, daß Heinrich sehr stürmisch und drängend um die schöne Witwe geworben hat. Es schien ihm auf jeden Tag angekommen zu sein. Das war ungewöhnlich, und dieser Eindruck wird noch bestätigt durch die Schnelligkeit, mit der die Hochzeit begangen wurde. Daß eine vornehme, begüterte Dame ihren Entschluß korrigierte und dem Kloster den Rücken kehrte, war in der damaligen Zeit ein spektakulärer Schritt. Ob sie bereits alle Nonnengelübde abgelegt hatte oder nicht, spielt dabei keine Rolle; allein durch die Tatsache, daß sie den Schleier trug, hatte sie ja auf das Recht verzichtet, sich ein zweites Mal zu verheiraten. Maßgebend für das Jawort, das sie Heinrich gab, dürfte zum einen gewesen sein, daß sie nicht aus völlig freiem Entschluß, nur von sich aus, den Schleier genommen hatte; zum anderen dürfte die Wirkung den Ausschlag gegeben haben, den die Persönlichkeit Heinrichs auf sie machte; das darf man feststellen bei aller Reserve gegenüber unserer zeitgenössischen Bereitschaft, in der Verbindung zweier Menschen den persönlichen Gefühlen einen unbestrittenen Vorrang einzuräumen.

Heinrichs Eifer, mit dem er auf die Hochzeit drang, ist schließlich auch deshalb bemerkenswert, weil er wußte, daß er und seine Braut gegen Vorschriften der Kirche verstießen. Hatheburg hätte vor der Eheschließung einen kirchlichen Dispens erwirken müssen. Ob dies ohne Schwierigkeiten zu erreichen war oder nicht: Jedenfalls wäre trotz der hohen Stellung Heinrichs bis zur Ausstellung einer solchen Genehmigung erhebliche Zeit vergangen. Offensichtlich dachte Heinrich aber nicht daran, unnütze Zeit zu verlieren. Ob sich darin eine gewisse Überheblichkeit gegenüber dem Klerus ausdrückte, ist schwer zu entscheiden. Immerhin war in diesen Jahren nicht daran zu zweifeln, daß Heinrich der Nachfolger seines Vaters und damit Sachsenherzog werden würde, und in dieser Stellung wäre es zumindest mehr als unklug gewesen, sich ohne Not über Bestimmungen der Kirche hinwegzusetzen. Die Macht der Geistlichkeit war im Mittelalter nicht von jener Art, die sich leichtfertig provozieren ließ.

Heinrich war zu klug, als daß ihn Leichtfertigkeit dazu verführt haben könnte, Hatheburg ohne Rücksicht auf die Meinung der hohen Geistlichkeit zu heiraten. Er wollte Hatheburg auf dem schnellsten Weg heiraten, sein Drängen hatte unstreitig absolut persönliche Motive. Sie allein waren für ihn maßgebend. Wenn er dabei den Unmut der Kirche, ja selbst einen schweren Konflikt mit ihr in Kauf nahm, dann entsprang das weder seiner Leichtfertigkeit noch einer ignoranten Überheblichkeit, sondern es handelte sich um eine bewußte Herausforderung, ja geradezu um eine herrische Anmaßung. Heinrich konnte sich dabei der Unterstützung seines Vaters sicher sein.

So war die unbeirrbare Eigensinnigkeit, mit der Heinrich die Ehe mit Hatheburg erzwang, keineswegs nur der Ausdruck eines rein privaten Willens. Er wußte, welche Gegner er damit herausforderte. Ebenso wußte er, daß dies lange Nachwirkungen haben würde, ja haben mußte, denn schließlich war er kein beliebiger Kleinfürst. Und er nahm ebenso auf sich, daß er mit der Geistlichkeit auch das Ostfrankenreich, soweit es sich in König Konrad darstellte, in die Schranken forderte. Die Heirat mit Hatheburg warf tatsächlich ungewöhnlich lange Schatten, ein volles Jahrzehnt, bis 915, als es zum unmittelbaren Kampf zwischen ihm und dem Heer des Königs kam. Heinrichs erste Ehe steht im Zeichen eines Widersacherverhältnisses mit der Kirche, das viele Jahre die Herrschaft des Sachsenfürsten und ersten deutschen Königs prägt, das auch seiner Krönung einen besonderen Akzent verleihen wird, und das sich erst verhältnismäßig spät merklich entspannt und in eine ausgeglichene Beziehung verwandelt.

DIE TRENNUNG. Wie stark die kirchlichen Interessen durch diese Ehe getroffen waren, zeigte sich bei dem Nachspiel. Von den Reaktionen Erzbischof Hattos ist nichts aktenkundig. Wohl aber erhob der für Ostsachsen zuständige Bischof Siegmund von Halberstadt, der dem Mainzer Erzbischof unterstellt war, scharfen Protest – unstreitig mit Wissen des Erzbischofs, wenn nicht in seinem Auftrag. Ohne daß die Gebiets- und Besitzinteressen auch nur andeutungsweise zur Sprache kommen mußten, konnte bei dem Einspruch das Schwergewicht ganz auf die grobe Verletzung gesetzlicher Bestimmungen der Kirche gelegt werden, insbesondere der unmißverständlichen Beschlüsse der Reichssynode, die im Mai 895 auf dem Königshof Trebur im hessischen Kreis Groß-Gerau gefaßt worden waren. Die Verhandlungen der Synode hatte damals als höchster Kirchenfürst Erzbischof Hatto von Mainz geleitet.

Bischof Siegmund von Halberstadt wies darauf hin, daß die Ehe rechtswidrig vollzogen worden sei, weil die Kirche weder darum gebeten wurde, die verpflichtenden Bindungen Hatheburgs zu lösen, noch den Dispens erteilt hatte. Da sie also entsprechend dem Kirchenrecht noch immer bestünden, untersagte der Bischof kraft seiner Banngewalt apostolischer Bevollmächtigung Heinrich und Hatheburg strikt die eheliche Gemeinschaft, drohte bei Widersetzlichkeit, also bei Fortführung des verwerflichen Konkubinats, mit dem Kirchenbann und zitierte die beiden Sünder vor eine Synode, die er einberief, um sie dort vor ein kirchliches Gericht zu stellen und sie aburteilen zu lassen.

So eindeutig das Ende der aufsehenerregenden Angelegenheit war, so unklar ist der genauere Verlauf und so wenig ist von den Einzelheiten bekannt. Heinrich soll sich, wie Thietmar von Merseburg berichtet, mit einem Ersuchen an König Konrad gewandt haben, entweder um mit seiner Unterstützung eine kirchliche Sanktion der Ehe zu erwirken, oder um wenigstens einen Aufschub zu erreichen, was im übrigen grundsätzlich an der Situation nichts geändert hätte. Doch es ist völlig ausgeschlossen, daß Heinrich ein derartiges Gesuch eingebracht hat, und zwar nicht nur deshalb, weil Konrad damals noch gar nicht zum König gewählt worden war. Thietmar irrt sich, er ist nicht richtig orientiert. Heinrich hat sich schon allein deshalb zu keinem derartigen Schritt entschließen können, weil die entscheidende Persönlichkeit am Hof König Ludwigs IV. des Kindes derselbe Mann war, der die Heirat mit Hatheburg mit äußerstem Unmut registriert hatte, nämlich der Erzbischof von Mainz, derselbe Mann, der hinter Bischof Siegmund von Halberstadt agierte, als die kirchenrechtlichen Maßnahmen gegen die Ehe mit Hatheburg in Gang gebracht wurden.

Erzbischof Hatto war zwar kein weitblickender Mann, aber immerhin ein versierter Taktiker. Soviel war selbst ihm klar, bei aller Abneigung gegen das mächtige Sachsen: ein ernsthafter Zwist mit dem Haus und der Familie des Herzogs konnte bei der prekären inneren Lage Ostfrankens nicht im Sinne der Kirche und ihrer Pläne sein. So blieb es offensichtlich nur bei der bloßen Androhung Bischof Siegmunds. In keiner Zeile der Chronisten und Zeitgenossen läßt sich auch nur eine Andeutung entdecken, daß es zu einer Synode gekommen wäre und eine kirchliche Verurteilung der Ehe stattgefunden hätte.

Erzbischof Hatto und Herzog Otto von Sachsen legten die Angelegenheit auf friedliche Weise bei. Am 5. Oktober 908 wurde in Trebur eine Urkunde ausgestellt, in der dem Kloster Hersfeld – es lag in einer Grafschaft Herzog Konrads, Herzog Otto stand ihm aber als Laienabt vor – nach dem Tod Ottos von Sachsen oder, falls der Herzog »früher willens sei, auf die Würde des Abtes zu resignieren«, die freie Abtswahl zugesichert und jeder Einspruch von seiten der Liudolfinger untersagt wird. Veranlaßt wurde diese Urkunde durch Otto von Sachsen – ein Entgegenkommen, das sich in keiner Weise mit dem gewohnten Bild der entschlossenen Expansionspolitik verträgt, die Otto von Sachsen so erfolgreich betrieben hatte. Unstreitig handelt es sich bei der Urkunde des Jahres 908 um eine Kompensation dafür, daß die Geistlichkeit die Legitimität der Ehe Heinrichs mit Hatheburg nicht mehr bestritt. Die Kirche verzichtete damit auch auf alle ihre Ansprüche auf das Erbe des Markgrafen Erwin vom Hassegau.

Hatheburg bringt einen Sohn zur Welt, er wird auf den Namen Thankmar getauft, also nach dem ältesten Bruder Heinrichs benannt; als Kind wird er Tanno gerufen. Thankmar ist ein vollberechtigtes Mitglied des sächsischen Fürstenhauses; das ist schon daran zu erkennen, daß er einen liudolfingischen Familiennamen erhält. Zwei Jahre später beschließen die Ehegatten, sich zu trennen. Hatheburg geht endgültig für den Rest ihres Lebens ins Kloster. Thankmar wächst am Hof seines Vaters auf, wird dort erzogen, gerät im Jahr 938 mit seinem Halbbruder Otto, dem Nachfolger Heinrichs I. als König, in heftige Auseinandersetzungen wegen der von ihm geltend gemachten Ansprüche und wird ohne Schuld Ottos I. am 28. Juli 938 getötet.

Die Umstände der Heirat Heinrichs und Hatheburgs waren höchst ungewöhnlich. Um so auffälliger ist es, daß von den Gründen der Trennung kein Wort aktenkundig ist. Thietmar meint zwar: »Die Liebesleidenschaft des Königs zu seiner Gemahlin nahm ab«, doch dieser Satz ist genausowenig als Beschreibung einer Tatsache anzusehen wie die Bemerkung des Chronisten, Heinrich habe sich deshalb von Hatheburg getrennt, weil ihm die Erkenntnis gekommen sei, »sich durch die unrechtmäßige Ehe schwer versündigt zu haben.« Thietmar weiß nichts von den Gründen, deshalb handelt es sich bei seinen Erklärungen um reine Unterstellungen. Im übrigen fällt selbst bei diesem ansonsten so zuverlässigen Berichterstatter auf, wie unkritisch, ja nachlässig er häufig bei seinen Mitteilungen verfährt, so, wenn er Heinrich schon zu einer Zeit als König bezeichnet, da er noch nicht einmal als Herzog die Nachfolge seines Vaters angetreten hatte.

Was auch zu der Trennung Heinrichs von Hatheburg geführt haben mochte: Keine der möglichen Mutmaßungen läßt sich auch nur andeutungsweise erhärten. Das Fazit bleibt überaus unbefriedigend, und zwar deshalb, weil die inneren Mißhelligkeiten durchaus nicht nur auf die dürftigen Mitteilungen oder das Schweigen der Chronisten zurückzuführen sind. Heinrich war im Jahr 906 ein erwachsener, geformter Mann. Die Entschiedenheit, mit der er um Hatheburg warb und sie trotz aller Schwierigkeiten heiratete, spricht durchaus dagegen, daß bei der Eheschließung andere Motive als die machtvolle Zuneigung eine wesentliche Rolle gespielt haben könnten. Eben deshalb weckt bei der Abschätzung dieser ersten Verbindung Heinrichs die Tatsache der raschen Trennung außerordentliches Unbehagen. Am meisten spricht dafür, daß Heinrich zu der Trennung gezwungen wurde, daß er darunter litt und man ihn zu seiner zweiten, fast hektisch rasch geschlossenen Ehe mit Mathilde nötigen mußte. Seine Fürsorglichkeit, mit der er noch viele Jahre später Merseburg betreute, hängt nicht unwesentlich mit seiner Erinnerung an Hatheburg zusammen. Jedenfalls ist fast alles vom Ende dieser Ehe ins Zwielicht des Zeugnisses aus dem Schweigen getaucht, des testimoniums e silentio, auf das man so unerquicklich häufig bei der Geschichtsschreibung des frühen Mittelalters stößt.

Bis heute ist zwar trotz der unzähligen Beispiele aus der Weltgeschichte und trotz aller sogenannten Einsichten der Psychologie das Innere des Menschen noch immer die größte Domäne des Unerwarteten, aber alles, was wir vom Charakter Heinrichs wissen, spricht dagegen, daß er sich wie ein Narr seiner eigenen Gefühlsanwandlungen und ihrer Flüchtigkeit hätte verhalten können. Ähnliches gilt für Hatheburg. Sie verläßt abrupt die Szene, stumm, tritt zurück und vergeht wie ein Schemen. Doch das paßt nicht zu ihrer Persönlichkeit, deren Umrisse zwar nur mit wenigen Strichen gezeichnet sind, aber diese Linien sind kräftig und klar. Nichts wissen wir von ihren Empfindungen, die Ereignisse sprechen jedoch für sich, auch wenn die Einzelheiten nicht zu entwirren sind. Hatheburg gab damals einem Mann, der sie leidenschaftlich umwarb, ihr Jawort, verhalten, zögernd, doch schließlich entschieden; sie brachte einen Sohn zur Welt. Dann diese Trennung. Kaum vorzustellen, daß sie schwieg, daß sie alles einfach hinnahm, willfährig über sich verfügen ließ, als wäre sie ein bloßes Objekt, daß nichts in ihr rebellierte bis an den Rand des zügellosen Ausbruchs. Alles, was wir auch aus diesen fernen Zeiten von den persönlichen, den ganz privaten Empfindungen wissen und kennen, zeigt uns, daß damals vielleicht weit mehr als heutzutage zu der Verbindung zwischen zwei Menschen nicht nur der Überschwang, sondern auch das Leiden, die Qual, der Schmerz und die abgrundtiefe, nie zu vergessende Verstörung gehörten. Heinrich, von dessen

Zuschnitt uns hinreichend viel bekannt ist, brauchen wir unheilbare Verwundungen nicht zu unterstellen. Bei Hathe-burg, von der kein Chronist noch jemals ein Wort berichtet, darf dies mit guten Gründen angenommen werden, und man kann es mit gleichem Recht und mit weniger guten Gründen ablehnen.

MERSEBURG. Sieht man von Thietmar ab, so hatte die Heirat mit Hatheburg als bleibende Folge, daß unbeschadet der späteren Trennung der Ehegatten das Erbe Hatheburgs in Heinrichs Besitz verblieb: das Merseburger Gebiet mit den reichen Gütern im Hassegau (Hochseegau) und dem Zentrum der Hochseeburg an den Mansfelder Seen und im Friesenfeld zwischen Harz, Saale und Unstrut. Mit diesen Ländereien am unteren Ende der versumpften Elsterniede-rung, die besonders lange Zeit unwegsam war, hatte sich die Hausmacht der Liudolfinger bis zur Ostgrenze Sachsens vorgeschoben, und zwar in eine Zone, die seit Menschenge-denken unruhig und besonders gefährdet war. Welche stra-tegische Bedeutung dieses ostfälische Territorium besaß, zeigte sich in seinem ganzen Umfang erst später; aber die Tatsache selbst begann sich schon in diesem Jahr 906 abzuzeichnen, da Heinrich erstmals als verantwortlicher Heerführer einen Kriegszug unternommen hatte.

Um den Kern der »Alten Burg«, die auf einem langge-streckten Felsrücken lag, der von Nord nach Süd verläuft, ließ Heinrich später die Stadt Merseburg anlegen. Der Burg-wall am linken Steilufer der Saale gegenüber einer Furt erhob sich auf einer jungsteinzeitlichen Siedlung. Der Ort war aufgrund seiner hohen, geschützten Lage – im Süden floß die Geisel in die Saale – hervorragend als Festung geeignet und scheint bereits in karolingischer Zeit als Ausfalltor gedient zu haben. Bischof Thietmar erwähnt die Existenz eines altrömischen Festungswerkes. Als Heinrich die Burg erweiterte, ließ er auf diesen Grund die Befestigungsmauer setzen.

Das Gefühl einer tiefen Verbindung mit Merseburg hat sich bei Heinrich nie abgeflacht. Er hielt sich wiederholt in dieser Pfalz auf. Seine Anteilnahme an der Stadtgründung, die Aufmerksamkeit, die er selbst Kleinigkeiten widmete, ging weit über die hohe strategische Bedeutung der Grenzstellung dieses Sachsenplatzes hinaus. Die Leitung der Landbewirtschaftung ging vom Königshof aus, die Nutzung Merseburgs war besonders ertragreich, wie sich aus dem Verzeichnis des Tafelguts ergibt. Aus dem Königsgut ergingen zahlreiche Schenkungen. Seine Pfalz ließ Heinrich vermutlich neben der von ihm gegründeten St. Maximinkirche errichten. Das Gebäude war zweistöckig, der Speisesaal befand sich im Obergeschoß. Diese Halle wurde später mit Fresken ausgeschmückt, die Szenen der berühmten Schlacht gegen die Ungarn im Jahr 933 darstellten. Unter Heinrichs Sohn Otto I. dem Großen wurde Merseburg zum Bischofssitz erhoben. Mit Merseburg und seinem Dom fühlte sich das deutsche Königtum stark verbunden. Rudolf von Rheinfelden, das Haupt der Fürstenopposition gegen Heinrich IV. und erster deutscher Gegenkönig, wurde nach seinem Tod in der Schlacht an der Elster gegen Heinrich IV. am 15. Oktober 1080 im Merseburger Dom beigesetzt. Bemerkenswert ist auch, daß nach Heinrichs Ableben sein Sohn Thankmar Ansprüche auf Merseburg als sein Erbe erhob, allerdings vergeblich.

In der Nähe des heutigen Doms dürfte die ebenfalls von Heinrich gegründete Kirche des heiligen Johannes des Täufers gestanden haben, die von Bischof Thietmar als Mutterkirche aller anderen Kirchen bezeichnet wird. In der Johanneskirche fand Boso, der erste Bischof von Merseburg, nach seinem Tod 970 seine letzte Ruhestätte. Unterhalb der Stadt schuf Heinrich das suburbanum Mesaburiorum, einen eigenen Wohnbezirk, den er einer bestimmten Kategorie von Männern zuwies: Es handelte sich um Verurteilte, deren Bestrafung der König ausgesetzt hatte und die Gelegenheit erhielten, sich im Kampf zu bewähren. Widukind von Corvey schreibt über diese Truppe: »König Heinrich war gegen Landfremde sehr hart, gegen die eigenen Landsleute aber in allen Dingen überaus milde. Sooft er sah, daß ein Dieb oder Räuber ein Draufgänger war, der im Krieg wohl seinen Mann stellen würde, erließ er ihm die Strafe, siedelte ihn in der Vorstadt von Merseburg an und gab ihm Äcker und Waffen mit der Weisung, die eigenen Landsleute in Frieden zu lassen, die Barbaren aber durch so viele Räubereien heimzusuchen, wie er nur Lust hatte.« Diese Truppe, die Mesaburier, wurde berühmt als legio Mesaburiorum, als Merseburger Schar. Bei eigenen Kriegsunternehmungen stellte Heinrich aus den Mesaburiern ein gesondertes Heereskontingent zusammen, das sich stets durch seine unbändige Tapferkeit auszeichnete.

Merseburg gehörte zu den Schlüsselfestungen Heinrichs. Der Flächenraum des gesamten zugehörigen Gebietes wird auf acht Hektar geschätzt. Die Anlage war in jeder Hinsicht überragend gesichert, selbst das Kloster St. Peter und Paul auf dem Gelände der Altenburg glich mit seinen Mauern und Wehren mehr einer Festung als einem Ort für beschauliches Mönchsleben – im übrigen keine Ausnahme, denn Heinrich hatte als König auf dem Reichstag zu Worms am 4. November 926 eine Verordnung erlassen, daß nicht nur die größeren Orte, sondern auch sämtliche Klöster durch Wall und Graben geschützt werden mußten.

7. Die Reiterstämme von Etelköz

»Die Ungarn zogen in dieser Zeit jenseits der Donau umher und taten viel Beklagenswertes. Die Männer und alten Frauen töteten sie ausnahmslos, die jungen schleppten sie wie Vieh mit sich, um ihrer Lust zu frönen, und verwüsteten ganz Pannonien bis zur Vernichtung.«

Annales Fuldenses, ad a. 894

Bevor die Ungarn im Jahr 862 mit ihren ersten großen Vorstößen in den Westen begannen, war das angestammte Heimat- und Siedlungsgebiet dieses »bisher unbekannten Feindes« der weite Steppenbereich zwischen der Donaumündung am Schwarzen Meer und dem Don, den sie Etelköz, Zweistromland, nannten. Nach Westen hin bildeten vermutlich die Karpaten den Grenzsaum. Diese Ur-Ungarn waren vor langer Zeit aus Innerasien über den Ural eingewandert. Aus dem Gebiet der Oka und Wolga, östlich von Moskau, zogen sie dann in den Süden, um dem Druck der normannischen Wikinger, die gegen Ende des achten Jahrhunderts in das Wolga-Stromland einbrachen, zu weichen.

Im Zuge dieser Wanderung vereinigten sich die finnisch-ugrischen Magyaren-Stämme mit den im Osten siedelnden altaisch-türkischen Onogur-Stämmen. Daraus ergab sich der sogenannte Doppelursprung der Ungarn. Ihre unverbrüchliche Einheit beschworen die sieben Hauptstämme in der Zeit der Landnahme durch einen »Blutsvertrag«. Wie bei den meisten Völkern wurde auch bei den Altmagyaren der Frühzeit alles Wissen, jeder Bericht, jede Legende und Erzählung von den Vorfahren nur mündlich überliefert. Erst nach Jahrhunderten hielten die christlichen Mönche das Traditionsgut schriftlich in den lateinischen Codices fest. Von dem Vertrag der Stammesfürsten, der nach der Überlieferung im Jahr 895 mit Blut gesiegelt wurde, berichtet eine der ältesten Sagen wörtlich:

»Das alte Land der Ungarn wurde zu voll von der Menge der darin gezeugten Menschen, so daß es ihnen weder Nahrung noch Raum genug gab. Darum konnten ihre sieben Fürsten die Enge des Landes nicht länger ertragen. Sie hielten Rat miteinander und beschlossen, den heimischen Boden zu verlassen und mit Waffengewalt ein Land zu erobern, darin sie wohnen könnten. Und sie nahmen sich vor, das Land Pannonien aufzusuchen, denn sie hatten vernommen, dies sei das Land des Königs Attila, aus dessen Geschlecht Fürst Almus, Árpáds Vater, stammte.

Indessen erkannten die sieben Fürsten nach gemeinsamer und richtiger Überlegung, daß sie den beschlossenen Zug nicht würden zu seinem Ende führen können, ohne einen Führer über sich zu haben. Darum wählten die Sieben aus freiem Willen und in gemeinsamem Beschluß für sich und ihre Söhne bis zum letzten Glied zum obersten Herzog und Leiter den Almus, Sohn des Ugek, und seine Nachkommen. Denn Herzog Almus und sein Geschlecht waren ruhmvollerer Herkunft und gewaltiger im Kriege. Auch jene sieben Fürsten waren nämlich edler Herkunft, im Kriege mächtig, in der Treue standhaft. Einmütig sprachen sie zu

Almus: ›Von diesem Tage an wählen wir dich zu unserem Herzog und Leiter, und wohin dein Geschick dich führt, dahin folgen wir dir.‹

Nach heidnischer Sitte haben die sieben Fürsten für Herzog Almus ihr eigenes Blut in ein Gefäß fließen lassen und so ihren Schwur bekräftigt, und obgleich sie Heiden waren, haben sie dennoch den beschworenen Vertrag, den sie damals untereinander schlossen, bis zu ihrem Tode treu gehalten.

Der erste Satz des Schwures war: Solange ihr und ihrer Nachkommen Leben währe, solle ihr Führer stets aus dem Geschlechte des Herzogs Almus sein.

Der zweite Satz des Schwures war: Von dem Gute, das sie im Kampfe erwürben, solle keiner von ihnen ausgeschlossen sein.

Der dritte Satz ihres Schwures war: Die Fürsten, die aus freiem Willen Almus zu ihrem Herrn erwählt hätten, sollten niemals, auch ihre Söhne nicht, aus dem Rate des Herzogs und von den Lehen des Reiches ausgeschlossen werden.

Der vierte Satz des Schwures war: Wenn unter ihren Nachkommen einer treulos würde gegen die Person des Herzogs und Zwietracht säe zwischen dem Herzog und seinen Verwandten, so solle das Blut des Schuldigen vergossen werden, so wie ihr Blut bei dem Schwur geflossen sei, den sie dem Herzog Almus leisteten.

Der fünfte Satz des Schwures war: Wenn einer von den Nachkommen des Herzogs Almus und der anderen Fürsten die Sätze dieses Schwurs überträte, so solle er auf ewig in den Bann getan sein.«

Herzog Almus und sein Sohn Árpád wurden durch den »Blutsvertrag« als natürliche Führer aller Ungarnstämme anerkannt und ihren Nachkommen die Erblichkeit des Fürstentums zugesichert. Seit dieser Zeit datiert die politisch-staatliche Einheitsorganisation der Ungarn.

Auf seiner Wanderung war das Reitervolk im Gebiet des Dons an die Grenze des Chasarenreiches gestoßen, eines Staatsverbandes, zu dem sich mehrere Turkvölker zusammengeschlossen hatten. Die Kämpfe und Kriege, die daraus entstanden, wurden in der Mitte des neunten Jahrhunderts beigelegt. Ja nicht nur das: Ungarn und Chasaren einigten sich sogar durch ein Bündnis, das auf Jahrzehnte hin Bestand hatte und auch wiederholt durch ungarische Waffenhilfe in den Kriegen der Chasaren, zumal gegen die Krim, erhärtet wurde.

Da es sich bei den Altmagyaren um Reiternomaden handelte, wurde ihnen nach der Verfestigung der Machtverhältnisse im Norden und Osten für alle weiteren Züge die Richtung nach Westen hin gewiesen. Ihr plötzliches Auftauchen verursachte einen Schock. Abt Regino vom Kloster Prüm schreibt kurz nach Beginn des zehnten Jahrhunderts in seine Chronik: »Im Jahr der göttlichen Menschwerdung zog das sehr wilde und alle Raubtiere an Grausamkeit übertreffende Volk der Ungarn, von dem in den vorhergehenden Jahrhunderten deshalb nichts gehört wurde, weil nicht einmal sein Name genannt wird, von den skythischen Reichen und von den Sümpfen aus, welche der Don durch sein Übertreten der Ufer in unermeßlicher Breite ausdehnt. Aus diesen Gegenden wurde das Volk von den ihm benachbarten Stämmen vertrieben, weil jene an Zahl und Tapferkeit überlegen waren und das heimatliche Land bei dem übermäßigen Anwachsen der Menge nicht genügend Wohnplätze besaß. So mit Gewalt verjagt, sagen sie ihrem Vaterlande Lebewohl und begeben sich auf die Wanderung, um Länder aufzusuchen, die sie bewohnen und darin ihre Sitze aufschlagen könnten. Und zwar durchwandern sie zuerst die Einöden der Pannonier und Awaren und suchen ihre tägliche Nahrung im Jagen und Fischen; dann brechen sie auf häufigen feindlichen Einfällen in Kärnten, Mähren und Bulgarien ein und töten einige mit dem Schwerte, viele Tausende mit Pfeilen, die sie mit solcher Kunst aus Bogen von Horn entsenden, daß man sich vor ihren Schüssen schwerlich zu schützen vermöchte. Ihre Art zu fechten ist um so gefährlicher, je ungewohnter sie den übrigen Völkern ist. Zwischen ihrer Kampfesweise und derjenigen der Bretonen besteht nur der eine Unterschied, daß diese sich der Wurfspieße, jene der Pfeile bedienen. Sie leben nicht nach Art von Menschen, sondern wie das Vieh. Sie nähren sich nämlich, wie das Gerücht geht, von rohem Fleisch, trinken Blut, verschlingen als Heilmittel die in Stücke zerteilten Herzen ihrer Gefangenen, lassen sich durch kein Gejammer erweichen, durch keine Regung des Mitleids rühren.«

Der erste Einbruch in ostfränkisches Gebiet im Jahr 862 blieb allerdings noch längere Zeit ohne bemerkenswerte Repriesen. Die Ungarn hatten nämlich hier kein menschenleeres Gebiet vor sich. Seit der römischen Zeit war Pannonien, die Provinz zwischen den Ostalpen, der Donau und der Save, ein durchgliederter, mit Städten, befestigten Orten und Stützpunkten versehener Bezirk, der zwar im Verlauf der Jahrhunderte von Hunnen, Gepiden, Langobarden und Awaren durchzogen und besetzt worden war, der aber seitdem niemals mehr herrenloses Gebiet darstellte. Im neunten Jahrhundert brach sich zunächst der Bewegungsdrang der Ungarn am Mährischen Reich. Sie stießen hier auf ein Fürstentum, dessen Organisation schon verhältnismäßig weit fortgeschritten war, weit genug jedenfalls, um den Ostfrankenkönig Ludwig den Deutschen bereits mit der Gefahr eines Großmährischen Reiches vertraut zu machen.

Wie wenig es sich bei dieser Befürchtung um ein Wahngebilde handelte, erfuhr König Ludwig im Jahr 854, als der Präfekt seiner Ostmark – des Gebietes zwischen Linz und

Wien nördlich der Donau – zusammen mit dem Herzog von Mähren einen Aufstand unternahm. Mit dieser Erhebung steht wahrscheinlich der erste Ungarnzug 862 ins Ostfränkische Reich in Verbindung. Im Jahr 871 wurden die Gaugebiete an der Donau und in Oberpannonien dem Grafen Aribo unterstellt. Doch die Söhne von Wilhelm und Engelschalk, die als Grafen der Ostmark Aribos Vorgänger gewesen waren, empörten sich gegen diese Regelung. Die *Annales Fuldenses* stellen sachlich fest: »Sie erklärten, entweder werde Graf Aribo, wenn er von der Grafschaft ihrer Väter nicht zurücktrete, oder sie selber von der Schärfe des Schwertes sterben; eins von beidem müsse geschehen.« Markgraf Aribo konnte sich nicht anders helfen, als Herzog Swatopluk von Mähren um Unterstützung zu bitten. Seine Gegner wiederum hatten sich der Hilfe König Arnulfs von Kärnten, des späteren Kaisers, versichert. Damit aber wurde der unmittelbare Konflikt Mährens mit Ostfranken heraufbeschworen, denn bei den langwierigen Kämpfen wurden von den Mährern auch Grenzgebiete Arnulfs verwüstet, was Arnulf zu einer unmittelbaren Reaktion zwang. Und dieselben Kämpfe brachten es mit sich, daß im Jahr 881 auch die Ungarn wieder im Gebiet des Wienerwaldes erschienen.

WANDERUNG NACH WESTEN. Daß die Ungarn als Alliierte des Mährenherzogs Swatopluk auftraten, kann nicht bezweifelt werden, auch wenn es dazu in den Quellen keinen direkten Beweis gibt. Es handelt sich auch nicht um irgendwelche Reitertruppen, welche die Gelegenheit zu Raubzügen ausnützten, sondern um ein starkes, gut organisiertes Heer unter einer straffen Führung. Trotzdem bleibt unklar, ob sie die Mährer nur in diesem besonderen Fall unterstützen sollten oder bereits weitergespannte Ziele verfolgten. Aktenkundig ist lediglich, daß sie sich nach zwei Zusammenstößen wieder in ihre alten Gebiete in Etelköz zurückzogen.

So dunkel die Beweggründe für das Aufbrechen der Völker in der alten Zeit bleiben, so sicher steht doch fest, daß gerade die beweglichsten unter ihnen, die Reiter- und Nomadenstämme, von den herrschenden Fürsten gern als Hilfstruppen gerufen und begrüßt wurden, was ihre Neigung zur erstbesten Ansiedlung nicht gerade förderte. Daß die Altmagyaren nicht in Etelköz verblieben, geht hauptsächlich auf den Druck neu eindringender Nomadenstämme aus dem Osten, vor allem der Petschenegen, zurück. Gleichzeitig aber entwickelten sich durch die Situation des Mährischen Reiches während seines Kampfes um die Großstaatlichkeit beachtliche Anziehungskräfte. Swatopluk hatte die Ungarn mit Behagen und Gewinn als Unterstützung geschätzt, doch daß sie sich nach getaner Arbeit nicht wieder in den fernen Osten zurückzogen, sondern sich im Donaubecken statt in Etelköz niederzulassen versuchten, lief seinen eigenen Absichten, nämlich der Gründung eines Großmährischen Reiches, strikt zuwider. Daß die Ungarn auch noch andeuteten, sie wollten für ihre Waffenhilfe dadurch entschädigt werden, daß ihnen Siedlungsgebiete überlassen würden, die Swatopluk zu seinem Großmähren zählte, brachte den Herzog ganz besonders auf.

Aus den Partnern wurden Feinde. Und dieses Widersacherverhältnis hatte weit über ein Jahrtausend Bestand, bis in unser zwanzigstes Jahrhundert. Der große ungarische Historiker Balint Homan notierte dazu lakonisch: »Die Urgeschichte ist die Familiengeschichte der Nation.« Die Spannungen dürften um das Jahr 890 bis an den Rand der Feindschaft gewachsen sein. In dieser Zeit befand sich bereits Fürst Árpád an der Spitze der ungarischen Stämme, wenn auch noch nicht offiziell zum Führer erhoben. Unter ihm vollzog sich die Phase der ungarischen Landnahme in Pannonien. Die Reiterstämme setzten sich in demjenigen Gebiet fest, das zum Kern der gesamten ungarischen Geschichte der folgenden Jahrhunderte wurde. Hier formte das Arpadenhaus die politische Einheit der Ungarn.

Und von diesem Territorium aus brachen die Ungarn auch bis tief ins zehnte Jahrhundert immer wieder in den Westen auf. Sicherlich: Das Landbecken im Gebiet der Donau und der Theiß wurde schließlich das Endziel ihrer Wanderungen und ihre Heimat, doch die ständigen Einbrüche in die westwärts gelegenen Reiche, ihre gewaltigen Züge in den Norden bis nach Dänemark, im Westen bis zur Mündung der Loire, ja bis ins Gebiet von Barcelona, nach Rom und selbst nach Apulien – jede dieser Unternehmungen ist zugleich ein mit Schwert und Brand und Blut geschriebener Beweis dafür, daß sich die Ungarn mit ihrer neuen Heimat an der Donau erst abfanden, als die Westreiche, allen voran das Deutsche Reich, eine Grenze errichtet hatten, die von den Reiterstämmen aus Etelköz nicht mehr aufzubrechen war. Durch sie allein wurde die Suche der Magyaren nach einem eigenen Siedlungsland beendet und das ungarische Gebiet ihre Heimat.

BÜNDNIS MIT KÖNIG ARNULF. Die Hartnäckigkeit, mit der die Altmagyaren immer wieder von neuem versuchten, in den Westen einzubrechen, war beileibe nicht nur auf so etwas Mystisches wie einen unruhigen Geist oder die eingewurzelte Mobilität eines Reitervolkes zurückzuführen, auch nicht auf eine angestammte Gier nach Beute. Daß die bedrohten, überfallenen und erbärmlich heimgesuchten

Völker des mittleren und westlichen Abendlandes dabei vor allem den Aspekt des Leidens, der Furcht und bald genug auch der permanenten Bedrohung vermerkten, kann nicht verwundern; erstaunen müßte man vielmehr, wenn es anders gewesen wäre und wenn – wie es der Fall war – sich nicht auch tiefer Haß dazu gesellt hätte. Doch historische Rekonstruktion und geschichtliche Veranschaulichung bringt uns der Wahrheit nicht näher, wenn beständig nur eine Seite ins Licht gerückt wird.

Die Abwanderung aus Etelköz hatte die Reiternomaden nicht vom Druck der nachdrängenden Völker befreit. Vom Donaubecken aus führten sie einen Abwehrkampf gegen die turkstämmigen Petschenegen, sie hatten überdies mit den Bulgaren zu tun, sie versuchten zu guter Letzt, sich gegen die Mährer ein gesichertes Gebiet zu erkämpfen. Daß die Interessenkonflikte der Völker, die in den beiden Fürsten Swatopluk und Árpád sichtbare Gestalt annahmen, sich nicht friedlich beilegen ließen, kann im Zeichen der Getöteten und Gequälten beklagt werden – im Zeichen der geschichtlichen Berichterstattung muß dies registriert und niedergeschrieben werden mit jener unpersönlichen Sorgfalt, die zum Berufsethos der Anästhesisten gehört, der Fachärzte für Gefühllosigkeit. Dieses nicht eben seelsorgerische Geschäft wird kaum leichter durch die verlegene Entschuldigung, daß solche Sorgfalt auch zur Dienstpflicht jener Erzengel gehört, denen die Akten für das Weltgericht am Ende der Zeiten anvertraut sind. Kurz gesagt: Die Ungarn erkämpften sich ihr Land zu Recht. Die Mährer versuchten sie zu Recht daran zu hindern. Recht hatten beide Gegner, doch den Sieg trug nur einer davon. Am Ende stand der Zusammenbruch Großmährens, und damit hatten sich alle weitgreifenden Pläne zerschlagen und waren sämtliche Expansionsgelüste vergangen, die Swatopluk, der eindrucksvollste Herrscher des Mährischen Reiches, während seiner zweieinhalb Jahrzehnte währenden Regierung zwischen 870 und 894 entwickelt und unermüdlich gepflegt hatte.

Im Jahre 892 schlossen Arnulf von Kärnten, seit November 887 König des Ostfrankenreiches, und Fürst Árpád eine Vereinbarung, die sich gegen Herzog Swatopluk richtete. Arnulf hatte im Jahr zuvor vergeblich versucht, »den Übermut der Mährer niederzuhalten«, wie der Benediktinerabt Regino von Prüm in seiner *Chronica* schreibt. Gemeint war der Versuch des Königs, die Separation Großmährens, das inzwischen auch Böhmen unter seiner Oberhoheit hatte und dessen Grenzen sich im Osten bis nach Bulgarien erstreckten, aus dem Reich zu unterbinden. Swatopluk lehnte die Forderung Arnulfs, ihm die Lehnshuldigung zu leisten, ab. Zusätzlich gesichert und gestärkt durch ein Bündnis mit den Bulgaren, entschloß sich König Arnulf, dem unbotmäßigen, klassisch in die Zange genommenen Großmähren mit den Waffen zu einer besseren, nämlich seiner eigenen Einsicht zu verhelfen.

ZUSAMMENBRUCH DES GROSSMÄHRISCHEN REICHES. Herzog Swatopluk wehrte sich verbissen, er hatte mit bayerischen, fränkischen und schwäbischen Truppen zu tun, er mußte mit ungarischen Reiterheeren kämpfen. Die entscheidende Niederlage erlitt Swatopluk im Jahr 894 durch die Magyaren. Sein Tod bedeutete auch das Ende Großmährens, sehr zur Genugtuung der Ungarn, kaum weniger auch des Ostfrankenreiches, was sich in der genüßlichen Feststellung der *Annales Fuldenses* widerspiegelt: »Swatopluk, Herzog der Mähren, Urquell jeder Perfidie, der alle ihm benachbarten Regionen durch Trug und List aufwiegelte und nach Menschenblut dürstend umherzog, beschloß unselig sein Leben, wobei er noch zuletzt die Seinen ermahnte, nicht Liebhaber des Friedens zu werden, sondern vielmehr in Feindschaft gegen ihre Nachbarn zu verharren.«

Doch die Seinen ignorierten Swatopluks Vermächtnis, sie baten um Frieden. Ein Jahrzehnt konnten die Nachfolger des Herzogs noch insgeheim mit dem Gedanken des Erhalts eines Großmährischen Reiches spielen, doch dann war es vorbei mit den politischen Tagträumen. Die Ungarn setzten sich endgültig im Donaubecken fest. Sie konnten die Herrschaft der Bulgaren im Südosten des Gebiets brechen. Damit war eine Haupthoffnung der Mährer, die Unterstützung durch Zar Simeon gegen die Ungarn, zerstört. Arnulf, der am 22. Februar 896 von Papst Formosus in Rom zum Kaiser gekrönt worden war, erneuerte 898 das Bündnis mit den Reiternomaden; ihn leitete dabei vor allem die Sorge wegen der noch immer nicht zur Ruhe gekommenen Lage in Mähren. Zum einen hoffte er, den mährischen Unruheherd mit Hilfe der Magyaren besser beherrschen zu können. Zum anderen war er bemüht, den unausrottbar scheinenden Neigungen der Reiterstämme zu Westexpansionen einen freundschaftlichen Riegel vorzuschieben.

Das Arrangement Arnulfs mit den Ungarn wurde schon in seiner Zeit überaus heftig beanstandet. Unter dem Eindruck der Ungarnzüge, die jahrzehntelang buchstäblich zu einem Alptraum des Reiches geworden waren, verschärfte sich die Kritik post festum bis zur Verstiegenheit. Widukind von Corvey, in keinem Punkt so sehr Sachse wie in seiner Ablehnung der Ungarn, kann seine Empörung kaum zügeln: Kaiser Karl der Große hätte die Ungarn über die Donau zurückgetrieben, sie seien mit einem »ungeheuren Wall« umschlossen und dadurch gezwungen worden, ihre gewohnten Raubzüge aufzugeben: »Unter Kaiser Arnulf aber wurde das Werk niedergerissen und ihnen der Weg zu neuem Schaden geöffnet, weil der Kaiser dem Mährenherzog Swatopluk grollte. Welche Verwüstung und welches Leid die Ungarn sodann dem Reich der Franken zufügten, davon geben die noch immer verödeten Städte und Landschaften Zeugnis.«

Noch erheblich heftiger urteilt Bischof Liudprand von Cremona, ein Zeitgenosse Widukinds: »Arnulf zerstörte, o Jammer! jene starken Schutzwehren und rief die Ungarn, dieses habsüchtige, verwegene Volk, das den allmächtigen Gott nicht kennt, mit allen Freveln aber wohl vertraut ist und nur nach Mord und Raub trachtet, zu Hilfe; wenn man das Hilfe nennen kann, was bald nach seinem Tod seinem Volk sowohl wie den übrigen im Süden und Westen wohnenden Nationen schwere Gefahr, ja Verderben brachte. O blinde Herrschsucht des Königs Arnulf! O unseliger, schmerzlicher Tag! Um ein einziges Menschenkind zu demütigen, wird ganz Europa in Not und Jammer gestürzt. O blinder Ehrgeiz! Wie viele Frauen machst du zu Witwen, wie viele Väter beraubst du ihrer Kinder, wie vielen Jungfrauen raubst du die Ehre, wie vielen Priestern Gottes samt ihren Gemeinden die Freiheit; wie viele Kirchen veröden durch dich, wie viele bewohnte Gebiete legst du, verblendeter Ehrgeiz, wüst!«

Widukind und Liudprands Zorn ist verständlich, vor allem weil mit Hilfe dieser schroff einseitigen Darstellung die Leistungen Heinrichs des Ersten und seines Sohnes Otto I. des Großen in hellstes Licht gerückt werden. Doch die beiden Sachsenherrscher haben solche Schützenhilfe nicht nötig, jedenfalls nicht durch Vorwürfe an die Adresse Kaiser Arnulfs. Die Ungarn versuchten von sich aus, mit allen Mitteln, die ihnen zweckmäßig erschienen und die Erfolg versprachen, die Tore in den Westen aufzusprengen. Kaiser

Arnulf hatte klassische Sicherungspolitik betrieben. Ob durch ihn allein, dank der Entlastung, die er der Ostgrenze brachte, auch die künftige Italienpolitik der deutschen Kaiser vorgezeichnet wurde, ist eine Streitfrage, die sich kaum entscheiden läßt und die deshalb auch besonders hingebungsvoll von den Historikern erörtert wurde.

Mit der Stabilität der Ostgrenze war es vorbei, als Arnulf am 8. Dezember 899 verstarb. Die hohe Geistlichkeit des Frankenreiches, an ihrer Spitze auch Arnulfs engster Ratgeber, Erzbischof Hatto von Mainz, hatte das »Heidenbündnis« mit den Ungarn abgelehnt. Das sensible Gleichgewicht zwischen dem Ostfränkischen Reich und den Magyaren wurde nunmehr zerstört. Eine unmittelbare Folge davon war die Verfeindung Bayerns mit den Reiternomaden. Kurz nach dem Ableben Kaiser Arnulfs bemühten sich Gesandte des Fürsten Árpád, in Regensburg eine Erneuerung des Friedensbündnisses zu erreichen. Die Offerte wurde schroff zurückgewiesen, die Unterhändler wurden sogar beschuldigt, sie seien nur gekommen, um Militärspionage zu treiben. In den *Annales Fuldenses* wird zum Jahr 900 geschrieben: »Arglistig schickten die Ungarn ihre Boten zu den Bayern, angeblich um Frieden zu erbitten, tatsächlich jedoch, um das Land auszukundschaften. Das brachte, o Schmerz! das erste Leid dem bayerischen Reiche und einen Schaden, wie er in den Tagen der Vergangenheit niemals gesehen worden ist. Denn sie fielen unversehens mit starker Macht und einem gewaltigen Heer über die Enns feindlich in das Reich der Bayern ein, so daß sie im Traungau auf fünfzig Meilen in die Länge und Breite mit Feuer und Schwert alles mordend und plündernd an einem Tage vernichteten. Als dies die entfernter wohnenden Bayern erfuhren, beschlossen sie, von Schmerz getrieben, ihnen entgegenzurücken; doch die Ungarn hatten dies vorausgesehen und kehrten mit der Beute dorthin zurück, woher sie gekommen waren: heim nach Pannonien.«

DIE LANDNAHME. Das Selbstbewußtsein der Reiternomaden hatte in der Zeit um die Jahrhundertwende aufgrund wiederholter, überaus erfolgreicher Einbrüche in die Lombardei enorm gewonnen. Der Überfall bayerischen Gebiets im Jahr 900, der sich an die bewährte Taktik eines schnellen wuchtigen Vorstoßes und prompter Rückkehr mit der Beute hielt, bestätigte ihre militärische Kraft. Wenig später unternahmen sie einen ähnlichen Raubzug nach Mähren. Im Jahr 901 gelang es ihnen, ganz Pannonien zu erobern und sich dort für immer festzusetzen. Vor der Grenze ihres Gebietes befand sich seitdem nicht mehr wie bisher ein strategischer Leerraum, sondern sie schloß direkt an mährisches und bayerisches Territorium. Allerdings sicherten sich die Ungarn ihrerseits durch den Aufbau eines Schutzsystems, das sich an den vorzüglichen natürlichen Barrieren orientierte und die dazwischenliegenden gefährdeten Lücken verschloß. Im Norden war das Siedlungsgebiet durch den großen Bogen der karpatischen Urwälder gesichert, der sich zum Teil bis nach Südosten hinzog. Im Süden bestand eine Schutzzone durch die kroatischen Berge, die in das Sumpfgebiet an der unteren Donau übergingen. Der Westen war zum Teil ebenfalls durch ein undurchdringliches Waldgebiet gesichert. Damit war das ungarische Land durch einen gewaltigen Ring fast wie eine ungeheure Burganlage umschlossen. Dieses gürtelartige Sperrgebiet, das sie »Gyepüelve« nannten, verwandelte das neue Ungarnland in eine Bastion, deren Einwohner kaum noch mit existenzbedrohenden Überraschungsangriffen fremder Völkerschaften rechnen mußten, wie es früher in Etelköz der Fall gewesen war.

Ungarn wurde von dem Zeitpunkt an, da es seine Landnahme in Pannonien abschloß, zu einer festen Größe der außenpolitischen Sorgen des Ostfrankenreiches. Das Ausmaß der Gefahren, die von den Reiterstämmen ausgingen, war zwar nicht kalkulierbar, aber die Gefahren selbst konnten und mußten ständig bedacht werden. Über den schweren Nöten der unentwegten Bedrohung durch die gewaltigen Raubzüge wird allerdings in der Bewertung der ungarischen Landnahme zumeist die Tatsache vergessen, daß dieser gesamte Bereich nördlich der Drau, Save und Donau insofern ein neues Grundelement in die Existenz und Geschichte des Abendlandes brachte, als die Magyaren nach Osten hin eine scharfe Verteidigungs- und Abgrenzungsposition bezogen. Das hatte schwerwiegende Rückwirkungen auf ihren politischen Ort und ihre Interessensphäre. Zur Auswirkung kam dies zwar erst ein Jahrhundert später, als König Stephan I. der Heilige die Christianisierung seines Volkes abschloß, doch Voraussetzung dafür war das Fundament, das im Zuge der Landnahme eingangs des zehnten Jahrhunderts gelegt wurde.

Die Invasionen der ungarischen Reiterheere rissen in den folgenden Jahren nicht mehr ab. Bayern bemühte sich deshalb erneut um eine Allianz mit Mähren, doch wurde dadurch nicht mehr erreicht, als daß die Ungarn sich ermuntert sahen, in die Planung ihrer Raubzüge auch mährisches Gebiet aufzunehmen. Kurz nach der Jahrhundertwende veränderte sich auch die interne Lage bei den Ungarn. Die Reiterstämme hatten bis dahin das traditionelle System eines Doppelfürstentums beibehalten. Durch den Tod eines dieser »Könige« wurde der Weg frei für die Alleinherrschaft des Fürsten Árpád. Damit beginnt die offizielle Zeit der Arpadendynastie, die volle vier Jahrhunderte andauern sollte.

Für die Bayern und das praktisch führerlose Ostfrankenreich entstand dadurch eine Ruhepause, die allerdings nur
wenige Jahre anhielt und kaum in ihrem Gewicht zu spüren
war, weil selbst in dieser Zeit die kleineren Überfälle nicht
abrissen. Bayern war es gelungen, durch eine eilends
erbaute Festung an der Enns – dem Fluß, der sich als Nord-
Süd-Barriere von den Radstädter Tauern durch die Ennsta-
ler Alpen bis hinauf zur Donau zog – kurz vor der Einmün-
dung des Flusses in die Donau den von den Ungarn mit
Vorliebe benutzten Übergang zu sperren. Die Ennsburg, an
der Stelle der heutigen Stadt Enns im Bezirk Linz, wurde für
Bayern in der Folgezeit der Standort für die Truppenkon-
zentrationen bei der Vorbereitung von Unternehmungen
gegen die Ungarn.
Doch diese Sperre im Süden brachte fürs erste lediglich
Bayern eine unmittelbare Entlastung. Die Ungarn hatten
inzwischen mit den Resten des Großmährischen Reiches
aufgeräumt, die mährischen Gebiete wurden fürchterlich
verwüstet, das Gebiet selbst in eine Art ungarisches Protek-
torat verwandelt. Sein wesentlicher Zweck bestand darin,
den Reiternomaden einen ungehinderten Marsch durch die
mährische Senke nach Nordwesten durch das heutige Schlesien in Richtung zur Elbe und nach Sachsen zu ermöglichen.
Sie hatten dies bereits im Jahr 904, als sie die mährische
Selbständigkeit endgültig vernichteten, erkundet. Die Probe
aufs Exempel fand zwei Jahre später statt, als Herzog Otto
von Sachsen seinen Sohn Heinrich mit einem Heer über die
Elbe schickte, um die Unruhe der heidnischen Oststämme
jenseits des Flusses zu dämpfen und ihn möglichst von einer
unzweckmäßigen Teilnahme an den Kämpfen zwischen den
Babenbergern und den Franken, die damals zur Entscheidung anstanden, abzuhalten.

8. Volk der Steppe

»*Fern im äußersten Osten, in Skythien, hauset ein Volksstamm, jenseits der eisigen Tanais; es lebte niemals im Norden je ein berüchtigter; gar gräßlich seine Gebräuche, grausig sein Anblick, an Arbeit hat er sich nie gewöhnt. Beute ist seine Nahrung; er kennt weder Säen noch Ernten.*«

Claudius Claudianus

Von der Frühdämmerung an war er geritten, einen halben Tag am Waldrand entlang. Zu seiner Linken ragten die Baumriesen mit ihrem bizzaren Geäst empor. Die ausladenden Kronen gaben wechselnde Schatten. Vor ihm türmten sich schneeweiße Sommerwolken. Er ritt ihnen entgegen wie einem Gebirge, sie schienen starr im tiefen Blau zu stehen, glitten jedoch im Blickfeld langsam hin und her, wenn er den Krümmungen des Waldrandes folgte. So regungslos sie vor ihm standen, war ihr Bild doch jedesmal verändert. Doch ihre gelassene Verlorenheit im weiten Himmel blieb unberührbar konstant.

Als die Sonne den höchsten Stand erreicht, sitzt er ab, läßt das Pferd grasen. Er hält sich im Schatten des Waldrandes, halb sitzend, halb liegend, den Rücken an einem Baumstamm. Die üppige Wiese im Blickfeld vor ihm sinkt leicht ab, wird von einem langgezogenen Dornengestrüpp unterbrochen und steigt jenseits davon hügelig an. Aus der Senke weht eine leichte Brise, mehr die Sommerschwere dieses heißen Julitages betonend, als daß sie Kühlung bringt. Er rastet nur eine kurze Zeit, dann schnalzt er dem Pferd, sitzt auf, reitet weiter. Nachmittags kommt er in vertrautes Gebiet. Er müßte am nächsten Tag den Hellweg erreichen. Dann könnte er seinem Herzog Bericht erstatten.

Er reitet zügig, kommt gut voran, wechselt zwischen Schritt und Trab. Die Sonne verschwindet hinter einer grauen Wolkenwand am Horizont, der goldene Hauch der Dämmerung auf den Weiden am Fluß vergeht, im beginnenden Abend verliert die Umgebung ihre Klarheit, wird der Weg langsam undeutlich. Der Wind schläft allmählich ein. Bevor der Abend zur Nacht wird, erreicht er den Gutshof: stattliche Gebäude, Hallen, weite Räume, große Scheunen, ringsum gesichert durch mächtige Zäune, die fast so stark wie Palisaden sind.

»Ungarn also sind es. Ich hab' den Namen gehört, unser Priester nennt sie Hungares oder Ungari, er sagt, sie würden auch Awaren genannt, sie sollen aus den Sümpfen der Skythen kommen. Wie nun, sind die Skythen, die Awaren, die Ungarn ein und dasselbe Volk, sind nicht auch die Hunnen aus diesem fernen Osten gekommen, auch sie aus den Sümpfen der Skythen?«

Der Reiter nickt: »Ja, sie sind aus Asien gekommen, man weiß nicht genau, woher, deshalb sagt man ›aus den Sümpfen der Skythen‹. Asien ist ein ungeheures Land, niemand kennt es. Für uns waren alle Völker, die aus Asien gekommen sind und immer noch kommen, fremd, und sie werden uns fremd bleiben. Nicht einmal die Araber in Spanien sind uns so fremd. Die Hunnen, Awaren, Skythen, Ungarn sehen ganz anders aus als die Menschen in unseren Stammesgebieten. Ihre Sitten sind uns fremd, ihre Bräuche, wir verstehen ihre Sprache nicht, ihr Leben auf den Pferden, ihr Umherziehen – nichts davon ist unserer Art. Zwischen ihnen selbst gibt es große Unterschiede, aber uns fallen sie kaum auf. Die Ungarn, mit denen wir es zu tun haben, kommen aus Gebieten, die von ihren Feinden erobert wurden. Also sind nicht alle Völker im Osten gleich.«

»Daß Stämme gegeneinander kämpfen, das gibt es auch bei uns. Und doch sind die Franken und Schwaben, die Sachsen und Bayern Teile desselben Volkes, sie haben ein gemeinsames Reich, an dessen Spitze ein König steht.«

»Das mag so sein. Bleiben wir bei den Ungarn. Sie zählen seit alten Zeiten sieben Stämme. Ich kenne die Unterschiede zwischen ihnen nicht. Wer kennt sie schon, wenn er kein Ungar ist. Es spielt auch keine Rolle, nicht einmal bei ihnen, glaube ich, denn sie haben das Gefühl, daß sie wie Blutsbrüder zusammengehören, daß sie eng miteinander verwandt sind. Das macht sie zu einer Einheit, und das ist noch mehr als nur die Bindung, die irgendeinen Stammesverband zusammenhält. Bei den Ungarnstämmen selbst sind die meisten Völkerschaften aus dem Osten zu finden, deren Namen wir kennen: Mongolen, Kaukasier, Perser, Armenier, Finnen, die vielen Turkvölker – alles mischt sich bei den Ungarn, und herausgekommen ist etwas recht Gleichartiges, das sich deutlich von den anderen Völkern unterscheidet. Ich habe sie gesehen, sie sind von kleinem Wuchs, ihr Kopf reicht mir etwa bis zur Schulter, nur selten findet sich ein Mann, der größer ist als die Länge von dreien unserer Schwerter. Meist gehört solch ein Hochgewachsener zu den Vornehmen oder kommt aus einem Fürstenhaus. Ihre Frauen sind eine Handbreit kleiner als die Männer. Reiten können sie wie der Teufel.«

»Wie Teufel sehen sie auch aus.«

»Sagst du. Dir mag es so erscheinen, ich habe von anderen sagen gehört, die Ungarn würden gut aussehen. Mein Freund, der Meinungen sind viele in der Welt. Wir sind nur mit uns selbst und unseresgleichen vertraut. Die Ungarn wiederum mit ihresgleichen. Wahrscheinlich sagen sie dasselbe über uns, was wir über sie sagen.«

»Was kümmert's mich. Sie brennen die Gehöfte nieder, erschlagen uns friedliche Bauern, schleppen die Frauen fort, rauben das Vieh, plündern Hab und Gut. Das geht uns an, und wer solches tut, mag aussehen wie ein Teufel oder auch nicht: Für mich bleibt er ein Satan.«

»Gewiß. Doch du hast mich nach den Ungarn gefragt, und ich erzähl' dir, was ich von ihnen weiß. Mehr nicht. Sie sind unsere Feinde, weil sie uns als ihre Feinde betrachten. Doch ist es gut, zu wissen, woran man bei seinen Feinden ist. Denk nach! Gerade über Feinde, die so mächtig und gefährlich sind, kannst du gar nicht genug wissen.

Unsere Herren und Fürsten und Bischöfe halten den Ungarn vor, sie seien wortbrüchig und verschlagen, tückisch und grausam. Die Ungarn würden lügen, die Verträge brechen, sie seien durch und durch falsch. Freund: Handeln unsere Herren und Fürsten und Bischöfe so, wie sie es von den Ungarn erwarten? Abmachungen, Bündnisse, Verträge werden von denjenigen, die sie vereinbaren, nur so lange gehalten, solange sich die Absichten, die sie besitzen, nicht ändern. Wer über die Heimtücke der Ungarn klagt, hat nur dann ein Recht zur Klage, wenn er sich ihnen gegenüber nicht ebenfalls heimtückisch verhalten hat.«

»Wir haben den Wald gerodet, den man uns zum Roden gegeben hat. Wir pflügen und säen und ernten, wir bauen den Roggen an, den Hafer und die Gerste, wir arbeiten auf den Feldern, treiben unsere Kühe und Rösser auf die Wiesen und hüten sie, wir mähen und melken und arbeiten, wie jedermann arbeitet, wie es der Herrgott verlangt – die Priester sagen es. Wir wissen es auch ohne Priester. Unsere Väter und Mütter haben so gelebt, unsere Großväter haben so gelebt, die Väter und Mütter von ihnen haben so gelebt. So werden auch unsere Kinder leben, so sollen sie leben. Welchen Platz nehmen die Ungarn dabei ein? Haben wir unsere Häuser für sie gebaut? Damit sie unsere Tische und Bänke zerschlagen, unsere Truhen plündern und Feuer in die Reisigwände werfen? Wir halten uns an unsere Sitten und unser Recht. Wir halten den Thing und leisten den Waffendienst. Gehn die Ungarn nach ihren Sitten und ihrem Recht so miteinander um, wie sie mit uns umgehen? Der Ungar kommt als Feind, als Räuber, als Mörder. Haben wir Bauern, haben die Frilinge und Laten mit dem Ungarn Verträge? Habe ich einen Vertrag mit ihm? Habe ich den Vertrag gebrochen?«

»Gewiß nicht. Du sollst ja gar nicht mit ihm rechten. Das kannst du nicht. Du sollst dich wehren. Dazu mußt du wissen, was der Ungar für ein Feind ist. Deshalb hast du mich gefragt. Der Ungar wäre nicht die größte aller Gefahren, wenn er nicht Eigenschaften besäße, die ihn zu dem machen, was er ist. Was er für dich ist. Die Ungarn haben ein großes Land erobert, sie haben gewaltige Heere besiegt, sie reiten nicht nur wie die Teufel, sie kämpfen auch so. Das ist es, was uns an ihnen so sehr an die Hunnen erinnert. Die Ungarn sind ein hartes Volk, sie ertragen die bitterste Kälte, die größte Hitze, sie klagen nie. Ich habe sie erlebt in ihren Lagern, als mich der Herzog als Gesandten zu ihnen geschickt hat. Da singen sie und lachen und behandeln den Fremden, der als Gast zu ihnen kommt, so herzlich wie ihren besten Freund, offen und ganz ohne die Heimtücke, die jeder in ihren Augen zu sehen glaubt.

Sie sind ein Reitervolk, sie lieben die Freiheit, sie kämpfen für sie, sie kämpfen mit einem Mut und einer Tapferkeit, für die es kaum Vergleiche gibt. Jeder Sachse, der so kämpft wie die Ungarn kämpfen, gilt uns als Held, als Vorbild eines unerschrockenen, tollkühnen Mannes. Selbst die unerbittlichsten Feinde der Ungarn bestreiten nicht die Heldenhaftigkeit dieser berittenen Barbaren. Ein gelehrter Mann am Hof des Herzogs hat mir die Ungarn als ›sehr wildes und alle Raubtiere an Grausamkeit übertreffendes Volk‹ geschildert. Daß sie wie die wilden Tiere kämpfen, klingt nicht gut. Andere Männer, die auch ihre Erfahrungen mit den Ungarn gemacht haben, nennen die ›wilden Tiere‹, mit denen sie von den Chronisten und schreibkundigen Mönchen in den Klöstern so oft verglichen werden, beim Namen. Sie sagen, die Ungarn würden wie die Löwen kämpfen. Das klingt wohl besser. Ich schildere dir die Ungarn, wie sie sind. Damit du weißt, mit wem wir es zu tun haben – ich fürchte, noch lange zu tun haben werden. Der gelehrte Mann am Hof des Herzogs, der sich so sehr vor den Ungarn fürchtet, hat mir, bevor ich zu ihnen geritten bin, aus der Heiligen Schrift vorgelesen, von einem Propheten, Habakuk ist sein Name. Dieser Habakuk hat von dem Volk der Chaldäer gesprochen, so, als wären es Ungarn gewesen:

›Schrecklich und furchtbar ist dieses Volk
das die Breiten der Erde durchzieht,
um fremde Wohnsitze zu erobern.
Schrecklich und furchtbar ist es,
ihm selbst entstammt sein Recht und seine Hoheit.
Schneller als Panther sind seine Rosse
und kühner als Wölfe am Abend.

Stolz sprengen seine Reiter einher,
und seine Reiter kommen aus weiter Ferne.
Sie fliegen dahin gleich einem Adler,
der sich auf den Fraß stürzt.
Sie gehen auf Gewalttaten los,
dringen unaufhaltsam vorwärts
und bringen Gefangene auf wie Sand.
Dies Volk verlacht die Könige
und spottet jedweder Festung.
Es schüttet Erde auf und erobert sie.
Dann gewinnt es neue Kraft,
und weiter zieht es einher.‹

»Was soll ich noch über die Ungarn sagen? Als einzelne
sind sie Menschen so wie du und deine Frau und ich. Als
Volk sind sie für uns ein Schicksal.«

Der Bote stand auf, nickte dem Gutsherrn zu, ging durch
die Türe der Halle hinaus auf den Hof, sattelte das Pferd
und ritt zum Tor hinaus. Aus der Ferne blickte er nochmals zurück. Er spürte ein leises Bedauern darüber, daß
für ihn dieser Edelhof nichts anderes sein konnte, als ein
Ort, den er nach der Rast so schnell wie nur möglich wieder verlassen mußte. Das schien ihm fast wie eine Ent-
würdigung. Doch das war nun einmal der Unterschied
zwischen dem Seßhaften, dessen Stolz das bebaute Land
war, und dem Fürsten, der das Land insgesamt regierte
und dem es bestenfalls vergönnt war, sich gelegentlich in
einer seiner vielen Pfalzen eine Zeitlang besonders wohl
zu fühlen, ohne daß es ihm möglich sein würde, dort länger als wenige Monate zu bleiben. Und er, der Bote, stand
im Dienst dieses Fürsten. Er hatte diesen Dienst doch
nicht zuletzt auch deshalb angenommen, weil er nun ein-

mal nicht zu den Menschen gehörte, die sich an irgendeinem Ort, und sei er noch so schön gelegen, für die nächsten drei Jahrzehnte niederlassen.

9. Die Ungarn im Reich

> *»Die Ungarn fielen in Sachsen ein und verwüsteten das Land.«*
>
> Annales Alamannici, ad a. 908

Heinrich von Sachsen mochte der Überzeugung gewesen sein, daß er die Militärexpedition, zu der ihn sein Vater Otto im Jahr 906 beauftragte, erfolgreich durchgeführt hatte. So zügig und kraftvoll das Unternehmen auch abgewickelt wurde, so schwer läßt sich die Feststellung umgehen, daß es genaugenommen viel zu erfolgreich gewesen war. Denn die Daleminzier, absolut unfähig, sich gegen die Übermacht des Sachsenheeres zu behaupten, baten in ihrer Ohnmacht die Ungarn, ihnen zu helfen. Das Reitervolk ließ sich nicht zweimal bitten. Seine Scharen stürmten erstmals am 24. Juni 906 über die Grenze nach Sachsen und Thüringen. Es ist mehr als eine bloße Vermutung, daß Heinrich dabei in die Kämpfe verwickelt wird, wenn es dabei überhaupt zu Kämpfen mit sächsischen Einheiten gekommen ist. In den Quellen findet sich dazu kein Hinweis.

Widukind von Corvey faßt die Ereignisse der beiden folgenden Jahre knapp zusammen, freilich auch so klar und entschieden, daß die Zweischneidigkeit des sächsischen Feldzuges unter Heinrich beklemmend deutlich wird: »Das Heer der Ungarn, von den Daleminziern gedungen, richtete viel Unheil in Sachsen an und machte unermeßliche Beute; bei der Rückkehr nach Daleminzien stießen sie auf ein anderes Heer von Ungarn, die ihre Freunde mit Krieg heimzusuchen drohten, weil sie ihre Hilfe verschmäht, den anderen aber so große Beute ermöglicht hatten. So geschah es, daß Sachsen zum zweitenmal von den Ungarn verheert wurde, und während das erste Heer die Rückkehr des zweiten aus Sachsen in Daleminzien abwartete, geriet dieses Land selbst in eine so bittere Hungersnot, daß die Leute in diesem Jahr 908 den eigenen Boden verließen und anderen Völkern um Brot dienten.«

Die Gründe für den zweiten Ungarneinfall waren nicht ganz so simpel, wie es sich bei Widukind liest. Im Jahr 907 hatte bei Preßburg die große Schlacht stattgefunden, in der die Ungarn ein gewaltiges Heer der Bayern vernichteten. In dem Ringen, das drei Tage gedauert haben soll, verlor auch fast der gesamte führende Adel das Leben: Bayerns Markgraf Luitpold, der Salzburger Erzbischof und königliche Erzkanzler Theotmar, die Bischöfe Udo von Freising und Zacharias von Seben sowie neunzehn Grafen und drei Äbte. Die fliehenden Truppenreste wurden von den Ungarn bis tief nach Bayern hinein verfolgt, die magyarischen Reiterstämme besetzten die Ostmark bis zur Grenze an der Enns. Nach einer allerdings nicht ganz zuverlässigen Notiz befand sich auch der vierzehnjährige König Ludwig beim Heer; er konnte sich nur mit größter Mühe in die Festung Passau retten.

Die Katastrophe von Preßburg öffnete den Ungarn das

Südtor des Reiches. Die bayerischen Gaugrafen in der Ostmark – dem Gebiet zwischen der Fischa und der Enns
– wurden von den Ungarn in ihren Ämtern belassen, sie
unterstanden allerdings der Oberhoheit eines Statthalters.
Die Bevölkerung wurde nicht vertrieben oder verpflanzt, sie
wurde lediglich zur Zahlung eines regelmäßigen Tributs
verpflichtet. Mit diesem Jahr 907 verwandelte sich die
Feindschaft zwischen Ungarn und dem Reich in einen permanenten Kriegszustand. Diese Tatsache wurde über Jahrzehnte hin auch maßgebend für die Politik im Inneren und
dadurch von größter Bedeutung für die Entschlüsse der
deutschen Herrscher. Ein gutes Indiz für die Furcht, die sich
in Ostfranken verbreitete, ist die Bitte des Bischofs von
Eichstätt, der König möge ihm erlauben, vorsorglich Schutzwehren und Befestigungen gegen die Ungarn zu errichten.
Die Bitte wurde umgehend erfüllt. In einer Urkunde vom
5. Februar 908 erklärte Ludwig IV. das Kind: »Mögen alle
unsere Gläubigen es wissen, diejenigen, die jetzt leben, und
diejenigen, die kommen werden, daß Erchanbald, der
Bischof der ehrwürdigen Kirche von Eichstätt, unsere Güte
und Milde anrief, ihm zu erlauben, in seinem Bistum Befestigungen gegen die Angriffe der Heiden anzulegen.«

Sämtliche Kräfte mußten sich seit diesem Jahr 907 auf
die bedrohte und umkämpfte Ostgrenze konzentrieren. Die
Ungarnzüge hatten einschneidende Rückwirkungen auf das
deutsche Königtum, seine Verankerung und Gefährdung,
ebenso aber auch auf die allgemeine Sozialentwicklung, weil
die Entfaltung des Lebens in den gefährdeten Gebieten die
Menschen zu einer Änderung ihrer gewohnten Siedlungs-
form zwang: Die Entwicklung der mittelalterlichen Städte,
herausgewachsen aus den später planmäßig angelegten
Fluchtburgen, erhielt dadurch für Jahrhunderte ihr charakteristisches Gepräge.

Eine der schwerwiegendsten Folgen der Schlacht bei Preßburg war der Versuch Bayerns, sich mit den Reiternomaden zu arrangieren. Herzog Arnulf, der Sohn und Nachfolger des bei Preßburg gefallenen Markgrafen Luitpold, sah sich aufgrund der militärischen Schwäche seines Landes zu einer Pendelpolitik genötigt, die aus der Ungarnnot ein leidliches Übel zu machen versuchte. Den Auftakt bildete eine Annäherung, die von Anbiederung nur schwer zu unterscheiden war. Arnulf sollte als erste Gemahlin die magyarische Prinzessin Agnes erwählt haben; diese Mitteilung findet sich bei dem Abt Konrad von Luppurg von der Benediktinerabtei Scheyern in Oberbayern, dessen *Chuonradi Chronicon Schirense* allerdings erst eingangs des dreizehnten Jahrhunderts niedergeschrieben wurde. Ferner bestand eine Vereinbarung mit dem Nachfolger des aller Wahrscheinlichkeit nach im Jahr 907 verstorbenen Großfürsten Árpád, daß die ungarischen Truppen jederzeit ungehindert durch Bayern ziehen durften, solange sie sich darin so friedlich bewegten wie in ihren eigenen Gebieten, sich keinerlei Übergriffe zuschulden kommen ließen und insbesondere nicht plünderten.

Daß sich Arnulf von Bayern mit dieser Politik und solchen Absprachen den Ungarn fast freundschaftlich genähert hatte, wird noch durch die fast provozierende Form erhärtet, mit der sich der Herzog seit dem Jahr 907 vom ostfränkischen Königshof fernhielt. Auch wenn dafür noch andere Gründe eine Rolle spielten, unter denen sein gespanntes Verhältnis zur Geistlichkeit den ersten Platz einnahm, so fallen sie für die Bewertung seines Ausgleichs mit den Ungarn nicht ins Gewicht. Eine letzte Bestätigung für den Modus vivendi mit den Magyaren kann auch im Scheitern von Arnulfs Königskandidatur in Forchheim oder zumindest in ihrer von vornherein feststehenden Aussichtslosigkeit

gesehen werden; die Fürsten betrachteten seine Ungarnbe-
ziehungen als Verrat, und das entzog einer Anwartschaft
den Boden, so daß die bayerischen Ambitionen, sofern sie
überhaupt ernst gemeint waren, im Handumdrehen zerstört
waren.

Unter dem Gesichtspunkt der Sorge für sein Herzogtum
und seine Untertanen waren Arnulfs Bemühungen verständlich und erfolgreich. Die Bayern quittierten es mit
Genugtuung, daß für ihr Land die unmittelbare Ungarngefahr gebannt war. Doch ebenso offenkundig war es, daß
Arnulfs Vereinbarungen fast ausschließlich zu Lasten der
anderen deutschen Stämme gingen, denn Bayern bildete
nunmehr kein Bollwerk mehr gegen die Ungarn. Der magyarische Staatsverband besaß aufgrund des Rechts auf freien
Durchzug seiner Reiterheere durch Bayern seit 908 militärisch eine gemeinsame Grenze mit den Schwaben und
Sachsen.

DAS BAYERISCHE TOR NACH SCHWABEN. In diese Zeit fällt
der zweite Feldzug der Ungarn, von dem Widukind von
Corvey berichtet und den Adalbert von Weißenburg, der
später erster Inhaber des erzbischöflichen Stuhles in Magdeburg wurde, in seiner Fortsetzung der *Chronik* Reginos
von Prüm nur mit dem dürren Satz vermerkt: »Die Ungarn
überschritten wiederum die Grenzen und verwüsteten Sachsen und Thüringen.« Der Angriff erfolgte mit der üblichen
Schnelligkeit der magyarischen Reiterheere, doch scheint er
nicht überraschend erfolgt und sogar erwartet worden zu
sein, da unmittelbar darauf von Süden eine starke Kampf-
truppe zur Hilfe nach Sachsen marschierte. Die Ungarn
waren allerdings noch schneller. Sie wandten sich in einem
gewaltigen Stoß nach Thüringen und überrannten am

3. August 908 die Hilfsarmee. In dieser Schlacht verloren Bischof Rudolf von Würzburg, der fränkische Graf Egino vom Badanachgau und Markgraf Burchard von Thüringen ihr Leben. Verloren ging auch Thüringen, allerdings nicht an die Ungarn, sondern aus der Sicht der Stammesautonomie, denn der Tod Burchards gab Herzog Otto von Sachsen die Gelegenheit, die restlichen thüringischen Gebiete an sich zu ziehen. Die Ungarn triumphierten zwar in dieser Schlacht, doch für Sachsen ergab sich aus der Niederlage ein beträchtlicher Gebietszuwachs.

Auch das folgende Jahr 909 stand völlig im Zeichen ungarischer Aktivität. Schwaben erntete die ersten bitteren Früchte der bayerischen Neutralisierung, es lernte die Magyaren aus eigener Anschauung kennen: Ohne auf besonderen Widerstand zu stoßen, drang ein Großheer der Reiterstämme bis weit in schwäbisches Gebiet vor und kehrte, wie die *Annales Alamannici* betroffen notieren, mit einer »unermeßlichen Beute von Menschen und Vieh« und praktisch ohne Verluste zurück. Eine kleine Abteilung bescherte während des Rückmarsches am 30. Juli 909 den Bewohnern der Bischofsstadt Freising ein unerwartetes Sonntagsvergnügen: Sie nahm Quartier in dem Ort und hauste dort eine knappe Woche. Ein Freisinger Chronist notierte: »Die Ungarn drangen um die dritte Stunde am Sonntag in Freising ein und überraschten alle, die hier verweilten.« Am 4. August, einem Freitag, zogen sie wieder ab, brannten aber zuvor die Kirchen St. Stephan und St. Veit nieder. Die Kathedrale von Freising, die samt der Residenz des Bischofs auf dem Domberg lag, blieb unversehrt, zum größten Erstaunen der Berichterstatter. Man konnte sich das später nur dadurch erklären, daß Gott die Ungarn entweder mit Blindheit geschlagen oder ihnen den Anblick der Kathedrale durch die Tarnkappe eines Nebels unmöglich gemacht hatte. Zwar sind die Fähigkeiten des Herrn, wie jedermann weiß, unbegrenzt, doch berücksichtigt er bei normalen Wundern zumeist auch die Plausibilität. In der ersten Augustwoche kommt in Freising ein Dauernebel von sechs Tagen nicht vor. Die Kathedrale entging der Brandstiftung wahrscheinlich nur dank ihrer festen Ummauerung.

Herzog Arnulf wollte diesen unverschämten Verstoß gegen die Vereinbarungen des Jahres 907 nicht einfach hinnehmen. Daß er seinem Land und sich selbst keinen guten Dienst erwies, wenn er die Angelegenheit mit Schweigen überging, mußte ihm niemand beweisen. Er reagierte schnell. Die Ungarn waren durch das Erdinger Moos und an der Rott entlang weiter nach Osten zum Inn geritten, um dort bei Schärding den Fluß zu überqueren; die Stelle hatten schon die Römer als Übergang benutzt. Ein stärkeres bayerisches Truppenkontingent war den Plünderern gefolgt und konnte sie im oberen Rottal einholen. Die Straße verlief hier links des Flusses und war seitlich begrenzt durch sumpfiges Gelände. Die Ungarn ritten deshalb in langgezogener Marschordnung, was den Bayern ständige Attacken von der Flanke ermöglichte. Das Gros der Magyaren war bald zersprengt, ein Rest stellte sich am 11. August südlich von Passau in der Ebene bei Pocking an der Rott und wurde hier zersprengt.

Ob Herzog Arnulf persönlich an der Spitze des bayerischen Aufgebots stand, ist unwahrscheinlich. Ebensowenig handelte es sich um eine große Schlacht, wie man lange Zeit angenommen und behauptet hatte. Das hinderte freilich nicht daran, daß die Bevölkerung das Treffen zu einem gewaltigen Sieg stilisierte. Daraus entstand eine Sage, die sich durch ein ganzes Jahrtausend hielt: Das Gemetzel soll so schrecklich und die Zahl der erschlagenen Ungarn so groß gewesen sein, daß sich das Wasser des kleinen Flusses durch das Blut meilenweit rot färbte. Daher stamme auch der Name Rot oder Rott. Noch heute werden in einigen Gemeinden des Rottals sogenannte Wasservogelspiele abgehalten, besonders aufwendig in Wurmannsquick südlich von Eggenfelden: Flüchtende Ungarn hätten sich in den Sumpfniederungen der Rott und des Inns wie die Wasservögel versteckt, seien aber von den wütenden Bauern aufgestöbert und erschlagen worden. Die erbeuteten Ungarnpferde sollen auch der Sage nach den Grundstock für die berühmte Rottaler Pferdezucht gebildet haben.

So konsequent Arnulf gehandelt hatte, so sicher wußte er auch, daß er vom König und vom Reich keine Unterstützung gegen die Ungarn erhalten würde, ja gar nicht erwarten konnte und in seiner Hinhaltepolitik auf sich selbst gestellt war. Er durfte nur mit seinen eigenen Kräften rechnen, er mußte selbst für starke Truppen sorgen. Das bewog ihn zu Maßnahmen, die ihm von der Kirche derart verübelt wurden, daß die christlichen Chronisten sein Andenken mit dem Beinamen »der Böse« verunzierten. Arnulf zog nämlich eine stattliche Zahl von Gütern ein, die sich im Besitz der Klöster und Kirchen befanden. Er verwandelte sie in Lehen, und Lehen waren im Mittelalter das ausschließliche Fundament der militärischen Kraft, denn die mit den Gütern auf Lebenszeit Beliehenen hatten ihrem Lehensherrn Dienste zu leisten, und der erste und oberste dieser Dienste war militärischer Art: Der mittelalterliche Kriegsdienst, das Aufgebot zur Heerfahrt, also der Heerbann, war im wesentlichen ritterlicher Lehensdienst. Herzog Arnulf gelang es dadurch, sich den Ungarn gegenüber wenigstens mit beschränkten Kräften auf eigene Füße zu stellen, und er festigte außerdem durch die Schöpfung einer stattlichen Hausmacht seine eigene Position als Landesherr in Bayern. Daß dies auf

Kosten der Kirche geschah, war bedauerlich, doch nicht ohne eine gewisse Berechtigung.

Die Ungarn waren durch ihren Kriegszug nach Schwaben auf den Geschmack gekommen. Im darauffolgenden Jahr 910 entschlossen sie sich wiederum zu einem Überraschungsangriff. Zusätzlich ermuntert wurden sie durch die Nachricht, daß die Ratgeber König Ludwigs empfohlen hatten, ein Reichsheer aufzustellen und den Ungarn energisch entgegenzutreten. Wer sich dem allgemeinen Aufgebot entzog, dem wurde nicht nur die übliche Strafe, sondern der Galgen angedroht. Schwaben, Franken und Bayern folgten dem Aufruf; wie es mit den Sachsen stand, darüber ist nichts bekannt. Schließt man aus den Kämpfen, die in diesem Jahr mit den Ungarn stattfanden, so bleibt keine andere Folgerung möglich, als daß der Herzog Otto von Sachsen keinen Beitrag zur Reichsverteidigung leistete.

Noch ehe sich die aufgebotenen Einheiten sammeln konnten und die Armee des Königs aufgestellt war, hatten die Ungarn die Initiative ergriffen. Sie nahmen wiederum ihren Weg durch Bayern und schlugen am 12. Juni bei Augsburg die Heerestruppe der Schwaben, ein Treffen, bei dem Graf Gausbert vom württembergischen Klettgau den Tod fand. Diese Schlacht scheint größere Ausmaße gehabt zu haben und mit erheblicher Erbitterung geführt worden zu sein; es heißt, die deutschen Truppen hätten sich den ganzen Vormittag hindurch entschlossen und tapfer gewehrt. Dann aber griffen die Ungarn zu ihrem alterprobten Mittel: Sie brachen den Kampf ab und imaginierten eine Flucht, formierten sich aber außerhalb der Sicht zu einer weitgeöffneten Zange. Als die Schwaben blindlings triumphierend nachsetzten, waren sie unversehens umzingelt und wurden zusammengehauen. Diese Taktik hatten die Magyaren bereits so oft praktiziert, daß sie inzwischen auch ihren Gegnern hätte geläufig sein können.

Nach diesem Sieg wandten sich die Ungarnreiter nach Norden und besiegten am 22. Juni das fränkische Truppenaufgebot; unter den Gefallenen befand sich auch der Heerführer, der Konradinerherzog Gebhard von Lothringen. Diese beiden Triumphe steigerten das Selbstgefühl der Magyaren, sofern ihr Überlegenheitsgefühl derartiger Bestätigungen noch bedurfte: Auf dem Rückzug plünderten sie etliche bayerische Orte, darunter die Vorstädte von Regensburg. Auch die Reaktion Herzog Arnulfs aus dem Vorjahr erlebte eine Neuauflage. Bayerische Truppen schnitten den Plünderern den Weg ab, bevor sie die Ostmark erreichten, und brachten ihnen bei Neuching in der Nähe von Erding eine Niederlage bei. Es kann sich dabei allerdings nur um ein vereinzeltes Reiterkontingent gehandelt haben, denn die Orte, die unter der Plünderung zu leiden hatten, lagen sämtlich weitab im Norden von Erding, und außer diesem kleineren Treffen findet sich in den Quellen nichts über einen weiteren Zusammenstoß. Wir wissen lediglich, daß das ungarische Gros unbehelligt und mit reicher Beute die Enns erreichte.

Der Heerbann des Jahres 910 war das erste und letzte militärische Unternehmen, das König Ludwig in seiner Regierungszeit gegen die Ungarn unternahm. Er starb am 24. September 911, kaum achtzehn Jahre alt, und wurde in St. Emmeram zu Regensburg an der Seite seines Vaters, des Kaisers Arnulf von Kärnten, beigesetzt. Von der Regierung dieses Kindkönigs ist lediglich festzuhalten, daß es sie niemals gegeben hatte, denn die einzige, deutlich ausgeprägte persönliche Eigenschaft dieses letzten ostfränkischen Karolingers war seine Unselbständigkeit, und diese Unmündigkeit wurde von seinen bischöflichen Ratgebern nach Kräften gefördert. Der Ungarnnot war im letzten Jahrfünft vor allem der Süden des Ostfrankenreiches ausgesetzt gewesen. Bayern wurde durch die Hilflosigkeit und das offensichtliche Desinteresse der königlichen Regierung zu einer eigenen Lösung getrieben, die zwar das Land Herzog Arnulfs weitgehend entlastete, den Druck auf die anderen Stammesgebiete Deutschlands verlagerte, aber das ganze Ausmaß des Übels nur vergrößerte und dem Reich dadurch eine viel zu große Last aufbürdete. Aufgrund seiner damaligen Struktur war es nicht in der Lage, diese Zumutung längere Zeit zu ertragen. Wenn der Grenzpunkt überschritten war, mußte es unweigerlich auseinanderbrechen.

DIE LAGE DES REICHES. Die Ungarn schienen es darauf anzulegen, diese Situation mit praktischen Beispielen zu erhärten. Im Todesjahr Ludwigs IV. des Kindes unternahmen sie einen Westzug, dessen Ausmaß jede ihrer früheren Unternehmungen weit übertraf. Von der Ennsburg aus zogen sie ihren alten Heerweg nach Westen über den Inn, schlugen südlich von Freising den Weg nach Schwaben ein und teilten ihr Heer auf schwäbischem Gebiet in zwei Gruppen. Das kleinere Kontingent zog südlich des Bodensees durch St. Gallen in den alemannischen Aargau bis zum Unterlauf des Rheins, das größere behielt die Westrichtung auf das Elsaß bei, setzte südlich von Straßburg über den Rhein und teilte sich erneut. Das eine Kontingent stieß über Bar-le-Duc bis nach Reims, das andere bog scharf nach Norden und drang durch das Elsaß und Ober-Lothringen in fränkisches Gebiet südlich von Mainz.

Daß Zusammenstöße mit fränkischen Einheiten stattgefunden hätten, wird in keiner Quelle notiert. Es sieht so aus, als hätten die Ungarn nur einen gewaltigen Erkundungszug in das Abendland unternommen, gewissermaßen militärische Fingerübungen als Vorbereitung einer großen Expansion, ein Abtasten und Überprüfen der Widerstandskräfte der beiden karolingischen Teilstaaten. Daß Ostfranken leicht zu durchziehen war, hatten sie bereits 907 erkannt. Und daß die westfränkischen Gebiete allenfalls geographisch ferner lagen, militärisch jedoch kaum größere Schwierigkeiten boten als Ostfranken, bestätigte sich ihnen durch den großen Zug des Jahres 911.

Auch wenn Ostfranken in diesem Jahr weniger unter den Ungarn litt als in der früheren Zeit, so handelte es sich doch durch den Tod des Königs, durch die Notwendigkeit einer neuen Königswahl und der anhaltenden Brisanz des Ungarnproblems um ein Jahr der Entscheidung. Sechs Wochen nach dem Tod Ludwigs des Kindes fand am 10. November in Forchheim die Königswahl statt. Herzog Konrad von Franken wurde zwar zum König gewählt, auch zum König gesalbt, doch die Führer der anderen deutschen Stämme verweigerten ihm die Huldigung. Konrad trug die Krone, besaß aber keine Königsmacht. Die Herrscher der Stämme übten eigene Hoheitsrechte aus, sie waren bemüht, die Unabhängigkeit der Kirche, aber auch von der Kirche in ihren Gebieten durchzusetzen. Arnulf von Bayern nannte sich »von Gottes Gnaden Herzog der Bayern und der angrenzenden Länder«. Er ließ eigene Münzen prägen und hielt buchstäblich königlichen Hof. Und Konrad selbst bekam bei der Wahl in Forchheim deutlich zu spüren, daß nicht sein Herzogtum Franken, sondern daß Sachsen das mächtigste Fürstentum Deutschlands war, er also nur deshalb die Krone angetragen erhielt, weil sich Sachsen nicht darum bemüht hatte.

Wie sehr die Ungarnfrage auch bei dieser seltsamen Königswahl ein Menetekel bildete, läßt sich allein schon am

Verhalten Herzog Arnulfs ablesen. Seine Kandidatur stand zwar formal an, doch selbst wenn sie aufgrund seiner Abmachungen mit den Ungarn, die sich auf das Reich mehr als zweischneidig ausgewirkt hatten, nicht abgelehnt worden wäre, hätte die Wahl Arnulfs zum König den Zusammenbruch seiner Schaukelpolitik gegenüber den Magyaren bedeutet. Als König Ostfrankens war die Neutralität Bayerns von Arnulf nicht mehr zu wahren, ja noch mehr: Die Last der Grenzsicherung des Reiches im Osten wäre über Nacht Bayern zugefallen. Als König hätte es kaum noch im freien Ermessen Arnulfs gestanden, in welcher Form er sich mit den Ungarn arrangierte; er wäre aufgrund des Königsamtes unweigerlich zum Kampf gegen die Reichsfeinde gezwungen gewesen.

Herzog Arnulf war nicht persönlich in Forchheim erschienen. Ob dies mit Rücksicht auf die ungarischen Beobachter und ihr Mißtrauen geschah, bleibt Vermutung. Der Gegensatz zwischen Konrad, dem gewählten »König der Franken, Sachsen, Schwaben und Bayern«, und dem bayerischen Herzog wurde erst 914, drei Jahre später, sichtbar, und zwar in einer Schärfe, die einige Chronisten dazu verführte, Arnulf einer offenen Rebellion zu bezichtigen. Die Königswahl in Forchheim bewog auch den mächtigsten Fürsten Lothringens dazu, den Grafen Reginar vom Hennegau, sein Gebiet vom Ostfrankenreich, dessen desolater Zustand seinen unmittelbar bevorstehenden Zerfall signalisierte, abzutrennen und dem gesicherteren Westfranken und seinem König Karl dem Einfältigen anzugliedern.

Damit präsentieren sich die Gebiete des neugewählten Königs Konrad nicht als ein Reich, sondern als reichhaltiger Trümmerhaufen. Bayern, dessen Herzog Arnulf seine Macht höher einschätzte als diejenige des Königs und der sein Land wie in einem Sonderkönigtum regierte, hatte die Ostmark eingebüßt und mit den Ungarn ein *Noli me tangere* vereinbart, das leidlich funktionierte. Lothringen war verlorengegangen. Zwischen den Franken und den Schwaben tobten interne Machtkämpfe, und schließlich war sich König Konrad auch völlig darüber im klaren, daß nicht er der mächtigste Fürst Ostfrankens war, sondern Herzog Otto von Sachsen.

RAUBZÜGE ALS TEST. Die Ungarn hatten die Königswahl zu Forchheim aufmerksam beobachtet. Von der Persönlichkeit des neuen Herrschers hing es ab, ob der bisherige Zustand der ostfränkischen Gebiete erhalten blieb – ein ihnen höchst willkommener Zustand, denn sie wurden dadurch förmlich eingeladen, ihre Beutezüge zu wiederholen und zu verstärken, so lange, bis einige der Territorien reif waren für eine Expansion und dem Magyarenreich einverleibt werden konnten. Der Zeitpunkt war geeignet, eine Bilanz ihrer Feldzüge während des letzten Jahrzehnts zu ziehen, ja die Führer der Reiterstämme wurden durch die veränderte Lage in Ostfranken zu solch einem Resümee gedrängt. Die Erfolge ihrer Westeinbrüche waren beachtlich. Aber sie waren scharfsichtig genug, um zu erkennen, daß sie dies nicht allein ihren eigenen Kräften zu danken hatten, sondern Nutznießer der inneren Zerrissenheit Ostfrankens waren. Dasselbe galt auch für ihre Erfolge im Süden, in Italien, in der Lombardei. Alles kam nunmehr darauf an, ob der neugewählte König Konrad in der Lage war, die Kräfte der deutschen Stämme zusammenzufassen.

Schon 912, im Jahr nach der Forchheimer Königswahl, unternahmen sie eine Probe aufs Exempel; offenkundig ging es ihnen darum, sowohl die Entschlossenheit des neuen Herrschers zu testen, als auch ihre eigene Macht zu zeigen.

Ihr Zug führte sie vom Einfallstor der Ennsburg zwischen Pocking und Altötting nach Eichstätt. Hier schwenkten sie nach Norden und zogen westlich von Forchheim und Bamberg bis in den Süden Thüringens. Die Verwüstungen sollten sowohl den neuen König als auch Herzog Otto von Sachsen, also die beiden wichtigsten Herrscher in den ostfränkischen Gebieten, herausfordern. Die ungarische Politik war so deutlich und durchsichtig wie die Reichspolitik undeutlich und trübe.

König Konrad war nicht in der Lage, angemessen zu reagieren. Seine Sorgen richteten sich zunächst auf die Festigung seines Königtums. Er zog nach Lothringen, um das abgefallene Gebiet wieder zurückzugewinnen. So brachte auch das Jahr 913 den schon nahezu mit Sicherheit zu erwartenden Einfall der Reiternomaden. König Konrad kämpfte in Lothringen, die Ungarn zogen im Süden durch den Aargau nach Burgund, bis an die Seine rund fünfzig Kilometer nordwestlich von Dijon. Auf dem Rückmarsch wurde das schwäbische Gebiet erheblich geplündert, doch im Inntal stellte sich den Ungarn ein starkes süddeutsches Truppenaufgebot entgegen, bei dem sich auch bedeutende bayerische Kontingente befanden. Geführt wurde das Heer von den schwäbischen Grafen Erchanger, Berchtold und Udalrich sowie Herzog Arnulf von Bayern. Die Schlacht endete mit einem denkwürdigen Sieg: Das Gros der magyarischen Streitmacht wurde vernichtet, die Ungarn büßten auch ihre ganze Beute ein. Nach einigen Chronisten der Zeit sollen nur dreißig Ungarn mit dem Leben davongekommen sein; allerdings dürfte der Überschwang des Triumphs das Zählvermögen beeinträchtigt haben.

Die Schlacht am Inn hatte merkwürdige Konsequenzen. Die Niederlage stärkte das Selbstgefühl der deutschen Fürsten, minderte erheblich den Ruf der Ungarn, daß sie kaum zu besiegen wären, hinderte sie andererseits aber auch nicht im geringsten daran, ihre Erkundungs- und Raubzüge in den folgenden Jahren nachhaltig zu verstärken. Die schwäbischen Grafen hatten aus verständlichen Gründen Truppen aufgeboten, wobei zweifellos auch die Überlegung eine Rolle spielte, dem mit ihnen verfeindeten König Konrad ihre militärische Macht zu zeigen. Daß sich auch Herzog Arnulf an der Schlacht beteiligte, obwohl die Ungarn vor allem in Schwaben und nicht in Bayern geplündert hatten, kann ebenfalls mit der Absicht zusammenhängen, König Konrad die Stärke Bayerns vor Augen zu führen, sollte aber auch für die Ungarn als harte Warnung gedacht sein. Denn im Jahr 914 wurde zwischen Herzog Arnulf und den Magyaren das alte Neutralitätsabkommen, das seit 907 bestand und 914 ausgelaufen wäre, bestätigt und erneuert, und zwar diesmal gleich für zweimal sieben Jahre, bis Ende 927.

Wahrscheinlich war es eine Folge der Innschlacht, daß Herzog Arnulf diesmal erheblich günstigere Bedingungen aushandeln konnte, denn abgesehen von der Bestätigung der früheren Vereinbarungen, daß die Ungarn freien Durchzug erhalten und sich keinerlei Plünderungen zuschulden kommen lassen würden, mußte sich Bayern diesmal zu keinen Tributszahlungen verpflichten. Verglichen mit den Abmachungen der vorangegangenen Jahre, präsentierte sich der Vertrag von 914 beinahe wie ein Freundschaftspakt. Er kam den Interessen beider Partner entgegen. Die Schlacht am Inn hatte gezeigt, daß es einer größeren Streitmacht aus dem Aufgebot der deutschen Stämme durchaus möglich war, die ungarischen Truppen zu besiegen. Die Folgerung lag nahe: Die Ungarn waren um so stärker, je größer die Uneinigkeit der deutschen Fürsten war. Also war nichts dringlicher, als diese Uneinigkeit zu fördern. Schon in dieser Zeit, zu Beginn des zehnten Jahrhunderts, war ein

Grundzug der Situation Mitteleuropas und Deutschlands in deutlichen Umrissen zu erkennen. Die Ungarn zogen den richtigen Schluß, daß sie gerade jetzt, nach der Wahl Konrads zum König, ihre Unternehmungen in deutsches Gebiet nicht einstellen durften, sondern sie intensivieren mußten, um König Konrad solange wie möglich an der inneren Konsolidierung des Reiches zu hindern.

Wie sehr die Kräfte Konrads dadurch gebunden waren, zeigte sich schon wenig später, als er versuchte, mit den aufsässigen schwäbischen Grafen fertigzuwerden. Nachdem der König den Grafen Erchanger gebannt hatte, floh der Schwabenfürst zu Herzog Arnulf, der seine Partei ergriff und sich damit gegen den König stellte. Konrad zog 916 mit einem Heer gegen die Rebellen; Arnulf war dem König militärisch nicht gewachsen, er setzte sich mit seiner Familie und einem größeren Gefolge zu den Ungarn ab.

Die Magyaren hätten sich keine bessere Entwicklung wünschen können. Herzog Arnulf war aufgrund seiner Feindschaft mit dem König nunmehr geradezu ihr Verbündeter, Süddeutschland durften sie als ein für sie offenes Feld für ihre Unternehmungen betrachten. König Konrad hatte viel zu viel mit der inneren Zerrissenheit in seinen Gebieten zu tun, als daß er in der Lage gewesen wäre, den Magyaren energisch entgegenzutreten. Sein Königtum war von Anfang an brüchig gewesen. Die Unbotmäßigkeit und der Selbständigkeitsdrang der deutschen Stammesfürsten waren ein deutliches Kennzeichen dafür, wie sehr sie sich ihrer eigenen Stärke bewußt waren. Die Ungarn durften daraus folgern, daß sie es in absehbarer Zeit nicht mehr mit einem Reichsheer aus den Aufgeboten aller ostfränkischen Fürsten zu tun haben würden, sondern allenfalls mit einem fränkischen Königsheer: Ihr Gegner war im Westen nicht der

Monarch, sondern Gegner waren die einzelnen Stammesfürsten. Statt mit einer vereinigten Reichsmacht mußten sie nur mit getrennten Gegnern rechnen.

Herzog Arnulf stand auf magyarischer Seite, die Schwaben befanden sich in Aufruhr, Lothringen war abgesprungen. Der einzige Fürst mit Gewicht herrschte in Sachsen. Das war auch den Ungarn bekannt. Wenn ihnen im Westen überhaupt eine wirkliche Gefahr drohte, dann ging sie von Sachsen aus. Nichts war mithin dringlicher für sie, als festzustellen, wie groß diese Gefahr war, wie es um die tatsächliche Macht Herzog Heinrichs stand. Im Jahr 912 waren die Ungarn kurz in den Süden Thüringens eingedrungen, im Jahr darauf mußte sich Sachsen sowohl der Angriffe der dänischen Normannen als auch des Einfalls eines gemischten Kontingents von Daleminziern und Ungarn erwehren, die in Ostfalen einbrachen.

Zu einer wirklichen Machtprobe kam es im Jahr 915. Die Ungarn hatten das Unternehmen sorgfältig vorbereitet. Im Unterschied zu vielen Zügen in den vergangenen Jahren beschränkten sie sich 915 auf diesen einzigen Raid. Sie zersplitterten sich nicht, sondern zogen mit einem großen Heer über die Fränkische Alb nach Würzburg und von hier nach Fulda. Hier waren ihre Verwüstungen besonders gründlich, doch das Kloster konnten sie nicht erstürmen, die Anlage war gut gesichert, und Abt Hugobert verteidigte sich entschlossen. Zeitraubende Belagerungen waren keine Spezialität der Magyaren. Ihre Reiterverbände zogen deshalb kurz darauf weiter nach Westfalen, vorbei an der Eresburg, sie drangen, ohne wirklichen Widerstand zu finden, bis hinauf nach Bremen, setzten die Stadt in Brand und stießen nach Norden bis in die dänische Mark. Weder vorher noch nachher waren die Reiterstämme so weit in den Norden vorgedrungen wie in diesem Jahr 915. Die Schnelligkeit und Wucht der Magyaren wirkte in Sachsen wie ein Schock. Es schien, als wollten die Ungarn dem Sachsenherrscher eigens deutlich machen, daß er sicherlich im Vergleich mit den anderen deutschen Stämmen das größte Land besaß, die stärkste Militärmacht und die tapfersten Krieger und insofern zurecht als der bedeutendste deutsche Fürst galt, den magyarischen Heeren aber auf dem Feld der Entscheidungen weit unterlegen war.

10. Der Nachfolger

> »*Unter König Konrad waren die mächtigsten Fürsten: in Bayern Arnulf, in Schwaben Burchard, Eberhard der mächtigste Graf in Franken, und Herzog Giselbert in Lothringen; aber heller noch glänzte der Name Heinrichs, des gewaltigen Herzogs der Sachsen und Thüringer.*«
>
> Liudprand, *Antapodosis* II 18

Wenn Herzog Heinrich nicht schon früher erkannt hatte, daß es sich bei seiner Macht nur dann auch wirklich um Macht im vollen Sinn des Wortes handelte, wenn er in der Lage war, sein Land vor den Ungarn zu schützen, dann begriff er dies spätestens im Jahr 915. Sein Vater Otto war ein Jahr nach der Wahl Konrads zum König gestorben, am 30. November 912. Er hatte mehr als drei Jahrzehnte den Stamm der Sachsen geführt, er hatte seine Territorien mächtig ausgebaut und vergrößert. Daß Heinrich seinem Vater in der Herrschaft folgen würde, war niemandem zweifelhaft. Die Frage war allerdings, ob er imstande war, die Gewalt auch über sämtliche sächsische Gebiete auszuüben. Absolut sicher hatte er nur das östliche Sachsen in der Hand. Nach dem Hinscheiden Herzog Ottos unternahm

König Konrad eine kurze Reise nach Sachsen. Am 3. Februar 913 stellte er der Abtei Corvey eine Urkunde aus, in welcher dem damaligen Abt Bovo die Gerechtsame des Klosters, also die gesamten Vorrechte und insbesondere die Nutzungsrechte, die sich aus dem Grundbesitz ergaben, bestätigt wurden. In Kassel gab er am 18. Februar desselben Jahres dem Kloster Hersfeld das Recht der freien Abtswahl und die eigene Gerichtsbarkeit zurück, so wie es im Zusammenhang mit der Ehe Heinrichs und Hatheburgs seinerzeit Otto von Sachsen bereits im Oktober des Jahres 908 in Aussicht gestellt hatte; kurz darauf erhielt das Nonnenkloster Meschede an der Ruhr Abgabenfreiheit und das Recht, sich seine Äbtissin frei zu wählen.

König Konrad sah nach dem Tod Ottos von Sachsen die beste Gelegenheit gekommen, um dem jungen Herzog Heinrich einen Gutteil der väterlichen Lehen zu entziehen. Es ging dabei in erster Linie um diejenigen Gebiete Thüringens, die Herzog Otto nach dem Tod des Markgrafen Burchard im Jahr 908 an sich gebracht hatte. Konrad erklärte diese thüringischen Gebiete zu Teilen des Reiches. Seine Absicht, Heinrichs Position zu schwächen und seine eigene zu stärken, wurde kräftig unterstützt durch Erzbischof Hatto von Mainz, der in Thüringen über ausgedehnte Güter verfügte. Das Mainzer Stift besaß außerdem die bischöfliche Gewalt über Thüringen, denn Hatto war auch Vorsteher des Bistums Würzburg. Wie jeder andere Kirchenfürst war es auch Erzbischof Hatto nur zu gut bekannt, in welch strenger Zucht der sächsische Klerus vom Herrscher gehalten wurde. Im Tauziehen um diese Gebiete liegt der Keim einer Gegnerschaft, die zwei Jahre später, 915, zum offenen Bruch führen sollte. Zu einem Gutteil trugen auch Bardo und Burchard, die beiden Söhne des 908 gefallenen Markgrafen von Thüringen, zu den Spannungen bei, denn sie konnten mit guten Gründen darauf hoffen, durch den König wieder in die Stellung ihres Vaters gebracht zu werden.

Widukind von Corvey entwirft eine anschauliche Skizze: »Als der Vater des Vaterlandes, der gewaltige Herzog Otto, verschieden war, hinterließ er seinem erlauchten und erhabenen Sohne Heinrich die herzogliche Würde über ganz Sachsen. Er hatte noch andere Söhne, Thankmar und Liudolf, doch diese waren vor ihrem Vater gestorben. Da nun König Konrad wiederholt die Tapferkeit des neuen Herzogs erprobt hatte und seinen Einfluß kannte, trug er Bedenken, ihm die ganze Machtbefugnis seines Vaters zu übertragen. So kam es, daß er sich den Groll des ganzen sächsischen Heeres zuzog. Jedoch sagte er heuchlerischerweise sehr viel zum Preis und Ruhm des trefflichen Herzogs und versprach, ihm noch Größeres zu geben und ihn durch eine große Ehre zu erhöhen. Aber die Sachsen achteten nicht auf solche Vorspiegelungen, sondern redeten ihrem Herzog zu, wenn der König ihn nicht freiwillig mit der Würde seines Vaters bekleiden wolle, könne er ihm zum Trotze alles gewinnen, was er wolle. Als jedoch der König sah, daß die Blicke der Sachsen gegen ihn ungewöhnlich finster waren und daß er ihrem Herzog in offenem Kampf nicht gewachsen sein würde, weil diesem jederzeit eine Schar tapferer Ritter und ein Volksheer von zahlloser Menge zu Gebote stand, versuchte er, ihn auf irgendeine Weise durch List aus dem Weg zu räumen.«

Die Goldkette des Bischofs Hatto. Der sächsische Chronist berichtet nunmehr eine dramatische Begebenheit, die den Vorzug farbiger Bildhaftigkeit besitzt und den Nachteil mangelnder Authentizität: König Konrad wußte niemanden, dem er die Aufgabe, Herzog Heinrich auszuschalten, mit besserer Aussicht auf Erfolg anvertrauen konnte als dem Mainzer Erzbischof Hatto. Seit der Regierung Kaiser Arnulfs von Kärnten war Hatto der einflußreichste Kirchenfürst in Ostfranken. Er galt als ausnehmend klug, doch verfügte er letztlich nicht über Vernunft, sondern lediglich über deren Imitation. Hatto gefiel sich häufig in zwielichtigen Maßnahmen und zweifelhaften Unternehmungen, deren unerwartete Ergebnisse oft genug verblüfften, so daß sich Widukind unklar darüber ist, ob Hattos Ratschläge mehr Lob oder mehr Tadel verdienen. Der Kirchenfürst scheint durchaus mit dem ausgestattet gewesen zu sein, was wir heute indigniert als machiavellistische Fähigkeiten bezeichnen.

Als ein Musterbeispiel für diese Begabung schilderte Widukind das Verhalten Erzbischof Hattos im Kampf der Babenberger mit den Konradinern. Als nämlich der Zwist, der sich so lange hingezogen und so viele Opfer gefordert hatte, zur Entscheidung anstand, habe sich Hatto zu der Burg Theres des Babenbergers Adalbert begeben und einen Eid abgelegt, daß er ihn entweder mit Konrad aussöhnen oder ihn heil und unversehrt wieder in seine Burg zurückbringen würde. Adalbert verließ sich auf den Schwur, er war glücklich über den Vorschlag und bat den Erzbischof, als Zeichen des Vertrauens und der Freundschaft einen Imbiß bei ihm einzunehmen. Hatto lehnte jedoch ab: Die Zeit dränge, sie müßten ohne Verzögerung aufbrechen.

Adalbert willigte ein, doch kaum waren sie mit ihrem Gefolge eine kurze Strecke über die Grenzen des Burgbereichs hinausgeritten, rief Hatto plötzlich aus: »Ach, wie oft muß man um dasjenige bitten, was man ablehnt, sobald es einem angeboten wird. Mir graut vor dem langen Weg und der späten Stunde, und nüchtern bringen wir diesen Ritt nicht hinter uns.« Da beugt Adalbert erfreut sein Knie vor dem Bischof und bittet ihn, zur Burg zurückzukehren und den Imbiß doch noch einzunehmen. Der Bischof kehrt mit ihm zurück und ist dadurch, nach seiner Überzeugung, von seinem Eid entbunden, denn er hat ja tatsächlich Adalbert unversehrt zur Burg zurückgebracht. Nachdem sie den Imbiß zu sich genommen hatten, brechen sie erneut auf, Adalbert wird vor den König geführt, schuldig gesprochen und hingerichtet. Widukind räsonniert, freilich ein wenig unentschlossen: »Gibt es etwas Schändlicheres als eine solche Unehrlichkeit? Und doch wurde durch die Hinrichtung dieses einen Mannes das Leben so vieler Menschen erhalten. Was also wäre noch zweckmäßiger gewesen als dieser hinterlistige Rat Hattos, der den Zwist aus der Welt schaffte und den Frieden wiederherstellte?«

Mit derselben Ränkekunst bemühte sich jetzt Hatto um den Sachsenherzog Heinrich, »denjenigen Mann, der uns recht eigentlich von der Huld des Höchsten geschenkt war.« Er lud Herzog Heinrich zu einem Gastmahl ein, bei dem der Sachsenfürst mit reichen Geschenken geehrt werden sollte. Ein Goldschmied erhielt den Auftrag, eigens dafür eine goldene Kette anzufertigen. Die Kette soll von jener Sorte gewesen sein, die sich nach einem alten Volksglauben unwiderstehlich von selbst verengt und denjenigen, der sie trägt, erdrosselt; doch hat es einen solchen Volksglauben nie gegeben, die Kette hatte einen anderen Zweck. Für Bischof Hatto soll die Angelegenheit jedenfalls wichtig genug gewesen sein, um selbst bei dem Goldschmied nach dem Stand der Arbeit zu sehen. Als er die Kette betrachtete, stieß er einen Seufzer aus. Der Goldschmied erkundigte sich nach dem Grund dafür. Hatto, dem die geplante Untat zwar das politische Gewissen erleichterte, immerhin aber das moralische zu beschweren schien, meinte, daß die Goldkette in kurzer Zeit mit dem Blut eines trefflichen Mannes gefärbt werden müsse, der ihm teuer sei, nämlich mit dem Blut Heinrichs. Damit war klar, daß Heinrich enthauptet werden sollte.

Der Goldschmied schwieg, als hätte er die Bemerkung des Bischofs überhört, vollendete rasch sein Werk, lieferte die Kette ab und erbat sich Urlaub. Er eilte Herzog Heinrich, der sich bereits auf den Weg gemacht hatte, entgegen, traf ihn in der Nähe von Kassel und berichtete ihm von seinem Gespräch mit Hatto. Heinrich, so setzt Widukind von Corvey seine Erzählung fort, »ward heftig erzürnt, ließ den Gesandten des Bischofs kommen, der schon vor längerer Zeit bei ihm eingetroffen war, um ihn einzuladen, und sagte: ›Geh, melde dem Hatto, daß Heinrich keinen härteren Hals hat als Adalbert und daß wir es für besser erachtet haben, daheim zu bleiben und zu überdenken, wie wir ihm dienen können, als ihm durch unser zahlreiches Gefolge jetzt beschwerlich zu fallen.‹«

Heinrich von Sachsen erinnert also an die Enthauptung seines Verwandten Adalbert von Babenberg. Die Goldkette des Erzbischofs sollte als Ehrengeschenk dienen, um Heinrich zum Kommen zu bewegen; damals waren goldene Halsbänder und -ketten noch ein gebräuchlicher Schmuck der Krieger. Daß die Kette außerdem ein Erkennungsmerkmal für die Meuchelmörder sein sollte, ist unwahrscheinlich, denn Herzog Heinrich war auch ohne ein besonderes Zeichen nicht zu verwechseln. Die Erzählung von »Herzog Heinrich und der goldenen Halskette« ist zwar in das Sagenbuch der Brüder Grimm aufgenommen worden, aber tatsächlich ist der Mordplan Hattos und die Reaktion Heinrichs historisch. Der Erzbischof hatte den Sachsenherzog nach Mainz eingeladen, Heinrich hatte sich auf den Weg begeben, kam bis Kassel, wurde hier gewarnt und ließ Hatto mitteilen, was er von ihm und seiner Einladung hielt. Das geplante Attentat diente Heinrich als gutbegründeter Vorwand für seinen nächsten Schritt. Er wandte sich von Kassel aus mit seinem Gefolge nach Osten, sammelte ein Heer und bemächtigte sich aller Besitzungen Hattos in ganz Sachsen und im Thüringerland. Auch bedrängte er die thüringischen Grafen Burchard und Bardo mit außerordentlicher Entschlossenheit und besiegte sie in wiederholten Kämpfen, so daß sie schließlich, wie Widukind von Corvey in seiner *Sachsengeschichte* schreibt, »das Land räumten und Heinrich ihren ganzen Besitz unter seine Vasallen verteilte. Als aber Hatto erkannte, daß seinen Ränken ein Ziel gesetzt war, der Sachsen Glück aber blühte, fiel er – wie durch übergroßen Kummer und durch Krankheit aufgerieben – kurze Zeit darauf von Kräften und starb: ein Mann von großer Weisheit, der in der Zeit Ludwigs des Kindes in eifriger Sorge über das Reich der Franken wachte, viel Zwietracht im Reiche schlichtete und den Dom zu Mainz durch einen edlen Bau verschönerte.«

ZWIST MIT DEM KÖNIG. Die Erzählung vom geplanten Attentat mit der Goldkette kursierte sagenhaft ausgeschmückt noch lange Zeit im Volk. Die Geschichte ist auch bezeichnend für den zweifelhaften Ruf, in dem Bischof Hatto stand – nicht zu Unrecht, wenn man sich an die Rolle erinnert, die er im Kampf zwischen den Babenbergern und Franken gespielt hat. Ebenso charakteristisch ist die Erzählung für die Ränke und Intrigen, die zu den Machtkämpfen des Jahrhunderts gehörten. Durchaus real waren die Spannungen und Gegensätze zwischen König Konrad und Erzbischof Hatto einerseits und Herzog Heinrich andererseits. Der Zwist wurde schon eingangs des Jahres 913 deutlich.

König Konrad war nach dem Besuch Sachsens ins Hessenland gereist und hatte sich von dort ins Elsaß an den Oberrhein begeben. Im März 913 hielt er sich in Straßburg auf. Er versuchte ein letztes Mal, Lothringen, das nach seiner Wahl zum König abgefallen war, zurückzugewinnen. In diesem Monat und ebenso im April dürfte Herzog Heinrich die Auseinandersetzung mit Erzbischof Hatto und den Grafen Burchard und Bardo mit Waffengewalt ausgetragen haben. Hatto starb am 15. Mai 913.

Heinrich hatte inzwischen alle strittigen Besitzungen an sich gebracht. Die Kämpfe mit den Thüringer Grafen zogen sich vermutlich etwas länger hin als mit Hatto. Daß Heinrich bei der Wahrung seines Erbes und der Erhaltung Sachsens, so wie es ihm sein Vater hinterlassen hatte, keine Rücksicht darauf nahm, ob auch unmittelbare Interessen König Konrads verletzt wurden, ergibt sich aus einer Feststellung Thietmars von Merseburg: »Heinrich ließ alle bischöflichen Güter in Sachsen und Thüringen für sich in Besitz nehmen, die Anhänger des Königs in diesen Ländern enteignen und vertreiben.«

Konrad hatte nach der Rückkehr von seinem fehlgeschlagenen Feldzug in Lothringen mit der Aufsässigkeit der schwäbischen Grafen Erchanger und Bertold zu tun. Seit dem Tag seiner Wahl zum König in Forchheim war Süddeutschland für Konrad die größte innenpolitische Sorge. Die süddeutschen Verwicklungen hinderten ihn auch daran, mit derjenigen Energie gegen Heinrich von Sachsen vorzugehen, die möglich gewesen wäre – wenn er schon nicht jenes Maß an Energie aufbrachte, das nötig gewesen wäre. Zweifellos unterschätzte Konrad die Stärke Heinrichs, oder er gab sich zumindest mehr oder weniger bewußt Täuschungen hin. Im Jahr 915 raffte er sich endlich auf, Heinrich mit einem Heer entgegenzutreten. Allerdings stand er nicht selbst an der Spitze der Krieger, wie es nahegelegen hätte und erwartet werden konnte, sondern er beauftragte seinen Bruder, den Markgrafen Eberhard, mit der Führung der Truppen.

Vertraut man den Quellen, dann scheint sich Eberhard über Gebühr der Siegeszuversicht hingegeben zu haben. Widukind von Corvey schreibt nachsichtig ironisch: »Der König sandte seinen Bruder mit einem Heere nach Sachsen, um es zu verwüsten. Als dieser sich der Festung Eresburg näherte, soll er im Übermut geäußert haben, nichts bereite ihm größere Sorge, als daß die Sachsen nicht wagen würden, sich vor den Mauern zu zeigen, damit er mit ihnen kämpfen könne. Noch war das Wort auf seinen Lippen, und siehe, die Sachsen rückten ihm eine Meile vor der Burg entgegen und züchtigten in der Schlacht, zu der es kam, die Franken in einem derartigen Blutbad, daß man die fahrenden Sänger in ihren Liedern fragen hörte, wo es wohl eine Hölle gebe, die groß genug sei, um eine solche Menge Gefallener aufzunehmen. Des Königs Bruder aber, Eberhard, der nun von seiner Furcht, die Sachsen könnten ausbleiben, befreit war – denn er hatte sie ja leibhaftig vor sich gesehen – und von ihnen schimpflich in die Flucht geschlagen war, zog von dannen.«

Für das fränkische Heer verlief die Schlacht tatsächlich denkbar unglücklich. Die Zahl der Gefallenen war außerordentlich hoch und blieb dem Volk lange im Gedächtnis – im Lied, in der einprägsamen Strophe: »Kein Höllenschlund ist breit genug, zu fassen, die man hier erschlug.« Herzog Heinrich rückte unmittelbar darauf nach Süden in Richtung des Schwabenlandes. Hier belagerte König Konrad die Festung Hohentwiel bei Singen im Hegau. In diesem Gebiet befand sich die letzte Straßengabel vor dem Bodensee, der Ort bildete die Klammer zwischen Ober- und Niederalemannien. Die Festung war zugleich Grafen- und Herzogssitz und hatte das ganze Mittelalter hindurch den Ruf der Uneinnehmbarkeit. Burchard I. von Schwaben, den Konrad 911 verbannt hatte, war im Jahr 914 zurückgekehrt, um die Politik der Stammeshoheit gegen das Königtum fortzuführen und die Herzogswürde zu erringen. Als Konrad von der Niederlage seines Bruders und dem Heranrücken des Sachsenheeres erfuhr, brach er die Belagerung Burchards ab, um sich mit seiner ganzen Heeresmacht gegen die Sachsen zu wenden.

WAHRUNG DER SÄCHSISCHEN MACHT. Heinrich genügte der Erfolg in der Schlacht bei der Eresburg. Sein Ziel war offensichtlich die Entlastung Schwabens gewesen, auch hatte er nicht die Absicht, den Kampf mit König Konrad zu einer Selbstzerfleischung entarten zu lassen. Es ging ihm damals keineswegs um eine Schmälerung der Stellung Konrads als König. Vor allem beabsichtigte er weder zu dieser Zeit noch in den folgenden Jahren, ihm das Königtum selbst streitig zu machen oder es zu usurpieren. Herzog Heinrich hatte nichts anderes im Sinn, als die Rechte Sachsens zu wahren und seinem Land diejenige Macht zu erhalten, die es durch seinen Vater, Herzog Otto, erlangt hatte; dieses Ziel verfolgte er allerdings hart und konsequent. Deshalb wich er auch dem militärischen Zusammenstoß mit König Konrad aus und zog sich in die stark befestigte Pfalz Grone bei Göttingen nahe der hessischen Grenze zurück. Er überließ es dem König, ihn zu belagern und sich mit ihm im Kampf zu messen.

Doch auch Konrad war nicht an einer offenen Schlacht mit den Sachsen gelegen, ebensowenig stand ihm der Sinn nach einer langen Belagerung. Zwischen ihm und Herzog Heinrich scheint sich in dieser Situation als unausgesprochene Übereinkunft eine Art Waffenstillstand angebahnt zu haben – nicht zuletzt freilich auch deshalb, weil sich in diesen Monaten die Ungarn auf ihrem gewaltigen Raubzug befanden, durch den das fränkische Land genauso heimgesucht wurde wie das sächsische.

Der König war auch in der folgenden Zeit unfähig, sich von dem offenen Druck der Schwaben und der passiven Bedrängung durch die bloße Existenz Sachsens und seiner Stärke zu befreien. Als bemerkenswert muß freilich festgestellt werden, daß jenes Stillhalten, zu dem es vor Grone gekommen war, auch für die darauffolgenden Jahre galt. Ob sich tatsächlich eine persönliche Feindschaft zwischen Konrad und Heinrich entwickelt hatte, wie aus dem Zwist seit dem Jahr 912 und den Kämpfen des Jahres 915 häufig gefolgert wurde, oder ob dies nicht der Fall war, weil es beiden Herrschern nur um die Wahrung ihrer eigenen Interessen ging und dies den gegenseitigen persönlichen Respekt nicht beeinträchtigte: Seit sich die Widersacher von Grone getrennt hatten, zeichnete sich niemals mehr auch nur die Andeutung eines bevorstehenden Zusammenstoßes zwischen dem König und dem Sachsenherzog ab. Zweifellos wurde das Verhältnis der beiden Fürsten zueinander auch durch den Tod von Erzbischof Hatto von Mainz einer besonderen Spitze beraubt. Daß Heinrich seine Ansprüche in Thüringen gegen die Kirche und ebenso gegen des Königs eigene Wünsche behaupten konnte, mußte Konrad nicht als persönliche Niederlage verbuchen, da er niemals öffentlich angedroht hatte, er würde sie mit all seiner Macht und ohne Rücksicht auf die Rechtslage durchsetzen. Hattos Nachfolger als Berater und Kanzler des Königs war der Abt von St. Gallen und Bischof von Konstanz, Salomo III., und dessen Interessen waren weitestgehend an Schwaben gebunden, so daß Heinrich nicht damit rechnen mußte, durch ihn tangiert zu werden.

So gelang es Herzog Heinrich seit dem Jahr 915, mit den Sachsen im Rahmen des Ostfränkischen Reiches, das unweigerlich seiner Auflösung entgegenzugehen schien, in einer Splendid isolation zu verbleiben. König Konrad konzentrierte sich ganz auf die süddeutschen Gebiete, er hatte hinreichend mit Herzog Arnulf von Bayern zu kämpfen, er konnte sich zwar auf die Unterstützung der Geistlichkeit verlassen, doch war die Gesamtlage, zumal noch mit Rücksicht auf die nicht abreißenden Ungarnzüge, derart zerrissen und verworren, daß Konrad letztlich kapitulieren mußte. Im Herbst 915 wurden die königlichen Truppen von den Schwaben bei Wahlwies im Bereich der Pfalz Bodman dicht an der Nordwestspitze des Bodensees geschlagen.

Daß Konrad 916 mit den Bayern fertig wurde und die Synode von Hohenaltheim ihm eine Atempause verschaffte, änderte nichts an der trüben Gesamtbilanz seiner Regierungszeit. Der Heißsporn Herzog Arnulf war bei der ersten besten Gelegenheit nach Bayern zurückgekehrt, er hatte Regensburg wieder in seine Hand gebracht. Im Sommer 917 mußte der König deshalb erneut gegen ihn ins Feld ziehen und mit der Belagerung Regensburgs beginnen. Doch diesmal konnte sich Herzog Arnulf behaupten. Der König soll bei den Kämpfen verwundet worden sein und sich davon nicht mehr erholt haben. Herzog Arnulf erneuerte seine Herrschaft in Bayern mit einem Nachdruck, der königlichem Anspruch in nichts nachstand. Er stützte sich fast ausschließlich auf seine Lehnsleute, fesselte sie durch großzügige Vergabe von Territorialbesitz an sich und füllte dadurch seinen Heerbann auf. Da er jedoch die benötigten Güter, so wie schon früher, wieder den Beständen der Kirche und der Klöster entnahm, allen voran dem reichen Klostergut Tegernsee, festigte sich wegen dieser Enteignungen – der »beneficia verbo ducis« – sein schlechter Ruf bei der Geistlichkeit; sein Beiname »der Schlimme« oder »der Böse«, mit dem ihn die Mönche bedacht hatten, blieb ihm erhalten.

König Konrad mußte sich in den letzten Monaten seiner Regierung eingestehen, daß er mit dem Hauptproblem des Ostfränkischen Reiches nicht zu Rande gekommen war. Dies mußte für ihn um so niederschmetternder sein, als er schon seit dem Tag seiner Wahl genau wußte, was er zu bewältigen hatte. Nun war sein Kampf mit Bayern erfolglos geblieben, seine Versuche, den Drang der Schwaben zur Selbständigkeit zu brechen, waren gescheitert, und die Ungarn unternahmen in der Zeit seines Königtums ihre Raubzüge durch Ostfranken, als gäbe es keinen Herrscher dieses Reiches und kein Reichsaufgebot. Selbst wenn der Erhalt der territorialen Substanz des Ostfränkischen Reiches unter Konrad I. gutwillig als Plus seiner Regierung eingeschätzt werden könnte, so ändert dies trotzdem nichts an der Feststellung, daß das Königtum Konrads nicht gleichbedeutend mit Herrschaft war, sondern identisch mit Verfall.

WAHLRECHT GEGEN ERBRECHT. Das Königtum Konrads besitzt lediglich unter einem einzigen Gesichtspunkt wirklich historisches Gewicht. Dieser Aspekt ergibt sich nicht aus dem Rang seiner Person, sondern hängt mit einer Entwicklung sachlicher Art zusammen, die sich als Folge der Ereignisse aus dem Jahrhundert zuvor einstellte und die weder durch eine einzelne Persönlichkeit ausgelöst noch von ihr verhindert werden konnte. Die Wahl Herzog Konrads zum König im Jahr 911 bedeutet den endgültigen, den unwiderruflichen Zerfall des karolingischen Großreichs in zwei Staatsgebiete mit eigener Tradition und eigenem Selbstbewußtsein, in Westfranken und Ostfranken. Das macht den Epochenrang des Jahres 911 für die deutsche Geschichte aus. Mit der Wahl Konrads wird der Auftakt gegeben zur Gründung des ersten Reiches der Deutschen acht Jahre danach, und damit auch der Auftakt zur eigenen Geschichte Deutschlands und Frankreichs – wie diese Staatsgebilde später und dann konstant durch die Jahrhunderte bezeichnet werden. Europa und seine Entwicklung erhält dadurch die prägnantesten Merkmale, die in der Folgezeit von keinem anderen Phänomen in den Schatten gestellt werden. Unterstützt wird diese markante Trennung noch durch die Tatsache, die in der jüngsten Gegenwart aufgrund der Ergebnisse und Folgewirkungen des Zweiten Weltkrieges bei uns Deutschen vergessen, verdrängt oder bewußt unterschlagen worden ist: durch die Tatsache, daß sowohl im Westreich als auch im deutschen Ostreich das Prinzip der Teilbarkeit, wie es Karl der Große für sein Erbe vertreten hatte, kompromißlos verworfen und jede Neigung, die in diese Richtung ging, rücksichtslos bekämpft wurde.

Wenn die Geschichte eines Volkes, eines Staatswesens, einer individuellen Kultur überhaupt einen Sinn besitzt, dann gehört zu ihr das Grundelement der Zusammengehörigkeit und Einheitlichkeit, und insofern die Sonderung von anderem als der Vorbedingung der eigenen Profilierung. Unter Einheit ist dabei nichts Uniformes zu verstehen, sondern dieses Wort ist der Ausdruck einer Zuordnung auch des Heterogenen zu einer tragenden Basis, sei es der Sprachlichkeit, der stammesmäßigen Verwandtschaft, einer religiösen oder kulturellen Orientierung, einer Bindung durch die gemeinsame Abwehr von äußeren Bedrohungen oder auch dessen, was man als historisches Schicksal bezeichnet. Auf dieser Basis entsteht durch den Lauf der Zeit die unverwechselbare Individualität der historischen Gebilde mit ihrer eigenen, unverwechselbaren Form, gleichgültig, ob sie als Königtum, Reich, Staat oder Nation bezeichnet werden.

Wenn es nach dem Erbrecht gegangen wäre, hätten die Adligen, die sich 911 in Forchheim versammelten, den westfränkischen König Karl III. den Einfältigen zum König wählen müssen. Sie entschieden sich anders, sie brachen mit dem Grundsatz des Erbrechts, sie entschlossen sich zur freien Wahl, bei der sie denjenigen Fürsten, der ihnen am geeignetsten erschien, zum König erhoben. Ausschlaggebend in Forchheim war aber nicht das persönliche Übergewicht eines bestimmten Mannes. Ob nun wirklich Herzog Otto von Sachsen, Arnulf von Bayern oder Konrad von Franken zur Kandidatur anstanden oder nicht: Bei der Wahl in Forchheim entschied sich der ostfränkische Adel in erster Linie für die Eigenständigkeit Ostfrankens und zeigte dadurch im Grunde genommen nichts anderes, als daß er mit Westfranken nichts mehr zu tun haben wollte; die Wahl des Königs entgegen dem Erbrecht war der entsprechende Ausdruck dafür. Das wäre nicht der Fall gewesen, wenn sich bei den Ostfranken nicht schon längere Zeit das Gefühl und die Überzeugung von einer eigenen Besonderheit durchgesetzt hätten. Ein spezielles, allgemein bekanntes und anerkanntes Wort für diesen Sachverhalt gab es damals noch nicht, doch der Adel in Forchheim bestätigte ihn durchaus überzeugend und jedem einleuchtend eben durch die Wahl eines eigenen Königs entgegen der erbrechtlichen Legitimation.

Die Tradition der ostfränkischen Eigenständigkeit und Besonderheit beginnt spätestens im Jahr 843. Ludwig, dem dritten Sohn Kaiser Ludwigs des Frommen, werden im Vertrag von Verdun die karolingischen Reichsgebiete östlich der Linie Rhein-Aare als Ostfränkisches Königreich, als Francia Orientalis, zugesprochen. Den Namen Ludwig der

Deutsche erhielt der König schon in der damaligen Zeit, die Chronisten und Geschichtsschreiber nannten ihn »rex germanorum«. Ob die Übersetzung »der Deutsche« korrekt ist oder nicht: Der Beiname distanziert den König deutlich von Westfranken. Damit setzt sowohl eine erste Gebietsabgrenzung als auch eine volks- und stammesmäßige Individualisierung ein, und sie bleibt in der Folgezeit nicht nur erhalten, sondern verstärkt sich fast kontinuierlich – ganz unabhängig von der Persönlichkeit Ludwigs des Deutschen und der späteren Bewertung seiner Politik, unabhängig auch von der Macht oder Ohnmacht seiner Nachfolger, und schließlich kräftig gefördert durch die Bemühungen Kaiser Arnulfs von Kärnten, die Selbständigkeit Ostfrankens zu untermauern.

Schon daß der ostfränkische Adel im Jahr 887 Arnulf zum König des Ostteils wählte, war Ausdruck eines Eigenbewußtseins, und demgegenüber verfingen auch die Versuche Kaiser Arnulfs wenig, Gedanken einer Erneuerung des gesamtfränkischen Reiches zu beleben. Inwieweit solche Versuche mehr waren als halbe Spielereien, ist leicht zu entscheiden; vorherrschend bei Arnulf war nämlich ein typisches Desinteresse an der Entwicklung in den westfränkischen Gebieten. Er sprach den Königen der westlichen Teilreiche seine Anerkennung aus, zu aktiveren Handlungen, als eine lehnsrechtliche Oberhoheit geltend zu machen, war er nicht zu bewegen. Damit aber erschöpfte sich auch alles, was sich als Bestreben einer Erneuerung des Großfränkischen Reiches deuten ließe. Am Ende der Regierung Kaiser Arnulfs war als Bilanz lediglich festzuhalten, daß sich Ostfranken nicht nur unweigerlich von Westfranken abzulösen begann, sondern daß sich auch das nördliche vom südlichen Gebiet trennte, das deutsche (teutonica) vom romanisch-italienischen (latina).

DAS WORT UND DER VOLKSNAME »DEUTSCH«. In der Mitte des neunten Jahrhunderts wird in Trient zum erstenmal die Bedeutung »Teutisci«, »die Deutschen«, verwendet. Damit ist dokumentiert, daß sich die Benennung der germanischen Stämme im ostfränkischen Raum mit dem Sammelbegriff »Deutsch« endgültig eingebürgert hat. Diese Differenzierung ist deshalb bemerkenswert, weil es seit den Römern bis zum achten Jahrhundert üblich war, nur pauschal von den Germanen zu sprechen; damit waren sämtliche germanischen Stämme gemeint. Auch Gottschalk, der Sohn des sächsischen Grafen Bern, der im neunten Jahrhundert lebte und sich als Mönch, Schriftsteller und unglücklicherweise auch als einer der ersten christlichen Häretiker in dieser Zeit einen Namen machte, spricht von der »teutisca gens«, dem deutschen Volk. Bevor diese Charakterisierung allgemein gängig wurde, benutzte man das Wort theodiscus noch häufig wechselweise auch für »germanisch«. Mit der Zeit geschah dies immer seltener, bis dann schließlich das Wort nur noch als unmittelbare Bezeichnung in Gebrauch kommt: So wird, während der unsicheren Verhältnisse nach dem Tod König Konrads I., Herzog Arnulf von den Bayern zum König »im Reiche der Deutschen«, »in regno Teutonicorum«, gewählt.

Der Volksname »Deutsch« war keine Kunstschöpfung. Es hat auch keinen Sinn anzunehmen, daß er selbst dann benutzt worden wäre, wenn sich die deutschen Stämme nicht als etwas Eigenständiges gefühlt hätten, das mit diesem Wort am genauesten gekennzeichnet wurde. Die Deutschen wirkten außerdem auch auf diejenigen als ein einheitliches Volk, die nicht zu ihnen gehörten und die von außen sowohl die deutschen Stämme als auch das Land, in dem sie lebten, als etwas Zusammengehöriges betrachteten.

Die Gelehrten diskutieren schon seit langem das Problem,

seit wann sich die Bezeichnung »deutsch« mit der Sache deckt, also mit dem Gefühl oder dem Bewußtsein der Gemeinsamkeit der Deutschen. Dieses Problem ist weniger akademisch, als man glauben könnte. Die Geschichte jedenfalls zeigt unbestreitbar, daß in der Zeit der Auflösung des karolingischen Großreiches in Ostfranken eine Entwicklung zur Selbständigkeit stattfindet, die schließlich mit aller Klarheit auf die Bildung eines eigenen Reiches, eben des Deutschen Reiches, hinausläuft. Dieser Prozeß dauert viele Jahrzehnte. Er verläuft nicht geradlinig, es gibt dabei zahlreiche Hindernisse, es kommt zu erheblichen Stockungen, und deshalb ist es ein belangloses Spiel, einem bestimmten Datum die Ehre des Geburtsjahres aufzudrängen.

Langwierige Entwicklungsprozesse verdichten sich als Gesamtvorgang nur selten in einer bestimmten Jahreszahl. Doch gibt es dabei Zäsuren, in denen das Charakteristische eines Geschehens sichtbar wird und sich unschwer erkennen läßt. So wenig wie sich feste Geschichtsdaten als geeignete Angelhaken erweisen, um allgemein bekannte Fische aus den gestaltlosen Gewässern der Historie an Land zu ziehen, so wenig läßt sich im übrigen das Wesentliche der deutschen Geschichte an die Institution »Staat« binden. Die These etwa, daß es keine deutsche Geschichte ohne einen deutschen Staat gebe, hätte nur dann einiges für sich, wenn klarzustellen wäre, inwieweit sich im frühen Mittelalter das Reich, dessen Regierung in den Händen eines Königs liegt, auch mit dem Staat gleichsetzen läßt, ohne daß dabei moderne Vorstellungen über den Staat bewußt oder unbewußt miteinfließen.

Noch wesentlicher aber für die erwähnte These und ihren Sachgehalt ist die Voraussetzung der Existenz eines deutschen Volkes. Das kann nicht nachdrücklich genug betont werden, insbesondere deshalb nicht, weil sich aus der

Dekomposition des karolingischen Großreiches die selbständige Bildung von unterschiedlichen Herrschaftsräumen mit eigener staatlicher Formung ergeben hat und es sich als allzu verführerisch nahelegt, diesen Teilungsprozeß selbst als eine Einheit zu sehen, also die Entwicklung Deutschlands und Frankreichs so fest aneinanderzuschmieden und dann die These zu vertreten, daß sich die eine nicht ohne die andere ausformen konnte: Von deutscher Geschichte – so ließe sich danach folgern – könne erst dann die Rede sein, sobald sich auch in einem engeren Sinn von französischer Geschichte sprechen lasse. Da jedoch, zum Beispiel, im Jahr 919 noch kein Französisches Reich existiert habe, könne auch noch nicht von einem Deutschen Reich die Rede sein.

Man muß durchaus kein Experte der frühmittelalterlichen Geschichte sein, um zu wissen, daß die Geschichte Deutschlands und Frankreichs nicht die Geschichte von siamesischen Zwillingen ist. Die Eigenarten der Deutschen und diejenigen der Franzosen hatten sich weder in den Anfangszeiten noch in den späteren Jahrhunderten in einem synchronen Wechselspiel oder im Dreivierteltakt eines deutschfranzösischen Walzers ausgeformt.

Das Wort und diejenige Bezeichnung, mit der die Angehörigen der ostfränkischen Stämme ihre Zusammengehörigkeit und ihre Einheit als Volk ausdrückten und sich bewußt machten, war seit dem zehnten Jahrhundert in der althochdeutschen Form »diutisk« bekannt. Der kritische Einwand, daß es sich um einen reinen Sprachbegriff gehandelt hätte, der nur dazu verwendet wurde, um die nicht-romanischen Volkssprachen vom Lateinischen abzugrenzen, und daß von einem deutschen Volk auch deshalb nicht die Rede sein könne, weil dieses Volk aufgegliedert gewesen sei in zahlreiche germanische Stammesgruppen mit eigenen Dialekten, ist einigermaßen kurios. Das Wort deutsch war nämlich nichts anderes als eine Sammelbezeichnung für all die Menschen, die zwar germanische Volksdialekte sprachen, die sich aber trotz ihrer sprachlichen Variationen als zusammengehörig empfanden, und zwar schon viele Jahrzehnte, bevor es zu einer entsprechenden staatlichen Einigung der Deutschen kam. Die theodisca lingua, die deutsche Sprache, hatte einen festen sachlichen Bezug; sie war ein Ausdruck für die Gemeinsamkeit einer bestimmten Zahl von germanischen Einzelstämmen; in diesen Anfangszeiten war sie der maßgebliche Ausdruck dafür.

Mit der »Deutschen Sprache« war gleichzeitig auf einen bestimmten geographischen Raum hingewiesen, nämlich auf das Gebiet, in dem die betreffenden germanischen Stämme lebten. Deshalb wurde auch schon frühzeitig das Wort theodisk gleichgesetzt mit dem germanischen Stammesnamen für die Deutschen: den Teutonen. Die germanischen Stämme Ostfrankens, der Francia australis oder Francia teutonica, wurden als theodiscus vel teutonicus bezeichnet. Seit dem Jahr 888 tritt neben das Wort Teutonica als dem Namen für das Land Deutschland die Bezeichnung gens Teutonorum, die sich auf das Volk der Deutschen bezieht. Von diesem Zeitpunkt an gilt für die Vielfalt der deutschen Stämme der Name Deutsch als das vorzüglichste Wahrzeichen ihrer Einheit, und zwar über ein volles Jahrtausend hinweg. Wenige Jahrzehnte später markiert das Idiom schon eine politische Grenze. In seinen *Annalen* schreibt Flodoard anläßlich der Verhandlungen, die Heinrich, der König des Deutschen Reiches, mit Karl dem Einfältigen, dem König des Westfränkischen Reiches, im Jahr 920 führte: »Während er damit beschäftigt war, begannen die jungen Leute der Deutschen und der Gallier, ärgerlich über die Verschiedenheit ihrer Sprachen, nach ihrer üblichen Art sich gegenseitig aufs heftigste mit Schmähreden zu reizen. Bald zogen sie die Schwerter, und es entstand eine blutige Schlägerei.«

Das »Deutsche Reich« gründet mithin schon in der ersten Phase seines Entstehens erwiesenermaßen auf der bereits über Ansätze weit hinaus sichtbar gewordenen und dokumentierten Einheitlichkeit des deutschen Volkes und des ausgeprägten Bewußtseins von diesem Umstand, und nicht umgekehrt: Das deutsche Volk entsteht also nicht als Folge der Gründung des Deutschen Reiches. Und dieses Faktum wiegt weit mehr als das Problem der Entwicklung und Einbürgerung des deutschen Reichsbegriffs, das viele Jahrzehnte von den Historikern leidenschaftlich erörtert wurde. Immerhin stellt dazu der Mediävist Walter Schlesinger in vorerst abschließender Weise fest, daß für die Zeit um das Jahr 900 neben dem Begriff der gens, des Volkes, »jene beiden anderen Erscheinungsformen für die Teutonici auch mit dem Namen als existent erwiesen sind, die wir in der westgotischen Gesetzgebung und anderwärts als für den gentilen Verband kennzeichnend antrafen: patria und regnum. Die Germania ist durch die Teutonica; das regnum Francorum orientalium durch das regnum Teutonicorum; die gentes ultra Rhenum sind durch das genus Teutonicorum ersetzt. Die angeführten, um ein Jahrhundert jüngeren Quellen behalten recht: deutsches Volk, deutsches Land und deutsches Reich sind seit dem ausgehenden neunten Jahrhundert zu lebendiger Einheit verschmolzen.«

DIE ETAPPEN DER VERBREITUNG. Die Grundform des Wortes »diutisk« oder »tiutisk« (tiutisch, teutisch), des altsächsischen »thiudisk« und des mittelhochdeutschen »tiu(t)sch« bildet die Silbe »tiut«. Der Ausdruck findet sich schon in der

Bibelübersetzung des westgotischen Bischofs und Missionars Wulfila aus dem vierten Jahrhundert. Im Gotischen hat »thiuth« die Bedeutung »das Gute« oder »Gutes«, und »thiuda« ist das gotische Wort für »Volk«; im Altsächsischen wird es »thioda« geschrieben, im Altfriesischen »thiade«.

Der älteste Beleg des Wortes »deutsch«, und zwar in der Form »theodiscus«, ist exakt 1200 Jahre alt. Papst Hadrian I. sandte im Jahr 786 zwei Legaten – den Kardinalsbischof Georg von Ostia und den Bischof Theophylakt von Todi – nach England, um in Northumberland und im Königreich Mercia zwei Synoden abzuhalten. In dem Bericht Georgs von Ostia an den Papst steht, daß Beschlüsse der ersten Synode, die in Corbridge stattgefunden hatte, auf der folgenden Synode in Cealchyd sowohl lateinisch als auch »theodiscus« verlesen wurden. Ob deshalb dieses Jahr auch wirklich als Geburtsjahr des Wortes »deutsch« anzusehen ist, steht trotzdem nicht fest, denn der Bericht des Bischofs ist nicht als Originalquelle erhalten, sondern nur in einer Abschrift aus dem zehnten Jahrhundert, die sich in der Benediktinerabtei St. Maximin in Trier gefunden hat. Nun ist zwar in diesem ältesten Beleg für theodiscus mit dem Wort zweifellos nicht das Deutsche, sondern das Angelsächsische gemeint, aber das mindert nicht seinen Aussagewert – unter anderem deshalb nicht, weil theodiscus später kein einziges Mal mehr auf die angelsächsische Sprache bezogen wird, sondern immer nur auf das Deutsche und die Deutschen.

Bischof Georg von Ostia hätte den Ausdruck nicht verwendet, wenn seine Bedeutung damals bei den Mönchen und Geistlichen nicht bekannt gewesen wäre. Die einsichtigste und überzeugendste Erläuterung dieser Tatsache besteht darin, daß sich das mittellateinische theodiscus aus dem westfränkischen theudisk ableitet. Zu Beginn des achten Jahrhunderts ist dieses Wort theudisk bei der Bevölkerung für die »zur eigenen ›theudo‹ gehörigen« Werte, die »angestammten« Werte aufgekommen: für die Gebräuche, die Sprache, die Herkunft, die Rechte, das Land, die Sitten. Man hat mit ihm den Unterschied gegenüber den romanischen Eigentümlichkeiten deutlich gemacht, die ihrerseits als walhisk-welsch bezeichnet worden sind.

Allmählich begann bei der Verwendung des Wortes die Blickrichtung vom romanischen Reichsteil in die germanischen Gebiete vorzuherrschen; in dieser Phase zählte man noch die Angelsachsen dazu. Im Reich Karls des Großen wurde dann beim Gebrauch von theodiscus wegen der Unterschiede, die sich zwischen dem Westteil und dem germanischen Osten abzuzeichnen begannen, der Bezug auf die angelsächsische Sprache in verhältnismäßig kurzer Zeit ausgeschlossen. Wenig später, als sich die Trennung zwischen dem westlichen und dem östlichen Gebiet abzuzeichnen begann, nahm auch die Gleichsetzung der Reichsgrenzen mit den Sprachgrenzen ihren Fortgang.

Lange Zeit ließ sich die Frage nicht beantworten, wieso ausgerechnet ein Italiener wie Georg von Ostia plötzlich ein Wort für die Charakterisierung der germanischen Sprachen benutzte, das im Italien seiner Zeit praktisch unbekannt war. Das ist inzwischen geklärt. Georg war nicht nur Bischof von Ostia, sondern auch Bischof von Amiens im Norden des heutigen Frankreich. Deshalb war ihm auch das Wort theudisk, das damals im Westfränkischen schon länger gebraucht wurde, vertraut.

Jüngst wurde von Fachgermanisten darauf aufmerksam gemacht, daß aller Wahrscheinlichkeit nach die Bezeichnung »deutsch« in ihrer Bedeutung als »volkssprachlich« eine adjektivische Ableitung des germanischen Wortes »peudo-«, das Volk, darstellt. Die Ableitung, also das Eigenschaftswort »peudisk«, taucht urkundlich zuerst in lateinischen Texten auf, und zwar – selbstverständlich – latinisiert als »theodiscus«. Um das Jahr 700 findet es sich im Altfranzösischen in der veränderten Form »tieis«: ein westfränkisches Erbwort. Man kann davon ausgehen, daß spätestens seit dem Ende des achten Jahrhunderts in Ostfranken die germanischen Dialekte als Variationen einer einheitlichen Sprache empfunden wurden, die man mit dem Ausdruck diutisk bezeichnete. Nach dem Jahr 786 findet sich dieses Wort schon 788 wiederum in den *Reichsannalen,* und zwar als fränkische Rechtssprache in dem Gerichtsverfahren Karls des Großen gegen den Bayernherzog Tassilo III. in der Königspfalz Ingelheim, das mit der Absetzung Tassilos wegen Lehensuntreue endete.

Karl der Große benutzt dasselbe Wort im Jahr 801 auf lombardischem Boden: Er spricht »theodisce«, um sich vom Romanischen abzusetzen, denn die Bezeichnung »fränkisch« umschloß damals noch beide Sprachen ohne Differenzierung. Seitdem häufen sich in den Schriftstücken über die Jahre hinweg die Belege für diutisk. Im Jahr 813 wird theodiscus schon in einem erklärten Gegensatz zum Altfranzösischen, der rustica lingua Romana, gebraucht. Als Frühbeleg für die älteste althochdeutsche Fassung gilt bis auf weiteres, das heißt bis zu dem Moment, in dem sich ein noch älteres Dokument findet, eine Urkunde aus Salzburg, die um das Jahr 880 geschrieben wurde und in der sich das Wort in der Form »diutisce« findet. Nur wenig jünger ist ein Beleg des Klosters St. Gallen aus dem Jahr 882 für »tiutiscae«. Daß das Wort eine lateinische Endung besitzt, spielt in diesem Fall keine Rolle.

Als besonderes Datum ist das Jahr 842 hervorzuheben: In Straßburg begegnen sich die Söhne Kaiser Ludwigs des Frommen, nämlich der westfränkische König Karl der Kahle und der ostfränkische König Ludwig der Deutsche; sie verbünden sich gegen ihren älteren Bruder Lothar. In den Urkunden läßt sich nachlesen, daß die beiden Brüder ihre Eide angesichts der versammelten Heere jeweils in der Sprache des anderen ablegten – Ludwig der Deutsche in Altfranzösisch und Karl der Kahle in »theudisca lingua«. Mit dem Teilungsvertrag von Verdun, den die drei Brüder im darauffolgenden Jahr schlossen, ist häufig schon in einem engeren, staatsbezogenen Sinn der Beginn der deutschen Geschichte verbunden worden. Zweifellos ein Vorgriff, der sich kaum rechtfertigen läßt, denn dieser Vertrag gehört zu den Anfangsstadien einer Entwicklung, die erst viele Jahrzehnte später zu jener Verdichtung führt, in der sich deutsche Geschichte auch in selbständiger deutscher Staatlichkeit präsentiert. Im gleichen Jahr 843 wird übrigens, wie bereits erwähnt, bei einer Gerichtsverhandlung in Trient das Wort »Teutisci« als Volksbezeichnung verwendet.

In dem neuen Völkeradjektiv »deutsch« prägte sich durch das Ineinander von etymologischer Abkunft und geschichtlichem Stellenwert eine zeitenüberdauernde Substanz aus, die dem Begriff des Deutschen bis heute seine spezifischen Kennzeichen verliehen hat – sowohl in der positiven Aussagekraft als auch in der entschiedenen Kritik und Abwertung. So kann der historische Sinn des »Aufkommens dieser Wortprägung darin gesehen werden, daß in der theodisca lingua den zunächst mit Gewalt zusammengeführten Stämmen ein unverkennbares Merkmal der inneren Zusammengehörigkeit vor Augen gestellt und damit der Anstoß zur Besinnung auf die gemeinsame Aufgabe gegeben wurde. Verglichen mit einer Entwicklungslinie, die vom Landesnamen (etwa Spanien) zum Volksnamen (Spanier) und schließlich zum Sprachadjektiv (spanisch) führt, oder die einen bestehenden Stammesnamen (Schweden) zum Ausgang für den Landesnamen (Schweden) und das Volksadjektiv (schwedisch) macht, ist der Entwicklungsgang, der vom Sprachadjektiv diutisk zum Landesnamen Deutschland und zum Volksnamen Deutsche führt, nicht nur einmalig in seiner Richtung, sondern auch kennzeichnend in seinem inneren Gehalt. Die geschichtliche Leistung des althochdeutschen diutisk besteht darin, daß es das im fränkischen Grenzkampf gewonnene Bewußtsein von den eigenen Werten verband mit der im Herausstellen der theodisca lingua ausgeprägten Erkenntnis von der Reichweite der inneren Kräfte des Volkslebens und dem aus dem neubelebten teutonicus sprechenden Wissen von den geschichtlichen Wurzeln des Volkstums. Diese Gedanken waren im althochdeutschen diutisk stark genug ausgeprägt, um von innen her die deutschen Stämme zusammenzuhalten, auch nachdem die äußere Klammer des Karolingerreiches brüchig geworden war; auf ihnen beruhte die geistige Vorbereitung des ersten ›deutschen‹ Reiches.«

Das Wort, die Bezeichnung, der Volksname Deutsch ist also für unsere Geschichte nicht irgendeine belanglose Beigabe, sondern er ist mit ihr in einer unauflöslichen Form verschränkt. Er gehört zu ihrer Vorbereitung und Ausgestaltung, er ist wesentlich auch für den ideellen Inhalt dessen, was als ›deutsch‹ bezeichnet worden ist und was wir noch immer so bezeichnen, jetzt und bis auf weiteres.

DIE DEUTSCHEN STÄMME UND STAMMESHERZOGTÜMER. Für die Entstehung des Deutschen Reiches in einem geschichtlich fest umrissenen Sinn spielte die Sprache deshalb eine so wichtige Rolle, weil ihre bindende Kraft ein Komplement zum Einheitsbewußtsein der germanisch-deutschen Stämme darstellte. Ob die Entwicklung und Ausformung der Sprache selbst gemeinsam mit dem wachsenden Empfinden der deutschen Zusammengehörigkeit vonstatten ging, ob sich letzteres schneller und markanter ausprägte, oder ob es sich schließlich umgekehrt verhielt, ist schwer zu entscheiden. Kaum strittig ist dagegen die Tatsache, daß sich seit dem zehnten Jahrhundert das Wissen um die innere Einheit der deutschen Stämme durch ihren Zusammenschluß im Reich Heinrichs des Ersten unabhängig von der wechselnden Politik der Könige und Kaiser zügig durchsetzte, und zwar bei jedem der einzelnen Stämme: bei den Franken und Sachsen, Thüringern und Bayern, Alemannen und Friesen.

Die Reihenfolge selbst ist zwar nicht beliebig, aber man sollte mit ihr nicht die Vorstellung verbinden, als hätte sich das deutsche Gemeingefühl in dieser Form entwickelt. Die Zentren der Ausstrahlung waren das Königtum und die Klöster. Obersten Rang nahm bei den Bildungsstätten die Benediktinerabtei Fulda ein, die seit Bonifatius, dem »Apostel der Deutschen«, den Mittelpunkt der Christianisierung des Ostfränkischen Reiches bildete. Sie wurde im Jahr 744 von Abt Sturmi, einem Schüler von Bonifatius, gegründet; Bonifatius fand hier nach dem Märtyrertod bei den Friesen im Jahr 754 seine Grabstätte.

Fulda, heute in einem Landkreis Hessens gelegen, gehörte damals in ein Gebiet, für das sich im achten Jahrhundert die Bezeichnung Ostfranken – lateinisch: Osterfrancia – einbürgerte. Ursprünglich ein Teil des fränkisch-thüringischen Herzogtums wurde es nach dessen Sturz um das Jahr 720 königlicher Grundbesitz, also Königsgut. Nach der Auflösung des karolingischen Reiches bemühte sich das rheinfränkische Geschlecht der Konradiner, das alte Herzogtum neu aufzurichten, doch war ihm dabei nur ein kurzer Erfolg zwischen den Jahren 906, nach dem Sieg über die Babenberger, und 939 vergönnt; nach dem gescheiterten

Aufstand gegen Otto I., den Sohn Heinrichs des Ersten, büßten die Konradiner ihre herzogliche Stellung in Franken ein.

Die Franken waren ursprünglich ein Stamm aus der Großgruppe der Istwäonen, der Weser-Rhein-Germanen. In der Mitte des dritten Jahrhunderts hatten sie an der Mündung des Mains in den Rhein den römischen Limes durchbrochen, breiteten sich bis in den »Kohlenwald« zwischen Lüttich und Tournai aus und drangen im fünften Jahrhundert in Gallien ein. Seit dem ersten Vorstoß der Franken über den Main begann der langsame Rückzug der Römer aus der linksrheinischen Provinz Germania Inferior am Niederrhein bis Bonn. Die Franken erweiterten ihr Siedlungsgebiet bis zum nordbadischen Grenzraum und seit dem sechsten Jahrhundert in südöstlicher Richtung entlang des Mains bis zum Egerland. Den Franken wird seit langem bescheinigt, daß sie die belebende Kraft der abendländischen Geschichte gewesen wären. Dieses Lob bezieht sich als summarisches Urteil auf das Fränkische Reich und seine Ausformung durch Karl den Großen. Für die deutsche Geschichte wurden die Franken zum Ferment der Einigung der deutschen Kleinstämme im Gebiet des Mittelrheins und vor allem beiderseits des Mains. Fränkisch geprägt wurden dadurch auch in vieler Hinsicht die in der Nachbarschaft siedelnden Hessen, Thüringer, Alemannen und Bayern.

Die Bedeutung des Namens der Franken ist nicht ganz klar. Aller Wahrscheinlichkeit nach wurden diejenigen germanischen Stämme so bezeichnet, die von den römischen Abgaben befreit waren; deshalb wurden sie als die Freien bezeichnet, der freie Mann war ein franker Mann. In ihrem nordfranzösischen Herrschaftsgebiet waren die Franken »francs et libres de toutes tailles«, das heißt, sie waren frei von allen regelmäßigen Abgaben, die an den König entrichtet werden mußten. Das alles klingt nach in der auch heute noch bekannten Charakterisierung »frank und frei«. Möglich ist auch, daß der Name »Franke« der »Kühne«, der »Trotzige« bedeutete. Schreckt man vor den riskanten Mutmaßungen über die Eigentümlichkeit der deutschen Stämme nicht zurück, so scheint es mehr als nur ein Verdacht zu sein, daß von der allgemein behaupteten Unbeugsamkeit und Starrsinnigkeit der Deutschen in erster Linie die Franken mit jenem Prozentsatz gesegnet wurden, der eine besondere Neigung zeigte, sich in Richtung konsternierender Dickköpfigkeit auszubilden.

Im Vergleich zu den Franken waren die Sachsen kaum weniger eigenständig. Auch wenn die Großstammbildung sich über mehrere Jahrhunderte erstreckte, so gewannen sie doch nicht zuletzt in der Zeit ihrer Kämpfe gegen Karl den Großen und die Christianisierung eine innere Einheitlichkeit, die ausgeprägter als bei allen übrigen deutschen Stämmen war; darin übertrafen sie selbst die Franken, ebenso die Bayern. Was dabei auf die ethnische Eigenart zurückging, ist schwer zu entscheiden, doch es ist zweifellos kein Zufall, daß gerade die Sachsen mit so großer Hartnäckigkeit an ihrer altgermanischen Religion festhielten und sich verbissener und länger gegen die Christianisierung wehrten als jeder andere deutsche Stamm; ihre Bereitschaft, dafür auch die schrecklichsten Blutopfer auf sich zu nehmen, ging über jedes Maß hinaus.

Die Thüringer siedelten in den ältesten Zeiten in dem großen Gebiet zwischen Spree und Donau. Das mittlere Territorium erstreckte sich von der Elbe bis zur Fulda. Zum ersten Mal wird der Stamm im letzten Drittel des vierten Jahrhunderts mit dem Wort Toringi namentlich genannt. Der Kern der

Thüringer dürfte aus den germanischen Hermunduren bestanden haben, andere Teilstämme, wie die Angeln und Warnen von der jütischen Halbinsel, schlossen sich während der Völkerwanderung dem Hauptstamm an. Nach der Epoche des Königreichs Thüringen wurde das Gebiet zu einer tributpflichtigen fränkischen Provinz. Das Land nördlich der Unstrut und der Helme erhielten die Sachsen, die als Bundesgenossen der Franken bei der Überwältigung des Königreichs Thüringen Waffenhilfe geleistet hatten.

Nach dieser Katastrophe war den Thüringern ein geschlossenes Stammesleben nicht mehr möglich, sie waren auf die siegreichen Stämme aufgeteilt; das Gros der Bevölkerung vermischte sich mit den Sachsen, der Rest mit den Franken, und zwar so nachhaltig, daß die Thüringer weder in dem kurze Zeit später niedergelegten Volksrecht der ribwarischen Franken, der *Lex Ribvaria,* noch im berühmten *Sachsenspiegel* des anhaltischen Schöffen Eike von Repgow unter den deutschen Hauptstämmen aufgezählt oder als eigene Gruppe genannt werden.

Seitdem die Langobarden im Jahr 512 den ostgermanischen Stamm der Heruler aus Böhmen nach Westen in den Raum Regensburg abgedrängt hatten, dehnte sich das germanische Siedlungsgebiet im Süden bis zum Wiener Wald, dem Alpenrand Nordtirols und nach Norden hin bis an die obere Waldnaab aus. Umstritten ist, ob sich vor allem Markomannen niedergelassen hatten oder eine Vielzahl von anderen Kleinstämmen, darunter die keltischen Bojer, die Rugier, Warnen und Skiren, bei denen sich auch größere Gruppen von Goten und Alemannen fanden. Sowohl der Name Böhmens als auch derjenige Bayerns wird von den keltischen Bojern abgeleitet, ebenso die alte Stammesbezeichnung Bajuwaren, die schriftlich in der Form »Baiwarii, Baowarii«

zum erstenmal in der Mitte des sechsten Jahrhunderts in den Texten zu finden ist. In der zweiten Hälfte dieses Jahrhunderts erweiterten die Bayern ihr Siedlungsgebiet über den Brenner hinaus ins Pustertal und Bozen bis Salurn an der Etsch. Im siebten Jahrhundert gelang ihnen die politische Verselbständigung. Die Macht ihrer Herzöge wurde durch die einsetzende Christianisierung erheblich gestärkt. Kirche und Adel erzwangen im achten Jahrhundert eine enge Verbindung mit den Karolingern. Besonders wichtig wurde damals die Entstehung der Ostmark, deren Bereich mehr als ein Jahrtausend die militärisch-politische Grenzzone und auch diejenige der Sprache bildete.

Ein Höhepunkt der Stellung Bayerns wurde unter Ludwig dem Deutschen erreicht, der die bayerische Hauptstadt Regensburg zu seiner Residenz erwählte. Bayerns Territorien erstreckten sich zu dieser Zeit im Osten bis zur Raab, im Süden und Südosten bis nach Friaul, Istrien und Dalmatien. Die Bevölkerung des Landes hatte und hat bis in unsere Zeit aufgrund ihres speziellen Eigensinns, der sich schon frühzeitig häufig auch in der Politik ihrer Fürsten meldete, nicht nur bei den Deutschen einen reizvollen Ruf. Die Kurzformel dafür, daß »Bayern ganz anders« sei, schließt selbst noch jene abseitige, wenn auch nicht ganz unzutreffende Formulierung in der sowjetischen Enzyklopädie ein, daß es sich bei den Bayern um ein wildes Bergvolk im Süden Deutschlands handle, mithin um eine Sonderform halbwegs zwischen Homo sapiens und Homo faber, nämlich um den Homo alpinus.

Gegen die Klischees der Volkscharaktere ist kein Kraut gewachsen, selbst nicht gegen diejenigen der so bemüht soliden Völkerpsychologie – und zwar weniger deshalb, weil sich das Sujet beharrlich dem rationalen Zugriff entzieht, sondern weil sich der Verdacht nicht aus der Welt räumen läßt, daß sich die Völker und Stämme ihr eigenes Bild von den Nachbarn schaffen und die Konterfeiten all ihrer energischen Kritik an den Zerrbildern zum Trotz insgeheim selbst nicht ungern vieles von sich darin wiedererkennen.

Tatsächlich kreisen die Überlegungen der Völkerpsychologie um einen chimärischen Gegenstand. Es gibt keine Volkscharaktere, und sollte sie es trotz dieser Behauptung geben, dann wechseln sie jedenfalls mit den Zeiten, Kulturen und Epochen der Geschichte. Ob ihren Gestaltungen ein Substrat zugrunde liegt oder nicht, die Entscheidung darüber mag selbst schon zu den Vorurteilen gehören, ohne deren Hilfe wir überhaupt unfähig wären, uns ein Bild von der Welt, von unseren Nachbarn und von der Historie zu machen. Der Deutsche wird sich heute kaum in Arminius, dem Cherusker, und der Sachse ebensowenig in Widukind erkennen, aber sie wissen trotzdem, daß diese Gestalten wie keine anderen etwas Wesentliches von ihnen enthalten.

Von allen deutschen Stämmen besitzen die Sachsen und die Bayern das härteste Profil. Der Bayer wird sich zur Zeit, da er inmitten von Freistaat und Folklore auf dem Wege ist, in der Mikroelektronik mit dem Spitzenrang der Japaner gleichzuziehen, kaum in der Figur des Altbayern gespiegelt sehen, und er wird ihre Signifikanz gerade durch seinen Protest dagegen nicht unwesentlich bestätigen. Nicht lauthals, nicht nur dann, wenn er sich eine Maß bringen läßt, doch jedenfalls dann, wenn er knurrend seine Eigenart gegen die Ironie der deutschen Stammesbrüder verteidigt, verletzt und stolz in einem Atemzug. Der Bayer ist tatsächlich ein Querschädel, mental gewissermaßen quadratisch, er hält sich an die Tradition. Seine abgründige Frömmigkeit wird bis in unsere Tage von einem soliden Aberglauben gespeist, sein Jähzorn und sein Mut stammen unmittelbar aus den unzugänglichsten Regionen der Alpen, seine ungewöhnliche Hilfsbereitschaft schließt die Grobheit nicht aus, in seiner Sentimentalität steckt etwas von der Dramatik eines Wildbaches, von Treue spricht er nicht, sondern er hält sie, und die Kräfte des Gemüts schließlich leuchten auf im Bedauern eines bayerischen Autors über das Kirchenlatein der katholischen Messe, das vom Zweiten Vatikanischen Konzil abgeschafft wurde: »Wenn ma's a net verstehn, hörn tean ma's doch gern.«

Drei deutsche Volkstämme zählen zu den Bayern, wenn man den vierten, die Sudetendeutschen, beiseite läßt, die erst nach 1945 hinzugekommen sind: Bayern, Franken und Schwaben. Im Westen überlappte sich das bayerische Gebiet mit demjenigen der Schwaben. Stammesmäßig gehörten sie zu den elbgermanischen Sweben. Ein großer Teil von ihnen drang seit dem zweiten und dritten Jahrhundert in den Südwesten Deutschlands vor, siedelte in dem Gebiet zwischen Bayern und Lothringen und bildete den Grundstock für den Stamm der späteren Alemannen. Schwaben und Alemannen werden gewöhnlich gleichgesetzt. Für die überlieferte Volkskultur trifft dies auch ohne Einschränkungen zu, doch das im engeren Sinn Alemannische bezieht sich territorial auf die Bereiche Südbadens und Vorarlbergs, die deutschen Distrikte der nördlichen Schweiz und das Elsaß.

Das schwäbische Herzogtum wurde zwar in der ersten Hälfte des sechsten Jahrhunderts dem Frankenreich eingegliedert, konnte aber seine Selbständigkeit in den folgenden zwei Jahrhunderten wahren. Karl Martell zerbrach es schließlich, sein Sohn Karlmann zerschlug die letzten Autonomiebestrebungen des schwäbischen Adels: Im Jahr 746 richtete er bei Cannstatt ein fürchterliches Blutbad unter den widerspenstigen Fürsten an. Doch mit der alemannischen Hartnäckigkeit war es deswegen noch nicht vorbei. Nach dem Ableben Karls des Großen versuchten alemannische Grafen in ständig wiederholten Ansätzen, das schwäbische Herzogtum wieder aufzurichten. Als Gegner hatten sie sowohl mit der Kirche als auch mit dem ostfränkischen Königtum zu rechnen. Die Aufstände und Kämpfe zogen sich mehr als ein Jahrhundert hin. Nach vielen Rückschlägen setzte sich das Grafengeschlecht der Hunfridinger durch und sicherte dem Land für die folgenden Jahrhunderte das neuerrichtete Herzogtum.

Im Westen bildete der Alemannenstamm einen Gutteil der Bevölkerung Lothringens, jenes politischen Gebildes, das seine Geburt der Aufteilung des karolingischen Großreiches verdankte. Lothar I., der Enkel Karls des Großen und Sohn Ludwigs des Frommen, verlor die Oberherrschaft des Frankenreiches, die er kurze Zeit nach dem Tod seines Vaters innehatte, im Kampf gegen seine Brüder Ludwig den Deutschen und Karl den Kahlen. Der Vertrag von Verdun im Jahr 843 sprach ihm das sogenannte Mittelreich zu, ein Gebiet, das sich im wesentlichen entlang dem Rhein und der Rhône erstreckte und das auch Italien über Rom hinaus bis zum Herzogtum Benevent umspannte. Nach seinem Tod erhielt sein Sohn Lothar II. den nördlichen Teil des Territoriums, das seitdem Lotharingien genannt wurde. Es hatte in dieser Form nur kurzen Bestand. Lothar II. starb ohne rechtmäßigen Erben, und deshalb wurde Lotharingien im August 870 aufgrund des Vertrages von Meerssen zwischen Ludwig dem Deutschen und Karl dem Kahlen nochmals geteilt und die beiden Gebiete jeweils dem West- und dem Ostfrankenreich zugeschlagen. Ein Jahrzehnt später konnte Ludwig III. der Jüngere, Sohn Ludwigs des Deutschen, auch den Westteil für das Ostfrankenreich zurückgewinnen. Nach dem Tod Ludwigs des Kindes kam es erneut zu einem Wechsel der

Zugehörigkeit: Lothringen schloß sich dem Westreich an. Maßgebend dafür war die Hoffnung, daß sich auf diesem Umweg eine Verselbständigung Lothringens mit einem eigenen Königtum erringen lassen würde. Die Versuche Konrads I., das verlorengegangene Gebiet wieder zu erobern, scheiterten.

Im Norden hatte Lothringen anfangs auch die friesischen Gebiete umfaßt. Formell blieb Friesland auch nach dem Tod Lothars I. und seines Sohnes ein Teil des Ostfränkischen Reiches, doch den Friesen – die in vieler Hinsicht nahezu wie Zwillingsbrüder der Sachsen wirken – gelang es, dank ihres Unabhängigkeitswillens und dem entschlossenen Beharren auf ihrem altgermanischen Recht, ein Sonderdasein zu führen. Obgleich Friesland auch in den späteren Jahrhunderten stets innerhalb des Reichsverbandes verblieb, waren sich die einsichtigen Herrscher der Deutschen immer darüber im klaren, daß sie mit den Friesen um so weniger Schwierigkeiten hatten, je weniger Schwierigkeiten sie ihnen machten.

HERREN UND BAUERN. Ob sich die deutschen Herzogtümer über ausgedehnte oder kleine Gebiete erstreckten: sie alle waren reich untergliedert in eine Vielzahl von Gauen. Diese Struktur unterstützte die Beharrungskräfte der Bewohner der deutschen Stammesgebiete, so wie sie auch aus der anderen Richtung der angemessene Ausdruck der festen Verwurzelung der Deutschen in ihrer Heimat, auf dem Boden, den sie bearbeiteten, war. Im Ringen der Herzogtümer mit den Königen des Reiches, in dem sich noch jahrhundertelang der Stolz des germanischen Stammesfürstentums am Leben erhielt, fand sich von der Substanz her nichts anderes wieder als dieselbe Hartnäckigkeit, mit der die Bewohner der Gaue innerhalb ihrer Sippen, Markgenossenschaften und Dorfgemeinschaften an ihrem Grund und Boden festhielten – oft genug bis zum zähneknirschenden Widerstand gegen die Gaufürsten.

Bei den Germanen lag das bestimmende Gewicht noch nicht beim Adel. Der wichtigste Stand, von dem alles abhing, waren die Gemeinfreien. Zu ihnen gehörten fast ausnahmslos die Bauern, die sich in ihrem Besitz, in ihren Rechten, in ihrer Freiheit kaum voneinander unterschieden. Aus ihnen wurden die Gerichte gebildet, sie stellten das Heer, dessen Anführer sie selbst wählten. Doch das Bild, als hätte es sich über Jahrhunderte hinweg um die gleichbleibende Lebensweise einer praktizierten direkten Demokratie gehandelt, unterschlägt die Wandlung, die unstreitig schon bald nach der Zeitenwende eingesetzt haben muß. Die großen Volksführer der Germanen wie der Cheruskerfürst Arminius oder Marbod, der Stammeskönig der Markomannen, waren den germanischen Kleinbauern sicherlich nicht gleichgestellt und auch nicht durch bloßen Zufall in den Rang der Heerkönige erhoben worden. Die Differenzierung dürfte teils aufgrund der Ausweitung des Landbesitzes, teils aufgrund des machtvollen Schutzes stattgefunden haben, zu dem nur der Herr als Großgrundbesitzer in der Lage war: dadurch, daß er Schutzburgen errichtete, in denen sich die Bewohner seiner Ländereien und deren Nachbarn bergen konnten. In dieser Form dürfte sich auch bei den Germanen der Adel entwickelt haben bis hinauf zum Stand der Fürsten.

Die alten Lebensverhältnisse und Rechte konnten sich trotzdem noch lange Zeit halten, denn sie waren nichts Äußerliches, sondern auch Prägungen der Mentalität. Die Härte, mit der in der späteren Geschichte zahlreiche deutsche Fürsten gegen ihre Untertanen vorgingen, wurde oft genug nur durch die unbeugsame Hartnäckigkeit dieser

Untertanen provoziert, sieht man von der inneren Korrumpierung ab, die eine geradezu naturnotwendige Folge großer Macht darstellt. Was bis in unsere Tage immer wieder als deutsche Zerrissenheit und innere Zersplitterung gerügt wird, entspringt nichts anderem als der eigenwilligen Kraft, mit der die Sachsen und Bayern, die Franken und Schwaben, die Thüringer und Friesen an dem festhielten, was sie als Recht und Besitz, Brauchtum und Sitte, als ihr Ureigenstes betrachteten und verteidigten.

Auch die Fürsten der Deutschen hoben sich in den alten Zeiten nur in Ausnahmesituationen von ihren Stammesbrüdern ab, das heißt, sie wurden nach ihrer Wahl durch die Völkerschaft nur für die Dauer eines Krieges zum Anführer des Heeres. Die Unterschiede, die zweifellos damals auch schon in Friedenszeiten bestanden und die sich allmählich durch Zuwachs von Rechten ausgeweitet und verfestigt hatten, betrafen vor allem den Umfang der Gebiete, über die sie verfügten und deren Herren sie waren. Die Stabilisierung ihrer erhöhten Stellung beruhte später weitgehend auf jener Macht, die sich als zwangsläufige Folge des wirtschaftlichen Reichtums ihrer Ländereien einstellte. Das gewaltige Ansehen, das Herzog Otto von Sachsen im Verlauf seines Lebens zuwuchs, so wie sich Jahresringe vermehren, hätte sich lediglich aufgrund seines persönlichen Ranges niemals eingestellt. Der starke Fürst war seit den ältesten Zeiten fast ausnahmslos auch Herr über großen Grund und Boden. Großer Grundbesitz verlieh große Macht. Später waren deshalb auch die deutschen Könige auf nichts so sehr bedacht, als durch Erweiterung ihrer Besitzungen der Herrschaft im elementarsten Sinn eine Grundlage zu geben: nämlich eine territoriale Grundlage.

Die Adelsherrschaft war bereits gegen Ende der vorkarolingischen Zeit auch bei den Germanen ein charakteristischer Zug; sie war allerdings nicht bei allen Stämmen gleichmäßig stark ausgeprägt. Dem weniger mächtigen Edelmann sind die an seine Burg angrenzenden Dörfer mit den Bauern nicht anders unterstellt als dem großen Fürsten weite Territorien des Landes. Doch ist das Verhältnis des Herrn zum Bauern einvernehmlich geregelt nach Recht, Anspruch und Dienstleistung und hat kaum etwas mit der Fürstenwillkür des späten Mittelalters zu tun, die dem Begriff der Feudalgewalt seinen absprechenden Beiklang verlieh. Bei den Sachsen muß vor allem das freie, selbstbewußte Nebeneinander des Edelings und des freien Bauern hervorgehoben werden, das eine ungewöhnliche innere Festigkeit des Herzogtums zur Folge hatte. Auch der freie Bauer mußte zwar eine große Zahl von Pflichten übernehmen, wie den Unterhalt der Straßen oder die Heerfahrt im Landesaufgebot. Gerade diese Pflicht aber führte auch zu einer beständigen Waffenbereitschaft, und das verlieh den Sachsenheeren jene Schlagkraft, die sich bald genug so nachhaltig auf die Stabilität des Deutschen Reiches auswirken sollte.

In Sachsen fiel seit der Mitte des neunten Jahrhunderts dem Geschlecht der Liudolfinger die führende Position zu; das wurde von niemandem bestritten. Daraus ergab sich auch die völlig problemlose Erbfolge. Das Volk hatte dabei keinerlei Mitspracherechte. Wenn der Fürst über Popularität verfügte: um so besser. Doch die Volkstümlichkeit hatte nichts mit der Erbfolge zu tun. Daß allerdings beides nicht ohne weiteres klar zu trennen war, zeigte sich in Krisen. Widukind von Corvey macht eigens darauf aufmerksam, daß die Sachsen im Jahr 912 ihrem neuen Herzog Heinrich ihre volle Unterstützung bei dem Kampf mit König Konrad um die Anerkennung seiner Stellung zusagten.

Heinrich kam nach dem Tod seines Vaters als alleiniger

Erbe der herzoglichen Hinterlassenschaft in den Besitz stattlicher Ländereien. Ihm selbst war noch zu Lebzeiten Ottos von Sachsen durch seine Heirat mit Hatheburg als Mitgift die Stadt Merseburg samt den umliegenden Gütern im Saalebogen zugefallen. Bischof Thietmar schreibt in seiner *Chronik,* daß Heinrich »der Stadt Zubehör, das damals rechtlich vielen gehörte, in eine Hand brachte und ihr tüchtig und umsichtig noch weit größere Besitzungen als diese unterstellte.« Heinrich erweiterte also sein Gut zusätzlich durch planmäßige Erwerbungen. Nach der Trennung blieb der gesamte Besitz, den Heinrich durch die Ehe mit Hatheburg gewonnen hatte, in seiner Hand. Die zweite Ehe, die Heinrich von Sachsen im Jahr 909 schloß, festigte die herzogliche Macht auch im Westen durch den neu anfallenden, überaus reichen Besitz in Engern und Westfalen. Als er zum König erhoben wurde, fanden sich seine Burgen, Herrensitze und Höfe an den großen Hängen des Harzes, entlang der Goldenen Aue; seine Gebiete reichten bis zur Leine und erstreckten sich ins thüringische Land, seine Güter dehnten sich bis zur Elbe, Teile finden sich selbst in lothringischem Gebiet. Mit seinem Namen verbunden sind die Orte Bodfeld, Duderstadt, Gandersheim, Grona, Königsdahlum, Nordhausen, Pöhlde, Quedlinburg, Wallhausen. Dieser gewaltige Eigenbesitz wird schließlich mittelbar ergänzt durch alles königliche Gut im Bereich der anderen deutschen Stämme, das aus Karolingerzeit erhalten ist.

11. Mathilde

»Schön war sie von Angesicht, von kindlicher Lieblich-
keit, hilfreich, freigebig, demutsvoll, rein: durch Gunst
der himmlischen Gnade höchsten Lobes wert.«
Vita Mathildis reginae antiquior, -2

Warum sich Heinrich von seiner ersten Frau Hatheburg
trennte, wissen wir nicht. Ebensowenig sind die näheren
Umstände bekannt, die zu seiner zweiten Ehe führten. Die
alten Quellen sind zwar recht ausführlich, aber das Faktische versteckt sich unter wahren Blumengebinden von Lob-
sprüchen. Die Eltern Heinrichs sollen den Sohn auf eine
blutjunge Klosterschülerin in Herford aufmerksam gemacht
haben, das behauptet jedenfalls Bischof Thietmar von Merseburg in seiner *Chronik*. Die Notiz des Bischofs gehört zu
jener Sorte von Sätzen in den Geschichtsquellen der damaligen Zeit, deren Kürze in umgekehrtem Verhältnis zu der
langen Reihe von Fragen steht, die sie aufwerfen. Thietmar,
dem bei der Schilderung der beiden Eheschließungen weder
übermäßige Sachlichkeit noch ähnlicher Sachverstand die
Feder führt, schreibt voller Sentiment: »Insgeheim erglühte

Heinrich für die junge Mathilde ob ihrer Schönheit und ihres Vermögens, und bald brach dann auch dieses Feuer der verborgenen Liebe hervor.«

Das Mädchen in der Klosterschule von Herford ist etwa fünfzehn Jahre alt. Ihr außerordentlich reicher Vater Thiederich von Ringelheim, Graf in Westfalen, stammt aus dem Geschlecht Herzog Widukinds, er ist ein Urenkel des legendären Sachsenführers. Von ihm und seinem Leben ist kaum etwas bekannt. Wir wissen nur, daß Thiederichs Bruder Reginbern das Land Sachsen von den Einfällen der Normannen befreit haben soll. Thiederichs Frau Reinhilde kommt aus einem dänisch-friesischen Adelsgeschlecht. Mathildes genaues Geburtsdatum ist nicht überliefert, auch nicht ihr Geburtsort; aller Wahrscheinlichkeit nach kam sie in der Widukind-Stadt Enger zur Welt. Ihre Brüder heißen Widukind, Immed und Reginbern. Die erste Erziehung liegt in der Hand der Eltern, sie erkennen aber bald, daß sie damit überfordert sind, und vertrauen Mathilde der Mutter des Grafen Thiederich an, die als Äbtissin die Klosterschule Herford leitet. Ob sie Nonne werden soll, steht nicht fest. In der Klosterschule erhält sie die erhoffte, angemessene Erziehung, wird insbesondere, dem Brauch der Zeit gemäß, in der Heiligen Schrift unterwiesen – unter den Augen und behütet von der Großmutter, die nach dem Tod ihres Gemahls die Leitung des Klosters übernommen hat.

IM VORFELD DER ZWEITEN EHE. Heinrich soll, wie Thietmar berichtet, den Rat seiner Eltern befolgt haben und nach Herford gereist sein. Seine Werbung um Mathilde muß in das Jahr 908 fallen, mit ziemlicher Sicherheit in die zweite Hälfte des Jahres, denn die Heirat findet 909 statt. Da wir das genaue Datum nicht kennen, an dem die Trennung

Heinrichs und Hatheburgs beschlossen wurde, muß es auch offenbleiben, ob die Verbindung zwischen ihnen noch bestand, als Heinrich sich um Mathilde bemühte. Genau das aber behauptet Thietmar von Merseburg, ja, er gibt auch einen Grund dafür an: »Die Liebesleidenschaft zu seiner Gemahlin nahm ab.« So drastisch hier das persönliche Motiv beim Namen genannt wird, so fragwürdig und letzten Endes ganz unglaubwürdig ist es. Thietmar verstärkt seine Unterstellung noch durch die Andeutung, daß Mathilde dank ihrer erleseneren Abkunft und ihrer jugendlicheren Schönheit Hatheburg übertrumpft hätte. Danach wäre Heinrich ein Spielball seiner unbeständigen erotischen Neigungen gewesen, und diesem Umstand sollte dann auch seine erste Ehe zum Opfer gefallen sein.

Thietmars Darstellung ist in doppelter Hinsicht merkwürdig. Aufgrund der größeren zeitlichen Distanz und der weit besseren Möglichkeiten der Information wäre er in der Lage gewesen, eine zuverlässigere Darstellung zu geben als Widukind von Corvey. Auch wenn die Eheschließung Heinrichs schon fast ein ganzes Jahrhundert zurücklag, darf man Thietmar noch als Zeitgenossen betrachten. Die Verhältnisse besaßen damals eine Konstanz, von der wir uns heute kaum noch eine zutreffende Vorstellung machen können. Gerade deshalb aber fällt es besonders auf, daß Thietmars Schilderung weitgehend die Konventionen und Sitten ignoriert, die im zehnten Jahrhundert verbindlich waren und an denen nicht gerüttelt wurde.

Heinrich war damals noch verheiratet, das darf mit Sicherheit angenommen werden. Die Annullierung einer Ehe, die Scheidung, die offizielle Auflösung einer gültig vollzogenen Verbindung fand nicht entsprechend den lässigen Usancen statt, an die wir in unserem zu Ende gehenden Jahrhundert gewöhnt sind: Zusammenschluß und Trennung als Folge von Stimmungslagen und ihren Schwankungen. Davon ist im zehnten Jahrhundert keine Rede. Zwar kann an der ungleichen rechtlichen Stellung der Ehepartner nichts gedeutet werden; bei allen germanischen Stämmen hatte der Mann die Möglichkeit, sich einseitig von der Frau zu trennen, und dieses Recht wirkte noch lange nach. Doch gehörte beim Adel und den Angehörigen von Fürstenhäusern die Scheidung ohne gerechte Gründe, wie sie die alten Volksrechte kannten, bereits zu den Ausnahmen. Zur Zeit Heinrichs wurde sie noch erschwert durch den entschlossenen Kampf der Kirche, die Ehegerichtsbarkeit überantwortet zu erhalten und damit die Ehescheidung ausschließlich nach kanonischem Recht und aufgrund des Spruchs geistlicher Gerichte durchzuführen. In der Praxis hieß das: die Scheidung unmöglich machen, denn das Ziel der Kirche war die Unauflöslichkeit der Ehe. Eine Vorstufe dazu bildete ihre Forderung, die geschlossene Ehe durch den Priester religiös weihen zu lassen, also die Benediktion als obligatorisch einzuführen. In der karolingischen Zeit wurde die Benediktion auch im weltlichen Recht fixiert. Seit dem zehnten Jahrhundert begann sich die Kirche in der Frage der Ehegerichtsbarkeit zügig durchzusetzen.

Thietmar will uns auch glauben lassen, daß Heinrich plötzlich wegen der Unrechtmäßigkeit seiner Ehe mit Hatheburg von Gewissensbissen gepeinigt worden sei und bekannt hätte, er habe sich schwer versündigt. Dadurch sei die Bahn frei geworden für eine neue Verbindung. Daß sich der Herzogssohn, wie Thietmar betont, auch deshalb für Mathilde entschieden haben soll, weil die Eigenschaften Hatheburgs neben den Vorzügen Mathildes verblaßt wären, kann gleichfalls nicht ernst genommen werden. Wir müssen voraussetzen, daß die Trennung von Hatheburg entweder beschlossene Sache oder schon vollzogen war. Erst dann bemühten sich die Eltern um eine neue Verbindung. Als Heinrich dann selbst nach Herford kam, fand er die Berichte, die seine Eltern erhalten hatten, bestätigt. Er willigte ein und warb um Mathilde. Keine Rede aber kann davon sein, daß er vom Anblick Mathildes so sehr überwältigt wurde, daß seine Neigung zu Hatheburg prompt erlosch und er sich auf der Stelle zu der neuen Ehe entschlossen haben soll.

Unbezweifelbar ist auch in diesem Fall, so wie schon bei der ersten Ehe Heinrichs, nur das Faktische. Allerdings geben die übrigen Quellen genügend zuverlässige Auskünfte, um Thietmars Erläuterungen der Motive Heinrichs zurechtzurücken. Mathilde entstammte einem hochadligen Sachsengeschlecht. Sie und Heinrich schlossen im Jahr 909 die Ehe, ihr erstes Kind kam am 23. November 912 zur Welt, eine Woche vor dem Ableben Herzog Ottos von Sachsen. Der Sohn wird auf den Namen seines Großvaters getauft – nachmalig Otto I. der Große, der Nachfolger König Heinrichs und erster Kaiser des Deutschen Reiches.

Die Gründe, warum die Chronisten der Zeit so beflissen Hatheburg zurücksetzen und Mathilde herausstreichen, sind leicht zu erkennen. Widukind von Corvey brachte der Königin Mathilde eine enthusiastische Verehrung entgegen, seine drei Bücher *Sachsengeschichte* widmete er ihrer gleichnamigen Enkelin, die zu seiner Zeit als Äbtissin dem Kanonissenstift St. Servatius in Quedlinburg vorstand, das Mathilde nach dem Tod König Heinrichs auf der Burg gegründet und damit einen Plan ihres Mannes realisiert hatte; sie war noch zu Lebzeiten ihrer Großmutter in den Ostertagen des Jahres 966 feierlich eingesetzt worden, ihr Vater Otto und ebenso Königin Mathilde waren dazu nach Quedlinburg gekommen, umgeben von einer ungewöhnlich großen Zahl von geistlichen und weltlichen Würdenträgern des Deutschen Reiches. Als Widukind seine *Sachsengeschichte* verfaßte, galten König Heinrich und Kaiser Otto I. in den Augen der Zeitgenossen einhellig als die machtvollsten Herrscher des Jahrhunderts. In beiden Persönlichkeiten hatte sich die Gnade Gottes versammelt wie in keinem anderen Monarchen der damals bekannten Welt; diese Überzeugung war nicht etwa nur die offizielle Lesart. Widukind drückt diese Überzeugung in seinen Widmungen für die Äbtissin von Quedlinburg in bewegten Worten aus, die auch dann noch genügend Empfindungsstoff behalten, wenn man das Schwärmerische abzieht:

»Der durch jungfräuliche Blüte wie durch kaiserliche Hoheit und einzigartige Weisheit strahlenden Herrin Mathilde entbietet der Geringste unter den Dienern der Blutzeugen Christi Stephanus und Vitus, Widukind von Corvey, in ganzer Untertänigkeit ergebenste Dienstbarkeit und wahren Gruß im Erlöser. Obgleich dich der erhabene Ruhm der väterlichen Macht erhöht und herrlichste Weisheit ziert, erwartet dennoch meine geringe Person von der den Zeptern allezeit eigenen Milde, daß meine Ergebenheit bei deiner Huld Aufnahme findet, auch wenn sie es nicht verdient. Denn wenn du die Taten deines großmächtigen Vaters und deines ruhmreichen Großvaters, durch meine Arbeit für die Nachwelt aufgezeichnet, lesen wirst, so kannst du, so tugendhaft und ruhmreich du bist, dadurch noch tugendhafter und ruhmreicher werden. Jedoch kann ich, wie ich gestehe, nicht alle ihre Taten darstellen, sondern ich schreibe nur mit Auswahl und stückweise, damit meine Schilderung den Lesern verständlich sei, ohne sie zu ermüden. Aber auch über den Ursprung und Zustand des Volkes, über welches der großmächtige Herr Heinrich der erste König war, habe ich Sorge getragen, etwas zu berichten, damit du, wenn du es liest, dein Gemüt ergötzest, die Sorgen bannst und dich edler Muße erfreuest. Möge daher deine erlauchte Person dieses Büchlein lesen und meiner mit soviel Huld gedenken, wie es mit Ergebenheit verfaßt ist.

Möge das gewaltige Werk, das ich beginne oder vielmehr überarbeite – denn zum großen Teil ist es schon vollendet –, eine Stütze in deiner Gnade finden, die du mit Recht als Gebieterin von ganz Europa anerkannt wirst, obschon auch bereits nach Afrika und Asien deines Vaters Macht sich erstreckt. Ich hoffe nämlich, daß sich auch dasjenige, was sich in dem Werk als weniger Geeignetes findet, durch die rühmliche Nachsicht deiner Huld hingenommen werde und daß es mit derselben Ergebenheit, mit der es begonnen ist, gewidmet bleibe.

Wie das Antlitz des Himmels und der Erde, der Menschen Stimmen, Gesichter und Sitten auf tausendfache Weise in harmonischer Verschiedenheit wechseln, aber sich Dank der Vorsehung Gottes, der alles lenkt, nach der Leitung eines Lichtes und Gedankens richten, so ist für alle, welche den öffentlichen wie privaten Angelegenheiten zugewandt sind, die Kaiserwürde, die dich der Welt als hellsten Glanz und strahlendste Perle geschenkt hat, das einzige Steuer der Gerechtigkeit und Vorbild richtigen Handelns. Daher meine demütige Bitte, es möge dieses Werk unserer Mühe, welches von den einzelnen nach ihrer Sinnesart verschieden beurteilt wird, weil es des Glanzes der Gedanken und der Sprache ermangelt, im Schoße deiner ruhmreichen Huld Aufnahme finden und darin von dir nicht unser Unverstand, sondern die größte Ergebenheit beachtet werden.«

ANNALISTEN, CHRONISTEN, GESCHICHTSSCHREIBER. Widukind trat um das Jahr 940 in das Benediktinerkloster Corvey ein, das damals von Abt Folkmar geleitet wurde; das übliche Alter eines Novizen belief sich in dieser Zeit auf fünfzehn Jahre. Widukind schrieb seine Widmungen für die Kaisertochter Mathilde in den Jahren 967/968. Das Mädchen, bereits in der Position der ersten Äbtissin von Quedlinburg und dadurch im Rang einer Reichsfürstin, war damals zwölf Jahre alt. Der Unterschied zwischen dem gebildeten Benediktinermönch, der im fünften Lebensjahrzehnt steht, und der soeben dem Kindesalter entwachsenen Königstochter ist eklatant. Der Panegyrikus, mit dem Widukind sein Werk *Rerum Saxonicarum libri tres,* seine drei Bücher *Sachsengeschichte,* eröffnet, ist trotz seines hohen Tons nichts Ungewöhnliches. Als literarische Tradition hat er seine Vorbilder im griechischen und römischen Altertum, er findet auch Parallelen in den Preisliedern der germanischen Frühzeit und ist als Form bis in unsere Zeit üblich gewesen.

Vom Lobgesang der Widmungen Widukinds darf nicht auf die Art seiner Geschichtsschreibung geschlossen werden. Die Devotion, das Hervorheben der Güte der Herrscher, die literarische Bescheidenheit sind zwar nicht unbedingt nur als rhetorischer Tribut oder als Floskeln zu deuten, doch wichtiger ist die Funktion der Widmungen als einer Brücke von der Geschichte der Sachsen zu der Historie der ersten Könige des Deutschen Reiches. Hier vor allem liegt auch der hohe Wert von Widukinds gesamtem Geschichtswerk, diesem opus fundamentale unserer Kenntnis vom Leben und Wirken, von der Macht und der Menschlichkeit Heinrichs des Ersten und überdies unserer ganzen Kenntnis vom zehnten Jahrhundert. Widukinds *Sachsengeschichte* hebt sich von der Historiographie seiner Zeitgenossen ab durch seinen extrem weltlichen Charakter, durch die Geschlossenheit seiner Sicht und das unentwegte Bemühen, Gründe und Motive für die Entwicklungen und einzelnen Entscheidungen deutlich zu machen.

Von der Persönlichkeit Widukinds wissen wir nicht viel. Daß er den Königshof aus eigener Erfahrung etwas näher kannte, ist nicht auszuschließen, ebensowenig seine weitläufige Verwandtschaft mit der Königin Mathilde; da ihr Vater ein Urenkel des Sachsenherzogs Widukind war, würde auch der Benediktiner aus Corvey zu seinen Nachfahren gehören. Seine Kenntnis der großen Lateiner ist vorzüglich, doch er ist nicht darauf angewiesen, Anleihen bei ihnen zu machen oder ihnen nachzueifern. Besonders wichtig ist seine Distanz zum karolingischen Imperium als einer Fortführung des Imperiums Romanum und die Energie, mit der er die neuen, die Zukunft bestimmenden Kräfte der Geschichte in den Sachsen, in ihrem Herrschergeschlecht und in dem von Heinrich gegründeten Reich versammelt sieht.

In der Anlage seines Werkes hält Widukind sich an den Zeitablauf. Er unterbricht ihn nur dort, wo der Zusammenhang erklärt werden muß. Das Gerüst der chronologischen Ordnung ist also dasselbe wie bei den Annalen, den Jahrbüchern. Die knappen, radikal sachlichen und inhaltsarmen Aufzeichnungen in den Annalen bilden den Grundstock unserer Kenntnis von den historischen Ereignissen des Frühmittelalters. Die Namen der Annalisten – fast ausnahmlos Mönche – sind meistens unbekannt, die Niederschriften erhielten als Titel die Namen der jeweiligen Klöster. Notiert wurden in den Annalen alle wichtigen oder als wichtig geltenden Ereignisse: Feldzüge, die Todesdaten der Herrscher, Fürsten oder Bischöfe, Reichstage, Friedensschlüsse, Verträge, Naturereignisse wie Kometen oder Erdbeben, Schlachten, Hungersnöte, Krönungen und so weiter. Die wichtigsten Annalen der Karolingerzeit sind die *Fränkischen Reichsannalen*, die *Annales Laurissenses maiores*, benannt nach dem Fundort der ältesten Handschrift in der Benediktinerabtei St. Nazarius zu Lorsch in der Rheinebene östlich von Worms. Sie werden häufig auch als *Lorscher Annalen* zitiert. Leopold von Ranke gab ihnen den bis heute gebräuchlichsten Titel *Annales regni Francorum – Fränkische Reichsannalen*. Unersetzlich für das achte und neunte Jahrhundert sind ferner die *Annales Fuldenses*, deren erster Teil aller Wahrscheinlichkeit nach von Einhard, dem Biographen Karls des Großen, stammt und in denen die Reichsannalistik bis zum Jahr 901 fortgesetzt wird.

Die wichtigsten dieser Quellen sind heute gedruckt. Auf Betreiben des Reichsfreiherrn vom und zum Stein wurde am 20. Januar 1819 die »Gesellschaft für Deutschlands ältere Geschichtskunde« gegründet. Ihr Ziel war die Sammlung und Veröffentlichung der bedeutendsten Quellen der deutschen Geschichte für das Jahrtausend zwischen 500 und 1500. Die Reihe erhielt den Titel *Monumenta Germaniae Historica* (MGH); die Zentraldirektion befand sich bis 1945 in Berlin, 1948 wurde ihr Sitz nach München verlegt. Ein Ende der viele hundert Editionen umfassenden Sammlung der mittelalterlichen Urkunden, Annalen, Chroniken und Geschichtswerke ist nicht abzusehen.

Die Chroniken bilden einen Übergang zwischen den Annalen und den Geschichtswerken im engeren Sinn; die Grenzen verfließen allerdings nach beiden Seiten hin. Im Unterschied zu den Annalen sind die Verfasser zumindest dem Namen nach bekannt, die selbständige Sicht des Autors tritt in den Vordergrund, charakteristisch ist auch die episch-erzählende Form. Das wichtigste Werk dieser Art ist die *Chronica* des Abtes Regino von Prüm, eine Weltgeschichte von Christi Geburt bis zum Jahr 906. Fortgesetzt bis 967, dem Jahr der Kaiserkrönung Ottos II., wurde sie von Adalbert, dem ersten Erzbischof von Magdeburg. Adalbert war im Jahr 950 als Notar in der Kanzlei des Kölner Erzbischofs Wichfried tätig, kam danach in die deutsche Kanzlei unter Erzbischof Brun, einem Sohn von König Heinrich, wurde später von Otto I. dem Großen als Missionar nach Rußland geschickt und arbeitete nach seiner Rückkehr in der Reichskanzlei. Seine Weiterführung der Chronik von Abt Regino *(Adalberti continuatio Reginonis)* ist von einer ungewöhnlichen Zuverlässigkeit und wetteifert mit den anderen Darstellungen um den Ruhm der vorzüglichsten Reichsgeschichte jenes Zeitraums. Dem Titel nach ebenfalls eine Chronik, dem Inhalt nach aber vollständig das Geschichtswerk eines engagierten Historikers ist die *Chronik* Thietmars von Merseburg, einem Autor, dessen vehemente Parteilichkeit gleichermaßen erfrischt wie irritiert, so daß mehr als einmal die Suche nach den haltbaren Tatsachen zu einem Lauf durchs Labyrinth entartet.

Von größtem Wert ist die Lebensbeschreibung von Heinrichs zweiter Gemahlin Mathilde, die Kaiser Otto II. ungefähr im Jahr 974, möglicherweise auch erst einige Jahre später, von einem sächsischen Mönch in Nordhausen abfassen ließ. Eine zweite ausführlichere Version wurde im Jahrzehnt zwischen 1002 und 1012 von König Heinrich II., dem 1014 zum Kaiser gekrönten Enkel Heinrichs des Ersten, veranlaßt; wahrscheinlich begann die Arbeit an dem Text schon im Jahr 1003. Beide Fassungen sind durch ihre Überschriften voneinander abgesetzt: *Vita Mahthildis Reginae antiquior (Vita Mahth. I)* und *Vita Mahthildis reginae (Vita Mahth. II)*. Beide Werke sind trotz ihrer legendenhaften Grundfärbung bis heute die Hauptquelle für die Skizzierung von Mathildes Leben. Ihre verhältnismäßig große

Zuverlässigkeit beruht nicht zuletzt darauf, daß der Verfasser die *Sachsengeschichte* Widukinds von Corvey kannte. Außerdem wurde er umfassend von einer der engsten Vertrauten und besten Freundinnen Mathildes informiert, ihrer ständigen Begleiterin Richburg, der späteren Äbtissin des Klosters zu Nordhausen. Auch die Enkelin Mathildes, die Äbtissin des Klosters Quedlinburg – der Widukind seine *Sachsengeschichte* gewidmet hatte –, unterstützte den unbekannten Verfasser der Lebensbeschreibung Mathildes mit Auskünften bei seiner Arbeit.

Eine bedeutende Lebensbeschreibung von Brun, dem jüngsten Sohn Heinrichs des Ersten und späteren Erzbischof von Köln in den Jahren 953 bis 965, seinem Todesjahr, stammt von dem Mönch und Magister scholarum Ruotger im Kloster St. Pantaleon zu Köln. Ruotger war zusammen mit Widukind von Corvey Klosterschüler gewesen; seine *Vita Brunonis* schrieb er 968/69 nieder.

Für die Sachsengeschichte wichtig wurden die Aufzeichnungen des Mönchs Rudolf von Fulda, der zu seiner Zeit als ausgezeichneter Historiker galt, die Übertragung der Gebeine des heiligen Alexander von Rom ins Kloster Wildeshausen beschrieb und im Jahr 865 verstarb. Auch die Annalen des westfränkischen Historikers Flodoard (*Flodoardi Annales*) gehören zu den bedeutenden Quellen für die Zeit zwischen 919 und 966. Flodoard lebte von 894 bis 966, zuletzt als Kanonikus der Kathedrale in Reims. Ergänzt und vervollständigt wurden seine Jahrbücher durch den Mönch Richer von Saint-Rémy, der dazu vom Erzbischof von Reims beauftragt wurde. Richer begann mit einer knappen Skizze der Zeit seit Karl dem Großen und führte das Werk von 966 ab besonders ausführlich bis 995 weiter.

Einen besonderen Rang nehmen schließlich die Werke Liudprands von Cremona ein. Er entstammte dem langobardischen Adel, war zunächst als Diplomat tätig und wurde 961 zum Bischof von Cremona ernannt. In den Jahren 958 bis 962 schrieb er sein Geschichtswerk *Antapodosis (Wiedervergeltung)*. Das Buch ist eine Schmähschrift gegen König Berengar II. von Italien und seine Gemahlin Willa. Liudprand wollte sich mit seinem Werk an den beiden rächen, er war bei den Herrschern in Ungnade gefallen. Von der Königin behauptet er, sie sei »wegen ihrer Tyrannei eine zweite Isebel.« Trotz seiner diffamierenden Absicht gehört dieses Werk zu den wichtigsten Geschichtsquellen des zehnten Jahrhunderts. Zu erwähnen sind schließlich auch die Urkunden König Heinrichs und Kaiser Ottos. Aus der Zeit Heinrichs haben sich allerdings nur einundvierzig Stück erhalten, zumeist handelt es sich um Schenkungsurkunden, Bestätigungen oder Wahlprivilegien.

Für den Außenstehenden scheint es sich um hinreichend viele Namen von Chronisten und Zeitzeugen zu handeln, um genügend Texte und Notizen aus den Klöstern. Das täuscht. Das Hauptproblem der Geschichtsschreibung des frühen Mittelalters ist der außerordentliche Informationsverlust durch die gewaltige Zahl der Quellen, Urkunden und Texten, die uns nicht erhalten sind. Dazu kommt der Umstand, daß in frühen Jahrhunderten die meisten entscheidenden Entwicklungen an Persönlichkeiten und Eigennamen gebunden sind. Und gerade von ihrem Denken, ihren Empfindungen und Handlungen wissen wir im einzelnen viel zu wenig, als daß sich daraus ein Bild mit der unerläßlichen Tiefenschärfe entwerfen ließe. Einschneidende historische Veränderungen, die unmittelbar mit diesen Akteuren verbunden sind, prägen dann unweigerlich auch ihr Persönlichkeitsbild, ohne daß wir aufgrund der spärlichen und lückenhaften

Quellen in der Lage wären, diese Prägung von der menschlich-individuellen Seite her zu bestätigen.

Ferner ist bei den frühmittelalterlichen Texten eine Besonderheit ständig zu beachten: Die Werke stammen fast ausnahmslos von Klerikern, von Mönchen und christlichen Publizisten. Jedes Geschehen, jede namhafte Persönlichkeit, jeder Fürst, Feldherr oder König wird vom Terrain des institutionalisierten Christenglaubens aus dargestellt, gewertet und beurteilt oder verurteilt. Demgegenüber fallen die vielen kleinen Irrtümer oder Schwankungen der Daten kaum ins Gewicht, sie sind insbesondere kein Qualifikationsmerkmal eines Quellentextes, denn sie finden sich praktisch in allen Dokumenten. Daß aber die Handlungen der Personen und die Entwicklung der Dinge in dem so überaus weltlich bestimmten Feld der Politik vom Kerzenlicht der Kathedralen überstrahlt werden und der christliche Chronist sich häufiger die Stellung des Weltenrichters am Ende der Zeiten anmaßt als dem bescheidenen Geschäft der Berichterstattung die Ehre gibt, bedeutet für den kritischen Nachfahren nichts weiter, als daß er die geschriebenen Texte zwar nicht beim Wort nehmen darf, ihnen aber trotzdem vertrauen muß. Wenn die Autoren immer wieder nur deshalb Ereignisse als reale Geschehnisse hinstellen, weil sie ihrer Meinung nach in dieser Form möglich gewesen wären und deshalb so hätten stattfinden können, dann handelt es sich um mehr als um reine Phantasieprodukte.

Noch heute aber steht die ganze Frage und Problematik der frühmittelalterlichen Quellen im Zeichen einer Zeugenschaft, zu der sich Leopold von Ranke am 30. November 1836 geäußert hat. Zwei Jahre zuvor hatte die Philosophische Fakultät der Berliner Universität auf Anregung Rankes eine historische Preisfrage über das Leben und die Taten König Heinrichs des Ersten ausgeschrieben. Den Preis erhielt der dreiundzwanzigjährige Georg Waitz für seine Schrift *Jahrbücher des Deutschen Reichs unter König Heinrich I.* Waitz, der soeben erst seinen Doktorgrad erworben hatte, wurde der bedeutendste Historiker aus der Schule Rankes. Für den Druck des Buches schrieb Ranke in der Vorrede, daß »ohne Zweifel der Zeitraum unserer alten Könige und Kaiser aus dem sächsischen Hause« nach dem Stand der heutigen Forschung durchgearbeitet werden müsse, denn es handle sich um »eine Epoche, welche für die Bildung und Weltstellung des Deutschen Reiches eine unermeßliche Bedeutung hat. Wer kann in Norddeutschland wohnen, wer kann nur den Harz bereisen, ohne bei jedem Schritte an dies mächtige Geschlecht erinnert zu werden? Aber großenteils ist demselben auch die Vereinigung aller deutschen Stämme zu einem Reiche und dessen Verbindung mit Italien zuzuschreiben. Für uns Norddeutsche fällt an dieser Stelle das lokale einheimische Interesse mit einem allgemein deutschen, ja welthistorischen zusammen. Dennoch ist diese Epoche weder früher von den Reichshistorikern noch auch in neuerer Zeit einer abgesonderten, sie zusammenfassenden Bearbeitung gewürdigt worden.«

DIE HEILIGE. In der Lebensbeschreibung Mathildes wird als Abgesandter und Werber Herzog Ottos von Sachsen der ehemalige Lehrer des jungen Heinrich genannt, Graf Thietmar. Er kommt von Herford mit der Nachricht zurück, »daß sie wohl würdig der Ehe seines Herrn und der Völker dereinstige Hoffnung sein werde.« Daraufhin unternimmt Heinrich persönlich mit derselben Abordnung die Reise nach Herford, er und einige seiner Gefährten verkleiden sich, um nicht aufzufallen, gehen ins Kloster und betrachten in der Kapelle »das sittsam und stattlich geartete Mädchen«.

Ob Heinrich seinen Entschluß, die zweite Ehe einzugehen, von dem persönlichen Eindruck abhängig gemacht hat, den er in Herford gewinnt, ist unwahrscheinlich. Herzog Otto hatte sich zweifellos schon vorher mit den Eltern Mathildes in Verbindung gesetzt und ihre Zustimmung eingeholt. Eine Weigerung Heinrichs nach seinem Besuch in Herford hätte einen Eklat bedeutet.

Heinrich und das Gefolge legten außerhalb der Stadt wieder ihre fürstliche Tracht an, »kehrten dann von einer großen Menge begleitet zurück, suchten die Äbtissin auf und drangen in sie, daß die Jungfrau, wegen der sie gekommen waren, ihnen vorgestellt wurde. Da trat sie hervor, die schneeigen Wangen von flammender Röte übergossen, als wären glänzende Lilien mit roten Rosen vereint: solche Farben bot sie auf ihrem Angesicht.« Mathilde soll ohne Zögern ihre Zustimmung zu der Verlobung gegeben haben. Thietmar von Merseburg dagegen stellt die Szene so dar, als hätte Mathilde gewisse Reserven gehabt, und fährt dann mit einer ebenso klischeehaften wie mysteriösen Bemerkung fort: »Nun ist des Weibes Sinn nachgiebig, und da sie Heinrichs Vortrefflichkeit in allem kannte, willigte sie ein und wurde ihm als seine Gemahlin in religiösen wie in weltlichen Dingen wertvoll.« Sollte sich, wie Thietmar andeutet, Mathilde tatsächlich zunächst gegen die Werbung Heinrichs gesträubt haben, dann lag kein anderer Grund dafür vor, daß sie die erzwungene oder aus Zweckmäßigkeit vollzogene Trennung von Hatheburg nicht rechtens fand.

Nach der Verlobung zogen Heinrich und Mathilde mit dem Gefolge nach Sachsen zurück, die Hochzeit wurde in Wallhausen an der Helme im Harz, in der sogenannten Goldenen Aue nordöstlich des Kyffhäuser, gefeiert. Mathilde erhielt Wallhausen als Morgengabe, der Ort entwickelte sich zu einer der bedeutenderen Pfalzen. In Wallhausen brachte

Mathilde ihren ersten Sohn Otto zur Welt, von hier führte in den folgenden Jahren der Königsweg über Allstedt nach Merseburg. Einige Jahre später kam in Nordhausen die Tochter Gerberga zur Welt, dann folgte Heinrich, der Lieblingssohn Mathildes, der wahrscheinlich um das Jahr 919 und zwar ebenfalls in Nordhausen geboren wurde, etwa drei Jahre später die zweite Tochter Hedwig und um 925 Brun, der spätere Erzbischof von Köln; die exakten Geburtsdaten sind nicht zu ermitteln. Gerberga heiratete 929 Herzog Giselbert von Lothringen; nach dem Tod ihres Gemahls 939 schloß sie im gleichen Jahr mit Ludwig IV., dem König von Frankreich, die zweite Ehe. Hedwig hatte zwei Jahre zuvor, 937, Herzog Hugo von Franzien geheiratet. Zum Dank für die beiden glücklichen Geburten in Nordhausen gründete Mathilde später das dortige Kloster zu Ehren Marias.

Im Laufe der Jahre entwickelte sich die Ehe zwischen Heinrich und Mathilde zu einer außerordentlich intensiven, ja ungewöhnlich harmonischen Verbindung, denn Mathilde, die als Klosterschülerin kaum viel mehr war als das Objekt einer planmäßig vorbereiteten und durchgeführten ehelichen Koalition, entwickelte ein Format, das selbst durch die hochgespannten und häufig von den lateinischen Dichtern der früheren Zeit entliehenen Lobpreisungen ihrer Biographen nicht zu beeinträchtigen ist. Ihre von den Chronisten einhellig bestätigte Schönheit fand sich in ihren Kindern wieder – abgesehen von ihrem Erstgeborenen Otto, einem kleinwüchsigen Mann von kaum ansprechendem Äußeren. Sie beeindruckte nicht zuletzt durch einen ungewöhnlich natürlichen Stolz, dem höfischen Prunk war sie keineswegs abgeneigt, weil sie in der sichtbaren Pracht der königlichen Gewänder auch wesentliches von sich selbst und ihrem Sinn für die Macht der Welt zu zeigen bereit war.

Von den ersten Jahren nach der Wahl Heinrichs zum König heißt es in ihrer Biographie: »Mathilde, die beglückte Gattin des irdischen Herrschers, ließ sich, obgleich ihr die zeitliche Gewalt zuteil geworden, nicht von der Herrlichkeit der Welt zur Hoffart, als vielmehr von ihrer Neigung zum Dienste Gottes lenken. Stets untertan dem Herrn, den Lehren der Priester folgend, gab sie sich eher Christus als dem Ehebund zu eigen. Zur Nachtzeit schlich sie verstohlen aus des Königs Nähe und bewies durch eifriges Beten mehr Liebe zur Kirche als zu des Gatten Lager. Doch nicht mit Worten nur, auch mit Werken legte sie ihre Liebe zu Christus an den Tag. War, wie üblich, ein Mann wegen eines Verbrechens vor den Richterstuhl des Königs gebracht und von diesem zum Tod verurteilt worden, gedachte die allerfrömmste Königin der Leiden des Gekreuzigten und drang mit sanft bittenden Worten so lange in den Sinn des Fürsten, bis sich endlich der königliche Zorn, der das Todesurteil veranlaßt hatte, legte und die Begnadigung ausgesprochen wurde.«

Hatheburgs Mitgift war beträchtlich gewesen, doch durch die Heirat mit Mathilde vergrößerte sich der Territorialbesitz des sächsischen Herrscherhauses geradezu immens. Die Höfe und Güter des Grafen Thiederich in Westfalen erstreckten sich über weite Flächen Norddeutschlands. Durch die reiche Mitgift Mathildes dehnten sich die liudolfingischen Besitzungen und damit der Herrschaftsraum des sächsischen Fürstengeschlechts in Gebiete, die zum Kern des ganzen Sachsenlandes zählten. In Enger gründete Königin Mathilde etwa zehn Jahre nach dem Tod Heinrichs ein berühmt gewordenes Stift. Mathilde starb hochbetagt am 14. März 968. Nicht nur dank ihrer Frömmigkeit, sondern auch dank ihrer politischen Einsicht, ihrer Tatkraft und ihres unerschütterlichen Selbstbewußtseins, das sich keiner

Opportunität beugte, hatte sie sich weit über die Grenzen des Reiches hinaus einhellige Bewunderung erworben. Später wurde sie von der Kirche heiliggesprochen.

Widukind von Corvey entwirft ein bemerkenswertes Charakterbild der Königin; es ist allerdings auch für ihn selbst aufschlußreich: »Wenn wir zu ihrem Lob etwas zu sagen wünschen, so fühlen wir uns zu schwach, weil die Tugend einer solchen Frau alles Können unserer geringeren Begabung übersteigt. Denn wer vermöchte ihre Hingabe an den göttlichen Dienst würdig zu beschreiben? Jede Nacht erfüllte sie ihre Zelle mit dem Wohlklang himmlischer Lieder von jeglicher Weise und Mannigfaltigkeit. Denn sie hatte ganz nahe der Kirche ihre Zelle, in welcher sie ein wenig zu ruhen pflegte; in ihr erhob sie sich jede Nacht und ging in die Kirche, während Sänger und Sängerinnen innerhalb der Zelle und vor der Tür und auf dem Wege in drei Abteilungen aufgestellt waren, um Gottes Huld zu loben und zu preisen. Sie selbst verharrte in der Kirche in Wachen und Beten und erwartete die Feier der Messe. Darauf machte sie, wo sie von Kranken in der Nachbarschaft hörte, bei diesen Besuch und reichte ihnen, was sie brauchten; dann öffnete sie ihre Hand den Armen, auch nahm sie Gäste, an denen niemals Mangel war, mit aller Freigebigkeit auf; niemanden entließ sie ohne ein freundliches Wort und fast keinen ohne ein kleines Geschenk oder ohne Unterstützung, die ihm not tat. Oft schickte sie Wanderern, die sie von ihrer Zelle aus in der Ferne erblickte, das Nötige hinaus. Und obgleich sie solche Werke demütig Tag und Nacht übte, vergab sie dennoch der königlichen Würde nichts, so wie geschrieben steht: ›Obgleich sie saß wie eine Königin unter ihrem Volk, war sie dennoch immer und überall der Klagenden Trösterin.‹ Alle Diener und Dienerinnen im Haus unterwies sie in verschiedenen Künsten und auch im Lesen und Schreiben; denn sie war dessen fähig, weil sie es nach des Königs Tode recht gut erlernt hatte.«

Ihr letztes Lebensjahr ist von Krankheit bestimmt. Im Herbst 967 hält sie sich in Nordhausen auf. Ihr Zustand verschlechtert sich, sie ahnt, daß ihr Leben zu Ende geht, und verläßt am 22. Dezember die Stadt, um nach Quedlinburg, ihrem Lieblingsaufenthalt, zu reisen. Dort befindet sich das Grab Heinrichs, deshalb will sie auch in Quedlinburg sterben. Der König hatte ihr im Jahr 929 Quedlinburg, Pöhlde, Nordhausen, Grona und Duderstadt als Wittum, als Witwenversorgung geschenkt und mit diesen reichen Besitzungen ihr künftiges Leben auf eine gesicherte Basis gestellt.

Der ältere Biograph schließt seine Lebensbeschreibung der Königin mit der Schilderung ihrer letzten Stunden: »An einem Sonnabend, an dem Wochentag, den sie stets mit guten Werken gefeiert hatte, kündigten sich endlich ihre letzten Augenblicke an. Da ließ sie ihre Enkelin, des Kaisers Tochter, die Äbtissin des Klosters zu Quedlinburg, zu sich kommen, drang mit heilsamen Mahnungen in sie und schärfte ihr ein, für das Gedeihen der ihr anvertrauten Herde liebreich und demutsvoll, behutsam und gewissenhaft zu sorgen. Vom Kloster sollte sie sich nur selten entfernen, ihren Geist in fromme Schriften versenken und das, was sie daraus gelernt habe, auch die anderen lehren und ihnen in allem, was sie ihnen auferlege, mit der Tat und mit gutem Beispiel vorangehen. Dann reichte sie ihr das Buch, in dem die Namen der verstorbenen Fürsten verzeichnet waren, und empfahl ihr die Seele Heinrichs und die eigene sowie die aller Frommen, deren Gedächtnis sie selbst zu ehren pflegte. Schließlich trat Richburg, die Äbtissin von Nordhausen, trauervoll hinzu, umfaßte weinend die Füße der Königin und rief: ›Wem überläßt du uns in der Verwaisung, du unser aller Trost und Hoffnung?‹ Doch die Königin richtete ihre Blicke nach oben und sagte mit ausgebreiteten Händen: ›Dem obersten Hirten vertraue ich euch an. Ich hoffe, mein Sohn wird seine Zusage nicht vergessen, daß dem Stift, solange er und seine Nachkommen leben, nie die Hilfe fehlen soll. Doch sollte es anders kommen und die Menschen euch verlassen, dann bedenkt, daß Gott diejenigen, die auf ihn bauen, nicht verläßt. Trachtet nach seinem Reich, dann wird euch alles zufallen.‹ Dann richtete sie das Wort an die Umstehenden: ›Wohlan, legt mir die Haardecke unter und wendet mich nach oben, damit der Geist zu Gott zurückkehre, der Leib aber zu Staub werde.‹ Und all dies war nach frommer Sitte geordnet, als hochbetagt und in des Alters Fülle die Königin Mathilde – ein Muster tugendreichen Lebens den Nachkommen hinterlassend, die sie in den Kindern und Kindeskindern bis ins vierte Geschlecht gesehen hatte – ihre Seele Gott und seinen Engeln übergab und am 14. März in Quedlinburg zum Herrn einging. In der Kirche des heiligen Bischofs Servatius ruht sie daselbst, ehrenvoll bestattet neben dem Grabmal ihres Herrn Heinrich.«

12. König Konrads letzter Wunsch

> *»Als König Konrad fühlte, daß der Tag seines Todes*
> *bevorstand, rief er seine Brüder und Verwandten zu*
> *sich und warnte sie, daß bei der Wahl des nachfolgen-*
> *den Königs keine Spaltung des Reiches entstehe. Er*
> *gebot ihnen aber auch, Heinrich, den Herzog von Sach-*
> *sen, zu erwählen.«*
>
> *Adalberti continuatio Reginonis,* ad a. 919

Zwei Jahre nach der Synode von Hohenaltheim geht die Regierung König Konrads I. zu Ende. Er liegt auf dem Sterbebett. Konrad hat in den sieben Jahren, die seit seiner Wahl im Jahr 911 vergangen sind, alles versucht, um sein Reich zu stabilisieren. Ostfranken besitzt nur dann einen Anspruch darauf, als ein Reich bezeichnet zu werden, wenn ihm jenes Mindestmaß an Festigkeit zu eigen ist, das die unbedingte Voraussetzung für einen in sich geschlossenen Staatsverband bildet. Erst dadurch hätte auch das Königtum Konrads seine unerschütterliche Grundlage in der politischen Wirklichkeit erhalten.

Die Behauptung, Konrad habe »alles versucht«, muß ergänzt werden. Konrad hat alles versucht, was in seinen Kräften stand. Doch am Ende seines Lebens muß er sich eingestehen, daß er nicht genügend Kräfte gehabt hat, daß sie vor allem zu schwach gewesen sind. Aus dieser Tatsache ist öfters gefolgert worden, Konrad hätte keinen ernsthaften Führungswillen besessen, er habe sich von den Umständen treiben lassen, anstatt selbst einzugreifen, sei insbesondere von der Kirche wie ein Bauer im Schachspiel hin- und hergeschoben worden, anstatt die Figur des Königs auszufüllen. Solche Urteile verkennen das eigentliche Problem Konrads I. Es bestand darin, daß die Fähigkeiten seiner Erkenntnis bei weitem die Gabe überstiegen, seine Einsichten in die Wirklichkeit umzusetzen.

CHARAKTER UND EIGENSCHAFTEN KÖNIG KONRADS I. Daß Konrad nicht imstande war, den Ansprüchen gerecht zu werden, die sich notwendigerweise aus dem Königtum ergaben, ist zum größten Teil auf sein mild-heiteres Naturell zurückzuführen. Konrad war ein versöhnlich gestimmter Mensch, immer zu einem Scherz bereit, umgänglich, liebenswürdig, allerdings auch abhängig von Stimmungen des Augenblicks. Er ähnelte darin in vielem den plötzlichen Gemütsschwankungen der Kinder, eine Eigenschaft, die erwachsenen Menschen keineswegs zum Schaden gereicht, jedoch bei verantwortlichen Herrschern zu überaus mißlichen Konsequenzen führt. Nur so ist sein erbarmungsloses Vorgehen, das auch den Wortbruch nicht scheute, gegen die rebellischen Grafen der Schwaben zu verstehen, und seine Bereitschaft, sich den Ratschlägen einer so dubiosen Persönlichkeit wie dem Erzbischof Hatto von Mainz zu überlassen.

Besser als alle Erträge des Umhertastens mit psychologischen Sonden charakterisiert den Menschen Konrad eine Begebenheit, die der Mönch und Chronist Ekkehard der

Jüngere (IV.) von St. Gallen, der bedeutendste Schüler des berühmten Mönchs und Philosophen Notker der Deutsche, berichtet. König Konrad feierte im Jahr 911 das Weihnachtsfest in Konstanz. Bei Tisch erzählte ihm der Bischof, wie eindrucksvoll die feierlichen Prozessionen seien, die in den drei folgenden Tagen in St. Gallen stattfänden:

»Da rief der König: ›Wären wir doch ebenfalls dort! Und warum, mein Herz, gehen wir nicht gleich morgen in aller Frühe hin?‹ Sogleich wurden Schiffe bereitgestellt, und am Morgen bestieg sie der König mit den Bischöfen und dem übrigen Gefolge. Um die Mittagszeit erreichte er unser Ufer, und als er sich St. Gallen näherte, wurde er mit neuen, jubelreichen Lobeshymnen glorreich empfangen. Drei Nächte blieb er in aller Fröhlichkeit bei uns im Kloster. Die Schilderung der vielen heiteren Unterhaltungen, womit er Tag und Nacht verbrachte, würde zu lange dauern; am lustigsten verlief die Kinderprozession am Tage der Unschuldigen Kinder. Er ließ den Kleinen mitten auf den Estrich der Kirche Obst hinschütten. Aber selbst der Jüngste rührte sich nicht und haschte danach. Da wunderte sich der König sehr über die stramme Zucht.

Am Kindleinstag also betrat er mit zwei Bischöfen zur Tischzeit den Remter – den Speisesaal – der Klosterbrüder. Die Brüder standen vor den Gästen auf, und da richtete der König fröhliche Worte an sie. Dann rief er: ›Ob ihr wollt oder nicht, heute müßt ihr mit uns teilen!‹ Der König befahl sodann dem Probst, man möge ihm ganz dasselbe Essen wie den Klosterbrüdern vorsetzen. ›König, welch ein Mißgeschick!‹ erwiderte er. ›Hättest du doch den nächsten Tag abgewartet, morgen werden wir vielleicht besseres Brot und als Zugabe enthülste Bohnen haben, heute aber leider nicht.‹ – ›Nun‹, meinte der König, ›Gott wird sich auch morgen euer erbarmen können.‹ Dann lasen die Kinder

– und nicht wie gewöhnlich die Mönche bei Tisch – der Reihe nach vor. Wenn sie vom Lesepult herabstiegen, hob sie der König zu sich empor und legte ihnen Goldstücke in den Mund. Einer von den Kleineren spie das Gold heftig schreiend aus. ›Das wird einmal ein guter Mönch, wenn er das Leben behält‹, sagte der König. Endlich stand er vom Tische auf und richtete an die Mönche noch viele freundliche, liebevolle Worte und hieß sie, voll der besten Hoffnung zu sein. Solange er am Leben bleibe, wolle er solche Tischgenossen fröhlich machen. Dann kehrte er zu den Seinen zurück und meinte zu Bischof Salomo und den anderen, er sei noch nie bei einem Gastmahl so heiter gestimmt gewesen.

Als der König einen Tag und eine Nacht aufgeräumt verbracht hatte, bat er die Brüder in der Frühe um eine Konventsitzung, um sich in die Verbrüderung von St. Gallen aufnehmen zu lassen. Die Mönche stimmten alle dafür. Jedem von ihnen weist er für Kleidung ein Pfund Silber zu. Den Knaben ließ er bei dieser Gelegenheit und dann auch für alle Zukunft drei Spieltage freigeben. Dann ging er in die Kirche des heiligen Gallus, legte auf die Altäre feine Linnen und übertrug dem Kloster reichliche Schenkungen, damit es, wie er Bischof Salomo gegenüber bemerkte, die Otmarsmesse – zum Gedenken an den am 16. November 759 in der Gefangenschaft verstorbenen, heiliggesprochenen Abt Otmar von St. Gallen – festlich begehen könne. Dann fügte er noch lächelnd hinzu: ›Denn auch ich will heute, als einer, der in die Verbrüderungsliste eingetragen ist, mit meinen Brüdern speisen und unsere Bohnen aus dem Meinigen würzen.‹

Rasch werden nun für den König auf dem Otmarsaltar Messen gelesen. Schon vor Anbruch der gewöhnlichen Stunde geht es zum Mahl. Der Remter füllt sich. Der Tischleser kann kaum einen Satz vorlesen. Die Liebe, die nichts Unrechtes tut, vergaß gern einmal die Klosterzucht. Niemand sagt, dies oder jenes ist wider alles Herkommen, obwohl es früher niemand gesehen oder gehört, nie ein Mönch derartiges im Hause erfahren hat. Wildbret und Bratenduft steigt den Mönchen in die Nasen. Gaukler springen und tanzen, Saiten klingen. Der Remter des Gallus hat noch nie solch tobende Freude gesehen. Der König blickt bei diesem Gelärm zu den altehrwürdigsten und strengsten Mönchen hin. Er lacht, da er ob des seltsamen Treibens manch ein Antlitz in besorgten Falten sieht. Am Abend bricht der König auf, Tränen und Lobpreis seiner Mitbrüder begleiten ihn. Er versprach ihnen noch, wenn er das Leben habe, werde er ihnen weiterhin, und nicht bloß einmal, Gutes tun.«

Natürlich muß man bei dieser anschaulichen Erzählung in Rechnung stellen, daß sich gerade der Schullehrer und Mönch Ekkehard der Jüngere von St. Gallen durch seine Vorliebe für anekdotische Schilderungen, die er farbig ausmalt, deutlich abhebt von der Schar der übrigen Chronisten, die sich zumeist der eintönig grauen Aufzählung verschworen haben. Andererseits ist es aber auch bezeichnend, von wem Ekkehard derartige Geschichten erzählt und was sich darin als typisch widerspiegelt. Besonders erstaunlich dürfte es jedenfalls nicht sein, daß die Zeitgenossen und Berichterstatter diesem Herrscher und König Konrad bescheinigen, er hätte großartige Eigenschaften besessen. Sie legen sich bei ihren Lobpreisungen – und zwar nicht nur des Verstorbenen, bei dem der Takt alle üblen Nachreden verbietet – kaum Beschränkungen auf. Wenn man nichts von der Regierung Konrads wüßte, könnte man glauben, es hätte sich um den besten aller Könige gehandelt und ebenso um einen überaus erfolgreichen.

So rühmt ihn Widukind von Corvey als einen »tapferen und mächtigen Mann, tüchtig im Kriege wie im Frieden, freigebig und mild und mit aller Tugend Schmuck geziert«. Adalbert von Magdeburg erklärt, er sei »ein stets milder und weiser Mann und Freund der göttlichen Lehre« gewesen. Liudprand von Cremona hebt an Konrad die »Macht seiner Weisheit und die Stärke seiner Tapferkeit« hervor, und für sein Schlußwort macht er eine Anleihe bei Horaz: »Hätte nicht der bleiche Tod, der nicht säumiger an die Hütten der Armen pocht als an die Burgen der Könige, den König Konrad so frühzeitig dahingerafft, so wäre er der Mann gewesen, vor dessen Namen sich viele Völker der Erde gebeugt hätten« – eine Beschönigung, die sich kaum überbieten läßt. Nur bei Thietmar von Merseburg fällt die betonte Distanz auf, er notiert lediglich, Konrad sei vor seiner Wahl zum König »der Franken wackerer Herzog« und ein »verdienter Mann« gewesen. Damit erschöpft sich die Bereitschaft des Merseburger Bischofs, dem toten König verbale Lorbeerkränze aufs Grab zu legen, im Unterschied zu den anderen Chronisten, die trotz ihres besseren Wissens dem verstorbenen König den Besitz gerade derjenigen Tugenden attestieren, über die der lebende Herrscher zu seinem und des Reiches Unglück eben nicht verfügte.

Man muß die Situation nicht überzeichnen, um den Gegensatz deutlich zu machen, der zwischen König Konrad und den Fürsten der deutschen Stämme Ostfrankens bestand. So entschlossen die Stammesherzöge um ihre Eigenständigkeit kämpften, und zwar sowohl gegen den König kämpften als auch gegen den Nachbarn: Dieses Ringen aller mit jedem wurde mühsam genug zuammengehalten durch einen einzigen gemeinsamen Wunsch: daß nämlich dieses Reich, in dem sie lebten, verschont bleiben möge von den Angriffen und Raubzügen der Ungarn. Wenn die

Herzöge und der Adel mit dem Wort Reichspolitik überhaupt etwas verbanden, dann beschränkte sich das fast ausschließlich auf diesen Wunsch, denn jeder von ihnen hatte schon mehrfach die bittere Erfahrung gemacht, daß ein einzelnes Herzogtum allein nicht in der Lage war, mit der Ungarngefahr fertigzuwerden. Andererseits waren sie aber auch nicht bereit, von sich aus diejenigen Mittel aufzubringen und den Beitrag zu leisten, der für die Aufstellung eines Reichsheeres unerläßlich war.

DAS KÖNIGTUM. König Konrad hatte die Gemeinsamkeit der Stammesherzöge als eine Front der permanenten Unbotmäßigkeit kennengelernt. Das Ringen um die Stärke der eigenen Landesherrschaft geschah schließlich nicht aus eigennützigem Trieb zur Macht. Die jahrelangen Grenzkämpfe waren nur mit Hilfe einer starken Markgewalt durchzustehen gewesen. Das Selbstbewußtsein und die Eigenkraft der Stämme besaß schon eine jahrzehntelange Tradition, und zu ihr hatte letzten Endes auch Konrad selbst in der Zeit der Entstehung und Ausgestaltung seines eigenen Herzogtums kräftig beigetragen. Die kontinuierlich wachsende Schwäche des Reiches bis zu den Regierungsjahren Ludwigs des Kindes drängte außerdem die Stammesfürsten fast mit Gewalt in die Rolle von Freibeutern einer verfallenden Herrschaftsordnung.

Formal ging es um die Abgrenzung ihrer Rechte als Herzog des Stammes und Landesfürst gegenüber den Rechten des Königs; daraus entwickelte sich in den folgenden Jahrhunderten das Spannungsverhältnis des Territorialfürstentums gegenüber dem Reich, dessen Idee im Königtum sichtbaren Ausdruck fand – bald darauf auch in der Wendung »Kaiser und Reich« – und die sich schon im zehnten Jahrhundert in der Gestalt des deutschen Königs personalisierte. Die Rechte der Stammesherzöge und des Königs waren zu dieser Zeit nirgends klar voneinander abgegrenzt; im Zweifelsfall überschnitten sie sich und kamen dadurch miteinander in scharfen Konflikt: Darin lag das ganze Problem.

Im zehnten Jahrhundert war das Recht eines Herrschers in aller Brutalität identisch mit seiner Macht, das heißt identisch mit seiner Fähigkeit, sein Recht gegen sämtliche Widerstände durchzusetzen. Gemildert wurde diese rüde Eingrenzung des Rechts auf die militärische Gewalt, die sich unmittelbar aus dem wirtschaftlichen Ertrag des eigenen Grundbesitzes, also dem Reichtum des Hausguts ergab, durch das intensive Nachwirken der germanischen Vorstellungen vom Wesen des Königtums. Die ganze Idee des Königtums entstammt der altgermanischen Zeit, sie ist von den Römern aufgenommen und ihrer Welt angepaßt worden, eingeschränkt insbesondere auf eine bestimmte Aufgabe der Könige, nämlich Kriege zu führen. Am deutlichsten und unmißverständlichsten hat sich das in einem bevorzugten Symbol des Königtums ausgedrückt, nämlich im blanken Schwert; durch das ganze Mittelalter ist das blanke Schwert zum augenfälligsten Sinnbild des königlichen Herrschertums geworden.

Altgermanisch war auch der Glaube und die Überzeugung, daß der König durch eine besondere Begnadung, durch sein Charisma, sein »Königsheil« vor allen anderen Menschen und den Großen des Stammes ausgezeichnet ist. Der König hatte eine vermittelnde Stellung zwischen den Göttern und dem Volk. Das Mysterium seiner Begnadung war göttlicher Art, ihr Ursprung lag bei den Göttern, sie kam sowohl der Person des Königs zu als auch dem Geschlecht, dem er entstammte. Diese Idee des Königtums ist dann umgekehrt auch auf die Vorstellungen von den Göttern und später auf den christlichen Gott übertragen worden. Gott ist der König, der die Herrschaft im Himmelreich ausübt. Das Bild der Vollendung im Irdischen, das unweigerlich zur Vorstellung vom König gehört, findet sich genauso beim König des Himmels: Er ist die Vollendung und der Gipfel des Universums.

Diese Spiegelung und Wechselseitigkeit zwischen dem weltlichen Monarchen und dem König im Himmel, seine Gnade und vor allem auch der Wunsch, dieser Gnade entsprechend den vorhandenen Möglichkeiten teilhaftig zu werden und dadurch auch am Geheimnis seiner Erwählung teilzuhaben, ist ein Grundelement der Überzeugungen aller Menschen des Mittelalters. Die besondere Note erhielt dieser Glaube dadurch, daß die geheimnisvolle göttliche Macht des altgermanischen Königs vollständig verchristlicht und ohne irgendeine gewaltsame Verkehrung in den Bereich der Kirche eingefügt wurde. Seitdem empfing der König die Kraft Gottes in der Zeremonie der Salbung durch den Priester. Diese Handlung unterschied sich in nichts von der Zeremonie bei der Salbung der christlichen Bischöfe. Und so wie die Bischöfe, so erhielt auch der König die Zeichen des pastoralen Auftrags, nämlich den Ring und den Krummstab. Auch er gehörte von diesem Moment an zu den »Gesalbten des Herrn«, er war König *und* Priester, Rex et Sacerdos.

Das Königtum war bei den Germanen nicht erblich, sondern an eine Wahl gebunden. Die ältere Volkswahl wurde bald abgelöst von der Wahl durch die Großen der verschiedenen Stämme. Die Wahl hatte allerdings keinen Beliebigkeitscharakter, sie hatte nichts zu tun mit dem neuzeitlich demokratischen Recht jedes Staatsbürgers und seiner Freiheit, sich einer Wahl zu stellen oder sich darum zu bewerben. Nach dem Geblütsrecht stand nur die Wahl eines Angehörigen der

Königssippe frei, die »Geblütsheiligkeit« schränkte also den Kreis der Wählbaren ein. Dieses an Grenzen gebundene Erbrecht wurde abgelöst durch das freiere Wahlrecht, das allerdings ebenfalls durch wesentliche Voraussetzungen beschränkt war, zunächst schon dadurch, daß nur eine kleine Zahl von Fürsten die Berechtigung besaß, einen von sich zu wählen oder selbst gewählt zu werden, ebenso dadurch, daß der Herrscher noch zu Lebzeiten seinen Nachfolger benannte, also durch die Designation, die als bindender Wahlvorschlag betrachtet wurde und als stabilisierende Absicherung der Dynastie eine dem Erbrecht vergleichbare Bedeutung gewann.

Das Gewicht des Königtums als Amt und Würde verringerte sich gleichlaufend mit dem Zerfall und der Auflösung des karolingischen Reiches. Den längsten Bestand hatte das mythische Moment, denn im Königtum wurde die magische Dreiheit von Recht, Macht und Rettung gesehen, es war die Formel für die höchste Ordnung und bildete deswegen den Brennpunkt aller Erwartungen, gerade in denjenigen Jahrzehnten, in denen schwache Könige den Glauben daran so schmählich verrieten. Ein unfähiger Monarch bestätigte lediglich, was die Zeit der Könige einmal bedeutet hatte, und steigerte damals nur die Sehnsucht des Volkes danach, einen machtvollen König über sich zu wissen, das heißt, von ihm geführt und behütet zu werden. Es nährte damit seine Hoffnung, daß die Zeit eines solchen Herrschers wieder kommen würde.

Zu Beginn des zehnten Jahrhunderts ergab sich die reale Macht des Königs letzten Endes nur noch aus seinem eigenen Reichtum: aufgrund des Landbesitzes, des Ertrags seiner Güter oder derjenigen Territorien, über die er als Krongut verfügte. Ergänzt wurde sie durch die Loyalität des Adels seines Stammes, durch die Pflichten, die seine Lehnsleute erfüllten, allen voran die Verpflichtung zum Kriegsdienst. In einer solchen Situation hing fast alles vom persönlichen Format des Herrschers ab. Das gesunkene oder mangelnde Ansehen des Königsamtes war in Krisenzeiten elementar gebunden an die Einschätzung, die sich der König erwarb. Er hatte den Besitz des Amtes durch seine Leistungen und Erfolge zu rechtfertigen, er hatte zu beweisen, daß er mehr war als seinesgleichen, mehr also als die anderen Stammesherzöge, aus deren Reihen er gekommen war.

KONRAD UND SEIN VERMÄCHTNIS. Nichts scheint in der Geschichtsschreibung einfacher zu sein, als eine mißglückte Regierung der Unfähigkeit des verantwortlichen Herrschers anzulasten, insbesondere dann, wenn die Unfähigkeit offen zutage liegt. Eine solche Vereinfachung schließt fast immer ein ungerechtes Urteil mit ein. Trotzdem bleibt im Falle Konrads I. keine andere Erklärung übrig. Jedes einzelne Jahr seit seiner Wahl 911 bewies ihm und dem Reich, daß seine Macht als König um keinen Grad stärker war als die Macht der deutschen Stammesherzogtümer und ihrer Herrscher. Konrad muße das schon bald genug selbst erkennen, mußte sich vor allem damit abfinden, daß ihm und seiner fränkischen Hausmacht das Herzogtum Sachsen überlegen war. Und er hätte auch bald genug erkennen müssen und sich nicht darüber hinwegtäuschen dürfen, daß diejenige Macht, die von Anfang an zu seiner Unterstützung bereit gewesen und ihm stets zu Hilfe gekommen war, ihre eigenen Interessen über diejenigen des Königtums und damit des Reiches stellte: die Kirche. Niemand hinderte ihn bei seinen Bemühungen, mit den inneren Schwierigkeiten des Ostfränkischen Reiches, die sich unter seiner Regierung zum Bürgerkrieg gesteigert hatten, fertig zu werden. An der Bewältigung des Problems, das zunehmende Übergewicht der Kirche innerhalb seines Herrschaftsraumes zu brechen, hinderte er sich selbst.

Sein letztes Unternehmen ist der Kriegszug gegen Herzog Arnulf von Bayern. Danach wird es merkwürdig still. Von den folgenden eineinhalb Jahren der Regierung Konrads bis zu seinem Tod findet sich in keiner Quelle etwas wirklich Bemerkenswertes. Das Schweigen der Chronisten ist so beharrlich, als wäre Konrad zu nichts anderem mehr fähig gewesen, als sein Ende abzuwarten. Nur einige wenige Reisen zu Klöstern werden notiert, er kommt, wie es immer der Fall ist, »für das Heil unserer Seele und zum Besuche der getreuen Mönche, die dort Gott dienen.« Ständig macht ihm außerdem die Krankheit zu schaffen, die ihn nach dem Besuch von St. Emmeram überfallen hat. Seine Ehe mit der erheblich älteren Kunigunde, der Mutter des Bayernherzogs Arnulf, die er 913 aus vorwiegend politischen Zweckmäßigkeitsgründen geheiratet hat, ist kinderlos geblieben; er hat keine Nachkommen. Am nächsten steht ihm sein Bruder Eberhard, der auch sämtliche Besitzungen Konrads erben und ihm als Herzog nachfolgen wird.

Im September 918 befindet sich der König in Forchheim, begleitet von Erzbischof Heriger von Mainz. Wenige Tage darauf sucht er die Pfalz zu Trebur auf. Im einbrechenden Winter dürfte er in seine Stammburg Weilheim gezogen sein. Als der König keinen Zweifel mehr hat, daß sich sein Zustand hoffnungslos verschlechtert und seine letzten Tage heranrücken, und weil – wie Thietmar von Merseburg mit einer Sentenz von Cato kommentiert – »Schlechte nur pflegen in Haß das Erinnern vergangener Feindschaft«, ruft er seinen Bruder Eberhard zu sich an sein Krankenlager: »Ich fühle, mein Bruder, daß ich dieses Leben nicht länger behalten kann und es mit mir zu Ende geht. Gott hat es nach seinem Ratschluß so gefügt, daß meine schwere Krankheit mich dorthin bringt. Darum hör auf meine Worte und achte, wie es ja recht eigentlich deine Aufgabe ist, zum Wohl des ganzen fränkischen Reiches auf meinen brüderlichen Rat. Wir haben, Bruder, genügend Macht, um den Heerbann aufzubieten und uns an seine Spitze zu stellen. Wir haben Burgen und Waffen nebst den königlichen Insignien und ebenso alles, was die königliche Würde erheischt; wir haben nur kein Glück und keine Eignung.

Beides aber, mein Bruder, ist samt den herrlichsten Gaben auf Herzog Heinrich übergegangen, die Entscheidung über das Heil des Reiches liegt in der Hand der Sachsen. Nimm deshalb diese Insignien der königlichen Würde, die goldenen Spangen und den Mantel, das Schwert und die Krone der alten Könige, und geh damit zu Herzog Heinrich und mach Frieden mit ihm, auf daß er zu allen Zeiten dein Helfer und Freund sei. Denn was ist damit gewonnen, wenn das Frankenvolk mit dir zusammen vor Heinrich hinsinkt und untergeht? Er wird in Wahrheit König sein und Imperator vieler Völker.«

Eberhard, so wird berichtet, erwiderte dem König unter Tränen, daß er mit diesem letzten Wunsch Konrads, seinem Vermächtnis als Herrscher, einverstanden sei. Der Sterbende soll ferner die Herzöge der deutschen Stämme zu sich gerufen haben. Arnulf von Bayern, Burchard von Schwaben und Giselbert von Lothringen seien erschienen; nur Heinrich von Sachsen blieb dieser Versammlung fern. Konrad wiederholte vor den Fürsten seinen Rat und letzten Wunsch: »Wie ihr seht, ist nunmehr die Zeit gekommen, da ich von dieser vergänglichen Welt zur unvergänglichen, aus der Zeitlichkeit in die Ewigkeit berufen werde; daher bitte ich euch inständig, nach Frieden und Einigkeit zu trachten. Laßt euch nach meinem Tod weder von Herrschsucht noch von der Begierde, den Vorrang zu erringen, hinreißen. Heinrich, den weisen Herzog der Sachsen und Thüringer, erwählt zum König, ihn setzt euch zum Herrn. Denn er ist voll kluger Einsicht und erfreut sich des Rufes gerechter Strenge.‹ Nachdem er so gesprochen, ließ er seine Krone, die nicht nur wie die Kronen fast aller Fürsten reich mit Gold, sondern auch mit den kostbarsten Edelsteinen geschmückt, ja schwer beladen war, dazu sein Zepter und alle königlichen Gewänder herbeibringen und sprach, so gut er dazu noch in der Lage war, folgende Worte: ›Als meinen Erben und Nachfolger in der Königswürde setze ich durch diesen königlichen Schmuck den Herzog Heinrich ein, und ich rate euch nicht bloß, sondern bitte und beschwöre euch, ihm zu gehorchen.‹ Nachdem er dies angeordnet hatte, starb er.«

Dieser letzte Bericht, der den Auftrag, den Konrad zunächst nur seinem Bruder Eberhard gab, durch die wiederholte Bitte und Weisung an die deutschen Fürsten zu einer objektiv-amtlichen Erklärung erweitert, stammt von Liudprand von Cremona. Der Sache nach findet er sich genauso bei Adalbert von Magdeburg, der – wie auch Liudprand – das vorangehende erste Gespräch Konrads mit seinem Bruder überhaupt nicht erwähnt. Konrad verstarb am 23. Dezember 918. Er hatte bereits vor seinem Tod das Kloster Fulda zu seiner Grabstätte bestimmt. Seine Gemahlin Kunigunde, deren Todesjahr nicht überliefert ist, wurde nicht in Fulda, sondern im Kloster Lorsch beigesetzt. Beim Brand des Doms zu Fulda im Jahr 1286 wurde die Grabstätte König Konrads vernichtet.

Eindeutig historisch ist der Kern sämtlicher Berichte, die wir von diesem Tag kennen: König Konrad ruft auf dem Totenbett seinen Bruder Eberhard zu sich und kann ihn dazu bewegen, Herzog Heinrich von Sachsen die Königswürde anzutragen. Sowohl die Zeitgenossen als auch alle folgenden Chronisten sind sich einig darüber, daß Konrad durch sein Vermächtnis beispielhaft höhere Einsicht bewiesen und ein Exempel wahrhaft fürstlicher Selbstüberwindung gegeben hat. Diese Überzeugung wird in den *Annales Palidenses* in einem einzigen Satz zusammengefaßt. Die *Annales Palidenses* stammen von einem Mönch des Benediktinerklosters Pöhlde, das König Heinrich im zehnten Jahrhundert auf einem alten liudolfingischen Besitz gegründet hatte und das im Dreißigjährigen Krieg restlos zerstört wurde. Pöhlde liegt bei Herzberg am Harz, dem späteren Stammschloß des englisch-hannoverschen Königshauses, im heutigen Kreis Osterode. Der anonyme Verfasser schreibt: »So sehr lag König Konrad das Wohl des Reiches am Herzen, daß er dasselbe auch durch die Erhebung des Gegners – eine seltene Tugend – zu fördern bemüht war.«

Das Urteil des Annalisten ist klar und eindeutig, und es enthält doch erheblich mehr, als vielleicht beim ersten Lesen auffällt. Denn der Mönch sagt ausdrücklich, daß König Konrad den Herzog von Sachsen zum König *erhoben* hätte. Die Empfehlung des Sterbenden, sein Bruder möge die Königswürde dem Sachsenherzog antragen, wird in den *Annales Palidenses* bereits zu einer Designation, die gewissermaßen unter der Hand verbindlichen Charakter besitzt. Kurz gesagt: Heinrich wird von Konrad zum König erklärt, und damit entfällt im Grunde die Notwendigkeit einer Wahl durch die deutschen Fürsten. Zunächst bittet Konrad den Bruder lediglich darum, seinen Rat zu befolgen und sich der Überlegenheit Heinrichs zu beugen. Eine solche Empfehlung schließt aber auch den dringenden Wunsch ein, daß Eberhard als Erbe und Nachfolger seines Bruders Herzog von Franken bleiben, also keinerlei eigene Ansprüche auf die Königswürde erheben, ja gar nicht erst mit einem solchen

Gedanken spielen soll. Damit aber verlangt Konrad von seinem Bruder fast noch ein größeres Maß an Verzicht und Selbstüberwindung, als er selbst auf dem Totenbett gibt. Diese Zumutung hat um so mehr Gewicht, als sich Eberhard nach dem Zeugnis einiger Chronisten tatsächlich Hoffnungen auf das Königsamt gemacht und eine Erklärung Konrads in dieser Richtung erwartet hatte.

Eberhard hätte auch wirklich einen Anspruch auf die Königswürde erheben können. Damit ist nichts darüber gesagt, ob er auch ein Recht dazu gehabt hätte. Sicherlich kein erbliches Recht, denn Konrad hatte die Königskrone nicht als Privatperson getragen, sondern die deutschen Fürsten hatten den Herzog des Frankenstammes zum König gewählt, und damit war das Geschlecht der Konradiner auch das neue königliche Haus geworden. Eberhard gehörte diesem Königshaus an, und schon dieser Umstand allein hätte ihm einen deutlichen Vorrang vor den anderen Bewerbern gegeben, einen objektiven Vorrang, der mit seinen persönlichen Qualifikationen nichts zu tun hatte. Konrad scheint allerdings recht gut gewußt zu haben, daß Eberhard weder bei den Franken noch bei den Fürsten sonderlich beliebt war und daß er sich vor allem auch aufgrund seiner Fähigkeiten nicht zum Herrscheramt eignete. Dagegen sieht König Konrad eben diese persönlichen Fähigkeiten, ja, man kann ruhig sagen: die kraft außerindividueller Zuteilung nur einem einzigen deutschen Fürsten verliehene Bestimmung für das Königsamt nicht in Eberhard, sondern in Heinrich von Sachsen verkörpert.

Allein in dieser Erkenntnis Konrads liegt das großartige Moment der Sterbeszene am Vorabend des Weihnachtsfestes 918. In der ganzen Weltgeschichte findet sich keine Szene, die sich damit vergleichen ließe. Die deutsche Geschichte erhält in ihrer Anfangsphase, die kaum katastrophaler hätte sein können, durch den geradezu unheimlichen Vorgriff eines Herrschers, der auf dem Totenbett eine vernichtende Bilanz seiner eigenen Regierung und seines persönlichen Desasters zieht, einen Stempel aufgedrückt, der sowohl Mahnung als auch fortwirkender Appell ist. Mahnung, die innere Zwietracht, die Selbstzerfleischung zu beenden und damit die ansonsten mit Sicherheit zu erwartende Selbstvernichtung zu verhindern, und Appell, die Einheit des Reiches zu wahren und seinen Fortbestand dadurch zu garantieren, daß sein Geschick in die Hände desjenigen Fürsten gelegt wird, der diesem Amt und Auftrag allein gewachsen ist.

Was sich zunächst wie eine unverbindliche Empfehlung deuten ließe, verwandelt König Konrad in einen kaum verhüllten Befehl: Eberhard soll die Krönungsinsignien Heinrich überbringen, soll mit ihm Frieden schließen, daß heißt, er soll sich ihm unterwerfen, ihm als neuem König huldigen und in aller Zukunft treue Dienste leisten. Auf zwei Punkte kommt es dabei besonders an, sie dürfen auch nicht voneinander getrennt werden. Heinrich wird von Konrad als der nachfolgende König benannt, und diese Benennung soll durch die Überreichung der Krönungsinsignien und die Huldigung Eberhards zur faktischen Erhebung werden. Dadurch, daß Eberhard tatsächlich den Rat und den Auftrag Konrads befolgt und Heinrich huldigt, hat er ihn sowohl für sich und den Frankenstamm zum König erklärt, als auch für den Sachsenstamm. An der Tatsächlichkeit dieses Vorgangs wird durch die leicht abgewandelten oder ausgeschmückten Berichte der übrigen Zeitgenossen oder durch die Erweiterungen bei Liudprand oder Adalbert von Magdeburg nicht gerüttelt.

DAS CHAOS IM REICH. Ein besonderes Schlaglicht fällt schließlich auf Konrads Vermächtnis durch die Lage, in der sich das Reich am Ende seiner Regierung befindet. Das Bild einer heillos verfahrenen Situation ergibt sich nicht nur aus der Perspektive der radikal veränderten Zustände unter der Regierung König Heinrichs des Ersten. Schon die Feststellung, daß sich an der Situation, die Konrad im Jahr 911 nach seiner Wahl zum König vorfand, am Ende seines Lebens nichts geändert hatte, wäre geradezu ein Lob. »Wehe dem Lande, dessen König ein Kind ist!« hatte der Bischof von Konstanz zur Zeit Ludwigs des Kindes geseufzt. Konrad I. jedoch war nicht einmal fähig gewesen, den Status quo der inneren Schwäche und Ordnungslosigkeit, der zur Zeit seiner Königswahl herrschte, beizubehalten. Er hatte versucht, jedes einzelne Herzogtum des Reiches mit den Waffen zur Unterordnung zu zwingen, und jeder dieser Versuche war fehlgeschlagen. Ja noch mehr: Die Herzogtümer wurden sich in diesem Bürgerkrieg erst so recht ihrer eigenen Kräfte bewußt und bestätigten sie allein schon dadurch, daß sie sich gegen den König behaupteten. Daß Konrad an ihnen scheiterte, war ein Beweis ihrer eigenen Kraft, ebenso aber auch, daß die Reichsbindung praktisch nicht mehr existierte; das integrative Moment war zerrüttet. Das Ostfrankenreich stand unmittelbar vor seinem gänzlichen Zerfall, seine Grundfesten waren zutiefst erschüttert, und nur Träumer konnten erwarten, daß dieses Reich noch eine Zukunft besaß. Konrads Tod beschloß ein Jahrzehnt, das zu den bedrückendsten der ganzen deutschen Geschichte gehört; das Königtum der Konradiner endete in einer Katastrophe.

Eine zusätzliche Bestätigung der Ohnmacht des Reiches lieferten die Ungarn. Jahr für Jahr waren sie ins Reich eingefallen, jeder Ort, jedes Kloster war praktisch wehrlos ihrem Zugriff ausgesetzt, von der dänischen Grenze im Norden bis nach Basel. Sie hatten die Herzogsgebiete auch für ihre Züge nach Westeuropa wie offenes, wehrloses Terrain benutzt; eine Ausnahme, geradezu ein Friedensjahr, was die Ungarngefahr betraf, war das Jahr 918. Daß es sich dabei freilich nur um eine Zeit der Vorbereitung zu einer der größten Unternehmungen der Reiternomaden handelte, zeigte sich im darauffolgenden Jahr. Denn ihre Heere brechen 919 in drei großen Säulen in Sachsen, Italien und Lothringen ein. Wenn es so schien, als wollten sie einen Beweis geben für die völlig zerrüttete innere Lage des Reiches, so gelang ihnen das auch, selbst ohne bewußte Absicht.

Am Ende des Jahres 918 präsentierte sich das Reich als Domäne eines erbitterten Bürgerkrieges, als Beutegebiet der Ungarn und dazu ausersehen, in absehbarer Zeit das Terrain ihrer erweiterten Landnahme zu werden, so daß ein deutscher Stammesherzog allenfalls den Wunsch haben konnte, seine eigenen Länder nach Möglichkeit zu schützen und zu erhalten – eine Aufgabe, die soviel Kräfte erforderte, daß sie durch die Übernahme des Königsamtes nur beeinträchtigt worden wäre, weil dieses Amt selbst einen Tiefpunkt des realen Ansehens und einen Höhepunkt kaum noch zu erfüllender Hoffnungen erreicht hatte.

Ein jüngerer Gewährsmann stellt fest, und man spürt selbst über die Distanz hinweg seine Bewegung: »Nach dem Tode des überaus frommen Kaisers Arnulf im Dezember 899: Wer vermöchte all die Übel aufzuzählen, die neunzehn Jahre hindurch unter seinem Sohne Ludwig und unter Konrad bis auf Heinrichs Zeiten fortdauerten, da aufgrund blinder Ruhmbegier überall Raub, Mord und Brand wüteten? Diese blutdürstige Seuche beherrschte vollständig und ausschließlich die Herzen der Übeltäter, insbesondere deshalb, weil sie die Freiheit erhalten hatten, jedes Unternehmen zu wagen, so daß sie schließlich nicht davor zurückschreckten, die Guten genauso zu töten wie die Bösen und die übrigen durch Schrecken in Bann zu schlagen.« Dasselbe drückt Adalbert von Magdeburg mit dem fast konsternierend dürren Satz aus: »In jenen Zeiten übten viele, auch vom Adel, das Räuberhandwerk aus.«

Ruotger von Köln schließlich, der Zeitgenosse jener Jahre und ein besonders sachlicher Chronist, beteuert eindringlich, daß in den Jahren 918 und 919 nichts so stark erhofft wurde wie die »Ruhe des so heiß ersehnten Friedens, da doch Heinrich den gesamten Raum seines Reiches durch die fortwährenden Einfälle der Nachbarvölker und die schwersten Zerwürfnisse unter den Mitbürgern, ja sogar unter den Verwandten, zerrüttet und schrecklich heimgesucht vorfand. Denn von der einen Seite drohte knirschend das wilde Volk der Dänen, mächtig zu Wasser und zu Lande, von der anderen die hundertfach geteilte Wut der Barbaren im Osten, und nicht zuletzt verwüsteten die grausamen Ungarn, ihnen auf dem Fuße folgend, nachdem sie die Grenzen Mährens überschritten hatten, das sie nicht lange zuvor in gottloser Frechheit an sich gebracht, nicht wenige Provinzen seines Reiches mit Feuer und Schwert. Der Tag würde nicht ausreichen, um all dies Elend zu erzählen. Jenseits des Rheins, im Westen, befand sich alles in offenem Aufruhr gegen uns; sogar die Fürsten selbst des damals noch engen Reiches wüteten fast unheilbar und ohne Aussicht auf Besserung gegen ihr eigenes Fleisch; und all dem Einhalt zu gebieten oder es zu heilen, vermochte nur ein Mann von außerordentlicher Tüchtigkeit und einzigartiger Tatkraft.«

13. Der Bote

»Ehe ich meinen Bericht nach der Erzählung eines
weltlichen Mannes gebe, halte ich es nicht für unnütz,
wenn ich nach der glaubwürdigen Angabe der Schrift-
steller einiges wenige über die ältere Zeit ins Gedächt-
nis zurückrufe.«

Notker der Stammler

Lange war es noch nicht her, daß er als Junge vom Überfall
der Ungarn gehört hatte. Der fremde Reiter war bei ihnen
abgestiegen, hatte dem Pferd Futter und Wasser gegeben,
hatte selbst kurze Zeit gerastet und dabei von den schrecklichen Dingen erzählt. Dann verließ er den Hof, ging zu
seinem Pferd, saß auf und ritt weiter, zum Sachsenherzog,
um die Botschaft zu überbringen. Jedes Wort des reitenden
Boten hatte der Junge im Gedächtnis behalten. Sein Bericht
hinterließ nicht wegen der schrecklichen Schilderungen
einen so tiefen Eindruck, sondern weil hier zum erstenmal
etwas von außen in die vertraute Welt des Jungen einbrach.
Bis zu diesem Tag war sie festgefügt gewesen: der große Hof
seines Vaters, das Hallenhaus, die Ställe, die Wiesen und
Äcker und der Wald. Er kannte nichts anderes, und deshalb

reiche auch sein Begreifen nur bis zu den Grenzen dessen, was ihm vertraut war. Alles um ihn herum war immerwährend, unerschütterlich, es war sicher, und er wußte nur, daß es außerhalb dieser umgrenzten Welt nichts gab, was sich überhaupt gelohnt hätte, ja er war sich in der Erinnerung nicht einmal sicher, ob er damals, als er ein Junge war, das Wort außerhalb als Bezeichnung für Dinge, Ereignisse, Länder jenseits der Wälder rings um den Hof mit seinen Äckern und Wiesen überhaupt kannte.

Jetzt saß er selbst auf dem Pferd, ein reitender Bote wie der fremde Mann, der damals gekommen und gegangen war und eine Spur hinterlassen hatte, für ihn, den Jungen, eine Spur in seinem Gedächtnis. Daß er jetzt auf dem großen, starken Pferd saß und dahinritt, war nichts Besonderes. Die Sachsen waren ein Bauernvolk, keine Reiternomaden, aber jeder Sachse wuchs auf den Bauernhöfen mit Pferden heran, die Sachsenpferde waren von bester Zucht. Von seinem Vater wußte er, daß sich mit einem Sachsenroß kaum ein anderes Pferd vergleichen ließ. Aber etwas Besonderes war es, daß er als Bote zu Pferde saß. Etwas Besonderes war es, daß ihm Markgraf Eberhard von Franken eine Nachricht übergeben und ihn beauftragt hatte, damit zu Heinrich, dem Herzog seines Stammes, zu reiten.

Seit dem Tag, als der fremde Reiter bei ihnen abgestiegen war und von den Ungarn erzählte, hatte den Jungen eine unerklärliche Rastlosigkeit ergriffen. Er war sie nie mehr losgeworden, es war kein klares Gefühl, nichts, worüber er mit jemandem hätte sprechen können. Zwei Jahre später kam wiederum ein reitender Bote zu dem Hof, stieg ab und übernachtete. Er hatte gehört, was der Mann seinem Vater von dem Volk der Steppe erzählt hatte. Seitdem war die Unruhe des Jungen schärfer geworden, eine Mischung aus Neugierde und Ungenügen: Ungenügen an dem, was bis dahin seine Welt gewesen war. Er hatte keinen Namen dafür, aber es hing mit den Empfindungen zusammen, mit denen er damals unverwandt dem ersten Reiter nachgesehen hatte, bis er oben auf dem Berg angekommen war, als Silhouette abgezeichnet gegen den Himmel, und dann in die unsichtbare Ferne weiterritt. Da hatte er zum erstenmal begriffen, daß die Welt nicht dort endete, wohin sein Auge reichte, sondern daß der Horizont nur den Grenzsaum bildete vor einer anderen Welt, vor vielen Welten, in jeder Himmelsrichtung.

Ein Freund seines Vaters hatte ihn wenige Monate darauf zu sich genommen. Von seinen Eltern, den Schwestern, den Brüdern trennte er sich ohne Bewegung, er hatte nicht das Gefühl, daß er fortging. Irgendwann kam ein Graf zu Besuch, Thiadrich hieß er. Er sah ihn, er nahm ihn in seine Dienste. Neben dem Herrensitz lag ein Kloster, die Mönche lehrten ihn Lesen und Schreiben. Im Gefolge des Grafen kam er bei einem Besuch ins Land der Franken. Vor dem Weihnachtsfest war König Konrad gestorben. Markgraf Eberhard, der jetzt Herzog der Franken wurde, war von Weilheim nach Forchheim gekommen und hatte mit Graf Thiadrich gesprochen, und nun war er als reitender Bote nach Norden unterwegs, ins Herzland seines Sachsenstammes, zum Harz. Von Bamberg war er nach Rohr geritten, dem Kloster in einem Seitental der Werra bei Meiningen, das der Herzog im Sommer gern aufsuchte. Dann zog er im Tal der Werra flußabwärts über Gerstungen nach Burschla, der Mark seit karolingischer Zeit, weiter über Eschwege und Ermschwert nach Grona. Die alte Straße war jetzt im Winter verschneit, aber sie war offen und führte in einem Bogen um den Thüringer Wald, der sich vom Dezember bis in den März in eine Eisbarriere verwandelte, die niemand durchdringen konnte.

Der Schnee knirscht gleichmäßig unter den Hufen, jeder Tritt des Pferdes durchbricht die hartgefrorene Kruste und wirft eine Handvoll Eispulver hinter sich. Reif hängt in den Büschen, umspinnt das Geäst und verwandelt es zum Filigran. Der Himmel ist blank und klar und eisblau. Schwärme von Vögeln fliegen aus dem Buschwerk auf, wenn er sich nähert, wie hochgeblasen von der dunklen Gestalt, und fallen wieder ein, wenn er mit dem Pferd vorbei ist. Schnee stäubt aus den Ästen. Auf den Fichten und Tannen liegt er manchmal so dick, daß sie wie Riesenpilze am Waldrand stehen. Noch nie war die Welt so lautlos, so unendlich. In der weißen Decke über den Äckern und Wiesen hocken die vielen dunklen Punkte der Krähen. Er weiß, daß er Zeit bis zur Dämmerung hat, er kann den nächsten Hof erreichen, bevor es völlig dunkel wird. Es zieht bereits an, der Frost wird schärfer, die Verlorenheit des großen Raums rückt heran, sie ist um ihn herum, über ihm, bald auch in ihm. Wenn er sich umdreht, sieht er die Sonne schon nahe dem Ende ihrer flachen Winterbahn, eine rote Scheibe, die jetzt den gezackten Rand des Waldes berührt und nicht mehr lange zu sehen sein wird.

Graf Thiadrich hat ihm gesagt, welche Nachricht er überbringt. Was hat er nicht alles gelernt auf dem großen Herrenhof des Grafen, in dessen Sichtweite das Kloster lag mit den gelehrten Mönchen. Von ihnen hat er die Bibel zu lesen bekommen, später auch andere Bücher. Er hat von ihnen alles erfahren über den König und die Herzöge und Fürsten der deutschen Stämme und die Kriege, die sie miteinander geführt haben und immer noch führen, und warum sie diese Kriege führen. Und er weiß in groben Strichen, in Umrissen vom Reich des großen Kaisers Karl und der Aufteilung des Frankenreiches in das Gebiet des Westens und das Gebiet des Ostens und daß dieser Ostteil ein Reich für sich geworden ist – oder doch nicht geworden ist, weil er aus vier alten Gebieten besteht und einem fünften Teil, der Lotharingen genannt wird nach dem Namen seines ersten Königs Lothar, dem ältesten Sohn des frommen Kaisers Ludwig, dem Sohn und Nachfolger des großen Kaisers Karl.

Die Mönche hatten ihm von diesen vielen Aufteilungen unter die Söhne des Kaisers erzählt und von den Stammesfürsten, die in ihren Gebieten die Herrschaft ausübten, sie stärkten, sie auszudehnen versuchten. Hatten ihm von den Zielen der Kirche erzählt, von den deutschen Stämmen, von den Aufgaben eines Königs. Warum, hatte er gefragt, ist der Teil des alten Frankenreiches auf der anderen Seite des Rheins nicht wieder zu verbinden mit dem Teil des alten Frankenreiches auf der östlichen Seite des Rheins? Nur weil die Söhne eines Königs als Erben einen bestimmten Teil erhalten sollen? Gibt es keine anderen Unterschiede? Muß überhaupt ein Reich sein?

Der Abt des Klosters hat ihn nachdenklich angesehen, hat seinen Kopf bewegt, hin und her, als wüßte er nicht, ob er von dieser oder von der anderen Seite aus antworten soll. Sehr langsam hat er dann gesprochen, suchend, nicht, als ob er nach Worten suchen würde, sondern nach dem Sinn, den er sich jetzt erst selbst zurechtlegen will und den sein Schüler begreifen soll:

»Als junger Mönch war ich im Kloster auf der Insel Reichenau. Der Abt hieß Walahfried Strabo, ein überaus gelehrter Mann, der gelehrteste und frömmste, den du dir vorstellen kannst. Nun ja, in der Frömmigkeit haben ihn andere vielleicht übertroffen, nicht aber im Wissen. Abt Walahfried hat über die Heilige Schrift geschrieben, seine Klugheit war über jedem Ruhm, er hat die Pflanzen und Heilkräuter des Klostergartens beschrieben und die Worte in Strophen gesetzt wie kein anderer, Verse voller Kraft und

Glanz. Seiner Dichtung steht nichts zur Seite, was bis in unsere Tage geschrieben worden ist, und inzwischen sind seit seinem Tod bald sieben Jahrzehnte vergangen. Walahfried Strabo hat ein Gedicht geschrieben, ich habe es auswendig gelernt, hör dir's an, dann wirst du die Dinge vielleicht verstehen, jedenfalls etwas besser verstehen. Abt Walahfried hat die schlimmen Zeiten erlebt, in denen die Söhne von Kaiser Ludwig dem Frommen gegen den Vater aufbegehrt und ihn schließlich abgesetzt haben. In dieser Zeit hat Walahfried für seine große Gönnerin, die Kaiserin Judith, das Gedicht *Ein Traum* geschrieben:

Es war in dieser schweren Leidenszeit,
Als Trug und List die Frommen rings bedrängte,
Das Volk samt seinem Vater, als die Treue
Man auszurotten strebte durch Verbannung,
Gewalt und Haß, durch Kerker und Gericht.
Die Guten lagen tiefgebeugt darnieder,
Das Reich begann zu wanken, der Verrat
Allein erhob mit dreistem Drang das Haupt.
Von banger Sorge ward mein Herz gequält,
Daß nicht das Recht dem Unrecht unterläge;
Und keines Traumes mocht' ich mich getrösten,
Bis der allmächt'ge Gott, die Wolken scheuchend
Der alten Ängste, neue Klarheit mich
Erhoffen ließ, als Nacht die Erde deckte.

Als tiefer Schlummer alle Kreatur
Umfing, daß sie, des langen Tages Last
Vergessend, neue Kräfte schöpfen mochte,
Da träumte mir, als säh' ich aufgeschlagen

Vor mir ein Buch; das war gar schön beschrieben
Mit Versen viel, die ganze Seite lang.
Ich wollte wissen, wie es weiter ging,
Und las, und las das Unglück all des Reiches
Und seines Herrschers, keine Verse mehr.
Doch war des Kaisers Name nicht genannt:
Statt Kaiser Ludwigs hieß es jedesmal
Der ›Reitersmann‹; allein ich stutzte nicht
Des fremden Namens – klar zu lesen stand,
Was *ihm* geschehen ist, wie jeder weiß.
Zu lesen stand allda: ›Zweifacher Abfall –
Verruchtheit – zweimal Raub – der Dulder siegt,
Und wiederhergestellt wird Fürst und Reich.‹
Mein Aug' und Ohr entbrannten, da ich las
Und wieder las, und meines Herzens Tiefen.
Da nahm der Bruder, der mich lesen ließ
Der Wunder Zahl, das Buch mir fort und sprach:
›So bitt're Tränen ziemen schlecht dem Herzen,
Des Trübsal nicht mehr lange währen wird.‹

Nun wach' ich auf und will mir alles merken;
Doch blieben mir die letzten Verse nur,
Dazu der Rätselname, weiter nichts.
Des Namens Deutung lieh mir wieder Trost:
Der Reitersmann weist schnell und starke Hilfe,
Und ganz dasselbe sagt das andre Wort.
Daß nicht zu sehr im Leide trauern dürfe,
Wes Leid sich bald in Freude wandeln soll.
Der Traum, ich seh's, ist wahr; was soll ich drum
Ihn bergen? Nein, ich meld' ihn euch, daß ihr
Gutheißet, was im stillen mich getröstet.

Verstehst du, warum Abt Walahfried dieses Gedicht für die Kaiserin Judith geschrieben hat?«

Der junge Reiter erinnert sich: Wie unsicher war er damals, er hatte die Worte zwar verstanden, nicht alle, aber die meisten. Der Abt von Reichenau wollte die Kaiserin trösten, das war leicht zu verstehen: »Der Traum hat Walahfried getröstet, und deshalb erzählt er ihn der Kaiserin, er hofft, daß auch sie ihn als Trost empfindet.«

»Richtig. Walahfried will ihr aber nicht nur Hoffnung machen, daß sich bald alles zum Besseren ändert. Es geht nicht nur um das Schicksal Kaiser Ludwigs des Frommen. Alles, was die Kaiserin und mit ihr Abt Walahfried als Glück von der Zukunft erwarten, ist die Wiederkehr von Kaiser und Reich. In dem Buch, das Abt Walahfried im Traum gelesen hat, wird das Elend des Kaisers beschrieben, das Gott über ihn verhängt hat, aber in dem Buch wird auch seine bessere Zukunft geschildert. Die Sehnsucht nach dieser Zukunft, das ist die Sehnsucht nach dem Reich, eine Sehnsucht nach Erfüllung, sie läßt das Herz der Menschen zittern.«

Der Abt blickt an ihm vorbei, in irgendeine Ferne: »Das Reich zu erwarten, bei diesem Wunsch, dieser Vorstellung läuft bei den Menschen alles mögliche durcheinander, und ich kann dir nicht einmal sagen, ob dabei alles richtig läuft. Die Erwartung des Reiches Gottes, die Botschaft vom Reich, das Reich von Kaiser Karl, irgendwie gehört das alles zusammen. So wie Gott in seinem Reich ordnet und herrscht, so ordnet und herrscht auch der König über das Reich der Welt, auf der Erde. Du willst wissen, warum das Reich nötig ist? Wie sollte denn Ordnung in der Welt überhaupt möglich, und wie könnte sie anders sein, wenn sie nicht ein Spiegel der Ordnung Gottes in seinem Reich ist?«

»Das Reich der Heiligen Schrift und das Reich der Welt, in dem geschlagen wird, geraubt und getötet: ist das ein Spiegel der Ordnung Gottes?«

»Gut gefragt, mein Sohn. So ganz genau weiß ich es auch nicht. Es sollte wohl so sein. In der Heiligen Schrift spricht Jesus, als wäre das Reich nur durch ihn: ›Wer mir nahe ist, ist dem Feuer nahe, wer aber ferne von mir ist, ist dem Reiche fern.‹ Wenn du die Menschen vom König sprechen hörst, nein, nicht von diesem oder einem anderen schwächlichen König, dann klingt es so, als glaubten sie, auch in seiner Nähe wäre das Reich. Verstehst du? In dem Buch des Schicksals, das Abt Walahfried im Traum vor sich hatte, wird der Herr des Reiches, der Kaiser, mit einem Namen bezeichnet, der dem Abt fremd gewesen ist. Mit einem Namen, der Glück verheißt: Equitatius, ›der Reitersmann‹. Seit uralten Zeiten ist das Pferd als Reittier das Symbol des Sieges und der Macht. In der Apokalypse des Johannes reitet Christus auf einem weißen Pferd als Sieger über die Mächte des Teufels. Der Reitersmann: Fast alle christlichen Herrscher, die Kaiser und Könige, sind als Reiterstandbilder wiedergegeben. Der Erzengel Michael reitet auf einem geflügelten Pferd. Das ist der Grund, warum Abt Walahfried den Kaiser nicht bei seinem Namen Ludwig nennt, sondern ›der Reitersmann‹. In dieser Benennung ist die Glückverheißung der Wiederkunft von Kaiser und Reich. Du kannst es auch andersherum sehen: Kaiser und Reich, wenn sie bestehen, ist die Ordnung der Welt gesegnet.«

Er sieht ihn mit großen Augen an, er beginnt, etwas zu ahnen: »Das Reich ist also doch die Ordnung?«

Der Abt nickt entschieden, dann aber wiegt er wieder seinen Kopf hin und her: »Ja, die Ordnung, Reich ist ein Wort der Ordnung, und doch noch viel mehr, so viel, daß man es nur mit großer Mühe fassen kann. Das Reich, was ist es? Ein uraltes Wort, noch älter aber ist das, was es bedeutet. Es bedeutet die Herrschaft nach dem Maß einer Ordnung, die nicht an den Stamm oder an eine einzelne Völkerschaft gebunden ist. Du kennst das Wort aus der Heiligen Schrift: das Himmelreich, das Reich des Friedens, das Reich der Welt, du hast das Wort des Herrn gelesen: ›Mein Reich ist nicht von dieser Welt.‹ Er herrscht in einem Reich oberhalb des Irdischen. Ob freilich im Himmel oder auf der Erde: Zu jedem Reich gehört das Herrschen. Die Ausdrücke dafür sind fast alle lateinisch. Dir würde der Kopf schwirren, so gehen die Bedeutungen durcheinander: Der Wortstamm reg bedeutet: etwas gerade richten, lenken, in die rechte Ordnung bringen, und rego hat dann den Sinn des Herrschens. Regnum ist Herrschaft, und das Wort ist verwandt mit den Ausdrücken Rihhi, Riche, Reich. Abt Walahfried hat mir gesagt, in dem Land, das Alexander der Große erobern wollte, in Indien heißt der König Rajah, und das indische Wort rajya bedeutet Herrschaft. Davon verstehe ich nichts, aber Abt Walahfried wird es gewußt haben, er hat viele Sprachen gekannt.«

»Ist das wichtig, um zu erfahren, warum das Reich für uns so notwendig ist?«

Der Abt lächelt: »Willst du etwas wissen, dann kannst du es gar nicht genau genug wissen. Ich kann es dir aber jetzt auch etwas einfacher erklären, du hast das wichtigste schon begriffen. Unsere Stämme haben ihre Herzöge, das hat sich im Lauf vieler langer Jahre so entwickelt. Seit wir Sachsen aber das Herzogtum aufgerichtet haben, jedenfalls seit Herzog Widukind, haben die anderen Stämme etwas gelernt, was sie zwar immer schon gespürt, aber erst jetzt klar und deutlich begriffen haben: daß sie zusammengehören. Das Zusammengehören geht über den einzelnen Stamm hinaus, es eint die Franken und Sachsen, die Schwaben und

Bayern. Zusammengehörigkeit und Einheit durch eine Herrschaft, die sich über den Stammesverband hinaus erstreckt – so bildet sich das Reich. Es kann verfallen, es kann wieder aufgerichtet werden. Im *Traum* von Abt Walahfried wird noch etwas gesagt, was nicht ohne weiteres auffällt, was aber wichtig ist: daß nämlich das Reich, das als ostfränkisch bezeichnet wird, bei uns ist, bei den Deutschen.«

Der Bote verhält sein Pferd. Die Windungen der Straße sind jetzt kaum noch zu erkennen, sie verlieren sich schon dicht vor ihm. Am frühen Nachmittag hat sich die Straße in der weißen Dünung noch bis zum Horizont abgezeichnet, die seitlichen Gräben heben sich unter der verharschten Schneedecke als Andeutung einer Welle heraus. Nun wird das weiß schimmernde Feld vor ihm, dessen eisiger Glanz seine Augen gequält hat, stumpf unter der teilnahmslos näherrückenden Dämmerung. Bald wird sie auch von ihm Besitz ergreifen. Sie beginnt, den blauen Schatten von Roß und Reiter, den die Wintersonne tagsüber voranziehen läßt, an den Rändern aufzulösen. Die Luft wird hart und schneidend. Jetzt fliegen auch die letzten Krähen in ihre Nachtbäume, Schneebelag stäubt herab. Alles um ihn herum ist so, wie es sein muß. Viel Zeit bleibt ihm nicht mehr.

Das Pferd reagiert sofort auf den Schenkeldruck, es schnaubt, die ersten Tritte der Hufe in den Schnee sind unnatürlich laut, sie überlagern das Knarren des Sattels, der Riemen. Er fällt in Trab, läßt dem Pferd die Zügel. Es wird seinen Weg mühelos finden, der Hufschlag ist fest und gleichmäßig. Dem Abt in Reichenau ist der Name fremd gewesen, »der Reitersmann«, aber gewußt hat er doch, daß er glückverheißend ist. Dem Boten, der sich nochmals daran erinnert, kommt es im Moment ganz und gar nicht erstaunlich vor. Von der anbrechenden Nacht wird er in eisiges Dunkel gehüllt, doch er friert nicht.

14. Heinrich von Sachsen wird König

»*Der König der Könige, der einzig ewiglich herrscht,*
Aller Könige Zeiten aus eigenen Kräften verwandelnd,
Gebot zu übertragen das glänzende Königtum der
Franken
Auf das berühmte Geschlecht der Sachsen, welches den
Namen
Führet vom Sachsenstein, so fest wie der harte
Charakter:
So übernahm der Sohn des großen und würdigen
Herzogs Otto,
Heinrich mit Namen, zuerst das Zepter des Königs
Für sein Volk zu verwalten mit segensreicher
Regierung.«

Roswitha von Gandersheim, *Carmen de gestis Oddonis*

Kein Komponist der neueren Zeit verstand es so meisterhaft,
Balladen zu vertonen, wie der Kantor und Musikdirektor
Carl Loewe. Seine Produktion war gewaltig, die Gesamtaus-
gabe seiner Werke umfaßt sechzehn Bände. Gewöhnlich
besagt der Umfang des Schaffens, für sich genommen, noch
nicht viel, doch bei Loewe ist er sowohl ein Indiz der schöp-
ferischen Potenz als auch der begnadeten Inspiration. Die
Zahl seiner Lieder, die von den Deutschen im neunzehnten
Jahrhundert wie alte Volkslieder gesungen wurden, ist nicht
zu erfassen. Loewes Balladen prägten die deutsche Haus-
musik stärker als Franz Schubert, Robert Schumann oder
Johannes Brahms, denn er rührte stärker als jeder andere
an die untergründigen Schichten des Empfindsamen,
Sehnsüchtigen, unstet Sentimentalen.

Allerdings gehört zum Hintergrund seiner Popularität auch die damalige Liebe der Romantik zur alten Geschichte und ihren verklärt überhauchten Gestalten, in denen so viele nationale Sehnsüchte verdichtet wurden. Sie gehört zu den bezeichnendsten Merkmalen des leidenschaftlichen Suchens aller europäischen Völker des neunzehnten Jahrhunderts nach ihren Ursprüngen und Quellen. Die politischen Träume und Wünsche der Patrioten waren keine Ausgeburten der klügelnden Vernunft, und deshalb sind die Stimmung und der lyrische Schmelz der Balladen für die nationale Sehnsucht im damaligen Europa weit aufschlußreicher als die Petitionen, Programme und Proteste der streitbaren Abgeordneten und politischen Publizisten.

Nur wenige Lieder wurden so häufig gesungen wie die Ballade des niederösterreichischen Schriftstellers Johann Nepomuk Vogl in der genialen Vertonung Loewes. Es handelt sich geradezu um ein Schulbeispiel für die Bestimmung Goethes, daß der »prägnante Gegenstand« wesentlich zur Ballade gehöre. Aber ebenso charakteristisch für die Ballade ist die Poetisierung des historischen Ereignisses, die situative Formung über einem zart schimmernden Goldgrund, der durchweg zur Perspektive aller frühlingshaft aufbrechenden Verklärungen gehört:

Heinrich der Vogler

Herr Heinrich sitzt am Vogelherd
Recht froh und wohlgemut:
Aus tausend Perlen blinkt und blitzt
Der Morgenröte Glut.

In Wies' und Feld und Wald und Au –
Horch, welch ein süßer Schall!

Der Lerche Sang, der Wachtel Schlag,
Die süße Nachtigall!

Herr Heinrich schaut so fröhlich drein:
»Wie schön ist heut die Welt!
Was gilt's, heut gibt's 'nen guten Fang!«
Er lugt zum Himmelszelt.

Er lauscht und streicht sich von der Stirn
das blondgelockte Haar,
»Ei doch! Was sprengt denn dort herauf
Für eine Reiterschar?«

Der Staub wallt auf, der Hufschlag dröhnt,
Es naht der Waffen Klang.
»Daß Gott! Die Herrn verderben mir
Den ganzen Vogelfang!«

Ei nun! Was gibt's? – Es hält der Troß
Vorm Herzog plötzlich an,
Herr Heinrich tritt hervor und spricht:
»Wen sucht ihr da, sagt an?«

Da schwenken sie die Fähnlein bunt
Und jauchzen: »Unsern Herrn! –
Hoch lebe Kaiser Heinrich! – Hoch
Des Sachsenlandes Stern!«
Dies rufend, knien sie vor ihn hin
Und huldigen ihm still
Und rufen, als er staunend fragt:
» 's ist deutschen Reiches Will'!«

Da blickt Herr Heinrich tiefbewegt
Hinauf zum Himmelszelt:
»Du gabst mir einen guten Fang! –
Herr Gott, wie dir's gefällt.«

Die Hoffnung auf die politisch gestaltete Nation, die Sehnsucht nach dem Reich hat sich im neunzehnten Jahrhundert unentwegt anrollender Wogen von Legenden, Symbolen, Liedern, Novellen, Dramen, Mythen, Romanen, Weihespielen bedient. Ob dabei der Nüchternheit genau der Anteil gefehlt hatte, den die Theatralik zuviel besaß, spielte bei der Unersetzlichkeit des Nationalbewußtseins keine Rolle. Man kann die Antriebe der Geschichtsschreibung dieser Zeit nicht verstehen, wenn man sich nicht daran erinnert, daß die meisten unserer großen Historiker die wissenschaftliche Erdarbeit dem Wochendienst vorbehalten haben und sonntags voller Glück ihren Tribut am Altar der historischen Dichtung leisteten. Nirgends haben die Völker Europas ihre Eigenart und ihre Träume so sinnlich-leibhaft bestätigt gefunden wie in der historischen Dichtung.

Deshalb ging auch in dem Akt der Reichsgründung durch Bismarck am 18. Januar 1871, der eingefaßt war von einem großen Krieg und abertausend Gefallenen, für die Deutschen nicht nur ein jahrzehntelang ersehntes politisches Ziel in Erfüllung, sondern auch ihr uralter Traum von Kaiser und Reich. An diesem Tag stieg ein volles Jahrtausend deutscher Geschichte wie der Vogel Phönix aus der Asche. Die unerschütterliche Überzeugung, daß es wirklich so war, entsprang keiner logischen Schlußfolgerung, sondern beruhte auf dem Felsgestein unverwüstlicher Empfindungen, diesem Fundament der so offensichtlich nüchtern konstruierten politischen Wirklichkeit. Und nur weil das Wissen davon, das sich nicht beweisen und nicht widerlegen ließ, selbst zu den unvergänglichen Kräften der eigenen Geschichte gehörte, ließ sich der Reichsgründer Bismarck – der keinen Tag seines Lebens von Grund auf deutsch oder national gefühlt hatte – später als der Alte im Sachsenwalde in ein nationales Kultsymbol verwandeln.

Der Mythos von Kaiser und Reich und der Traum aller Deutschen von ihrer Geschichte wurden zum Paten ihrer Nationaldenkmäler: des Niederwald-Denkmals oberhalb von Rüdesheim hoch über dem Rhein, des Hermannsdenkmals im Teutoburger Wald, der Befreiungshalle bei Kelheim. Heute dämmern diese Pilgerstätten unserer Vorväter zumeist dahin im Niemandsland zwischen politischer Abwertung und touristischer Verwertung. Sie zu verhöhnen ist kein Kunststück in einer Zeit, die es so leicht macht, Leidenschaft und Hingabe zu verspotten, und so schwer, beides zu besitzen. Die mächtige Affinität solcher Erinnerungsstätten zum architektonisch mühsam Erträglichen ist keine Spezialität bestimmter Völker. Italien hat es darin trotz seines Monopols auf den Belcanto nicht leichter als Frankreich oder die Sowjetunion. Auch die vergleichbaren Schöpfungen Englands oder der Vereinigten Staaten von Amerika setzen durch den Grünspan des Alterns keine neuen Schönheitsqualitäten an. Das muß auch nicht sein, denn ihr Bezugswert hat wenig mit dem Bereich der Kunsthistoriker zu tun, dafür um so mehr mit dem elementaren Wunsch, der eigenen Geschichte ein Wahrzeichen zu setzen.

DIE LEGENDE VOM VOGELHERD. Dasselbe gilt auch für die Ausstattung und Befrachtung der großen Gestalten unserer Vergangenheit mit den Absichten, Ideen und Delirien der Nachfahren. Legendäre Überhöhung, Verklärung, Bereicherung des Charakters durch angedichtete Fähigkeiten oder

Begnadungen verhelfen vor allem denjenigen Persönlichkeiten, von deren Eigenarten die Quellen nichts berichten, zu jener individuellen Kontur, die wohl oder übel eine Grundvoraussetzung der historischen Anschaulichkeit ist.

Heinrich von Sachsen, dem ersten König und Gründer des Deutschen Reiches, wurde dabei von der Legendenbildung nicht übermäßig viel und vor allem kaum etwas Unerträgliches zugemutet. Tatsächlich war der damals zweiundvierzigjährige Sachsenherzog ein leidenschaftlicher Jäger vor dem Herrn. Daß er nun bei einer Hütte, wo er »mit lustigen Knaben den Vögeln Schlingen legte«, von den Boten angetroffen worden sein soll, die ihm die Nachricht überbrachten, die Franken und Sachsen hätten ihn zum König gewählt, geht auf eine Notiz in den *Annalen* von Pöhlde zurück, die um das Jahr 1180 niedergeschrieben wurden. Als »auceps«, der Vogler oder Vogelfänger, wird Heinrich allerdings schon vom Sächsischen Annalisten bezeichnet, ohne daß er aber erzählt oder überhaupt darauf eingeht, wie der Beiname entstanden sein könnte; Verfasser dieser Annalen ist ein Halberstädter Kleriker, der sein Werk um die Mitte des zwölften Jahrhunderts niederschrieb, also etwas mehr als zwei Jahrhunderte nach Heinrichs Tod.

Völlig falsch und aus den Fingern der poetischen Muse gezogen, ist die Legende in den Annalen von Pöhlde trotzdem nicht. Der Kern stimmt mit der Wirklichkeit überein. Denn in der legendenhaft-bildlichen Ausgestaltung wird die historische Bedeutung der Königswahl samt ihren Folgen, zusammen mit der Wesensart Heinrichs, in eine fast nebensächlich scheinende Situation gepackt, die typisch ist für das ganze Königtum Heinrichs. Deshalb ist sie auch zu Recht in den folgenden Jahrhunderten bis in unsere Zeit immer wieder neu aufgegriffen und von den Dichtern und Erzählern ausgesponnen und poetisch angereichert worden.

Heinrich von Sachsen war wie gesagt ein begeisterter Jäger. Seinem Stand entsprach es, daß es sich um die Jagd auf Wild handelte, zumeist mit Hunden. Vogelfang und Fischerei waren davon ausgenommen, beides blieb den niederen Ständen vorbehalten, den einfachen Leuten, ebenso den Knaben. Vogeljagd war nicht Herrenjagd. Eike von Repgow, der sich in seiner *Sächsischen Weltchronik* auf den Pöhlder Annalisten stützt, gibt der Erzählung noch eine privat-familiäre Note: Heinrich hätte mit seinen Kindern Vögel gefangen, also mit Thankmar und Otto.

Da Herzog Heinrich fast sprichwörtlich einfach und natürlich war und sich über die Standesunterschiede, die in Sachsen schroffer waren als bei den anderen deutschen Stämmen, mehr als einmal selbstbewußt und lässig hinwegsetzte, könnte hier einer der Gründe zu finden sein, warum er den Beinamen »der Vogler« erhielt. Spätere Deutungen gehen so weit, in dem Beinamen Heinrichs ein Zeugnis seiner intensiven Naturverbundenheit zu finden, andere versuchen ihn sogar zu einem Ehrennamen für des Königs sächsische Heimatverbundenheit zu stilisieren. Solche Anstrengungen kann man auf sich beruhen lassen.

Heinrichs bevorzugtes Jagdgebiet war das Gebiet südlich von Hildesheim vom Solling bis in den Harz. Sein Hof Dinklar lag östlich von Hildesheim. Dorthin verlegt auch der Pöhlder Annalist die Legende vom Vogelfang: Der Herzog habe sich zur Jagd auf seinem Hof Dinklar aufgehalten, und um die Langeweile eines Schlechtwettertages in der fortgeschrittenen Winterszeit zu vertreiben – »des Winters Rauhigkeit meidend« –, hätte er mit den Knaben Vögel gefangen. Bei dieser Beschäftigung, die sich so wenig mit der Würde eines Herzogs und künftigen Herrschers zu vereinbaren schien, wurde ihm die Nachricht überbracht, daß er König werden solle. Später ist aufgrund einer irrigen Lesung des Ortsnamens Dinklar der Beiname »Finkler« entstanden, der dann mit »Vogler« gleichgesetzt wurde. Allerdings blieb er als Beiname ausschließlich dem Sachsenkönig Heinrich vorbehalten.

Daß sich der Herzog zur Jagd in Dinklar aufgehalten haben soll, wie in den Pöhlder Annalen behauptet wird, ist etwas irritierend. Vom eigentlichen Jagdgebiet lag der Hof viel zu weit entfernt, immerhin mehr als fünfzig Kilometer. Der Hof hätte also allenfalls als Ausgangsstandort dienen können. Spätere Berichte erwähnen den Anlaß von Heinrichs Aufenthalt in Dinklar überhaupt nicht, sondern schildern nur, wie er vor seiner Scheuer sitzt und Netze flicht für den Vogelherd, also für die Reuse, in der man Futter auslegte und dann die angelockten Vögel durch die Betätigung eines Zuggarns im Netz einfing.

Die Gesamtausgestaltung der Legende, gleichgültig, welche Arabesken im Lauf der Zeit hinzukamen, geht von einer Mischung gleichbleibender Elemente aus, deren historischer Gehalt unumstritten ist. Die Persönlichkeit Heinrichs galt schon den Zeitgenossen als eine Verkörperung der besten Eigenschaften, die den Sachsen eigentümlich waren. Die Sachsen waren Bauern und Reiter, ihre Bodenständigkeit garantierte ihnen den Sinn für das Gerade, Einfache, Natürliche, Anspruchslose, Schlichte, ebenso für das klare Urteil, das sich nie durch intellektuelle Rösselsprünge verwirren ließ. Der nüchterne Realitätssinn Heinrichs ließ ihn stets die Dinge sorgfältig abwägen und ihr Eigenrecht bedenken – nicht anders als der Landmann auch, der sich an den Jahreszeiten ausrichten muß und die Natur nie nach seinen Wünschen zwingen kann. Klarheit, Bescheidenheit und Entschiedenheit, diese drei Momente sind Konstanten der Persönlichkeit Heinrichs genauso wie der Politik Heinrichs, des Königs.

Zeit der stillen Dramatik. Bestätigt wird dies alles durch die Umstände, die zu der Erhebung des Herzogs der Sachsen zum König des Deutschen Reiches gehören. Wenige Wochen nach dem Tod König Konrads I. erfährt Heinrich durch einen Boten von dem letzten Wunsch des Verstorbenen, von seiner Designation, von der gewünschten und zweifellos unmittelbar bevorstehenden Erklärung vor den Großen und dem Volk, daß er der Nachfolger in der Königswürde sei. Übereinstimmend unterstreichen die Quellen dabei eine gewisse Zurückhaltung, ein Zögern des Sachsenherzogs. Das wird teils mit der wiederholt an Heinrich vermerkten »humilis devotio«, seiner demütigen Ergebung, erklärt, teils auch mit der wortkargen, aber ungewöhnlichen Sicherheit, mit der er in kürzester Zeit dem Königsamt seinen besonderen Zuschnitt verlieh. Das erste Moment braucht nicht überbewertet werden, obgleich es immerhin für Heinrich auch ein rein menschlich-privates Indiz darstellt: »Demut« war durch das ganze Mittelalter hindurch ein habituelles Moment, und zwar so natürlich und selbstverständlich, daß sie glaubensloseren Zeiten fast unweigerlich wie Servilität erscheinen muß. Andererseits ist es auch auffällig, daß eine Reihe von Quellen seit dem zwölften Jahrhundert gerade für Heinrich den Ersten auch den Beinamen »der Demütige« verzeichnen, obgleich er in dieser christlichen Zuspitzung keineswegs zu der Persönlichkeit des Sachsenherrschers paßt.

Zwischen der Nachricht und der faktischen Erhebung zum König vergehen Wochen. Eine Zeit der stillen Dramatik. Gerade weil es Heinrich gelungen ist, in gemessener Distanz zum Hof Konrads zu verharren, kennt er die heillose Lage des Reiches besser als jeder andere Fürst. Und er weiß auch, daß Jahr für Jahr mit einem neuen Kriegszug der Ungarn gerechnet werden muß und er dabei als König keineswegs

✠HEINRICVS·PRIMVS·REX·ROMANO✠

Vorhergehende Seite: Heinrich der Erste auf dem Aachener Karlsschrein

Oben: Quedlinburg, Stadt- und Stiftsbezirk von Südwest

Unten: Nordhausen. Blick in den ehemaligen Kreuzgang des Doms zum hl. Kreuz, von Königin Mathilde 961 als Damenstift gestiftet

Krypta mit Wandmalereien aus der zweiten Hälfte des 12. Jahrhunderts in der Stiftskirche Quedlinburg

Schloß und Dom in Merseburg an der Saale

Albrechtsburg und Dom in Meißen

Darstellung Heinrichs des Ersten (rechts) in einer Handschrift aus dem 14. Jahrhundert

Heinrich der Vogler. Statue aus Grünsandstein, um 1300 in Regensburg, Museum in St. Ulrich

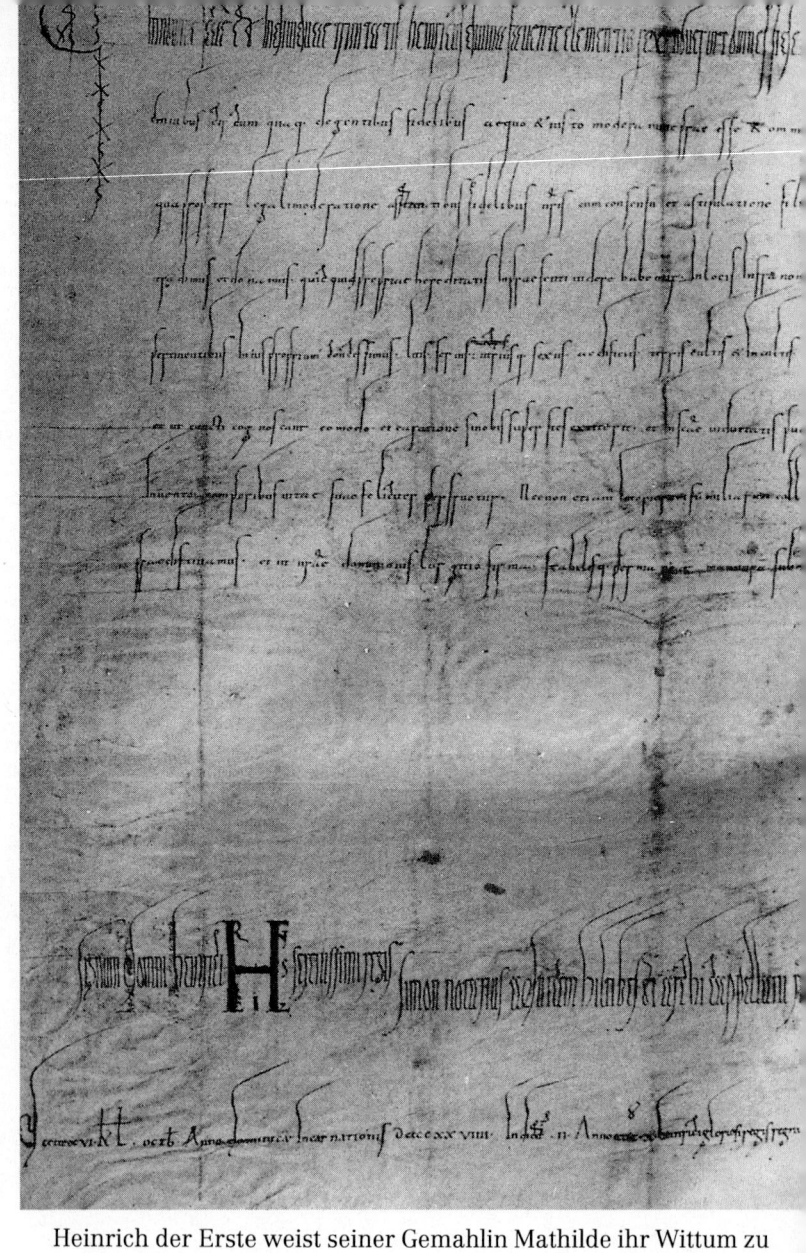

Heinrich der Erste weist seiner Gemahlin Mathilde ihr Wittum zu
(929)

Itaq;

recentis uictorie leticiã augebant nuptie re-
gales. que eo tempe magnifica largitate cele-
brant. Nam rex dedit filio suo ottoni quinge-
filiã edmundi regis angloru. sorore adalsta-
ni. que genuit ei filiũ noie liudolfum. uirũ
magnũ meritoq; omnib; pplis carũ. filiã qq;
noie liudgarda. que nupserat conrado fran-
coru duci Rex aut cum iã militũ haberet
equestri plio pbatũ. et antiquos hostes uidet
ungarios psumpsit uire certã. Et euocato
omni pplo. tali oratione e eos affat? Olim ex omni
parte ofusum a quantis piculis impuim uem
in sit liberũ. uos ipi meli nostis qui ciuilib;
discordiis et extrñs bellis touiens attriti labora-
batis. At nc ppicia nob summa diuinitate.
nro labore ura uirtute pacatũ collectũq; cer-
nius. barbaros supatos et seruitut subiectos.
Qo sup est nece habem? ut et ominunes hostes
auares parit ofurgam? Uos huc usq; filios
filiasq; uras expoliaui. et erariũ eoy repleui
nc templa teployq; ministros ut expoliem
cogor. absq; nrois corpib? nulla nob alia re-

Auszug aus der »Sachsengeschichte« Widukind von Corveys über
Heinrichs Kriegsvorbereitungen gegen die Ungarn

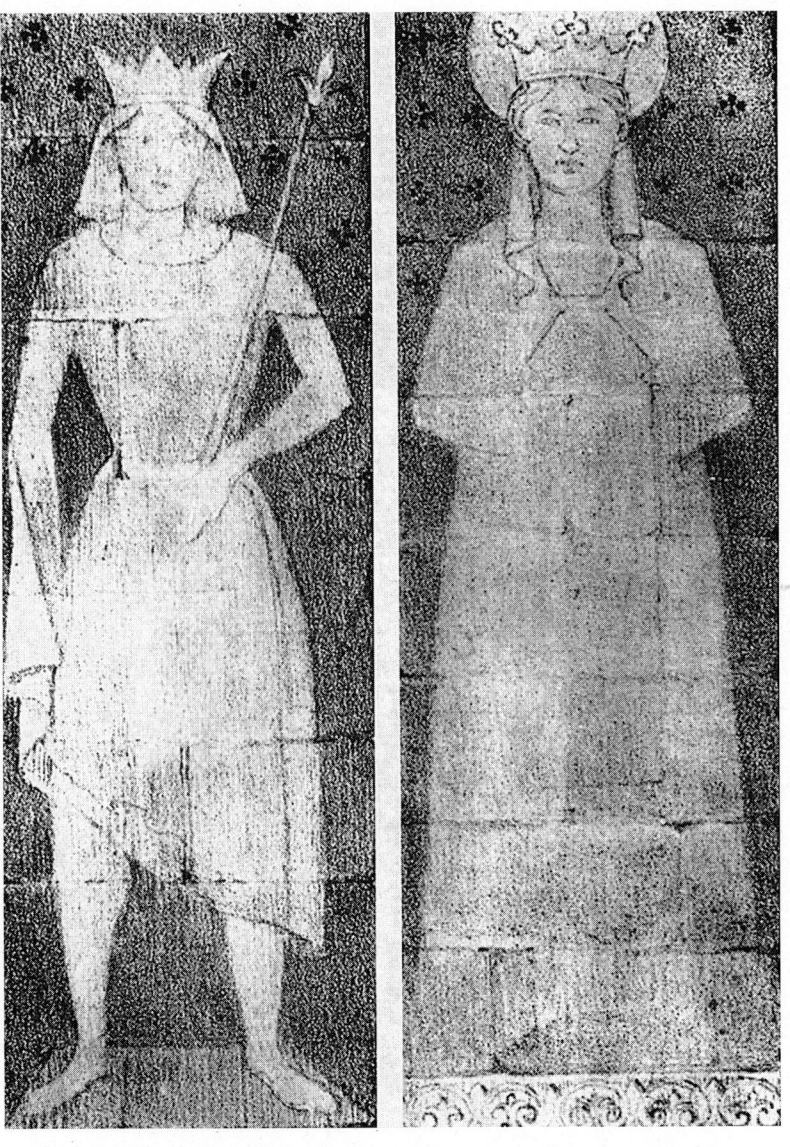

Heinrich der Erste und seine Gemahlin Mathilde. Alte Wandmalereien in der Klosterruine Memleben

Links: Königssiegel Heinrichs des Ersten
Rechts: Münze mit dem Bildnis Heinrichs des Ersten. Die Umschrift auf den Münzen und Siegeln dieses Königs lautete »Rex Henricus«

Links: Diese silberne Gewandspange mit dem Bildnis Heinrichs des Ersten gilt als ältestes deutsches Ehrenzeichen. Sie wurde wahrscheinlich im Auftrag des Königs gearbeitet und von ihm als Auszeichnung verliehen
Rechts: Heinrich der Erste und seine Gemahlin Mathilde. Buchmalerei aus einer Handschrift des 12. Jahrhunderts

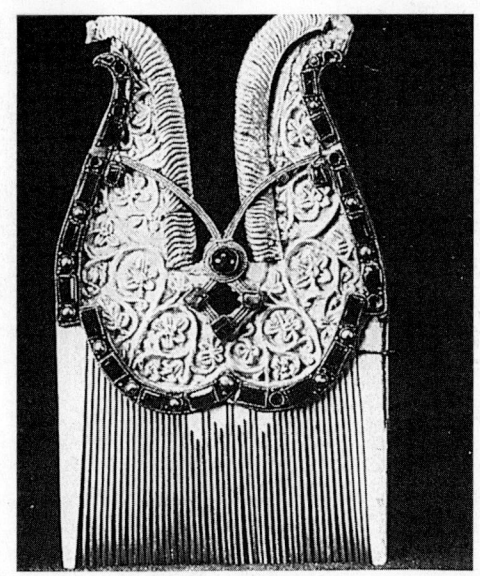

Elfenbeinkamm, welcher der Überlieferung nach aus dem Besitz
Heinrichs des Ersten stammen soll. Quedlinburg, Dom, Schatzkammer

Teil des Reliquienschreines Heinrichs des Ersten aus dem
11. Jahrhundert (deutsch-rheinisch)

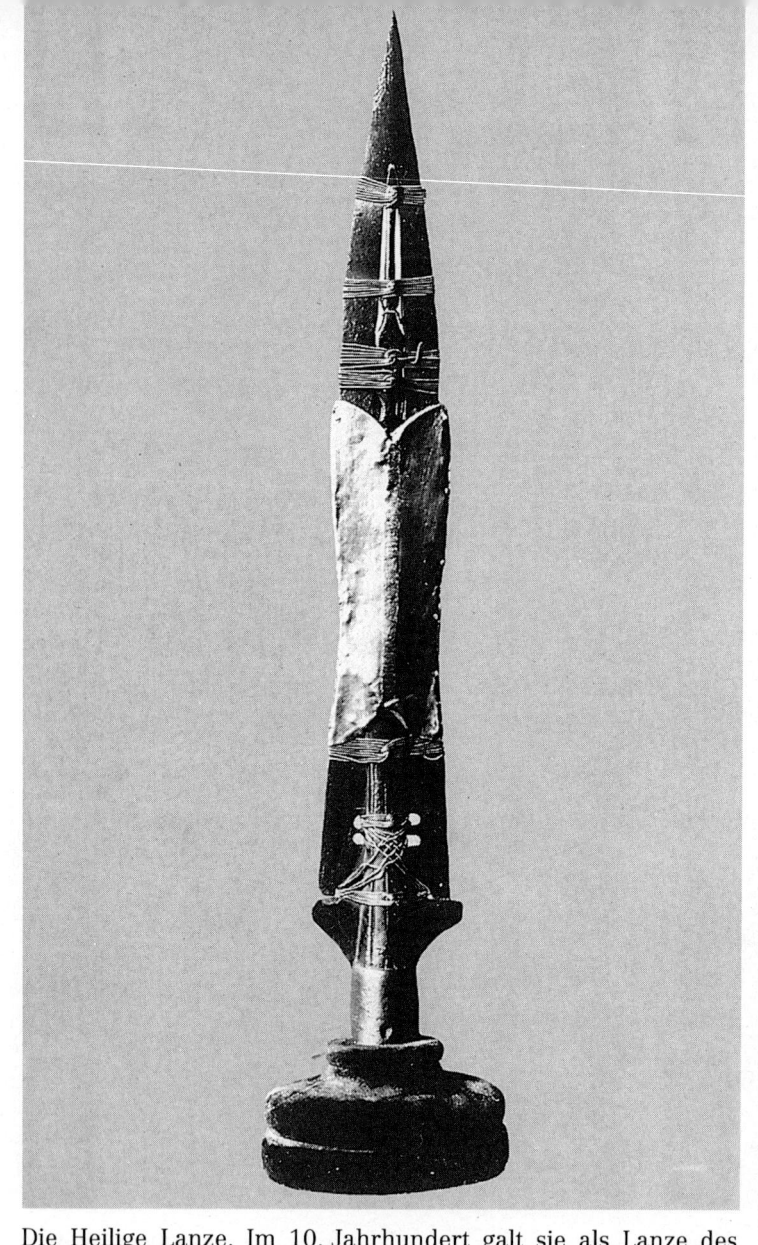

Die Heilige Lanze. Im 10. Jahrhundert galt sie als Lanze des heiligen Mauritius, die in ihrer Spitze einen Kreuznagel bewahrt

in der Windstille des nur gelegentlich Betroffenen verbleiben kann. Außerdem bereiten gerade zu dieser Zeit die Reiternomaden für das Jahr 919 außerordentlich große Unternehmungen vor. Heinrich ist darüber informiert.

Widukind von Corvey erzählt, Eberhard von Franken hätte sich noch vor der eigentlichen Königserhebung zu Heinrich begeben, so wie es der Wunsch, ja der Befehl König Konrads gewesen sei: »Er stellte sich ihm mit allen Schätzen zur Verfügung, schloß Frieden und erwarb sich seine Freundschaft, die er bis an sein Ende in treuer Verbundenheit bewahrte. Sodann versammelte er die Fürsten und Ältesten des Frankenheeres an einem Orte namens Fritzlar und rief ihn vor allem Volke der Franken und Sachsen zum Könige aus. Und als ihm die Salbung nebst dem Diadem von dem Erzbischof, welcher zu jener Zeit Heriger war, angeboten wurde, verschmähte er sie zwar nicht, nahm sie aber auch nicht an. ›Es genügt mir‹, sagte er, ›vor meinen Ahnen das voraus zu haben, daß ich König heiße und dazu ernannt worden bin, da es Gottes Gnade und eure Huld so will; Salbung und Krone aber mögen Würdigeren als mir zuteil werden; solcher Ehre halten wir uns für unwert.‹ Und es fand solche Rede bei der ganzen Menge Beifall, sie hoben die Rechte zum Himmel empor und wünschten dem neuen König mit brausendem Zuruf Heil und riefen oftmals laut seinen Namen.« Das Erheben der Hände war der alte deutsche Königsgruß. Mit ihm wurde der Bund zwischen König und Volk besiegelt, er hatte dasselbe rechtliche Gewicht wie der Eid, vertrat ihn jedenfalls nach dem sächsischen Recht.

Wenn man Widukind folgt, dann hatten sich in Fritzlar nur die Franken und Sachsen versammelt. Die süddeutschen Stämme der Schwaben und Bayern waren nicht erschienen, oder sie waren nur als unerhebliche oder zufällige Abordnungen gekommen, auf jeden Fall nicht in offizieller Mission. Dagegen notiert Adalbert von Magdeburg, Herzog Heinrich sei »durch Übereinstimmung der Franken, Alemannen, Bayern, Thüringer und Sachsen zum König gewählt« worden. Noch ungenauer schildert Liudprand von Cremona das Ereignis von Fritzlar. Nachdem er schon sämtliche Fürsten des Ostfränkischen Reiches am Totenbett Konrads I. versammelt hatte, ließ er die Herzöge alsbald seinen letzten Willen erfüllen: »Denn nachdem Konrad verschieden war, überbrachten die erwähnten Fürsten die Krone und alle königlichen Gewänder dem Herzog Heinrich und berichteten ihm der Reihe nach alles, was König Konrad gesagt hatte. Heinrich aber lehnte zunächst die königliche Würde demütig ab, dann jedoch übernahm er sie ohne Ehrgeiz.«

Am stärksten mischt Thietmar von Merseburg seine eigene Sicht in seine Darstellung der Königserhebung. Nach ihm hielten die am Totenbett Konrads »versammelten Ersten des Volkes« nach dem Ableben des Königs »sofort in Fritzlar eine Wahlversammlung ab, krönten Heinrich und überantworteten ihm als ihrem neuen Könige und Herrn unter Tränen vor Christus und der ganzen Kirche als unverbrüchlichen Zeugen, was ihnen anvertraut war. Er nahm zunächst dieses Geschenk göttlicher Gnade und dann den allgemeinen Beweis so großer Liebe in der gebührenden demütigen Ergebung entgegen, dankte Gott und gelobte, allen diesen ihren gemeinsamen Forderungen Folge leisten zu wollen. Die von Erzbischof Heriger angetragene Salbung und bischöfliche Segnung nach Art seiner frommen Vorgänger wünschte er nicht und lehnte ihre Annahme ab, erklärte sich ihrer vielmehr als unwürdig. Trotzdem fürchte ich, hierin eine Sünde sehen zu müssen; ich las nämlich in der Lebensbeschreibung des heiligen Vaters Ulrich von Augsburg, den der König später zur Bischofswürde erhob: Afra, die Römerin und heilige Märtyrerin Christi zu Augsburg, habe ihrem geliebten Bischof vielerlei durch Visionen offenbart, unter anderem auch zwei Schwerter: das eine mit, das andere ohne Griff; mit dem zweiten habe sie auf König Heinrich hingewiesen, dem die Weihe fehle. Doch das überlasse ich Gottes verborgenem Urteil.«

Eine auffällige Variante findet sich bei Ekkehard IV. von St. Gallen, nicht zuletzt deshalb auffällig, weil dem gelehrten, hochgebildeten Mönch und Schulleiter genügend Material zur Verfügung stand und seine Informationen nicht ohne weiteres als Produkt seiner Freude am Fabulieren abzutun sind. Für Ekkehard gilt es als ausgemacht, daß Eberhard nach dem Tod seines Bruders nach der Krone und der Leitung des Reiches greifen wird. Auch für Konrad besteht daran kein Zweifel. Doch er weiß auch, daß Eberhard »weder durch Tüchtigkeit für die Königskrone geeignet, noch aufgrund seines Wesens beim Volk Rückhalt besitzt. Als der König hinfällig wird und Eberhard ihn darum bittet, er möge ihn dem Volk empfehlen, hält er ihn immer wieder hin. Und als der König schließlich fühlt, daß sich der Tod nähert, spricht er heimlich zu dem Bruder: ›Ich sehe, mein Bruder, und habe es immer gesehen, daß dich das Volk nicht annehmen will, und deswegen habe ich – um dich nicht zu betrüben – stillschweigend dasjenige, um das du mich so oft gebeten hast, verschoben.‹ Nun gibt Konrad seinem Bruder den Rat und Auftrag, zu Heinrich von Sachsen zu gehen: ›Nimm Krone und Zepter und eile Tag und Nacht zu ihm hin und gib ihm dich und das Reich mit meinen Worten in die Hände und bitte, daß beide bei dir meiner eingedenk sein mögen!‹ Eberhard befolgte den Befehl des Königs und bat den Herzog, nachdem er bei ihm angekommen war, heimlich mit ihm reden zu dürfen. Als sich das Gefolge entfernt hatte, verschloß er eigenhändig die

Tür, legte seinen Schultermantel ab, warf sich dem über alle Maßen erstaunten Herzog zu Füßen, deckte Krone und Zepter auf und erzählte, was ihm aufgetragen wurde. Heinrich versicherte ihm daraufhin, er werde – wenn sich Eberhard entsprechend der Treue, mit der er zu ihm gesprochen habe, auch künftig so verhalte – alles für ihn tun, was dem Träger einer so großen Botschaft gezieme. Und damit ich mich bei meiner Schilderung nicht in Umwege verliere: Es fand eine öffentliche Beratung statt, und Heinrich wurde von den Sachsen und Franken einstimmig zum König erhoben.«

In diesen Berichten der Chronisten und Geschichtsschreiber sind die wichtigsten Momente berührt, die den Tag zu Fritzlar charakterisieren und die deutlich machen, warum es sich dabei um eine der tiefsten Zäsuren der frühmittelalterlichen Geschichte handelt. Sieht man von der Selbstüberwindung König Konrads ab, von seiner Selbstentsagung, die das Weilburger Vermächtnis zu einem weltgeschichtlichen Ereignis erhebt, so konnte es nicht strittig sein, daß bei nüchterner Abwägung der Qualitäten der anderen Stammesherzöge die Entscheidung zugunsten Heinrichs von Sachsen fallen mußte. Der verständliche Ehrgeiz Eberhards von Franken stand in keinem Verhältnis zu seinen Fähigkeiten. Selbst wenn er von seinem Recht zur Nachfolge überzeugt gewesen wäre: Er hätte dieses Recht mit den Waffen durchsetzen müssen. Ein solcher Kampf war von vornherein aussichtslos und konnte nur mit einer Niederlage enden. Eberhard hätte dabei sogar riskiert, auch noch sein eigenes Herzogtum Franken einzubüßen. Arnulf von Bayern wäre zweifellos sofort und ohne Zögern bereit gewesen, die Krone anzunehmen, doch einen Rückhalt hätte er lediglich bei seinen eigenen Herren, beim bayerischen Adel, besessen; von den anderen Stämmen und ebenso von der Kirche, allen voran von der Geistlichkeit seines Landes, wäre er abgelehnt worden. Auch er hätte die Krone mit dem Schwert erringen müssen. Insofern lag in der Designation Herzog Heinrichs nichts Überraschendes. Das Königtum ging auf die stärkste Persönlichkeit über. Mit Sachsen war es auf das machtvollste, das in sich geschlossenste Stammesherzogtum gestützt.

VOM FETISCH DER FAKTEN. Keine der genannten Quellen ist völlig zuverlässig. Das gilt auch für die drei ältesten Zeugnisse, die allen späteren Chronisten als Grundlage gedient haben. Am schwierigsten ist zu entscheiden, ob der sterbende König die Designation Heinrichs nur vor seinem Bruder Eberhard, unter vier Augen, vorgenommen hat oder vor dem Kreis der fränkischen Herren, also vor einem Landtag, wie es üblich gewesen wäre. Denkbar wäre eine Verbindung von beidem: König Konrad könnte wegen seiner körperlichen Schwäche nicht mehr in der Lage gewesen sein, eine solche Versammlung noch vor seinem Ende zusammenzurufen. Er teilt deshalb Eberhard seinen Letzten Willen mit, erklärt die Designation, und anschließend informiert Eberhard die fränkischen Großen, schickt einen Boten zu Heinrich von Sachsen und bricht dann selbst zu ihm auf. Im übrigen ist es auch nicht ausgeschlossen, ja sogar recht naheliegend, daß sich damals in der Umgebung König Konrads auch Adlige und Kirchenfürsten von den anderen deutschen Stammesgebieten aufgehalten haben, so daß die Designation in gewissem Sinne schon vor der Öffentlichkeit des Reiches vollzogen wurde, also den Vollzug in Fritzlar geradezu vorwegnahm.

Völlig frei von allen Anzweiflungen ist nicht einmal der Akt der Designation selbst geblieben. Doch sollten gerade bei diesem Ereignis jener von allen kritischen Köpfen so sorgsam gepflegten Neigung der Zweifelsucht die Flügel gestutzt, und es sollte endlich das berichtet werden, was der Kern des Ganzen ist und bleibt und bleiben wird: die Königserhebung Heinrichs von Sachsen und ebenso alles, was zu seiner Königsherrschaft und der Zeit seiner Regierung gehört. Der Historiker im zwanzigsten Jahrhundert muß die Ausschmückung wichtiger Ereignisse bis hin zur Verwandlung in Sagen und Legenden genauso als Zeugnisse der damaligen Zeit werten und prüfen wie die eindeutig belegten Fakten. Bei den alten Germanen war es Brauch, besonders herausragende oder folgenschwere Geschehnisse als Handlungen einzelner, überragender Persönlichkeiten zu beschreiben; die Unternehmungen von Stämmen, Völkerschaften oder ganzer Völker werden zu Taten einzelner Großer, zu Taten von Helden. Das kann selbst einen so zuverlässigen Chronisten wie Widukind von Corvey dazu bewogen haben, den Übergang des Königtums von den Franken auf die Sachsen in Form eines Wechselgesprächs zwischen dem sterbenden König Konrad und seinem Bruder Eberhard wiederzugeben. Das wäre zwar, im Zeichen des modernen Respekts vor unbezweifelbaren Fakten, nicht richtig, aber es wäre in einem urbaneren Sinn, der den verschiedenen Epochen nicht ihr Eigenrecht des Selbstausdrucks bestreitet, auch nicht völlig falsch.

Unsere Gewährsmänner sind zumeist Sachsen. Es sind christliche Mönche und Kleriker. Sie stehen ausnahmslos dem sächsischen Herrscherhaus, dem ottonischen Hof nahe. Sie zählen selbst, so wie die meisten Mönche damals, zur Aristokratie. Und sie leben vor allem zu einer Zeit, die zweieinhalb Jahrhunderte vor der Niederschrift des *Nibelungenliedes* liegt, also letztlich dicht bei jener Epoche, in der die Sagen und Legenden so selbstverständlich zum Leben der Menschen in den deutschen Gebieten gehörten wie das tägliche Brot. Muß sich eine Schilderung jener Zeit nicht an das, was in den Texten durchscheint, genauso halten wie an das, was in den Texten klar zu lesen ist, aber den Mitteilungen in anderen Texten widerspricht? Die bedeutende Rolle von Motiven in der Sagenbildung spricht eher für sie als gegen sie. Denn die Legende und der sagen-durchtränkte Bericht ist gewöhnlich in sich weit geschlosse-ner, als es die Details der Chronisten sind. Das hat auf das Geschäft des Historikers überaus unangenehme Rückwir-kungen. Aber nirgends steht geschrieben, daß sein Geschäft angenehmer wäre oder sein sollte als jedes andere Geschäft.

DER TAG VON FRITZLAR. Hinter den Akt der Designation Heinrichs könnten zwar etliche Fragezeichen gesetzt werden, doch nicht zu rütteln ist an der entscheidenden Tatsache, daß im Jahr 919 das Königtum von den Franken auf die Sachsen übergegangen, daß es Heinrich von Sachsen übertragen worden ist. In welcher Form und aus welchen Gründen dieser Übergang, den der Geschichtswissenschaftler mit dem nüch-ternen Wort Translation bezeichnet, später in der Legende ausgemalt wurde, gehört zu den vielen Mysterien der Geschichte. Sicherlich war es nicht so, wie von den Rationali-sten häufig behauptet wird, die ihre Vernunfteinwände mehr ihrem Phantasiemangel verdanken als dem Zwang der Logik: daß sich der ottonische Hof im Sinne moderner Manipulation dazu entschloß, die Form der Übertragung des Königtums auf das sächsische Herrscherhaus durch unterschwellige Propa-ganda im Volk als Legende zu verbreiten.

Carl Loewe und sein Texter Johann Nepomuk Vogl haben also keineswegs völlig unrecht, wenn man absieht von so belanglosen Irrtümern, daß Heinrich nicht zum Kaiser gewählt wurde. Der ach so schwere Wahlspruch, der die Nacken der meisten Erforscher des Mittelalters beugt, das so oft zitierte: »Ignorabimus – Wir werden es nie wissen«, geht von Voraussetzungen aus, welche die Chronisten jener Zeit nie begriffen hätten: Herzog Heinrich von Sachsen wurde im Mai des Jahres 919 zu Fritzlar in Hessen zum König erhoben – das ist das Faktum, der Stamm, um den sich die Legenden ranken. Selbst die Wahl des Ortes war nicht zufällig. Fritzlar, in der Nähe eines alten Thingplatzes über dem nördlichen Steilufer der Eder gelegen, war seit Karl dem Großen Königspfalz und bis zu jenem Maitag des Jahres 919 ein Stützpunkt des Grafenhauses der Konradiner. In Fritzlar wurde vom Apostel der Deutschen, von Bonifatius, nachdem er die Donars-Eiche im nordwestlich benachbarten Geismar gefällt hatte, zweihundert Jahre zuvor das Kloster St. Peter gegründet. Daß die Königserhebung in Fritzlar stattfand, war bewußte Absicht, und es war auch symbolisch, denn hier kreuzt sich aufs selbstverständlichste der fränkische mit dem sächsischen Einfluß.

Mit hoher Wahrscheinlichkeit hatte Eberhard von Franken die Reichsinsignien – die Krone, das Zepter, den Königsmantel mit den goldenen Armspangen und das Schwert – mit sich geführt, als er Heinrich aufsuchte. Bei den Armspangen, den Armillae, handelte es sich um altgermanische Schmuckstücke; sie hatten dieselbe Bedeutung wie der königliche Ring, der bei den Karolingern dem König bei der Krönung übergeben wurde. Nachdem Eberhard dem Sachsenherzog den letzten Wunsch Konrads und die Designation mitgeteilt hatte, dürfte er Heinrich die Reichsinsignien übergeben haben. Daß Eberhard sie als Pfand und letzten Rückhalt bis zu dem Tag der Erhebung Heinrichs durch die Fürsten zurückgehalten hätte, ist nicht glaubhaft.

Eberhards Entscheidung, seine Ansprüche auf das Königtum fallenzulassen, bedeutete zwangsläufig auch den Verzicht auf den Besitz der Reichsinsignien, und dieser Entschluß war getroffen worden, bevor der neue Herzog der Franken die Nachricht vom Tod Konrads und der Designation dem Sachsenherzog mitteilen ließ.

Die Übersendung der Reichsinsignien wurde bereits in der Zeit der Karolinger als Designation ausgelegt. Schon allein dadurch erhält der Entschluß Konrads ein besonderes Gewicht, denn er will durch die Zustellung der geheiligten Zeichen der Königswürde klarstellen, daß er Heinrich nicht aus privaten Gründen und in unverbindlicher Form zu seinem Nachfolger vorschlägt. Die Überbringung der Insignien soll auch vor dem Volk Konrads Empfehlung einen höheren Rang verleihen. Die Symbolik des Vorganges besitzt realpolitische Substanz. Schon kurze Zeit später gilt der Besitz der Reichsinsignien den deutschen Königen gewissermaßen als bindendes Zeichen ihrer Herrschaft, als Legitimation ihrer Eignung und Erwählung: quasi jure hereditario sibi competentia, wie es der Mönch Sigebert von Gembloux etliche Jahrzehnte nach König Heinrich in seiner Chronik formulierte. In den Insignien drückte sich das Königsrecht optisch sichtbar aus, so wie es in der Herrscherakklamation, dem Zuruf der Großen und Edelinge, hörbar wurde.

Einen politischen Sinn hätte also das Zurückhalten der Reichsinsignien nur dann gehabt, wenn Eberhard willens gewesen wäre, um die Krone zu kämpfen; in einem solchen Fall hätte er aber keinen Boten nach Sachsen geschickt und sich mit Heinrich nicht verständigt. Ebenso schwer wiegt die Tatsache, daß sich Eberhard dem Sachsenherzog »mit allen Schätzen zur Verfügung stellte«; das hebt Widukind von Corvey hervor. Mit den Schätzen ist die Übergabe des Hortes gemeint, und diese Handlung muß als identisch mit der Übergabe des Reiches angesehen werden. Die Formel »Hort und Reich gewinnen« ist gleichbedeutend mit dem Antritt der Herrschaft. Mit der bildhaften Wendung des »Sich in die Hand geben«, des »Sich seiner Gnade ausliefern« soll nichts anderes ausgedrückt werden, als daß Eberhard in seiner Stellung als Treuhänder und Sprecher des Frankenstammes das Königtum an Heinrich und damit an den Sachsenstamm übergibt, und diese Übertragung bedeutet gleichzeitig auch die Auslieferung des Reiches an Heinrich von Sachsen.

Am zuverlässigsten berichtet Widukind vom Tag in Fritzlar. Ob im Mai 919 nur die letzte Empfehlung, der Rat und die Bitte König Konrads vollzogen werden oder tatsächlich eine Wahl des neuen Königs stattfindet, ist bei den Historikern lange kontrovers gewesen. Alles spricht freilich dafür, daß von einer wirklichen Wahl nicht die Rede sein kann. Hier irren die späteren Berichterstatter, oder sie nehmen die Worte nicht genau. Um von einer Wahl sprechen zu können, hätte die Möglichkeit einer Gegenkandidatur bestehen müssen; sie bestand nicht, es gab in Fritzlar keinen anderen Anwärter auf die Krone außer Heinrich. Wenn die Großen der Franken und Sachsen nicht beabsichtigt hätten, Heinrich das Königtum anzutragen, wären sie nicht in Fritzlar zusammengekommen. Gegenüber diesen Tatsachen spielt es auch keine Rolle, ob Konrad I. ein Recht hatte, Verfügungen über das Königtum und seine Nachfolge zu treffen, ob also der Designation, die er auf dem Sterbelager vornahm, irgendeine bindende Kraft zukam. Es genügt, daß die Designation stattgefunden hatte und die deutschen Fürsten, die nach Fritzlar gekommen waren, ohne eine wirkliche Beratung darüber, ob sie dem Sachsenherzog die Krone antragen sollten oder nicht, Heinrich zum König erhoben.

Widukind von Corvey schreibt dazu nur den einen Satz,

daß Herzog Eberhard die Großen des Frankenstammes in Fritzlar zusammenkommen ließ und Heinrich an diesem Ort vor dem Volk der Franken und Sachsen zum König proklamierte. Dieser Mitteilung Widukinds ist nichts hinzuzufügen bis auf den Hinweis, daß er mit dem »Volk der Franken und Sachsen« höchstwahrscheinlich alle Stämme des Reiches meint, sich also in Fritzlar durchaus auch etliche Herren des bayerischen und schwäbischen Adels versammelt haben könnten, auch wenn der Corveyer Mönch nichts ausdrücklich davon erwähnt. Als Stamm waren jedenfalls die Bayern und Schwaben in Fritzlar nicht vertreten, die Entscheidung fiel ohne sie.

Gegenüber dem unerschütterlichen Faktum der Erhebung Heinrichs von Sachsen zum König im Mai 919 spielt es im übrigen auch keine Rolle, ob es – und daß es! – weder damals noch später ein Recht des deutschen Königs gab, über seine Nachfolge, die Krone, das Königtum und das Reich zu bestimmen, und daß, falls er sich trotzdem dazu entschloß, seiner Designation weder ein rechtlicher Gehalt zukam noch jemanden zur Zustimmung verpflichtete. Die deutschen Könige versuchten zwar immer wieder, schon zu Lebzeiten die Nachfolge in ihrem Sinn zu regeln und damit zu sichern, doch kaum jemals gelang dies mit einer so unbezweifelbaren Entschiedenheit, daß sich nach dem Tod des Monarchen eine Wahlhandlung erübrigt hätte, zumindest in Form der bestätigenden Erhebung und Akklamation. Ebensowenig ließen sich dadurch die erbitterten Thronkämpfe vermeiden; sie ziehen sich in ermüdender Häufigkeit durch die Geschichte.

DER UNGESALBTE KÖNIG: EIN »SCHWERT OHNE GRIFF«?

Nachdem Erzbischof Hatto von Mainz im Jahr 913 gestorben war, wurde Bischof Heriger sein Nachfolger. Das Erzbistum Mainz stand seit der Mitte des achten Jahrhunderts an der Spitze der Reichskirche, es bildete die wichtigste Stütze des Herrschers. Der Erzbischof von Mainz stellte das unbestrittene Haupt der Reichskirche dar, seine Autorität reichte an diejenige der gekrönten Könige heran. Das Erzbistum Mainz bildete die größte Kirchenprovinz des Abendlandes. Zu ihr zählten die deutschen Kerngebiete von den Hochalpen um Chur bis weit hinauf nach Sachsen. Dem Mainzer Erzbischof, dem Nachfolger Bonifatius', unterstanden damals die fränkischen Bistümer Worms, Speyer und Würzburg, die alemannisch-schwäbischen Bistümer Straßburg, Konstanz, Chur und Augsburg, in Bayern das Bistum Eichstätt und schließlich die sächsischen Diözesen Paderborn, Halberstadt, Hildesheim und Verden.

Erzbischof Heriger übte dieses politisch einflußreichste Herrscheramt der Kirche des Reiches fast eineinhalb Jahrzehnte, bis 927, aus. Seine hohe Stellung war nicht nur durch das Amt allein, sondern zusätzlich durch den dominierenden Einfluß der Kirche charakterisiert, den sie in der Regierungszeit Konrads I. errungen hatte. Auf der Synode von Hohenaltheim wurde endgültig gezeigt, was die Kirche beabsichtigte: Der König hatte zu regieren und zu gebieten – doch allein nach den Wünschen und dem Rat der Kirche. Erzbischof Heriger war in Fritzlar anwesend. Nach der Erhebung Heinrichs bot er dem neuen König die Salbung und das Diadem an. Heinrich aber lehnte beides ab.

Nach außen hin begründete der Sachsenherrscher seine Weigerung mit auffallend höflichen Sätzen, die ihn als einen besonders bescheidenen Menschen erscheinen ließen. Tatsächlich aber mußte die Kirche die Ablehnung der Salbung als eine unerwartete und unerhörte Provokation empfinden. Sie hat schon damals ihre Verstimmung nur mühsam unterdrückt, sie hat sich mit der neuen Situation abgefunden, sie hat Heinrichs Brüskierung aber nie vergessen. Selbst noch fast ein ganzes Jahrhundert später entrüstet sich Bischof Thietmar von Merseburg ganz unverhohlen. Er dämpft zwar seine Kritik ein wenig, indem er mit einer monumentalen Vertrauensgeste das abschließende Urteil Gottes unerforschlichem Ratschluß überläßt, aber an seiner eigenen Mißbilligung ändert sich dadurch nichts. Und in beachtlicher Konsequenz wird noch am Ende des zwölften Jahrhunderts in der *Ursberger Chronik* Kaiser Heinrich VI., der Sohn Friedrich Barbarossas, als Heinrich V. bezeichnet, weil der bayerisch-schwäbische Prämonstratenser sich nicht dazu durchringen kann, Heinrich den Ersten zu den Königen zu zählen; er läßt ihn nur als Herzog gelten.

Als unmißverständliche Distanzierung ist Heinrichs Ablehnung auch gedacht. Er nimmt dabei auch bewußt in Kauf, daß der hohe Klerus die Ablehnung des eben erst gewählten Königs unweigerlich als Affront empfinden mußte. Deutlicher kann der neue Herrscher gar nicht zeigen, wie radikal er schon von Anfang an mit jener Politik Konrads I. bricht, die zur Synode von Hohenaltheim 916 geführt hatte. Heinrichs Königtum stützt sich nicht auf die Kirche. Er schließt den Klerus von der Regierung aus.

Die Ablehnung der Salbung ist deshalb so überraschend, weil der König an diesem Tag zunächst nur die Stämme der Sachsen und Franken hinter sich weiß. Er ist aber unbedingt auch auf die Anerkennung der Bayern und Schwaben angewiesen, und ihre Zustimmung wird er nicht ohne weiteres erhalten. Beiden Stämmen wäre es ungleich schwerer gefallen, einen bereits gesalbten König abzulehnen. Im

November 911 war Konrad am Tag der Königserhebung auch gekrönt und gesalbt worden. Seine Anerkennung durch die Bayern und Schwaben erfolgte später, ihre möglichen Vorbehalte wurden jedenfalls durch die Salbung nicht unwesentlich entkräftet. Heinrich von Sachsen dagegen nimmt in Kauf, daß er mit der ausgeschlagenen Salbung seinen Gegnern zusätzlich ein Gegenargument in die Hand spielt.

Daß Heinrich die Salbung ablehnte, war nicht nur eigenwillig, sondern mit Rücksicht auf die damaligen Verhältnisse geradezu unvernünftig. Er brach ostentativ mit einer Tradition, die Pippin im Frankenreich begründete, als er sich im Jahr 751 zum König wählen und dann durch Bonifatius – den päpstlichen Legaten – salben ließ. Papst Stephan II. wiederholte die Prozedur am 28. Juli 754 in St. Denis, und zwar auch an Pippins Söhnen Karl und Karlmann. Pippins Gründe für diesen Entschluß waren kein Geheimnis. Er hatte den letzten Merowingerkönig Childerich III. abgesetzt und benötigte nun eine Legitimation seines Königtums als Ersatz für das Geblütsrecht, das ihm fehlte. Seit dieser Zeit nannten sich die Könige der Franken »Dei gratia francorum rex« – »Von Gottes Gnaden König der Franken«. Damit war das Geblütsrecht, das den Mitgliedern des Königshauses aufgrund des Vorranges ihrer Geburt die Anwartschaft auf die Thronfolge sicherte, durch eine Instanz ersetzt, deren Rang noch höher war und die sich durch nichts mehr überbieten ließ: Das Königtum war ein Amt von Gott.

Diese Tradition hatte über eineinhalb Jahrhunderte hinweg Bestand, bis zur Salbung König Konrads I. im Jahr 911. Die Formen wechselten, das Ritual selbst, nämlich die kirchliche Salbung, Krönung und Weihe, die eine Einheit darstellten, besaß zwar keine konstitutive Kraft, es ermächtigte nicht zur Regierung, der König konnte sein Amt führen, bevor die Handlung vollzogen war, aber an ihrer Notwendigkeit gab es keine Zweifel. Erst durch die Salbung wurde ein König rechtmäßig. Da die Salbung durch den Papst sich oft durch äußere Gründe übermäßig verzögerte, wurde es immer häufiger Brauch, die kirchliche Handlung durch den Erzbischof des Landes vornehmen zu lassen. Nach der Teilung des Frankenreiches setzte sich die Überzeugung, daß der königliche Herrscher die kirchliche Weihe benötige, bald auch in Ostfranken als Regel durch. Sie war das Siegel der Rechtmäßigkeit des Königtums. Der Chronist Flodoard von Reims, ein Zeitgenosse Heinrichs, tituliert den Sachsenherrscher mit unerschütterlicher Beharrlichkeit auch noch lange nach dessen Tod nur als Herzog oder spricht von ihm einfach als dem »überrheinischen Heinrich«. Ebenso ist noch im elften Jahrhundert für den schwäbischen Chronisten Hermann von Reichenau ein ungesalbter König kein König.

Heinrich von Sachsen lehnte also mit klarer Überlegung und in vollem Bewußtsein der Konsequenzen, die sich daraus ergaben, die Herrscherweihe durch die Kirche ab. Er wies das Angebot des Erzbischofs von Mainz auch nicht etwa deshalb zurück, weil es sich um seinen alten Gegner Heriger handelte, sondern verweigerte den Vollzug der kirchlichen Riten aus prinzipiellen Gründen. Er hatte nicht die Absicht, sein Königtum als »Gesalbter des Herrn« auszuüben. Ja, er verzichtete nicht nur darauf, sich nach dem bis dahin üblichen Verfahren seine Rechtmäßigkeit durch die Kirche bescheinigen zu lassen, wie es sein Vorgänger Konrad getan hatte, sondern er brach damit in brüsker, verletzender Weise mit der ganzen Tradition der Karolinger. Heinrichs Königtum sollte weder etwas mit der bis dahin in Ostfranken üblichen Herrschaft zu tun haben noch mit dem damals schon geradezu in mythischen Bereichen angesiedelten Königtum Karls des Großen. Heinrich von Sachsen distanzierte sich von der Kirche, er lehnte die Koalition mit der Geistlichkeit ab, er schloß sie von der Mitregierung aus, und zwar konzessionslos. Es ging ihm also nicht nur darum, die Geistlichkeit in die Schranken zu weisen, also nicht mehr zuzulassen, daß sie jemals wieder, so wie in den Zeiten des Erzbischofs Hatto, die Richtlinien der Politik bestimmte. Damit forderte er die Kirche heraus. Ja noch mehr: Er riskierte ohne Wenn und Aber eine offene Feindschaft mit ihr. Er war bereit, den Beweis zu erbringen, daß er – als ungesalbter König in den Augen der Kirche kein rechter König, ein »Schwert ohne Griff« – gleichwohl ein Schwert mit außerordentlich scharfer Schneide sein würde.

Wenn Widukind schreibt, daß Heinrich die kirchliche Salbung und Krönung abgelehnt habe, dann heißt das nicht, daß Heinrich nicht die Krone getragen hätte, die ihm von Konrad durch Eberhard als Unterpfand der Designation überbracht worden war. Thietmar von Merseburg behauptet zwar, daß Heinrich in Fritzlar von den »versammelten Ersten des Volkes«, die zuvor die letzte Bitte Konrads vernommen hatten, gekrönt worden sei, aber der Merseburger Bischof ist in diesem Punkt nicht vertrauenswürdig. Weit mehr Beweiskraft hat der Umstand, daß Heinrich auf seinen beiden Siegeltypen mit der Krone abgebildet ist, ebenso auf einem zeitgenössischen Medaillon und vor allem auf dem großen Triumphbild in Merseburg.

Vereinfacht läßt sich feststellen, daß Konrad I. in Gemeinschaft mit der Kirche gegen die Stammesherzöge regiert hatte. Heinrichs demonstrative Ablehnung der Salbung und Krönung durch den Erzbischof in der Stunde seiner Königserhebung konnte demgegenüber nichts anderes in Aussicht stellen, als daß seine Politik derjenigen Konrads genau entgegengesetzt sein würde: mit den Stammesherzögen zusammen und im Zweifelsfall mit ihnen gegen die Kirche und ihre Ansprüche zu regieren. Das war nicht etwa nur eine Einsicht der politischen Vernunft aufgrund einer richtigen Abschätzung der Realitäten und der Notwendigkeit, dem Reich eine neue Struktur zu geben. Ebensowenig drückte sich darin eine persönliche Kirchenfeindlichkeit Heinrichs aus. Seine Abwehr war nicht privater, sondern sachbezogener Art. Denn er vollzog seine Wendung auf der Grundlage einer völlig neuen Einschätzung des Königtums und damit der weltlichen Herrschaft im Deutschen Reich: Heinrich verwarf das sakrale Königtum kompromißlos, von der Basis her. Er sah sein Amt als Herrscher auf anderen Fundamenten ruhen. Heinrich der Sachse machte der Kirche und den Großen der Stämme vom ersten Tag an klar, daß er von seinen germanisch-sächsischen Voraussetzungen her nicht Priesterkönig sein würde, sondern Heerkönig des Deutschen Reiches.

In seiner Weltgeschichte schreibt Leopold von Ranke: »Die Salbung durch Heriger hätte einen Beitritt zu dem herrschenden System in sich geschlossen. Heinrich wäre mit sich selbst in Widerspruch geraten. Man kann sich darüber nicht täuschen, daß in der Zurückweisung der Salbung unter diesen Umständen ein Einspruch gegen den überwiegenden Anteil der Geistlichkeit an der Regierung, wie er sich in der letzten Zeit gebildet, und gegen die klerikalen Tendenzen, die dabei zum Vorschein gekommen waren, enthalten ist. Man darf vielleicht behaupten, daß in dieser Haltung der erste Schritt lag, um Germanien von der unbedingten Herrschaft des Klerus und selbst des Papstes zu emanzipieren.«

Daß Heinrich von Sachsen bei seiner Erhebung und Thronsetzung in Fritzlar auch schon von Gedanken an Rom und den Papst bewegt wurde, ist nicht zu glauben. Allerdings schloß er den hohen Klerus konsequent aus dem Bereich des Throns und der Krone aus. Sein Regierungsantritt war ein rein weltlicher Vorgang. Das allein genügte. Denn es war ein Umsturz.

15. Die deutschen Stämme und das Reich

> *»Allenthalben verbreitete sich die Kunde von dem*
> *neuen König, machte die Herzen seiner Freunde froh*
> *und bekümmerte die seiner Widersacher; war er doch*
> *ein Mann, der die Seinen klug zu behandeln wußte,*
> *Feinde aber schlau und mannhaft zu überwinden ver-*
> *stand.«*

Thietmar von Merseburg, *Chronik* I 9

Sachsen hatte sich von allen deutschen Stämmen am beharrlichsten eine Fülle alter heidnisch-germanischer Elemente und Sitten aus der vorkarolingischen Zeit erhalten, hatte sie mündlich überliefert und in den christlichen Glauben eingeschmolzen. Der leidenschaftliche, wilde Kampf Herzog Widukinds gegen Karl den Großen konnte den Sieg des Christentums zwar nicht verhindern, aber Wodan und Thor hatten sich nur in die wilden, endlosen Wälder Sachsens zurückgezogen und lebten dort weiter. Ihr Geist führte dem sächsischen Dichter des *Heliand* den Griffel bei der Schilderung des »reichen und milden Christ« als eines adligen Hauptes seiner kriegerischen Jünger genauso, wie er den Kampfesmut der Sachsen in den langen Grenzkriegen im Norden und Osten des Landes erfüllte. Seit Herzog Widukind besaß das Stammesgebiet überdies ein geschichtliches Schwergewicht, dem sich keiner der angrenzenden Reichsteile und schließlich auch keiner der anderen deutschen Stämme entziehen konnte. Diese Elemente und Faktoren verdichteten sich im Geschlecht der Liudolfinger ebenso beispielhaft wie realiter, denn im Verlauf weniger Jahrzehnte war die gesamte Führung der Grenzkriege eine Sache ihres Hauses geworden. In Herzog Otto und seinem Sohn Heinrich verkörperte sich ganz Sachsen.

Außerdem wirkte sich der Verfall des Karolingertums in keinem deutschen Herzogtum so wenig destabilisierend aus wie in Sachsen, in demjenigen Gebiet, dem die karolingische Verfassung zunächst mit einem Brandeisen aufgedrückt werden mußte. Nicht nur deshalb hielten sich die Hauptelemente wie Grafengewalt, Heerbann oder das Schöffentum so unerschütterlich, sondern auch weil der sächsische Edeling und der freie Bauer, von denen diese Verfassung getragen wurde, selbst solch eingewurzelte Produkte der Eigenart und Entwicklung des Sachsenstammes waren. Auch in diesem Punkt besaß das Haus der Liudolfinger eine unanfechtbare Repräsentanz. Sein Aufstieg zum Herzogtum wurde durch viele Jahrzehnte von einem Impuls getragen, der in natürlicher Richtung auf die Monarchie hinführte.

In den letzten Jahrzehnten der karolingischen Auflösung verharrte Sachsen in einer ebenso selbstverständlichen wie selbstverständlich nachlässigen Distanz zum Königshaus. Andererseits läßt sich sowohl in der Zurückhaltung der Könige als auch in jener der mit der Dynastie verketteten Kirche gegenüber Sachsen beinahe ein Gefühl der Hilflosigkeit, ja geradezu der Ohnmacht ablesen. Der Instinkt der Ratlosen empfand zu Recht, daß der unaufhaltsame Machtzuwachs Sachsens sich mit der Stetigkeit einer Naturgewalt vollzog – und paradoxerweise äußerte sich dies am deut-

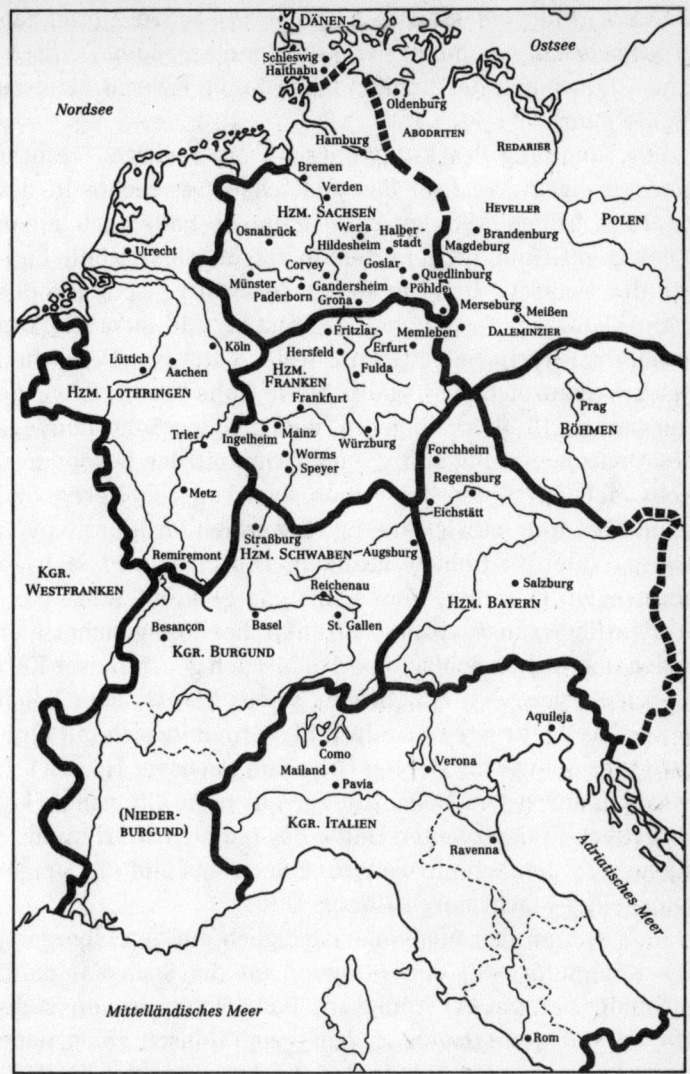

Die Stammesherzogtümer im Deutschen Reich Heinrichs des Ersten

lichsten in der gelassenen, beinahe ironischen Zurückhaltung Sachsens gegenüber den Konflikten im Süden Deutschlands, mit denen der unglückselige König Konrad nicht zu Rande kam.

Der Übergang des Königtums auf die Sachsen – dieser denkwürdigste Wechsel der deutschen Geschichte in der Zeit des frühen Mittelalters – hatte deshalb auch einen objektiven Grund, nicht nur einen persönlichen. König Ludwig der Deutsche hatte in seiner Zeit von 843 bis 876 das Ostfrankenreich so nachhaltig gefestigt, daß sich seit ihm bereits ein territorialer Grundriß des künftigen Deutschen Reiches abzuzeichnen begann. Diese frühe Tradition wurde von Ludwig III. dem Jüngeren, dem zweiten Sohn Ludwigs des Deutschen, eingeführt, und zwar mit der besonderen Note, daß zu seiner Zeit schon das deutsche Kerngebiet seine Konturen entwickelte: Ludwig erhielt im Jahr 864 von seinem Vater die Gebiete Franken, Thüringen und Sachsen übertragen; in seiner kurzen, bis 882 nur fünf Jahre dauernden Regierungszeit als ostfränkischer König sicherte er in der siegreichen Schlacht bei Andernach gegen Kaiser Karl II. den Kahlen, den Halbbruder seines Vaters, dem Reich den Erhalt Lothringens. Ludwig III. vermählte sich mit Liutgard, der Schwester Herzog Ottos von Sachsen; Heinrich I. wurde dadurch sein Neffe. Auf derselben Traditionslinie lag schließlich in der zweiten Hälfte des neunten Jahrhunderts die außerordentliche Erweiterung Sachsens und die Steigerung seiner Macht durch Herzog Otto.

Richtet man das Augenmerk lediglich auf den Übergang des Königtums von den Franken auf die Sachsen, dann verbindet sich mit der Königserhebung Heinrichs von Sachsen im Mai 919 tatsächlich eine geographisch völlig neue Ausrichtung der Grundlage des Reiches. Eine solche Deutung würde allerdings das historisch gewachsene Schwergewicht Sachsens nicht zutreffend bewerten. Hält man sich an die soliden Elemente der glaubensmäßigen, ethnischen, ständischen, kulturellen und historisch-politischen Bindungen, dann ergibt sich von Ludwig dem Deutschen bis zu Heinrich dem Ersten eine so klare und in sich geschlossene Beziehung, daß sich demgegenüber das Königtum Konrads I. geradezu wie ein Zwischenspiel ausnimmt.

Andererseits bildete sich zwischen 911 und 918 eine Konstellation heraus, die zwar unmittelbar mit dem jahrzehntelangen Verfall des Reiches zusammenhing, die aber auch die besonderen Intentionen der Kirche und des Königtums in ihrer ganzen, kaum zu behebenden Gegensätzlichkeit an den Tag brachte. Insofern kann die Regierung Konrads I. auch nicht zu einer Episode degradiert werden, zumal bei diesem Gegensatz auch das entscheidende innere Problem des Reiches eine Hauptrolle spielte: das Verhältnis der Herzogtümer zum Reich. So zeichneten sich in der Königserhebung von Fritzlar drei Hauptmomente deutlich ab: Sachsens Entwicklung zum führenden Herzogtum der Deutschen erreichte seinen Höhepunkt, und zwar als natürlichen Endpunkt einer langjährigen Bewegung; das Königtum Ostfrankens gewann einen neuen Schwerpunkt, und schließlich bildeten seitdem Sachsen und Franken die Herzgebiete des deutschen Königtums.

BURCHARD VON SCHWABEN. Was sich nach der Erhebung in Fritzlar abspielte, trägt die Züge einer Dynamik, die sich nicht in Aktionen einer unbändigen, rücksichtslos zupakkenden Energie äußert, die den Sachsen als ewiges Erbteil nachgesagt wird, sondern in der zielsicher gebändigten Kraft und Konsequenz des raschen und doch so kaltblütig bedachten Vorgehens des neuen Königs. Von Fritzlar zog

Heinrich nach Sachsen zurück. Die Ungarn befanden sich zur selben Zeit auf ihrem großen Kriegszug durch Mähren und Schlesien ins Reich, sie hatten die Elbe überschritten, waren tief nach Sachsen eingedrungen und kehrten mit reicher Beute und zahlreichen Gefangenen zurück. Unter dem Eindruck der gewaltigen Verheerungen findet der bestürzte Annalist aus Corvey nur drei Worte der Klage: »Gott zürnte uns!«

Die Reiternomaden hatten diesen Überfall zwar schon im Vorjahr geplant, doch war der Zeitpunkt aufgrund der Konkordanz so wichtiger Ereignisse besonders günstig. Vermutungen, daß die Ungarn von den Herzögen Bayerns und Schwabens ermuntert wurden, nach Sachsen vorzustoßen, um dem mißliebigen neuen König möglichst viele Kräfte zu rauben, lassen sich nicht zweifelsfrei bestätigen. Doch es fällt immerhin auf, daß der Ungarnzug durch Süddeutschland den Bayern keinen Schaden zufügt und Schwaben auf der kürzesten Linie nach Burgund passiert, um dann über Basel, durch das untere Elsaß nach Remiremont zu führen und dann südlich nach Besançon abzubiegen.

Doch bevor Heinrich in der Lage ist, sich mit dem unerläßlichen Aufwand an militärischer Macht der Ungarnbedrohung zuzuwenden, muß er sein Königtum auf gesicherte Säulen stellen. Deshalb hat die Anerkennung durch die beiden süddeutschen Herzogtümer einen unbedingten Vorrang; sie ist auch im Hinblick auf das Ungarnproblem eine Voraussetzung des Erfolges. Heinrich bietet in Sachsen den Heerbann auf und rückt noch im selben Jahr 919 in den Süden, nach Schwaben.

Die Schwaben waren in Fritzlar nicht vertreten. Seit dem Jahr 917 konnte niemand mehr bezweifeln, daß Graf Burchard das Land in ein Herzogtum verwandelte. Die Schwaben hatten die Veränderung in bitteren Kämpfen gegen das

Königtum errungen, ihre Grafen waren verurteilt, hingerichtet, verbannt worden. Burchard von Schwaben brachte die Wende. Er setzte sich mit überragender Tapferkeit und Konsequenz gegenüber König Konrad durch, er behielt in großen Treffen mit ihm und ebenso mit Bischof Salomo von Konstanz die Oberhand, er war nunmehr Herzog, bezeichnete sich hochgemut »von Gottes Gnaden«, denn er empfand sich nicht allein aufgrund seiner persönlichen Fähigkeiten als Herzog, sondern auch kraft göttlicher Erwählung. Allerdings war sein Land schwer bedroht durch die Ausdehnungsbestrebungen von Hochburgund.

DIE GELÜSTE HOCHBURGUNDS. Gegen Ende des neunten Jahrhunderts waren im Süden Lothringens aufgrund des Niedergangs der westfränkischen Karolingermacht die beiden selbständigen Königreiche Niederburgund – dessen Südgrenze am Mittelmeer lag – und Hochburgund mit der Franche-Comté und Teilen der Westschweiz entstanden. Rudolf II., der Sohn des ersten hochburgundischen Königs und früheren Markgrafen Rudolf, jagte nicht mehr der Hoffnung seines Vaters nach, sein Königtum über ganz Lothringen ausdehnen zu können, doch um so energischer bemühte er sich, schwäbisches Gebiet zu erobern. Als Nutznießer der schwäbischen Wirren war er an einer langen Dauer der Gegensätze zwischen den süddeutschen Grafen und dem ostfränkischen Königtum höchlich interessiert. Nachdem sich jedoch Burchard von Schwaben gegen König Konrad I. durchgesetzt hatte, wurde der Spieß umgedreht, und Schwaben begann seinerseits mit einer Expansionspolitik in hochburgundisches Territorium.

Beiden Rivalen kamen der Tod König Konrads und die unklaren Herrschaftsverhältnisse der folgenden Monate überaus gelegen. Beide rechneten, so wie auch alle anderen Fürsten, mit dem Zerfall des Ostfränkischen Reiches innerhalb kurzer Frist. Nach der Erhebung Heinrichs zum König klärte sich die Situation allerdings ziemlich schnell. Rudolf II. von Hochburgund bemühte sich um gute Kontakte zum Sachsenkönig und hoffte, daß Schwaben seiner Widersacherpolitik gegen das ostfränkische Königtum treu bleiben würde. Ob zwischen König Rudolf und Heinrich hinsichtlich Schwabens eine Absprache zustande kam, ist unsicher. Immerhin wurde Hochburgunds König fast dazu eingeladen, in dieser Zeit seine Expansionspläne zu beleben. Sein Ziel im süddeutschen Raum bestand in der Einverleibung von Schwaben, dem Aargau und dem Thurgau, also bis zum Südufer des Bodensees oberhalb von St. Gallen. König Heinrich wiederum konnte es nur recht sein, wenn in dieser Übergangsphase die Kräfte Burchards von Schwaben durch Rudolf II. gebunden und geschwächt wurden. Denn Burchard, der von Widukind von Corvey als ein »unwiderstehlicher Krieger« gerühmt wird, war trotz seiner persönlichen Fähigkeiten nicht imstande, sich in seiner bedrängten Lage noch zusätzlich eine kriegerische Auseinandersetzung mit dem Sachsenkönig leisten zu können. Alle seine Aussichten, gegen Rudolf II. zu bestehen, hingen wesentlich davon ab, ob er den Rücken frei hatte.

Schwäche fördert den Friedenswillen. Burchard hatte es nicht nötig, unzumutbar viel Verstandesarbeit zu leisten, um zu begreifen, daß Heinrich von Sachsen um so schneller bereit sein würde, ihn gegen König Rudolf zu unterstützen, je früher der Schwabenherzog dem neuen König huldigte und den Vasalleneid ablegte. Und Heinrich wiederum beschleunigte durch seine eigenen Maßnahmen diesen Erkenntnisprozeß erheblich.

Herzog Burchard hatte wegen Hochburgund im Süden

und Westen mit ähnlichen Grenzkämpfen zu tun wie die Sachsen im Norden und Osten. Seine kriegerische Stärke wurde auch von erfahrenen Heerführern nicht unterschätzt. Daß Heinrich freilich die Anerkennung seines Königtums durch die Schwaben und Bayern erwirken mußte, war für Herzog Burchard zu selbstverständlich, als daß ihn die Forderung des Sachsenherrschers überrascht hätte. Schließlich ging es dabei nicht nur um die Autorität des Thrones, es ging zusammen mit dem Thron um die Wahrung des Reiches als eines Ganzen. Die Anerkennung von Heinrichs Erhebung durch alle deutschen Stämme war mehr als nur ein symbolischer Ausdruck dafür, daß die Teile des Reiches nicht auseinanderfallen und sich nicht verselbständigen sollten.

Heinrich zog zwar mit einem starken Heer nach Süden, doch war dieses Aufgebot eher vorsorglich gedacht und keineswegs von vornherein auf Gewalt eingestellt. Und was Burchard in seinen Kämpfen mit König Konrad an praktischer Bezweiflung des konradinischen Königtums und der dazugehörigen Verachtung demonstriert hatte, das wiederholte er nicht bei König Heinrich. Die Anerkennung, die er Konrad I. verweigerte, vollzog Burchard bei Heinrich aus freiem Willen. Er öffnete ihm sämtliche Burgen und Städte ohne jeden Widerstand. Er huldigte ihm und vollzog damit auch die Huldigung des Stammes der Schwaben und ihres Herzogtums.

Die unmittelbare Folge ist eine erhebliche Stärkung seiner militärischen Kraft. Jetzt hat Burchard den Rücken frei, jetzt kann er sich voll auf Hochburgund konzentrieren. Das schwäbische Heer besiegt König Rudolf II. von Hochburgund in der entscheidenden Schlacht von Winterthur im heutigen Kanton Zürich. Mit diesem Triumph schaltet Burchard bis auf weiteres seinen gefährlichsten Gegner im Ringen um das

Herzogtum Schwaben aus. Zur Besiegelung des Friedens-
schlusses wird Bertha, die Tochter Herzog Burchards, mit
König Rudolf II. vermählt. Dieser Ehe entstammen zwei
Söhne und eine Tochter, Adelheid, die später Otto den
Großen heiratet und deutsche Kaiserin wird.

Sicherlich mochten Burchard in erster Linie die langen
schweren Kämpfe mit dem Königtum bewogen haben, Fritzlar fernzubleiben. Doch so tapfer und selbstsicher der Herzog auch war: Seine Mittel hatten sich erschöpft, die Ressourcen waren nahezu am Ende, nicht zuletzt wirkten sich
auch die Zerstörungen durch die Ungarnzüge als kaum noch
zu ertragender Aderlaß aus. Überdies hatte sich ein Gutteil
des Klerus seines Landes bereits für den neuen König entschieden und dies auch laut ausgesprochen. Burchard
mußte damit rechnen, daß die Kirche mit dem Sachsenkönig, der ungleich stärker war als Konrad, sich zu seinen
Lasten verbündete und er dann mit dem Rücken zur Wand
stand. Das waren mehr als genug Gründe, um Burchard die
Einsicht zu erleichtern, daß ein Widerstand gegen König
Heinrich seine Möglichkeiten überstieg und es bei einer
kriegerischen Auseinandersetzung nicht nur um die Anerkennung des neuen Königs ging, sondern auch um sein
soeben erst errungenes, noch kaum fest eingewurzeltes Herzogtum.

Burchard von Schwaben legt den geforderten Vasalleneid
ab. Der Vasalleneid wird ausschlaggebend für die Art des
deutschen Königtums. Durch Heinrich wird die Vasallität
wiederum zu einem Mittel der Staatsgestaltung. Sie dient
aber nicht vorrangig zur Stärkung seiner eigenen Königsgewalt, sondern sie dient der Stabilisierung des Reiches. Heinrich bindet die Stammesherzöge und den Adel durch das
Mittel des Lehnsrechts an sich und erhebt es dadurch zum

Ordnungsprinzip des neuen Reiches. Der Grundsatz geht in die fast sprichwörtlich gewordene Formel ein: Der Vasall hat ein Lehen, weil er dient, er dient nicht, weil er ein Lehen hat.

AUSGLEICH MIT DEM KÖNIG. Mochten auch die Motive für den unerwartet, ja genaugenommen überraschend schnellen Anschluß Burchards teils persönlicher Art, teils von seiner Einsicht in die bestehenden Machtverhältnisse und die Bedeutung der Einheit und Einigkeit des Reiches bestimmt gewesen sein: zu dem Entschluß des Schwabenherzogs gehörte als wesentlich treibend auch das Grundelement der Zusammengehörigkeit, dem bei der Gründung des Deutschen Reiches eine so fundamentale Bedeutung zukam.

Vom Tag der Huldigung an konnte Burchard von Schwaben der Unterstützung seiner Politik im Inneren durch Heinrich genauso sicher sein wie in seiner Abwehr der hochburgundischen Gelüste. Burchard, der bei seinen Kämpfen mit Konrad I. auch die Kirche wegen ihrer Stützung der zentralen Königsgewalt als Gegner hatte, konnte sich jetzt der Billigung seiner Kirchenpolitik in Schwaben durch den Sachsenkönig sicher sein. Auch in Schwaben wurde der Klosterbesitz den politischen Zwecken untergeordnet und herangezogen, wenn die ökonomische Lage es erforderte – nicht anders als in Bayern, wenn auch nicht ganz so rücksichtslos. Aufschlußreich genug ist schon die Schilderung Hermanns von der Reichenau, wie unnachsichtig Herzog Burchard im Jahr 922 Probst Liuthard und die Mönche der Reichenau vertrieb.

Heinrich gab das Verfügungsrecht über die alten Königsgüter im Lande nicht aus der Hand. Schon im Jahr darauf erhielt Graf Babo, ein Vasall des Schwabenherzogs, eine

Schenkung im Gebiet von Singen; die Urkunde ist vom 30. November 920 datiert. Aber solange Herzog Burchard lebte, verzichtete der König darauf, sich der reichskirchlichen Institutionen in Schwaben ohne Rücksicht auf den Herzog anzunehmen; er überließ sie der Zuständigkeit des Schwabenherrschers, so daß dem Landesfürsten das erste Wort in Sachen der Reichskirche zukam, und nicht dem König. Es handelte sich um dasselbe Prinzip, das Heinrich schon am Tag seiner Erhebung in Fritzlar so drastisch gegenüber Erzbischof Heriger von Mainz deutlich gemacht hatte.

Herzog Burchard konnte ohne Rat oder Billigung, ohne Empfehlung oder Einspruch Äbte ernennen und einsetzen; lediglich die Besetzung der Bistümer gab Heinrich nicht aus der Hand. Nach außen hin blieb aber auch in der Kirchenpolitik die Selbständigkeit Burchards weitestgehend gewahrt. Bis zum Tode Burchards im Jahr 926 blieb jedenfalls die Verbindung zwischen König und Herzog eng genug, um in entscheidenden Fragen das Regiment des Schwabenfürsten über die Kirche seines Landes nicht in Selbstherrlichkeit, ohne Anlehnung an die Krone und die Konsultation des Hofes, entarten zu lassen. Ein gutes Beispiel dafür ist die Ernennung Udalrichs zum Bischof von Augsburg im Jahr 923 durch Burchard, die ausdrücklich mit Einwilligung König Heinrichs durchgeführt wird. Insgesamt erwies sich die rasche und komplikationslose Huldigung durch Burchard von Schwaben als der eigentliche Durchbruch bei der Anerkennung des Königtums Heinrichs durch die deutschen Stämme; daß früher oder später auch Bayern diesen Schritt unternehmen mußte, stand seit der Akklamation des selbstbewußten Schwabenherzogs fest.

Die Politik des Königs war ebenso verständnisvoll wie klug. Da er die Schwaben nicht durch militärische Gewalt zur Huldigung zwang, sondern ihren Stamm als nahezu gleichberechtigt mit seinem eigenen Sachsenstamm anerkannte, legte er ihnen nicht das Joch einer erzwungenen Autorität auf, sondern akzeptierte die Herzogtümer in ihrer Eigenständigkeit. Das wirkte sich auch auf das Nebeneinander der deutschen Stämme nachhaltig aus: Rivalität wurde ersetzt durch Solidarität. König Heinrich stärkte dadurch das Bewußtsein eines besonderen Gemeingefühls in einer Weise, die für die künftige Geschichte der Deutschen kaum zu überschätzen ist. Im Grunde betätigte er sich dadurch tatsächlich als ein Testamentsvollstrecker Konrads I., der die Fürsten beschworen hatte, sich nicht in Kämpfen um irgendeinen Vorrang gegenüber den anderen zu zerfleischen. Allerdings verließ sich Heinrich dabei nicht auf irgendwelche Uneigennützigkeiten oder wortreiche Appelle, sondern er neutralisierte das konkurrierende Machtstreben der Herzöge und lenkte es dadurch in eine neue Richtung, indem er sie in einer Position, die sich unmittelbar an das Königsamt schloß, zu Teilhabern an der Reichsgewalt erklärte; daß dies zunächst zu Lasten der Kirche geschah, war unumgänglich.

Die Anerkennung der herzoglichen Gewalt durch König Heinrich wirkte sich als eine unmittelbare Stärkung der Herzöge auch im Inneren ihres Herrschaftsgebietes aus, und das hieß konkret: als eine Minderung der Stellung der Grafen, die seit der Karolingerzeit als Träger königlichen Amtsauftrags sich zu Zwischengewalten mit erheblichen Befugnissen entwickelt hatten. Auch sie wurden schließlich durch die Lehnsbindung erfaßt, und dadurch wurde die innere Konsolidierung des Reiches bis hin zur institutionellen Verdichtung der Herrschaftsordnung mit einer Energie und strömenden Kraft weitergetrieben, die bald genug die Merkmale einer eigenen Bewegung aufwies.

ARNULF VON BAYERN. Verglichen mit der Stärke des bayerischen Stammes und dem Zuschnitt seines Herrschers, war Schwaben der leichtere Gegner, sofern bei Herzog Burchard überhaupt im Ernst von einer wirklichen Gegnerschaft gesprochen werden kann. Nach dem Tod seines Vaters, des Markgrafen Luitpold, in der furchtbaren Ungarnschlacht des Jahres 907 trat der junge, bekannt hitzköpfige Arnulf das bayerische Erbe an und übernahm mit Billigung und einhelliger Unterstützung des Stammesadels die Führung des Herzogtums. Die langwierigen Fehden, die er mit König Konrad bestand, die Beschwichtigungspolitik, die er gegenüber den Ungarn betrieb, der rücksichtslose Zugriff auf die Klostergüter, dem er seinen wenig ansprechenden Beinamen »der Böse« verdankte, das alles charakterisierte einen Herzog, der so recht aus jenem Holz geschnitzt zu sein schien, das nicht nur zur Qualität der Baumstämme in Bayerns Wäldern gehörte, sondern auch die Knorrigkeit des bayerischen Stammes bedingte.

Daß Arnulf schon in jungen Jahren das Herzogsamt übernahm, war eine direkte Folge des Grenzkrieges, den das Land allein, aus eigener Kraft gegen die Ungarn führen mußte. Markgraf Luitpold verlor dabei sein Leben, Arnulf übernahm das Stammesherzogtum. Die ständige Gefahr und Bedrohung stachelte Bayerns Willen zur Selbständigkeit. Dies um so mehr, als vom Reich keine Hilfe kam und keine Hilfe zu erwarten war. Vor dieser Kulisse sind die Handlungen und Entschlüsse, ist der Trotz und königsgleiche Stolz Herzog Arnulfs zu bewerten. Mag sein, daß sich bereits damals, vor einem Jahrtausend, die ersten Keime separatistischer Neigungen in Bayern regten. Ob dieser Hang zu den Besonderheiten des bayerischen Volkes zählte oder sich aus der objektiven Lage entwickelte, ist nebensächlich. Die Bayern standen vor der Tatsache, daß sie allein gelassen wurden. Sie zogen daraus die naheliegende Konsequenz, daß sie sich nur auf sich selbst verlassen konnten und deshalb auch nur auf sich selbst zu sehen hatten. Wenn Arnulf sich gegen König Konrad wehrte, dann kämpfte er für sein Bayern und für sein Recht, er kämpfte nicht gegen das Reich. Zumal kein König das Reich so wenig repräsentierte wie Konrad I. Der Stammesstolz und das Pochen auf Bayerns Unabhängigkeit konnten nur vom Blickwinkel einer königlichen Zentralgewalt aus als Reichsfeindschaft gedeutet werden, die weder königlich noch mit fester Gewalt regierte.

König Heinrich besaß einen klaren Blick für die Eigentümlichkeiten der Lage Bayerns. Die beiden gewaltigen Reiterzüge der Ungarn, die 919 das Deutsche Reich verheerten, schienen ganz dazu angetan zu sein, um die Einsicht durch die Wirklichkeit bestätigen zu lassen. Der Vorstoß nach Sachsen diente, obgleich er viele Monate vor der Königserhebung Heinrichs geplant war, der Erkundung des königlich-sächsischen Widerstandswillens genauso, wie er als Drohung gedacht war, als Demonstration der militärischen Macht. Heinrich hatte genügend Anlaß, im Jahr seiner Königserhebung sich nicht mehr um die Huldigung durch den Bayernherzog zu bemühen.

BAYERISCHER KÖNIG »IM REICH DER DEUTSCHEN«. Für das Jahr 920 notieren die *Annales Iuvavenses maximi,* die *Älteren Salzburger Annalen,* daß die Bayern Herzog Arnulf gehuldigt und ihn zum Herrscher »in regno Teutonicorum – im Reich der Deutschen« gewählt hätten. Ob Arnulf vom zuständigen Salzburger Erzbischof auch gekrönt wurde, steht nicht fest; es dürfte mehr als zweifelhaft sein. Auf keinen Fall aber beabsichtigte Arnulf, gegenüber Heinrich

dem Ersten ein Gegenkönigtum oder ein bayerisches Sonderkönigtum zu errichten, das entweder der Erhebung in
Fritzlar Paroli bieten oder eine Separierung vom Reich
anbahnen sollte. Die Königserhebung Arnulfs bezog sich
lediglich auf den bayerisch-ostfränkischen Herrschaftsbereich, sollte die machtvolle Stellung des Herzogs auf ein
Podest heben und blieb im übrigen innerhalb der bayerischen und der deutschen Geschichte ein Intermezzo.

Sie bleibt deshalb ein Intermezzo, weil König Heinrich im
Jahr 921 die Angelegenheit bereinigt. Einige Quellen erwähnen, Heinrich sei schon vor diesem Jahr mit einem starken
Aufgebot nach Bayern gezogen, habe Arnulf in einer Stadt
belagert, konnte ihn aber nicht bezwingen, und sei deshalb
wieder nach Sachsen zurückgekehrt. Sollte dies tatsächlich
der Fall gewesen sein, so kann es sich nur um Regensburg
gehandelt haben. Jedenfalls stellt sich Heinrich im Jahr 921
mit außerordentlicher Heeresmacht in Bayern ein. Arnulf
hat damit gerechnet, denn er bietet ebenfalls alles an Streitkräften auf, was er mobilisieren kann. Der reichhaltigste
Bericht über das Treffen der beiden Fürsten vor Regensburg
betont die Entschlossenheit der Kontrahenten, ihre Meinung
und ihr Recht mit Hilfe einer Schlacht durchzusetzen. In
Heinrich siegten jedoch der Bedacht und die Überlegung,
daß »beide Teile unersetzlichen Schaden erleiden könnten«,
wie es Liudprand von Cremona ausdrückt. Er läßt Arnulf um
ein Gespräch unter vier Augen bitten. Der Bayernfürst
nimmt die Einladung an, er ist fest davon überzeugt, daß ihn
Heinrich zu einem Zweikampf herausfordern, damit den
Ausgang der Schlacht durch ein Gottesurteil vorwegnehmen
und so ein großes Blutvergießen vermeiden will. Arnulf stellt
sich ohne Begleitung am verabredeten Ort und zur festgesetzten Stunde ein.

Kaum aber stehen die Fürsten einander gegenüber,

beginnt Heinrich mit einem beschwörenden Appell; der Chronist gibt ihn poetisch geformt und in feierlichem Tonfall wieder:

>»Was doch, törichten Sinns, widerstehst du dem Willen des Herrn?
Wisse, zum König beruft mich die Entscheidung des Volks
Nur nach Christi Gebot, dessen Kraft die Welten bewahret:
Tartarus bebet vor ihm, Phlegethon zittert in Angst,
Glänzender Könige Macht, die alles mit Schrecken erfüllet,
Sinket, so er gebeut; Niedere richtet er auf,
Daß sie gebührendes Lob dem Höchsten in Ewigkeit zollen.
Du, meineidig und stolz, schuldbeladen, wild, verstockt,
Aufgestachelt von Neid und von Herrschsucht gierig erfüllet,
Dürstest, des christlichen Volkes Leiber zu morden im Kampf?
Wenn zum König das Volk dich wollte, dich selber begehrte,
Würde kein andrer dies eifriger wünschen als ich.«

Liudprand von Cremona bemüht sogar den tiefsten Teil der antik-griechischen Unterwelt und seinen Feuerstrom in Gestalt des flammenden Flußgottes Phlegethon, um vor diesem Hintergrund die Weisheit König Heinrichs zu würdigen, mit der er durch seine Ansprache Herzog Arnulf zum Frieden umstimmt. Gleichzeitig hebt er voller Genugtuung seine eigene stilistische Leistung hervor und begründet sie sogar: Die Rede Heinrichs, so wie er sie wiedergebe, besitze »das vierfache Verdienst, reich im Ausdruck, kurz, kräftig und nicht ohne Schmuck zu sein.«

Beide Herrscher kehren zu ihren Heeren zurück. Arnulf berichtet ausführlich über den Appell König Heinrichs und erzielt damit bei den Seinen offensichtlich dieselbe Wirkung, denn ein Sprecher erwidert ihm: »Wer wird wohl an den Worten jenes weisen Mannes Boethius zweifeln, aus denen die wahre Weisheit selber spricht: Durch mich regieren die Könige, gebieten die Fürsten und setzen die Verständigen das Recht; oder den Ausspruch des Apostels, daß alle Obrigkeit von Gott verordnet ist, und wer sich wider die Obrigkeit setzet, Gottes Ordnung widerstrebt? Nimmermehr hätte bei der Wahl dieses Königs der Wille des ganzen Volkes sich so einhellig aussprechen können, wenn Heinrich nicht schon vor der Erschaffung der Welt von der höchsten Dreieinigkeit, die ein einziger Gott ist, dazu erkoren wäre. Ist er ein guter Herrscher, so wird man ihn lieben und seinetwegen Gott preisen müssen; ist er aber ein böser Fürst, so muß man ihn mit Geduld ertragen, denn daß die Untertanen zu Zeiten von ihren Obrigkeiten nicht regiert, sondern gedrückt werden, geschieht meistens um ihrer Sünden willen. Uns aber erscheint es billig und recht, daß du dich nicht von den übrigen scheidest, sondern diesen dir zum König wählst; daß er aber dagegen dich, als einen so vom Glück begünstigten und vielvermögenden Mann, in solcher Weise auszeichne und dadurch deiner Seele Grimm beschwichtige, daß er dir zugestehe, was deine Vorgänger nicht gehabt haben, nämlich die Herrschaft über die Bischöfe in ganz Bayern und das Recht, wenn einer von ihnen stirbt, den Nachfolger einzusetzen.«

Arnulf von Bayern unterwirft sich, er huldigt König Heinrich, er wird sein Dienstmann, sein Vasall, er akzeptiert in lehnsrechtlicher Form die Oberhoheit Heinrichs. Von einem

König Arnulf ist seit diesem Tag nicht mehr die Rede. Heinrich gesteht dem Bayernherzog in kirchlichen Angelegenheiten außerordentliche Rechte zu, allen voran das Recht der Bischofsernennung. Der Umfang der Zugeständnisse geht erheblich über die Freizügigkeit hinaus, die der König in den anderen Reichsgebieten als Grundsatz gelten läßt. Damit behält Arnulf in seinem Stammland die Kirchenhoheit, also diejenige Oberherrschaft über den geistlichen und weltlichen Führungsadel, die ihm bereits vor 921 eine königsgleiche Stellung ermöglichte und durch die allein er seine politische Kompetenz im Inneren erhalten kann. Neben der Besetzung der Bistümer besitzt er auch das Ernennungsrecht bei den Reichsabteien, außerdem steht ihm ein beträchtlicher Anteil an den Einkünften der Kirche zu.

Arnulf von Bayern erhält und sichert in der Vereinbarung mit König Heinrich seine politische Selbständigkeit. Es gibt kein anderes Ziel, für das sich der Einsatz militärischer Machtmittel lohnen würde. Daß Arnulf das Königtum Heinrichs ohne Kampf und kriegerische Gegenwehr anerkennt, ist ein schlagender Beweis dafür, daß er selbst nie ernsthaft den Griff nach der Krone des Reiches beabsichtigt hatte. Bis zu seinem Tod am 14. Juli 937, fast auf den Tag genau ein Jahr nach dem Ableben Heinrichs, hält Arnulf von Bayern seinem König und dem Reich die Treue. Die besondere Bindung zwischen Herrscher und Herzog war an sich nicht neu, allerdings war sie neu als tragendes Element der Reichsordnung. Samuel von Pufendorf, der größte Staatstheoretiker des siebzehnten Jahrhunderts, meinte deswegen in einer waghalsigen Verknappung, »das Deutsche Reich war im Anfang seiner Geschichte auf der Lehnsauftragung der Stammesherzöge an den sächsischen Stammeskönig aufgebaut.«

Mit fester Hand und losem Zügel. Seit dem Jahr 921 gibt es keine Konflikte mehr zwischen dem bayerischen Herzogtum und dem deutschen Königtum. Bayern selbst kräftigt sich – wie alle anderen Stammesgebiete – als Teil des Reiches weit über das bisherige Maß hinaus, denn seit 919 wird erstmals wieder seit vielen Jahrzehnten das Reich zusammen mit den Herzogtümern Hüter und Schützer der Grenzen. Damit entfällt auch die Nötigung der Herzogtümer zu einer eigenen Außenpolitik, die bis 919 im wesentlichen eine Konsequenz der praktisch fehlenden Reichspolitik darstellte; wenn gelegentlich außenpolitische Sonderunternehmungen stattfinden – wie durch Arnulf in Italien –, haben sie keinen grundsätzlichen Charakter. Modern ausgedrückt entsteht durch Heinrich I. das Deutsche Reich als ein souveräner Staat, der unerbittlich seine Exekutive wahrt. Dadurch jedoch, daß der Sachsenkönig die Stammesherzogtümer vom Druck des selbständigen Grenzkrieges befreit und damit den aus Notwehr entstandenen Zwang zu einer eigenen Außenpolitik beseitigt, schafft er auch die Voraussetzungen für eine anhaltende Kräftigung der Herzogtümer durch Ausgestaltung ihrer inneren Ordnung. Und davon profitiert auch der Herzog, denn er tritt als Inhaber eines Herrscheramtes auf, dessen Autorität ebenfalls beständig wächst. Die Richtung führt dabei weg von den Zufällen der dynastischen Erbfolge und hin zu einer Hochwertung der institutionalisierten Herzogsstellung.

Die Gründung des Reiches durch Heinrich ist deshalb auch für die Entwicklung der deutschen Stämme, ihre Kräftigung und die politische Ausgestaltung in den Herzogtümern von größter Bedeutung. Beides hängt aufs engste zusammen. Die herzogliche Macht ist ein wesentliches Bauelement des Reiches. In der Regierungszeit Heinrichs wird sie vollständig dem Reich eingefügt. Nur unter dem

Gesichtspunkt des Ringens der Fürsten und Könige um Rechte, Kompetenzen und Ansprüche, das in den späteren Jahrhunderten ein festes Moment des Verhältnisses zwischen dem König und den Territorialherren wird, erscheint die Herrschergewalt der Herzöge wie eine Beeinträchtigung der königlichen Gewalt. Doch sie entwickelt sich unter Heinrich dem Ersten nie zu einem unmittelbaren Gegensatz zwischen Monarch und Stammesfürst.

Auf die ausweglose Konfrontation unter Konrad I. zwischen Königtum und Stämmen fällt noch zusätzlich ein grelles Licht, wenn man dagegenhält, was Heinrich seit seiner Erhebung zum König 919 im Verlauf der beiden folgenden Jahre erreicht. Innerhalb kürzester Frist gelingt ihm die Befriedung des Reiches im Inneren, und dies auch noch mit dem geringsten Aufwand an Mitteln – zwar mit Hilfe militärischer Macht, doch ohne sie anders einzusetzen als zur Demonstration, also ohne jeden blutigen Zusammenstoß.

König Heinrichs Verhältnis zu den Stammesherzogtümern war nicht so sehr von seiner Politik der Tolerierung bestimmt, sondern weit mehr von den Erkenntnissen und Erfahrungen, die er selbst als Herzog des Sachsenstammes gesammelt hatte. Allerdings wurde die sächsische Stammesorganisation von einem besonders rührigen Eigenleben erfüllt. In keinem anderen Gebiet Deutschlands wird so häufig von Stammestagen berichtet wie in Sachsen. Dadurch entwickelte sich eine beträchtliche Widerstandsfähigkeit und Beharrungskraft. Von dem Festhalten der Sachsen an der Stammestradition und der Verkettung mit ihr schloß Heinrich nicht ganz unzutreffend, daß die Verhältnisse bei den anderen deutschen Stämmen dieselben wie in Sachsen waren, das Volk also dem Adel gegenüber soviel Schwergewicht besaß, um dem Stamm durch sich selbst eine innere Ausgeglichenheit zu gewährleisten.

Mit dieser Zuversicht stärkte der König bewußt die Kraft der deutschen Stämme so weit wie möglich. Er betrachtete das Deutsche Reich nicht als einen uniformen Staat, der von Gnaden einer Zentraldirektion und ihren Erlassen existierte, sondern als einen Organismus, dessen Stärke sich in erster Linie durch die Kraft seiner Glieder ergab. Auf dieser Grundlage entwickelte sich unter Heinrich dem Ersten zügig das deutsche Volksbewußtsein. Seine Profilierung erhielt das Volk durch die Stämme, seine politische Formung durch die Herzogtümer, sein staatliches Gemeinbewußtsein durch das Reich. Für die Vorstellung, daß die Stärke des Reiches zunehmen könnte, wenn seine Teile durch den Monarchen geschwächt würden, gab es in Heinrichs Königtum keinen Raum. Im Unterschied zur Karolingerzeit verankerte er seine Herrschaft in den Stämmen. Es gehörte zu seinem politischen Ingenium, die Einheit seiner staatlichen Neuschöpfung durch die Vielfalt zu stützen, das Reich und die Stämme mit fester Hand und losem Zügel zu führen.

DER BONNER VERTRAG DES JAHRES 921. Im Herbst des Jahres 921 reitet König Heinrich mit einem großen, prächtigen Gefolge nach Westen, zum Rhein. In seiner Begleitung befinden sich die wichtigsten Würdenträger des Reiches, Bischöfe und Grafen, unter anderem der Mainzer Erzbischof und Erzkaplan Heriger, sowie die Bischöfe Richgowo von Worms, Nothing von Konstanz, Nithard von Münster, Dodo von Osnabrück und Hunward von Paderborn, ferner elf Grafen, darunter die Angehörigen des Konradinergeschlechts. Der Rhein bildet unterhalb Bingens bis über die Burg Hammerstein hinaus die Grenze zwischen dem Deutschen Reich und dem Herzogtum Niederlothringen. An seinem Ostufer läßt der König das Lager aufschlagen. Gegenüber, am linken Rheinufer, lagert der karolingische König des Westfrankenreiches Karl der Einfältige, von den Franzosen Charles le Simple genannt. Er ist fast am selben Tag wie Heinrich eingetroffen.

Am 7. November des Jahres 921 begibt sich Heinrich auf ein Schiff, auch der westfränkische König auf der anderen Seite geht an Deck seines eigenen Schiffes, die beiden Herrscher fahren bis zur Mitte des Stroms und legen dort an einem dritten, festverankerten Schiff an. Ihr stattliches Gefolge von geistlichen und weltlichen Fürsten begleitet sie zu den Verhandlungen. Die Könige begrüßen sich mit Umarmung und Kuß, das ist feste Tradition bei den Herrscherbegegnungen, sie tauschen kostbare Geschenke aus. Die Mitte von Grenzflüssen war von jeher ein besonders beliebter Ort für Verhandlungen. Ursprünglich wurde er aus Sicherheitsgründen bevorzugt, weil er sich exakt in derselben Entfernung von den an den Ufern lagernden Heeren befindet. Dieser Grund wird auch in der Urkunde zum November des Jahres 921 genannt, denn beide Könige führen miteinander Krieg; zur Zeit herrscht noch ein Waffenstillstand, doch in wenigen Tagen läuft er ab.

Heinrich und Karl der Einfältige treffen sich, um den Streit und die Kämpfe, die wegen Lothringen ausgebrochen waren, beizulegen. Der westfränkische König hatte in den vorangegangenen Jahren erfolgreich die Versuche Konrads I. zerschlagen, Lothringen für Ostfranken wieder zurückzugewinnen. Doch der lothringische Hochadel betrachtete den Anschluß an Westfranken nur als eine erste Etappe auf dem Weg zur eigenen Selbständigkeit. Im Jahr 915 verstarb Graf Reginar von Lothringen. Nachfolger wurde sein Sohn Giselbert, der nunmehr entschlossen das große Ziel anzusteuern begann, sein ausgedehntes Herrschaftsgebiet von Nimwegen im Norden bis nach Burgund im Süden wieder von Westfranken zu trennen und zu einem selbständigen Herzogtum zu erheben.

Zum erklärten Bruch kam es im Juni 919, als Karl der Einfältige durch ein Hofgerichtsurteil das reiche Kloster St. Servatius in Maastricht mit allen seinen überaus ertragreichen Besitzungen Giselbert entzog. Giselbert, Laienabt des Klosters, dachte nicht daran, sich damit abzufinden. Offene Formen nahm der Zwist allerdings erst im Januar des Jahres 920 an, als Giselbert bei einem Aufstand des westfränkischen Hochadels gegen Karl den Einfältigen Partei ergriff. Richer, der Historikermönch von Saint-Rémy bei Reims und Verfechter der westfränkischen Rechte, wirft Giselbert vor, er habe schon zu dieser Zeit beabsichtigt, nicht nur Lothringen von Westfranken zu separieren, sondern auch nach der Krone zu greifen und das Königtum an sich zu bringen. Plastisch ist seine Schilderung der Persönlichkeit Giselberts, bei der nicht nur Richers Mißgunst die Feder führt: »Giselbert stand in hohem Ansehen wegen seiner Abkunft aus berühmtem Geschlecht, aber er ließ sich aus Übermut jählings zu übergroßer Verwegenheit fortreißen. Im Krieg kannte seine Kühnheit keine Grenzen, so daß er nicht davor zurückschreckte, auch das Unmögliche zu wagen. Sein Körper war mittelgroß und fest, die Muskeln seiner Glieder eisenhart, der Nacken unbeugsam, seine Blicke finster, unruhig, ja so flackernd, daß man die Farbe seiner Augen kaum zu erkennen vermochte. Seine Nase schnaubte in trotziger Weise Beleidigung und Verachtung, seine Füße waren ununterbrochen in Bewegung. Wegen seines unbeständigen Gemüts waren seine Reden doppelsinnig, seine Fragen verfänglich, seine Antworten zweideutig, seine Ausführungen selten in einem klaren Zusammenhang. Mit seinem Vermögen ging er verschwenderisch um, seine Gier nach fremdem Gut war unersättlich. Gegen Vornehmere und Gleichgestellte war er zuvorkommend, solange sie anwesend waren, aber insgeheim sann er nur darauf, ihnen zu schaden. Am meisten Freude hatte er, wenn es Verwirrung gab und Streit.«

Mit Verwirrung und Streit setzte er seit 915 dem westfränkischen König erheblich zu. Zunächst gelang es Karl dem Einfältigen verhältnismäßig rasch, mit dem Aufstand seines Adels fertig zu werden. Doch der Gegensatz zwischen dem König und Giselbert war damit nicht beigelegt, sondern steigerte sich in seiner Heftigkeit, weil zu dieser Zeit das Bistum Lüttich neu besetzt werden sollte. Karl hatte größtes Interesse an einem Nachfolger seiner Wahl, weil vom Besitz Lüttichs der königliche Einfluß bis hinüber nach Maastricht abhing. Lüttich aber lag inmitten des Gebiets, in dem sich auch die wichtigsten Besitzungen Giselberts befanden. Da König Heinrich aber voll hinter den Ansprüchen des Lothringers stand und ihn erheblich unterstützte, entwickelte sich der Streit zwischen dem Westfrankenherrscher und Giselbert noch im Verlauf des Jahres 920 zu einem Kampf zwischen den beiden Königen. Er trieb auf die Spitze, als sich Giselbert zum princeps ausrufen ließ und zum Herzog erklärte. Beide Seiten hatten ihre Favoriten für den Bischofssitz von Lüttich. Karl wollte Richarius bestellen, den früheren Abt des Klosters Prüm, Giselbert und König Heinrich entschieden sich dagegen für den Lütticher Kleriker Hilduin, und dieser wandte sich noch eigens an den deutschen König mit der Bitte, ihn zu unterstützen.

Erzbischof Hermann von Köln, zuständig für die Kirchenprovinz, die damals allerdings zu Niederlothringen gehörte, vollzog die Weihe Hilduins. Damit schien eine Vorentscheidung gefallen zu sein. König Karl bezichtigte jetzt in einem Rundschreiben an sämtliche Bischöfe des Westfränkischen Reiches mit erregten Worten Heinrich den Ersten als den

Hauptverantwortlichen in dem Streit um Lüttich und warf Hilduin vor, er hätte »teuflischen Sinnes« die Schätze von Lüttich und Aachen geraubt, um den Bischofssitz zu erhalten.

Mit rhetorischem Zorn und erleichternden Worten gab sich Karl allerdings nicht zufrieden. Er sammelte ein Heer und drang Mitte September 920 in das Gebiet Heinrichs links des Rheins zwischen Speyer und Mainz. Sein Ziel war, das Elsaß und Rheinfranken bis hin nach Mainz in seine Hand zu bringen. Wahrscheinlich spekulierte König Karl auch auf die Unterstützung von Erzbischof Heriger; er rechnete damit, daß Heriger die Brüskierung durch Heinrich den Ersten bei der Königserhebung nicht vergessen hatte und sich die Gelegenheit nicht entgehen lassen würde, Front gegen den deutschen König zu beziehen. Im übrigen waren die neuen Unruhen in Lothringen für Karl den Einfältigen ein willkommener Anlaß, um seinem Verhältnis zu Ostfranken einen sichtbaren Schliff zu geben. Denn trotz seiner eigenen begrenzten Fähigkeiten hielt Karl als Erbe der fränkischen Könige an seinem Anspruch auf das Gesamtreich fest. Die Wahl eines Sachsenfürsten zum König von Ostfranken betrachtete er als eine persönliche Beleidigung. Insofern sollte sein Versuch, das Elsaß und Rheinfranken zu erobern und die Rheingrenze zu erreichen, nur der erste Schritt sein zur Wiederherstellung der Gesamtmonarchie unter westfränkischem Königtum.

Doch König Karl täuschte sich in jeder Hinsicht. Erzbischof Heriger wechselte keineswegs das Lager, sondern hielt Heinrich die Treue. Die Stadt Worms, mit wuchtigen Mauern befestigt, brauchte sich quasi nur mit der linken Hand zu verteidigen. Doch ihre Entschlossenheit machte Eindruck, so daß Karl der Einfältige die Belagerung überraschend schnell abbrach. Als ihm gemeldet wurde, Heinrich ziehe bei Worms Truppen zusammen, vollzog sich sein Rückzug mit einer nur selten erreichten Geschwindigkeit. Adalbert von Magdeburg notiert nicht ohne Vergnügen: »König Karl entfloh, als die Getreuen König Heinrichs sich gesammelt hatten, anders, als einem König ziemt.«

Was König Karl im mittelrheinischen Gebiet nicht gelang, glückte ihm kurz darauf in Lothringen. Herzog Giselbert unterwarf sich mit seinen Anhängern dem König. Die Besetzung des Bistums Lüttich war dadurch entschieden, die Rivalität mit König Heinrich aber zog sich noch tief ins Jahr 921 hin. Im Sommer flammte erneut eine Revolte auf, an der auch Giselbert wieder beteiligt gewesen sein dürfte. König Heinrich hielt sich diesmal bewußt den Kämpfen fern, er spielte die Rolle des aufmerksamen Zuschauers; seine Hauptsorge war zu dieser Zeit die Anerkennung durch Arnulf von Bayern. Im Herbst 921, nach der Huldigung des Bayernherzogs, entschloß er sich, mit dem westfränkischen König einen befristeten Waffenstillstand zu schließen. Seine Laufzeit endete am 11. November. Beide Herrscher vereinbarten, sich zu einer endgültigen Friedensregelung am Rhein bei Bonn zu treffen, und zwar rechtzeitig, bevor der Waffenstillstand endete.

Am 4. November erreichen die Könige den Rhein, sie schlagen links und rechts des Flusses ihr Lager auf, am 7. November fahren sie zu dem verankerten Schiff in der Mitte des Stroms. Schon an der Tatsache des neutralen Ortes läßt sich ablesen, daß die Herrscher bereits in den Vorgesprächen Einigkeit darüber erzielt haben, daß weder der westfränkische noch der deutsche König etwas am Status quo ändern will. In Begleitung des Karolingers sieht man die Erzbischöfe von Köln und Trier, Hermann und Rutger, sowie die Bischöfe Balderich von Utrecht aus Nordlothringen, Stephan von Cambrai und Bodo von Châlons; von den zehn Grafen ist zunächst der Königsgünstling Hagano zu nennen, der die Staatsgeschäfte nahezu alleinverantwortlich führte und beim westfränkischen Hochadel verhaßt war, Graf Matfrid von Metz und Graf Boso von Burgund. Nicht im Gefolge befinden sich Giselbert von Lothringen und Richwin von Verdun.

An diesem Tag kommt es zur Unterzeichnung eines »unanimitatis pactum ac societatis amicitia«, eines Vertrages der Einmütigkeit und der gemeinschaftlichen Freundschaft. Die Urkunde des Friedensabkommens ist erhalten. Beide Könige legen einen Eid ab, zuerst der westfränkische Herrscher: »Ich, Karl, durch Gottes Gnade König der Westfranken, werde in Zukunft diesem meinem Freund, dem östlichen König Heinrich, ein Freund sein, so wie es ein Freund von Rechts wegen dem Freund sein muß, nach meinem Wissen und Vermögen, jedoch unter der Bedingung, daß auch er mir denselben Eid schwört und das Versprochene hält. So wahr mir Gott helfe und diese heiligen Reliquien.« Anschließend leistet König Heinrich denselben Eid. Auch die Großen im Gefolge der Könige beschwören das Bündnis. Der Bonner Vertrag ist in Kraft.

Mit dem Abkommen ist Lothringen wieder fest in Westfranken eingegliedert. König Heinrich akzeptiert diese Situation vorläufig, findet sich also stillschweigend damit ab, daß Karl der Einfältige seine eigenen Rechte in dem von Ostfranken abgefallenen Gebiet durchsetzt. Weitere Bestimmungen sind in dem Vertrag von Bonn nicht vereinbart worden.

Für Lothringen bedeutet das Abkommen nur eine Zwischenlösung. Heinrich denkt allerdings nicht daran, die Trennung dieses Herrschaftsgebiets von Ostfranken nach der Wahl Konrads zum König im Jahr 911 und seiner Eingliederung in Westfranken hinzunehmen. Doch das weiß nur er allein. Aus der westfränkischen Perspektive läßt sich deshalb der Bonner Vertrag als ein Verzichtsfrieden, wenn nicht als eine Niederlage deuten. In Wirklichkeit aber – auch unabhängig von dem Status Lothringens – ist die Vereinbarung für König Heinrich ein gewaltiger Triumph. Nicht etwa wegen des Inhalts des Bonner Vertrages, sondern allein wegen der Tatsache, daß er überhaupt geschlossen worden ist, und außerdem wegen seiner Form: Der westfränkische König aus dem Karolingerhaus verzichtet nämlich auf sämtliche Rechtsansprüche aus dem karolingischen Erbe, er verzichtet mithin auf den Vorrang der karolingischen Abstammung, er erkennt den König des Deutschen Reiches als vollkommen gleichberechtigt und ebenbürtig an, und ebenso erkennt er damit dem Reich König Heinrichs denselben Rang zu wie seinem eigenen, dem Westfränkischen Reich.

Der Bonner Vertrag vom 7. November des Jahres 921 besiegelt unwiderruflich die Trennung des karolingischen Regnum Francorum in zwei eigene Reiche. Wer die »große politische Bedeutung dieses Aktes als des Schlußsteins in der Liquidation der karolingischen Gesamtmonarchie« hervorhebt, der wertet den Bonner Vertrag freilich nur als Symbol einer Tradition, die damals für immer zu Ende geht. Vorgreifend, von der Zukunft her gesehen, ist das Friedensbündnis von Bonn zugleich der Auftakt zur Entwicklung zweier selbständiger Staaten, des deutschen und des französischen.

16. Sicherung und Schutz des Reiches

»Du hast es befohlen, und so ist es auch, daß jeder
ungeordnete Geist seine eigene Strafe ist.«
Augustinus, *Bekenntnisse* I 12

Und jeder geordnete und ordnende Geist sein eigener Lohn
– so ließe sich, unter Wahrung des gebührenden Respekts,
die Bemerkung des großen Kirchenlehrers Aurelius Augustinus weiterspinnen, um die Genugtuung deutlich zu machen,
die König Heinrich nach dem Zusammenschluß der vier
deutschen Hauptstämme in seinem Reich erfüllte, und
ebenso nach der Unterzeichnung des Bonner Vertrages vom
7. November 921. Bis heute diskutieren die Experten gedul-
dig und ohne jede Furcht vor endlosen Wiederholungen,
wann und in welcher Weise das Reich der Deutschen entstanden ist, wann und mit welcher Berechtigung man dieses
Reich als deutsch bezeichnen darf. Die einen ziehen die
Traditionslinie zurück bis in die ersten Jahre nach dem Tod
Karls des Großen, die anderen billigen nicht einmal dem
Reich Ottos I., dem Sohn des Sachsenkönigs Heinrich, den
Titel eines Deutschen Reiches zu. Trotz der vielen unter-

schiedlichen Gesichtspunkte läßt sich aber die eine entscheidende Tatsache nicht bestreiten und durch kein Argument aus der Welt schaffen: Derjenige Herrscher, der die Einheit des Reiches – gleichgültig, welches Beiwort man diesem Reich gibt – durchsetzte und stabilisierte, stärkte und damit in die kommenden Jahrhunderte hinein erhielt, ist derselbe Mann gewesen, der durch diese Einigung das Reich – das sich dann unvermittelt zum Deutschen Reich formte – überhaupt erst aus der Taufe gehoben, als ein Staatsgebilde geschaffen und ihm seine Grundform gegeben hat.

Adalbert von Magdeburg notiert, Heinrich hätte nach der Erhebung zum König seine Regierung »mit strenger Handhabung des Friedens« im Deutschen Reich begonnen. Der Chronist meint damit dasselbe, was wir heute mit dem abstrakten Wort Rechtssicherheit umreißen. Die gerechte und harte Hand Heinrichs bei der Ordnung der öffentlichen Zustände wird von den Berichterstattern durchweg als eine seiner vorzüglichsten und jedermann bekannten Eigenschaften gerühmt, und deshalb wurde auch vom Volk sein Königtum mit der Herrschaft von Recht und Sicherheit gleichgesetzt. Tatsächlich war das größte innere Übel Ostfrankens zur Zeit der Königserhebung Heinrichs, daß Überfälle und Räubereien beinahe zur Tagesordnung gehörten und daß sich vor allem auch Adlige daran beteiligten. Das war an sich schon etwas gänzlich Ungewöhnliches, doch wirklich unerträglich wurde es durch das Ausmaß der adligen Übergriffe.

ORDNUNG, TREUE, FRIEDEN. Hier lag die eigentliche Wurzel des Übels. Der Adlige war in der damaligen Zeit so gut wie ausnahmslos auch der Grundherr, die Adelsherrschaft des Mittelalters war Grundherrschaft. Dieser Terminus bedeutet aber nicht nur, daß der Herr den bebauten Grund

und Boden besitzt, sondern daß in seiner Herrschaft auch Rechte enthalten sind. Seiner Herrschaft sind auch sämtliche Menschen unterworfen, welche den Boden bestellen und in seinem Herrschaftsbereich leben: allen voran die Hintersassen; es konnte sich dabei um freie, halbfreie oder hörige, an die Scholle gebundene Bauern handeln. Die Grundherrschaft ist im Mittelalter die wesentliche Lebensgemeinschaft auf dem Land. Sie umfaßt alle Bereiche, es handelt sich um eine Einheit von Haus- und Gefolgsherrschaft, Schutz- und Gerichtsherrschaft. Grundherrschaft ist in einem engeren, personenbezogenen Sinn Leibherrschaft, und deshalb ist der Grundherr auch Gerichtsherr. Wie es zu dieser Rechtsgewalt gekommen ist, darüber gibt es nur eine Reihe von Mutmaßungen, von denen keine wesentlich besser oder schlechter ist als die andere. Die Meinung, daß die Herrenrechte ein »Ausfluß der adligen Herrengewalt selbst« sind, und zwar aufgrund einer »autogenen Immunität«, besagt schließlich nichts anderes, als daß sich mit dem Besitz des Bodens auch Rechte an demselben Boden verbinden und ebenso Rechte über diejenigen, die in irgendeiner Form von diesem Boden, von seiner Bearbeitung und von seinen Erträgen leben.

Verfestigt wurden diese Verhältnisse durch die soziale Gliederung in getrennte Stände. Sie geht in die Jahrhunderte der germanischen Frühzeit zurück, doch so unsicher auch die genauere zeitliche Festlegung ist, so bemerkenswert bleibt es, daß ursprünglich, also von Anfang an, nur Freie das Recht auf Grund und Boden besaßen. Für den Menschen des Mittelalters drückt sich in der Ständehierarchie eine von Gott gegebene Weltordnung aus, die deswegen auch von sich aus einleuchtet und nicht weiter begründet werden muß. Der moderne, uns so vertraute Klassenneid und Klassenhaß hat mit dem Grundgefühl des Mittelalters, daß die

Ständeordnung gottgewollt sei, nichts zu tun. So wie das Königtum und seine Idee ein Erbteil der germanischen Vergangenheit ist, so erhält sich über die Trennung der Stände und ihre Eigenrechte hinweg das alte Treueverhältnis zwischen dem Gefolgsherrn und dem Gefolgsmann; im *Sachsenspiegel* – viereinhalb Jahrhunderte nach Herzog Widukind – werden nochmals drei Hauptsätze wie ein Diktat formuliert: »Das natürliche Recht heißt auch Gottesrecht, darum, daß Gott dies Recht allen Geschöpfen gegeben hat.« Was hier als Ebenbürtigkeit anklingt, wird im zweiten Grundsatz metajuristisch erhärtet: »Gut ohne Ehre ist für kein Gut zu halten, und Leib ohne Ehre pflegt man im Rechten für tot zu halten«, was der *Sachsenspiegel* zu der Folgerung ergänzt: »Alle Ehre kommt von der Treue.« So schließt sich der Kreis der Ordnung, denn in der damaligen Zeit stellt sich dem sogenannten gebotenen Frieden der gelobte Friede, die Treue zur Seite. Der Begriff stammt vom altsächsischen Wort »trewa« ab, das sowohl Treue als auch Frieden bedeutet.

ADELSHERRSCHAFT UND KÖNIGSHERRSCHAFT. Aus der Überordnung des Adels, seiner Superioritas, ergibt sich die Befehlsgewalt über andere. Das ist ein rechtlicher Tatbestand. Deshalb übt ja auch der Grundherr seine Herrschaft über Land und Leute unter anderem mit Hilfe seiner Gerichtsbarkeit aus. Wenn der Grundadel aber als Besitzer des Rechts nicht auch der Hüter des Rechts ist, reißen Zustände ein, die man als privilegierte Rechtlosigkeit bezeichnen muß. Vorrechte, die sich von der Grundlage der wechselseitigen Treue entfernen, werden zu Totengräbern des Gemeinwesens. Gegen solche Willkür sind schon in der Germanenzeit mächtige Barrieren errichtet worden. Und so betonen auch unsere großen Rechtsbücher, sowohl der *Sachsenspiegel* als auch der *Schwabenspiegel*, entschieden das Widerstandsrecht gegen denjenigen Herrn, der sich seinen Untertanen gegenüber nicht an Recht und Gesetz hält – im anschaulich-drastischen Wortlaut des *Schwabenspiegels*: »Wir sullen den herren darumbe dienen, daz si uns beschirmen. Beschirmen sie uns nit, so sind wir in nit dienstes schuldig nach rechte.« Da aber die Distanz zwischen Recht und Rechtsverwirklichung für den Untertanen schwerer zu überwinden ist als für den Herrn, richten sich in solchen Zeiten, wie sie Adalbert von Magdeburg im Zusammenhang mit der Thronerhebung Heinrichs beschreibt, die Hoffnungen der Menschen auf den König. Denn der Monarch ist derjenige, der über dem Adel und dem Grundherrn steht. Er übt die oberste Herrschaft über Land und Leute aus, eine Herrschaft höchsten Ranges, der auch der Adel bis zum Stammesherzog untersteht.

Diese Tatsache gehört im frühen Mittelalter signifikant zum König als dem Haupt und Repräsentanten des Reiches. Die Besonderheit seines Amtes hebt sich markant ab von der Stellung der übrigen Adelsherren; die Distanz ihnen gegenüber ist grundsätzlicher Natur, denn der König ist keineswegs nur der Erste unter den Fürsten gleichen Ranges, Primus inter pares. Einer der wesentlichsten Unterschiede zwischen Adelsherrschaft und Königsherrschaft hatte sich herausgebildet als eine Folge des Sachverhalts, daß sich die direktive Gewalt des adligen Grundherrn von der Bodenfläche, dem Raum ableitet und sich, umgekehrt, auch darauf bezieht, daß es sich also hier um ein konkret-dingliches Verhältnis handelt. Die Herrschaft des Königs dagegen ist durch sakral-ideelle Normen legitimiert. Der König hat zwar ebenfalls Verfügungsgewalt an Grund und Boden, sei es durch die Krongüter, sei es durch die Wälder oder Straßen, aber dieses Territorialprinzip ist seinem Herrschaftsrecht gewissermaßen nur als eine Ergänzung zugeordnet. Beides ist objektiver Art, weil das Königsamt nicht an die Person gebunden ist, sondern eine Institution darstellt, und weil zum anderen in dem Amt, das in der Person des Königs sichtbar wird, auch der staatliche Verbund des Reiches eingeschlossen ist, der das ganze Volk in all seinen Ständen zu einer Gesamtheit macht und den der König repräsentiert. Die Rechtswahrung, die Verbürgung des Friedens, der Schutz, den das Volk von der staatlichen Gemeinschaft erwarten darf und den sie bieten muß, ist Königsschutz.

Ob von innen her gesehen oder von außen: Der König und das Reich sind nur zwei Ausdrucksformen derselben Einheit. Der Inhaber des Königsamtes verkörpert und vertritt das Reich, seine Autorität, seine Befehlsgewalt, seine Ordnung, seine Gesetze. Die Repräsentanz verpflichtet ihn, dies alles zu umfassen. Das ursprüngliche Königtum, das sich auf der Grundlage der Stammesbildung entwickelte und den König lediglich mit einer vom Volk getragenen und weitestgehend von seiner Zustimmung abhängigen Heeres- und Gerichtsgewalt ausstattete, die anfangs auch noch zeitlich begrenzt war, erhielt durch die Veränderungen in der weiteren Geschichte ein eigenes Königsrecht, das nicht mehr ausschließlich im Volk verankert ist.

Doch deshalb befand es sich in keiner isolierten Region. Der König ist zwar in der Zeit des frühen Mittelalters schon seit langem nicht mehr Bevollmächtigter des Volkes, aber deshalb können er und das Königtum trotzdem nicht als unverantwortlich oder als selbstherrlich bezeichnet werden. Das Herrschaftsrecht seines Amtes überträgt ihm nicht nur alle Exekutive, sondern bindet ihn auch selbst. Er handelt niemals als Privatperson, sondern immer im Auftrag des

Reiches. Von dort wird seine Königsgewalt, wird sein Königsrecht getragen, dort ruhen beide auf. Der unauflösliche Zusammenhang, die Festigkeit des Reiches zeigt sich in einem machtvollen Königtum, und das Königtum wiederum stellt sich um so mächtiger dar, je kompakter die Einheit des Reiches ist. Die Möglichkeiten der Entwicklung in eine Richtung, die bis zum Despotismus führt, sind zwar in dieser Verfassung außerordentlich groß, und sie sind auch wiederholt genutzt worden. Doch ebenso deutlich waren die Reaktionen aller Stände des Reiches darauf, denn ihr Gespür für die Grenzen zwischen Königsrecht und Unrecht war jederzeit gut entwickelt. Die regelmäßigen Reichsversammlungen und Reichstage der Großen, die sich aus den germanischen Volksversammlungen aller Freien entwickelt hatten und zu denen der König einberief, stellten keine Zirkel von Zujublern dar, sondern hatten auch klare Kontrollaufgaben; das wird häufig vergessen.

WAHRER DES FRIEDENS. So allgemein oder abstrakt es vielleicht auch klingt: Das Volk, die rechtlich geprägten Stände, selbst der Klerus erwarteten von König Heinrich die Wiederherstellung der Ordnung, und zwar im Inneren genauso wie im Äußeren. Es handelte sich um eine grundsätzliche Hoffnung, und es war überdies eine Hoffnung, die sich in besonderem Maß auf die Persönlichkeit Heinrichs selbst richtete und die von einer elementaren Glaubenszuversicht lebte. Das Grundsätzliche, Substantielle dabei hatte eine Vergangenheit, die schon vor Jahrhunderten bei den Germanen begann. Doch in einem engeren, auf das Mittelalter bezogenen Sinn beginnt der theokratische Zuschnitt mit dem Königtum Karls des Großen.

Wie es mit dem Krönungsritus bei Heinrich dem Ersten

stand, wissen wir nicht. Der Sachsenkönig hatte ein eigenes Verhältnis zu seiner Stellung, aber das bedeutete keine Unterbrechung der Tradition. Denn in der ottonischen Zeit, die mit Aplomb durch Heinrich eröffnet wird, bildet sich rasch der eigene deutsche Krönungsritus heraus. Selbst in seine formelhaftesten Worte gehen noch all die Erwartungen ein, die das Volk mit dem König verbindet: Feierlich wird Gott angefleht, er möge doch den neuen König in seine Ordnung erwählen und ihn weihen, er möge ihn zum salus communis, zu einem Heil des Gemeinwesens erhöhen. Nach dem Gelöbnis des Königs richtet der Erzbischof die Frage an das Volk: »Willst du dich diesem Fürsten und Führer unterwerfen und das Reich selbst in fester Treue halten?« Und das Volk erwidert: »Fiat! Amen! – Es geschehe! Ja, gewiß!«

Die politische Herrschaft des Königs ist die vornehmste Erscheinungsform seiner Macht, deren Ursprung nur in Gott zu finden ist. In der Lebensbeschreibung von Königin Mathilde wird der Übergang des Königtums von den Franken auf die Sachsen als Errichtung eines Reiches der Freiheit und des Friedens gefeiert. Als nämlich »Zepter und die gesamte Reichsgewalt an Heinrich fiel, unterwarf er mit Kriegsgewalt jegliche Reiche im Umkreis seinem Gebot. Warum sollte es jedoch befremden, daß es ihm so oft gelang, seine Feinde zu überwältigen, so siegreich Triumphe zu erstreiten – ihm, der dem höchsten Triumphator, dem himmlischen Könige, jederzeit seine Dankbarkeit zeigte!« Das Ineinander von Recht und Frieden, Gerechtigkeit und Gnade unter der Regierung Heinrichs des Ersten verdeutlicht der Chronist durch seine allgemeine Feststellung, daß der Verbrecher, »wie üblich, wegen seiner frevlerischen Schuld vor den Richterstuhl des Königs gebracht und von diesem zum Tod verurteilt wird«, Mathilde dagegen um Christi willen beim König Gnade erwirkt.

Das Wesentliche des Königsamtes drückt der Schreiber in einem Hymnus aus: Da durch Gottes Fügung die Sachsen einen solchen König erhalten haben, »genießen sie gar hoher Ehren, sie, denen niemals früher ein so außerordentlicher Vorrang beschieden war. O Deutschland! Du einst unter das Joch anderer Völker gebeugt, jetzt aber erhöht in kaiserlichem Schmuck, liebe den König, dien ihm treu, wage ihm zu helfen mit allen Kräften und halte beharrlich fest an dem Wunsch, daß dir nie ein Regent aus jenem Geschlechte fehlen möge, damit du nicht, sämtlicher Ehrenstufen beraubt, wieder zur früheren Knechtschaft herabsinkst!«

Der Biograph Mathildes lebt in einer Zeit, in der das Deutsche Reich bereits die wesentlichen Züge der Reichsvorstellungen und Reichsideen des Mittelalters auszubilden beginnt. Das Reich zeichnet sich durch die Einheitlichkeit seiner Rechtsordnung aus. Der König hat sie in seinem Herrschaftsbereich durchzusetzen. Diese germanische Tradition, daß Frieden ein Zustand ungebrochener Rechtsordnung ist, zum Recht also wesentlich gehört, die ungesetzliche Gewalt auszuschließen, lebt das ganze Mittelalter hindurch fort in der Auffassung vom König und seinem Amt. Friede herrscht dort, wo keine widerrechtliche Gewalt existiert, wo aber schließlich auch das Recht nicht oder nicht mehr mit Gewalt durchgesetzt, sondern von sich aus befolgt wird. Der König hat keine höhere Aufgabe, als den Frieden zu gebieten, ihn zu wahren. Er ist der Friedenswahrer. Diese Überzeugung wird in vollendeter Dichte im ersten staatlichen Gesetzbuch Europas, in den *Konstitutionen von Melfi*, formuliert, die der Stauferkaiser Friedrich II. im Jahr 1231 erläßt: »Die Fürsten haben, soweit sie es können, den Völkern den Frieden, und wenn sie befriedet sind, die Gerechtigkeit zu wahren; denn Friede und Gerechtigkeit umfassen sich gegenseitig wie zwei Schwestern.«

Die Persönlichkeit des Königs. Zweieinhalb Jahrhunderte vor dem Erlaß des Stauferkaisers hatte Roswitha von Gandersheim die Herrschaft König Heinrichs in Versen gefeiert, welche dieselben Momente, mit denen in den *Konstitutionen von Melfi* die Existenz von Fürsten begründet wird, in den Mittelpunkt des Wirkens von Heinrich stellen:

> »Welch eine Fülle des Ruhms seine edle Gemütsart ihm
>   brachte,
> Und wie fromm er die unter ihm stehenden Völker
>   regierte,
> Und wie hoch er mit glänzenden Taten vor sämtlichen
>   Königen
> Damals ragte hervor, das übersteigt die Ausdruckskraft
>   dieses
> Überaus wertlosen, höchst mangelhaften Gedichts.
> Denn unnachgiebig den Bösen, bezeigt er Gerechten
>   sich liebreich,
> Voller Eifer zu wahren das Recht nach des Gesetzes
>   Bestimmung,
> Auch für jedes Verdienst angemessen Belohnung ge-
>   während.
> Ihm hat Christus bescheret, der friedliche König von
>   oben,
> Frieden hienieden im Reiche für alle Zeiten des Le-
>   bens.«

Das Vermächtnis des Weilburger Testaments von König Konrad I. hat in der damaligen Situation des Reiches realpolitisch tatsächlich nur die Übergabe der Krone in Form eines Titels bedeutet. Das Reich selbst gewinnt erst dann seine reale Gestalt und wird eins mit seinem Bild, wenn es Heinrich gelingt, ihm den ersehnten Frieden zu bringen. Deshalb wird die Gründung des Reiches identisch mit seiner Sicherung, das heißt ausdrücklich: im Inneren dadurch, daß das Recht in der sozialen Ordnung zur Geltung kommt und die Stammesgebiete auf ein Zentrum hin verbunden werden, nämlich auf das Zentrum des Reiches hin, und nach außen hin durch die Befestigung seiner Grenzen, die so unbezwinglich sein müssen wie die Mauern des Rechts.

Aus der Notlage des chaotischen Verfalls heraus handelt Heinrich nach seiner Königserhebung. Er handelt rasch und rücksichtslos. Im Grunde handelt er dabei allerdings wider seine Natur, denn das Königliche in ihm wird, bei allem sonstigen Ernst, am charakteristischsten sichtbar in seiner persönlichen Unbeschwertheit, die häufig geradezu in Sorglosigkeit umschlägt. Die Privatperson Heinrich ist verständnisvoll, nachsichtig und milde; der König Heinrich aber geht gegen Friedens- und Gesetzesbrecher mit rücksichtsloser Strenge vor. Diese Härte bewirkt tatsächlich geradezu ein Wunder.

Denn mit welchem anderen Begriff wollte man den vollständigen und unerhört raschen Umbruch der inneren Zustände in Deutschland von der Anarchie zur rechtlichen Ordnung beschreiben, der mit dem Königtum Heinrichs einsetzt, wenn nicht mit demjenigen des Wunders, einem Begriff, der gleichgewichtig das Unvorstellbare, Unglaubliche und Unmögliche umfaßt. Und zum Wunderbaren gehört auch, daß in den mehr als eineinhalb Jahrzehnten der Regierung Heinrichs des Ersten kein einziger der großen Fürsten und Herzöge auch nur den leisesten Versuch gemacht hat, gegen den König aufzustehen. Ja die Chronisten berichten uns nicht einmal von der belanglosesten Differenz oder auch nur von Ansätzen zu einem ernsthafteren Streit, und ebensowenig berichten sie von einem Widerstand des hohen oder niederen Klerus.

In der Erinnerung des Volkes hat der Sachsenkönig gut ein Jahrtausend fortgelebt: nicht als Gebilde erdferner Phantasie, sondern ausnahmslos als ein vertrauter Mensch der niederdeutschen Heimat, dem Wärme und Zuneigung entgegenschlagen, ohne daß sich dabei auch nur entfernt so etwas wie Anbiederung oder plump-dumpfe Vertraulichkeit findet. Heinrich bleibt bei aller Leutseligkeit und Menschlichkeit in der Tradition, der Legende, der Sage, jederzeit König. Kein gekrönter Herrscher unserer Geschichte ist volkstümlicher gewesen und durch die Jahrhunderte volkstümlicher geblieben als der Sachsenkönig. Hält man sich an die überlieferten Zeugnisse, dann ergibt sich freilich nur eine Gestalt, deren Lebensfülle sich in einem Kaleidoskop winziger, anekdotischer Merkmale der sagenhaften Berichte und legendären Ausschmückungen versteckt, die aber ebenso als gewaltige Silhouette eines unbeweglichen Denkmals im Gegenlicht vor dem Horizont des aufgehenden Reiches verharrt. In den zeitgenössischen Dokumenten ist davon nicht viel zu finden, vor allem kaum etwas von den Vorstellungen, in die sich die Späteren mit soviel politischem Selbstmitleid verströmt haben. Das trifft insbesondere auf das neunzehnte Jahrhundert zu und seine Perspektive in den zahllosen historischen Romanen und Mythen, besonders nachhaltig ins Wort und zum Klang gebracht etwa in den Geschichtsepen Felix Dahns und den Musikdramen Richard Wagners.

Und doch war das, von uns heute bestenfalls nachsichtig hingenommene Träumen unserer Vorväter von den hohen Gestalten, den schlanken blonden Frauen, den starken Männern mit den breiten Schultern und dem Lächeln des Nordens nicht völlig abstrahiert von dem, was zur Realität des zehnten Jahrhunderts gehört. Legenden sind mit Fug und Recht beständiger als Fakten; denn sie sind ihre Töchter.

Und deshalb ist es auch bezeichnend, daß Heinrichs Ruhm schon in seiner Zeit das Abendland erfüllt und der König jählings, ohne Übergang in die große Sage eingeht. So sah das Volk von Brabant in König Heinrich den Retter und Richter, wie es der thüringische Dichter des dreizehnten Jahrhunderts Wolfram von Eschenbach in seiner Darstellung des Schwanritters Lohengrin berichten läßt. In diesem berühmten Erzählepos verkörpert sich – ganz unhistorisch und doch mit einem höheren Recht – gerade in Heinrich dem Ersten das damalige Heilige Römische Reich; auch Richard Wagner siedelt den Stoff seines *Lohengrin* nicht im hohen Mittelalter an, sondern in der Zeit des Sachsenkönigs.

In den Grundzügen von Heinrichs Persönlichkeit bestätigen sich die Gewährsmänner in den Schreibstuben der Klöster gegenseitig. Da sind zunächst die einhelligen Zeugnisse über die Schönheit des jungen Mannes und die Wohlgestalt des Erwachsenen. Sein jüngster Sohn – der kaum zufällig den Vatersnamen Heinrich trägt – ist ihm aus dem Gesicht geschnitten. Deshalb wird er auch der Lieblingssohn seiner Mutter Mathilde. Der jüngere Biograph der Königin sagt von ihm: »Wahrlich, so hohe Schönheit war in ihm, daß er mit kaum irgendeinem Manne seiner Zeit verglichen werden konnte.«

Aus Heinrichs Jugendzeit und derjenigen seines Sohnes Otto wird gleichlautend von der ungewöhnlich beständigen Fröhlichkeit berichtet, die für beide so charakteristisch gewesen ist. Auch in höheren Jahren ist Heinrichs Humor völlig frei gewesen von Ironie oder auch nur Anflügen von Hohn. Er war gutmütig, gelassen und von einer ausgesprochenen Spielfreude – alles Grundeigenschaften, die dem Vernehmen nach den Niedersachsen noch heute auszeichnen sollen, so daß sich in einem immateriellen Sinn die Menschen im Norden Deutschlands selbst noch zu unserer

Zeit als Nachfahren des Sachsenkönigs einschätzen dürfen, wenn sie wollen. Mit guten Gründen können wir annehmen, daß die Jugendzeit des Königssohnes nicht anders verlaufen ist als diejenige seines Vaters; so zieht also auch Heinrich an vielen Tagen durch die Wälder, auf der Pirsch mit Freunden, hin und wieder allein und Lieder singend.

Seine Stirn war offen und klar, die Augen groß, hell, die Nase gerade, nicht zu kurz, fast griechisch mit dem nur angedeuteten Sattel, ausgeprägte Lippen, festes Kinn, die Haare blond, stark gelockt, halblang, sie fielen also nicht nach dem Brauch der Zeit bis auf die Schultern; dieses Bild zeigt uns das älteste seiner Siegel. Individuelle Porträts gab es damals nicht, doch die Grundzüge des Gesichts wurden auf den Münzen, Siegeln oder Medaillons durchaus nachgebildet. Daß wir nichts wirklich Genaues von Heinrichs Aussehen wissen, ist insofern nicht allzu gravierend, als das Wesentliche ohnehin nicht der optische Eindruck selbst ist, sondern es sind die Vorstellungen, die eine Persönlichkeit in uns erweckt. Die Zeugen, welche die Schönheit des jungen Mannes hervorheben, sehen allein schon in seiner hohen, zwingenden Gestalt die harmonische Vollkommenheit zur Wahrnehmung gebracht. Ihre Urteile übertreffen noch das übliche Maß an Bewunderung, das in diesen Jahrhunderten generell der weiblichen und männlichen Schönheit entgegenschlägt.

Vom älteren König berichtet Widukind von Corvey: »Zu der außerordentlichen Klugheit und Weisheit, durch die er sich auszeichnete, kam noch seine mächtige Körpergestalt, welche der königlichen Würde erst die ganze Zierde verlieh. Auch bei Kampfspielen besiegte er alle mit solcher Überlegenheit, daß er den übrigen Schrecken einjagte. Auf der Jagd war er so unermüdlich, daß er auf einem Ritt vierzig und noch mehr Stück Wild erlegte. Und obgleich er bei

Gelagen sehr heiter war, vergab er doch der königlichen Würde nichts, denn er flößte zu gleicher Zeit seinen Kriegsleuten ein solches Wohlwollen und eine solche Furcht ein, daß sie, selbst wenn er scherzte, sich nicht getrauten, sich irgendwelche Unziemlichkeiten zu erlauben.«

Nochmals muß man sich daran erinnern, daß die Jagd in diesen Jahrhunderten nichts mit der Jägerei späterer Jahrhunderte und gar nichts mit derjenigen in unserer Gegenwart zu tun hat. Jagd ist damals Vorübung für den kriegerischen Kampf, des Kampfspiels, so wie einige Zeit später das ritterliche Turnier. Im zehnten Jahrhundert war ein König, der kein großer Jäger war, auch kein großer Krieger. König Heinrich wird einhellig attestiert, daß er beides von Jugend an darstellte, und daß sich in seiner Freude an der Jagd eindrucksvoll vorgreifend das Format des großen Kriegers dokumentiert.

Widukind sieht in den persönlichen Eigenschaften Heinrichs auch eine Inkarnation derjenigen Herrschertugenden, die generell den großen König ausmachen. Milde und königliche Haltung, Beharrlichkeit und Mut bilden für Widukind die kardinalen Eigenschaften des Herrschers: clementia, regalis disciplina, constantia und virtus. Ins Bildliche übersetzt, wollte der Corveyer Mönch damit sagen: Die Wölfe leben im Rudel; die Vögel fliegen in Scharen, aber der Löwe hat seinen Stolz. Deshalb ist der Löwe Herrscher in seinem Reich. Doch selbst wenn diese Zuordnungen Widukinds nichts anderes darstellen würden als eine Verbindung von antiken und christlichen Überzeugungen mit heidnisch-germanischem Erbe und deshalb nicht unbedingt als individuelle Kennzeichen König Heinrichs einzuschätzen wären, könnte man nicht darüber hinwegsehen, daß sie eben doch als exemplarisch mit Heinrich dem Ersten verbunden wurden. Außerdem stimmen diese Herrschertugenden mit den übrigen Eigenschaften zusammen, die vom König als charakteristisch überliefert werden.

Heinrich war immer großherzig. Seine Freigebigkeit den Freunden gegenüber grenzte an Opulenz, unmittelbaren Bitten vermochte er sich kaum zu verweigern, und Witwen konnten genauso wie Arme seines besonderen Schutzes sicher sein. Er war besonnen, bei aller Energie durchweg auf Mäßigung bedacht, im Gespräch immer aufmerksam, entgegenkommend, nie überheblich, bei Verhandlungen mit fremden Fürsten grundsätzlich liebenswürdig. Im vertrauten Kreis war Heinrich ungezwungen, vergnügt, schlagfertig. Wenn er seine Überzeugung in Fragen der Regierung des Reiches ohne Diskussion durchsetzen wollte, trieb ihn seine Entschiedenheit meistens dicht an die Grenze der Drohungen. Die Tapferkeit war bei ihm ein elementarer Zug, Tapferkeit auch in der Verachtung des eigenen Leidens. Im Krieg, bei den vernichtenden Kämpfen mit den Grenzvölkern war Heinrich rücksichtslos und brutal; das gilt es festzustellen ohne alle Fragen danach, ob dies für einen König, der zugleich die Führung des Heeres besaß, zeitgemäß selbstverständlich war oder womöglich noch mehr besagte. Unerbittlich bis zur Grausamkeit verhielt er sich nur in Fällen, die allgemeines Gewicht besaßen: wenn es um die Ordnung der inneren Zustände oder um Obliegenheiten des Reiches ging. Zumal was dessen Bestand und Wahrung betraf, entwickelte der König eine Zielsicherheit, deren Stärke von seiner persönlichen Fähigkeit lebte, in längeren Zeiträumen zu denken. So als wäre er sich bewußt gewesen, daß die politische und staatliche Erbschaft, die er hinterließ, unweigerlich ein Ergebnis sowohl seiner Einsichten und Entscheidungen als auch seiner Irrtümer und Mißgriffe sein würde.

In der *Vita Mahthildis* wird die starke Anteilnahme Heinrichs am Leben, an den Sorgen und Nöten derjenigen hervorgehoben, die ihm nahestehen. Das bezieht sich nicht nur auf die Verwandten. Mit am ausgeprägtesten entwickelt ist sein Gerechtigkeitsgefühl und damit zusammenhängend seine Hilfsbereitschaft ohne Rücksicht auf die Opportunität. Immer wieder beeindruckt er durch seine Entschlußkraft. Sobald er über ein Vorhaben völlige Klarheit gewonnen und sich zu der Durchführung entschlossen hat, realisiert er ohne Zeitverlust die Entscheidung. Er schreckt nicht davor zurück, in solchen Fällen alle seine Machtmittel einzusetzen, auch ohne jede Rücksicht darauf, ob er die Grenzen des Angemessenen verletzt oder nicht. Heinrich gehört zu jener Kategorie von Tätigen, die wenig Sinn besitzen für die Schleichfiguren der von ihrer Routine beeinträchtigten Diplomaten. Für die Ziele, die sich rasch erreichen lassen, kommt für ihn nur der kürzeste, also der direkte Weg in Betracht, selbst wenn ein Umweg weniger Kraft, aber mehr Zeit erfordern würde. Das verhilft seinen politischen Entscheidungen zu einer auffallenden Bestimmtheit.

Als Staatsmann zeichnet ihn folglich eine Mischung aus Urwüchsigkeit und Weitblick aus. Den Beweis dafür, ob eine solche Disposition auch die Befähigung einschließt, mit verwickelten Problemen fertig zu werden, muß er bald antreten. Denn König Karl der Einfältige konzentriert sich seit dem Ende des Jahres 921 darauf, die lothringische Frage endgültig zu bereinigen.

17. Lothringen ergibt sich König Heinrich

»Der König aber wuchs und nahm zu an Macht von Tag zu Tag, und seine Gewalt, sein Ansehen und sein Ruhm erhöhten sich immer mehr. Und nachdem er das Reich, welches unter seinen Vorgängern durch innere und äußere Kriege in allen Teilen zerrüttet war, geeinigt, befriedet und wieder zusammengebracht hatte, zog er gegen Gallien und das Reich Lothars.«

Widukind von Corvey

König Karl der Einfältige betrachtete den Bonner Vertrag vom 7. November 921 als einen Freibrief, um Lothringen endlich vollständig dem Westfrankenreich einzuverleiben. Allerdings war auch dieser Versuch nur ein Teil der unentwegten, mühseligen Versuche des Königs, mit den Aufständen seiner Herren fertig zu werden. Zeitweilig handelte es sich um einen reinen Kampf mit der Hydra: Die eine Erhebung war kaum niedergeschlagen, schon flammte die nächste empor. Im Sommer des Jahres 921 hatte er nur mit viel Mühe einen Aufstand des Grafen Richwin von Verdun niederkämpfen können.

Der Vertrag von Bonn war kaum geschlossen, da mußte König Karl erneut zum Schwert greifen, sowohl gegen Otto, den Sohn des Grafen Richwin von Verdun, als auch gegen

Herzog Giselbert von Lothringen. Im Juni 919 hatte der König durch ein Urteil des Hofgerichts dem Herzog die reichen Besitzungen der Abtei St. Servatius zu Maastricht entzogen; Giselbert war Laienabt des Klosters gewesen. Durch diesen Urteilsspruch erhielt unter anderem Rutger, der Erzbischof von Trier, die Besitzrechte an diesem bedeutenden Übergang an der Maas. Giselbert wurde damit in einem Gebiet getroffen, das im Zentrum seiner gesamten Hausinteressen lag. Die Gegensätze zwischen dem Herzog und dem König waren in der folgenden Zeit immer nur überdeckt, niemals aber völlig behoben worden. Nunmehr – im Jahr 922 – litt König Karl unter der durchaus begründeten Furcht, daß sich Giselbert, sobald die nächste Auseinandersetzung fällig war, verstärkt um die Unterstützung Heinrichs des Ersten bemühen würde. Der deutsche König hatte schließlich an Lothringen nicht nur deshalb ein besonderes Interesse, weil er aufgrund der alten Zugehörigkeit des Herzogtums zu Ostfranken die Abtrennung des Jahres 911 nicht billigen konnte. Heinrich war mit Lothringen durch Verwandtschaft verbunden. Seine Tante Liutgard war die Gemahlin Ludwigs III. des Jüngeren, der im Jahr 880 durch den Vertrag von Ribémont ganz Lothringen für sich gewonnen hatte. Und Heinrichs Schwester Oda hatte Zwentibold geheiratet, den Sohn Kaiser Arnulfs, der im Jahr 895 von seinem Vater zum König von Lothringen erhoben worden war; Oda war mithin fünf Jahre lang, bis zum Tod Zwentibolds im Jahr 900, Königin von Lothringen gewesen.

Schon nach wenigen Monaten brach in Westfranken die nächste Krise aus. Die Übertragung der Abtei Chelles bei Meaux in der Champagne im Frühjahr 922 durch König Karl an seinen Favoriten Hagano reizte den westfränkischen Adel zu einer heftigen Reaktion; die Herren kündigten ihrem

König die Gefolgschaft auf. An die Spitze des Aufstands trat Herzog Robert von Franzien zusammen mit seinem Sohn Hugo. Die Krise schlug bald um in einen gnadenlosen Kampf um das gesamte westfränkische Königtum. Im Juni 922 erhob nach einer Reihe von Kämpfen mit Karl dem Einfältigen der Adel Westfrankens Robert von Franzien zum König. Er wurde am 29. Juni in Saint-Rémy gekrönt. König Karl verblieb als Rückhalt nur die Anhängerschaft in seinem Stammland Lothringen, im Bereich seiner karolingischen Hausgüter. Wenige Monate später wandte sich ein Teil der lothringischen Anhängerschaft König Karls an Robert von Franzien mit der Bitte, er möge ihnen gegen Stellung von Geiseln bis in den Herbst 923 einen Waffenstillstand gewähren. Damit schien der Weg zur Lösung des Konflikts auf friedliche Weise offenzustehen, allerdings ganz auf Kosten König Karls. Es gibt auch keinerlei Nachrichten oder Notizen über irgendwelche kriegerischen Zusammenstöße in der zweiten Hälfte des Jahres 922. Beide Parteien holten Atem, sie rüsteten sich für ein Entscheidungstreffen.

Heinrich der Erste hielt sich bei diesen Kämpfen im Jahr 922 vollständig zurück. Aus Urkunden ergibt sich, daß er am 20. März in Pöhlde war, im April in Quedlinburg dem Kloster Corvey das Wahlrecht, den Zehntbezug von den eigenen Gütern und die Immunität bestätigt hatte und sich am 22. Juni in Wallhausen aufhielt, an der Nordseite der Helme unterhalb des Kyffhäusers, wo er dreizehn Jahre zuvor die Hochzeit mit Mathilde gefeiert hatte. Aus diesen Daten und Aufenthaltsorten ergibt sich ziemlich eindeutig, daß Heinrich in der ersten Hälfte des Jahres 922 ausnahmslos in Sachsen und Thüringen geblieben war. In den Kampf um die Krone Frankreichs und um Lothringen wurde der König erst zu Beginn des Jahres 923 unmittelbar hineingezogen.

Robert von Franzien nahm zu Beginn des Jahres 923 Verbindung zum deutschen König auf. Beide Herrscher trafen sich an der Ruhr im Raum von Essen, die Begegnung war überaus freundschaftlich, es wurde eine Art Neutralitätsabkommen geschlossen. Der Text ist nicht erhalten, auch vom Inhalt weiß man nichts, aber die Tatsache des Vertrages selbst zeigt doch unzweideutig, daß sich Heinrich jetzt von König Karl distanzierte.

Die Entscheidung begann sich im Frühjahr des Jahres 923 abzuzeichnen, als es Karl dem Einfältigen nach vielen Mühen gelang, Teile der Lothringer, die mit Robert den Waffenstillstand geschlossen hatten, wieder auf seine Seite zu bringen. Die Zahl war groß genug, um es dem König zu ermöglichen, ein stattliches und auch schlagkräftiges Heer aufzustellen. Im Sommer 923 brach König Karl aus seinem Gebiet auf und zog Robert von Franzien entgegen. Zur Entscheidungsschlacht kam es am 15. Juni an der Aisne bei Soissons, fünfzig Kilometer westlich der Krondomäne Reims.

Die Chronisten berichten recht ausführlich von diesem überaus blutigen Entscheidungstreffen. Flodoards breite Darstellung hält sich weitgehend an die Tatsachen: »Karl rückte mit den Lothringern, welche den kürzlich mit Robert geschlossenen Waffenstillstand brachen, über die Maas, kam nach Attigny, und erschien, noch bevor Robert seine Getreuen versammeln konnte. Am folgenden Tag, einem Sonntag, erwarteten die Franken keinen Kampf. Doch nachdem schon die sechste Stunde vergangen war und die Franken zum größten Teil bei der Mahlzeit saßen, ging Karl unerwartet bei Soissons über die Aisne und kam mit den lothringischen Gewappneten über Robert. Dieser zog ihm mit den Rittern, die er um sich hatte, entgegen. Es kam zur Schlacht, auf beiden Seiten blieben viele im Kampf, und auch Robert fand den Tod, von Lanzen durchbohrt.«

Der Sturz Karls des Einfältigen. Richer von Saint-Rémy nennt die Zahl der Gefallenen mit jener Genauigkeit, die sich nur nach sorgfältigen Recherchen oder mit Hilfe feuriger Phantasie erreichen läßt. Von den Kriegern Roberts sollen 11 349 gefallen sein, König Karl mußte 7118 Tote beklagen. Daß die Verluste Karls geringer waren als diejenigen seines Kontrahenten, ist nicht zu bezweifeln. Trotzdem ging das Treffen für ihn unglücklich aus, wenn man davon absieht, daß sein Gegenspieler Robert getötet wurde. Denn als sich die Krieger Roberts schon zur Flucht entschlossen hatten, erschien Hugo von Franzien, Roberts junger Sohn, zusammen mit dem Grafen Herbert von Vermandois. Ihre frischen Truppen besetzten ohne Widerstand das Schlachtfeld. Hugo hatte allerdings nicht die Absicht, den Kampf nochmals aufzunehmen, doch er blieb, wie Richer ausführt, »auf dem Schlachtfeld eine Zeitlang stehen, als wolle er dem Feinde die Beute abnehmen. Deswegen schrieb er sich den Sieg zu. Karl aber glaubte, ebenfalls gesiegt zu haben, weil der Tyrann gefallen war. Der Sieg blieb also zweifelhaft, weil zwar die rebellischen Anhänger Roberts ihren König verloren hatten, Karl aber keine Beute davontrug. Keiner Partei gelang es, dem Feind die Beute abzunehmen. Karl hatte zwar Gelegenheit dazu, doch zu seinem Schaden verzichtete er darauf, denn er war nicht habsüchtig. Und da er den größten Teil seines Heeres verloren hatte und den Empörern nicht traute, zog er sich ohne Beute zurück, in der Absicht, bald noch schrecklicher wiederzukommen.«

Mit der Schlacht bei Soissons wurde das Ende des Kampfes um das Königtum Westfrankens eingeleitet. König Karl wandte sich Ende Juni an Heinrich den Ersten um Unterstützung. Ein Gesandter überbrachte dem König ein Handreliquiar des Märtyrers Dionysius, in seiner Botschaft versicherte Karl, daß es sich bei diesem Geschenk um ein

»Pfand des ewigen Bündnisses und der gegenseitigen Liebe«
handle, womit Heinrich an den Bonner Vertrag erinnert
werden sollte; die Handreliquie war außerdem ein deutlicher Hinweis auf die Eide, die sich die Herrscher vor zwei
Jahren gegenseitig geleistet hatten: »Der König aber nahm
das göttliche Geschenk mit dem Ausdruck der höchsten
Dankbarkeit entgegen, kniete vor den heiligen Reliquien
nieder, küßte sie und zeigte ihnen die größte Verehrung.«
Hilfe aber und Unterstützung leistete er keineswegs; es war
bereits zu eindeutig, daß die Gegenpartei in Westfranken
das Königtum an sich bringen würde.

Der westfränkische Adel entschloß sich nach dem Tod
Roberts von Franzien rasch zur Wahl eines neuen Gegenkö-
nigs. Er entschied sich für Rudolf, den Schwiegersohn des
Gefallenen, den Herzog des westfränkischen Burgund. Er
wurde am 13. Juli 923 in Saint-Medard bei Soissons
gekrönt, obwohl er seiner Wahl nur widerstrebend zugestimmt hatte. König Karl wurde kurz darauf das Opfer einer
typischen Infamie. Graf Herbert von Vermandois sandte
eine Abordnung zu Karl, beteuerte ihm, daß er mit der Wahl
Rudolfs von Burgund nicht einverstanden sei. Er habe sich
heftig widersetzt, sei aber von den Verschworenen über-
stimmt worden. Jetzt wisse er einen Rat, wie sich dieses
schändliche Gegenkönigtum beseitigen ließe. Er schlug dem
König ein Gespräch vor; beide sollten freilich nur mit klein-
stem Gefolge kommen, damit wegen der langjährigen Verfeindung nicht unversehens ein blutiger Kampf ausbreche.
Damit der König sich aber durch ein verständliches Mißtrauen nicht von der Zusammenkunft abhalten lasse, solle er
sich von den Überbringern der Botschaft durch feierliche
Eide seine Sicherheit garantieren lassen.

Karl stimmte zu, nahm die Eidschwüre der Gesandten
entgegen und stellte sich in den ersten Augusttagen in Saint-

Quentin ein, der Hauptstadt der Grafschaft Vermandois. Graf Herbert empfing den König überaus zuvorkommend, sie umarmten und küßten sich und führten ein langes vertrauliches Gespräch. Auf ein Zeichen brach eine Rotte Schwerbewaffneter aus einem Versteck. Karl wurde umzingelt und mit einigen seiner Begleiter gefangengenommen. Bei der Gegenwehr verloren etliche seiner Gefolgschaft das Leben, die übrigen konnten entfliehen. Karl wurde zunächst nach Péronne an der Somme gebracht, der zweiten großen Stadt der Grafschaft. Wenig später brachte man ihn in den Kerker auf der alten fränkischen Festung Château-Thierry, die zu Beginn des achten Jahrhunderts auf einer Bergkuppe hoch über der Marne errichtet worden war. Als König Heinrich von diesem Sturz Karls des Einfältigen erfuhr, »wurde er bekümmert und verwunderte sich ob dieses jähen Wechsels des Glücks – der Menschheit gemeinsames Los«, wie der Corveyer Mönch nachdenklich schreibt. König Karl stirbt im Jahr 929, immer noch im Gewahrsam Herberts von Vermandois.

HEINRICH GREIFT EIN. Nach diesem wenig ehrenvollen Coup zerfielen die Anhänger König Karls. Nur ein geringer Teil der Herren hielten dem König noch die Treue, die meisten gingen zu König Rudolf über. Eine besonders wichtige Rolle spielte dabei Wigerich, der Bischof von Metz. Er verlangte von König Rudolf, er solle ihm helfen, die Feste Zabern zurückzuerobern. Wer Zabern in der Hand hatte, besaß die Kontrolle des Zugangs von den Vogesen in die Elsaßebene von Straßburg. Der Bischof war aber am Besitz der Sperrfeste Zabern auch deshalb interessiert, weil im Osten der Vogesen der große Besitz der beiden Klöster Maursmünster und Neuweiler lag, die zum Kirchengebiet von Metz gehörten.

Zabern aber gehörte zum Deutschen Reich, nämlich zum

Herzogtum Schwaben. Burchard nannte sich auch Herzog von Schwaben und Elsaß. Zu dieser Zeit war auch das Bistum Straßburg von deutschen Kräften beherrscht. Auf das elsässische Gebiet richteten sich allerdings aufgrund des unterschiedlichen Kirchenbesitzes immer noch westfränkische Ansprüche. In Zabern lag eine deutsche Besatzung, und wenn jetzt König Rudolf der Bitte des Bischofs von Metz nachkam und mit starken Truppen vor die Feste zog, dann verletzte er deutsches Gebiet. Zwei Monate lang belagerte König Rudolf Zabern, bevor sich die Besatzung Ende Oktober 923 zur Kapitulation entschloß. Sie hatte vergeblich auf Truppen Heinrichs gehofft, die Entsatz bringen sollten.

Jener Teil des lothringischen Adels, der sich nicht auf die Seite König Rudolfs geschlagen hatte, wandte sich nun an König Heinrich, an der Spitze Giselbert von Lothringen und Erzbischof Rutger von Trier. Sie forderten den deutschen König auf, die Herrschaft in Lothringen zu übernehmen. Beide Fürsten hatten wenig gemeinsam, verbunden wurden sie lediglich durch die politische Entwicklung, genauer gesagt dadurch, daß sie nicht beabsichtigten, sich König Rudolf zu unterwerfen.

König Heinrich ließ sich nicht zweimal bitten. Alles spricht dafür, daß ihm König Robert bei dem Abschluß des Neutralitätsvertrages zu Beginn des Jahres 923 als Entgelt für seine Zurückhaltung alle wesentlichen Rechte im Gebiet des Elsasses bestätigt hatte. Heinrich überschritt gegen Ende des Jahres den Rhein und stieß im Norden Oberlothringens auf die Mosel zu, in der Gegend von Trier. Er machte beträchtliche Beute und zog dann vor Metz, belagerte gemeinsam mit Giselbert von Lothringen und Erzbischof Rutger die Stadt und unterwarf sie. Adalbert von Magdeburg behauptet, daß auch Bischof Wigerich, der die lothringischen Dinge in diesem Jahr ins Rollen gebracht hatte, König Heinrich anerkannte; doch dürfte dies erst 925 der Fall gewesen sein, als die Zukunft Lothringens endgültig entschieden war. Weit wichtiger war, daß sich jetzt auch erhebliche Teile des Adels von Lothringen dem deutschen König unterstellten. Damit durfte Heinrich das Gebiet von Metz bis zur Maas als unbestrittene Einflußsphäre betrachten.

Der Kriegszug Heinrichs rief König Rudolf auf den Plan, er mobilisierte starke Truppen. Doch bevor es zu einem großen Treffen kam, schlug Heinrich, der sich mit seinem Heer an den Rhein zurückgezogen hatte, einen Waffenstillstand vor. König Rudolf willigte ein, das Abkommen hatte eine Laufzeit bis zum 1. Oktober 924. Beiden Kontrahenten erschienen die Vereinbarungen in einem besonders günstigen Licht. Heinrich durfte es als außerordentliches Plus verbuchen, daß die Machtverhältnisse in Lothringen, so wie sie bei Abschluß des Waffenstillstandes vorlagen, bis auf weiteres bestehen bleiben sollten: Die Gebiete Lothringens im Moselraum um Trier bis hinüber zur Maas im Westen unterstanden weiterhin seinem Einfluß, während der südliche Rest König Rudolfs Interessendomäne blieb. Rudolf wiederum hatte durch die gewonnene Zeit die Möglichkeit, seine Kräfte zu sammeln, was für ihn um so dringlicher war, als seine Hauptsorge im Westen die Normannen und ihre nicht abreißenden Einfälle bildeten, und im Süden des Landes die Selbständigkeitsbestrebungen Wilhelms von Aquitanien.

Sowohl König Rudolf als auch Heinrich der Erste mußten im Sommer 924 mit schweren Krankheiten fertig werden. Dazu kam der Einbruch der Ungarn in Sachsen. Das hinderte beide Herrscher daran, sich nach Ablauf des Waffenstillstands wiederum der lothringischen Frage anzunehmen und eine endgültige Lösung zu erzwingen. Trotz des Waffenstillstands hatte allerdings auch im Inneren Lothringens im

Verlauf des vergangenen Jahres keineswegs Ruhe geherrscht. Giselbert wurde von seinem Schwager Berengar gefangengesetzt und erst freigelassen, als Giselberts Bruder Reginar seine Söhne als Geiseln gestellt hatte. Das zog eine Fehde zwischen Giselbert und Reginar nach sich. Giselbert wandte sich an König Rudolf um Unterstützung und bot ihm die Unterwerfung an. Rudolf lehnte allerdings höhnisch ab, er konnte sich keinen Vorteil davon versprechen, diese herzogliche Wetterfahne in seinem Lager zu wissen. Außerdem wäre es ein beträchtlicher Verstoß gegen den Vertrag zwischen Rudolf und Heinrich gewesen, wenn der westfränkische König in dieser Phase einem derart folgenschweren Stellungswechsel zugestimmt hätte.

Zu Beginn des Jahres 925 war König Rudolf vollauf damit beschäftigt, einen schweren Einbruch der Normannen in Burgund abzuwehren. Kurz darauf gelang es Graf Herbert von Vermandois, eine Aussöhnung zwischen dem König, Hugo von Franzien und Giselbert von Lothringen zustande zu bringen. Das bedeutete nichts anderes, als daß auch ein Großteil Lothringens wieder die Herrschaft Rudolfs anerkannte, und es bedeutete ebenso, daß Heinrichs Position eine empfindliche, wenn nicht sogar katastrophale Einbuße erlitten hatte. Auf seiner Seite standen damals nur noch Rutger, der Erzbischof von Trier, Bischof Gauzlin von Toul und der neue Erzbischof Wichfried von Köln.

Heinrich befand sich damals im Gebiet des Mittelrheins. Rudolf hielt die Verhältnisse in Lothringen nunmehr für hinreichend stabilisiert, um sich wieder den Normannen in der Seinemündung zuwenden zu können. König Heinrich entschloß sich daraufhin, Ende Mai den Rhein mit seinen Kriegern zu überschreiten und an den Nordausläufern der Eifel die Festung Zülpich – eine römische Gründung und im sechsten Jahrhundert merowingische Königspfalz – anzugreifen, die von Truppen Giselberts verteidigt wurde. Als der König die Festung erobert hatte, erhielt er plötzlich von Giselbert Geiseln gestellt. Das hieß nichts anderes, als daß der lothringische Herzog erneut das Lager gewechselt und sich auf die Seite des deutschen Königs geschlagen hatte.

Heinrichs Position war damit fast wieder auf den alten Stand gebracht. Die Schlußphase im Ringen um Lothringen wurde durch ein Ereignis eröffnet, das nichts mit dem umstrittenen Gebiet zu tun hatte, sondern ausschließlich eine Folge der inneren Zerrissenheit Westfrankens war. Im Juli 925 verstarb der Erzbischof von Reims. Daraufhin erschien Graf Herbert von Vermandois unverzüglich in Reims und setzte bei den Klerikern des Erzstiftes durch, daß sie seinen eigenen Favoriten zum Nachfolger wählten und zum Erzbischof bestimmten: seinen fünfjährigen Sohn Hugo. Bis zu seiner Großjährigkeit sollte Herbert selbst die weltliche Verwaltung von Reims als Vormund in die Hand nehmen. Graf Herbert hatte damit ein Glanzstück der Eigenmächtigkeit vollbracht. Die Verfügung über das außerordentlich reiche Gebiet von Reims bedeutete eine Ausweitung seiner Macht, die ihn seinem Rivalen im Norden, Herzog Hugo von Franzien, praktisch gleichstellte. Graf Herbert hatte damit aber auch einen enormen Trumpf gegenüber König Rudolf in die Hand bekommen, denn mit den Besitzungen von Reims war er geradezu Herr des Fundaments der Königsmacht in Nordfrankreich geworden. Außerdem hielt er noch immer König Karl als Gefangenen bei sich, und dessen Wert als Gegenspieler Rudolfs wußte auch der König richtig einzuschätzen und deshalb gebührend zu fürchten. Der wirkliche Nutznießer war aber nicht Graf Herbert, sondern Heinrich der Erste.

»DAS GEEINTE UND BERUHIGTE LOTHRINGEN«. Die Situation in Lothringen veränderte sich nunmehr mit der Schnelligkeit eines Erdrutsches. Giselberts Unterwerfung löste diese Wende aus. Heinrich gelang es, sich in Verdun durchzusetzen, er übertrug den Sprengel an den lothringischen Geistlichen Bernuin, einen Neffen des letzten Bischofs. Bernuins Bruder, Graf Adalbert, besaß außerordentlichen Einfluß im Gebiet von Metz. Die westlichen Bistümer, angefangen von Lüttich, erkannten nunmehr Heinrichs Oberhoheit an. Flodoard kann für das Ende des Jahres 925 nur lapidar festhalten: »Alle Lothringer übergaben sich König Heinrich.« Und Adalbert von Magdeburg notiert mit derselben Endgültigkeit, daß der König nunmehr »das geeinte und beruhigte Lothringen in seinem Besitz hatte«.

Ein eigenes Licht wirft Widukind von Corvey in seinem Bericht auf die verwickelten Ereignisse dieser Jahre und speziell auf Herzog Giselbert: »Um diese Zeit lebte unter den Lothringern ein Graf mit Namen Christian; als dieser sah, daß König Heinrich alles glückte, suchte er nach einer Gelegenheit, um von ihm durch eine größere Gnade geehrt zu werden. Deshalb rief er, eine Krankheit vortäuschend, Giselbert zu sich, nahm ihn durch List gefangen und lieferte ihn unter Bewachung an König Heinrich aus. Giselbert aber war von edlem Geschlecht und aus alter Familie. Der König empfing ihn hocherfreut, weil er durch ihn allein Lothringen zu bekommen meinte. Später, als er sah, daß der junge Mann sich als sehr tüchtig erwies und durch Abstammung und Macht, aber auch durch Reichtum hervorragte, begann er ihn betont freundlich zu behandeln. Schließlich verlobte er ihn mit seiner Tochter Gerberga und fesselte ihn sowohl durch Verwandtschaft als auch durch Freundschaft an sich, nachdem er ihm ganz Lothringen anvertraut hatte.«

Richtig an dieser Erzählung Widukinds ist, daß sich Gisel-

Europa zur Regierungszeit Heinrichs des Ersten

bert bedingungslos dem deutschen König unterwarf und daß Heinrich der Erste den damals nicht ganz vierzigjährigen Herzog im Jahr 929 gewissermaßen aus dynastisch-disziplinarischen Gründen mit seiner blutjungen, soeben erst mündig gewordenen Tochter Gerberga verheiratete. Lothringen selbst unterstellte er zunächt im Jahr 926 Herzog Eberhard von Franken, dem Haupt der Konradiner, die bis zur Separierung Lothringens im Jahr 911 im Land erheblichen Einfluß besessen hatten. Eberhard zählte seit der Königserhebung 919 zum engsten Umkreis Heinrichs. Der König gab Eberhard den Auftrag, »das Recht wiederherzustellen und die Lothringer untereinander in einem Frieden zu verbünden.« Lothringen wurde als ein einheitliches Verwaltungsgebiet behandelt. Eberhard besaß eine gute Hand. Lothringen kam im Verlauf der beiden folgenden Jahre zur Ruhe, mit den internen Kämpfen war es vorbei. Eine wesentliche Voraussetzung dafür war die gänzliche Zurückhaltung Giselberts, dessen Flatterhaftigkeit und hochfahrenden Ansprüchen ein Großteil der lothringischen Wirren im letzten Jahrzehnt zu verdanken gewesen war.

König Heinrich ließ allerdings Eberhard von Franken nicht völlig freie Hand. Behutsam griff er selbst in die inneren Verhältnisse ein, um allmählich auch wieder königliche Rechte in Lothringen zu verankern. Als Bischof Wigerich von Metz am 1. März 927 verstarb, wählte das Stift von sich aus den Nachfolger. Heinrich annullierte den Entscheid und unterstellte Metz dem Straßburger Kanonikus Benno. Während des folgenden Jahres wurde Heinrich nochmals genötigt, in Lothringen mit Waffen seinen Willen durchzusetzen. Der Bruder König Rudolfs, Graf Boso, hatte sich noch nicht mit der Rückgliederung Lothringens ins Reich abgefunden. Er verfügte in den Gebieten zwischen der oberen Maas und der Mosel an der Grenze zu Hochburgund über reiche Besitzungen, über Güter und befestigte Orte. Außerdem war er Laienabt des Klosters Remiremont im oberen Moseltal und der Benediktinerabtei Moyenmoutier in den Vogesen südöstlich von Straßburg. Graf Boso hatte sich widerrechtlich Klostergut und Bistumsbesitz angeeignet; Aufforderungen zur Rückgabe ignorierte er. Heinrich rückte schließlich im Frühsommer mit einem großen Heer nach Lothringen, zog vor eine der stärksten Festungen Bosos – Durofostum im Ardennenbereich der Maas – und belagerte sie. Für diese Art Argumentation hatte Graf Boso viel Verständnis, er bat König Heinrich um freies Geleit, erhielt es und ersuchte um Frieden. Der König stellte als Bedingung, daß Graf Boso den Kirchenbesitz herausgab, er bot ihm aber gleichzeitig eine gewisse Entschädigung durch andere Gebiete an. Boso willigte ein. Gleichzeitig gab auch Reginar, der Bruder Herzog Giselberts, jeden Widerstand gegen Heinrich auf. Damit waren in Lothringen endgültig die letzten Schwierigkeiten beseitigt.

Heinrich hielt es jetzt an der Zeit, den Auftrag Eberhards in Lothringen zu beenden. Der König traf sich in Maastricht mit Giselbert und Erzbischof Rutger. Zunächst wurde der Zankapfel der Abtei St. Servatius, der eine so große Rolle gespielt hatte, beseitigt. Erzbischof Rutger wurde das Besitzrecht bescheinigt, Giselbert aber erhielt St. Servatius auf Lebenszeit. Als Kompensation verschrieb er dem Erzstift andere Güter aus seinem reichen Besitz. Nunmehr wurde Giselbert vom König förmlich mit dem Herzogtum belehnt. Lothringen stand seitdem den anderen Herzogtümern des Reiches gleich. Die Tatsache freilich, daß in Lothringen noch andere starke Herrenrechte existierten und die Kirche fest unter dem Einfluß des Königs stand, schloß genügend Sicherungen ein; sie waren mit Rücksicht auf die noch immer in Rechnung zu stellende Unzuverlässigkeit Giselberts, zumal auf seine Machtgelüste, nicht zu entbehren. König Heinrich hatte mit seinem Verhalten, seinen ebenso vorsichtigen wie zielstrebigen Maßnahmen und der dosierten Anwendung militärischer Gewalt das Herzogtum Lothringen in einer Weise wiederum dem Reich eingegliedert und zugleich seine inneren Verhältnisse stabilisiert, die von den Chronisten mit Bewunderung registriert wurde. So resümiert Widukind von Corvey die Methode des Königs mit der Feststellung: »Er hielt es für geraten, keine kriegerischen Entscheidungen herbeizuführen, sondern hoffte vielmehr, die Lothringer eher durch listige Klugheit zu unterwerfen; denn sie waren ein unzuverlässiges Volk, mit Listen vertraut, stets bereit zum Kriege und leicht zum Umsturz geneigt.«

18. Ungarnsturm

Im Jahr 925 hätte Heinrich die Gründung des Deutschen
Reiches als abgeschlossen betrachten und mit dem traditio-
nellen Umritt des Königs besiegeln können. Es handelt sich
um einen Brauch, der weit in die alten Zeiten zurückging.
Wer bei den Germanen Grund und Boden erworben hatte,
ging zusammen mit Zeugen rings um die Grenzen des
Gebiets; erst danach war die Vereinbarung gewissermaßen
rechtsgültig und der Kauf vollzogen. Von den Merowinger-
königen wurde die Symbolik dieser Rechtsform auf das
Königtum übertragen; sie umfuhren in einem Karren, der
von Ochsen gezogen wurde, die Grenzen des Reiches. Daraus entwickelte sich der feste Brauch, daß ein neuer König
durch sein Reich fuhr oder ritt und auf diese Weise von ihm
Besitz ergriff. Doch im Umritt der Herrscher war nicht nur
die symbolische Besitznahme enthalten, sondern auch die
Vorstellung, daß der König dabei dem ganzen Land sein Heil

spendete, das in erster Linie Fruchtbarkeit bewirkte. Die alt-sakrale Verwurzelung blieb noch lange lebendig und im Bewußtsein. Beide Momente, die Besitznahme und die Spende des Heils, hielten sich bis weit ins Hochmittelalter im Umritt der deutschen Könige.

Doch Heinrich, durch und durch Realist, gab sich auch diesmal keinen Täuschungen hin. Mit der Rückgewinnung Lothringens war nur das erste seiner Hauptprobleme gelöst, die nach seiner Erhebung zum König auf ihn warteten. Mit der Huldigung der Herzöge von Schwaben und Bayern war das Reich gegründet, vollendet aber war die Gründung erst mit der Wiedergewinnung Lothringens. An die Dringlichkeit des zweiten Hauptproblems, die Sicherung der Reichsgrenzen, wurde der König in dieser Zeit ununterbrochen durch die Ungarn selbst erinnert.

Der Einbruch der Reiternomaden im Jahr 919 war sowohl ein Test als auch eine Machtdemonstration und Drohung gewesen. Ihr Hauptangriff richtete sich damals offenkundig bewußt gegen die eigenen Familiengüter des Sachsenkönigs. Heinrich soll die Ungarn damals mit einer kleinen, zahlenmäßig weit unterlegenen Truppe angegriffen haben; der Überfall endete jedoch nicht so, wie er geplant war, denn die Ungarn faßten sich schnell, sie setzten sich erbittert zur Wehr und griffen schließlich ihrerseits die Sachsen an, so daß der König in höchste Gefahr geriet und sich überstürzt in seine feste Burg Püchen zurückziehen mußte. Püchen lag links der Mulde nordwestlich von Wurzen im heutigen Regierungsbezirk Leipzig. Von der Burg aus wurde der Übergang über die Mulde beherrscht, und damit auch die alte Salzstraße, die von Halle kam. Angeblich vermachte Heinrich daraufhin aus Dankbarkeit den Bewohnern reiche Schenkungen und gewährte ihnen erheblich größere Rechte, als sie bis dahin besessen hatten. Diese

Privilegien müssen außerordentlich gewesen sein, denn Thietmar von Merseburg betont, daß zu seiner Zeit, also fast ein Jahrhundert später, diese Rechte noch immer größer seien als diejenigen der Nachbarorte von Püchen.

DIE UNGARN IN ITALIEN. Bis zum Jahr 924 erhielt König Heinrich von den Ungarn eine Atempause. Die Magyaren konzentrierten sich zunächst auf ihre italienischen Interessen. Sie stießen 920 im Süden über Laibach und Aquileja am Nordufer der Adria bis Verona und Brescia vor und errangen hier einen Sieg gegen rebellische Vasallen des römischen Kaisers Berengar, mit dem die Magyaren verbündet waren. Der Herrscher, ein Enkel Ludwigs des Frommen, lebte mit den Ungarn seit 904 im Frieden. Ursprünglich Markgraf von Friaul, wurde er im Jahr 888 zum König von Italien erhoben, hatte lange Kämpfe mit den Ungarn zu bestehen, bis er sich schließlich mit ihnen arrangierte. Der Papst krönte ihn 915 zum Kaiser. Im Jahr 919 verstärkten sich die Beziehungen zu den Ungarn, sie schlossen mit Berengar einen Freundschaftsvertrag.

Im Jahr 921 durchzogen die Magyaren auf der Südroute Bayern und Schwaben und drangen durch Lothringen bis nach Verdun vor. Der nächste Raid im Jahr 922 führt sie bis tief in den Süden der Apenninenhalbinsel. Der ungarische Heerführer Szalárd durchquert ganz Mittelitalien, die Verheerungen dieses Zuges sind ungewöhnlich groß. Szalárd stößt bis nach Apulien und Kalabrien vor, also in Gebiete, die damals dem Kaiser von Byzanz unterstanden, der sich auf die Seite der Gegner Kaiser Berengars gestellt hatte. Die ungarischen Kontingente erweisen sich allerdings für derart lange und ausgedehnte Unternehmungen zu schwach, sie werden deshalb 923 durch eine stattliche Armee unter der

Führung des Großfürsten Tarhos, dem Sohn des verstorbenen Árpád und Oberhaupt der Magyaren seit dem Jahr 907, und des Feldherrn Bogát aufgefüllt. Großfürst Tarhos erneuert in Verona in einem feierlichen Zeremoniell das Bündnis mit Kaiser Berengar.

Die Armeen der Reiternomaden bleiben bis 924 in Italien, die Verwüstungen nehmen kein Ende, militärisch sind die Ungarn überall Herr der Lage. Im März brechen sie zum Rückmarsch auf. Das Gros unter Tarhos und Bogát kehrt in gewohnter Weise von Norditalien auf der Strata Ungarorum in die Heimat zurück; diese strategische Marschroute führte zwischen der Drau und der Grenzmark Friaul hindurch. Die Ungarnheere benötigen auf dieser Strecke von Pannonien bis in die Lombardei nur zehn Tage. Ein starkes Heereskontingent, geführt von dem Feldherrn Szalárd, trennt sich in Norditalien von der Hauptarmee, zieht nach Nordwesten, plündert die Königsstadt Pavia und brennt sie am 12. März 924 nieder; die Bewohner müssen sich mit acht Maß Silber freikaufen. Szalárd überquert mit seinen Kriegern die Alpen über den Kleinen St. Bernhard, schwenkt nach Süden und dringt in Niederburgund ein. Offenkundig folgen sie einem Hilferuf der bedrängten Anhänger König Karls des Einfältigen. Das Gebiet der Languedoc wird schwer verwüstet, die Stadt Nîmes niedergebrannt, die Truppen Szalárds dringen bis zum Mittelmeer und den Pyrenäen vor. Es handelt sich durchweg um Gebiete des Königs Rudolf, der nach dem Tod König Roberts in der Schlacht bei Soissons gegen Karl den Einfältigen zum Gegenkönig gewählt wurde, und um Territorien seiner Anhänger. Im Herbst 924 beschließt Szalárd, mit seinen Einheiten nach Ungarn zurückzukehren; die Jahreszeit drängt, außerdem hat die Armee durch eine Ruhrepidemie schwere Verluste erlitten. In diesem Zustand war ein längerer Aufenthalt nicht mehr zu verantworten, zumal

König Rudolf bereit war, es nunmehr mit diesen dezimierten Invasionstruppen aufzunehmen.

Was sich von den Ungarnzügen aus der Sicht der Betroffenen nur als eine Kette grauenhafter Überfälle, verheerender Plünderungen und zahlloser Morde präsentiert, das steht auch in diesen Jahren eindeutig im Zusammenhang mit den politischen Verhältnissen und Veränderungen, Beziehungen und Bündnissen der Staaten Europas, ob es sich um Italien handelt oder um das Deutsche Reich, um Westfranken oder um Burgund. Betrachtet man das Abendland des zehnten Jahrhunderts als eine Einheit, deren Politik ein kompliziertes Geflecht von rasch wechselnden Allianzen und Interessen darstellt, dann können die Ungarn nicht anders als ein Faktor von beträchtlichem Gewicht eingeschätzt werden; sie bilden ein wesentliches Element der damaligen Politik, sind also alles andere als lediglich Räuberhorden, die immer dann die Grenzen überrennen, wenn sie die Gier überkommt.

Dieser Umstand ändert freilich nichts an der Tatsache, daß die Bewohner der heimgesuchten Länder nur die niedergebrannten Häuser, Dörfer, Kirchen und Klöster sahen und ihre zahllosen Toten begraben mußten. Kein Stoßgebet war in den Jahren zwischen 919 und 926 verständlicher und wurde öfters mit solcher Inbrunst zum Himmel gerichtet als die Bitte: »De sagittis Ungarorum libera nos, Domine! – Von den Pfeilen der Ungarn befreie uns, o Herr!«

DIE BELAGERUNG UND PLÜNDERUNG VON ST. GALLEN. Die expansive Kraft der Ungarn erreichte zwischen den Jahren 924 und 926 ihren Höhepunkt. Gegen Sachsen richtete sich 924 ein neuer, besonders aufwendiger Feldzug. Die Reiternomaden rückten über die alte Einfallstraße durch Mähren,

Schlesien und Daleminzien heran, überquerten die Elbe und drangen in das Harzgebiet. Offenbar unternahmen sie von hier aus weite Streifzüge durchs Land, denn Widukind von Corvey berichtet, sie hätten »wiederum ganz Sachsen durchzogen, steckten Burgen und Flecken in Brand und richteten allerorten ein solches Blutbad an, daß dadurch eine gänzliche Verödung drohte. Welch große Verheerung sie aber in jenen Tagen anrichteten und wie viele Klöster sie in Brand steckten, das will ich besser verschweigen, um unser schreckliches Unheil nicht nochmals in Worten zu wiederholen.«

Einerseits schien es den heimgesuchten Fürstentümern, als wären die militärischen Möglichkeiten der Reiternomaden noch lange nicht erschöpft, andererseits aber erkannten in diesen Jahren die ungarischen Feldherren und Stammesfürsten, daß trotz ihrer gewaltigen Erfolge die Stärke ihrer Heere auf die Dauer einer Anspannung durch Unternehmungen in alle drei Himmelsrichtungen des Abendlandes, also nach Sachsen, in den Westen nach Frankreich und schließlich nach Italien nicht gewachsen war. Zum erstenmal begann in ihren Planungen der Gesichtspunkt der militärischen Ökonomie eine Rolle zu spielen. Die neuen Einsichten setzten sich nicht plötzlich, sondern erst nach etlichen Erfahrungen durch, insbesondere nach der Rückkehr der Armeen des Großfürsten Tarhos und seiner Feldherren Bogát und Szalárd aus Italien und dem Süden Frankreichs.

Deshalb konzentrierten sich die Reiternomaden 926 auf einen einzigen gewaltigen Zug. Sie durchquerten Bayern, das sie nach wie vor schonten und wo ihnen Herzog Arnulf auch keinerlei Schwierigkeiten bereitete, zogen vor Augsburg, verzichteten jedoch aufgrund einer Intervention von Bischof Udalrich auf Kampfhandlungen, wandten sich nach Süden und stießen durch Schwaben und den Grenzbereich zwischen Burgund und Lothringen nach Frankreich und erreichten bei der Mündung der Loire den Atlantik. Kein Ungarnzug gelangte jemals wieder zu einem so weit westlich gelegenen Ort des Abendlandes. Der politische Anlaß dieses Feldzugs war ein Hilfsgesuch König Rudolfs II. von Burgund und Italien an seinen Schwiegervater Burchard, den Herzog von Schwaben, ihn durch einen Angriff auf König Hugo, der ihn aus Italien vertrieben hatte, militärisch zu unterstützen. Als Burchard mit schwäbischen Truppen in Italien erschien, wandte sich Hugo an die mit ihm verbündeten Ungarn.

Ob Schwaben zu dieser Zeit noch nicht unter dem Schutz des Sachsenvertrages von 925/26 mit den Ungarn stand oder ob sich der Entschluß der Magyaren zu ihrem Zug durch Schwaben zeitlich mit dem Inkrafttreten des Abkommens überschnitt, ist nicht mehr zu klären. Die Reiternomaden hatten diesen Feldzug jedenfalls keineswegs als eine reine Blitzaktion geplant und durchgeführt. Für viele Bauern und Mönche kam der Ungarnsturm unerwartet. Hartmann, ein Klosterbruder von St. Gallen, der um das Jahr 1000 das Leben der kurz darauf heiliggesprochenen Klausnerin Wiborada niederschrieb, berichtet davon. Ein Reiter aus dem Gesinde, der den Ungarn entkommen war, stürzte in das Tal und schrie den Leuten zu, die es abgelehnt hatten zu fliehen, weil sie die Schreckensnachrichten für Gerüchte hielten: »Flieht, o ihr Elenden, flieht! Schon sind die da, an deren Ankunft ihr nicht habt glauben wollen!«

In Schwaben nahmen sich die Reiternomaden Ende April und Anfang Mai die Zeit, das Kloster St. Gallen mehrere Tage lang gründlich zu durchsuchen und in der Umgebung ausführlich zu plündern. Der Mönch und Chronist Ekkehard IV. von St. Gallen gibt in seinen berühmten *Geschichten des Klosters St. Gallen* eine der anschaulichsten Schilderungen, die wir aus den Zeiten der Ungarnnot besitzen:

»Die Ungarn fielen wütend in Bayern ein und zogen schwarmweise durch Alemannien hin, ohne auf Gegenwehr zu stoßen. Doch Abt Engelbert zeigte rüstig, wie fähig er war, Unbilden zu ertragen. Denn als dieses Unheil drohte, befahl er, da von seinen Kriegern ein jeder für sich selber allein besorgt war, den Stärkeren von den Brüdern, die Waffen zu ergreifen, und bestärkte das Gesinde; selber legte er wie ein Riese des Herrn den Panzer an, zog Kutte und Stola darüber und hieß die Brüder, dasselbe zu tun. ›Wie wir bisher, meine Brüder‹, so sagte er, ›voller Gottvertrauen wider den Teufel gefochten haben, so wollen wir Gott bitten, daß wir jetzt die Kraft unserer Hände zeigen können.‹

Wurfspieße wurden hergestellt, aus Filz Panzer verfertigt; Schleudern wurden geflochten, aus festen Brettern und Weidenkörben Schilde nachgeahmt; Sparren und Knüttel wurden geschärft und am Herde hartgebrannt. Aber zuerst wollten manche Brüder und Knechte nicht fliehen, da sie dem Gerücht nicht trauten. Dennoch wurde ein Platz ausgesucht, der wie von Gott sichtlich zum Bau einer Burg hingestellt worden war, beim Flusse Sitter, dem der heilige Gallus einst aus Liebe zur heiligen Dreieinigkeit nach dem Zusammenfließen der drei Wasser diesen doppelsinnigen Namen gegeben haben soll. Die Stelle wurde auf dem schmalen Grat mit Wall und Verhau vorne bewehrt und eine Feste errichtet, wie es der heiligen Dreieinigkeit entspricht, von größter Stärke. In aller Eile wurde herbeigeführt, was nötig sein konnte. Das haben wir in unserem Bericht nach den Mitteilungen der Brüder, die das wußten, zusammengefaßt. Eine rasch erstellte Kapelle wurde zum Bethaus, in das man die Kreuze und die Kapseln mit den Totenlisten brachte sowie auch fast den gesamten Kirchenschatz mit Ausnahme der Bücher der Bibliothek. Sie hatte der Abt nach der Reichenau gebracht, jedoch nicht sicher genug; denn als sie zurückgebracht wurden, soll die Zahl, aber nicht die Bücher selbst gestimmt haben. Die Greise gab er mit den Knaben zum Schutz der Wasserburg auf der Insel im Bodensee, die er mit den Knechten, die jenseits des Sees waren, sorglich verwahrte. Und diesen Knechten befahl er auch, Lebensmittel mit sich dorthin zu nehmen, damit sie nämlich öfter auf den Schiffen sein könnten.

Kundschafter gingen durch die ihnen bekannte Gegend bei Nacht und am Tag, um den Brüdern, die gar nicht glauben konnten, daß der heilige Gallus jemals von Barbaren überfallen werden könne, die Ankunft der Feinde anzuzeigen, damit sie zur Festung flöhen. Auch Engelbert selbst nämlich, der damit einverstanden war, brachte beinahe zu spät die wertvollsten Dinge des heiligen Gallus in die Burg, weshalb denn Otmars Ciborium – der goldene Kelch zur Aufbewahrung der Hostien – den Feinden zurückgelassen wurde. Denn die Feinde gingen nicht gleichzeitig vor, sondern sie drangen scharenweise in die Städte und Dörfer ein, plünderten sie, zündeten sie an, und so fielen sie unerwartet, wo sie wollten, über die Ungerüsteten her. Auch verbargen sie sich bisweilen in Wäldern, hundert oder noch weniger, und brachen dann hervor; aber der Rauch und der von Feuern gerötete Himmel zeigten an, wo die einzelnen Scharen waren.

Es war damals bei den Unsern ein ganz einfältiger und närrischer Bruder, dessen Aussprüche und Streiche oft belacht wurden; er hieß Heribald. Als nun bei dem Aufbruch der Brüder nach der Festung einige voller Schrecken zu ihm sagten, auch er solle fliehen, antwortete er: ›Wahrhaftig, es soll fliehen, wer da will; ich allerdings werde nirgendwohin fliehen, denn der Kämmerer hat mir in diesem Jahr das Leder zu den Schuhen nicht gegeben.‹ Als aber die Brüder ihn im äußersten Augenblick mit Gewalt zwingen wollten, mit ihnen aufzubrechen, sperrte er sich heftig und schwur, er werde nirgends hingehen, wenn ihm sein jährliches Leder nicht in die Hand gegeben werde. Und so erwartete er unerschrocken die einstürmenden Ungarn. Endlich, fast zu spät, flohen die Brüder mit anderen Gläubigen, durch die schreckliche Nachricht erschüttert, daß die Feinde unmittelbar im Anzug seien; er aber blieb bei seinem Entschluß und wandelte ohne Furcht untätig auf und ab.

Da stürmten endlich jene Köcherträger herein, starrend von drohenden Wurfspeeren und Geschossen. Sie durchsuchten den ganzen Ort sorgsam; daß sie kein Geschlecht oder Alter schonten, ist gewiß. Sie fanden jenen Bruder allein, wie er unerschrocken mitteninne stand. Sie wunderten sich, was er wolle und warum er nicht geflohen sei; den Mördern wurde befohlen, ihm das Eisen einstweilen zu ersparen. Die Anführer befragten ihn durch Dolmetscher, und alle ließen unter Gelächter von ihm ab, als sie seine ungeheure Narrheit erkannten. An den steinernen Hochaltar, unter dem sich das Grab des heiligen Gallus befand, rührten sie gar nicht erst, da sie früher schon öfter von solchen Altären getäuscht worden waren und nichts als Knochen und Asche gefunden hatten.

Sie befragten endlich ihren Narren, wo der Schatz des Ortes aufbewahrt sei. Als er sie nun munter zu dem verborgenen Türchen der Schatzkammer führte und sie darin, als sie es aufgebrochen hatten, nur Kerzenstöcke und vergoldete Leuchter fanden, welche die Fliehenden in der Eile zurückgelassen hatten, drohten sie dem Betrüger mit Bakkenstreichen. Zwei von ihnen stiegen auf den Kirchturm, da sie den Hahn, der auf seiner Spitze steht, für golden hielten, weil – wie sie glaubten – der Gott des Ortes, der so heiße, nur aus dem Stoff eines edleren Metalls gegossen sein könne; und da der eine sich mit der Lanze kräftig vorbeugte, um ihn herabzureißen, stürzte er aus der Höhe auf den Vorhof und kam um. Inzwischen fiel der andere, der zur Beschimpfung des Gottes des Heiligtums selbst zum höchsten Punkt des östlichen Giebels kam und sich anschickte, seinen Leib zu entleeren, rücklings herunter und wurde ganz zerschmettert.

Als sie nun diese beiden Toten zwischen den Pfosten der Türflügel verbrannten und die Flammen des lodernden Scheiterhaufens heftig auf den Türsturz und die Decke übergriffen und mehrere die Brände um die Wette mit Stangen mischten, konnten sie doch den Tempel des Gallus so wenig wie den des Magnus anzünden. Es waren aber im gemeinschaftlichen Keller der Brüder zwei Weinfässer, die noch bis zu den Siegeln voll waren. Die waren nämlich zurückgeblieben, weil in jenem Augenblick niemand die Ochsen einzuspannen oder anzutreiben wagte. Es öffnete sie aber, ich weiß nicht durch welches Glück für die Klöster – nur deshalb vielleicht, weil sie dergleichen auf dem Beutewagen schon im Überfluß hatten –, keiner der Feinde. Denn als einer von ihnen mit geschwungener Axt eines der Faßbänder durchhauen wollte, sagte Heribald, der sich unter ihnen schon ganz vertraut bewegte: ›Laß das, guter Mann! Was meinst du denn, was wir trinken sollen, wenn ihr wieder fort seid?‹ Und der andere hörte das durch einen Dolmetscher und mußte lachen und bat die Genossen, die Fässer des Narren nicht zu berühren. Und so sind sie bewahrt geblieben, bis der Abt sie zu Gesicht bekam, als die Ungarn den Ort verließen.

Kundschafter, welche die Wälder und alle Schlupfwinkel durchsuchen sollten, schickten jene um die Wette aus; sie warteten an Ort und Stelle auf sie, daß sie etwas Neues hereinbrächten. Sie schwärmten schließlich, da die Klausnerin Wiborada schon den Tod erlitten hatte, über den Vorhof und die Wiesen aus, um zu reichlichen Mahlzeiten zu kommen. Auch entblößten sie das silberumkleidete Ciborium des heiligen Otmar, das die jählings Überfallenen nicht mit auf die Flucht nehmen konnten. Die Führer hielten sich natürlich auf dem ebenen Platz im Klosterinneren und schmausten in aller Üppigkeit. Auch Heribald hat sich bei ihnen, wie er nachher zu sagen pflegte, mehr als jemals sonst gesättigt. Und da sie sich nach ihrer Sitte zum Essen einzeln auf dem grünen Heu, ohne Sitze, lagerten, stellte er selbst für sich und einen Priester, den sie als Beute aufgegriffen hatten, Stühle hin. Nachdem die Ungarn aber die Schulterstücke der geschlachteten Tiere halb roh ohne Messer mit den Zähnen zerrissen und verschlungen hatten, bewarfen sie einander zum Scherze mit den abgenagten Knochen. Auch Wein, den sie in vollen Kufen in die Mitte gestellt hatten, schöpfte sich jeder ohne Unterschied, soviel es ihn gelüstete.

Nachdem sie aber von dem unvermischten Weine warm geworden waren, grölten sie alle in erschrecklicher Weise zu ihren Göttern. Den Priester aber und ihren Narren zwangen sie, das gleiche zu tun. Der Priester jedoch, der ihre Sprache gut kannte, weswegen sie ihm auch das Leben gelassen hatten, rief kräftig mit ihnen. Und als er endlich genug in ihrer Sprache gerast hatte, stimmte er unter Tränen die Antiphon vom heiligen Kreuz an, dessen Auffindung am folgenden Tag, dem 3. Mai, gefeiert wurde: ›Sanctifica nos‹, und auch Heribald selber sang sie, wenn auch mit rauher Stimme, mit ihm. Es versammelten sich alle, die da waren, zu dem ungewohnten Gesang der Gefangenen, und in ausgelassener Fröhlichkeit tanzten und rangen sie vor den Häuptlingen. Einige liefen mit den Waffen zusammen und zeigten, wieviel sie von der kriegerischen Zucht verständen. Indessen hielt jener Priester den günstigen Augenblick bei solcher Munterkeit für gekommen, um seine Freilassung zu erbitten, und der Arme warf sich unter Anrufung des heiligen Kreuzes weinend den Häuptlingen zu Füßen. Aber jene ließen in ihrem maßlos wilden Sinn durch Pfiffe und eine Art von schrecklichem Grunzen ihre Leute merken, was sie wollten, und die Männer flogen herbei, packten den Mann rascher, als es gesagt ist, und zückten die Messer zu dem Spiel, das die Deutschen ›picchin‹ nennen, gegen seine Tonsur, bevor sie ihm den Kopf abschneiden wollten.

Während sie solches vorbereiteten, eilten die Kundschafter in dem Wald, der gegen die Festung zu liegt, unter plötzlichen Hörner- und Stimmsignalen herbei. Sie versicherten, ganz in ihrer Nähe sei eine Burg, von bewaffneten Truppen bewehrt; der Priester und Heribald wurden allein im Kloster zurückgelassen, und die Krieger eilten im Lauf, jeder für sich, hinaus und standen, wie sie das gewohnt waren, in Schlachtordnung bereit, bevor es jemand vermutete. Da sie aber gehört hatten, wie die Festung beschaffen sei, daß man sie nicht belagern könne, der Platz aber auf einem langen, sehr schmalen Grat für Angreifer mit größtem Schaden und unbedingter Gefahr zugänglich sei, seine Verteidiger aber, solange sie Lebensmittel hätten, ihrer Truppenzahl niemals nachgeben würden, wenn sie nur Männer seien, so ließen sie endlich von dem Kloster ab, weil nämlich Gallus, dessen Gott, des Feuers mächtig sei, zündeten ein paar Häuser des Dorfes an, um sehen zu können – denn die Nacht war sehr nahe –, und zogen unter dem Gebot des Schweigens für Hörner und Stimmen auf dem Wege davon, der nach Konstanz führt. Da aber die Leute in der Feste geglaubt hatten, das Kloster brenne, gingen sie ihnen auf Seitenwegen nach, als sie von ihrem Abzug gehört hatten, griffen Kundschafter, die von weitem der Hauptmasse folgten, von vorne an und töteten einige; einen aber, der verwundet wurde, führten sie als Gefangenen fort; die übrigen, die durch die Flucht entkommen waren, zeigten der Hauptschar mit Hörnern an, daß sie sich hüten sollten.

Aber die Ungarn besetzten, so rasch sie konnten, die Felder und die Ebene, ordneten eilfertig die Schlachtordnung an, so gut es ging, stellten die Wagen und den übrigen Troß um sich her, teilten die Nacht in Wachen ein und frönten, im Grase liegend, still dem Wein und dem Schlaf. Am frühen Morgen jedoch fielen sie in die nächsten Dörfer ein, spürten nach, ob die Flüchtigen etwas zurückgelassen hätten, und raubten und verbrannten alle Gebäude, an denen sie vorüberkamen. Aber Engelbert, der Anführer in dem Zug gegen die Feinde, entließ die meisten, daß sie sich wieder auf die Festung zurückzögen, und stahl sich mit wenigen, die ebenso kühn waren wie er, in das Kloster und erkundete, ob noch welche im Hinterhalt zurückgeblieben seien. Es jammerte ihn der Narrheit Bruder Heribalds, der doch von guter Herkunft war, und sie forschten sorgfältig nach, ob sie wohl wenigstens seinen Leichnam zur Bestattung fänden. Da er sich aber nirgends fand – denn er hatte, von dem Priester nur schwer überredet, mit ihm den Gipfel des nächsten Berges erklommen und hielt sich zwischen Gebüsch und Sträuchern verborgen –, beklagte er ihn noch mehr, falls nämlich die Feinde einen Sklaven von so großer Einfalt mit sich fortgeführt hätten. Er wunderte sich auch, daß die Weinfässer von den doch gar so trunksüchtigen Feinden verschont geblieben waren, und dankte Gott.

Die morgendlichen Lobgesänge über das heilige Kreuz führten sie eilig aus, so leise sie konnten, wunderten sich, wie die Türpfosten und die Decke vorne angebrannt waren, und verließen den Ort in höchster Eile, erkundeten in aller Stille bei der Klause der Wiborada bei der St. Mangkirche,

ob sie noch lebe, und als sie begriffen hatten, daß sie den
Tod erlitten, wagten sie es nicht mehr, sich aufzuhalten,
überquerten den nächsten Berg und suchten endlich durch
die vertraute Wildnis die Festung wieder auf. Denn sie
fürchteten, wie das so geht, es könnten Feinde im Hinterhalt
zurückgeblieben sein oder zu anderen Beutezügen sich in
der Umgebung verstreut haben, den Genossen an den Ort
gefolgt sein und sie nun überfallen. Aber weil sie ihre Seele
in die Sache gelegt hatten, waren sie auch bereit, entweder
tapfer zu sterben oder sich mit den Händen mannhaft zu
verteidigen. Und der Priester kam mit Heribald, den er mit
sich gezogen hatte, in der Frühe dorthin; denn sie hatten die
Festung von dem Berg aus erblickt. Aber die Wächter sahen
sie schon von weitem, und als es noch finster war, und da sie
die beiden für Späher hielten, riefen sie die Genossen herbei. Die brachen hurtig hervor und erkannten Heribald,
zögerten aber zunächst wegen des Priesters; dennoch nahmen sie ihn in die Befestigung auf, und als sie seine ganze
Tragödie erfahren hatten, behandelten sie ihn gastfreundlich, sowohl um Christi willen als auch zur Wartung ihres
Gefangenen, dessen Sprache er kannte. Und durch die beiden wurden sie endlich über all die unverschämten Sitten
der Feinde belehrt. Der Ungar wurde getauft, heiratete und
zeugte Söhne. Da sie erfahren hatten, daß die Ungarn bisweilen zurückzukehren pflegten, fällten sie daraufhin noch
einmal Bäume des Waldes in einem weiteren Raum gegen
den Zugang zur Festung hin und hoben einen tiefen Graben
aus, und wie sie an einer Stelle, wo vorher immer Binsen
gewachsen waren, einen Brunnen sehr tief hinabgruben
– denn sie waren sicher, hier auf Wasser zu stoßen –,
fanden sie auch Wasser, und ganz reines, und holten sich
den Wein, den die Ungarn dem Heribald gelassen hatten, in
Tragfäßchen und allen gerade vorhandenen Gefäßen heim-

lich bei Tag und in der Nacht und riefen, da sie solches
taten, unablässig den Herrn an.«

WAFFENSTILLSTAND GEGEN TRIBUTZAHLUNGEN. Ekkehards Schilderung gibt besser als jeder andere zeitgenössische Bericht mit einer Fülle von Einzelheiten wieder,
was die Menschen in allen Gegenden des Abendlandes
von den Ungarn und ihren »unverschämten Sitten« zu
erwarten hatten. Das Anekdotische in Ekkehards Darstellung täuscht nicht über das Ausmaß der Brutalitäten hinweg, die damals freilich bei den Truppen jedweder Cou-
leur üblich und gewissermaßen kaum der Rede wert
waren. Der Unterschied zwischen Soldaten und Soldateska war zu allen Zeiten hauchdünn und selbst im gün-
stigsten Fall nur durch jene Trennwand bestimmt, die
sich mit den beiden Begriffen Truppendisziplin und persönlicher Anstand umreißen läßt – das eine so labil wie
das andere.
Ekkehard beschreibt aber auch den erfolgreichsten Weg,
sich gegen die Ungarn zu behaupten. Was die Mönche von
St. Gallen im Jahr 926 durch Geistesgegenwart, Mut und
Entschlossenheit erreichten, das folgte den Bedingungen
eines objektiven Prinzips: Die Reiternomaden waren unfähig, stärkere Befestigungen zu überwinden. Sie hatten das
im Verlauf ihrer Feldzüge in den vergangenen drei Jahrzehnten immer wieder erfahren müssen, sie hatten auch
entsprechend blutiges Lehrgeld gezahlt, und deshalb versuchten sie kaum jemals und nur unter äußerstem Zwang,
einen gut befestigten Ort durch Belagerung einzunehmen. In
der Regel umgingen sie Festungen und Burgen, ja selbst
ummauerte und bewehrte Klöster, wenn sie nicht durch
Überraschung, Verrat oder durch eine List eindringen konn-

ten. Der Bevölkerung diente der Wald mit seinen Dickichten, Schluchten und Höhlen, die nur den Einheimischen bekannt waren, als natürliche Festung.

Als das Ungarnheer im Jahr 924 in Sachsen einfiel, hatte sich König Heinrich außerstande gesehen, ihnen mit seinen Truppen Paroli zu bieten. Widukind von Corvey macht dazu nicht viel Worte: Der König hätte kein Zutrauen zu seinen Kriegern gehabt, denn sie seien »noch wenig geübt und an offene Feldschlacht mit einem so wilden Volk nicht gewöhnt.« Deshalb zog sich Heinrich in seine starke Burg Werla zurück, der königlichen Pfalz fünfzehn Kilometer nordöstlich von Goslar am Westufer der Oker. Bei der Werla handelte es sich schon damals um eine große militärische Anlage, die in der nachkarolingischen Zeit angelegt worden war. Sie bildete den Mittelpunkt der Königslandschaft im Harzgebiet und wurde für ein Jahrhundert mit das bedeutendste Regierungszentrum der deutschen Könige und Kaiser. Der Platz und die Festung befanden sich an einer strategischen Schlüsselstellung. Eine herausragende Bedeutung besaß Werla aber nicht nur in militärischer und wirtschaftlicher Hinsicht, sondern weil hier mit Vorliebe die Landtage des Sachsenstammes und die Hoftage der Könige abgehalten wurden.

Ein zusätzlicher Grund für die Passivität und auffallende Zurückhaltung Heinrichs im Jahr 924 ist auch in seiner schweren Erkrankung zu finden, die ihn den größten Teil des Jahres zur Untätigkeit zwang. Trotzdem blieben die Sachsen in dieser Zeit militärisch keineswegs völlig inaktiv. Im Zuge eines überraschenden Überfalls gelang es ihnen, einen der namhaftesten ungarischen Fürsten und Heerführer gefangenzunehmen; zweifellos handelte es sich um einen Angehörigen des regierenden Arpadenhauses. Sein Name wird zwar weder von den deutschen noch von den ungarischen Chronisten genannt, aber alles deutet darauf hin, daß es sich um Zolta, den jüngsten Sohn Árpáds, gehandelt hat. Zolta hatte im Jahr 904 eine mährische Fürstentochter aus dem Hause Swatopluks geheiratet, wurde 906 der erste ungarische Statthalter in Mähren und später, zwischen 933 und 947, regierender Großfürst von Ungarn. Zolta war zur Zeit seiner Gefangennahme durch die Sachsen etwa vierzig Jahre alt.

Der Fürst wurde vor Heinrich gebracht. Nach einem kurzen Gespräch ließ er den Gefangenen einkerkern. Die Ungarn würden nicht lange auf sich warten lassen und mit Sicherheit versuchen, den Gefangenen freizubekommen. Ihre erste Abordnung bot als Lösegeld die prachtvollsten Schmuckstücke, Trinkschalen und Becher aus Gold und Silber an, außerdem zahlreiche Waffen mit kostbaren Verzierungen. König Heinrich lehnte den Tausch ab. Die Verhandlungen zogen sich über viele Monate hin, bis tief in das Jahr 925. König Heinrich war fest entschlossen, die Geisel, an der den Magyaren so viel lag, nur gegen ein Lösegeld einzutauschen, dessen Wert alles übertraf, was sich mit Gold aufwiegen ließ. Die Bereitschaft der Ungarn, bis an den Rand dessen zu gehen, was sie gerade noch für erträglich hielten, hatte sich im Verlauf dieser Verhandlungen wiederholt bestätigt. Der Gefangene besaß einen so hohen Rang, daß sie bei den langwierigen Erörterungen der einzelnen Bedingungen ein ungewöhnliches Entgegenkommen zeigten und in keiner Phase die Gespräche abbrachen.

Schließlich kam in den letzten Monaten des Jahres 925 eine Einigung zustande, die beiden Verhandlungspartnern zusagte. Der ungarische Fürst wurde freigelassen, die Ungarn sicherten dafür in einem Vertrag dem Sachsenkönig zu, daß in den kommenden neun Jahren zwischen ihnen Frieden herrschen würde. Die Waffenruhe bezog sich nicht nur auf das Herzogtum Sachsen, also Heinrichs Stammland Sachsen-Thüringen, sondern auf alle Länder des Deutschen Reiches. Schwaben und Bayern waren also ebenfalls in diesen Frieden einbezogen; ob von Anfang an oder erst kurz nach Abschluß des Vertrages, läßt sich nicht entscheiden. Daß mit Bayern bereits eine Sonderabmachung bestand, spielte im übrigen keine Rolle. Damit hatte Heinrich die wichtigste Vorbedingung gewonnen, die es für eine langgeplante Sicherung des Reiches überhaupt gab: Er hatte Zeit gewonnen. Als Unterpfand und Garantie erklärte sich der König bereit, den Ungarn einen jährlichen Tribut zu leisten. Die Laufzeit des Tributvertrages begann 926.

Beide Seiten waren durch diese Vereinbarung zufriedengestellt. Die Ungarn hatten keineswegs das Empfinden, sie wären bei diesem Vertrag übervorteilt worden. Unter dem Gesichtspunkt der Qualität waren Feld- und Beutezüge nach Italien oder Frankreich erheblich lohnender als Einbrüche in die ärmeren deutschen Gebiete. Das Land zwischen Elbe und Donau diente am besten als Weide für die ungarischen Pferde. Abgesehen von den größeren Reichtümern im Süden und Westen waren dort die Ortschaften und Städte weit weniger geschützt, sie wurden bei weitem nicht so hartnäckig verteidigt, wie es in Deutschland der Fall war. Außerdem bildeten die riesigen Wälder nördlich der Alpen und das härtere Klima erheblich mehr Schwierigkeiten für die Reiterheere, als es in den anderen Gebieten der Fall war.

Der im Jahr 925 geschlossene Sachsenvertrag enthob die Ungarn eines Zwanges, den sie nach den ungeheuren Anstrengungen ihrer Feldzüge in den letzten beiden Jahren quälender als jemals zuvor empfunden hatten. So dienlich sich sowohl ihnen als auch dem Bayernland die Stillhalteabkommen mit Herzog Arnulf erwiesen hatten, so erleichtert waren sie letzten Endes darüber, daß sie mit dem König des

Deutschen Reiches eine ähnliche Regelung hatten treffen können. Außerdem waren die Details noch besonders ansprechend, denn die Verpflichtung zur Zahlung eines jährlichen Tributs bedeutete für die Ungarn alles andere als eine nominelle Leistung, die lediglich einen gewissen Schatten auf den Glanz der deutschen Königskrone warf: Der deutsche König war dem Großfürsten des Ungarnreiches tributpflichtig.

Gleichgültig, ob sich mit dieser Tatsache wirklich eine Einbuße der Reputation verband oder nicht, der Tribut besaß für die Ungarn eine erhebliche ökonomische Bedeutung. Für die Deutschen wiederum bedeutete er jahrelang eine drückende Last. Die Zahlungen wurden von allen deutschen Herzogtümern geleistet, es handelte sich also um eine Art Reichssteuer. Über die Höhe des Tributs gibt es keine zuverlässigen Angaben, doch sie mußte beträchtlich gewesen sein. Die Leistung wurde nicht in Naturalien erbracht, also nicht in Vieh und Getreide, sondern in Gold- und Silbermünzen oder in Edelmetall-Barren. König Heinrich hat Jahre später, als er sich entschloß, mit den Ungarn zu brechen, in einer Rede vor dem Volk erklärt, daß er bis zu diesem Tag nicht umhin konnte, »euch, eure Söhne und Töchter auszuplündern, um die Schatzkammer der Ungarn zu füllen.« Jetzt aber seien die Ressourcen erschöpft, jetzt sei kein Geld mehr vorhanden, nur das nackte Leben sei ihnen geblieben, weitere Zahlungen an die Ungarn könnten nur geleistet werden, wenn auf die Schätze der Kirche zurückgegriffen würde. Diese Behauptung ließe sich zwar gegebenenfalls als eine rhetorische Wendung in der Rede des Königs abschwächen. Nicht zu bezweifeln ist allerdings, daß Heinrich auch die Kirche zu Leistungen für den Ungarntribut herangezogen hat. Im Jahr 932 wurde nämlich auf der Synode von Erfurt dem Klerus in sämtlichen deutschen

Stammesgebieten eine Kopfsteuer von einem Denar – so wurde der Pfennig damals noch benannt – bewilligt; für Bayern wurde derselbe Beschluß wenige Wochen später auf der Synode von Dingolfing gefaßt.

Der Tribut besaß aber nicht nur einen wirtschaftlichen Aspekt. Der Vertrag mit den Ungarn ist die erste große Vereinbarung, die sich auf das gesamte Reich bezog. Das Abkommen besaß die Zustimmung von allen deutschen Herzogtümern, es ist das Zeugnis einer einheitlichen Reichspolitik durch König Heinrich, einer Politik, die ohne Vorbehalte auch von den Stammesfürsten und der Kirche getragen wurde.

Doch Heinrich wußte, daß diese neun Jahre Frieden für das Deutsche Reich mehr bedeuteten als alles Gold, das er den Ungarn zahlte. Der Sachsenvertrag des Jahres 925 schob den Einbrüchen der Ungarn ins Reich einen eisernen Riegel vor. Sie ließen die Grenzen seitdem unangetastet. Nach den gewaltigen Feldzügen der letzten Jahre und dem Vertrag mit König Heinrich unternahmen die Reiternomaden lediglich im Jahr 927 einen Zug in den Süden zur Unterstützung König Hugos von Italien, der in diesen Jahren ein förmliches Bündnis mit Ungarn schloß. Die Reiternomaden drangen vor bis nach Rom; bei der Rückkehr 928 wurde die Toskana verheert, die Lombardei dagegen, mit ihnen verbündet, wurde wiederum geschont, so wie schon bei dem ersten Durchzug. Seit dem Vertrag mit König Hugo lebte der Magyarenstaat mit Italien genauso im Frieden wie mit dem Deutschen Reich.

19. Die Zeit der Burgen

> »Nachdem der ruhmreiche König Heinrich die wilden
> Barbaren gebändigt hatte und auch die Gefahr des
> inneren Krieges beseitigt war, begann er mit großem
> Eifer das Werk der Wiederherstellung des Reiches aus
> seinen Trümmern und regierte das ihm ergebene Volk
> unter dem Schwert der Gerechtigkeit in sicherem und
> erfreulichem Frieden.«
>
> Ruotgeri Vita Brunonis, c.3

Im Jahr 898 hatte Kaiser Arnulf mit den Ungarn ein
Bündnis geschlossen. Dieses Abkommen erbitterte die
meisten Zeitgenossen, und es erregte viele Jahre lang
auch die Gemüter der Nachfahren. Noch mehr als sechs
Jahrzehnte später überfällt Bischof Liudprand von Cremona ein Zittern, als seine Hand in zierlichen Buchstaben
den Bericht von dem Heidenbündnis des Kaisers auf das
Pergament schreibt: »Er zerstörte, o Jammer, die starken
Schutzwehren der Klausen und rief die Ungarn, dieses
habsüchtige, verwegene Volk, das den allmächtigen Gott
nicht kennt, mit allen Freveln aber wohlvertraut ist und
nur nach Mord und Raub trachtet, zu Hilfe; wenn man das
Hilfe nennen kann, was bald nachher, nach seinem Tode,
seinem Volke sowohl wie den übrigen im Süden und

Westen wohnenden Nationen schwere Gefahr, ja Verderben brachte.« Genüßlich schildert der fromme Bischof deshalb den Tod des Kaisers: »Er starb an der schmählichsten Krankheit. Er wurde nämlich von kleinen Würmern, Läusen, wie man sie nennt, aufs äußerste gequält, bis er seinen Geist aufgab. Man behauptet, dieses Ungeziefer habe bei ihm so überhand genommen, daß kein ärztliches Mittel Abhilfe schaffen konnte. Ob er nun für die so ungeheure Schuld, nämlich daß er den Ungarn die Wege öffnete, zwiefach geschlagen wurde, oder ob er durch die auf Erden ausgestandene Strafe Vergebung für das zukünftige Leben erlangte«, das stellt Liudprand der Weisheit des Herrn anheim.

Kaum viel besser fiel das Urteil über Herzog Arnulf von Bayern aus und seine Politik der Koexistenz mit den Ungarn, der das Prinzip der wechselseitigen Schonung und des wohlwollenden Respekts zugrunde lag. Arnulf wurde Verrat vorgeworfen. Es läßt sich ja auch nicht bestreiten, daß er durch die Zusage, die Ungarn ohne Widerstand durch Bayern ziehen zu lassen, wenn sie sich diszipliniert verhielten und das Land nicht verheerten, Schwaben den Ungarn genauso auslieferte, wie er den Reiternomaden den Weg in den Norden über Franken nach Thüringen und Sachsen öffnete.

Warum jedoch empörte sich kein Zeitgenosse und kein Chronist und Geschichtsschreiber über das Abkommen, das König Heinrich mit den Ungarn vereinbart hatte? Ja, war nicht gerade dieser Vertrag der schmählichste von allen, denn der König des Deutschen Reiches verpflichtete sich zur Zahlung eines jährlichen Tributs von beträchtlicher Höhe? Beugte er sich damit nicht unter die Oberhoheit eines Volkes, das in der allgemeinen Perspektive nur aus Räubern und Mordbuben bestand?

Hält man sich nur an die formale Seite dieser drei Verträge, dann gibt es keine grundsätzlichen Differenzen. Pakt ist Pakt. Der wesentliche Unterschied allerdings liegt in den Beweggründen, die zum Abschluß des Vertrages führten, und in der Absicht, die sich mit ihm verbindet. Das allein gibt allen Verträgen, die jemals geschlossen wurden, ihr politisches Gewicht. Kaiser Arnulf sicherte sich durch das Bündnis mit den Ungarn freie Hand gegenüber den blutigen Wirren in Mähren. Herzog Arnulf von Bayern befreite sein Land durch das Zugeständnis des freien Durchzugsrechtes der Reiternomaden von der Ungarnnot; das gab ihm die Möglichkeit, sich ganz auf die Stärkung seiner Herrscherposition gegenüber der Königsmacht zu konzentrieren. Heinrich der Erste jedoch verband mit dem Tributvertrag nicht mehr und nicht weniger als das Ziel, das Deutsche Reich ein für allemal von der Ungarnbedrohung zu befreien, also unter anderem gerade solche Tributverträge, wie er sie abgeschlossen hatte, in aller Zukunft unnötig zu machen. Deshalb war dieses Abkommen das Gegenteil eines Friedens der Unterwürfigkeit. Kaiser Arnulf hatte im wesentlichen taktische Gründe, Herzog Arnulf bewegten regional-stammesgebundene und auf seine eigene Herrschaft bezogene Motive, Heinrichs Entschluß dagegen lag das Konzept eines großen Staatmannes zugrunde.

DIE ENTMACHTUNG SCHWABENS. In ständig neu variierter Fragestellung und unter den verschiedensten, manchmal geradezu abstrusesten Aspekten wurden die Besonderheiten der Staatsführung König Heinrichs von der Forschung diskutiert. Ausgangspunkt war nicht etwa die Frage der Königserhebung und Thronsetzung, sondern die verblüffende, ja geradezu unerklärlich schnelle Art, in der Heinrich innerhalb kürzester Zeit die Anerkennung seines Königtums bei den Herzogtümern durchsetzte, das Reich einte und damit in einem real-greifbaren Sinn überhaupt erst schuf. Daß der springende Punkt das Verhältnis des Königs zu den deutschen Stammesherzogtümern darstellte, war unschwer zu sehen.

Eine große Zahl von Interpreten ist nun der Überzeugung, daß Heinrich nur deshalb Erfolg gehabt haben sollte, weil er im Unterschied zu König Konrad I. den Herzögen weitestgehend freie Hand ließ. Im Grunde war damit nichts anderes gemeint, als daß Heinrich keineswegs als machtvoller König geherrscht, sondern sich in praxi nach der Meinung der Stammesfürsten gerichtet habe, sei es aus der Erkenntnis, daß er sich davor hüten mußte, dieselben Fehler zu begehen wie Konrad I., sei es aus schlichter Führungsschwäche. Eine solche Deutung des Königtums Heinrichs hält sich in etwa an das Prinzip: Was du nicht besiegen kannst, dem unterwirf dich.

Nun tragen Erklärungen aus der Perspektive des grünen Tisches von jeher unweigerlich die Zeichen ihrer Herkunft. Daß es Heinrich nur deshalb gelungen sein sollte, die regionale Herzogsmacht in das Deutsche Reich einzugliedern, weil er diese Macht nicht in die Schranken forderte – eine solche Beweisführung hat lediglich in der Optik des politischen Begriffsmangels seinen Platz. Und dort sollte man dergleichen auch lassen. Die einzelnen Etappen des Einigungsprozesses, die der König rasch und ohne Zögern überwindet, folgen nämlich einer Logik, die weder ausschließlich an das persönliche Ingenium Heinrichs gebunden noch ausschließlich in einem objektiven Bereich verankert ist. Es kommt dabei allein auf die Entschlüsse und die Handlungen an. Sie sind immer richtig, jedenfalls im Zeichen des politischen Imperativs. Auf die Motive und Gründe kommt es erst in zweiter Linie an. Im Zweifelsfall sind sie falsch – im Gegensatz zu den Handlungen. Zu den größten Trugschlüssen der interpretierenden Geschichtsschreibung gehört es, zwischen Beweggrund und Aktion, zwischen Konzept und Ausführung insofern eine direkte Beziehung herzustellen, als man die Absicht, den Plan, zum Kriterium seiner Ausführung, seiner Realisierung erhebt. Es gehört seit langem zu den Grundlehren der Geschichte, daß sich das Konzept niemals mit seiner Verwirklichung deckt. Jeder Staatsmann wird seine ursprüngliche Absicht an den Folgen seiner Handlung überprüfen, und jeder Politiker sollte dasselbe tun. Aber post festum das eine am anderen zu messen ist unlauter, weil dem Akteur damit zugemutet wird, er müsse vorweg im Besitz der Wahrheit sein. Über die Wahrheit läßt sich bestenfalls nur auf dem Umweg verfügen, daß man versucht, den Irrtum auszuschließen.

Die besondere Quellenlage des neunten und zehnten Jahrhunderts zwingt uns dazu, die Ereignisse und Personen mit den Daten und Schauplätzen der Handlungen eisern verkettet zu lassen. Die historische Wahrheit übersteigt nämlich bei der Geschichtsschreibung des Frühmittelalters beträchtlich das wenige und verdrießlich Lückenhafte, was uns die Zeugnisse von den Menschen berichten. Deshalb muß der Historiker alles, was uns von der Realität überliefert ist und berichtet wird, unerschrocken zu Wort kommen lassen, gleichgültig, in welche Form es die Chronisten eingekleidet haben.

Im Jahr 926 gründete Herzog Burchard im Schwarzwald nordöstlich von Freiburg im breisgauischen Waldkirch im Tal der Elz das Kloster Sankt Margarethen; vermutlich war die Grundlage eine Niederlassung, die seit 918 bestand. Es war die letzte Handlung des Herzogs in Schwaben, denn im Frühling des gleichen Jahres zog er mit einem großen Heer nach Oberitalien, um in der Lombardei den Kampf Rudolfs II. von Hochburgund um die Königsherrschaft zu unterstützen. In diesen Jahren gehörte Churrätien – der alte Name des heutigen Kantons Graubünden – zu Schwaben, das Herzogtum grenzte dadurch im Süden unmittelbar an Italien. Rudolfs Kontrahent, Graf Hugo von Provence, ein Enkel König Lothars II., erhob jedoch ebenfalls Ansprüche auf das Königtum in Italien; er wurde von einem Teil der lombardischen Großen zum Herrscher gewählt. Als Herzog Burchard nach Italien zog, wandte sich Hugo an die Ungarn mit der Bitte um Entlastung. Er gab damit den Reiternomaden den Anlaß für ihren letzten großen Zug nach Westen. In Italien scheint sich Burchard von Schwaben reichlich martialisch geäußert und gebärdet zu haben. Liudprand von Cremona beginnt zwar immer zu giften, wenn er auf den Schwabenherzog zu sprechen kommt, aber seine Schilderung dürfte nicht ganz aus der Luft gegriffen sein:

»Vor Mailand sagte der Herzog zu seinen Begleitern: ›Wenn ich die Italiener nicht sämtlich so weit bringe, daß sie nur einen Sporn tragen und auf Schindmähren reiten, so will ich nicht Burchard sein; denn die Stärke und Höhe dieser Mauer, auf deren Schutz sie vertrauen, achte ich für gar nichts. Ich werde die Feinde mit meinem Wurfspieß von ihrer Mauer tot hinabstürzen.‹ Es geschah nun, daß Burchard, als er Mailand verließ, noch am selben Tag bis Novara kam. Hier brachte er die Nacht zu, und als er sich am frühen Morgen erhob, um seinen Weg nach Ivrea fortzusetzen, erschienen plötzlich in Scharen die Italiener, um auf ihn einzudringen. Er aber warf sich ihnen nicht wie ein wackerer Kriegsmann entgegen, sondern ergriff unverzüglich die Flucht. Und weil nach des seligen Hiob Ausspruch das ihm gesetzte Ziel nicht überschritten werden konnte und auch Rosse gegen den Tod nicht helfen, deshalb stürzte sein Pferd und warf ihn in den Graben, der die Stadtmauern umgibt. Hier vertauschte er, durchbohrt von den Lanzen der andringenden Italiener, das Leben mit dem Tode.«

Burchard von Schwaben starb am 29. April vor Novara. Den meuchlerischen Überfall scheint Erzbischof Lambert von Mailand organisiert zu haben. Mit Burchard hatte Rudolf II. seinen stärksten Verbündeten verloren; er gab seine Ambitionen in Italien auf und kehrte in seine Gebiete zurück. Auf seine italienischen Ansprüche zu verzichten fiel ihm um so leichter, als ihm König Hugo als Ausgleich Niederburgund überließ und Rudolf dadurch beide Gebiete Burgunds unter seiner Herrschaft vereinigen konnte. Übrigens heiratete Burchards Tochter Bertha, die mit Rudolf II. verehelicht war, nach dem Hinscheiden ihres Gemahls im Jahr 937 König Hugo von Italien.

Durch den völlig unerwarteten Tod Burchards stand das Herzogtum Schwaben zur Erledigung an, denn Burchard war ohne einen Sohn, der die Nachfolge hätte antreten können, gestorben; der Schwabenstamm war damit führerlos. Im November 926 hielt König Heinrich in Worms eine Reichsversammlung ab. Sämtliche Großen des Reiches mit Rang und Namen waren erschienen, die schwäbischen Grafen waren praktisch vollzählig angereist, ebenso der Episkopat Schwabens; auch Rudolf II. von Burgund hatte sich eingefunden. Seit der Einigung des Reiches war dies die erste große Zusammenkunft der geistlichen und weltlichen Fürsten unter dem Vorsitz des Königs.

Heinrich übertrug in Worms das Herzogtum Schwaben an Hermann von Franken, einen Vetter Eberhards, des Bruders Konrads I. Hermann war ein stammesfremder Fürst, seine Einsetzung bedeutete ein Wagnis. Doch es regte sich in Schwaben keine Obstruktion; die nachfolgende Bestätigung durch den schwäbischen Landtag darf man als sicher annehmen, doch selbst ein gegenteiliges Votum hätte an dem Sachverhalt nichts ändern können. Heinrich war auch wegen der alten Gelüste Rudolfs von Burgund auf Schwaben dringlichst daran gelegen, die Verhältnisse in seinem Sinn zu bereinigen. Die Anwesenheit König Rudolfs in Worms war alles andere als ein Zufall und ebensowenig ein Akt der Höflichkeit. Er fand sich offenkundig entsprechend einem Verlangen des deutschen Königs am Hofe ein; nach dem damaligen Brauch galt das als Zeichen und Beweis von Rudolfs Unterordnung. Die Chronisten bestätigen, daß in jenen Jahren das Verhältnis der beiden Könige zueinander mehr als kühl war, von seiten Heinrichs mitunter deutlich drohend. Theoretisch hätte der König Schwaben auch an Rudolf übertragen können. Das allerdings wäre gleichbedeutend gewesen mit einer selbstmörderischen Schwächung des Reiches im Südwesten. Ebenso hätte Rudolf, der Schwiegersohn Burchards, Ansprüche erheben, in Schwaben erscheinen und sein Herzogsrecht durchsetzen können, oder jedenfalls versuchen können, es durchzusetzen. Doch er dachte wohlweislich nicht daran.

Eine engere Bindung Hermanns von Franken an Schwaben wurde auch dadurch bewirkt, daß er sich kurz darauf mit Reginlind, der Witwe Herzog Burchards, verheiratete. Schwaben war durch den Besitz Churrätiens für die Verbindung des Deutschen Reiches mit der Apenninenhalbinsel von größter Bedeutung. Aber auch davon abgesehen bedeutete die Wormser Regelung der Nachfolge in Schwaben erheblich mehr als einen bloßen Wechsel der Person. Es handelte sich um eine der wichtigsten Maßnahmen bei der Schaffung eines einheitlichen Reiches. In Ostfranken hatte

sich während der nachkarolingischen Zeit das Schwergewicht des Verhältnisses zwischen Königtum und Herzogtum
auf die Stammesgebiete verlagert. Diese Akzentuierung des
Dualismus, der zwischen der Krone und dem Fürsten
bestand, hatte beträchtliche Folgen, denn die beiden Herr-
schaftsformen waren nicht verfassungsmäßig fixiert und
deshalb nicht eindeutig gegeneinander abgegrenzt. Man
kann nicht so weit gehen und behaupten, daß die Stammesherzöge weitestgehend selbstherrlich gewesen wären. Doch
durch nichts wurde die Selbständigkeit ihrer Stellung gegenüber der Krone stärker verdeutlicht als durch die Eigenmächtigkeit bei der Regelung der Nachfolge im Herzogsamt.
Kein König hatte bis ins zehnte Jahrhundert daran gerührt.
Heinrich war der erste, der von sich aus, ohne Rücksicht auf
einen schwäbischen Landtag oder den Adel des Schwaben-
stammes und seine Vorstellungen und Wünsche, einen
neuen Herzog einsetzte. Einen Herzog überdies, der einem
anderen Stamm angehörte.

König Heinrich schuf damit einen Präzedenzfall. Die
Ernennung und Einsetzung Hermanns von Franken bedeutete nichts anderes, als daß Heinrich zum erstenmal ein
königliches Ernennungsrecht geltend machte und durchsetzte. Dadurch aber erhielt der Einzelfall Schwaben seine
grundsätzliche Bedeutung. Die Entscheidung Heinrichs in
Worms 926 betraf sämtliche Herzogtümer des Reiches. Daß
in der Zeit zwischen dem Tod Burchards von Schwaben und
dem Hoftag in Worms ausführliche Verhandlungen des
Königs mit dem schwäbischen Adel und auch mit Arnulf von
Bayern stattfanden, ist sicher. Heinrich war klug genug, um
bayerischen Wünschen entgegenzukommen und territoriale
Erweiterungen auf Kosten schwäbischen Gebietes durchzuführen. Das fiel dem König um so leichter, als sich die
Gelüste Herzog Arnulfs in Grenzen hielten. Dadurch gelang

es Heinrich, Bayern daran zu hindern, sich seiner Wormser Regelung der Nachfolge in Schwaben zu widersetzen.

In keiner Handlung des Herrschers seit seiner Erhebung 919 drückte sich deutlicher und für alle sichtbarer aus, daß Heinrich mit dem Königtum eine Oberhoheit verband, die seine eigene Stellung um eine neue Dimension erweiterte. Als unmittelbare Konsequenz daraus wurden die stammesfürstlichen Hoheitsrechte drastisch beschnitten, und zwar in grundsätzlicher Beziehung. Der Entschluß des Königs in Worms hob die Selbständigkeit Schwabens auf und unterwarf das Herzogtum dem Reich. Heinrich zeigte damit, daß er den Herzogtümern nicht den Status eines eigenen Regnums innerhalb des Reiches zubilligte, sondern sie als Verfassungseinrichtungen des Reiches betrachtete, die allein durch ihn gelenkt wurden. Die Einsetzung Hermanns von Franken verlieh der Herzogswürde einen reinen Amtscharakter, und das bedeutete nichts anderes als die Sicherung der Hoheit des Reiches. Seit Heinrich dem Ersten blieb die schwäbische Herzogswürde mittelbar zur Verfügung des Königs.

Von diesem Tag an war es vorbei mit allen Rechten, die der König nach der Huldigung Burchards dem Land Schwaben überlassen hatte; das betraf sowohl die Ansprüche des Herzogtums gegenüber der Kirche als auch sämtliche Maßnahmen einer selbständigen schwäbischen Politik. Der Klerus Schwabens war seit der Reichsversammlung in Worms dem König unterstellt, Heinrich hatte die Verfügung über die Reichskirche an sich gezogen, er allein besaß das Einsetzungsrecht. So erhielt schon gewissermaßen zum Auftakt, bereits Monate vor dem Hoftag zu Worms, Engelbert, der Abt von St. Gallen, von Heinrich seine Investitur. Dies geschah unmittelbar nach dem Tod Burchards – ein klarer Beweis dafür, daß der König um der energischen Vereinheitlichung, um nicht zu sagen Zentralisation des Reiches willen die Entmachtung Schwabens seit längerem geplant hatte; es war also keine Maßnahme ad hoc. In Worms erhielt die Abtei von St. Gallen außerdem weitere königliche Privilegien, ebenso das Bistum Chur.

Dies geschah im übrigen zur höchsten Zufriedenheit der gesamten Geistlichkeit Schwabens. Der Chronist Ekkehard kreidet Burchard an, er hätte »über Schwaben gleichsam als Tyrann geherrscht«, und deshalb habe ihm die Klausnerin Wiborada vorausgesagt, daß er in Italien den Tod finden würde – und so sei es auch gemäß dem weisen Ratschluß Gottes geschehen. Ekkehard macht kein Hehl aus seiner Genugtuung.

DER REICHSTAG ZU WORMS. Heinrich der Erste hielt in der Zeit seiner Regierung nur wenige königliche Tagungen ab. In einem völlig uneingeschränkten Sinn kann nur der Hoftag zu Worms im November 926 als ein Reichstag bezeichnet werden. An dem ersten Hoftag, den der König im November 920 nach Seelheim in Hessen einberief, einem unbefestigten Ort zwischen Marburg an der Lahn und Amöneburg, nahmen ausschließlich weltliche Fürsten teil; den hohen Klerus hatte Heinrich nicht geladen. Die Synode zu Koblenz im Jahr 922 war von König Heinrich und Karl dem Einfältigen gemeinsam einberufen worden. Heinrich nahm aber, entgegen dem selbstverständlichen Brauch der Könige, nicht daran teil; es fehlten außerdem sämtliche bayerischen Bischöfe, aus Schwaben war überdies nur ein einziger gekommen. Demgegenüber bietet die Versammlung in Worms ein ganz anderes Bild. Sie erinnert in jeder Hinsicht an die alten karolingischen Reichsversammlungen. Der Wormser Reichstag übertrifft an Bedeutung sämtliche anderen Zusammenkünfte in der Zeit König Heinrichs. Die Beschlüsse wurden damals einmütig gefaßt, keiner der Teilnehmer mußte von dem Gewicht der Versammlung überzeugt werden.

Der König selbst konnte nach der Rückgliederung Lothringens und dem Ungarnvertrag mit dem Reichstag den Beginn der zweiten großen Phase seiner Politik verknüpfen. Der Aufrichtung des Deutschen Reiches auf der Grundgegebenheit seiner inneren und territorialen Einigung hatte seine Festigung nach außen hin zu folgen. Der Zusammenschluß der einzelnen Stammesgebiete zum Deutschen Reich wurde in den Jahren 919 bis 921 vollzogen, die Rückgewinnung Lothringens 925 bildete den Abschluß des Prozesses der Reichsbildung. Die Ungarnnot wiederum löste den Willen aller Großen aus, unter dem Gebot des Königs die Herzogtümer auch nach außen hin zu einem Reich zusammenzuschmieden und dieses Staatsgebilde zu sichern. Dabei gab es keinerlei Differenzen zwischen den weltlichen Fürsten und der hohen Geistlichkeit.

Heinrich hatte sich aus wohlüberlegten Gründen für Worms als Ort seines ersten Reichstages entschieden. Die Stadt am linken Ufer des Rheins hatte sich aus einer Ansiedlung der Kelten entwickelt. Als Civitas Vangionum – Vorort der germanischen Vangionen – befand sich Worms als Garnison- und Hauptstadt bis zum fünften Jahrhundert unter der Herrschaft Roms, in seinen Mauern fing sich schon damals erheblich mehr als nur der Geist urbanen Wohnens. Nicht umsonst setzt später in Worms das *Nibelungenlied* ein, wird Worms der monumentale Mittelpunkt unseres größten Epos aus der alten Zeit. König Heinrich ließ sich bei seiner Wahl des Ortes für seinen ersten Reichstag allerdings nur von einer Symbolik bewegen, die sich direkt auf das Deutsche Reich bezog.

Er hatte die Stadt erstmals im Jahr zuvor kennengelernt, als er nach Lothringen unterwegs war. Worms gehörte zu den Römerstädten, die seit alters durch eine starke Mauer befestigt waren. Worms besaß damit den Rang einer Burg, denn im Mittelalter galt bis ins zwölfte und dreizehnte Jahrhundert jede ummauerte Stadt als eine Burg und wurde auch so eingestuft. Auf diese Besonderheit von Worms wird ausdrücklich in der Königsurkunde hingewiesen, die Heinrich am 3. November 926 ausstellte, denn zum erstenmal wird vom Schreiber zum Ausstellungsort auch die Beifügung »civitas« hinzugesetzt. Von dieser Zeit an veranstaltete der König aus Prinzip seine Versammlungen nur in Orten, die einen Mauerring besaßen, also Burgen waren.

So nebensächlich diese Beobachtung erscheinen mag, so charakteristisch ist sie doch im Zusammenhang mit dem Reichstag von 926. Denn in Worms wurde ein Beschluß von außerordentlicher Tragweite gefaßt. Seine Wirkung erstreckte sich über Jahrhunderte hinweg. Heinrich entschied sich deshalb für Worms als Ort des Reichstages, um allen Versammelten deutlich zu machen, welches Gewicht er bei der Ortsbefestigung auf die ringförmige Ummauerung legte. Damals war es nämlich keineswegs selbstverständlich, daß ein befestigter Ort, ein befestigtes Gebäude, selbst eine Burg mit einer Mauer umgeben war, die sämtliche Gebäude, die zu der Ansiedlung gehörten, einfaßte und sicherte.

DIE BURGENORDNUNG. König Heinrich setzte in Worms den Beschluß durch, im gesamten Reich ein Netz von ummauerten Orten und Befestigungen anzulegen; auch alle bereits bestehenden Versammlungsstätten außerhalb der Siedlungen hatten nicht nur Wall und Graben, sondern feste

Mauern zu erhalten. Sie wurden dadurch im Vollsinn der Bedeutung in Burgen verwandelt. Begründet wurde der Erlaß, dem sämtliche Teilnehmer des Reichstages zustimmten, mit der schweren Heimsuchung durch die Heiden in der jüngsten Zeit. Die betreffenden Plätze sollten mit so starken Befestigungen und Mauern versehen werden, daß sie auch ernsthafteren Belagerungen standhielten. Die Ummauerung hatte deshalb auch nicht aus den schwachen, anfälligen Mörtelmauern zu bestehen, sondern wenn irgend möglich aus Stein; das setzte freilich das Vorhandensein von Bruchsteinen in der betreffenden Gegend voraus.

Der Burgenbeschluß des Wormser Reichstages von 926 stellte für Deutschland eine revolutionäre Maßnahme dar. Schon die Zeitgenossen hatten ein sicheres Gespür für seine Tragweite. Widukind von Corvey übertreibt nicht, wenn er versichert: »Wie nun König Heinrich, als er von den Ungarn einen Frieden für neun Jahre erhalten hatte, mit größter Klugheit Sorge trug, das Vaterland zu sichern und die barbarischen Völker niederzuwerfen, dies auszuführen geht zwar über meine Kräfte, aber man darf es deshalb keinesfalls verschweigen.« Das Wesentliche des Burgenerlasses war nicht in erster Linie der Bau oder Neubau von Burgen, sondern vor allem der Mauerbau, denn die Ringmauern waren selbst bei Burgen bis dahin eine absolute Ausnahme und in den weitesten Bereichen des Landes so gut wie unbekannt. Deshalb hatte sich der König für Worms als Tagungsort entschieden. Sein Vorbild waren die mauerbewehrten Römerstädte, das wollte er allen Großen des Reiches durch die praktische Anschauung vor Augen führen. Eine Umwälzung der Denkungsart hat sich damit nur für das Deutsche Reich verbunden, denn in Westfranken war man wegen der ständigen Einfälle der Normannen schon seit Jahrzehnten dazu übergegangen, alle wichtigen Siedlungen, Städte und Burgen mit Ringmauern zu schützen und zu sichern.

Die beiden wichtigsten Dokumente für die Burgenordnung König Heinrichs sind die zeitgenössischen Aufzeichnungen *Miracula sancti Wighberti,* die *Wunder des heiligen Wigbert,* aus der Reichsabtei Hersfeld in Hessen, die innerhalb des ersten Jahrzehnts nach dem Wormser Reichstag entstanden, und der kurz zusammenfassende, berühmt gewordene Abschnitt in der *Sachsengeschichte* Widukinds von Corvey. Widukind betont die weitsichtige Planung des Königs; es handelt sich bei seinen Anweisungen zur Sicherung und Befestigung des ganzen Reichsgebietes nicht um irgendwelche unzusammenhängende oder lediglich taktische Maßnahmen: »Zuerst wählte der König unter den bäuerlichen Kriegern jeden neunten Mann aus und ließ ihn in den Städten und Burgen wohnen, damit er hier für seine acht Genossen Wohnungen errichte und von allen Früchten den dritten Teil empfange und verwahre. Die acht übrigen sollten säen und ernten und die Früchte sammeln für den Neunten und dieselben an ihrem Platze aufheben. Er gebot, daß die Gerichtstage und alle übrigen Versammlungen und Feste in den Burgen abgehalten würden, mit deren Bau man sich Tag und Nacht beschäftigte, damit sie schon im Frieden lernten, was sie im Fall der Not gegen die Feinde zu tun hätten, nämlich in den Burgen zusammenzukommen. Außerhalb der Burgen gab es nur kümmerliche oder überhaupt keine festen Mauern. Damit gewöhnte er die Bürger an solche Satzung und Zucht.«

Lange Zeit war man der Meinung, daß sich Heinrichs Burgenverordnung nur auf die Gebiete seines eigenen Herzogtums, also auf Sachsen und Thüringen bezog. Dieser Irrtum entstand aufgrund einer Bündelung von unzutreffenden Behauptungen, falschen Daten und unsachgemäßen

Ausdeutungen. So behauptet etwa Liudprand von Cremona, die Ungarn wären deshalb in Sachsen und Thüringen eingefallen, weil dieses Gebiet »weder durch Berge geschützt noch mit festen Städten versehen ist.« Liudprand hatte sich offenkundig nicht orientiert, er kannte auch persönlich weder Thüringen noch das südliche Sachsen mit dem Harz. Völlig wertlos ist seine Feststellung trotzdem nicht, denn im Norden Sachsens und in seinen weiten Ebenen hat sich tatsächlich keine einzige Burg nachweisen lassen, die aus der Zeit vor König Heinrich stammt. Weitere Gründe für die Annahme, der Burgenerlaß hätte sich nur auf das sächsische Stammgebiet König Heinrichs bezogen, ergaben sich zum einen aus einer falschen Interpretation des Berichtes Widukinds von Corvey, zum anderen in der Unterschätzung der Hersfelder Aufzeichnungen über die *Wunder des heiligen Wigbert,* die nicht sorgfältig genug neben das Zeugnis Widukinds gestellt wurden.

Heute aber wird in der Forschung an der Verbindlichkeit des Burgenbeschlusses Heinrichs für das gesamte Deutsche Reich nicht mehr gezweifelt. Es handelt sich bei diesem Erlaß um eine Maßnahme obersten Ranges der königlichen Reichspolitik. Der Sachsenkönig beendete die lange Zeit der Einzelunternehmungen in der Befestigung der Orte, seine Burgenordnung besaß allgemeine Gültigkeit. Aufgrund ihrer Einheitlichkeit und generellen Verbindlichkeit im gesamten Reich stellt sie in der Geschichte der Deutschen etwas absolut Einzigartiges dar.

MAUERN IN MENGE. Mit den »Städten und Burgen«, die Widukind von Corvey erwähnt, sind alle befestigten Plätze gemeint, in denen auch die Bevölkerung, die in der Umgebung siedelte, Schutz und Zuflucht finden konnte. Es handelt sich aber nicht nur um solche Orte, die man als Flieh- oder Fluchtburgen bezeichnete und deren Bedeutung man dadurch in dem Beschluß Heinrichs einen zu einseitigen, wenn nicht überhaupt falschen Akzent gab, als hätte es sich um Orte gehandelt, die nur für die Zeiten der Kriegszüge der Ungarn gedacht waren, also nicht dauernd bewohnt wurden und im Frieden leerstanden. Der König hatte in seiner Verordnung zweierlei Orte, die befestigt werden sollten, gesondert hervorgehoben: die Klostersiedlungen, die einen ausgedehnten, zahlreicher besiedelten Wirtschaftsraum darstellten, und die Versammlungsorte außerhalb der übrigen Siedlungen.

Der Klosterbereich, der bei größeren Anlagen häufig schon durch eine Mauer oder zumindest durch Graben und Wall geschützt war, mußte durch eine zusätzliche Mauer gesichert werden, damit er auch einen geeigneten Zufluchtsort für die Bevölkerung der Umgebung bildete. Die Versammlungsstätten wiederum sollten ebenfalls Wall und Graben erhalten. Der Wall aber hatte durch eine Mauer an der Außenseite verstärkt zu werden. Der Graben sollte tief sein, das ausgehobene Erdreich diente zur Aufschüttung des Walles, die Mauer hatte eine vorgeschriebene Höhe zu erreichen. Für den Abstand des Grabens, der womöglich mit Wasser gefüllt sein sollte, werden als ungefähre Entfernung dreieinhalb Meter genannt; dabei ist allerdings nicht zu klären, ob es sich um die Distanz der ebenen Fläche von der Mauer zum Graben handelt, um die sogenannte Berme, oder um die Entfernung von der Mauerkrone bis zum Graben. Beides wäre denkbar. Für die Dimensionen liefert der Königshof Bodfeld ein gutes Beispiel. Die äußere Ringmauer betrug zweiundneunzig Zentimeter, die innere Mauer war einen Meter und zweiunddreißig Zentimeter stark. Die Breite des Tors betrug einhundertachtzig Zentimeter. Merseburg wurde durch eine Steinmauer von zweieinhalb Kilometer Länge befestigt. Die Festung galt seitdem aufgrund ihrer Lage und dieses Schutzes als uneinnehmbar.

Daß der König die alten Versammlungsorte heraushob und daß damit vor allem nicht in einem umfassenden Sinn die Siedlungen überhaupt gemeint waren, hat zweierlei Gründe. Zum einen handelte es sich bei den Siedlungen in der Regel um Anlagen, die aus einer größeren Zahl weiter gestreuter Wohn- und Wirtschaftsgebäuden bestanden und die deshalb aus Gründen der Zweckmäßigkeit in Ebenen oder ausgedehnten Tälern lagen. Die Bauern lebten seit der Germanenzeit in offenen Dörfern und zu einem Gutteil auch in Einzelgehöften. Der Schutz eines solch großen Areals war zu aufwendig und ließ sich deshalb nur an wenigen Orten durchführen. Aus diesem Grund konnten nur die namhaften ummauerten Römerstädte den Siedlungen im Deutschen Reich des zehnten Jahrhunderts für die Art der Befestigung als Modell dienen.

Völlig ausgeschlossen war es also, sämtliche Bereiche, in denen Menschen wohnten, durch Befestigungen zu schützen. Deshalb besaßen bestimmte Orte einen Vorrang. Zum einen handelte es sich um die Klöster als den Zentren des Wirtschaftsraumes und seiner Gestaltung, zum anderen um die weltlichen Versammlungsstätten, die nicht nur aufgrund ihrer Bedeutung, sondern auch wegen ihrer besonderen Lage leichter zu befestigen waren. Ebenso gehörten sämtliche Plätze dazu, die bereits einen gewissen Schutz besaßen, der aber vernachlässigt worden oder verfallen war, oder der einfach den Notwendigkeiten einer verläßlichen Sicherung all der Menschen, die in der Umgebung lebten und die sich bei drohender Gefahr hinter die Mauern retten sollten, nicht mehr entsprach. Das bezog sich auf Bewehrungen, die nur aus Holzpalisaden oder aus einer einfachen Aufschüttung bestanden, oder auf Orte, deren Sicherung durch eine zusätzliche Außenmauer in Form eines Großringes erweitert werden mußte. Aus solchen Anlagen haben sich die ummauerten Vorburgen entwickelt und später die Vorstädte.

Die Burgenordnung König Heinrichs betraf mit eindeutigem Vorrang jene Stätten, die in der Tradition der altgermanischen Volksburg standen und in denen sich die dreifache Funktion von Thingplatz, also Versammlungsstätte, sowie Burg und Kultort nicht nur erhalten, sondern auch zu einer neuen Art des Ortes überhaupt verdichtet hatte. Charakteristisch für die Germanenzeit war dabei das untrennbare Ineinander von religiösem Kultplatz und militärischer Zweckmäßigkeit. Das war auch der Grund, warum sich überaus viele christliche Kirchen an Orten erhoben, die in der germanischen Zeit als religiöse Kultstätten gedient hatten. Das gilt für so bekannte und herausragende Orte wie die Eresburg samt der Irminsul, die als »größte und herrlichst gelegene von allen sächsischen Volksburgen« gerühmt wurde, für die Hohensyburg am Zufluß der Lenne in die Ruhr, für die Brunsburg bei Höxter, für Werla, die Hauptburg König Heinrichs im östlichen Sachsen an der Pforte des Harzgaues, und schließlich auch für Heinrichs bevorzugte Pfalz Quedlinburg.

Aus diesem Grund wurde festgestellt, daß die Burgenpolitik des Königs »zunächst die Erneuerung eines altgermanischen Wehrgedankens« darstellte. Die besondere Eigentümlichkeit der Burgen in der Zeit König Heinrichs bestand aber darin, daß es sich eben nicht um Herrenburgen, als exklusiver Sitz eines Adligen, handelte, sondern daß ihr Hauptzweck darin bestand, der Bevölkerung des angrenzenden größeren Gebietes die Möglichkeit zu geben, sich in Zeiten der Gefahr oder des Krieges in ihren Schutz zu begeben und dort für längere Zeit, möglichst auch mit dem Vieh und der wertvollsten Habe, auszuharren. Damit ist allerdings auch gesagt, daß der Radius des befestigten Gebiets stets erheblich größer war als der Anteil der bebauten, bewohnten und ständig besiedelten Fläche. Die durchschnittliche Fläche der kleinsten Einheit, nämlich der dörflichen Kirchhofsburgen, betrug etwa einen Hektar. Der Umfang der jeweiligen Befestigungen richtete sich sowohl nach der Dichte der Besiedlung des Umfeldes als auch nach den Geländebedingungen und der wirtschaftlichen oder militärischen Bedeutung des Ortes. König Heinrichs Lieblingsplatz Quedlinburg umfaßte beinahe acht Hektar Raum.

VON DER BURG ZUR STADT. Wenn der König bestimmte, daß ein Neuntel der bäuerlichen Krieger, das heißt der ländlichen Dienstmannen, in den Burgbefestigungen zu wohnen hatte, so war damit nicht eine ständige militärische Besatzung gemeint, wie es etwa in den römischen Standlagern der Fall gewesen war. Die milites agrarii sollten vielmehr Häuser bauen und Vorratsräume für die Aufbewahrung eines Teils der Ernte. Bei diesen Personen handelte es sich um die Dienstmannen des Königs oder des Stammesherzogs, aus denen sich später die gehobene Gruppe der sogenannten Ministerialen entwickelte. Ursprünglich handelte es sich um die Söhne höriger, mitunter aber auch freier Bauern. In der Regel arbeiteten sie auf dem Feld, in der Landwirtschaft, doch sie waren stets sattelbereit; wenn sie gerufen wurden, legten sie die Arbeit nieder, saßen auf und ritten zu ihrem Herrn: dem Grafen, dem Herzog, dem König. In der Zeit Heinrichs des Ersten war der Stand noch nicht klar ausgebildet. Der Dienstmann war sowohl Bauer als auch Berufskrieger. Daß hier die Keime des späteren

Rittertums im Deutschen Reich lagen, aber auch diejenigen des Schwert- und ebenso des städtischen Adels, ist nicht zu bestreiten.

Ob sich aus dem Burgenerlaß ein weiterreichendes Konzept herauslesen läßt, das über die Behebung der unmittelbaren Ungarngefahr hinausgeht, ist schwer zu entscheiden. Das ändert aber nichts an der Tatsache, daß die zahlreichen Anlagen, die aufgrund des Reichstagsbeschlusses von 926 entstanden, die Keimzellen der späteren Zentren der Pfarr- und Gerichtsbezirke bildeten. Deshalb wurden die Beinamen König Heinrichs – daß nämlich der Burgenbauer zugleich auch der Städtegründer war – von der Entwicklung der folgenden Jahrhunderte bestätigt und gerechtfertigt, auch wenn er in einem genaueren Sinn keine Städte gegründet hat. Wenn der König im achtzehnten Jahrhundert trotzdem als Urheber der Stadtrechte und der städtischen Freiheiten gefeiert wurde, wenn ihn Gottfried Wilhelm Leibniz sogar als einen zweiten Theseus rühmte, dann war das zu hoch gegriffen; freilich noch bei weitem nicht so hoch, wie es dem als größtem zeitgenössischem Historiker gepriesenen Johannes von Müller in seiner *Allgemeinen Geschichte, besonders der europäischen Menschheit* von 1809 geglückt ist, der von Heinrich dem Ersten kurz und bündig behauptete: »Griechenland würde ihn unter die Götter gezählt haben.« Umgekehrt vermischen die Wortführer derjenigen, die Heinrich nur als Burgenbauer und als sonst nichts gelten lassen wollen, den rechtlichen mit dem lokalen Begriff der Stadt. Was König Heinrich niemals abgesprochen werden kann – und das allein würde schon genügen für die Festsetzung seines säkularen Ranges –, ist die Tatsache, daß er allein die Elemente der deutschen Städtegründungen geschaffen und freigesetzt, daß er die Grundsteine gelegt hat.

Heinrichs Burgenordnung war ursprünglich ein Notpro-
gramm, das innerhalb einer begrenzten Frist von Jahren
durchgeführt werden mußte. Daß dieses Konzept aber
zugleich das Grundmuster für die Stadtgründungen und
Städteentwicklung in Deutschland wurde, dokumentiert die
ganze Weitsicht des Urhebers. So geht auch der ummauerte
Kirchhof, gehen die vielen befestigten Kirchenbereiche, die
Wehrkirchen, die von starken Mauern eingefaßten dörflichen Kirchhofsburgen mit den befestigten Friedhöfen, die
ganze Burganlagen mit Unterkünften und Vorratsspeichern
bildeten und die bis ins siebzehnte Jahrhundert hinein überall in Deutschland die Regel waren, eindeutig auf das zehnte
Jahrhundert und den Burgenerlaß Heinrichs zurück. Sie
wurden sogar als »Normaltyp der Heinrichsburgen« bezeichnet.

WERLA UND WORMS. Worms als derjenige Ort, an dem der
Reichstagsbeschluß zum Burgenbau gefaßt wurde, konnte
noch in einer anderen Hinsicht auf etwas Beispielhaftes
verweisen. Es handelte sich damals um die einzige Stadt des
gesamten Reiches, in der in den eineinhalb Jahrzehnten von
891 bis 914 unter Bischof Thietlah eine ausführliche Mauer-
ordnung erlassen wurde. König Heinrich griff bei seinem
Burgendekret auf Einzelheiten der Wormser Verfügung
zurück, sein Grundprinzip allerdings war von dieser Bestimmung nicht abhängig.

Die Durchführung des Gesetzes im gesamten Reich fiel in
die Zuständigkeit der einzelnen Herzogtümer. Nur für den
Burgenbau in Sachsen und Thüringen war Heinrich selbst
verantwortlich. In welcher Weise und mit welchen Schwer-
punkten die Reichsverordnung in den Stammesgebieten
durchgeführt wurde, blieb den Ländern überlassen. Deshalb

kann man auch nicht aus der Art der Durchführung in Sachsen folgern, daß sie für die anderen deutschen Gebiete präjudiziellen Charakter gehabt hätte, jedenfalls nicht für die Zeit des Waffenstillstands, der im Ungarnvertrag vereinbart wurde. Die Burgenordnung wäre ihrer eigentlichen Substanz beraubt gewesen und hätte ihren Sinn verloren, wenn bei ihrer Verwirklichung in den Ländern nicht die jeweiligen strategischen Notwendigkeiten berücksichtigt worden wären.

In einer ausnehmend gründlichen Analyse des Wormser Reichstagsbeschlusses kommt der Mediävist Carl Erdmann zu der Folgerung, daß zwischen der Königspfalz Werla bei Schladen im heutigen Kreis Wolfenbüttel, die in Verbindung mit dem Ungarneinbruch 924 und dem Tributvertrag für Heinrich eine Schlüsselbedeutung besaß, und Worms eine enge Beziehung besteht. Werla war der Hauptplatz des sächsischen Herzogs, dort wurden während des zehnten und auch noch im elften Jahrhundert zumeist die sächsischen Stammesversammlungen abgehalten. Werla war im zehnten Jahrhundert der Pfalz Goslar übergeordnet. Man darf die später so bedeutende Kaiserpfalz in dieser Zeit ohne weiteres als Zubehör Werlas bezeichnen. Erst Kaiser Heinrich III. verlegte den Palast von Werla nach Goslar. Doch die Bedeutung von Werla hielt an. Noch im *Sachsenspiegel* werden die fünf Orte, in denen der König den sächsischen Land- und Gerichtstag abhält, folgendermaßen charakterisiert: »Die irste is gruna, die andere werle die is to goslere geleget, walehusen is die dridde; alstede die vierde; merseburch die vefte.«

Die große Burgenordnung von 926 ist nun, so hebt Carl Erdmann hervor, engstens mit den Namen Werla und Worms verknüpft, »den beiden Orten, an denen die entscheidenden Ereignisse jenes Jahres stattfanden. Werla gab den Grundgedanken der befestigten Versammlungsstätten und damit die Rückkehr zu den germanischen Volksburgen; Worms gab das römische Vorbild des Steinmauerbaus und die fränkische Organisation der Bauarbeit. Für das Verständnis Heinrichs des Ersten ist dies Doppelwesen grundlegend. Er schöpfte aus einem Untergrunde germanischer Tradition, die in ihm lebendiger war als in irgendeinem anderen deutschen König. Zugleich war er gelehrig und nahm bereitwillig auf, was ihm die römisch-westlichen Einrichtungen an Fortschrittsmöglichkeiten boten. So konnte er der deutschen Entwicklung die Spuren seines Wesens aufprägen.«

PFALZEN, BURGEN, STÄDTE. Läßt man die Städte der Römerzeit beiseite, deren Eigentümlichkeiten von den militärischen und administrativen Aufgaben der Besatzung bestimmt sind, dann gilt für die Frühzeit im mitteleuropäischen Großraum, daß Burg und Stadt ursprünglich eine Einheit dargestellt haben. Darin wiederholt sich allerdings nur ein Urverhältnis, denn der sagenhafte Gründer Roms, Romulus, datiert die Gründung seiner Stadt von dem Augenblick an, da er um ihren Bereich einen Mauerring gezogen hatte. Die lateinischen Bezeichnungen für die Stadt, nämlich urbs und civitas, werden in der Frühzeit des Mittelalters ausschließlich mit dem Wort Burg übersetzt. Und im Wort Burg ist noch deutlich genug der ursprüngliche Sinn des Bergens, der Bergung enthalten.

Der Bewohner einer Burg war ein Bürger. Diese Bezeichnung des Stadtbewohners hat sich bis heute gehalten, auch wenn dabei kaum jemals noch die alte Verbindung des Wortes zur Burg assoziiert wird. In Texten des zehnten Jahrhunderts werden die cives als Burgliute, als Burgbewohner bezeichnet, die ein eigenes Recht besitzen, das Burgrecht. Damit ist nichts anderes gemeint als die älteste Form des Stadtrechts in Deutschland. Dieses Recht gilt für einen bestimmten Ort, eben die Burg, und es wird damit in einen Gegensatz gestellt zu den Gegebenheiten des offenen, nicht befestigten Dorfes oder generell zu denjenigen aller bäuerlichen Ansiedlungen. Anfangs waren Landgemeinde und Burggemeinde aufgrund der gleichen Rechte noch verhältnismäßig eng miteinander verbunden. Bald genug aber wurde das Burgrecht dem Landrecht entgegengesetzt.

Auf einer abgesonderten Ordnungsstufe befanden sich die Pfalzen, die Wohnstätten der Könige im ganzen Reich, die seit der Karolingerzeit den Herrschern als Unterkunft bei den Reisen durch ihre Gebiete dienten. Das Wort, das vom lateinischen palatium, Palast, abstammt und sich über das althochdeutsche phalanza entwickelt hat, charakterisiert ziemlich genau die Eigenart der Pfalzen. Es handelt sich um Ausgestaltungen der fränkischen Königshöfe, um feste Residenzen mit palastartigen Gebäuden und Hallen, mit Unterkünften für den Hofstaat, das Gefolge, die Kanzlei, mit einer Kapelle und mit weiten Stallungen und umfangreichen Vorratsräumen. Pfalzen waren durchweg Unterkünfte für einen zeitlich begrenzten Aufenthalt, aber die Anwesenheit der Herrscher konnte sich bis zu vielen Monaten ausdehnen. Es gehörte zur Eigentümlichkeit des damaligen Königtums und der Regierung, daß das Reich keine Hauptstadt besaß. Die Pfalzen waren Hauptstädte in kleiner Münze, verstreut über das gesamte Reich. Sie waren Regierungs- und Amtssitz, hier wurden Urkunden ausgestellt, Zwiste geschlichtet, Hochzeiten gefeiert und Kinder geboren, das Königsgericht abgehalten, die Feste des Kirchenjahres begangen, und häufig wurde auch eine Pfalz, die der König besonders liebte, aufgesucht, sobald der Herrscher fühlte, daß sich das Ende näherte.

Viele Pfalzen entstanden auf königlichem Landbesitz und waren dem Wirtschaftshof angeschlossen. Die bekanntesten Pfalzen aus der Zeit König Heinrichs sind Werla, Quedlinburg, Memleben, Magdeburg und Goslar. Der Rang solcher Pfalzen wie Aachen, Ingelheim, Erfurt, Worms, Frankfurt am Main, Forchheim, Paderborn oder Regensburg stammt aus der karolingischen Epoche. Ihre herausragende Stellung behielten die Pfalzen meist über die Zeit ihrer eigentlichen Funktion hinaus, denn aus ihnen entwickelten sich die Pfalz-Städte: die ältesten Reichsstädte, die dem König unmittelbar unterstanden.

Eine Liste der wichtigsten Orte, die in der Zeit König Heinrichs entstanden oder durch die Befestigung eine größere, teils auch jahrhundertelang anhaltende Bedeutung gewannen, müßte neben den bereits erwähnten folgende Namen enthalten: Pöhlde, Bordhausen im Helmegau am Südharz, Grona, Hersfeld, Duderstadt, Meißen, Gandersheim, Corvey, Essen, Soest, der königliche Jagdhof Bodfeld bei Elbingerode im Harz; der Harz gehörte zu den königlichen Bannforsten. An Jagdhöfen des Königs werden außerdem genannt Ertfeld, Hasselfeld, Ichtenfeld, Ilfeld, Scharzfeld, Selkefeld, Siptenfeld und Thankmarsfeld.

In einer Urkunde Kaiser Ottos II. aus dem Jahr 979 wird eine Reihe kleinerer Orte aufgeführt, an deren ursprünglicher Endung -burg, die später bei den deutschen Bezeichnungen häufig fortgefallen ist, sich die Verbindung mit dem Reichsbeschluß von 926 ablesen läßt; von diesen Orten lagen in Thüringen Altstedt (Altstedeburg), Bornstedt (Burnstediburg), Helfta bei Eisleben, Holleben, Mücheln, Querfurt, Scheidungen, Werben. Außerdem werden erwähnt Bozhoburg, Gerburgaburg, Gucunburg, Liudeneburg, Niwanburg, Smernigeburg, Sweneburg und Wizinburg. An bekannteren Heinrichsburgen wären noch zu nennen Burg bei Altencelle im Kreis Celle, Derenburg, Frohse, Loghingeborch bei Neustadt am Rübenberge, Püchau, Seesen, die Sudburg östlich von Goslar, Tilleda, Walbeck, Wallburg bei Heeßel in der Nähe von Hannover und Wallhausen.

Die Zahl der Orte, die aufgrund der Burgenordnung Heinrichs ummauert wurden, sich dadurch von den üblichen Wohnsiedlungen abhoben und häufig historische Dauer erhielten, weil sie sich zu Städten in der eigentlichen Bedeutung des Wortes entwickelten, war weit größer, als sich anhand der Urkunden nachweisen läßt. Die besondere Fürsorge Heinrichs in seinem sächsischen Stammgebiet hat sich auch in der großen Zahl der Befestigungen niedergeschlagen. Eine Berechnung auf der Basis zuverlässiger Schätzungen kommt zu dem Ergebnis, daß in der Zeit der ottonischen Könige in Sachsen und Thüringen weit über einhundert Städte existierten, während auf die übrigen Stammesgebiete des Deutschen Reiches, also auf Franken und Bayern, Schwaben und Lothringen zusammengenommen, nur die Hälfte dieser Zahl entfiel. Der Hinweis, daß der König mit der Anlage gesicherter Orte auch in einem präziseren Sinn eine Belebung der städtischen Gewerbe beabsichtigte, ist mehr als nur eine Spekulation. Die Zeiten des einfachen Tauschhandels, der schlichten Naturalwirtschaft waren damals schon lange vorbei. Heinrichs Maßnahmen mußten geradezu zwangsläufig eine Intensivierung neuer, auf Selbständigkeit hin ausgerichteter Wirtschaftsimpulse nach sich ziehen, denn die befestigten Plätze waren vom König ausdrücklich zu Versammlungen bestimmt, und das schloß bald auch den Markt ein, den Austausch der Waren, den Handel.

KANZLEI UND KAPELLE. Der König zusammen mit seinem Hof bildete das Zentrum der Reichsregierung. Zum Hof zählte in einem weiteren Sinn die gesamte unmittelbare Umgebung des Königs, einschließlich der engsten Verwandtschaft. Eine speziellere Stellung hatte das ständige Gefolge, der Hofadel. Die im eigentlichen Hofdienst Beschäftigten waren ausnahmslos Personen des königlichen Vertrauens. Eine Grundvoraussetzung für die Hoffähigkeit war der Nachweis der adligen Abstammung durch Urkunde. In der Frühzeit und noch bis tief ins Mittelalter war der Hofdienst gleichbedeutend mit Staatsdienst. Die vier klassischen Hofämter, später Erzämter genannt, gab es bereits bei den germanischen Königen. Der Truchseß oder Seneschall war für das gesamte Hofwesen verantwortlich, angefangen von der Küche und der königlichen Tafel; der Marschall – die ursprüngliche Bezeichnung für Pferdeknecht – hatte als Oberstallmeister die Verantwortung für die Pferde; zugleich war er der militärische Führer der Reisigen. Dem Schenk oder Mundschenk fiel die Aufsicht über den Keller und die Weinberge zu, und dem Kämmerer schließlich die Verantwortung für den königlichen Schatz. In seiner Obhut befanden sich damit nicht nur das Gold, der Schmuck und die übrigen Kostbarkeiten des Hofes, sondern auch alles bewegliche Vermögen des Königs. Dazu trat später noch eine Reihe von Hofämtern mit vorwiegend repräsentativer Funktion; außerdem standen viele Hofbeamte im Dienst der Angehörigen des Königshauses.

Die wichtigsten Verwaltungsorgane bildeten die Kanzlei und die Kapelle. Die Hofkanzlei hatte sich aus der einfachen Notwendigkeit entwickelt, bestimmte Maßnahmen durch Schreiber festhalten zu lassen. Am wichtigsten war die Ausstellung von Urkunden. Die Erweiterung der Aufgaben ließ schließlich eine eigene Behörde entstehen, eben die

Kanzlei, an deren Spitze sich ein Leiter befand; dieser Kanzleivorstand war selbst nicht mehr am Geschäft des Schreibens und Urkundens beteiligt, ihm unterstanden vielmehr etliche Schreiber und Notare. In der Regel waren damals nur die Mönche und Geistlichen des Lesens und Schreibens kundig. Deshalb rekrutierten sich aus ihnen auch die Schreiber, ein Brauch, der bis ins späte Mittelalter bestand. Die Organisation des Hofes war im übrigen noch lange Zeit überaus locker und schwankend. Viele Aufgaben überschnitten sich, die Zuständigkeiten der einzelnen Beamten wurden erst in späteren Jahrhunderten präzis voneinander abgegrenzt.

Da seit der nachkarolingischen Zeit zum Hof der Könige auch die Kapelle mit einem führenden Geistlichen gehörte, dem seit Ludwig dem Frommen der Titel Erzkaplan zustand, wurden die Schreiber für die Hofkanzlei aus dem Umkreis dieses Vorgesetzten der Hofgeistlichkeit gewählt. Damit war eine Entwicklung eingeleitet, die schließlich dazu führte, daß die gesamte Kanzlei in die Hände der Hofgeistlichkeit geriet. Hofkanzlei und Hofkapelle gingen ineinander auf. Unter Ludwig dem Deutschen wurde der Erzkaplan gleichzeitig Oberkanzler, und seit Kaiser Karl III., dem jüngsten Sohn Ludwigs des Deutschen, verschmolzen die Ämter endgültig miteinander: Der Erzkaplan, Leiter der Hofkapelle, war auch Leiter der Hofkanzlei und trug den Titel Erzkanzler.

Mit steigender Bedeutung des Kanzleiwesens wurde es notwendig, die eigentliche Kanzlei wiederum einer unmittelbaren Kompetenz unterzuordnen: Aus der dominierenden Stellung von einem der Notare entwickelte sich das Amt des Kanzlers. Die Gesamtleitung der Kanzlei blieb aber zunächst noch in der Hand des Erzkaplans. Da der Erzkaplan zumeist auch der wichtigste Ratgeber des Königs war, bildete sich bald eine Sonderstellung gegenüber dem Klerus des Reiches heraus. Zu einem ernsthafteren Gegensatz kam es allerdings nicht, weil die Position des Erzkaplans bald ihren Rang verlor. Seit König Heinrich stand dieses Amt grundsätzlich den Erzbischöfen von Mainz zu, die zugleich den Titel Reichserzkanzler trugen. In derselben Zeit ging allerdings auch ihr Einfluß am Hof zurück, da sie zwangsläufig immer weniger direkte Wirkung auf die Kanzlei ausüben konnten. Aus praktischen Gründen führte die eigentlichen Geschäfte der ständig am Hof anwesende Kanzler, dessen Amt sich mit seiner späteren Bezeichnung Reichskanzler völlig deckte, während dem Mainzer Erzbischof seit dem elften Jahrhundert und der Regierung Kaiser Heinrichs III. lediglich der Titel Reichserzkanzler verblieb.

König Heinrich hatte auffallend wenig Sinn für die Kanzlisten und Notare. Von der geringen Zahl der Urkunden, die sich aus seiner Zeit erhalten haben, kann man zwar nicht unbedingt darauf schließen, daß der Grund dafür allein in der Gleichgültigkeit des Königs gegenüber dem Urkundenwesen zu sehen ist. Ebenso unsicher ist die Annahme, der Verlust der Dokumente und zeitgenössischen Quellen wäre bei allen deutschen Königen im zehnten und elften Jahrhundert gleich groß gewesen, so daß von der Zahl der erhaltenen Diplome eine Interpolation auf die Häufigkeit der Beurkundung möglich wäre. Immerhin dauerte es volle zehn Monate, bis sich Heinrich dazu entschloß, eine Urkunde auszustellen. Und sieben Jahre lang beschäftigte er nur einen einzigen Schreiber. Mehr waren offenkundig seiner Überzeugung nach nicht nötig, um die Geschäfte der Kanzlei zu bewältigen. Ein einziger Mann genügte dem König, um zu schreiben, die Kanzlei zu führen und ihm Vortrag zu halten.

Die Folgerung, daß Heinrich dem Kanzler seines Vorgängers die Führung dieser »Behörde« entzog, keinen neuen Kanzleichef – er wurde damals Rekognoszent genannt – einstellte und die Kanzlei damit auf einen Tiefstand der Organisation herabdrückte, scheint unausweichlich zu sein. Ebensowenig beließ der König dem Erzkaplan Konrads I. die Oberleitung der Kanzlei. Sie lag damals in den Händen Piligrims, des Erzbischofs von Salzburg. An sich wäre zu erwarten gewesen, daß der König den Erzbischof von Mainz, Heriger, dem er 919 die Salbung abgeschlagen hatte, an die Stelle des Erzkaplans berief. Das Amt scheint aber eindeutig bis zum Jahr 922 geruht zu haben. Erst von dieser Zeit an wird Heriger von Mainz mit dem Titel Erzkaplan genannt. Daraus zu folgern, daß sich der König entschlossen hatte, wieder eine Kapelle an seinem Hof einzurichten, würde voraussetzen, daß der Erzkaplan auch tatsächlich eine Funktion im Kanzleiwesen ausübte und nicht nur einen Ehrentitel trug. Davon kann aber keine Rede sein. Denn erst nach 926 begann Heinrich damit, das Kanzleiwesen allmählich wieder zu beleben. Als einziges Motiv für die Reserve des Königs dem Schreib- und Urkundenwesen gegenüber bleibt die sächsisch-altgermanische Tradition des unschriftlichen Charakters der königlichen Regierung. Diese Neigung wurde in den Anfangsjahren noch durch die Distanz gegenüber der Geistlichkeit verstärkt, die Heinrich wohl nicht nur aus innenpolitischen Gründen wahrte.

Im Jahr 927 wird dem einzigen Schreiber und Notar Simon ein Mann zur Seite gestellt, der aus dem Hildesheimer Kapitel an den Hof gekommen war. Es handelt sich um den Kaplan und Notar Adaldag, einen Neffen des Bischofs Adalwart von Verden; der Bischof hatte ihn an den Hof vermittelt. Adaldag gewinnt hier eine angesehene Position, wird später in Memleben seinem König die Sterbemesse lesen und unter Otto I. dem Großen das Erzbistum Hamburg-Bremen erhalten. Zum Kanzler und eigentlichen Leiter wird im Jahr 931 Poppo berufen, ein Bruder von Erzbischof Heinrich von Trier, der dann auch unter Kaiser Otto I. Kanzler bleibt. In der Zeit Ottos des Großen verwandelt sich endgültig die Hofkapelle in eine große leitende Behörde: in eine Zentrale der Reichspolitik.

DER REICHSTAG. Zum königlichen Hof wurden vorübergehend auch die geistlichen und weltlichen Großen eines engeren Gebietes gezählt, in dem sich der König während seiner Reisen durch das Reich aufhielt. Seit der Erhebung Heinrichs zum König waren Fritzlar und Hersfeld in Hessen die bevorzugten Aufenthaltsorte der deutschen Herrscher. In der Regel stieg der König dabei in einer seiner Pfalzen ab. Mit den adligen Herren, die sich bei ihm einfanden, besprach er die anstehenden Probleme, klärte und entschied sie. Es handelte sich dabei um die Erledigung seiner Regierungsgeschäfte auf der untersten regionalen Ebene.

An den Tagen der großen Kirchenfeste versammelten sich am Königshof zumeist alle maßgebenden Herren des Distrikts, in dem sich die Pfalz befand, die der Herrscher gerade aufgesucht hatte. Bei dieser Gelegenheit wurden ebenfalls drängende Fragen besprochen und gewichtigere Entscheidungen getroffen. Auch bei diesen Festen bevorzugten die Monarchen bestimmte Orte. Heinrich suchte in der Osterzeit mit Vorliebe Quedlinburg auf. Das wurde bei den Ottonen zu einer festen Tradition, von der die Könige nur in den unumgänglichsten Fällen abwichen. Noch im elften Jahrhundert wird in den *Quedlinburger Annalen* bemerkt, daß dies »nach der Weise der früheren Könige, der Großväter und Urgroßväter« geschehe. Auch diese Zusammenkünfte wurden als Hoftage bezeichnet. Sobald der König die Fürsten und Herren sämtlicher Reichsgebiete zu sich lud, verwandelte sich der Hoftag in einen Reichstag; zwischen beiden Versammlungen bestand allerdings kein grundsätzlicher Unterschied, sie lassen sich deshalb auch nicht exakt auseinanderhalten.

Ob der geladene Adel, die Herzöge und die Kirchenfürsten zu einem Reichstag erschienen, stand ihnen frei. Ein Fernbleiben mußte nicht unbedingt der Ausdruck von Opposition sein. Immerhin durfte, falls eine größere Zahl von Geladenen fehlte, auf eine brüchige Autorität des Königs geschlossen werden. Die Regel war allerdings, daß sich Adel und Klerus schon aus höchsteigenem Interesse einfanden, denn es gab keine bessere Gelegenheit, nicht nur die eigenen Angelegenheiten zu besprechen und die Sorgen vorzutragen, sondern sich auch selbst an der Regierung des Reiches zu beteiligen. Eine Pflicht, sich an den Hoftagen einzufinden, bestand für die Herrscher derjenigen Gebiete, die dem deutschen König als Vasallen untertan waren. Die Herzöge von Polen und Böhmen, die sich unterworfen und den Eid geleistet hatten, mußten zu den Versammlungen in Quedlinburg und Merseburg erscheinen, und sie waren auch peinlich darauf bedacht, nicht gegen dieses Gebot zu verstoßen.

Wann der König den Reichstag einberief und an welchem Ort er stattfinden sollte, das lag in seinem Ermessen. Daß er sich dabei nach den Notwendigkeiten richtete, nach den besonderen Umständen und den politischen Rücksichten, war selbstverständlich. In den ersten Zeiten fanden die Versammlungen auch wiederholt unter freiem Himmel statt. Der Brauch stammte noch aus der Germanenzeit. Daß er auch sonst für Versammlungen selbstverständlicher war, als es die Quellen zeigen, läßt sich aus dem Burgenbeschluß Heinrichs ablesen, in dem ausdrücklich befohlen wird, die

Zusammenkünfte in befestigte Orte zu verlegen. Ausnahmen davon gab es später nur dann, wenn die Zahl der Teilnehmer zu groß für die Hallen oder die Städte war.

In dieselbe Traditionskette gehört die Teilnahme des Volkes an den Reichsversammlungen. Bei den Sachsen hatte sich dies ohnehin als eine Selbstverständlichkeit gehalten, die Landeshoftage waren nichts anderes als eine Fortführung der altgermanischen Volksversammlungen. Während des zehnten Jahrhunderts beruhte die Einheit der Reichsversammlungen vorherrschend auf dem Miteinander der Fürsten und des Volkes. Geradezu als eine Reminiszenz an die Zeiten des Sachsenherzogs Widukind erscheint der Reichstag, den König Heinrich 933 vor dem Kampf mit den Ungarn abhielt. Denn er hatte ausdrücklich das Volk in seiner Gesamtheit, nämlich alle waffenfähigen Männer zusammengerufen: Dieser Reichstag war, ganz nach der altgermanischen Sitte, sowohl Volks- als auch Heeresversammlung. Vor denselben Hintergrund gehört der Eid, den das Volk nach der Ansprache König Heinrichs durch Erheben der rechten Hand leistete und mit dem es sich zur unbedingten Heeresfolge verpflichtete. Besonders schwerwiegende Beschlüsse wurden auch auf anderen Reichstagen durch einen Schwur der Anwesenden bekräftigt, insbesondere wenn es sich dabei um einen Vertrag handelte.

Auch auf den wenigen Reichstagen, die König Heinrich abhielt, wurde das Eigentümliche und sinnbildlich Beispielgebende seines Regententums sichtbar. Es wäre zu vereinfachend, wenn man für sein Königtum vor allem einen Rückgriff auf die Stellung der alten Heerkönige als charakteristisch erklärt. Sicherlich treten etliche Züge davon in klaren Konturen hervor, aber leitend war doch die Überzeugung, daß er König des Reiches war und daß dieses Reich damals nichts dringlicher benötigte als die Kräftigung seiner

Einheit. Dies allein lag dem großen Umschwung zugrunde, der seit Heinrichs Thronerhebung und seiner Reichspolitik einsetzte. Davon war bereits Heinrichs Entschluß geprägt, die Salbung nach der Thronerhebung abzulehnen. Er ließ keine Schranken zwischen sich und den weltlichen Fürsten gelten, er beraubte die hohe Geistlichkeit und damit die Kirche ihrer gesonderten Stellung innerhalb des Reiches, er entzog damit den internen Zwisten ihren Nährboden.

Das Ergebnis war das gleichrangige Miteinander aller weltlichen und geistlichen Großen der deutschen Herzogtümer. Damit schuf Heinrich die Basis der Einheitlichkeit des Reiches über alle Stände hinweg. Auch hier kann kaum energisch genug darauf aufmerksam gemacht werden, daß sich in den Annalen und Chroniken nicht einmal eine Andeutung findet, aus der sich folgern ließe, der König und seine Fürsten wären in irgendeiner gewichtigeren Frage durch Differenzen voneinander getrennt gewesen. Einvernehmen, Gemeinsamkeit, Übereinstimmung, Zusammengehen: Das sind die Leitworte der Regierung des Königs, unter diesen Leitworten stehen auch sämtliche Reichsversammlungen seiner Zeit. Schon allein der Umstand dieser Zusammenkünfte aller Großen und aller Stände wurde zu einer politischen Geste ersten Ranges, und diese wiederum ging ohne Bruch in die feierliche Zeremonie über. Der Reichstag wurde so zum Zeichen der gestifteten Einheit des Reiches, und er selbst wiederum stiftete seinerseits den inneren Zusammenhalt des Gemeinwesens, das sich vom Reich getragen wußte.

Gerade in diesem Zusammenhang gewinnt aber auch die Tatsache ihr eigentliches Gewicht, daß Reichstage zu allen Zeiten nicht zuletzt Veranstaltungen der machtvollen Repräsentation des Königs und seines Hofes waren. Niemals wurde die glänzende Gewalt und der gewaltige Glanz des

Königs und seiner Regierung so unpersönlich, so abstrahiert von seiner Individualität, so eindringlich sichtbar wie auf dem Reichstag. Im König erschien an solchen Tagen das Reich. Deshalb wurde auch die königliche Herrschaft des Regenten in dieser Verkörperung so häufig in den folgenden Jahrhunderten auf den Miniaturen der Evangeliare oder den Bildteppichen dargestellt: Der König auf dem Thron, in der Linken das Zepter, in der Rechten den Reichsapfel mit dem Kreuz, Sinnbild der Weltkugel und Symbol der christlichen Weltherrschaft, auf dem Haupt die Krone, den Blick starr aus weitgeöffneten Augen auf den Betrachter gerichtet und durch ihn hindurch weit in Raum und Zeit – das ganze Bild im Prunk der Königsfarben Gold und Rot, funkelnd, flammend, Glanz und Widerglanz einer jenseitig unwirklichen Aura und doch ebenso bannend durch den glühenden Schmerz der politischen Macht. Der Reichstag: sichtbare Darstellung dessen, was der König in sich vereinen sollte und was Heinrich auch in sich vereinte, Magnanimitas und Imperium, den tapferen, hochherzigen Herrschersinn in der Regierung des Reiches.

20. Der große Winterfeldzug 928/929

> *»Plötzlich fiel Heinrich über die Sclaven her, welche*
> *Heveller genannt werden, ermüdete sie durch viele*
> *Kämpfe und nahm endlich in einem sehr strengen Win-*
> *ter, indem er auf dem Eise sein Lager aufschlug, die*
> *Brennaburg durch Hunger, Schwert und Kälte.«*
>
> Widukind von Corvey

Mit der Ummauerung aller wichtigen Orte, mit den Befestigungen und Burgen war lediglich ein Defensivprogramm zu
erfüllen. Allerdings bedeutete dies nicht mehr als nur eine
Vorstufe, um der Ungarnbedrohung von Grund auf Herr zu
werden. Die Reiternomaden hatten in den vergangenen
eineinhalb Jahrzehnten in allen Gegenden des Abendlandes
ihre überlegene Kriegskunst bewiesen, sowohl in kleineren
Gefechten als auch in der offenen Feldschlacht. Daß sie auf
ihrem letzten großen Zug durch die Champagne und entlang
der Loire bis an den Atlantik vorstießen, war ein Schock,
und zwar nicht nur für das unmittelbar betroffene Westfrankenreich. Fremden Heeren ist ein solches Unternehmen erst
wieder im neunzehnten Jahrhundert gelungen, am Ende der
Herrschaft Napoleons.

Die militärischen Fähigkeiten der Ungarn lagen offen zutage, und es war überaus schwer, ihnen etwas Gleiches entgegenzustellen. Bei der magyarischen Reiterei handelte es sich um eine ausnehmend gut geschulte Kriegstruppe, sie kämpfte ebenso verwegen wie diszipliniert, in Feldschlachten wurde sie taktisch überlegen geführt. Außerdem waren die Reiternomaden Krieger aus angeborener Neigung, die vor keinen Strapazen zurückschreckten und deren Kampfmoral auch im Verlauf monatelanger Feldzüge nicht brüchig wurde. Die Ungarnreiter hatten sich in zahlreichen Kämpfen bewährt, ihre Kriegserfahrung ließ nichts zu wünschen übrig, ihre Aufgebote besaßen alle Vorzüge eines stehenden Heeres. Entscheidend aber für die damaligen Verhältnisse war ihr Charakter als einer ausschließlichen Reitertruppe. Die Ungarn besaßen damit sämtliche Eigenschaften, die man von einem schlagkräftigen Kriegsinstrument überhaupt erwarten durfte: Wendigkeit, Schnelligkeit sowie die Fähigkeit, veränderten Gefechtslagen die eigenen Operationen rasch anzupassen. Ihre Natur als Reiterkrieger aus Instinkt drückte sich auch in der militärischen Organisation aus und in ihrer Taktik. Verstärkt wurde dieser Zug durch die außerordentlichen Vorteile ihrer wichtigsten Waffen, des Bogens aus Horn, der Schleuder und der Fokoschen, der Streithämmer.

Jeder Nomadenkrieger war in der Lage, aus dem vollen Galopp heraus zu schießen, er verfehlte auch aus großen Entfernungen kaum jemals das Ziel. Bogen und Schleuder waren deshalb dem Schwert und der Lanze erheblich überlegen. Aufgrund der Wirkung war der Pfeilregen, der sich gewöhnlich zu Beginn eines Kampfes über die feindlichen Krieger ergoß, fast schon ein Vorgriff auf den Effekt des neuzeitlichen Maschinengewehrfeuers, jedenfalls dort, wo die Panzerung der Krieger und ihrer Pferde zu wünschen übrig ließ oder überhaupt fehlte. Die ungarischen Reiterkrieger trugen Lederstiefel, die bis zu den Knien gingen, sie hatten leichte, sehr feste Schilde aus Leder, waren außerdem geschützt durch ein Lederkoller, das an der Rückseite durch einen Kragen auch dem Nacken Schutz gab. Die Führer der Truppeneinheiten trugen in der Regel Lederpanzer, die mit Metallplatten verstärkt waren; auch ihre Pferde waren an der Brust, den Flanken und den Keulen durch Leder geschützt. Leder bot zwar erheblich weniger Sicherheit als ein Panzer aus Metall, vor allem im Nahkampf, hatte aber den Vorzug des geringeren Gewichts.

Die Pferde der Ungarn waren klein und schnell. Demgegenüber besaß die Reiterei der meisten europäischen Völker große, schwere Pferde. Teils hing das mit der gemischten Zusammensetzung der Heere aus Fußtruppen und Panzerreiterei zusammen, was auch eine andere Kampfesweise bedingte, teils mit der Tatsache, daß die Pferderasse der Ungarn erst seit dem Ende des neunten Jahrhunderts im Abendland bekannt war. Auch die Pferde der Deutschen waren zwar sehr kräftig, aber im Vergleich mit den Ungarnpferden überaus langsam, denn Ausrüstung und Panzerung besaßen erhebliches Gewicht. Die Hufe waren mit schweren Eisen beschlagen; im Gegensatz dazu kannten die Ungarn damals keine Hufeisen. Zu dieser Zeit wurde auch durchweg im Rechtsgalopp geritten. Deshalb trugen die Reiter nur einen Sporn am linken Fuß.

Der Steigbügel, den die berittenen Ostvölker seit den Hunnen in Gebrauch hatten, ermöglichte es den Nomadenkriegern, stehend und nach jeder Richtung hin zu schießen. Eine Schlacht verlief zumeist stets nach demselben Grundmuster. Der Gegner wurde mit einem dichten Pfeilregen, mit einem Gewitter von Schleudersteinen überschüttet. Anschließend galoppierten die Ungarn in geschlossenen

Tausendschaften oder Hundertschaften, zwischen denen ein schmaler Raum für die taktischen Wendungen offenblieb, gegen den Feind. Auch für den Nahkampf waren die Ungarn zweckmäßig bewaffnet. Die kurzen Krummsäbel ließen sich leicht handhaben und eigneten sich für den Kampf zu Pferde weit besser als die sperrigen Schwerter. Ergänzt wurden die Krummsäbel durch die Streitäxte und die Fokoschen, die Streithämmer, zu denen allerdings meistens nur im unmittelbaren, völlig distanzlosen Nahkampf gegriffen wurde. Stand ihnen Reiterei gegenüber, so setzten sie ihre Kurzspieße ein, mit denen sie versuchten, die Feinde aus dem Sattel zu stoßen.

Da die Überlegenheit der leichtberittenen Nomaden auf den raschen, vielfach geübten und diszipliniert ausgeführten Operationen beruhte, vermieden sie nach Möglichkeit das Handgemenge, weil dabei der Überblick verlorenging. Allein aus diesem Grund wichen sie ihm nach Kräften aus, also nicht etwa deshalb, weil sie in derartigen Situationen nicht ihren Mann gestanden hätten. Tapferkeit und Lust am kriegerischen Kampf wurde den Reiternomaden buchstäblich mit in die Wiege gelegt – ein weiterer und überaus schwerwiegender Vorteil gegenüber den Deutschen, deren Krieger seit vielen Jahrzehnten fast ausschließlich aus reinen Notwendigkeitsgründen zu kämpfen gewohnt waren. Berufskrieger, die sich nahezu ununterbrochen auf Feldzügen befanden oder die in den Monaten zwischen den Kriegsunternehmungen nur Regenerations- und Vorbereitungsphasen sahen wie die Ungarn zu dieser Zeit, waren im damaligen Deutschland der Bauern und des zahlenmäßig kleinen Standes der adligen Herren unbekannt. Bei den Ungarn aber handelte es sich um ein ganzes Volk, dessen Männer aus Freude und nicht aus Pflicht in den Krieg zogen. Deshalb war ihnen auch der Söldnergeist, wie er die Heere des späten Mittelalters und der frühen Neuzeit in Europa erfüllte, zutiefst fremd.

Eines der größten Ärgernisse für die ungarischen Truppenführer und Feldherren bestand in der jählings ausbrechenden Disziplinlosigkeit der Reiternomaden nach einer gewonnenen Schlacht oder einem Treffen, von dem sie glaubten, sie hätten es siegreich beendet. Die Ungarn verfolgten kaum jemals ein geschlagenes Heer bis zur völligen Vernichtung. Sie waren auch nur in Ausnahmefällen in der Lage, nach dem Kampf ihre Beutegier und die schrankenlose Lust am Plündern und Niederbrennen zu zügeln. Abgesehen von dem großen Risiko eines Gegenstoßes, das sie dadurch heraufbeschworen und das ihren militärischen Führern ständiger Anlaß zu Sorgen und Befürchtungen war, löste diese Zuchtlosigkeit wiederholt auch politische Verwicklungen aus. Die Fürsten Ungarns betrachteten ihre Heeres- und Kriegszüge durchaus nicht als Raubunternehmungen in einem politisch luftleeren Raum. Keine einzige Plünderung der Reiternomaden auf bayerischem Gebiet während der Zeit der Neutralitätsabkommen war von den Feldherren und den politischen Führern der Magyaren gebilligt oder gar genehmigt worden. Doch an den Plünderungsgelüsten der Ungarnkrieger auch in neutralem oder befreundetem Gebiet scheiterte mehr als einmal selbst die härteste Disziplin. Diese Mißlichkeit trug wesentlich zu dem Zerrbild bei, als wäre es bei den Kriegszügen der Magyaren stets nur um Räubereien gegangen. Jedenfalls war die militärische Führung der Ungarn unfähig, diesem Übel zu steuern, nicht zuletzt freilich auch deshalb, weil die drakonische Bestrafung von Kämpfern, die sich in der Schlacht durch glänzende Tapferkeit auszeichnen und nach der Schlacht durch Zuchtlosigkeit, seit den ältesten Zeiten die Befehlshaber vor die schwierigsten Probleme stellt. Abgrenzungen zwischen Beuterecht, genehmigter Plünderung und hemmungsloser Räuberei existieren außerdem in diesen Jahrhunderten nur in schwächlichen und selten ernstgenommenen Ansätzen.

KRIEGSDIENST. Die Unterschiede zwischen den deutschen Kriegern und den Ungarn waren damals gewaltig. Das betrifft die Einstellung zum Krieg, das Aufgebot, die Art des Kampfes. Stammesmäßige Differenzen spielten dabei kaum eine Rolle. König Heinrich hatte in Sachsen im wesentlichen mit denselben Problemen zu tun, die auch in den anderen Herzogtümern bestanden. Allerdings fiel die Rolle des Protagonisten, die Heinrich in seinem eigenen Land zwangsläufig zukam, erheblich ins Gewicht. Er hatte zwar als *König* des Reiches den Tributvertrag vereinbart, er hatte auch die Burgenordnung als König für das *Deutsche Reich* erlassen, doch gerade deshalb hatte er als *Herzog* in Sachsen dafür zu sorgen, daß die Befestigungen vorbildlich durchgeführt wurden und die militärische Ausbildung jenes Niveau erreichte, welches die Vorbedingung darstellte, um sich mit den Ungarn messen zu können.

Bei den Aufgeboten im zehnten Jahrhundert handelte es sich nicht mehr um die Bauernheere der früheren Zeit. Der Kriegsdienst betraf zwar noch immer alle waffenfähigen Männer, aber er war inzwischen mehr und mehr zur Hauptaufgabe des adligen Standes geworden. Die damaligen Adelsherren lassen sich zwar keineswegs in einem neuzeitlichen Sinn als Berufskrieger bezeichnen, aber sie waren auf jeden Fall Qualitätskrieger. Die Grundgegebenheit für die Aufstellung eines Heeres bestand in der Pflicht des Belehnten, dem Aufgebot des Lehnsherrn ohne Zögern zu folgen. Das fand entsprechend dem Stufenprinzip der Feudalität statt, das die souveräne Gewalt auf Untergliederungen verteilte, die eine gewisse Selbständigkeit und Eigenverantwortung besaßen. Für die Truppen zur Heerfahrt, für den Kriegsdienst waren vorab die Lehnsmänner zuständig, und die Verantwortung dafür, daß die Leistung zum Aufgebot auch erbracht wurde, verteilte sich entsprechend der Ständehierarchie vom König über die Herzöge, Gaufürsten, Markgrafen, Grafen und Ministerialen bis zu den Dienstmannen; aber auch die Bischöfe sorgten innerhalb dieser feudalen Stufenordnung für die Kriegerschaft. Das Aufgebot durfte nur in echter Not mißachtet werden. Wer ihm nicht folgen konnte, hatte eine Heerbannbuße zu entrichten.

Über die Zahl der Kriegsmannen entschied allein der König; die Großen der verschiedenen Bezirke waren dann verantwortlich dafür, daß diese Zahl auch erreicht wurde. Wie viele Kriegsleute zusammenkommen sollten, hing von der Größe des Unternehmens ab. Bei einer Heerfahrt in fremdes Land waren weit mehr Truppen nötig als für die Abwehr eines feindlichen Einbruchs in die eigenen Territorien. Die Angaben in den Quellen über die Stärke der Kontingente sind unzuverlässig, auch aus den Zahlen selbst – falls sie überhaupt zutreffen – lassen sich keine Rückschlüsse auf die Kampfkraft der Einheiten ziehen. Eintausend gepanzerte Reiter sind im zehnten Jahrhundert eine stattliche Truppe, und das gilt ebenso noch im zwölften und dreizehnten Jahrhundert.

Die Kriegspflicht legte dem Vasallen auch eine bestimmte Dauer des Heeresdienstes auf. Sie war elastisch bemessen, denn Feldzüge über die Grenzen hinweg dauerten gewöhnlich eine Vielzahl von Wochen. Außerdem war es vor Beginn eines solch großen Unternehmens kaum jemals möglich, genaue Fristen festzulegen. In der Zeit König Heinrichs hatte sich das feudale Kriegswesen noch nicht in seiner reinen

Form entwickelt. Gerade für Sachsen hatte das die größte Bedeutung, denn Sachsen war im Norden und Osten Grenzland, und deshalb stützte sich hier die Gegenwehr besonders lange auf die Sitte des altgermanischen Heerbanns, des Volksaufgebots, das jeden, der das dreizehnte Lebensjahr vollendet hatte, zum Kriegsdienst verpflichtete; doch den Kern des Heeres bildete inzwischen auch in Sachsen das Vasallen-Aufgebot. Widukind von Corvey schreibt an einer bezeichnenden Stelle, daß König Konrad I. dem damaligen Sachsenherzog Heinrich nicht gewachsen war, »weil diesem eine Schar tapferer Ritter und ein Volksheer von zahlloser Menge zu Gebote stand.«

Die Vasallen hatten auch weitgehend für die Pferde, die Ausrüstung, die Waffen und für die Verpflegung zu sorgen. Je mehr sich das Kriegertum aufgrund der Notwendigkeit zu ständiger Waffenbereitschaft dem Berufskriegertum und den Formen der stehenden Heere annäherte, um so kostspieliger wurde der Unterhalt. Das Kriegsmaterial kostete außerordentlich viel, Helme und Panzerhemden waren für den einfachen Mann praktisch unerschwinglich. Auch für den zu ständiger Waffenbereitschaft verpflichteten Kriegsmann reichte die Entlohnung durch Lehen auf die Dauer nicht aus. Der König und die Fürsten waren deshalb zunehmend stärker auf Geld angewiesen, und gemünztes Edelmetall ließ sich nur über die Wirtschaft, den Handel, die Zölle gewinnen. Folglich war nur ein Staat, dessen Wirtschaft florierte, auch ein wehrfähiger, ein militärisch starker Staat.

DIE REITEREI. Eine geregelte Truppenausbildung wie bei den Römern oder später in der Landsknechtszeit fehlte bei den Deutschen. Der Krieger war in erster Linie Einzelkämpfer, auch dort, wo er in geschlossenen Kontingenten angriff.

Der Kampf war eine Abfolge persönlicher Duelle, der Erfolg in einer Schlacht hing weitgehend vom Können, von der Tapferkeit, dem Draufgängertum der vielen einzelnen ab. Das ist mit der Hauptgrund für die jahrelangen Erfolge der magyarischen Reiterkrieger und ihrer Massentaktik. Die Vorstellung, daß die Überlegenheit der Ungarn nur darauf beruhte, daß sie so gut wie ausschließlich Reiterkrieger waren, trifft nicht zu. Auch die deutschen Gefolgsleute, insbesondere die Sachsen, fochten seit alters zu Pferde, selbst wenn zum alten Kriegerstand selbstverständlich die Fußtruppen gehörten. Aus den frühgermanischen Zeiten berichtet Tacitus, daß die Germanen überwiegend zu Fuß kämpften. Andererseits hatte sich schon Cäsar bei seinem Kampf gegen die Gallier von germanischen Reitergeschwadern unterstützen lassen. Bei den Sachsen gehörte jedenfalls das Roß seit den ältesten Zeiten zur Kriegsausrüstung, zum »Heergewäte«. Die großen Kriegszüge und Kämpfe der Sachsen gegen Karl den Großen fanden zu Pferde statt. Nur mit Pferden war es den Sachsen möglich, die raschen und tiefen Einbrüche in fränkisches Gebiet zu erzielen, die man in der Zeit Herzog Widukinds so sehr fürchtete.

Der springende Punkt lag allein in der Form der Gefechtsführung. Wenn König Heinrich in diesem Bereich keine Veränderung gelang, war alles andere vergebens. Es ging nicht allein um eine Steigerung der Heereszahlen – so große Bedeutung sie auch hatte; es ging nicht nur um die Verbesserung der Ausrüstung – so großer Wert darauf gelegt wurde, und schon gar nicht ging es um ein Anheben der kriegerischen Moral. Die Grundlage des ganzen Kriegswesens war vorhanden und in der Substanz intakt. So sehr es auch auf eine beträchtliche Steigerung der allgemeinen Wehrkraft ankam: Wirklich entscheidend wurde es, das altgewohnte individuelle Kampfprinzip durch eine Reiterei zu ergänzen, der die Geschwadertaktik vertraut war. Mit einem Wort: König Heinrich benötigte als offensives Instrument eine taktisch einsatzfähige, leichte Reiterei.

Faßt man sämtliche militärischen Notwendigkeiten vor dem speziellen Hintergrund des Königtums Heinrichs zusammen, das alle Gebiete und Stände des Reiches einer einheitlichen Führung unterstellt hatte, der sich auch die Herzogsgewalt beugte, dann tritt das Entscheidende der Wehrreform, die Heinrich durchsetzen mußte, deutlich hervor. Der König hatte das Kriegswesen zwar personell und materiell anzuheben, er hatte aber nicht etwa ein Reiterheer völlig neu zu schaffen, sondern er mußte bestimmten Reiterkontingenten eine Gefechtsdisziplin beibringen, die geschlossene Operationen ermöglichte. Diese Aufgabe wurde mit Sicherheit in den einzelnen Gauen selbst durchgeführt. In Sachsen lag die Initiative bei Heinrich, er betraute zuverlässige und erfahrene Heerführer damit, er informierte sich durch regelmäßige Inspektionen. Diese Ausbildung darf freilich nicht mit dem Exerzieren und dem Gefechtsdrill späterer Truppenkörper und ihren Manöverübungen verwechselt werden, doch war schon die Grunderfordernis eines zusammenhängenden Operierens, sobald sie eingeübt war, eine gewaltige Neuerung, eine beachtliche Modernisierung des bestehenden Kriegswesens.

Leitend und wegweisend bei Heinrichs Überlegungen war in erster Linie der Stand des Kriegswesens der Ungarn und die Überlegenheit ihrer Kavallerie. Er hatte selbst genügend Gelegenheit gehabt, ihre Erfolge zu studieren. Auch unter den Vertrauten seiner Umgebung befanden sich hinreichend kriegserfahrene Grafen, mit denen er sein Programm beriet. Detailliertere Nachrichten über die Heeresreform des Königs fehlen allerdings. Deshalb ist auch schwer zu entscheiden, ob Heinrich in der Volksüberlieferung aufgrund seiner persönlichen Ritterlichkeit als Ahnherr und Vater des mittelalterlichen Turnierwesens weiterlebte oder aufgrund des Umstands, daß er als erster das Prinzip einer Gefechtsführung nach Regeln bei den Kriegern und in der Reiterei durchsetzte und die leichte Reiterei überhaupt erst als eine eigene Truppengattung ins Leben rief.

Schließlich aber waren seine unmittelbaren Maßnahmen im Kriegswesen auch nur ein Teil des Gesamtkonzepts, das seinem Königtum und der Regierung des Reiches zugrunde lag. Eben dies hebt sein Wirken weit über die Einzelheiten der aktuellen politischen Notwendigkeiten in jene Allgemeinheit, die zum historischen Rang König Heinrichs gehört. Jede einzelne seiner Maßnahmen war wichtig: der Zusammenschluß der Herzogtümer unter die Oberhoheit des Königtums, die Rückgliederung Lothringens, die Burgenordnung, die Belebung der Wirtschaft durch den Ausbau der festen Orte, die Intensivierung der Handwerke aufgrund der erhöhten Rüstung durch die Aufträge an die Schwertfeger und Schmiede, die Sattler und Kürschner, die Erneuerung und Modernisierung des Heerwesens. Und doch erhält jede einzelne dieser Maßnahmen ihr Gewicht nicht durch die Notwendigkeit, eine begrenzte Aufgabe lösen zu müssen, sondern allein durch den Zusammenhang des Ganzen, in dem sie steht und von dem sie ein Teil ist: Teil einer Neugestaltung.

BRENNABURG – BRANDENBURG. In der zweiten Hälfte des Jahres 928 zog König Heinrich mit einem starken Heeresaufgebot über die Bode und die Elbe nach Osten ins Gebiet der Heveller. Den Elbübergang bei Magdeburg hatte schon Karl der Große im Jahr 780 benutzt. Der Name dieses Grenzvolkes leitete sich von der Havel ab, in deren oberem

Flußbereich die Heveller ihre Hauptsitze hatten. Sammelplatz der sächsischen Truppen konnte nur Quedlinburg gewesen sein; von dort ging es zur Elbe, die bei Magdeburg überschritten wurde, und dann in nordöstlicher Richtung ins Havelgebiet. Die Streitkräfte bestanden überwiegend aus dem Aufgebot des ostsächsischen Heerbanns. Den Kern bildeten die gutgeschulten königlichen milites, die von Heinrich persönlich abhängigen kleineren Lehnsträger; die Dienstpflicht dieser königlichen Ministerialen bestand unabhängig von jedem besonderen Aufgebot des Heerbanns. Daß sich bei den Heeren dieser Kriegszüge in den Jahren 928 und 929 auch starke Kontingente von Franken und Bayern befanden, darf als sicher angenommen werden. Die Truppe selbst war gemischt, den Fußsoldaten waren starke Einheiten der Reiterei beigegeben.

Ob ein Aufstand der unmittelbare Anlaß für den Kriegszug im Herbst 928 gewesen war, ist nicht zu klären. Mit Rücksicht auf den späteren Kampf gegen die Ungarn und aufgrund der intensiv betriebenen Rüstungen und der Ausbildung der Reiterei ließe sich auch denken – und wurde deshalb auch wiederholt von Historikern vermutet –, daß Heinrich eine Art militärischer Generalprobe im Sinn gehabt hätte. Eine solche Unterstellung dürfte zu vordergründig sein, doch schließt das nicht aus, daß als Effekt des großen Feldzuges der Jahre 928 und 929 auch tatsächlich eine solche Generalprobe stattgefunden hat. Ein ausgreifender Plan lag der Aktion zweifellos zugrunde, denn innerhalb der folgenden Monate gelang es Heinrich, die gesamten Grenzvölker zu unterwerfen und sie unter die Oberhoheit des Reiches zu stellen. Seine Übermacht und die Siege seiner Krieger waren so eindrucksvoll, daß es ab 929 bis zum Ende von Heinrichs Regierung keine weiteren Aufstände gab. Die Chronisten berichten nicht einmal mehr von Unruhen.

Mit den Hevellern kam es zunächst wiederholt zu schweren Kämpfen. Die Hauptmasse ihrer Krieger zog sich schließlich in die starke Zentralfestung Brennaburg zurück, der späteren Stadt Brandenburg. Diese Sumpfburg und Sperrfeste an der wichtigen Straße, die von der Elbe zur Oder führte, lag außerordentlich geschützt inmitten der vielen Wasserarme der Havel. Die Heveller konnten sie ohne Übertreibung als uneinnehmbar bezeichnen, denn ihre Insellage und die Umgebung der Seen, Moore und Sümpfe sonderten sie fast vollständig vom festen Land ab. Zusätzlich geschützt wurde die Brennaburg durch mächtige Ringwälle; die wenigen Zugänge über festes Land waren dadurch hervorragend blockiert. Die Festung war zugleich der Hauptsitz des Hevellerstammes und seines Fürstengeschlechts. Die Brennaburg besaß eine Schlüsselstellung für die Sicherung des ganzen Gebiets im Süden.

König Heinrich hatte zwar im Verlauf von kaum acht Wochen das ganze Gebiet zwischen Elbe und Havel, den Gau Moraciani, erobert und besetzt, aber wenn er dieses Gebiet auch halten wollte, mußte er die Brennaburg erobern. Doch schon allein aufgrund ihrer Lage im Fluß und inmitten der Sumpflandschaft schien eine Eroberung völlig ausgeschlossen zu sein. Daß sich Heinrich im Spätherbst zu diesem Kriegszug entschloß, war für die Heveller mehr als überraschend gewesen. Bis weit über das Mittelalter hinaus, ja noch im siebzehnten Jahrhundert galt es als Regel, daß in der Zeit des Regens und des Frostes das Kriegshandwerk ruhte, die Truppen in den Winterquartieren lagen; davon wurde nur in überaus seltenen Fällen abgewichen. Die Sachsen hatten zwar auf ihrem Kriegszug große Erfolge verbucht, doch einer Belagerung der Brennaburg ausgerechnet in dieser Jahreszeit konnten die Heveller mit Ruhe entgegensehen.

Die Heveller begriffen zu spät, warum die sächsischen Truppen trotz des Regens, der Kälte, des rauhen Windes um die Brennaburg einen außerordentlich weiten Belagerungsring gezogen hatten. Noch niemals war die Festung berannt worden. Ihre Vorräte waren beträchtlich, denn an dem Siedlungsplatz fanden sich über das ganze Jahr hinweg große Volksmengen ein. Daß die Sachsen ohne viel Belagerungsgerät inmitten des Morastes und der Sümpfe kampierten und die Brennaburg von allen Außenverbindungen abschnürten, nötigte den Verteidigern in der ersten Zeit nur ein Achselzucken ab. Bei den Sachsen wiederum ist erstaunlich, daß es dem König gelungen war, seine Überzeugung vom Erfolg dieser Belagerung bei den Truppenführern und den Kriegern durchzusetzen und ihre Zustimmung zu seinem Plan zu erhalten. Anders ist das geduldige Warten und das klaglose Ertragen der ungewohnten Strapazen dieses Winterfeldzuges nicht zu erklären.

König Heinrich und die Sachsen warteten auf den Frost. Die Kälte hatte zwar programmgemäß zeitig eingesetzt, sie war auch, wie gewohnt, hinreichend streng. Was sich nicht kalkulieren ließ, das betraf die Standfestigkeit, die Ausdauer und die Moral der sächsischen Krieger. Inzwischen freilich arbeitete auch die Zeit gegen die Verteidiger, denn aufgrund der vielen Flüchtlinge, die sich in die Burg gerettet hatten, waren die Vorräte der Heveller schneller verbraucht als die Geduld der Sachsen. Schließlich wurde die bittere Winterkälte des Havellandes schneidend, es kam außergewöhnlich strenger Frost, wie die Chronisten übereinstimmend notieren. Eis begann sich auf den Seen und Sümpfen zu bilden, überzog auch die Havel mit einer Schicht, die der Frost rasch in eine feste, tragfähige Decke verwandelte. Schon eine Woche nach dem Kälteeinbruch war die Brennaburg nicht mehr die durch Wasser geschützte, sichere Feste, sondern sie lag inmitten eines flachen Landes, das zwar aus Eis bestand, aber den Belagerern den Angriff und den Sturm ermöglichte. Der König ließ Tag für Tag die Tragfähigkeit des Eises prüfen; die Sachsen schlugen dafür Löcher in die Eisdecken, die der Wind vom Schnee freigelegt hatte. Ihre Gesichter waren vermummt, der Atem gefror an den Bärten und im Haar, die Pferde schnaubten weiße Wolken. Als zum erstenmal bei einer der Proben, bei denen ein Pferd vorsichtig auf das Eis geführt wurde, kein verräterisches Knacken der Eisdecke mehr zu hören war, gab der König den Befehl, den Ring um die Burg enger zu ziehen, doch immer darauf bedacht, daß kein einziger Reiter mit seinem Pferd durch das Eis brach.

Zu Beginn des Jahres 929 erstürmten Heinrich und seine Krieger die Wälle der Brennaburg, bahnten sich mit den Schwertern den Weg und eroberten im ersten Sturmlauf die stärkste Festung des ganzen Gebiets. Der Bericht Widukinds von Corvey bedient sich fast der lakonischen Wendungen der Spartaner oder der alten Römer. Die Sachsen hätten die Brennaburg »fame ferro frigore – durch Hunger, Schwert und Kälte« erobert. Die Entschlossenheit der Belagerung und die Wucht der Erstürmung klingen nicht übel an im Stabreim der lateinischen Worte, in dem sich nicht nur Widukinds Cicero-Kenntnis äußert, sondern auch die strenge Form der Sprachgestaltung altgermanischer Dichtung. »Mit der Burg hatte der König das ganze Land in seine Gewalt bekommen«, mit diesem Satz schließt Widukind dieses Kapitel ab. König Heinrich unterwarf mit der Eroberung der Brennaburg den gesamten Gau der Heveller. Sie leisteten ihm von diesem Tag an Tribut, der erste Schritt zur Bildung der Marken an der Nord- und Ostgrenze des Reiches war damit vollzogen.

JAHNA UND MEISSEN. Aufgrund des Winterfeldzuges in der Zeit von 928 bis 929 scheint die künftige Entwicklung klar vorgezeichnet zu sein. Die Sachsen greifen aus in den Raum zwischen Elbe und Oder, sie bringen das ganze Gebiet in ihre Hand, der Kessel Böhmens wird im Norden mit einer Territorialzwinge umfaßt. Gleichzeitig werden quer zur alten Einfallstraße der Ungarn aus dem mährischen Raum durch Schlesien die Grundsteine eines Bollwerks gelegt. Es handelt sich also nicht nur um eine Sicherung der Reichsgrenzen im Osten, sondern um eine Neutralisierung des Einflusses, den die Ungarn bis zu dieser Zeit in Daleminzien besessen hatten. Ohne daß der Waffenstillstand mit den Magyaren vom König auch nur angetastet wurde, betrieb er eine aktive Vorsorge- und Eindämmungspolitik.

Das Gebiet der Mark Brandenburg erlebt in den folgenden Epochen einen steten politischen Aufstieg. Der erste Höhepunkt wird zwei Jahrhunderte nach der Eroberung Brennaburgs durch König Heinrich erreicht, als der askanische Graf Albrecht der Bär die eigentliche Mark Brandenburg gründet, von der aus eine intensive Kolonisation betrieben wird. Als wollte Albrecht der Bär bewußt die Tradition König Heinrichs fortführen, konnte er kaum genug tun bei der Gründung von Märkten, Burgen und Städten, unter denen sich so bedeutende Namen finden wie Stendal, Havelberg und Spandau.

Entgegen allen Erwartungen und Mutmaßungen kehrte Heinrich mit seinen Kriegern noch nicht in die Heimatgefilde zurück. Er zog zunächst nach Südwesten, schwenkte dann südwärts, überquerte im Dessauer Raum die zugefrorene Elbe und marschierte an Halle vorbei und zwischen Merseburg und Püchen ins Stammgebiet der Daleminzier. Hier überquerte er die Mulde, drang vor ins Tal der Ihne und legte sich mit seinen Truppen vor die Hauptfestung Jahna nordwestlich von Meißen an einem linken Nebenfluß der Elbe bei Riesa. Die große Volksburg Jahna mit einer ummauerten Fläche von rund sieben Hektar galt ebenfalls als uneinnehmbar. Volle drei Wochen wehrte die Besatzung jeden Sturm ab, dann jedoch wurde der Druck der Belagerer übermächtig, die Krieger Heinrichs eroberten die Festung. Der König hielt sich, im Unterschied zur Brennaburg, bei den Daleminziern an das gebräuchliche Kriegsrecht. Widukind von Corvey berichtet, daß Heinrich die gesamte »Beute in der Burg den Kriegern überließ, die Erwachsenen wurden niedergemacht, nur die Knaben und Mädchen behielten ihr Leben für die Gefangenschaft.«

Auch nach diesem Erfolg brach Heinrich den Kriegszug noch nicht ab. Er zog weiter nach Südosten durch die Zwickauer Mulde bei Glauchau bis zu dem Knotenpunkt dreier uralter Handelswege an einem Übergang an der Elbe. Hier, auf einem hohen Burgfelsen, verhielt der König. Er ließ, wie Thietmar von Merseburg fast ein Jahrhundert später berichtet, »auf dem damals dicht mit Bäumen bestandenen Berg Bauten errichten; an dieser Stelle schuf er die Burg, die er nach einem nördlich davon fließenden Bache Meißen nannte. Er versah sie mit einer Besatzung und mit Befestigungswerken, wie sie auch in meiner Zeit üblich sind. Von da aus zwang er die seiner Herrschaft unterworfenen Milzener zur Tributzahlung.« Es handelte sich um das Gebiet der westlichen Oberlausitz im Raum Bautzen.

Die Bedeutung dieser Gründung kann kaum überschätzt werden. Die Stadt und Festung Meißen beherrscht das gesamte Gebiet der oberen Elbe. Die Lage der Burg hätte nicht günstiger sein können, denn der Burgberg bildet von sich aus eine starke Naturfestung. Die ersten Anlagen gehen weit in die Frühzeit zurück. Heinrich fand aber auf der kleinen Lichtung des Plateaus nichts anderes vor als einige kümmerliche Wohn- und Lagergebäude der einheimischen Wachmannschaften. Der König ließ um das Gebiet eine steinerne Mauer und anschließend einen Steinturm errichten, an seiner Seite als drittes Werk ein stabiles Turmgebäude mit Herrenhaus, daneben die Kapelle, und schließlich wurde das Areal ergänzt durch den geräumigen Vorhof, den Burgfried, sowie durch Vorratsräume und Stallungen. Der Festungsbereich zog sich hinab bis zur Unterburg an der Elbe. Der König hat offenbar die Grundzüge der gesamten Anlage schon damals festgelegt, denn in den Chroniken findet sich nicht die geringste Andeutung, daß er jemals wieder Meißen besucht hätte. Das Amt der Burghut übertrug Heinrich einem Mann des sächsischen Adels, der auch für den Burgward, den ganzen Burgbezirk der Umgebung, verantwortlich war und zusätzlich in der folgenden Zeit für die Errichtung weiterer Befestigungen im Land.

Allmählich zeichnete sich im weiteren Verlauf des Feldzugs der sorgfältig durchdachte Plan König Heinrichs ab. Die entschlossene, fast von einem verbissenen Willen geprägte Eroberung von Brennaburg und Jahna könnte, lediglich für sich genommen, nur als punktueller Erfolg des Königs betrachtet werden, auch als Test der Kampfkraft und Belastbarkeit seiner Truppen, mit gleich guten Gründen auch als vorsorgliche Aktion der drohend geballten Faust, um die Grenzvölker davon abzuhalten, von sich aus Unruhe zu stiften. Eine solche Deutung würde aber den Kern des ganzen Unternehmens verfehlen. Denn von Jahna und Meißen aus verwandelte Heinrich den ganzen Raum zwischen der Havel und der Spree im Norden, der Bober und Queis im Osten jenseits der Neiße und dem Grenzraum zu Böhmen im Süden in eine Mark Sachsens und des Reiches: in ein gewaltiges Schutz- und Vorpostengebiet, das systematisch durchsetzt war mit festen, bewehrten Plätzen, großen und kleinen

Burgen, alles angelegt nach dem Prinzip seiner Burgenordnung von 926, die in den Grenzbereichen und den neu eroberten Gebieten zwangsläufig die Form einer Militärverfassung annahm, die sich in der Burgwardordnung ausdrückte. Die Einzelheiten wurden in den eroberten Gebieten so ausgelegt und praktisch verwirklicht, daß zu den notwendigen Arbeiten der Befestigungen, des Häuserbaus, der Hand- und Spanndienste die einheimische Bevölkerung der Bauern herangezogen wurde. Orte wie Zscheila gegenüber von Meißen, Zehren, Zadel jenseits der Elbe, Boritz und Gröba, Strehla und Mügeln, Schrebitz und Mochau und eine ganze Reihe anderer Befestigungen, von denen in späterer Zeit nur noch ihr Rang als Stadt bekannt sein wird, hängen unmittelbar mit jenem großen Winterzug König Heinrichs zusammen.

Meißen selbst wurde zu einer der vielen Urzellen deutscher Geschichte und Kultur. In den Herrenhallen der Burg wurde Walther von der Vogelweide von Markgraf Dietrich von Meißen nicht wie ein berühmter Gast, sondern wie ein Bruder empfangen.

Nach dem Abschluß der ersten Befestigungen in Meißen zog Heinrich weiter nach Osten und besetzte in der Oberlausitz den Hauptort Budusin, der hoch über der Spree auf einer Granitplatte lag: das spätere Bautzen. Das Zentrum des Ortes bildete damals eine Felsenfestung, die Ortenburg, die in der folgenden Zeit von den Ottonen zu einer mächtigen Zwingburg ausgebaut wurde.

BÖHMEN WIRD TRIBUTPFLICHTIG. Fast wie ein Zwischenspiel erscheint die nächste Aktion des Königs mit seinen Truppen, und doch erregte sie gewaltiges Aufsehen. Heinrich zog im Frühling 929 mit den Truppen am linken Ufer der Elbe nach Süden und drang in Böhmen ein. Widukind beschränkt sich wieder einmal auf die knappste Form der Mitteilung, die überhaupt möglich ist: »Anschließend griff er Prag, die Burg der Böhmen, mit seiner ganzen Macht an und zwang ihren König zur Unterwerfung. Auf diese Weise machte König Heinrich Böhmen zinspflichtig und kehrte nach Sachsen zurück.« Karl der Große hatte nach den Feldzügen in den Jahren 805 und 806 Böhmen dem Frankenreich tributpflichtig gemacht. Über diese Tatsache hinaus besitzen wir für die engere böhmische Geschichte im neunten Jahrhundert keinerlei Belege in Urkunden und verbindlichen Zeugnissen. So bietet sich in den üblichen Darstellungen durchweg eine Mischung dar aus Unterstellung, Umdeutung, Mutmaßung und Behauptung, deren Beweiskraft nicht auf der Stichhaltigkeit historischer Quellen beruht, sondern vorwiegend auf der nationalpolitischen Überzeugung aus der Zeit der tschechischen Selbstfindung im neunzehnten Jahrhundert. Die kurze Notiz von Widukind über die Eroberung Prags durch König Heinrich, die Unterwerfung des damaligen Herrschers, des Herzogs Wenzel I., und seine Tributpflicht mutet gegenüber dem Legendennebel, der über der vorangehenden Geschichte Böhmens lagert, geradezu wie ein Lichtblick an.

Nur wenige Daten sind verhältnismäßig zuverlässig. Der Name Böhmen ist eine Ableitung aus dem germanischen Wort Boierheim: In den lateinischen Texten der Zeit werden die Bewohner leicht variiert als »Boemos«, »Bohemos« oder »Boemanos« bezeichnet, entsprechend dem deutschen »Boemannen«. Um 845 nahm mehr als ein Dutzend Gefolgsherren des Landes in Regensburg das Christentum an. Einen Durchbruch brachte allerdings erst das Jahr 872, als sich der damals regierende Herzog nach einer Niederlage zusammen mit seiner Gemahlin Ludmila in der alten

Markomannen-Siedlung Prag (Parhag) ebenfalls taufen ließ. Die Bindung an das Ostfränkische Reich riß nach dem großen Sieg der Ungarn im Jahr 907 ab. In der Folgezeit wurde Böhmen von anhaltenden Unruhen und Kämpfen der Adelsparteien erschüttert, deren Gruppierungen wesentlich durch den Gegensatz von Christentum und Heidentum geprägt waren. Ludmila wurde vermutlich im Jahr 921 von einer heidnischen Parteiung des Landes ermordet, später heiliggesprochen und gilt seitdem als Landespatronin Böhmens.

Ihr Enkel Wenzel, der um das Jahr 910 geboren wurde, übernahm 921 als Knabe das Herzogsamt. Im Jahr darauf versuchte Herzog Arnulf von Bayern vergeblich, die Wirren im Land auszunutzen und durch einen Kriegszug die alten Bindungen Böhmens an Bayern wiederherzustellen. Auch der Zug König Heinrichs nach Prag fiel in eine Zeit neu aufflammender Zwiste. Nachdem Wenzel den Vasalleneid geleistet hatte, bestätigte der König die Herzogswürde Wenzels. Seit dieser Zeit datiert die Bindung Böhmens an das Deutsche Reich. Im übrigen ist es bemerkenswert, daß sich an dem Zug Heinrichs nach Prag auch des Königs »getreuer und geliebter Herzog« Arnulf von Bayern durch Kriegshilfe beteiligte. Später wurde Wenzel unter Mitwirkung seines Bruders oder möglicherweise auch von ihm selbst ermordet. Da Wenzel eifrig bemüht war, das Christentum durchzusetzen, und diese Aktivität bei seiner Ermordung ebenfalls eine Rolle spielte, wurde er so wie Ludmila heiliggesprochen; er rückte zum Landespatron Böhmens auf.

DER STURM AUF LENZEN. Wenn Widukind schreibt, daß Heinrich nach der Einnahme Prags wieder nach Sachsen zurückgekehrt sei, so hat es sich nicht um den direkten, kürzesten Weg gehandelt. Heinrich zieht mit seinen Kriegern in die Oberpfalz. Am 30. Juni 929 stellt er in Nabburg auf Fürbitte des bayerischen Herzogs und des Herzogs von Franken dem Kloster Kempten eine Urkunde aus, in der er frühere Schenkungen erneut bestätigt. Erst im Spätsommer trifft er wieder in Quedlinburg ein, demselben Ort, von dem er vor mehr als einem Dreivierteljahr aufgebrochen ist. Allerdings bedeutet diese Rückkehr für den König noch nicht den Beginn einer erholsamen Ruhepause. Schon wenige Wochen später erreicht ihn die Nachricht von einem neuen Aufstand, der bei den heidnischen Redariern, die im Norden Mecklenburgs im Gebiet von Strelitz ihren Hauptsitz haben, ausgebrochen ist. Sie dringen mit zahlreichen Kriegern in ostfälisches Gebiet, belagern und erobern die Burg Walsleben nördlich von Stendal in der späteren Altmark.

Der König entsendet starke Truppen ins Elbtal, er selbst zieht diesmal nicht mit, offenbar verläßt er sich bereits auf die Fähigkeiten seiner Heerführer. Widukind von Corvey liefert von diesem Feldzug, der in den letzten Augusttagen 929 beginnt, einen außerordentlich genauen Rapport. Auch wenn die Länge eines Berichts durchaus keine Schlüsse auf die Bedeutung des Berichteten erlaubt, so gewinnt doch gerade der mörderische Kampf um die Festung Lenzen gegenüber dem alten fränkischen Kastell Höhbeck am linken Stromufer den Charakter einer Besiegelung sämtlicher Unternehmungen des vergangenen Jahres, jener »Großtat der Kriegsgeschichte, eine Tat aber auch von weittragenden politischen Folgen«, wie ein Historiker unseres Jahrhunderts urteilt. Widukind von Corvey schreibt:

»Als nun die Nachbarvölker von König Heinrich tributpflichtig gemacht worden waren: die Abodriten, Wilzen, Heveller, Daleminzier, Böhmen und Redarier, und Friede war, da brachen die Redarier den Vertrag. Sie brachten ein großes Heer zusammen, unternahmen einen Angriff auf die

Burg Walsleben links der Elbe, eroberten sie und fingen und töteten alle ihre Bewohner, deren eine zahllose Menge war. Hierdurch wurden alle anderen heidnischen Völkerschaften ermutigt und wagten wiederum, sich zu empören. Um ihre Wildheit zu unterdrücken, erhielt Markgraf Bernhard, dem soeben das Land der Redarier unterstellt worden war, ein Heer nebst einer Reitertruppe und zur Unterstützung den Grafen Thiatmar, mit dem Auftrag, die Burg Lenzen rechts der Elbe in der Prignitz zu belagern.

Am fünften Tage der Belagerung kamen Wachtposten mit der Nachricht, ein Heer der Barbaren sei nicht weit entfernt, und sie hätten beschlossen, in der nächsten Nacht einen Angriff auf das Lager der Sachsen zu unternehmen. Da diese Botschaft mehrfach bestätigt wurde, schenkte das Kriegsvolk den übereinstimmenden Meldungen Glauben, und als es sich um das Zelt des Markgrafen versammelt hatte, befahl dieser auf Rat seines Mitfeldherrn noch in derselben Stunde, die ganze Nacht über in Bereitschaft zu bleiben, damit die Feinde das Lager nicht unversehens überrumpelten. Als nun das Kriegsvolk entlassen worden war, herrschte im Lager teils Freude und teils Wehmut, indem die einen den Kampf ersehnten, die anderen sich vor ihm fürchteten, und je nach der Art ihrer Haltung schwebten die Krieger zwischen Furcht und Hoffnung.

Indessen verstrich der Tag, und die Nacht brach ungewöhnlich finster herein mit einem ungeheuren Regenguß nach Gottes Willen, damit der schändliche Anschlag der Barbaren vereitelt wurde. Wie also befohlen worden war, blieben die Sachsen diese ganze Nacht über unter den Waffen, und als im ersten Morgenlicht das Zeichen gegeben wurde und sie das Sakrament empfangen hatten, gelobte ein jeder der Krieger zuerst dem Feldherrn, dann einer dem anderen durch Eid seine Hilfe in der bevorstehenden

Schlacht. Nachdem die Sonne aufgegangen war – denn nach dem Regen kehrte des Himmels heitere Bläue zurück –, rückten sie in Kampfordnung mit aufgereckten Feldzeichen aus dem Lager, in der ersten Linie der Markgraf, der sogleich einen Angriff auf die Barbaren unternahm. Da jedoch die wenigen nichts gegen die Überzahl der Feinde auszurichten vermochten, kehrte er zurück zum Heer und berichtete, daß die Barbaren keine überlegene Reiterei hätten, wohl aber eine unzählige Menge Fußvolks, das durch den nächtlichen Regen so behindert sei, daß die Reiter sie kaum mit Gewalt dazu bringen könnten, zur Schlacht vorzurücken.

Als nun die Sonne auf die feuchten Kleider der Barbaren herabschien, stieg davon der Dampf bis zum Himmel empor und verlieh so dem Volke Gottes, von dessen Angesicht Helle und Heiterkeit sie umstrahlte, Hoffnung und Zuversicht. Als nun das Zeichen gegeben war und der Markgraf seine Scharen zum mutigen Angriff anfeuerte, stürzten sie sich mit lautem Schlachtruf auf die Feinde. Weil sich aber wegen der allzu dichten Menge kein Weg durch die Feinde bahnen ließ, drangen sie rechts und links mit dem Schwerte vor, und wen immer sie von den Genossen abzuschneiden vermochten, den hieben sie nieder. Als nun der Kampf heiß wurde und viele Krieger auf beiden Seiten fielen, die Barbaren aber immer noch in Reih und Glied standen, forderte der Markgraf seinen Mitfeldherrn auf, daß er mit seinen Schwerbewaffneten zu Hilfe komme. Dieser sandte einen Hauptmann mit fünfzig Panzerreitern dem Feind in die Flanke und stürzte ihre Reihen in heillose Verwirrung; von diesem Augenblick an gab es für die Feinde den ganzen Tag über nur noch Tod und Flucht. Und da sie auf dem ganzen Blachfeld niedergemetzelt wurden, versuchten sie, in die nahe Festung zu fliehen. Da aber Graf Thiatmar ihnen den

Weg verlegte, stürzten sie in den nahe gelegenen See, und so geschah es, daß die ganze ungeheure Übermacht entweder durch das Schwert hinweggerafft wurde oder in dem Gewässer ertrank.

Von dem Fußvolk kam kein einziger davon, von der Reiterei nur sehr wenige, und so endete die Schlacht mit dem Untergang sämtlicher Gegner. Daraufhin erhob sich ein übermächtiger Jubel infolge des neu errungenen Sieges: Alle priesen die Feldherren, das Kriegsvolk aber sich gegenseitig einer den anderen, auch die Ängstlichen, wie es bei solch einem Glücksfall zu gehen pflegt. Am anderen Morgen rückten sie vor die Burg Lenzen, aber die Bewohner streckten die Waffen und bedangen sich nur das Leben aus, das ihnen auch geschenkt wurde. Danach wurde ihnen geboten, ohne Waffen aus der Burg abzuziehen; die Unfreien aber und alles Geld nebst den Frauen und Kindern und dem ganzen Hausgerät des Barbarenfürsten wurden zur Beute gewonnen. Von den Unsrigen fielen in diesem Kampf zwei Liuthare, die Grafen von Walbeck und von Stade, und einige andere Männer von Adel.

Als nun der Markgraf und sein Mitfeldherr, zusammen mit den übrigen Befehlshabern, als Sieger nach Sachsen zurückkehrten, wurden sie vom König ehrenvoll empfangen und aufs höchste gelobt, daß sie mit so geringen Streitkräften durch Gottes Huld und Gnade einen derart herrlichen Sieg errungen hätten. Manche behaupten sogar, von den Barbaren wären zweihunderttausend Mann erschlagen worden.«

Die Schlacht bei Lenzen fand am 4. September 929 statt. Die absurd hohe Zahl der Toten, die auch Widukind nur mit Vorbehalt nennt, ist nicht ernst zu nehmen; sie ist nur wegen der großen Bedeutung dieses Sieges entstanden und ein Merkmal dafür, wie hoch er schon damals eingeschätzt wurde. Die *Corveyer Annalen* sprechen von achthundert Gefangenen, die von den Sachsen gemacht wurden. Unter ihnen befand sich auch der Redarierfürst Tugumir; er blieb bis in die Regierungszeit Ottos des Großen in Haft. Die Gefangenenziffer der *Corveyer Annalen* ist plausibel, es kann sich dabei nur um die Unfreien gehandelt haben, die Widukind am Schluß seines Berichts erwähnt. Der Domherr und Chronist Adam von Bremen wertet noch knapp eineinhalb Jahrhunderte später die Schlacht bei Lenzen als den entscheidenden Durchbruch im Verhältnis des Reiches zu den Grenzvölkern: Die heidnischen Stämme seien dadurch so erschüttert worden, daß sie »dem König Tribut und Gott den Übertritt zum Christentum versprachen.«

Wenn Widukind von Corvey berichtet, daß König Heinrich sämtliche Grenzvölker im Osten einschließlich der Böhmen dem Reich tributpflichtig machte, so bedeutet das noch nicht die Entstehung eigentlicher Grenzmarken von der Ostsee bis zum böhmischen Kessel; doch die Grundlage dafür entstand durch Heinrich den Ersten. Hermann von Billungen aus einem der großen Adelsgeschlechter Sachsens wurde im Jahr 936 damit beauftragt, den Grenzschutz an der unteren Elbe zu übernehmen. Daraus entstand die Mark der Billunger im Norden. Im Gebiet der Heveller wurde die engere Nordmark gegründet, und südlich davon die Marken im Osten Sachsens: die Marken Lausitz, Merseburg und Meißen. In diesem Gebiet war Meißen das herausragende Bollwerk; die östlich vorgelagerte Oberlausitz mit den Stammsitzen der Milzener war schon verhältnismäßig früh tributpflichtig. Aber erst im Jahr 932 setzte der König der Oberhoheit des Reiches im Osten den Schlußstein ein, und zwar durch einen Feldzug in die Niederlausitz.

Wiederum brach der König mit den Truppen von Quedlinburg auf, setzte bei Magdeburg über die Elbe, zog nach

Südosten flußaufwärts durch das Gebiet des Flämings vor die alte Wendenburg Lebusa, die Zentralfeste und der Gaustützpunkt des ganzen Landes, seiner volkreichsten Niederlassung. Der Ort lag in einem dicht bewaldeten Gebiet am Fläming, acht Kilometer nordöstlich von Schlieben; die Burg befand sich, wie aus der Anlage des heutigen Dorfes zu schließen ist, auf dem Weinberg im Norden. Thietmar von Merseburg kannte die Gegend von persönlichen Besuchen: »Lange belagerte König Heinrich die Festung Lebusa, zwang die Einwohner zum Rückzug in eine tiefer gelegene Kleinburg und nötigte sie schließlich zur Übergabe. Seit dem Tage, als sie damals mit Fug und Recht durch Feuer zerstört wurde, lag sie bis in unsere Zeit wüst und leer und ist nicht mehr bewohnt worden.« Mit der Eroberung Lebusas endete ein entscheidender Abschnitt der Regierung König Heinrichs, denn zwischen den Jahren 929 und 932 wurde von ihm das Fundament der gesamten Ostpolitik des Deutschen Reiches in den folgenden Jahrhunderten gelegt.

Heinrichs Zug in die Landschaft Losicin, die Lausitz, bildete nur für seine Ostpolitik einen Schlußstein. Die Völkerschaften des Raumes selbst waren bereits seit 929 vollständig befriedet. Die Daleminzier, Heinrichs älteste Gegner, wandten sich sogar ostentativ von den Ungarn ab. Auch bei den Ostvölkern hielt Heinrich an seinem Prinzip fest: eine machtvolle Königsherrschaft zu errichten, die Oberhoheit des Reiches durchzusetzen, unnachsichtig auf dem Tribut zu beharren, im gleichen Atemzug aber möglichst wenig in die inneren Verhältnisse einzugreifen. So blieben sämtliche Völkerschaften unter der Herrschaft ihrer Fürsten.

Heinrich hielt dieses Verfahren für weit zweckmäßiger als jedes andere Verhalten, um sein Hauptziel zu realisieren: die Grenzen des Reiches zu sichern. Daß mit der Unterwerfung der östlichen Völkerschaften der Grundstein zu den

Grenzmarken der späteren Zeiten gelegt wurde, lag in der Logik einer Entwicklung, der König Heinrich die Richtung gewiesen hatte.

Die Heirat Ottos mit Edgitha. Ab 929 begann der König endgültig, die Angelegenheiten seiner eigenen Familie zu regeln, »sein Haus zu bestellen«, wie er es damals selbst in einer Urkunde formulierte. Am 16. September 929 legte er nochmals das Wittum seiner »süßesten Gemahlin« Mathilde fest, und zwar »nach gesetzlichem Brauch, in Gegenwart unserer Getreuen, im Einverständnis und mit Zustimmung unseres Sohnes Otto und auf Bitte der Bischöfe, Großen und Grafen«, wie es wörtlich heißt. Zusätzlich zu ihrem Eigenerbe in Engern und Westfalen erhielt Mathilde die Familiengüter zu Quedlinburg, Pöhlde, Nordhausen, Grona und Duderstadt, und zwar mit allen Burgen und Burgwarden, Hörigen und Dienstmannen sowie der fahrenden Habe und den Gestüten. Diese Vereinbarungen waren vorher ausdrücklich mit Otto, Heinrichs ältestem Sohn aus dieser Ehe, abgesprochen worden.

Otto beging am 23. November 929 seinen siebzehnten Geburtstag. In diesem Jahr wurde ihm ein Sohn geboren, der aus Ottos Verbindung mit einer Fürstentochter stammte, die wahrscheinlich in den jüngsten Feldzügen in sächsische Gefangenschaft geraten war. Otto dürfte mit ziemlicher Sicherheit bei den Kriegszügen an der Seite seines Vaters gewesen sein. Über das Mädchen gibt es keinerlei Nachrichten. Widukind von Corvey berichtet lediglich, daß sie »eine Fremde aus edlem Geschlecht« gewesen sei. Der Sohn erhielt den Namen Wilhelm, wurde im Kloster Reichenau – vielleicht aber auch in Fulda – erzogen und im Jahr 954 zum Erzbischof von Mainz erhoben. Hochbegabt und selbstbewußt, entwickelte er sich zu einem der bedeutendsten Kirchenfürsten des zehnten Jahrhunderts, zu einem Ratgeber seines Vaters, der auch im Widerspruch entscheidend die ottonische Politik prägte. Otto der Große bestellte ihn zeitweilig zum alleinigen Reichsverweser. Wilhelm war mit Roswitha von Gandersheim befreundet, seine Interessen gingen weit über den klerikalen und politischen Bereich hinaus. Zusammen mit seinem Onkel Brun, dem Erzbischof von Köln, übernahm Wilhelm in der Zeit von 961 bis 965 die Erziehung von Otto, dem dritten Sohn seines Vaters aus der Ehe mit Adelheid und späteren Kaiser Otto II.

Eine Legalisierung der Verbindung mit dem fremdländischen Adelskind konnte Otto nicht durchsetzen. Es fragt sich, ob er das nicht von vornherein wußte und ob überhaupt Chancen dazu vorhanden gewesen wären, denn auch im Deutschen Reich dieser frühen Zeit stand die Eheschließung von regierenden und ebenso von künftigen Königen nicht im Zeichen der Liebe, sondern in demjenigen der politisch-dynastischen Interessen. Die Eheschließungen der Könige und der künftigen Herrscher waren keine Privatsache. Heiratspolitik und Reichspolitik mußten ohne jede Rücksicht auf die persönlichen Gefühle aufeinander abgestimmt sein. So wiederholte sich bei Otto in abgewandelter Form das nachwirkende Jugenderlebnis seines Vaters mit Hatheburg zwei Jahrzehnte zuvor. König Heinrich hatte nämlich bereits festliegende Absichten. Er sandte Boten zu den Angelsachsen und ließ am Hof um die Hand von Edgitha werben, der Schwester des regierenden englischen Königs Aethelstan. Offensichtlich war Aethelstan, der Enkel Alfreds des Großen und Sohn König Edwards, der im Jahr 924 verstorben war, hocherfreut, denn er willigte nicht nur ein, sondern schickte auch noch seine Schwester Elfgiva zur freien Wahl mit ins Deutsche Reich.

In ihrer Verschronik von den Taten Ottos berichtet Roswitha von Gandersheim von dieser Brautwerbung und der Hochzeit:

>>Als erzogen nunmehr nach Königsweise die Knaben,
Faßte ihr sorglicher Vater, der lautgepriesene König
Heinrich, solchen Beschluß, den er auch rasch verwirklichte:
Daß, solange er in Kraft die warmen Lüfte des Lebens
Atmet', er selber erwählte dem Erstgebornen und künft'gen
König Otto bereits die seiner würdige Gefährtin,
Welche dem eigenen Sohn sich passend könnte verbinden.
Diese jedoch wollt' er nicht suchen im eigenen Reiche,
Sondern er schickt hin übers Meer umsichtige Boten
Zum so herrlichen Lande der Angelsachsen da drüben,
Sie anweisend sogleich, mit den dargebrachten Geschenken
Um Edgitha zu werben, die Tochter des Königs Edward,
Die am Hofe noch weilte, nachdem ihr Vater gestorben,
Während der Bruder das Zepter regiert' im Reiche des Vaters,
Welchen dem König geboren die nicht gleichbürt'ge Genossin;
Während von edelstem Blute war dieser erhabenen Herrin
Mutter, die andere Frau von jedoch geringem Geschlechte.

Diese von mir in Versen besungene Tochter des Königs,
Wahrlich, sie wurde bei allen ob ihres Rufes gepriesen,

Vornehm durch die Geburt, von höchsten Tugenden
  strahlend,
Von dem erhabenen Stamm großer Herrscher geboren,
Deren so heitere Stirn, umflossen vom Glanze der Rein-
  heit,
Lieh der Königsgestalt gar wunderbar schimmernden
  Liebreiz.
Und sie selber, erstrahlend im Lichte vollendeter Güte,
Hatte daheim sich erworben den höchsten Preis allen
  Lobes,
Daß in der Meinung des Volkes einmütig von ihr man
  erklärte,
Sie und nur sie sei die herrlichste aller lebenden
  Frauen.
So hohe Vollendung wird niemanden wundern,
Da zu den heiligen Ahnen hinaufführt ihr Ursprung.
Denn man berichtet, sie sei entsprossen dem heiligen
  Stamme
Königs Oswalds, dessen Lob die Welt preisend besinget,
Weil er das eigene Leben für Christi Namen geopfert.

Es kamen also herbei die Boten von unserem König
Dort zum Bruder der Fürstin, die damals war in der
  Hofburg,
Und eröffneten ihm den ganzen Auftrag, den sie er-
  halten,
Was ihn höchlich erfreute, nachdem er ihn sicher ver-
  nommen.
Und er berichtet' darauf mit sanfter Stimme der Schwe-
  ster,
Ihr zuredend, sie möchte dem teuren König gehorchen,
Welcher gefaßt den Entschluß, sie dem eigenen Sohn zu
  vermählen.

Und nachdem er hatte vermittelt mit freundlicher Mah-
  nung
Süße Liebe ihrem Gemüt für Otto, den fürstlichen Jüng-
  ling,
Trug er unendliche Schätze mit vielen Mühen zu-
  sammen.
Und als deren ihm schienen in genügender Fülle ver-
  sammelt,
Sandte er über das Meer in würdiger Freunde Be-
  gleitung
Höchlich geehrt und sicher die obengenannte Gebie-
  terin,
Der er als Gabe Schätze von köstlichster Art gewährte.
Mit ihr zugleich sandte er ihre Schwester Elfgiva hin-
  über,
Die an Alter sowohl als an Wert vor jener zurückstand.
Solcherart wollte er noch größere Ehren erweisen
Otto, dem lieblichen Sohne des höchlich gepriesenen
  Königs:
Der treffliche Freund schickt zwei Damen seines Ge-
  schlechtes,
Damit er, welche zur Braut er begehrt, frei könne
  wählen.
Doch Edgitha, die Wundervolle, gefiel zu Recht bei dem
  ersten
Anblick allen sogleich als Ausdruck herrlichster Tu-
  genden
Und wurde als völlig wert des Königskindes erachtet.«
Bei dieser Verbindung mit einer englischen Königstochter
stand die Frage höchster Ebenbürtigkeit im Vordergrund.
König Heinrich verwirft offensichtlich alle Möglichkeiten,
die sich im Umkreis der Anrainerstaaten des Deutschen
Reiches und ihrer Herrscher anbieten: Die inneren Verhält-

nisse Westfrankens waren zerrüttet, in Italien stand es nicht besser, das Königtum Burgunds besaß keine feste Basis. Ganz nebenbei zeigte der König mit seinem Entschluß auch den deutschen Fürsten, wie wenig eine Verbindung Ottos mit einem ihrer Häuser dem hohen Anspruch seines Königtums gerecht werden konnte. Ein besonderes Gewicht lag auch in dem Umstand, daß der Ahnherr, König Oswald von Northumbrien, im Jahr 642 im Kampf gegen den heidnischen König Penda von Mercia gefallen war und damit der höchsten Ehre teilhaftig wurde, die das Mittelalter kannte: der Krone des Martyriums und der Heiligung. Seit dem achten Jahrhundert wurde er nicht nur in England und Irland, sondern auch in Deutschland und Frankreich als Märtyrer verehrt; die Legende seines Lebens, das Oswald-Epos, war im Mittelalter weitverbreitet. Doch nicht nur die illustre Abstammung war ein Kalkül in Heinrichs Überlegungen, sondern auch die Allianz mit einem machtvollen Königreich des Nordens, die sich unmittelbar politisch auswirken mußte auf die Grenzkämpfe, die Sachsen und das Deutsche Reich seit vielen Jahrzehnten auszutragen hatten. Im übrigen scheint damals jenseits aller politischen Überlegungen auch ein engeres Gefühl der Stammesgemeinsamkeit zwischen den beiden Reichen existiert zu haben. Daran erinnert jedenfalls im zehnten Jahrhundert der Geschichtsschreiber Prinz Ethelwerd, einer der mehr als seltenen Chronisten des Mittelalters, der nicht zu den Klerikern gehörte und dessen Werk deshalb von den Kollegen in den Klöstern abfällig beurteilt wurde. Ob die Weltlichkeit des englischen Adelsherrn tatsächlich den Wert seiner Chronik beeinträchtigt, muß uns deshalb nicht beunruhigen, weil uns von seiner englischen Geschichte nichts anderes interessiert als die Tatsache, daß er sie mit einer Widmung für Königin Mathilde eröffnet. Ethelwerd erinnert dabei an die alten brüderlichen Beziehungen, die durch die Heirat Ottos mit Edgitha erneut eine tiefe Bestätigung gefunden hätten.

Die Fahrt der beiden Schwestern und Königstöchter mit dem Gefolge über das Meer und dann rheinaufwärts bis Köln wird von einem englischen Geschichtsschreiber in der *Historia monasterii Croylandensis* geschildert. Die Leitung der Gesandtschaft hatte der angelsächsische Kanzler Thorkatulus übernommen. Zur Hochzeit zwischen Otto und Edgitha fanden sich zahlreiche Fürsten und Große des Reiches ein. Ob das Fest bereits in Westfalen oder erst in Quedlinburg stattfand – was aufgrund der zahlreich versammelten Adelsherren und kirchlichen Würdenträger größere Wahrscheinlichkeit für sich hat –, ist nicht überliefert; auch der Tag ist unbekannt. Widukind von Corvey berichtet lediglich, daß die Königshochzeit mit großer Pracht gefeiert wurde und die Freude über die kürzlich errungenen Siege beträchtlich gesteigert hätte. Auch Prinzessin Elfgiva wurde mit einem Adelsherrn des Königshofes vermählt; um wen es sich handelt, ist unbekannt. Auch der Chronist Prinz Ethelwerd erklärt ausdrücklich, daß er nicht wisse, wen Elfgiva geheiratet habe. Als Morgengabe erhielt Edgitha von Otto die Stadt Magdeburg und eine Reihe von Gütern. Ottos und Edgithas erster Sohn kam 930 zur Welt. Er wurde nach dem Ahnherrn des Geschlechts auf den Namen Liudolf getauft und spielte in den erbitterten Kämpfen und Aufständen gegen seinen Vater Otto den Großen eine beträchtliche, wenn nicht überhaupt die wichtigste Rolle.

König Heinrich traf in den Herbstmonaten 929 nicht nur die wichtigsten Entscheidungen für seine Familie und sein Haus, sondern auch für die Zukunft seiner Kinder. Der jüngste Sohn, Brun, damals vier Jahre alt, wurde für den geistlichen Stand bestimmt. Er mußte das Elternhaus, den königlichen Hof verlassen, kam in die Domschule zu Utrecht in Erziehung, unter der Aufsicht Bischof Balderichs. Im Jahr 936 kehrte er an den Hof zurück, wurde 940 zum Kanzler ernannt, 951 zum Erzkanzler und Erzkaplan, zwei Jahre später zum Bischof von Köln und zum Herzog von Lothringen. Ebenfalls 929 verheiratete der König seine Tochter Gerberga mit Herzog Giselbert von Lothringen. Königin Edgitha verstarb am 29. Januar 949; sie hatte ihrem Gemahl Otto noch eine Tochter, Liudgard, geschenkt. Ihre Ruhestätte fand Edgitha im Magdeburger Dom. Otto der Große wurde später auf seinen ausdrücklichen Wunsch hin an ihrer Seite beigesetzt und nicht neben seiner zweiten Gemahlin Adelheid von Burgund.

Die beiden folgenden Jahre 930 und 931 sind für König Heinrich mit zahlreichen Reisen ausgefüllt, auf denen ihn seine Gemahlin zumeist begleitet. An den Orten, die aufgesucht werden, läßt sich ablesen, daß es sich um einen großen Umritt durch weite Gebiete des Reiches handelt. Nach der Hochzeit Ottos fand in Duisburg eine Reichssynode statt, auf der eine Affäre im Erzbistum Metz im Mittelpunkt stand. Heinrich hatte Bischof Benno nach Metz geschickt, doch die Bevölkerung und der Adel wandten sich gegen Benno, blendeten ihn und erzwangen von ihm, auf sein Amt zu verzichten. Die Duisburger Synode verurteilte jeden, der an diesem Verbrechen beteiligt war, zur Exkommunikation. König Heinrich übertrug das vakante Erzbistum an Bischof Adalbero, der dem hohen lothringischen Adel entstammte.

Im November hält sich der König mit seiner ganzen Familie in Schwaben auf und besucht die Klöster St. Gallen und Reichenau; in seiner Begleitung befindet sich auch Herzog Giselbert von Lothringen. Ende Dezember 929 ist Heinrich in Straßburg, wo er das Weihnachtsfest feiert. In den ersten

Monaten des folgenden Jahres verbleibt der König im Westen des Reiches. Im April besucht er Frankfurt am Main, zieht anschließend in die alte Pfalz Cochem an der Mosel, danach reist er durch Lothringen und trifft in den ersten Junitagen in Aachen ein. Adalbert von Magdeburg berichtet, daß er von »Eberhard und anderen fränkischen Grafen und Bischöfen nach Franken gerufen und von einem jeden derselben besonders in ihren Häusern und Kirchensitzen mit Gastmählern und Geschenken, wie sie einem König geziemen, geehrt wurde.« Am 30. Juni überschreibt er in Trier dank einer Fürsprache seiner Gemahlin Mathilde der Abtei St. Maximin eine Schenkung. Erst im Spätherbst kehrt er mit seinem Gefolge wieder nach Sachsen zurück. In Wallhausen bestätigt er am 1. Dezember dem Kloster Hersfeld die Immunität, das heißt, er sichert ihm zu, daß es von jedem unmittelbaren Eingriff des zuständigen Grafen frei bleibt, insbesondere in gerichtlicher und finanzieller Hinsicht.

Ein ähnlicher Umritt findet nochmals im Jahr 931 in Sachsen und der Nachbarschaft statt. Heinrich hält sich Ende Februar in Werla auf, zieht im April nach Quedlinburg und von dort im Juni nach Salz in Franken, dem alten karolingischen Kastell am Rande des Grabfelds südwestlich der thüringischen Gleichberge. Im Oktober ist der König erneut im Westen des Reiches, er stellt am 24. Oktober in Ivois an der Chiers den Kanonikern von Crespin im Hennegau eine Schenkungsurkunde aus. Im gleichen Jahr stirbt Rutger, der Erzbischof von Trier, der während des Kampfes um Lothringen ein unerschütterlicher Parteigänger des Königs war. Heinrich besetzt das Erzbistum mit einem Mitglied des engsten Familienkreises, mit Bischof Rudbert, dem Bruder seiner Gemahlin Mathilde. Im Januar 932 befindet sich der König wieder in Sachsen, in Pöhlde. Teils bestätigt der König bei diesen Aufenthalten den Klöstern erwünschte Vorrechte oder Immunitäten, teils überschreibt er Schenkungen, teils handelt es sich aber auch bei seinen Besuchen um Inspektionen, um Vorbereitungen der Entschlüsse, die er im Jahr 932 fällen wird, demjenigen Jahr, das zum Höhepunkt von Heinrichs Regierung führt.

21. Ein feister Hund für die Ungarn

»Die Boten der Ungarn wurden herbeigeholt und der
König übersandte durch sie dem Ungarn einen kurzen
und langsamen Hund, dem die Ohren und der Schwanz
gekürzt waren, und verpflichtete sie durch Eidschwur,
denselben abzugeben, und dann erst entließ er sie, mit
leeren Händen und ohne Ehre.«

Annales Palidenses

Der Pater hob den Kopf, seine Rechte mit der feinen Feder
ließ er auf dem Pergament liegen. Er drehte sich um. In der
Tür der Klosterzelle stand der Bote, eine große, kraftvolle
Gestalt, er mußte sich leicht nach vorn beugen, um nicht
oben am Türrahmen anzustoßen. Der Pater lächelte, und
der Bote lächelte ebenfalls. Im Gegenlicht der Sonne, die
durch das schmale Fenster fiel, schimmerte der Haarkranz
um die große Tonsur.

»Ich habe dich noch nicht erwartet.«

»Störe ich?«

»Warum solltest du stören? Nimm Platz!«

Der Bote schloß die Türe, trat in die Zelle, legte das
Halbschwert auf den Dielenboden und ließ sich nieder auf
den Schemel neben dem Schreibpult, an dem der Pater vor

465

dem aufgeschlagenen Folianten saß. Der Pater blickte auf die gebräunten Hände des Boten, an denen die Adern hervortraten, Hände, die gewohnt waren, zuzugreifen und nicht mehr loszulassen. Er hob den Kopf, betrachtete das vertraute Gesicht.

»Du siehst müde aus, deine Lider sind rot, entzündet. Du kommst vom Königshof?«

»Ja. Die Gesandtschaft ist gestern fortgeritten. Bruder Pater, du siehst ebenfalls müde aus.«

»Meinst du. Ich bin aber nicht müde. Ich sehe immer so aus in meiner Kutte, vermute ich zumindest. Vielleicht lese ich zu viel, schreibe zu viel, zu lange, lege mich des Nachts zu spät auf mein Reisiglager, und dann wache ich ächzend auf zu den Vigilien nach Mitternacht und wanke ins Oratorium, um mit den Brüdern zu beten. Ja, ja, vielleicht bin ich müde, vielleicht sind meine Augen schwach geworden. Doch für die Buchstaben reicht es. Glaub nur nicht, daß ich über irgend etwas klage. Als guter Mönch, der ich sein möchte, habe ich meine Regeln auswendig gelernt, wie es das Mönchskapitular vorschreibt, und so ist es uns auch verordnet: ›Bei der Arbeit sollen Mönche nicht murren‹, und ich murre nicht einmal im Herzen.«

»Hat euch denn Sankt Benedikt in seiner Regula monachorum nicht die Stunden für das Gebet, die Arbeit, den Schlaf vorgeschrieben?«

»Sicher hat er das getan, die Stunden sind für die Brüder festgelegt. Doch allen ist es auch erlaubt, sich der Askese hinzugeben über das vorgeschriebene Maß hinaus. Ich kann also wach bleiben, wenn es mir beliebt. Doch das Alter hält nicht Schritt mit meinem Eifer. Wenn ich im Klostergarten sitze und in der Heiligen Schrift lese, fallen mir zuweilen die Augen zu, der Herr möge mir verzeihen, vielleicht ruht er selbst in solchen Stunden und sieht es nicht. Nun, es kommt nicht häufig vor, und so halte ich nach Gebühr die Regeln ein, male meine Buchstaben aufs Pergament, schmücke sie mit verschlungenen Ornamenten, verziere die Anfänge der Kapitel mit Vignetten und Miniaturen, bete zu den vorgeschriebenen Stunden, esse nicht mehr als die anderen Brüder, oder wenigstens nicht sehr viel mehr, aber ich esse gern und trinke ebenso gern, du siehst es an meiner Korpulenz, die wenig mit Kasteiung und viel mit der Küche zu tun hat. Also ich bete und arbeite des Tags und schlafe und schnarche des Nachts, Gott sei's geklagt, ich habe ihm mein Leben überschrieben in allem, ob ich wach bin oder nicht, müde oder eifrig: Te Deum laudamus – Großer Gott, wir loben dich! Und jetzt berichte mir.«

Der Bote lächelte: »Wenn du dem Herrn dein Leben überschrieben hast, so hat er auch dir vorgeschrieben, durch den Mund des heiligen Benedikt, was du mit deinem Leben machen sollst. Er hat nichts von Ermattung und nichts von übermäßigem Eifer gesagt. Über allem steht das Gebot des Herrn: ›Der Abt gilt als Stellvertreter Christi im Kloster. Deshalb darf der Abt nichts lehren, anordnen oder befehlen als das Gebot des Herrn‹, so steht es im zweiten Kapitel der Regula.«

Der Pater brummte Unverständliches und verzog belustigt den Mund: »Wenn du unsere Regula so gut kennst, dann weißt du auch, daß dem Mönch im vierten Kapitel geboten wird: ›Das Tun und Lassen seines Lebens zu jeder Stunde überwachen.‹ Selbstkontrolle also, und ich befolge sie. Du warst nie im Kloster, du besuchst mich einmal im Jahr, höchstens zweimal, wenn der König nach Quedlinburg kommt. Du magst unsere Regeln kennen, doch du hast sie nur im Kopf. Um sie in deinem Körper, um sie ganz in dir zu haben, müßtest du sie nicht kennen, sondern leben, erst dann kennst du sie wirklich. Woher willst du also wissen, was der Herre Gott von uns Benediktinern verlangt? Ich verlange jedenfalls jetzt von dir, daß du mir endlich berichtest! Das ist die Aufgabe der Boten.«

»Bruder Pater, bist du schon einmal als Bote geritten, im Regen, Hagel, durch die riesigen Urwälder des Reiches, in Schnee und Eis, zitternd vor Frost, daß deine Hand die Zügel nicht mehr spürt? Du warst nie ein Bote, so wenig wie ich jemals ein Mönch war. Nun gut, der König hat die Ungarn beschieden, so wie es im Jahr zuvor von ihm beschlossen wurde. Die Vertrauten in seiner Umgebung wissen schon seit der Synode von Erfurt, was uns dieses Jahr bringen wird, weil es der König so beschlossen hat.«

»Ich gehöre zwar nicht zur Umgebung des Königs, aber ich war selbst am ersten Juni des Jahres 932 in Erfurt. Ein gefälliger Ort an der Gera, von ihr hat sie den Namen. Die Gera hieß früher Erpf, man nannte sie auch Erpes; unterhalb der Felsen befindet sich eine Furt, die Thüringer kennen sie seit uralten Zeiten. Daher der Name Erfurt. Bonifatius hat 724 auf dem Petersberg ein Kloster gegründet, 742 ist Erfurt von ihm zum Bistum erhoben worden. Ein wichtiger Außenposten des Fränkischen Reiches, dieses Erfurt, an dem sich alte Handelsstraßen kreuzen, und so entstand schließlich in Erfurt auch eine königliche Pfalz. Es hat wohl seinen eigenen Sinn, wenn König Heinrich die Synode des Jahres 932 in dieses Herz Thüringens mit seinen schwarzgrünen Urwäldern einberufen hat. – Bist du hungrig, willst du etwas essen, trinken?«

»Ich habe gegessen, bin nicht durstig. Selbst wenn es anders wäre, würdest du mit mir essen und trinken, und nach der Regel von Sankt Benedikt müßtest du bei Tische schweigen. Auch ich sollte dann nicht reden. Du weißt, ich muß abends wieder zum Königshof. Was wolltest du noch zu Erfurt sagen?«

»Fast alle Bischöfe des Reiches sind nach Erfurt gekommen, fast alle, sage ich, die Bischöfe von Straßburg, Augsburg, Konstanz, nahezu alle aus Schwaben, nur aus Bayern waren sie nicht gekommen. Die Kirchenprovinz Salzburg hat niemanden geschickt, das mußte so sein und hätte nur Staunen erregt, wäre es anders gewesen. Der Episkopat in Bayern ist kaum weniger heikel als Herzog Arnulf. Doch ich denke voll Bewunderung an diese Versammlung in Erfurt. Die deutsche Kirche war so gut wie vollständig vertreten, eine Generalsynode, universalis synodus, wie die Schreiber diese große Reichssynode in den Protokollen genannt haben und wie es in den Konzilsakten, den Gesta, nachzulesen ist. Hildebert, der Erzbischof von Mainz, hatte den Vorsitz inne, und er präsidierte vor den Erzbischöfen Rutbert von Trier und Unni von Hamburg, und du konntest die Bischöfe in seltener Einmütigkeit sehen: Nothing von Konstanz, Udalrich von Augsburg, Richwin von Straßburg, Burchard von Würzburg, Unwan von Paderborn, Bernhard von Halberstadt, Adalward von Verden, Rumold von Münster, Eburgis von Minden und Dodo von Osnabrück, und neben diesen hohen Fürsten unserer Kirche in ihrem Gefolge die vielen Priester und Äbte und Patres. Bei allen Verhandlungen war König Heinrich anwesend, und die Beschlüsse fanden seine Zustimmung.«

»Nun gut, ich weiß, daß der König in Erfurt den Herren den größten Entschluß verkündet hat, seit er das Zepter hält und die Krone trägt. Aber Synoden sind doch eine Sache der Kirchenführung.«

»Ganz recht, Synoden sind ein Verfassungsorgan der Kirche. Doch was der König beabsichtigt, ist nicht nur eine Angelegenheit der Krieger allein. Die Feldzüge gegen die Völkerschaften an der Ostgrenze in den letzten Jahren, sie waren einer wie der andere eine Sache des Schwertes. Sie haben ihren Zweck erfüllt, nicht zuletzt auch als Vorstufe zu dem, was geschehen wird – wenn es so geschieht, wie es der König beabsichtigt. Bruder, jetzt geht es um weit mehr, als es jemals gegangen ist, denn es betrifft das ganze Reich. Der König kann die weltlichen Großen, seine Herzöge und Grafen, zu sich entbieten, wann er will. Doch die Erzbischöfe, Bischöfe, Prälaten, Presbyter, Diakone, Äbte aus dem Reich finden sich nur auf Synoden ein.«

»Also sind Synoden doch nicht allein eine Sache der Kirche. Überdies hat sie König Heinrich einberufen, und nicht der Erzkaplan, Bischof Heribert von Mainz.«

»So ist es, du warst ein gelehriger Klosterschüler. Dabei sind diese Dinge zu verwickelt, als daß sie lange Bestand haben könnten, ich meine Bestand in der Form, die der König ihnen gegeben hat. Die Leitungsgewalt sollte ganz und gar in der Hand der kirchlichen Oberen liegen; so haben es viele Bischöfe beteuert und einige würden es noch immer gerne so sehen. Sie allein sollten Synoden einberufen, den Vorsitz führen, die Leitung in Händen halten und die Beschlüsse fassen und herbeiführen. Das Wort dafür heißt Autonomie. Aber, mein Bruder, unsere deutsche Kirche ist eine Kirche des Reiches, und das Reich führt unser König mit seinen Großen. Deshalb steht ihm auch die Leitungsgewalt zu, er beruft die Versammlung ein, er setzt fest, worüber verhandelt wird, er hat die oberste Leitung, er wirkt an den Beschlüssen mit und gibt die Beschlüsse bekannt. Das muß nicht immer so sein, aber es ist ein unbestrittenes Recht des Königs. Unsere Kirche hat ihre Provinzen und Diözesen, doch sie ist eine Reichskirche, und deshalb steht König Heinrich als höchste Instanz über der Synode, nicht neben ihr.«

»Bruder Pater, ich habe aber von Bischöfen auch anderes gehört: daß die Kirche Eigenrechte besitzt, in die auch der König nicht eingreifen darf.«

Der Pater sah den Boten einige Zeit an, nachdenklich, seine Augen schienen sich einen Moment zu verschatten, ein Anflug von Traurigkeit, eine Art wissende Ungewißheit: »Du hast richtig gehört. Die Rechte des Weltlichen und des Kirchlichen, Geistlichen, gehen durcheinander wie Unterholz. Die Zuständigkeiten sind nicht voneinander abgegrenzt. Das könnte einmal bitter werden, das könnte zu einem schrecklichen Kampf führen, wenn der König und die Kirche gegeneinander stehen. Ich denke mit Kummer an solche Dinge. Aber vielleicht drückt nur das Alter meine Gedanken. Vorerst sieht es nicht danach aus. Zur eigentümlichen Herrschaft unseres Königs gehört klipp und klar die königliche Leitungsgewalt. Staat und Kirche sind dem Königtum untergeordnet. Unsere rechtskundigen Patres und Notare würden dir erklären, daß sich die Leitung des Königs auch aus dem Eigenkirchenrecht begründen lassen könnte.«

»Wieso?«

»Weil das Reich fundamentalen Anteil an den kirchlichen Institutionen hat. Denke nur an den großen Besitz, die vielen Güter der Kirche. Der König erteilt Schenkungen, er gibt, der König kann auch nehmen. Haben das nicht schon die Herzöge seit vielen Jahren getan?«

»Der Herr gibt, der Herr nimmt. Der Name des Herrn sei gelobt!«

»Brüderchen, spottest du oder hat dich der liebe Gott in seiner unerforschlichen Güte mit vorschneller Weisheit geschlagen? Wenn nur an deiner ungezogenen Bemerkung nicht etwas Wahres wäre! Doch so oder so: Die königliche Leitungsgewalt ist nicht im Eigenrecht der Kirche verwurzelt, sie ergibt sich vielmehr aus dem Königtum selbst, sie hat – so sagen die Kundigen des Rechtes – sie hat einen öffentlich-rechtlichen Charakter. Die Konsequenzen daraus haben deshalb bei der Erfurter Synode eine große Rolle gespielt, denke nur an das Recht des Königsdienstes. Mit einem Wort: Das altgermanische Staatskirchenrecht überwiegt bei uns, denn dieses Recht ergibt sich aus unserem Königtum.«

»Königsrecht ist auch Königsschutz. Wir, seine Vasallen, wissen das, und noch mehr: Das Königsrecht ist die Grundlage für alles, was wir im Königsdienst unternehmen.«

»Siehst du, und euer Treueverhältnis, das den König genauso bindet wie seine Lehnsmänner, das findet sich in allem, was unter der Königsmacht steht. Das Königtum Heinrichs schließt die Pflicht des Monarchen ein, auf das Wohl der Kirche zu achten. Genauso wie auf das Wohl des Reiches. Die cura ecclesiae des Königs ist beinahe so etwas wie ein Befehl. Du kennst doch die lateinischen Worte, hast sie noch nicht vergessen, seit ich dir mühselig das Buchstabieren, die Vokabeln, die Grammatik beigebracht habe?«

Der Bote nickte, ein undefinierbares Lächeln zog flüchtig über sein Gesicht.

»Begreifst du nun, daß auch die Kirche bei uns nur eine Form ist, in der sich das Reich präsentiert? Darin steckt auch der ganze Sinn des Königtums. Das ist auch das Gewaltige an unserem König Heinrich, wir können Gott dafür nicht innig genug danken. Er regiert unter dem Befehl seiner Pflicht gegenüber dem Reich, er weiß bei jeder einzelnen seiner Handlungen, daß er unter der Hoheit, der dignitas des Reiches steht. Die Synode von Erfurt hat er ›zum Nutzen und Wohl unserer heiligen Mutter Kirche‹ einberufen; so ist es geurkundet. Wenn es ihm richtig erscheint, greift der König direkt in die Verhandlungen ein. So hat es Heinrich auch in Erfurt gehalten.«

»Der König hat auch eine allgemeine Abgabe an die Kirche veranlaßt. Du erinnerst dich: Jeder mußte am Montag vor Mariä Himmelfahrt bei dem Bischof, zu dessen

Sprengel er gehört, einen Denar abliefern. Für arme Knechte, die nicht einmal einen Ersatz in Sachen dafür abliefern konnten, hatte ihr Herr einzutreten. Das war ein Ausgleich für die Geldleistungen des Ungarntributs, den das ganze Reich aufgebracht hat.«

»Berichte mir noch mal von der Versammlung des Volkes. Ich weiß von ihr nur das, was uns Abt Agenold erzählt hat. Das ist nicht viel, er selbst war schließlich auch nicht dabei.«

»Damals hatte der König uns Boten ins Reich geschickt, in unser Land Sachsen, zu den Franken, den Schwaben, den Bayern, auch nach Lothringen. Die Fürsten sind gekommen, der wehrhafte hohe Klerus, die Grafen, die Freien, die Bauernkrieger, ja, es war das ganze Volk, das kann ich sagen. Der König hat vor dem Volk gesprochen, ich habe kein Wort davon vergessen. Er hat so zu ihm gesprochen:

›Ihr wißt, von welchen Gefahren euer Reich, das früher vollständig und überall in Verwirrung war, jetzt befreit ist. Das wißt ihr selbst nur allzu gut, ihr, die ihr durch die Fehden im Inneren und durch auswärtige Kämpfe so oft und so schwer gelitten habt und geschwächt worden seid. Doch nun seht ihr das Reich durch die Gnade des Höchsten, durch unser Mühen und durch eure Tapferkeit befriedet und geeint. Die Barbaren sind besiegt und unterworfen. Nur eins müssen wir jetzt noch tun, und es ist notwendiger als alles andere: Wir müssen uns gegen unsere gemeinsamen Feinde, die Ungarn, allesamt erheben. Bis zu dem heutigen Tag habe ich euch, eure Söhne und Töchter ausgeplündert, um die Schatzkammer der Ungarn zu füllen. Ich müßte jetzt damit beginnen, die Kirchen und die Diener der Kirchen auszurauben, denn uns ist kein Geld mehr geblieben, sondern nur noch das nackte Leben. Geht deshalb mit euch selbst zu Rate und entscheidet euch, was wir in dieser Sache tun wollen. Soll ich also den Schatz, der dem Dienste Gottes geweiht ist, nehmen und als Lösegeld für uns den Feinden Gottes geben? Oder soll ich nicht lieber mit dem Geld die Würde des Dienstes Gottes erhöhen, damit wir selbst erlöst werden von demjenigen, der wahrhaft sowohl unser Schöpfer als auch unser Erlöser ist? Soll ich euch mit der Hilfe Gottes gegen die räuberischen Ungarn führen?‹

So hat der König vor den Großen und dem Volk gesprochen, und dann hat er geschwiegen.«

»Und dann?« Die Augen des Paters waren weit offen, sein rundes Gesicht, eine ungewollte Verkörperung gesättigter Freundlichkeit, hatte die jovialen Züge verloren, es schien plötzlich von innen heraus gefestigt, als wäre eine Maske des Wohllebens abgenommen worden.

»Dann rief das Volk, und es war wie eine einzige Stimme, es rief brausend: ›Ja, König Heinrich, wir wollen von dem lebendigen und wahren Gott erlöst werden, denn er ist treu und gerecht in allen seinen Wegen und heilig in allen seinen Werken. Wir werden dir folgen in den Kampf gegen das wilde Volk. Wir geloben es‹, und alle, wir alle, die Bischöfe und Grafen, die Krieger und Bauern reckten die Rechte zum Himmel, und so wurde der Vertrag zwischen uns und dem König besiegelt.«

»Und was hat König Heinrich der ungarischen Gesandtschaft übermitteln lassen?«

»Er hat sie beschieden, so wie er wenige Monate vorher seinen Entschluß gefaßt hatte, den jedermann in Erfurt schon ahnte, den er der Volksversammlung vortrug und dem die Versammlung zustimmte. Heinrich weigerte sich, den Ungarn von diesem Augenblick an den Tribut noch weiter zu entrichten.«

»Mein lieber junger Bruder«, der Abt schüttelte unwillig den Kopf, sein Haarkranz sprühte rötlich im schrägen Licht der Abendsonne. »Du erzählst, als hättest du einen Urkundenschreiber vor dir und müßtest ihm diktieren. Ist dein Geist schon so verdorben wie meiner durch unstatthaft übertriebenes Lesen? Was sind das für Ausdrücke: ›Er hat sie beschieden . . .‹, ›er weigerte sich, den Tribut zu entrichten . . .?‹«

»Pater! Was erwartest du von einem Boten? Ich habe zu informieren, nicht zu rhapsodieren. Wie soll ich dir diese Szene in der Königshalle schildern, damit du spürst, was geschehen ist? Wir, die wir seit langem um den König sind und seine Pläne, seine Sorgen kennen, wir alle vergessen nie, wie hochfahrend die Ungarn sind, wie sie sich rühmen, Gott sei's geklagt, sie haben ja recht: ›Niemand, der uns gleichkommt! Wir sind zahlreich wie die Sterne am Himmel. Wenn sich die Erde nicht öffnet, um uns zu verschlingen, wenn der Himmel nicht einstürzt, um uns zu zerschmettern, dann kann uns niemand aufhalten!‹ Und nun stell dir das vor, Herr Heinrich auf dem Hochsitz, um ihn die Heerführer und Grafen, die beiden Tore öffnen sich, die Gesandtschaft der Magyaren wird in die Halle geleitet. Jeder einzelne von ihnen ist ein erfahrener Krieger, das ist sofort zu erkennen. Sie gehen stolz und mit festen kleinen Schritten auf den König zu, einer ihrer Vornehmen führt die Gruppe. Ich muß ihn schon einmal gesehen haben, es muß der Gyula, der Zweitfürst Tétény gewesen sein, wahrscheinlich gehört er zu ihrem Königshaus Árpád. Er ist der Älteste der Gesandtschaft. Höflich und bestimmt begibt er sich vor den Hochsitz, bleibt in der vorgeschriebenen Entfernung stehen, verbeugt sich. König Heinrich erwidert den Gruß mit einer gleichgültigen Handbewegung, dann winkt er mit der Linken, und während der junge Gevehard durch die Seitentür die Halle verläßt, sagt der König: ›Berichtet eurem Großfürsten, daß der König des Deutschen Reiches den Tribut, zu dem wir uns verpflichtet haben, von jetzt an verweigert.

Doch ihr sollt nicht ohne ein Geschenk heimkehren. Das ziemt sich nicht.‹

Der König blickt nach links, im gleichen Augenblick tritt der junge Dienstmann durch die Seitentür, in der Faust einen toten Hund, klein, fett, die Ohren und der Schwanz sind abgeschnitten, ein räudiger stinkender Kadaver. Gevehard tritt schnurstracks auf den Magyarenfürsten zu und wirft ihm den Köter vor die Füße. In der Halle ist es totenstill, du hörst nur das schwere Atmen der Ungarn. Ihre braunen Gesichter sind jetzt fahl, fast grau, einer der Jüngeren faßt nach dem Griff seines Schwertes, zieht es halb heraus, stößt es wieder zurück. Es ist der erste Ton, der in der Halle zu hören ist, und jetzt verziehen sich die Gesichter all unserer Krieger langsam zu einem höhnischen Grinsen. Es ist noch immer ruhig, keiner spricht ein Wort, aber jeder meint, daß dieses Hohnlächeln allmählich zu hören ist und die Beleidigung der Ungarn durch König Heinrich noch zu einem Gipfel steigert. Der Anführer gibt sich einen Ruck, dreht sich um, geht wortlos zum Tor der Halle, die anderen hinter ihm.«

»Das hat der König wahr und wahrhaftig den Ungarn angetan? Einen toten Hund hingeworfen?«

»Wahr und wahrhaftig. Bruder Pater, die Halle hat fast geknistert, eine schreckliche Szene, aber jeder von uns ist trotzdem von Herzen froh gewesen. Ein feister Hund als Tribut anstatt des Goldes. Es war, als hätte der König dem Gyula ins Gesicht gespuckt.«

»Unser Herr Heinrich, der immer Beherrschte, Kühle, der sich stets in der Gewalt hat! Was der König gemeint hat, muß nicht erklärt werden. Aber mit dem Hund, das hat doch einen bestimmten Zweck?«

»Pater, das ist mehr gewesen als Spott oder irgendeine Beleidigung. Niemand von uns hat in den früheren Jahren etwas Ähnliches vom König erlebt. Bei den Ungarn ist es eine uralte Sitte aus den Zeiten ihrer Vorväter, daß sie nach Verträgen und Abmachungen über den halbierten Teilen eines Hundes feierlich schwören, die Vereinbarungen zu halten. Es handelt sich um einen unantastbaren Brauch vieler Steppenvölker der Heiden. Ich habe diese feierliche Zeremonie nicht nur bei den Ungarn gesehen, sondern auch bei den turkvölkischen Komanen, ich kenne sie auch von den Bulgaren. Der Chronist Ekbert von der Reichsabtei Hersfeld hat mir erzählt, daß ein Jahr nach dem Ableben Kaiser Karls des Großen der große byzantinische Kaiser Leon V. der Armenier die Bulgaren voll Glanz besiegt hat. Aber den Frieden, den er mit ihnen geschlossen hat, den hat er ebenfalls auf einen Hundekadaver beschwören müssen. Bruder Ekbert hat noch mehr gewußt. Außer dem Schwur über dem Hund hat der Kaiser Gras zerstreuen, Wasser versprengen und ein Zaumzeug und einen Sattel umstoßen müssen – vier kosmisch-magische Elemente, die unmittelbar aus der Heidenreligion der Ungarn stammen, sagt Bruder Ekbert.«

»König Heinrich hat sich also zur stärksten aller denkbaren Beleidigungen entschlossen.« Der Pater sieht den Boten besorgt an, in seiner leisen Stimme liegt etwas Schmerzliches, ein Hauch von Angst: »Der König hat den Ungarn damit einen Kampf um alles, um die ganze Existenz angesagt. Du bist Bote und Krieger, du mußt wissen, was uns jetzt erwartet.«

»Ich weiß es«, sagt der Bote und steht auf. »Gott mit dir, Bruder Pater. Und überlege, ob auch die Ungarn wissen, was sie erwartet. Ich bin sicher, sie wissen es nicht.«

An der Türschwelle blickt er nochmals zurück. Die Sonne steht tief, diffuses Licht füllt die Zelle, der Himmel im kleinen Geviert des Fensters ist milchig und grau. Bald wird es dunkeln. Der Pater hebt die Rechte, als wolle er segnen.

22. Am fünfzehnten Tag des dritten Mondes

> »Durch die Gnade der göttlichen Barmherzigkeit begab
> es sich, daß die Ungarn mehr Freude an der Flucht
> erfüllte als am Kampf. Allein der allmächtige Gott, der
> ihnen den Mut zum Kampf genommen, versagte ihnen
> auch gänzlich die Möglichkeit, zu entfliehen. So wur-
> den sämtliche Ungarn teils niedergemetzelt, teils ver-
> sprengt.«
>
> Liudprandi antapodosis II 31

Das alte Wappen von Quedlinburg zeigt unter den Zinnen
der Ummauerung das Stadttor mit offenen Flügeln, rechts
und links flankiert von einem Turm. Im Tor sitzt ein Hund.
Das Wahrzeichen erinnert an den Tag, an dem König Heinrich der ungarischen Gesandtschaft den Tribut aufkündete.
Der Schimpf, den der König den Ungarn auf den Weg mitge-
geben hatte, war die schärfste Form der Kriegserklärung,
die den Reiternomaden gegenüber überhaupt möglich war.
Schon die einfache Verweigerung des Tributs mußte mit
absoluter Sicherheit als Antwort einen Kriegszug der
Ungarn heraufbeschwören; sie würden mit einem Höchst-
aufwand an Truppen ins Reich einfallen. Wenn die Gesandtschaft aber am Fürstenhof von dem schändlichen Gastge-
schenk berichtete und wenn die Beleidigung im ganzen
Ungarnland die Runde machte, dann würde sich selbst

der älteste und gebrechlichste Krieger nicht daran hindern lassen, dem Aufgebot des Großfürsten Bulcsus zu folgen. So stellt es auch der Chronist der *Jahrbücher von Pöhlde* dar: »Das unfaßliche Gerücht flog durch Ungarn und färbte die Ohren der Hörer rot, und so ermutigte der gemeinsame Schmerz des Vaterlandes das Volk einhellig zum Kampf wegen einer so schimpflichen Zurückweisung.«

Der König hätte noch ein Jahr Zeit gehabt. Der Tributvertrag lief erst 934 aus. Doch Heinrich wußte sich gerüstet. Die Truppen und die Reiterei befanden sich in einem vorzüglichen Zustand, und deshalb hielt er nichts davon, den Kampf, der auf jeden Fall und unweigerlich kommen mußte, noch hinauszuschieben. Besonders wichtig für den König war die Zustimmung des so zahlreich versammelten weltlichen und geistlichen Adels auf der großen Volksversammlung; sie war wichtiger als die Meinung seiner Vertrauten und erfahrenen Heerführer. Denn diese Zusammenkunft hatte die altgermanische Jahresversammlung sämtlicher Stämme auf dem allgemeinen Thing wiederbelebt, deren Tradition auch in der karolingischen Zeit nicht völlig verschüttet gewesen war. Daß dem König alle Krieger, die zusammengekommen waren, einhellig zugestimmt hatten, bedeutete, daß er sich auf sämtliche Kräfte des Volkes verlassen und mit ihnen rechnen konnte; er hatte ein uneingeschränktes Mandat erhalten.

Bei den Langobarden und den Franken gab es den campus Martius, den Märztag, an dem jedes Jahr alle Krieger auf dem Märzfeld zusammenkamen. Aus militärischen und wirtschaftlichen Gründen wurde diese Versammlung gelegentlich auch auf den ersten Mai verlegt. Karl der Große schließlich rief die Volksversammlung, den Reichstag, unabhängig von den festen Terminen immer dann ein, wenn er es für notwendig hielt; die Sachsenkriege sind dafür das beste Beispiel. Der Wechsel von der Stammesversammlung zur Reichsversammlung brachte auch aus technischen Gründen eine Auswahl der Teilnehmer mit sich, da naturgemäß nicht alle kriegsfähigen Männer Haus und Hof nur für die Versammlung verlassen konnten. Der alte Brauch des Märzfeldes ist jedenfalls nach dem Bericht Widukinds von Corvey von König Heinrich aufgegriffen worden, als er von der Volksversammlung die Zustimmung zum Ungarnkrieg einholte. Die Bestätigung wurde ihm ebenfalls nach altgermanischem Brauch durch Zuruf und Erheben der Rechten zum Himmel gegeben. Damit stand bereits vor Beginn der Kämpfe fest, daß es sich zum erstenmal in der Geschichte um einen deutschen Reichskrieg handeln würde.

VOR DER SCHLACHT. Die Ungarn begannen schon im Winter 932 für ihren Feldzug zu rüsten. Die Größe ihrer Armee übertraf die meisten der Heere, mit denen sie bis dahin das Abendland heimgesucht hatten. Als die ersten Vortrupps in dem Gebiet der Daleminzier, ihren alten Verbündeten, eintrafen und um Unterstützung ersuchten, wurden sie schroff abgewiesen. Die Ungarn wiederum ließen sich um ihres strategischen Zieles willen mit den Daleminziern in keine Auseinandersetzungen ein, sie hielten sich auch nicht mit so verhältnismäßigen Kleinigkeiten wie der Belagerung einer Befestigung auf, die in der Nähe ihres Marschweges lag, sondern sie strebten ohne Verzögerungen den Grenzen des Reiches zu. Die Hauptmacht brach Anfang März – der Winter hatte noch nichts an Kraft verloren, auch tagsüber herrschte Frost – in Thüringen ein. Hier trennte sie sich in zwei gleich starke Heeressäulen. Das eine Kontingent marschierte weiter nach Westen und schlug, wie der Chronist notiert, »in großer Zuversicht mit fünfzigtausend Kriegern sein Lager am Elm im Harzvorland auf, indem es die östlichen Teile Sachsens gleichsam mit dem Fuße zertrat.« Sachsen sollte in einer kombinierten Aktion sowohl von Westen als auch von Süden angegriffen werden. Die Ungarn vermuteten zu Recht, daß sich die Hauptmacht des Reiches im Stammesgebiet König Heinrichs sammeln würde. In den Gebieten des Reiches, durch die sie zogen, verfuhren die Nomadenkrieger brutaler denn je. Jeder Mann und jeder Knabe, der älter war als zehn Jahre, wurde niedergemetzelt, sämtliche Frauen und Kinder, die sie in ihre Gewalt brachten, schleppten sie als Beute mit.

Durch Kundschafter und Späher und die Aussagen von Gefangenen hatten sich die Ungarn vergewissert, daß König Heinrich mit seinen Truppen zum Angriff auf das Nomadenheer entschlossen war. Trotzdem wurde die ungarische Armee, die nach Westen gezogen war, höchlich überrascht, als sie von einem Reichsheer angegriffen wurde, das sich aus Truppen sämtlicher deutscher Stämme zusammensetzte. Die Hauptkräfte bestanden aus Sachsen und Thüringern. Die deutschen Truppen griffen sofort an, die Schlacht verlief für die Ungarn katastrophal, sie wurden vernichtend geschlagen, alle ihre Heerführer verloren in dem erbitterten Kampf das Leben. Die Sieger zersprengten, so berichten Widukind von Corvey und andere Chronisten, »den Rest des westlichen Heeres über die ganze Gegend. Von ihnen starb ein Teil Hungers, ein anderer durch Erfrierungen, noch andere starben niedergehauen oder gefangen, wie sie es verdienten, allesamt eines jämmerlichen Todes.« Die Heeresstärke von fünfzigtausend Kriegern, die der Pöhldener Chronist angibt, dürfte allerdings übertrieben sein.

Der Führer des Ungarnheeres im Osten hatte erfahren, daß eine Schwester König Heinrichs, die mit dem thüringischen Grafen Wido verheiratet war, in ihrer Burg über beträchtliche Gold- und Silberschätze verfügen sollte. Nach den *Annales Palidenses* handelte es sich um die Jechaburg in der Hainleite bei Sondershausen; hier gründete in der zweiten Hälfte des zehnten Jahrhunderts der große Erzkanzler des Reiches, Erzbischof Willigis von Mainz, ein Kloster des heiligen Benedikt. Die Ungarn, »die Kinder Belias« – wie sich der Chronist von Pöhlde entsetzt –, »bedeckten die Erde so zahlreich wie Heuschrecken, und nachdem fünfzigtausend Krieger zur Einschließung von Jechaburg abgestellt waren«, versuchten sie die Burg im Sturm zu nehmen. Es mißlang dank der erbitterten Verteidigung. Allerdings wäre die Burg nicht zu halten gewesen, wenn die Ungarn nicht wegen der einbrechenden Dunkelheit ihre Angriffe hätten einstellen müssen.

In der Nacht erreichten Boten das Ungarnheer mit der Nachricht, daß die Westarmee in einer Schlacht völlig vernichtet wurde, auch die flüchtenden Reste völlig aufgerieben seien und König Heinrich mit einem mächtigen Heer heranrücke. Daraufhin wurde die Belagerung der Jechaburg schleunigst abgebrochen. Durch Feuerzeichen und Boten riefen die Heerführer sämtliche Einheiten, die in der Gegend verstreut waren, zusammen. Die Ungarn bereiteten sich auf den Kampf mit den deutschen Reichstruppen am nächsten Tag vor.

König Heinrich hatte sein Lager bei Riade aufgeschlagen. Wo sich dieser Ort befand, ist nicht mehr sicher zu bestimmen. Er lag entweder im Ried an der Unstrut westlich von Merseburg, genauer in Kalbsrieth an der Helme im Amt Artern, kurz vor der Mündung der Helme in die Unstrut südwestlich von der Pfalz Allstedt, oder mehr als fünfzig Kilometer südöstlich davon rechts der Saale zwischen Perse und der Mündung der Rippach in die Saale bei Treben. Aus dem Namen selbst läßt sich die Ortslage nicht erschließen, denn Ried – ein westgermanisches Wort, das dem althochdeutschen riot oder Riade entspricht – heißt bis heute jeder beliebige sumpfige Platz, und solche Standorte gab es damals an der Unstrut und ebenso an der Saale mehr als genug. Weil so gut wie alle Chronisten von der großen Ungarnschlacht berichten und die Mehrzahl sich für einen Ort rechts der Saale entschieden hat, könnte man sich dem Mehrheitsvotum anschließen, sofern Exaktheit etwas mit Mehrheitsbeschlüssen zu tun haben sollte. Da dies jedoch nicht der Fall ist, muß man sich um andere Bestätigungen bemühen, und in diesem Fall weisen etliche Nachrichten und burgenkundliche sowie flurgeschichtliche Forschungen darauf hin, daß Riade in der Niederung östlich der Saale lag; damit erhärten sie das Mehrheitsvotum.

König Heinrich zog also von Quedlinburg mit dem Heerbann die Saale aufwärts, und zwar rechts des Flusses über Halle nach Merseburg. In Königsborn nahe Knapendorf bei Merseburg tränkte er, wie die Überlieferung zu berichten weiß, auf dem Marsch sein Pferd. Südlich von Dürrenberg betete er vor der Schlacht am Hunnenstein auf dem Burgberg von Keuschberg. Auf einem großen Felsblock bei Schlechtewitz östlich von Großkorbetha an der Saale soll sich der König während der Schlacht ausgeruht und Kräfte gesammelt haben. Im Jahr 1536 verfaßte der Bürgermeister Brotuff von Merseburg eine Chronik mit dem Titel *Historia von dem allergroßmächtigsten Fürsten und Herrn Heinrich I.* Bis in unsere jüngere Gegenwart hinein wurde dieser Bericht von der Ungarnschlacht Jahr für Jahr zum Kirchweihtag in der Kirche von Keuschberg verlesen. Alles spricht also dafür, daß Riade tatsächlich in der östlichen Saale-Niederung lag.

FUROR TEUTONICUS. Am fünfzehnten März des Jahres 933 führte König Heinrich das Heer frühmorgens aus dem Lager. Es war der Gedenktag des Longinus, des römischen Hauptmannes unter dem Kreuz Christi, des ersten heidnischen Bekenners des Christentums, der noch unter Pontius Pilatus als Märtyrer starb. Einige Chronisten vermerken, der König sei zu dieser Zeit außerordentlich krank gewesen, doch habe er sich davon nicht abhalten lassen und hätte, »obwohl körperlich schwach, doch durch die Kraft seines Mutes gestählt«, sein Roß bestiegen und sei vor die versammelte Armee geritten, um nochmals das Wort an die Krieger zu richten. Bischof Liudprand von Cremona legt ihm folgende Ansprache in den Mund:

»Das ruhmreiche Geschlecht der herrlichen Sachsen
Schlug wie der knirschende Löwe zahllose Schlachten.
Karl bekämpfte es mit blutigem Schwerte,
Welcher den Erdkreis sich ganz unterworfen.
Sieglos floh er von hier, obwohl überall Sieger.
Daß er, zurückgekehrt, uns noch bezwungen,
Wirkte die Liebe des Herrn, weil er uns nicht mehr
Ferne zu lassen beschloß von der Erlösung.
Gierig bedroht uns jetzt, Christus nicht kennend,
Das Gott feindliche Volk grimmiger Ungarn,
Das zu vertilgen begehrt Christi Gemeinde.
Ihr Helden, o Jammer! und jetzt, wehe! verlangen
Sie, daß den Nacken wir beugen der Zinspflicht.
Fasset den Mut nunmehr männlichen Sinnes!
Hauet in Stücke sie, trefft mächtig, ich bitte.
Heiße Begier treib euch, heiliger Schlachtenmut.
Sendet mit solchem Geschenk sie zu der Styx, wo
Glühende Pfennige sie zahlen dem Fährmann.«

Der in der klassischen Literatur so offenkundig bewanderte Bischof Liudprand wird nicht erwartet haben, daß seine Leser ihm glauben, König Heinrich hätte seinen Kriegern mit Anspielungen aus der antiken Mythologie das Herz mit Kampfbegier erfüllt und den Kopf mit Rätseln beschwert; ein Rätsel mußte ihnen der Styx, der Fluß der Unterwelt samt dem Fährmann, sein. Die Bemerkung von der Tributpflicht, die den Nacken beugte, war leichter zu begreifen, und keinerlei Kommentar war für die Worte nötig, die der König seiner Rede noch hinzufügte, »vom göttlichen Anhauch beseelt«, wie der Chronist vermerkt:

»Das Beispiel der Könige der Vorzeit und die Schriften der heiligen Väter lehren uns, was wir zu tun haben. Denn für den Allmächtigen ist es nicht schwer, mit einer geringen Zahl von Kriegern eine Übermacht der Feinde niederzuwerfen, sofern nur diejenigen, die versuchen, so etwas zu vollbringen, es aufgrund ihres Glaubens verdienen. Aufgrund ihres Glaubens, sage ich, und nicht mit dem Mund, sondern durch die Tat, nicht mit Worten allein, sondern von ganzem Herzen. Laßt uns also, ihr Männer, ein Gelübde tun und es nach den Worten des Psalmisten auch bezahlen; und zwar ich zuerst, ich vor allen anderen, weil ich an Würde und Rang der Erste bin. Es sei die Gott verhaßte und von dem heiligen Petrus, dem Vornehmsten der Apostel, verdammte Ketzerei der Simonie, welche unsere Vorgänger aus Unachtsamkeit bisher geduldet haben, auf jegliche Weise aus unserem Reich verbannt. Mögen die, welche durch die Arglist des Teufels entzweit sind, durch das Band der Einigkeit und Liebe jetzt miteinander vereint werden.«

Sollte der König wirklich vor dieser schwersten aller seiner Schlachten, einer Entscheidungsschlacht von unabsehbarer Tragweite, die Krieger darauf verpflichtet haben, der Unsitte des Kaufs und Verkaufs geistlicher Ämter abzuschwören, dann konnte sich das allenfalls an seine Herren des kirchlichen Adels richten. Weit eher steht zu vermuten, daß Bischof Liudprand von Cremona die gute Gelegenheit nicht ungenutzt lassen wollte, König Heinrich Worte des Unmuts über Mißstände der Verwaltung in den Mund zu legen, die weniger ihn als vielmehr Liudprand selber bedrückten und die schon auf der Synode von Hohenaltheim 916 eine erhebliche Rolle gespielt haben. Nicht zu vergessen ist schließlich auch das Publikum, für das der Bischof schrieb und an das er sich auch bei dieser Gelegenheit, also anläßlich seines Berichts über Riade, mit zeitgenössischen Anspielungen wandte. Liudprand wußte, daß er nur von Leuten gelesen wurde, die in etwa die gleiche Bildung besaßen wie er; er richtete sich an den höheren Klerus. Andererseits schrieb Liudprand zu einer Zeit, in der Königin Mathilde noch lebte. Er gehörte zum Hof Ottos des Großen, und deshalb konnte er nicht ohne weiteres König Heinrich etwas blank Erfundenes in den Mund legen. Der historische Kern dürfte ohne Zweifel in einem kirchenpolitischen Bekenntnis des Königs zu finden sein, das an dieser Stelle den Rang eines Gelübdes als Verbürgung des Sieges in der bevorstehenden Schlacht erhält.

Doch bevor sich Liudprand noch detaillierter zu dem kirchlichen Dauerärgernis der Simonie äußern konnte, ließ er den König an dieser Stelle, nicht unpassend mit Rücksicht auf die unmittelbar bevorstehende Schlacht, von einem Eilboten unterbrechen. Der Mann überbrachte neue Schrekkensmeldungen von der Grausamkeit der Ungarn, mit der sie in der Umgebung gehaust hatten, und zwar ausdrücklich deshalb, um sich mit einer Aura des Entsetzens zu umgeben; dies hätten sie ihren Gefangenen versichert. König Heinrich blieb davon unbeeindruckt, er sah in dieser Meldung lediglich eine Gelegenheit, die Krieger nochmals anzuspornen, sie dazu anzustacheln, »nur um so kräftiger fürs Vaterland zu kämpfen und rühmlich zu sterben.«

Er gab ihnen schließlich noch einen letzten und besonders zweckmäßigen Rat: »Wenn ihr jetzt voranstürmt, um das Kampfspiel des Kriegsgottes Mars zu beginnen, so achtet unbedingt darauf, daß niemand dem anderen vorauseilt, nur weil er vielleicht ein rascheres Pferd besitzt. Sondern deckt euch gegenseitig mit den Schilden und wehrt auf diese Weise den ersten Pfeilregen der Feinde ab. Danach aber stürzt euch in vollen Lauf und macht euch mit aller Gewalt und Kraft über sie her, damit sie die Hiebe eurer Schwerter erreichen und sie eure Schläge zu spüren bekommen, noch bevor sie den zweiten Pfeilregen gegen euch abschießen können.«

Unmittelbar danach beginnt die Schlacht, am frühen Morgen eines kalten, leicht nebligen Märztages in der Saale-Niederung bei Riade: »Aus dem Heere der Christen ertönt der gottgefällige und wunderkräftige Ruf ›Kyrie eleison‹, von der feindlichen Seite aber vernimmt man überall das scheußliche und teuflische ›Hui! Hui!‹« Über die Aufstellung und Schlachtordnung ist nichts bekannt. Wir wissen nur, daß im Verband von Reichsheeren das Stammesaufgebot in der Regel die taktische Einheit gebildet hat. Die Krieger befolgen strikt den Rat des Königs, sie bleiben eisern in einer lückenlosen Schlachtlinie, die besser Berittenen zügeln die Pferde und halten sie in Front. Die gegenseitige Deckung der Krieger mit den Schilden – zweifellos wiederholt geübt – ist so vorzüglich, daß kein einziger durch den ersten Pfeilregen getötet oder auch nur verwundet wird; die Geschosse prallen wirkungslos ab. Dann aber brechen die Deutschen mit ungeheurer, unwiderstehlicher Wucht gegen die Ungarn vor, sie sind kaum noch Einzelkämpfer, sondern jeder Krieger verkörpert nahezu ein Stück der unpersönlichen Gewalt des ganzen Heeres. Im Vorwärtsstürmen sehen die Krieger ihren König, nach der Schilderung Widukinds von Corvey, »bald unter den Vordersten, bald in der Mitte und bei den Letzten und vor ihm den Erzengel Michael – mit dem Namen und dem Bildnis desselben war nämlich das vornehmste Feldzeichen kenntlich gemacht.« Die deutschen Krieger sind so schnell, daß es den Reiternomaden, so wie es Heinrich vorausgesehen hat, tatsächlich unmöglich ist, den Pfeilangriff zu wiederholen. Während das Zentrum der Reichstruppen die Masse der Ungarn buchstäblich überrollt, umfaßt die leichte Reiterei den Gegner in einer beidseitigen Flankenbewegung.

Da die Magyaren nicht mit einem derart machtvollen und rasanten Angriff gerechnet haben und von der neuen Kampfesweise völlig überrascht sind, zögert ihre Führung. Die Folgen sind verheerend, denn Skrupel, die den Aufschub von Entschlüssen bewirken, sind allenfalls in der Kirche eine Tugend. In einer Schlacht sind sie das Zugeständnis des Scheiterns. Mit den Worten des Chronisten von Pöhlde: »Immer macht Schwäche des Geistes die Menschen sicher, Sicherheit nachlässig, Nachlässigkeit unerfahren.« Innerhalb kurzer Zeit bricht bei den Ungarn vollständige Verwirrung aus, die Feldherren verlieren die Übersicht, die ersten, die ihre Pferde herumreißen, lösen eine Kettenreaktion der Verzweiflung aus. In der überstürzten Flucht werfen die Geschlagenen ihre Waffen fort, um nicht behindert zu sein, Schwerter, Pfeile, Bogen, ja in der Panik reißen sie sogar den Schmuck ihrer Pferdegeschirre ab und schleudern ihn fort, um die Chancen des Entkommens zu erhöhen. Diesmal aber helfen ihnen auch ihre schnellen, wendigen Pferde nicht viel, denn die Deutschen haben sich darauf eingestellt, schneiden größeren Gruppen den Weg ab und metzeln sie erbarmungslos nieder: »Statt des Tributs bot Heinrich den

Ungarn das zweischneidige Schwert und vernichtete von ihnen so viele, daß er – überwältigt von der unausbleiblichen Erschöpfung – nicht noch mehr vernichten konnte. So flohen die Feinde, deren Kraft erschöpft war, vor dem König, dessen Tapferkeit wie die eines Nashorns war.«

Obwohl die Reiterei Heinrichs schonungslos den Fliehenden nachsetzt, entkommt ein erheblicher Teil des Ungarnheeres. Flodoard von Reims behauptet in seinen Annalen, daß bei Riade sechsunddreißigtausend Magyaren erschlagen wurden. Diese Zahl ist zweifellos zu hoch gegriffen, trotzdem sind ihre Verluste gewaltig. Als besonderes Glück empfinden es die Sieger, daß alle Gefangenen, die im Ungarntroß angekettet mitgeschleppt worden sind, unversehrt befreit werden. Widukind von Corvey endet seinen Bericht von diesem welthistorischen Tag mit den Sätzen: »Das Heer begrüßte den König als Vater des Vaterlandes, als Herrn, Gebieter und Imperator. Der Ruf seiner Macht und Tapferkeit drang über die Grenzen und verbreitete sich weithin über alle Völker und erreichte alle Könige. Deshalb suchten ihn auch die Großen anderer Königreiche auf, um Gnade vor seinen Augen zu finden, und verehrten ihn, da sie die Treue eines so herrlichen, so großen Mannes erprobt hatten.«

RIADE UND DIE EINHEIT DES REICHES. In der oberen Halle der königlichen Pfalz zu Merseburg ließ Heinrich die Ungarnschlacht in einem Gemälde darstellen. Mehr als zwei Jahrzehnte lang hüteten sich die Reiternomaden, aus eigenem Entschluß weitere Kriegszüge ins Deutsche Reich zu unternehmen. Im Jahr 937 überschritten sie zwar erneut die Reichsgrenze, freilich nur deshalb, weil sie während der Thronwirren nach dem Tod König Heinrichs im Jahr 936 von Herzog Eberhard von Bayern – dem Sohn und Nachfolger

Arnulfs von Bayern – eigens darum ersucht wurden. Ihr Unternehmen endete freilich katastrophal, da sich Otto der Große als Nutznießer der Befestigungen und der geschulten Truppen seines Vaters den Ungarn völlig gewachsen zeigte. Erst im Jahr 954 unternahmen die Magyaren wiederum einen Vorstoß nach Bayern. 955 brach Otto der Große mit einem Reichsheer in der Schlacht auf dem Lechfeld unwiderruflich die Expansionsgelüste der Magyaren und vollendete, was sein Vater begonnen hatte.

Die Legenden und Sagen, die fast unmittelbar nach der Schlacht von Riade entstanden, sind kaum zu zählen. Mit dem fünfzehnten März des Jahres 933 verbinden sich über die Jahrhunderte hinweg Mythen und Verklärungen der Tapferkeit, des Opfermutes, der bedingungslosen Selbstwehr, die in den unterschiedlichsten Varianten bis heute ein integraler Teil des Lebens bleibt, sei es des einzelnen Menschen, sei es eines Gemeinwesens. Das ist für uns auch dort noch zu spüren, wo uns Pathos und Formulierung bei den Schilderungen des Frühmittelalters und seines Nachklangs fremd geworden sind.

Besonders lange hat sich ein Kriegslied im Gedächtnis des Volkes gehalten, das eine Passage aus der Rede König Heinrichs vor der Schlacht paraphrasiert. Im Jahr 1626, während des Dreißigjährigen Krieges, schrieb Jacob Vogel ein Epos über die *Ungerische Schlacht* von 933. Aus ihm stammt das Lied »Kein schön'rer Tod ist in der Welt, als wer vorm Feind erschlagen«. Der Text wurde ursprünglich zumeist von den Landsknechten gesungen, doch verbreitete sich das Lied so schnell und wurde im ganzen Land bekannt, daß es von Achim von Arnim und Clemens Brentano als Volkslied in ihre unvergeßliche Textsammlung *Des Knaben Wunderhorn* aufgenommen wurde, und zwar unter der Überschrift: »Frommer Soldaten seligster Tod«.

Die Schlacht von Riade regte ungezählte Schriftsteller und Poeten zu Dichtungen an. Ihre literarische Substanz entsprach kaum jemals dem historischen Gewicht dieses Treffens. Das gilt selbst für den großen Poetenfürsten Friedrich Gottlieb Klopstock, einen der sechs deutschen Klassiker. Der Umstand, daß er in Quedlinburg geboren wurde, reizte schon den Gymnasiasten zu dem Plan, König Heinrich ein großes Epos zu widmen. Daraus wurde nichts. Klopstock verfaßte lediglich im Jahr 1749, mit fünfundzwanzig Jahren, eine Ode *Heinrich der Vogler*, in der die Schlacht von Riade gefeiert wird.

Kaum weniger häufig wurde versucht, durch Vergleiche mit anderen gewaltigen Treffen das historische Gewicht des Sieges von 933 zu bestimmen. So wurde Riade neben die Schlachten auf den Katalaunischen Feldern 451, bei Tours und Poitiers 732, bei Liegnitz gegen die Mongolen 1281 und schließlich neben die Türkenschlacht vor Wien 1683 gestellt. Friedrich Ludwig Jahn, der eigenwillige Turnvater, plädierte dafür, die Hermannschlacht im Teutoburger Wald im Jahre 9 nach Christus, die Ungarnschlacht von Riade, den Augsburger Religionsfrieden 1555 und die Völkerschlacht bei Leipzig 1813 als deutsche Volksfeste zu begehen.

Auch für Riade gilt, was fast auf Schritt und Tritt dem Versuch einer Lebensbeschreibung Heinrichs des Ersten heimtückische Hürden in den Weg schiebt: Die Quellen lassen uns in den wesentlichsten Fragen im Stich. Ob man dabei diese oder jene Deutung, diesen oder jenen Einzelmoment, diesen oder jenen Ablauf bevorzugt und andere Darstellungen verwirft, läuft letztlich auf dasselbe hinaus. Was also läßt sich an dem Ereignis von Riade nicht bezweifeln?

Riade ist die Krönung von König Heinrichs gesamter

Ungarnpolitik. Und in dieser Politik drückt sich für jeden sichtbar die Tatsache aus, daß des Königs Maßnahmen und die Schlacht gegen die Reiternomaden das ganze Reich betreffen. Seine Feldzüge gegen die Ostvölker könnten sich trotz der Beteiligung von Kriegskontingenten aus den anderen deutschen Stämmen zur Not noch als rein sächsische Angelegenheit interpretieren lassen. Das ist bei der Ungarnpolitik nicht der Fall. Von dem Tributvertrag mit den Magyaren über die Burgenordnung des Jahres 926 bis zur Erfurter Synode 932 sind sämtliche Maßnahmen des Königs identisch mit Maßnahmen des Reiches und für das Reich, sie sind auch vom Reich getragen, das heißt, von allen deutschen Stämmen und Herzogtümern. Durch die Ungarnnot wurden sämtliche Kräfte des Widerstandes und der Selbstwehr mobilisiert, erhielt die Reichspolitik im Äußeren ein einheitliches Gepräge. Die Ungarnnot betraf sämtliche Stämme der Deutschen, und mit ihr konnte schließlich auch kein einzelnes Herzogtum allein fertig werden, sondern dazu waren nur die zusammengefaßten Kräfte des ganzen Reiches in der Lage; und die Kräfte wiederum, die für dieses Ziel freigesetzt wurden, trugen ihrerseits am wirkungsvollsten zur Stärkung der Reichseinheit bei.

Dies eben macht die Einzigartigkeit der Schlacht von Riade in der Geschichte des zehnten Jahrhunderts aus. Sie betraf das ganze Reich, keiner der Chronisten überging sie, überall in den Klöstern wurde von ihr erzählt, in Bayern genauso wie in Sachsen, in Lothringen nicht anders als in Schwaben, und das wird noch dadurch erhärtet, daß in etlichen knappen Annalen die Ungarnschlacht als einziges Ereignis aus der Regierungszeit König Heinrichs notiert wird. Und schließlich wurde der Sieg bei Riade durchaus als ein Sieg des ganzen Reiches empfunden, gerühmt und gefeiert. Bis zu diesem Tag verkörperten die Ungarn schlechthin den Schrecken des christlichen Abendlandes, ein Alptraum und Nachtmahr. Am quälendsten wurde ihre Unbesieglichkeit empfunden. Mit diesem Spukbild hatte König Heinrich ein für allemal aufgeräumt, in Riade verflog das Trauma von der Unbeholfenheit des eigenen Heeres. Sollten oder mochten die Reiternomaden in Zukunft auch weiterhin die Grenzen des Reiches bedrohen: Die panische Furcht vor ihnen existierte nicht mehr. Bis zu diesem fünfzehnten März 933 wurde die Vorstellung der westlichen Völker von den Ungarn durch die Resignation vor den Erfahrungen mit ihren Kriegern bestimmt. Heinrichs Phantasie und der Mut seiner Krieger wurden zu einem Triumph über diese Erfahrungen. Die Stämme der deutschen Herzogtümer schleppten seit dem Tag von Riade nicht mehr die Ängste früherer Zeiten mit sich.

Dem König war es aufgrund des Tributvertrages gelungen, nicht nur in den der Vereinbarung folgenden Jahren Vorsorge über die Zeit des Waffenstillstandes hinaus zu treffen, sondern auch – wie es jüngst ein ungarischer Historiker formulierte – »jene seiner Pläne zu verwirklichen, die zur eigentlichen Grundlage der Außenpolitik des Reiches im Mittelalter werden sollten: die durchgesetzten deutschen Ansprüche in Lothringen, gegenüber den Dänen und den Nordostslaven an der Elbe in Brandenburg, in der Lausitz und in Böhmen.« Mit der Schlacht von Riade erhielten diese Pläne Brief und Siegel.

Aus all diesen Gründen ist die Bedeutung von Riade für den damaligen Zustand des Deutschen Reiches und die deutsche Geschichte in den folgenden Jahrhunderten kaum zu überschätzen. Deshalb auch die übermächtige Rolle, die nicht nur König Heinrich selbst in den Sagen und Legenden des Volkes spielt, sondern ebenso die Schlacht in der Saale-

Niederung an jenem Märztag des Jahres 933. Sie ist ein Faktum der Sicherung des Reiches vor den äußeren Gefahren und deshalb das Symbol für seine vollzogene Einheit.

23. Haithabu und die Heilige Lanze

*»Darauf drang er mit einem Heere in Dänemark ein
und erschreckte beim ersten Angriff den König Gnupa
so sehr, daß dieser sich bereit erklärte, zu tun, was ihm
befohlen, und bittflehend um Frieden ersuchte. Heinrich, der als Sieger die Grenzen des Reiches bei Schleswig, welches nun Haithabu genannt wird, bestimmte,
setzte dort einen Markgrafen ein und ließ eine Kolonie
von Sachsen dort wohnen.«*

Adam von Bremen I 59

Grenzsicherung im zehnten Jahrhundert ist Existenzsiche-
rung. Im Zeitraffer würde sich dem Blick aus der Perspektive eines Weltenseglers das Abendland jener Zeit als ein
Staatensystem präsentieren, dessen Grenzen sowohl im
Innenraum Europas als auch in den Randbereichen ununt-
terbrochen hin- und herfluten. Mit der gewaltigen Völkerwanderung in den Jahrhunderten zuvor hat dieses Fließen
und Pulsieren nichts zu tun, denn die Zentren der Staatsgebilde und Reiche hatten sich im wesentlichen bereits einge-
spielt oder befanden sich zumindest in der Phase ihrer
anhebenden Konsolidierung.

Was der Kanonikus Adam von Bremen, der »Tacitus des
germanischen Nordens«, wie er einmal rühmend bezeichnet
wurde, in seiner sachlichen Art von den Dänen zur Zeit

Heinrichs schrieb, hätte er tendenziell genausogut auf eine erheblich früher liegende Zeit münzen können. Karl der Große hatte es bei seinem Kampf gegen die Sachsen und Herzog Widukind im Grunde auch mit dem Reich der Dänen und ihrem König Sigfred, dem Schwager Widukinds, zu tun. Nach der endgültigen Niederwerfung der Sachsen blieb das Reich der dänischen Normannen im Norden für die Franken und die christianisierten Sachsen ein Quellbereich ständiger Einfälle. Die Allianz der Sachsen und Dänen war überdies nur eine vorübergehende Interessengemeinschaft gewesen, die das beständige Ringen dieser Völkerschaften lediglich für eine verhältnismäßig kurze Zeit unterbrochen hatte. Die Gegensätze spitzten sich prompt wieder zu, als von Sachsen aus versucht wurde, die Christianisierung nach Norden zu tragen. Die Normannen – wild, voller Kampfeslust, abenteuersüchtig – eroberten die fränkische Mark, die in der karolingischen Zeit errichtet worden war und die das Land zwischen Eider und Schlei umfaßte. Die genaue Zeit ihrer Gründung ist unbekannt, sie dürfte jedenfalls spätestens seit dem Jahr 828 existiert haben. Die Normannen drangen im Lauf der Zeit immer tiefer in das Reichsgebiet ein, sie überfielen wiederholt die Hammaburg, die Ludwig der Fromme um das Jahr 825 hatte erbauen lassen – das heutige Hamburg.

Zu einem spektakulären Ausgriff und völlig unerwarteten Überfall kam es im Jahr 834, als die Dänen mit ihren schnellen Drachenschiffen in Holland die Siedlung Dorestad heimsuchten und den Markt plünderten. Dorestad war der wichtigste Handelsplatz am Niederrhein und eine bedeutende Münz- und Zollstätte. Von Dorestad aus wurde der fränkische und friesische Handel nach England und in die nordischen Länder betrieben. Im gleichen Jahr 834 erhob Kaiser Ludwig der Fromme Hamburg zum Erzbischofsitz für den Sachsen Ansgar und Abt von Corvey, den »Apostel des Nordens«, doch mußte das Erzbistum, von dem aus die gesamte Nord-Mission geleitet und organisiert wurde, im Jahr 845 wegen der Zerstörung der Stadt durch die Dänen nach Bremen verlegt werden.

Zur Zeit König Heinrichs waren die Verhältnisse im Norden nur unwesentlich ruhiger als in den Jahrzehnten des Kampfes zwischen Karl dem Großen und den Sachsen, freilich mit dem Unterschied, daß die ständigen Bedrohungen und Überfälle von den Dänen ausgingen. Die Dänische Mark wurde zum Glacis für das Eindringen nach Nordalbingien. Dieselbe Rolle fiel Jütland zu bei den dänischen Versuchen, nach Friesland vorzudringen. Die ununterbrochenen Angriffe der Dänen in Schleswig über das Danewerk hinweg, den großen, gewaltigen Grenz- und Schutzwall an der Engstelle zwischen Nordsee und Ostsee, ließen dieses Gebiet des Reiches wie eine offene Wunde bluten.

Mittelpunkt des umstrittenen Gebiets war der bedeutende Handelsplatz Haithabu, die wichtigste Handelsstadt ganz Nordeuropas. Im achten Jahrhundert hatten die Friesen – damals die erfolgreichsten Händler und Kaufleute der nordischen Länder – den Fernhandelsweg nach Norden und Nordosten erschlossen. Er verlief von der Westküste Schleswig-Holsteins über die Landenge hinüber zur Schlei, der engen Förde an der Ostküste Schleswig-Holsteins, und von hier zur Ostsee. Von wem die Kaufmannssiedlung Haithabu am Westufer des Haddebyer Noors, einer Bucht am Ende der Schlei, gegründet wurde, ist nicht bekannt. Der Platz selbst wird im Jahr 804 erstmals in den *Fränkischen Reichsannalen* genannt. Der altnordische Name bedeutete »Siedlung auf der Heide«, der Ort lag gegenüber der heutigen Stadt Schleswig, die im elften Jahrhundert die Rolle Haithabus übernahm, nachdem der alte Handelsplatz, der damals längst nicht mehr das frühere Gewicht besaß, um das Jahr 1050 zerstört worden war. Die Norweger hatten Haithabu belagert, erobert und vollständig niedergebrannt.

Einhard, der Biograph Karls des Großen, notiert, daß der dänische König Göttrik (Godefredus) das Danewerk, den dänischen Grenzwall, errichtet habe. Göttrik hatte mit seiner Flotte die Niederlassung Haithabu, die damals auch als Sliesthorp und später als Sliaswich bezeichnet wurde, besetzt und sofort ihre auch strategisch bedeutende Lage erkannt. Er baute den Hafen aus, legte die ersten Befestigungen an und begann 808, zwei Jahre vor seinem Tod, als Grenzbefestigung den ältesten Wall gegen das Reich Karls des Großen zu errichten. Von der alten Grenzscheide der Schlei setzte das Danewerk die Befestigung von Haithabu nach Westen fort und ging dann in die Treene über, den rechten Nebenfluß der Eider. Damit war an der schmalsten, vorteilhaftesten Stelle der »Kimbrischen Halbinsel« die Straße von Norddeutschland nach Jütland gesperrt. Wann die karolingische Mark im Norden gegründet wurde, ist unbekannt; sie dürfte spätestens seit dem Jahr 828 existiert haben.

Seit dem Jahr 850 galt Haithabu als Wegkreuz und dominierende Drehscheibe des Handels vom Niederrhein über die Nordsee zur Ostsee, und umgekehrt von Skandinavien in den fränkischen und deutschen Raum. Von hier gingen die Verbindungen nach Hamburg, Dorestad, Utrecht, ebenso nach Nordnorwegen, Schweden und in das baltische Gebiet. Die Kaufmannssiedlung hatte sich rasch zu einer regelrechten Stadt entwickelt und wurde bald zu einer starken Festung ausgebaut. Die umliegenden Gebiete dieses wichtigen Stützpunktes zogen laufend neue Siedler an, der Wohlstand des Distrikts stieg weit über das normale Maß und reizte dadurch alle beutelüsternen Anrainer.

Nach der Niederlage und dem Tod von Heinrichs Onkel Brun im Jahr 880 in der großen Schlacht mit den Normannen ging das Gebiet verloren. Zu Beginn des zehnten Jahrhunderts setzten sich in Haithabu die schwedischen Wikinger fest, um 900 wurde Haithabu von dem Seekönig Olav erobert. Die Stadt war landeinwärts von einem sechs Meter hohen, mächtigen Ringwall in Hufeisenform geschützt; die Festungswerke, Gräben und Außenposten umfaßten ein Gebiet von rund dreißig Hektar, sie gingen direkt in das Danewerk über. Seit dieser Zeit wurden, in einer regional begrenzten Abwandlung der Ungarneinfälle, die Normannen zu einer beständigen Gefährdung und Bedrohung des Reiches. Mit der unerschütterlichen Regelmäßigkeit der Jahreszeiten brachen sie in das sächsische Gebiet ein, plünderten, brandschatzten und verwüsteten das Land beiderseits der Elbe.

». . . DER DIE DÄNEN ALS ERSTER BÄNDIGTE«. Im Sommer oder Herbst des Jahres 934 – die Datierung läßt keine Sicherheit zu – zog König Heinrich mit einem Heer nach Norden, eroberte nach schweren Kämpfen Haithabu und das Gebiet der karolingischen Mark, das bis zum Jahr 880 Sachsen gehört hatte. Der König warf die Dänen so machtvoll nieder, daß sie sich zur Tributpflicht bereit erklärten. Zu dem Feldzug hatten sie keinen unmittelbaren Anlaß gegeben; das war allerdings auch nicht nötig. Der Anlaß bestand seit vielen Jahren sowohl durch die Einbrüche der Normannen nach Süden ins Elbgebiet als auch a conto ihrer Angriffe auf die Friesen von Haithabu aus, ihren erfolgreichen und deshalb verhaßten Handelskonkurrenten im nordischen Bereich. Die Friesen hatten sich im Verlauf des achten und neunten Jahrhunderts als die bedeutendsten Fernhändler des Nordens durchgesetzt, sie besaßen eigene Wohnquartiere in Xanten und Duisburg, Speyer und Worms, in ihrer Hand lagen zeitweilig sowohl die Verbindungen und der Transitverkehr nach England als auch nach Schweden zum großen Handelsplatz Birka auf der Insel Björkö im Mälarsee. Auf die Dauer konnten sie sich allerdings gegen die Normannen nicht behaupten. Durch Heinrichs Sieg über die Dänen wurde folglich nicht nur Frieslands Zugehörigkeit zum Reich bestätigt, sondern auch die Friesen selbst wurden für längere Zeit vom Druck der Normannen befreit.

Die meisten Chronisten erwähnen diesen Kriegszug, berichten allerdings von ihm keine Details. Doch der Eindruck dieses letzten großen Sieges König Heinrichs und seiner Befriedung des Nordens muß mehr als nachhaltig gewesen sein. So verbindet Liudprand von Cremona den Feldzug gegen die Normannen und die Eroberung Haithabus mit den ruhmwürdigsten Unternehmungen des Sachsenherrschers: »König Heinrich war der erste, der die Dänen bändigte und sie zum Gehorsam zwang. Durch diese Tat hat er den Ruhm seines Namens bei vielen Völkern verbreitet. So war Heinrichs Name damals bei den Italienern deshalb besonders hoch geehrt, weil er allein die bis dahin noch unbezwungenen Dänen besiegt und tributpflichtig gemacht hatte. Es handelt sich nämlich bei ihnen um ein unbändiges, im Norden am Ozean wohnendes Volk, dessen wilde Grausamkeit die Adelsherren vieler Stämme schon in Trauer versetzt hat. Einst fuhren sie mit ihren Flotten den Rheinstrom aufwärts und verwüsteten alles auf das Schrecklichste mit Feuer und Schwert. Sogar die ansehnlichsten Städte – Agrippina, jetzt Köln genannt, das weitab vom Rhein gelegene Trier und mehrere andere Städte in Lothringen – eroberten sie im Sturm und plünderten sie völlig aus; und was sie nicht mit sich fortschleppen konnten, das verbrannten sie. Ja selbst zu Aachen haben sie die Bäder und Paläste in Asche gelegt.«

König Heinrich bestimmte die Grenze seines Gebietes gegenüber Dänemark auf der Linie Haithabu zur Treene und Eider. Haithabu wurde der Ostseehafen des Reiches. Ob der König wirklich in diesem Nordgebiet eine Mark gründete und einen Markgrafen einsetzte, wie Adam von Bremen behauptet, ist umstritten; die meisten Forscher zweifeln daran. Nicht zu bestreiten ist wie gesagt nur die Existenz einer solchen Mark in der Karolingerzeit. Zutreffend scheint immerhin ein größerer Zuzug von Sachsen gewesen zu sein, denn wie sich bei Ausgrabungen in unserer Zeit herausgestellt hat, lebten seit dieser Zeit im Gebiet der Schlei sowohl Dänen und Schweden als auch Sachsen und Friesen. Die Abhängigkeit Dänemarks vom Deutschen Reich blieb erhalten, solange das Danewerk nicht mehr als Sperriegel benutzt werden konnte. Der erste Rückschlag setzte am Ende des zehnten Jahrhunderts nach dem Tod Kaiser Ottos II. ein.

Heinrichs Gegner im Kampf um Haithabu war König Gnupa. Von ihm ist so gut wie nichts bekannt, es scheint lediglich verbürgt zu sein, daß er sich nach dieser Niederlage taufen ließ und auch die Bewohner seines Gebiets dem Christentum zuführte. Vielleicht handelte es sich bei Gnupa um einen Sohn des Seekönigs Olav, wahrscheinlicher allerdings um einen Sohn des dänischen Königs Gorm, auch Gorm Grymme der Alte genannt. Er war Herrscher in Jütland, verstarb nach 935 und wird in den nordischen Quellen stark gefeiert. Unabhängig von der Frage der Abstammung und Verwandtschaft handelte es sich bei Gnupa um einen Unterkönig und Vasallen König Gorms. Auch von Gorm heißt es, daß er sich nach der Eroberung von Haithabu dem deutschen König unterwarf, allerdings nicht bereit war, das Christentum anzunehmen. Heinrich ließ dies auf sich beruhen. Die Christianisierung Dänemarks wurde erst unter Harald Blaatand (Blauzahn), dem Sohn und Nachfolger Gorms, durchgeführt.

Die Initiative für die Mission im Norden lag noch immer beim Erzbischof von Hamburg und Bremen. König Harald Blaatand, der sich im Jahr 965 hatte taufen lassen, setzte im Jahr 985 seinen Eltern in Ostjütland den großen Jellinge-Runenstein, das Symbol der Einheit Dänemarks und seiner Bekehrung zum Christentum. Die Inschrift lautet: »König Harald hat dieses Denkmal zum Andenken an Gorm, seinen Vater, und Thyre, seine Mutter, errichtet. Harald war es, der ganz Dänemark und Norwegen für sich gewann und alle Dänen zu Christen machte.« Auf dem großen Jellinge-Runenstein befindet sich das älteste Christusbild des Nordens.

MEHR ALS DIE WÜRDE EINES KÖNIGS. Nach seinem Sieg im Norden, der Eroberung Haithabus und der Rückgewinnung sächsischen Gebietes für das Reich benötigte König Heinrich nicht die Perspektive eines Blickes von hoch oben, vom Scheitel der Dinge, um das Übergewicht abschätzen zu können, das er im Verlauf seiner Regierung dem Deutschen Reich zugewonnen hatte. Die faktische Vormachtstellung des Reiches wurde von allen Staaten des Abendlandes anerkannt. Deshalb handelt es sich auch um mehr als um eine Kuriosität, daß im Jahr 932 sowohl Marinus von Grado, der Patriarch von Jerusalem, und Petrus II. Candiano, der Doge von Venedig, in einem Brief König Heinrich und den deutschen Episkopat darum baten, »die Juden zum Christentum zu bekehren.« Die Angelegenheit wurde auf der Synode von

Erfurt besprochen und verhandelt. Das Schreiben ist ein besonders guter Beleg für die hohe Einschätzung des Königs: Er galt damals, so wie einst die christlich-abendländischen Kaiser vor ihm, als mächtigster Garant, Hüter und Wahrer des christlichen Glaubens. Seine Oberhoheit, sein Vorrang wurde fraglos respektiert, seine herausragende Stellung unter den anderen Herrschern wurde auch nicht davon abhängig gemacht, ob er den Kaisertitel trug: Er galt als Kaiser, entsprechend einer Tradition, die weit über Karl den Großen zurückreichte. In der merowingischen Zeit hatte der sogenannte Ämtertraktat – ein systematischer Überblick über sämtliche staatlichen und militärischen Ämter – in seinem ersten Abschnitt über die höchsten Positionen wörtlich festgelegt: »Kaiser ist, wessen Reich hervorragt im ganzen Erdkreis, und unter ihm gibt es die Könige anderer Reiche, die nicht Kaiser, sondern Könige heißen.«

Heinrich trug nie den Titel eines Kaisers, er strebte ihn auch nicht an. Nach seinem Tod wurde er trotzdem von den Chronisten wiederholt als Kaiser tituliert. Das Gefühl der damaligen Mönche und Kleriker für die Feinheiten und Abstufungen der Ränge und Titel war zu gut entwickelt, als daß sie sich nur einer Nachlässigkeit schuldig gemacht hätten, wenn sie den Sachsenherrscher Heinrich als Kaiser bezeichneten. Sie meinten damit nichts anderes, als was der Ämtertraktat definiert hatte: Dem Herrschertum Heinrichs wurde gegen Ende seiner Regierung der Vorrang gegenüber allen anderen Königen der Zeit zugesprochen, ihm war mehr zuteil geworden als die Würde eines Königs, ja es handelte sich um einen universalen Vorrang. Heinrich war Imperator, ohne deshalb an die altrömische Kaiseridee gebunden zu sein. So wurde seine Herrschaft in Europa empfunden, so empfanden sie auch der Patriarch von Jerusalem und der Doge von Venedig, sonst hätten sie sich nicht mit ihrer Bitte an Heinrich gewandt.

Schließlich aber empfand dies auch König Heinrich selbst nicht anders. Aller Wahrscheinlichkeit nach wurde dieselbe Einschätzung auch von seiner Umgebung und insbesondere von seinen Kriegern mehrfach ausgedrückt. Widukind von Corvey läßt Heinrich nach seinem Sieg über die Ungarn nach Sachsen zurückkehren, und dort »begrüßte ihn das Heer als Vater des Vaterlandes, als großmächtigen Herrn und Kaiser.« Diese Akklamation ist auch bei Widukind kein Irrtum und nichts Unhistorisches, sondern hat ein solides Geschichtsfundament. Wesentlich aber ist allein Heinrichs Selbsteinschätzung. Für ihn, der persönlich überaus nüchtern und selbstkritisch urteilte und ein distanziertes Verhältnis zu Ruhm, Vorrang und angetragener Magnifizenz besaß, fiel die Größe und Würde des Reiches mit der Größe und Würde der Herrscherstellung in eins zusammen.

HEINRICH ERWIRBT DIE HEILIGE LANZE. Otto der Große hatte in den ersten Jahren seiner Herrschaft wiederholt mit Aufständen gegen seine Thronfolge zu tun, die aus dem Kreis seiner Familie und seiner engsten Umgebung angezettelt wurden. Im Jahr 939 flammte eine Revolte auf, an deren Spitze sein Bruder Heinrich und Herzog Giselbert von Lothringen standen. Die Heere der Verschwörer und des Königs trafen bei Birten, südlich von Xanten am Rhein, aufeinander. Von Ottos Streitmacht hatte erst ein kleiner Teil über den Strom setzen können, das Gros befand sich noch auf der Ostseite. In diesem Moment rückte das starke Heer der Rebellen von Westen heran. Die Katastrophe schien bereits komplett, Otto war verzweifelt. Doch dann erhielt er einen Wink des Himmels: »Der König, der wohl

bedachte, daß die Standhaftigkeit der Seinen nur mit Gottes
Beistand so groß war, erinnerte sich daran, wie das Volk
Gottes den Widerstand der Amalekiter durch das Gebet des
Gottesknechtes Moses überwand, und da er, durch den
Fluß getrennt, in eigener Person den Seinen keine Hilfe
bringen konnte, stieg er vom Pferde und betete mit dem
ganzen Volke unter Tränen vor den siegbringenden Nägeln,
die einst die Hände unseres Herrn und Heilandes Jesu
Christi durchbohrt hatten und die nun in die Lanze des
Königs eingefügt waren. Und da zeigte der Augenschein,
wieviel nach den Worten des seligen Jakobus das Gebet der
Gerechten vermag. Denn infolge seines Gebets wandten
sich die Feinde sämtlich zur Flucht, während von den Seinen kein einziger umkam. Von jenen aber wußten manche
nicht einmal, warum sie flohen, da sie den verfolgenden
Feind seiner geringen Zahl wegen gar nicht sehen
konnten.«

Dieser Bericht von Bischof Liudprand von Cremona hält
sich an die Tatsachen, wobei allerdings die Wirkung des
Gebetes vor der Heiligen Lanze noch dadurch unterstützt
wurde, daß der kleine Teil des Heeres König Ottos am
linken Ufer trotz seiner hoffnungslosen Unterlegenheit in
einer völlig überraschenden, furiosen Attacke das Rebellen-
heer angriff und in die Flucht schlug.

Die Heilige Lanze gehörte seit den Zeiten König Heinrichs zu den anderen Reichsinsignien oder -kleinodien: zu
der Krone, dem Zepter, dem Reichsapfel und dem Schwert.
Unter diesen wichtigsten fünf Herrschaftszeichen der deutschen Könige und römischen Kaiser des Mittelalters spielt
die Heilige Lanze eine besondere Rolle. Denn sie ist nicht
nur ein politisches Herrschaftszeichen, sondern auch eine
Reliquie erster Ordnung, ein unvergleichliches Heiligtum.
Heinrich erhielt sie im Juni 935 von König Rudolf II. von

Burgund als Geschenk, allerdings – wie erzählt wird – erst nach energischem Drängen und heftigen Drohungen.

Bischof Liudprand von Cremona berichtet, daß König Rudolf die Lanze von dem italienischen Grafen Samson als Geschenk erhalten hatte: »Die Lanze war anders als die sonstigen Lanzen, nach Art und Gestalt etwas Neues, insofern, als das Eisen beiderseits der Mitte des Grates Öffnungen hat, und statt der kurzen, seitwärts gerichteten Zweige des lilienförmigen Lanzeneisens erstrecken sich zwei sehr schöne Schneiden bis zum Abfall des Mittelgrates. Von dieser Lanze nun behauptet man, sie habe einst Konstantin dem Großen gehört, dem Sohne der heiligen Helena, die das Leben bringende Kreuz auffand. Und auf dem Dorn, den ich soeben den Grat nannte, trug sie Kreuze aus Nägeln, die durch die Hände und Füße unseres Herrn und Erlösers Jesu Christi geschlagen waren.

König Heinrich nun, als gottesfürchtiger Mann und jedes Heiligtums Liebhaber, sandte – als er erfuhr, daß Rudolf ein so unschätzbares Geschenk des Himmels besitze – umgehend Boten an ihn ab und versuchte, ob er es um irgendwelchen Preis erwerben und sich so die unüberwindlichen Waffen und damit beständigen Sieg über sichtbare und unsichtbare Feinde verschaffen könne. Da aber König Rudolf auf alle Weise erklärte, daß er solches niemals tun würde, so ließ König Heinrich es sich sehr angelegen sein, weil er ihn durch Geschenke nicht dazu bewegen konnte, ihn durch Drohungen zu schrecken. Denn er gelobte, sein ganzes Königreich mit Feuer und Schwert verwüsten zu wollen. Weil aber die Sache, um die er bat, ein Kleinod war, durch welches Gott das Irdische mit dem Himmlischen verknüpft hat, nämlich der Eckstein, der aus beiden eines macht, so wurde endlich König Rudolfs Herz erweicht, und er überreichte es persönlich dem gerechten König, der in gerechter Weise Gerechtes begehrte. Denn wo der Friede selber zugegen ist, da hat die Feindschaft keinen Raum. Denn auch damals, als der, welcher mit diesen Nägeln gekreuzigt worden ist, von Pilatus zu Herodes ging, wurden diese beiden an jenem Tage Freunde, die vorher einander feind gewesen waren.

Mit welcher Freude aber König Heinrich das erwähnte unschätzbare Kleinod empfing, das zeigte sich auf mancherlei Weise, insbesondere aber dadurch, daß er ihn, als er sich damit ihm anvertraute, nicht nur mit Gold und Silber, sondern auch mit einem ansehnlichen Teil des Schwabenlandes beschenkte. Gott aber, der die Gedanken der Menschen durchschaut und nicht die Größe der Gabe, sondern den guten Willen bewertet und belohnt, wie hohen Lohn er dem frommen König um der erwähnten Sache willen in der Ewigkeit beschieden habe, das hat er auch in dieser Zeitlichkeit bereits durch einige Anzeichen zu erkennen gegeben, indem der König stets die Feinde, die sich gegen ihn erhoben, mit Vorantragen dieses siegbringenden Zeichens geschreckt und in die Flucht geschlagen hat.

Auf diese Weise also oder vielmehr durch den Willen Gottes gelangte König Heinrich in den Besitz der Heiligen Lanze, die er sterbend seinem Sohn nebst des Reiches Erbschaft hinterließ. Wie hoch aber auch dieser das unschätzbare Kleinod geehrt hat, das kündet uns nicht nur der oben erzählte Sieg bei Birten, sondern auch die wunderbare Fülle göttlicher Segnungen, von welcher wir noch zu berichten haben.«

Heute wird die Heilige Lanze mit den anderen Reichsinsignien in der Schatzkammer der Hofburg zu Wien aufbewahrt. Eine Nachbildung befindet sich in der alten Krönungsstadt Krakau in Polen. Kaiser Otto III. übergab das Replikat bei seinem Besuch in Gnesen im Jahr 1000 Herzog

Boleslaw Chrobry als Geschenk; sie wurde im Schatz der Krakauer Kathedrale aufbewahrt. Die Heilige Lanze zählt zu jenen rätselhaft erlesenen Dingen der früheren Zeiten, deren Realität in der Legende wurzelt. Sie soll mit dem Speer identisch sein, den der römische Soldat Longinus dem gekreuzigten Christus in die Seite stieß, um zu sehen, ob er gestorben sei – wie das Evangelium des Johannes berichtet: »Einer der Kriegsleute öffnete seine Seite mit einem Speer, und alsbald floß Blut und Wasser heraus.« Nachdem sie Helena und Konstantin der Große aufgefunden hatten, wurden in das Lanzenblatt Nägel vom Kreuz Christi eingefügt.

Seit sie in den Besitz der deutschen Könige übergegangen war, wurde in ihren Gehalt auch die magische Bedeutung des Speeres, des Herrschaftssymbols der germanischen Könige, eingeschmolzen, dessen Macht auf den Wodansspeer, das Attribut des Kriegs- und Siegesgottes der Germanen, zurückgeht. Diese Tradition blieb trotz der Christianisierung lebendig. Widukind von Corvey läßt Eberhard von Franken neben den Reichsinsignien auch eine lancea sacra überbringen. Sie hat zwar nichts mit der Konstantinslanze zu tun, daß aber zur Vorstellung eines Königs Krone und Speer gehören, zeigt auch das Heinrichssiegel, das seit 922 verwendet wurde und den König mit Schild, Krone und Speer abbildet. Seit der Thronbesteigung Heinrichs II. besaß die Sieg verbürgende Heilige Lanze den Rang eines unumgänglichen Investitursymbols der deutschen Könige.

Die Heilige Lanze zeichnete sich folglich nicht nur durch ihren Reliquiencharakter aus, sondern auch durch ihren politisch-weltlichen Bezug. Sie galt insbesondere als Sinnbild des Herrschaftsanspruchs der deutschen Könige und Kaiser auf das langobardische Königtum und damit auf Italien. Die allgemein politische Bedeutung der Lanze hebt Liudprand bei seiner Schilderung der Übergabe selbst kräftig hervor. Zunächst durch die Feststellung, daß Heinrich, der gerechte König, nur in gerechter Weise etwas begehrt hätte, was ihm als »Gerechtes«, also Rechtens zustand. Noch schwerwiegender aber ist der Umstand, daß König Rudolf durch die Übergabe der Heiligen Lanze sich König Heinrich »anvertraute«, nämlich den Akt der Kommendation vollzog, sich ihm also unterstellte, ihm huldigte und König Heinrichs Oberhoheit für sich und seinen burgundischen Herrschaftsbereich anerkannte. Der deutsche König übertrug ihm dafür in offizieller Form den Besitz eines kleinen Teils der Provinz Schwaben, über den König Rudolf bereits seit langem gebot. Es handelte sich um die Landschaft zwischen Vierwaldstätter See und Bern im Westen, im Norden begrenzt durch den Schweizer Jura und im Süden durch Thuner und Brienzer See; Grenzflüsse waren Aare und Reuß, aller Wahrscheinlichkeit nach war die Bischofsstadt Basel mit eingeschlossen. König Heinrich gab Rudolf also keineswegs ein Gegengeschenk, wie es in der Schilderung Liudprands den Anschein hat, sondern er gab nur den Gebietsverlusten, mit denen sich schon Herzog Burchard abgefunden hatte, einen amtlichen Stempel. Auch diese Tatsache unterstreicht die politische Bedeutung der Heiligen Lanze. Denn wegen einer Reliquie allein hätte der König niemals Gebiete des Reiches abgetreten oder überschrieben.

Die Heilige Lanze, die vor der Übergabe an Heinrich die burgundische Königsreliquienlanze darstellt, wurde seit dem elften Jahrhundert auch als Mauritiuslanze verehrt. Mauritius war der Führer der römischen Legion in Ägypten, die sich zum Christentum bekehrt hatte. Unter Maximian, einem der Tetrarchen in der Zeit Diokletians, wurde Mauritius mit allen seinen Soldaten am Ende des dritten Jahrhunderts enthauptet. An der Stelle des Martyriums, beim heutigen St.-Maurice d'Agaume im Schweizer Kanton Wallis, stiftete König Sigismund von Burgund im Jahr 515 ein Kloster. Mauritius rückte zum Schutzheiligen Burgunds und des Langobardenreiches auf, die Heilige Lanze wurde in der Abtei St.-Maurice verwahrt. Schon unter Otto dem Großen wurde aufgrund des Übergangs von Burgund zum Deutschen Reich die Heilige Lanze direkt mit Mauritius verbunden. Im Jahr 937 ließ Otto der Große die Reliquien des heiligen Mauritius aus der Abtei St.-Maurice nach Magdeburg überführen, er selbst weihte seine Klostergründung in Magdeburg ebenfalls dem heiligen Mauritius und unterstellte das Erzbistum Magdeburg seinem Schutz. Seit dem Beginn des elften Jahrhunderts galt Mauritius schließlich auch als Patron des Deutschen Reiches.

Für beide Könige, für Heinrich den Ersten und Otto den Großen, war die Heilige Lanze gleichermaßen Herrschaftssymbol und Reliquie; das Heilige bedeutete in der damaligen Zeit überdies noch eine Verstärkung der politisch-staatsrechtlichen Substanz. Vor allem aber zeichnete sich die Heilige Lanze gegenüber allen anderen Herrschaftszeichen des Königs durch ihre wunderbare Abkunft aus. Da Konstantin der Große und seine Mutter Helena diejenigen gewesen waren, die das Leidenskreuz Christi aufgefunden hatten, das von den Juden zusammen mit den Kreuzen der beiden Schächer auf Golgatha vergraben worden war, galt die Lanze Konstantins mit den Nägeln vom Kreuz des Herrn seit dieser Zeit als das christlich-imperiale Herrschaftssymbol höchsten Ranges.

Wie weit sich aus ihrem Besitz auch schon für König Heinrich nicht nur die Vorstellung, sondern auch ein realpolitischer Plan verband, die Heilige Lanze nicht nur als Symbol und Legitimation seiner Ansprüche auf Italien zu bewerten, sondern auch durch einen Zug über die Alpen in den

Süden nach Rom zu erhärten, wissen wir nicht. Widukind von Corvey erklärt zwar unmißverständlich: »Zuletzt, als König Heinrich alle Völker im Umkreis bezwungen hatte, beschloß er, nach Rom zu ziehen, unterließ aber, da ihn Krankheit befiel, den Zug.« Im Gegensatz dazu läßt Thietmar von Merseburg – irrtümlich – König Heinrich den Zug nach Rom wirklich unternehmen, allerdings motiviert er ihn mit des Königs Bußfertigkeit, verbindet ihn also ausdrücklich nicht mit politischen Absichten: »Jedesmal, wenn sich der König im Laufe seines Lebens gegen seinen Gott und Herrn aufgelehnt hatte, beugte er seine Würde und demütigte sich zu angemessener Buße. So hörte ich, er habe auf einer Pilgerfahrt nach Rom die Mühen der Fußreise dem Reiten vorgezogen; auf vielfache Fragen nach dem Grund solchen Tuns habe er seine Schuld bekannt.«

König Heinrich »ging nicht über den Berg«, er zog nicht nach Italien. Das gab und gibt noch immer außerordentlich viel Raum für wohlbegründete und ebenso für weniger gut motivierte Spekulationen über Heinrichs mutmaßliche, mögliche oder inexistente Italienpolitik. Das Problem besitzt seine geschichtliche Relevanz nicht für die Einschätzung der Herrschaft des ersten deutschen Königs und ihrer Besonderheiten, sondern seit der Herrschaft seines Sohnes Otto, der die italienische Königspolitik Karls des Großen erneuerte und die deutsche Krone mit der italienischen verband – mit den folgenschwersten Rückwirkungen auf das Verhältnis der ottonischen, salischen und staufischen Kaiser zu Italien und Rom, auf das Verhältnis von Kaiser und Papst. Denn in ihrem erbitterten Ringen miteinander zeigen sich am stärksten die fundamentalen Kräfte und Antriebe des Mittelalters, zeigt sich unverfälscht das Wesen dieser ganze Epoche, wird sichtbar in einer Reihe von welthistorischen Ereignissen, die das Abendland zu dem werden ließen, was es noch immer ist.

DREIKÖNIGSTREFFEN IM JUNI 935. Die Zusage Rudolfs II. von Burgund, die er 926 König Hugo von Italien gegeben hatte, sämtliche Ansprüche und Gelüste auf Italien aufzugeben und sich auf Burgund zu beschränken, wurde 933 auf eine harte Probe gestellt. Eine starke Fraktion lombardischer Adliger war mit der Herrschaft König Hugos unzufrieden. Sie sandten Boten zum burgundischen König und ersuchten ihn, wieder in ihr Land zu kommen und gegen Hugo anzutreten. Nach Liudprand von Cremona reagierte Italiens König schnell und energisch: »Als Hugo davon erfuhr, schickte er ebenfalls Gesandte an Rudolf, trat ihm alles Land ab, das er in Gallien besessen hatte, ehe er König geworden war, und nahm ihm dafür als Gegenleistung das eidliche Versprechen ab, niemals nach Italien zu kommen.« Dieser Vertrag bewirkte eine notwendige Klärung und Abgrenzung der Interessenbereiche und hatte auch erheblichen Einfluß auf die Haltung König Heinrichs gegenüber dem Westfränkischen Reich, seinem König Rudolf und den Machtkämpfen, die jenseits des Rheins noch immer nicht zur Ruhe gekommen waren.

Der unwiderrufliche Verzicht Rudolfs von Burgund auf Italien machte auch den Besitz der Heiligen Lanze völlig wertlos. Der Vertrag von 933 ist deshalb eine geradezu logische Voraussetzung für die Übergabe dieses Herrschaftszeichen an den deutschen König. Auch der Zeitpunkt liegt dadurch mit hoher Verläßlichkeit fest. Nach der Vereinbarung mit Rudolf von Burgund nahm König Hugo Verbindung zu Heinrich auf. Er dürfte ihn über den Vertrag informiert und darum geworben haben, daß der deutsche König seinerseits sein Verhältnis zu Italien verdeutlichen möge. Heinrich wurde überdies auch unmittelbar in die italienischen Verhältnisse gezogen durch den Versuch des widerspenstigen lombardischen Adels, nach dem Scheitern seiner

Bemühungen um Rudolf von Burgund gegen König Hugo einen anderen Prätendenten in Eberhard von Bayern zu finden, dem Sohn Herzog Arnulfs. Graf Milo von Verona und der Veroneser Bischof Rather trugen ihm die eiserne Krone der Langobarden an, und aufgrund dieser Einladung unternahm Arnulf von Bayern zusammen mit Udalpert, dem Erzbischof von Salzburg, einen Kriegszug nach Italien. Doch König Hugo schlug energisch zu. Am 2. Februar 934 eroberte er Verona zurück, und daraufhin brachen Arnulf und Udalpert schleunigst die ganze Kampagne ab. Man darf annehmen, daß König Heinrich von dem Ad-hoc-Unternehmen des bayerischen Herzogs einigermaßen überrascht wurde, nicht zuletzt deshalb, weil er selbst mit dem Krieg gegen die Dänen und der Eroberung von Haithabu beschäftigt war. Der hastige Abbruch des Feldzugs im Februar 934 enthob ihn aller Maßnahmen, zu denen er möglicherweise bei einer anderen Entwicklung genötigt worden wäre. Im Herbst desselben Jahres unternahm er nochmals einen Feldzug gegen die Uckermark nordöstlich von Brandenburg, unterwarf die dortigen Völkerschaften, machte sie zinspflichtig und dehnte dadurch die deutsche Oberhoheit bis zur Oder aus. Es war das letzte kriegerische Unternehmen des Königs.

Im März des Jahres 935 traf am Hofe Heinrichs eine Gesandtschaft des westfränkischen Königs Rudolf ein. Sie wurde geführt von Graf Gosfrid von Nevers, einem Gefolgsmann König Rudolfs, und überbrachte das Ersuchen um eine Zusammenkunft der beiden Herrscher. Heinrich nahm die Einladung an und schickte seinerseits eine Gesandtschaft auf den Weg, um die Einzelheiten der Begegnung vorbereiten zu lassen. In erster Linie dürfte dabei die Rücksicht auf den burgundisch-italienischen Vertrag des Jahres

933 ausschlaggebend gewesen sein. Deshalb wurde auch Rudolf von Burgund zu dem Treffen gebeten. Dem westfränkischen König wiederum lag bei den Kämpfen mit seinen Fürsten außerordentlich am Herzen, den deutschen König auf ein neutrales Verhalten zu fixieren. König Heinrich hatte nämlich 934 bei den Kämpfen zugunsten von Graf Herbert von Vermandois, seinem Vasallen und Nachbarn, westlich von Lothringen eingegriffen und bei König Rudolf darauf gedrungen, daß er dem Grafen einen Waffenstillstand bis zum Oktober 934 einräumte. Er hatte dafür mehrere Gründe. Zum einen konnte ihm nur daran gelegen sein, daß sich die Verhältnisse in Westfranken so lange wie möglich im Zustand ausgeglichener Disharmonie erhielten, zum anderen bestand ein direktes Interesse daran, in diesem Gebiet Nordfrankreichs jenseits der Reichsgrenzen einen starken, ihm freundschaftlich verbundenen Fürsten zu wissen. Es existierte auch eine enge Beziehung zwischen Herzog Giselbert von Lothringen und Herbert von Vermandois.

Das Dreikönigstreffen fand Anfang Juni 935 an der Maas bei Sedan westlich von Luxemburg statt. Flodoard berichtet davon, spärlich genug, aber die Kargheit der Notizen besagt nicht, daß die drei Herrscher nicht über alle Fragen miteinander gesprochen hätten, die ihnen zu schaffen machten. König Heinrich, der von Duisburg aus angeritten war, erhielt bei dieser Zusammenkunft von Rudolf II. von Burgund die Heilige Lanze überreicht. Mit Rudolf, dem König in Westfranken, schloß er einen Friedens- und Freundschaftsvertrag, der sämtlichen Möglichkeiten eines Krieges zwischen dem Deutschen Reich und Westfranken bis auf weiteres den Boden raubte und die bedingungslose Zugehörigkeit Lothringens zum Deutschen Reich bestätigte. Die Vereinbarungen bezogen sich auf die Fürsten Hugo von Franzien und Herbert von Vermandois, ebenso auf den Grafen Boso, den

Bruder König Rudolfs, der sich in Lothringen so hartnäckig gegen die Herrschaft Heinrichs gesträubt hatte. Der französische und der hochburgundische König respektierten von diesem Tag an umsichtig ihre jeweiligen Interessensphären. Die Zusammenkunft der drei Könige im Juni 935 schließt mit dem beachtlichsten Erfolg die Außenpolitik Heinrichs im Westen und Südwesten des Deutschen Reiches ab, denn die Herrscher hatten ihm bei jenem Dreikönigstreffen die Stellung eines Ordners ihrer Zwiste zugewiesen.

24. Tod in Memleben

»Als König Heinrich sein Testament in aller Ordnung
gemacht und verfügt und alle seine Angelegenheiten
geregelt hatte, starb er, der Herr und Gebieter, der größte
unter den Königen Europas, keinem nachstehend an
jeglicher Tugend der Seele und des Körpers.«
Widukind von Corvey

Die Notiz Widukinds liest sich, als wäre es dem König zur
rechten Zeit bewußt geworden, daß sein Ende bevorstand.
Hatte Heinrich tatsächlich in Erwartung des in Kürze eintre-
tenden Todes »sein Testament gemacht«? Der Ausdruck
Testament bei Widukind ist etwas irreführend. Bis über das
Mittelalter hinweg blieb das Testament als Rechtsinstitut, so
wie es bei den Römern üblich war, in unseren Breiten
unbekannt. Lapidar hatte Tacitus von den Germanen
geschrieben: »Nullum testamentum«, und der *Sachsenspie-*
gel erklärt von der Übertragung des Erbes durch einen Vertrag
oder ein Testament: »Das halte man für Unrecht.« Hier schlägt
die alte Überzeugung durch, daß Gott und nicht der Mensch
die Erben macht. Doch etwas anderes waren die Verfügungen
im Hinblick auf den Todesfall, die donationes post obitum. Sie
bezogen sich meistens auf Schenkungen unter Suspensivbe-
dingung: Sie kamen dem Empfänger nur unter der Voraussetzung zugute, daß er den Schenker überlebte.

Zur Vorsorge eines Herrschers und besonnenen Realisten, wie er sich in König Heinrich verkörperte, gehört jenseits aller geschriebenen Worte die umfassende Regelung seiner Angelegenheiten zu einer Zeit, in der sich das Dasein zwar noch nicht als fraglich erwiesen hat, aber diese Möglichkeit nicht mehr verbirgt. Dies um so mehr, als in jenem Jahrhundert die Menschen nicht nur bei der Messe daran erinnert wurden, »mitten im Leben vom Tod umgeben« zu sein. Der König stand damals immerhin im sechsten Lebensjahrzehnt. Damit hatte er bereits nicht unwesentlich die Zeitspanne überschritten, die nach den gängigen Erfahrungen den Menschen vergönnt war. Ob Heinrich im Hochsommer oder im Frühherbst 935 Vorahnungen von einem baldigen Ende hatte oder gar damit rechnete, läßt sich nicht feststellen. Ebensowenig aber trifft das Gegenteil zu.

Das Wissen vom Tod schließt durchaus keine Gleichgültigkeit gegenüber dem Leben ein. Die irdisch-menschlichen Empfindungen, die Leidenschaften, Freuden und Ängste äußerten sich damals weit unverblümter und kräftiger als in den späten Jahrhunderten des Mittelalters. Das Leben war kein Jammertal, und selbst die Klöster in Deutschland verstanden sich noch nicht als der monopolisierte Ort, von dem aus die Bannstrahlen gegen das Sinnenhafte geschleudert wurden. Alles Leibliche war etwas Natürliches, jedenfalls nichts Verwerfliches, der Körper das Gegenteil eines »irdischen Kerkers«. Abt Walahfried Strabo – eine unerschöpfliche Quelle für das Lebensgefühl des neunten Jahrhunderts in Deutschland – wünscht einem Freund von ganzem Herzen, daß ihm Gott zeit seines Lebens heilbringende Gesundheit schenken und böse Krankheiten fernhalten möge. Nichts findet sich hier von den Selbstquälereien einer verzerrt begriffenen Nachfolge Christi in Blut und Tränen, nichts von der religiösen Apologie des Schmerzes. Und daß ein seliges Leben auch auf Erden nicht dasselbe sein müsse wie ein armseliges Leben, bezeugt noch anfangs des elften Jahrhunderts der großartige Kirchenherr und Reichsbischof Meinwerk von Paderborn. Bei einem Besuch der von ihm 1015 gegründeten Benediktinerabtei Abdinghof empörte er sich über die dürftige Küche, »ließ einige seiner Bauern kommen und befahl ihnen, dem Kloster Schweine zu geben. Mit deren Speck und Fett sollten von jetzt ab die Speisen der Brüder bereitet werden.«

In den mehr als zwei Jahrhunderten zwischen dem *Heliand*-Dichter und Walahfried Strabo einerseits und dem *Ruodlieb* um 1050 andererseits ist in den deutschen Ländern nördlich der Alpen verblüffend wenig vom Lob der christlichen Weltentsagung zu hören. Aus den heftigen, fast aufsässigen Klagen über die entschwindende Jugend und Schönheit im *Heliand* spricht eine ganz unreligiöse Wertschätzung der körperlichen Vorzüge. Widukind von Corvey rühmt Judith von Bayern, die Gemahlin von König Heinrichs gleichnamigem Sohn, ganz unverblümt als »eine Frau von außerordentlich herrlicher Gestalt und wunderbarer Klugheit«, und die Chronisten der Klöster notieren sachlich und als übliche Regel, daß damals bei der Brautwahl die körperliche Schönheit als wichtigstes Kriterium der Entscheidung angesehen wurde. Gleichlautendes ist ja auch bei König Heinrichs Liebe zu Hatheburg und ebenso von Mathilde berichtet worden. Der naiv-selbstverständliche Naturalismus in den Versen des *Heliand* genauso wie in jenen Roswithas von Gandersheim und insbesondere im *Ruodlieb* – etwa der Regensburger Probst seiner Freundin verspricht: »Was die Brust verbirgt, soll dir bald das Bett enthüllen!« – ist ein getreuer Spiegel der damals herrschenden, unverbildeten Einstellungen und des freien Verhaltens im täglichen Leben, sei es bei Fürsten oder dem hohen Adel, sei es beim Bauern oder dem Adel des Landes.

Als besonders wichtiges Merkmal erscheint in diesem Zusammenhang die selbstbewußte Stellung der Frau in der Gesellschaft, die Sicherheit und Kraft ihrer Präsentation. Der Unterschied gegenüber späteren Zeiten ist so auffällig, daß man das zehnte Jahrhundert in Deutschland geradezu als ein Jahrhundert der Frau bezeichnen darf. Nicht nur Heinrichs zweite Gemahlin Mathilde oder Roswitha von Gandersheim wären als Musterfälle zu nennen, sondern ebenso Judith von Bayern, die zusammen mit ihrer Tochter Hadwig von Schwaben ihren Sohn Heinrich II. den Zänker zur Rebellion gegen Heinrichs Vetter, Kaiser Otto II., trieb. Nach dem Tod ihres Gemahls Burchard III. zog Hadwig in Schwaben die herzoglichen Rechte an sich und regierte das Land selbstherrlich bis zu ihrem Tod im Jahr 994 neben den regulären Herzögen Otto I., der 982 verstarb, und dem ihm folgenden Herzog Konrad; Hadwig wurde auch von der Reichskanzlei ausdrücklich der Titel des »dux« zuerkannt. Ebenso wäre an Kaiser Ottos I. zweite Gemahlin Adelheid zu erinnern, von der die Reichsregierung unter Otto II. wesentlich beeinflußt wurde und die in den ersten Jahren Ottos III. allein die Regierung führte. Ebenso ist schließlich auch Mathilde zu nennen, die Enkelin König Heinrichs, die von Otto III. für die Zeit seines Zuges nach Italien zur Reichsverweserin eingesetzt wurde.

Die Frau galt im zehnten Jahrhundert weitestgehend als ebenbürtig, sei es im geistig-kulturellen Bereich, sei es in der fraglosen Billigung einer verantwortlichen politischen Stellung, wenn sie entsprechende Fähigkeiten geltend machte. Am stärksten aber beeindrucken die wiederholten Forderungen und selbstverständlichen Erwartungen einer gleichwertigen Verteilung von Rechten, Pflichten und Freiheiten im Verhältnis der Geschlechter. Das ist eindrucksvoll, zumal in unseren letzten Jahrzehnten des zweiten Jahrtausends, die so fortschrittlich sind, daß sie den Begriff der Promiskuität mit der Vokabel »männliches Privileg« übersetzen. Der Dichter des *Ruodlieb* sieht das ganz anders. Da meint der Bräutigam zu seiner Erwählten: »Wie dieser Ring den ganzen Finger rings umschließt, verpflichte ich dich zu fester und ewiger Treue!« Die Braut aber erwidert stolz und selbstbewußt: »Das gleiche Urteil, so gebührt es sich, sollen beide erleiden. Warum, sag, schuld' ich dir eine bessere Treue als du mir? Sag, wenn du dich verteidigen kannst, ob es vielleicht Adam erlaubt gewesen wäre, sich zur Eva noch eine Buhlerin hinzuzunehmen!«

Die Lebensbejahung der frühmittelalterlichen Zeit hebt sich markant vom Daseinsgefühl der späteren Jahrhunderte ab. Melancholie, Niedergeschlagenheit, Verzweiflung als Seelenklima sind weitgehend unbekannt, vor allem aber gelten sie als Sünde; Tristitia wird zu den acht Hauptlastern gezählt. An einem starken, freien, heiteren Gemüt hat Gott sein Wohlgefallen. Walahfried Strabos *Lied von der Freude* (Versus de laetitia) beginnt mit den Versen:

> Seht, wie durch Himmels
> Gabe wir fröhlich,
> freundschaftsverbunden
> halten zusammen.

Und das Lied endet in derselben Tonlage:

> Fröhliche Herzen
> laßt uns erflehen,
> auf daß wir Christum
> loben und preisen.

Der Freude am Leben, dem Frohsinn inmitten einer unend-
lichen Flut von Gefahren entspricht auch umgekehrt die
ganz natürliche Todesangst; das ist kein Widerspruch zu
den Tatsachen des Mutes und der Entschlossenheit, mit der
die Krieger, die Bauern, Fürsten und voran die Könige in
den Kampf zogen, wenn er denn unvermeidlich war. Und
deshalb gehört auch die Vorsorge für jene Zeiten, die nach
ihm kommen, bei König Heinrich zu den Selbstverständlich-
keiten seiner Regierung – nicht zuletzt genauso selbstverständlich wie die Regelung der Angelegenheiten seines Hauses zusammen mit Mathilde und seiner Familie.

DER JAGDHOF BODFELD. Der König hatte sich mit diesen
Fragen schon im Jahr 929 bei seiner Hausordnung beschäftigt; vorangegangen war bereits zwei Jahre zuvor, am
3. Mai 927, die Verschreibung des Wittums an Mathilde.
929 ergänzte und erweiterte der König die Verleihung.
Nachzutragen waren in seinem letzten Lebensjahr lediglich
etliche Anweisungen spezieller Art, also Verfügungen, die
wir heute als Ausführungsbestimmungen bezeichnen würden. Die Tatsache selbst hatte übrigens auch einen unmittelbaren Anlaß, der alle Spekulationen über des Königs
Ahnungen oder Sorgen wegen seines Hinscheidens über-
flüssig macht. Von dem Dreikönigstreffen in Lothringen war
er in sein Stammland zurückgekehrt und erledigte zunächst
die Geschäfte, die während seiner Abwesenheit angefallen
waren. Am 12. Oktober stellte Heinrich in der Königspfalz
Allstedt in der Goldenen Aue eine Urkunde aus, in der den
Nonnen des hochadligen Frauenstifts von Herford das freie
Wahlrecht der Äbtissin bewilligt wurde; der König erfüllte
damit eine Bitte seiner Gemahlin, die ja in diesem Kloster
erzogen und dort von Heinrich aufgesucht worden war. Von

Allstedt ritt er trotz der schon etwas späten Jahreszeit auf seinen Hof Bodfeld, um seiner Lieblingsbeschäftigung, der Jagd, nachzugehen.

Bodfeld lag im Harz, südlich von Elbingerode, und zwar in der Nähe des Zusammenflusses der Warmen und Kalten Bode; daraus erklärt sich auch der Name des Jagdreviers. Die genaue Stelle scheint durch die Kirchenruine bestimmt zu sein, die 1870 auf der Grastrift links der Kalten Bode bei Königshütte ausgegraben wurde. Bodfeld war seit der Zeit König Heinrichs eine der beliebtesten Jagdpfalzen der sächsischen Herrscher, die besonders gern in der Hauptjagdzeit zwischen Ende August und Anfang Oktober aufgesucht wurde. In Bodfeld verstarb am 5. Oktober 1056 Heinrich III., der größte der salischen Kaiser.

In seinem Äußeren kann der Königshof nicht mit den anderen Pfalzen verglichen werden, da er ausschließlich den Zwecken der Jagd diente. Es handelte sich um einen Gutshof, der nichts anderes umfaßte als die Wirtschaftsgebäude und Wohnhäuser, die für einen Aufenthalt unbedingt notwendig waren. Das ganze Areal war durch Palisaden gegen Bären und Wölfe gesichert, später wurden sie durch eine Mauer ersetzt; auch ein Wartturm könnte vorhanden gewesen sein, ebenso eine Kapelle, doch war beides nicht zwingend. Kaiser Heinrich II. überschrieb im Jahr 1009 Bodfeld mit Forst und Jagd dem Kloster Gandersheim. Nach 1068, als der Ort von den Königen nicht mehr aufgesucht wurde, vergab das Kloster das Wirtschaftsgut samt dem Forst zu Lehen. Im Jahr 1194 wird Bodfeld als Ort zum letztenmal in den Urkunden genannt; der Name taucht zwar auch später wiederholt auf, so im Jahr 1343, allerdings nur als Einöde und Wüstung. Erhalten hat sich seitdem nur noch der Flurname Bodfeld.

Heute ist von dieser großen Stätte des deutschen Mittelalters kaum noch etwas zu sehen. Der Hof wurde von König Heinrich selbst angelegt, das Gebiet war besonders günstig für die hohe Jagd. Der Harz war zu dieser Zeit noch reiner Urwald, also völlig unbesiedelt. Bodfeld ist überhaupt der erste aller Ortsnamen des Harzgebietes, der in den Quellen genannt wird. Von dem Jagdhof, der zunächst eine Gedächtnisstätte Heinrichs des Ersten war, schreibt Carl Erdmann in einer eigenen Untersuchung: »Später aber, nach einhundertzwanzig Jahren, sah Bodfeld einen der Wendepunkte der deutschen Geschichte. Kaiser Heinrich III. kam im Herbst 1056 zur Jagd hierher, begleitet von Papst Viktor II., der zuvor als deutscher Bischof – Gebhard von Eichstätt – einer seiner engsten Berater gewesen war. Eine plötzliche Krankheit raffte den noch nicht vierzigjährigen Kaiser dahin. Auf dem Totenbette aber übergab er seinen sechsjährigen Sohn und die Regierung des Reichs dem Papste und bekundete damit in einzigartiger Weise die erreichte Einheit von Kirche und Reich. Dennoch wurde der frühe Tod des Kaisers gerade für diese Einheit zur Katastrophe. Denn auch Viktor II. starb nach dreiviertel Jahren, und während in Deutschland die Zügel der Regierung in den Händen der Kaiserin zu schleifen begannen, gewannen in Rom die Tendenzen des Kardinalbischofs Humbert und dann Hildebrands – des späteren Papstes Gregor VII. – die Oberhand, die den verhängnisvollen Riß zwischen Papsttum und Kaisertum herbeiführten. Der Todestag des Kaisers zu Bodfeld wurde zur Grenze zweier Zeitalter.«

Eine Zäsur verbindet sich mit Bodfeld auch für König Heinrich, als er das letzte Mal seinen Jagdhof aufsuchte. Man braucht diesen Aufenthalt nicht mit gewollter Symbolik zu überfrachten, und so mag es reiner Zufall gewesen sein, daß Heinrich gerade in seinem liebsten Jagdgebiet und in Bodfeld vom ersten Anhauch des Schattens berührt wurde;

trotzdem scheint in diesem Aufenthalt etwas Eigentümliches enthalten zu sein, und sei es auch nur, daß man den Zufall als Fügung deklariert. Die Chronisten berichten, der König wäre in Bodfeld von einer »gefährlichen Krankheit« heimgesucht worden. Er dürfte, wenn man Adalbert von Magdeburg vertrauen darf, einen Schlaganfall erlitten haben, und zwar ohne jedes Vorzeichen unmittelbar während einer Jagd auf Großwild. Der König lag viele Tage so gut wie gelähmt, er konnte sich kaum bewegen, sprach nur mühsam, fast unverständlich, war unfähig, das Lager zu verlassen, geschweige denn, ohne Hilfe umherzugehen. Eine Besserung trat erst nach Wochen ein. Heinrich besaß eine starke Natur, er hatte schon früher wiederholt schwere Erkrankungen überwunden. Wenn er schon im Herbst 935 Anzeichen einer altersbedingten Schwächung oder Erschöpfung gespürt hätte, wäre er nicht nach Bodfeld gegangen, um zu jagen. Da jedoch die völlige Wiederherstellung nach dem Schlaganfall auf sich warten ließ und auch nicht sehr wahrscheinlich war, entschloß sich der König, mit dem Schlimmsten zu rechnen. Er berief eine Reichsversammlung nach Erfurt ein.

LETZTE VERFÜGUNGEN. Der König war hinreichend kräftig, um diese Reichsversammlung zu leiten. Zunächst genehmigte er in offizieller Form eine Regelung, die auf Drängen Mathildes im Sommer 935 eingeleitet worden war. Im Kloster Wendhausen bei Quedlinburg lebten zahlreiche Fürstentöchter als Nonnen. Da die Mängel der Unterkunft in der letzten Zeit überhand genommen hatten, häuften sich die Beschwerden der Eltern. Königin Mathilde bat deshalb ihren Gemahl, die Stiftsdamen nach Quedlinburg zu versetzen. Heinrich war mit der Verlegung Wendhausens nach

Quedlinburg einverstanden. Er zitierte die Wendhausener Äbtissin Diehmoht nach Erfurt und forderte sie auf, die Stiftsdamen nach Quedlinburg bringen zu lassen. »Willfährig ging sie auf das Begehren ein und erklärte sich nach dem Rat mehrerer Fürsten damit einverstanden, die königliche Anordnung auszuführen«, vermerkt der Verfasser der älteren *Vita Mahthildis*. Die Stiftung in Quedlinburg wurde unter den Schutz Königin Mathildes gestellt. Am 31. Juli 936 fertigte sie die Stiftungsurkunde aus; es handelte sich um das Kloster St. Servatius auf dem Schloßberg von Quedlinburg.

Auf dem Erfurter Reichstag wurde auch die Nachfolge des Herrschers geregelt. Der König designierte Otto, den Erstgeborenen aus seiner Ehe mit Mathilde. Die Empfehlung des Königs hatte durchaus keine bindende Kraft, da im Deutschen Reich kein Erbrecht bestand und auch das Königsgeschlecht selbst nur einen Vorrang seiner Angehörigen einschloß, ihn aber nicht zwingend begründete. Auch Berufungen auf das Erbrecht, das bei den Karolingern üblich gewesen war, trafen auf die aktuellen Verhältnisse nicht zu, denn die Söhne der karolingischen Könige waren zu gleichen Teilen erbberechtigt gewesen, während für das Deutsche Reich König Heinrichs als oberstes, unumstößliches Prinzip die Unteilbarkeit des Reiches Geltung hatte.

Mehr als die dringende Empfehlung des Königs, Otto als seinen Nachfolger zu wählen, hatte der Reichstag in Erfurt nicht entgegenzunehmen. Sie wurde aber mit soviel Nachdruck vorgebracht, daß alle Anwesenden begriffen, was ein klarer Entscheid über die Nachfolge für die unerläßliche Sicherung und den Bestand des ganzen Reiches bedeutete. Das Problem wurde nicht weiter erörtert, es wurde also nichts Verbindliches über die Thronfolge entschieden. Das muß festgehalten werden gegenüber anderen Darstellungen der Zeit, so, wenn Liudprand von Cremona behauptet, daß der König »den trefflichsten und gottesfürchtigsten seiner Söhne zum Thronfolger bestimmte.« Mit dem Wort »bestimmen« kann Liudprand nur die Designation meinen, genau dasselbe also wie Widukind von Corvey, der übrigens korrekt von »designieren« spricht. In Erfurt fand also auch keine förmliche Wahl Ottos statt. Das war weder beabsichtigt noch zu erwarten.

Jeder von den Großen des Reiches und ebenso alle in Erfurt Versammelten wußten, daß Mathilde nicht Otto, sondern ihren Lieblingssohn Heinrich auf dem Thron sehen wollte und sich seit langem um eine Zustimmung ihres Gemahls bemühte. König und Königin haben darüber auch im Jahr 929 ausführlich gesprochen, als Heinrich die Verhältnisse seiner Familie regelte. Der Vorzug der Erstgeburt prädestinierte zwar nicht zwangsläufig zum Königsfavoriten, doch wog er wegen der unerläßlichen Stabilität der Verhältnisse schwerer als das Argument Mathildes, daß Heinrichs Eigenschaften in jeder Beziehung denjenigen Ottos überlegen seien. Ob diese Überzeugung Mathildes von ihrer Liebe oder von nüchternem Urteil geprägt war: Auch Heinrich hatte sich ein Urteil gebildet, und es fiel zugunsten Ottos aus. Besonders nachdrücklich wies Mathilde auch noch darauf hin, daß Otto zur Welt gekommen sei, als sein Vater Herzog von Sachsen und noch nicht König des Reiches gewesen sei, während Heinrich »purpurgeboren« war, denn bei seiner Geburt trug sein Vater bereits die Königskrone. Dieses Argument erhielt noch dadurch ein besonderes Gewicht, daß auch in Byzanz nur derjenige Sohn königlicher Abstammung war, der als Königssohn zur Welt gekommen war. Immerhin kannte Mathilde ihren Gemahl gut genug, um zu wissen, daß Heinrich sich – vor allem auf dem Reichstag in Erfurt 936 – auch durch sie nicht von seinem

Entschluß abbringen lassen würde, Otto zu designieren. Am Ende der Reichsversammlung konnte König Heinrich jedenfalls sicher sein, daß die weltlichen und geistlichen Großen des Reiches der Designation Ottos beipflichteten und damit die Thronerhebung nach seinem Ableben schon jetzt beschlossene Sache war. In dieser Sicherung der Nachfolge sah der König die vorweggenommene Bestätigung dafür, daß die Vollendung seines Lebens nichts weniger bedeuten würde, als daß auch die Gründung des Reiches vollendet war.

Der Streit unter den Brüdern um das Thronrecht und die Thronfolge brach schon ein Jahr nach der Krönung Ottos in Aachen aus: Die Sorgen und Befürchtungen des Verstorbenen bestätigten sich. Als erster rebellierte Thankmar, der älteste der Söhne, unterstützt von Herzog Eberhard von Franken. Kaum war die Revolte 938 niedergeschlagen, verbündete sich noch im selben Jahr Mathildes Lieblingssohn Heinrich mit Giselbert von Lothringen, einer sächsischen Adelspartei und Herzog Eberhard gegen Otto. Der König wurde auch mit dieser Rebellion fertig; Heinrich versuchte allerdings kurz darauf nochmals eine Verschwörung gegen Otto. Er gewann zahlreiche sächsische Vasallen für den Plan, Otto I. am Osterfest des Jahres 941, das der König traditionell in Quedlinburg feierte, zu ermorden. Otto erfuhr von dem Mordplan, ließ die führenden Verschwörer verhaften und die wichtigsten von ihnen hinrichten. Heinrich kam in Ingelheim in strenge Haft, konnte jedoch fliehen und warf sich Weihnachten 941 dem König und Bruder in Frankfurt am Main zu Füßen. Otto verzieh ihm, seitdem war das Widersacherverhältnis im wesentlichen bereinigt. Bei all diesen Plänen, Verschwörungen und Rebellionen stand die Königswitwe Mathilde voll hinter den Plänen Heinrichs. Doch auch ihr oft bis zur Grenze der Feindseligkeit gespanntes Verhältnis zu Otto normalisierte sich seit der Aussöhnung der beiden Brüder.

Von Erfurt berichten die Quellen nur noch allgemein, daß der König an seine übrigen Söhne Güter und Schätze verteilte. Höchstwahrscheinlich übertrug er auf dieser letzten Reichsversammlung auch dem Grafen Siegfried von Merseburg die Verwaltung von Sachsen und die stellvertretende Herrschaft über das Stammesgebiet, dazu kam noch als besonderer Auftrag die verantwortliche Aufsicht über die Verteidigung der Grenzen im Osten. Siegfried war ein Vetter von Heinrichs erster Gemahlin Hatheburg und ein Bruder Geros, dem Otto der Große nach dem Tod Siegfrieds im Jahr 937 die Markgrafschaft an der Elbe und Saale übertrug. Graf Siegfried wird von Widukind von Corvey als »der beste Mann Sachsens« bezeichnet.

Nach dem Schluß der Versammlung kehrten die Bischöfe und Fürsten in ihre Gaue zurück. Den König hatten die Beratungen, auch wenn sie auf das Nötigste begrenzt waren, zutiefst erschöpft. Ein kleines Gefolge seiner engsten Vertrauten, darunter auch die meisten seiner Familie, brachte ihn unverzüglich in die Pfalz Memleben. Sie lag sechzig Kilometer nordöstlich von Erfurt, auf einer Bodenschwelle im Tal der Unstrut, vom Wasser halb umflossen.

AM 2. JULI 936. Die Pfalz Memleben wurde von König Heinrich gegründet. Der Besitz war durch seine Heirat mit Hatheburg in seine Hand gekommen, denn Memleben gehörte zu den Merseburger Gütern von Heinrichs erster Gemahlin. In den Urkunden wird der Ort allerdings schon im Jahr 786 genannt. In nächster Nähe, kaum zehn Kilometer weiter östlich, lag ebenfalls an der Unstrut Burgscheidungen, der alte Königssitz des Thüringer Reiches. Die Königsburg wurde im Jahr 531 zerstört; damit begann der Untergang des Königsreiches Thüringen. Auch die Pfalz Memleben wurde von König Heinrich besonders geliebt. Sie ist heute weitgehend zerstört und verfallen, Grabungen haben nur die Reste der Marienkirche auf dem Gutshof freigelegt. In der Klosterruine blieben alte Wandgemälde mit Bildnissen des Königs und Mathildes erhalten. Auch Otto der Große suchte Memleben häufiger auf als andere Pfalzen, er starb ebenfalls in Memleben, am 7. Mai 973, ganz überraschend und beinahe im gleichen Alter wie sein Vater Heinrich. Noch im selben Jahr 973 dürfte sein Sohn Otto II. in Memleben das Kloster gegründet haben. Memleben erhielt sich auch weiterhin in der Gunst der Ottonen. Heinrichs Urenkel Otto III., der »Jüngling im Sternenmantel«, verlieh Memleben das Markt-, Münz- und Zollrecht. Die Reichsabtei Memleben wurde schließlich im Jahr 1055 von Kaiser Heinrich II. dem Kloster Hersfeld als Eigenkloster übertragen.

Auch die Reise von Erfurt nach Memleben setzte dem König übermäßig zu. Kurze Zeit später erlitt er einen zweiten Schlaganfall, von dem er sich nicht mehr erholte. Die heilkundigen Mönche waren mit ihrem Wissen am Ende. Ausführlich berichtet der Verfasser der jüngeren *Vita Mahthildis* von den letzten Stunden des Herrschers: »Da König Heinrich seines Leibes Auflösung herannahen sah, ließ er die Königin kommen, sprach lange mit ihr und endete diese letzte Unterredung mit den Worten: ›O du mir immerwährend so Getreue und mit Recht Geliebte, ich danke Christus, daß ich dich beim Leben hinterlasse. Denn keiner hat sich einer glaubensstärkeren, in allem Guten rühmlicheren Frau verbunden als ich. Hab also Dank dafür, daß du mich im Zorn unermüdlich beruhigt, mir immer guten Rat erteilt, mich oftmals von einer Unbilligkeit zur Gerechtigkeit geleitet und mich eifrig ermahnt hast, denjenigen gegenüber barmherzig zu sein, die Gewalt erleiden. Und jetzt befehle ich dich und unsere Kinder und ebenso die Seele, die bald vom Körper scheiden wird, dem allmächtigen Gott und dem Gebet seiner Auserwählten.‹

Als der König dies gesprochen und die Königin ihm auf dieselbe Weise Dank gesagt hatte, betrat sie voll Trauer die Kirche und empfahl Gott, so wie sie es jederzeit zu tun pflegte, sich und alles Ihrige. Unterdessen wich der Geist des Königs aus dessen Leib. Da nun Mathilde, die Heilige Gottes, am Wehklagen des Volkes erkannte, daß ihr ruhmwürdiger Gemahl das irdische Dasein verlassen hatte, warf sie sich zum Gebet hin und trug seine Seele dem Schutze Christi an. Daraufhin erhob sie sich und fragte, ob jemand anwesend sei, der an diesem Tage noch keine Speise zu sich genommen hätte, auf daß er für die Seele ihres Herrn die Messe singe. Sogleich erwiderte der Priester Adaldag: ›Herrin, ich habe noch nichts zu mir genommen.‹

Die verehrte Königin hatte in früherer Zeit zwei wundervoll gearbeitete Armspangen angelegt, die sich mit solcher Festigkeit um die Arme schlossen, daß sie sich ohne Hilfe des Goldschmieds nicht mehr entfernen ließen. An diesem Tag jedoch hatte sie die Schmuckstücke kaum mit dem kleinen Finger berührt, da waren sie schneller entfernt, als man ein Wort ausspricht, und sie sagte zu dem Priester: ›Nimm dieses Gold und singe die Seelenmesse!‹ Und solange die verehrungswürdige Herrin am Leben war, erwies sie demselben Priester viel Gnade, denn sie vergaß nie, daß er für die Seele König Heinrichs die erste Messe gefeiert hatte; und eingedenk dieser Haltung erwirkte sie ihm bei ihrem Sohne Otto die Bischofswürde von Bremen.

Nach Beendigung der Seelenmesse betrat die Königin klagend das Gemach, in dem der Verstorbene lag, und fand darin die heftig weinenden königlichen Kinder und sämtliche Fürsten. Als dies die ehrenreiche Königin erblickte, wurden ihre schönen Wangen von Tränen überströmt, sie warf sich zu Füßen des entseelten Körpers, jammerte voller Bitterkeit, so wie es der verehrte König um sie verdiente. Doch Gott hatte ihr so hohe Gnade verliehen und so löbliche Mäßigung, daß sie nicht durch Leidenschaftlichkeit gegen ihn verstieß und trotzdem des Königs Hinscheiden geziemend betrauerte. Dann rief sie ihre Söhne und Töchter zu sich und ermahnte sie mit folgenden Worten: ›O meine lieben Kinder, prägt dies sorgsam eurem Gemüt ein: Fürchtet Gott und ehret jederzeit in allen Dingen ihn, der solches geschehen lassen kann. Nur ihm allein steht es zu, daß er König und Herr genannt wird, er, der solche Macht übt über arm und reich. Meidet den Zwist um vergängliche Hoheit, denn solches Ende wie hier nimmt jeglicher Ruhm dieser Welt, und glückselig ist nur, wer sich die unendliche Ewigkeit bereitet. Möge euer Sinn sich nicht darüber verdüstern, wer von euch dem anderen vorgesetzt werden sollte, und haltet im Gedächtnis, was der Mund der Wahrheit im Evangelium spricht: Wer sich selbst erhöht, der soll erniedrigt werden, und wer sich selbst erniedrigt, der soll erhöht werden.‹«

DAS GRAB IN QUEDLINBURG. Der tote König wurde nach Quedlinburg gebracht und in der Kirche des Kanonikerstifts der beiden Heiligen Jacobus und Wigpert auf dem Schloßberg vor dem Altar »mit großer Ehrfurcht beigesetzt«, wie Liudprand von Cremona berichtet: »Daselbst ist auch seine ehrwürdige Gattin, die Genossin seiner Herrschaft, Mathilde, beigesetzt. Sie ist demselben Sachsenvolk entsprossen und war nach seinem Hinscheiden eifriger als

irgendeine Frau, die ich je gesehen habe, ohne Unterlaß
bestrebt, zur Sühne seiner Sünden feierliche Totenämter
halten zu lassen und dem Herrn ein lebendes Opfer darzu-
bringen, wie der Apostel Paulus im Brief an die Römer
empfiehlt. Wie groß die Klugheit und Weisheit des Königs
Heinrich war, erhellt daraus, daß er den trefflichsten und
gottesfürchtigsten seiner Söhne zum Thronfolger
bestimmte. Denn durch deinen Tod, o weiser König, drohte
dem ganzen Volke Verderben, wenn die Königswürde nicht
auf einen so herrlichen Nachfolger überging. Deshalb will
ich zum Lobe beider folgende Verse hersetzen:

Der du sonst im blutigen Kampf bezwungen
Gottvergeßner Heiden gewalt'gen Ansturm,
König, wie schwer lastet auf deinem eignen
Volke jetzt dein Tod: Es beklagt mit Leid ihn.
Aber still nun! Um den geliebten König
Weinet nicht mehr, hemmet der Träne Lauf, denn
Schon ersteht uns, den der gesamte Erdkreis
Feiert, sein Sohn, sein, des Erhab'nen, Abbild,
König Otto, heidnischer Wut Bezwinger,
Dessen Kraft euch bringt den ersehnten Frieden.
Was mit Heinrichs Hoheit der Tod uns raubte,
Beut uns seines herrlichen Sternes Aufgang,
Gütig, mild, voll sanfter Geduld den Guten,
Schonungslos den Bösen Verderben bringend.
Manchen Feind wirst du zu bekriegen haben:
Draus erhebt ruhmvoll zu den Sternen sich dein
Name; dir dann sinket zu Füßen alles,
Fern im Nord, wo träge Bootes herrschet,
Und das Volk, das Hesperus Namen zieret:
Hesper, der auch Luzifer ist und heißet,
Wenn Aurorens Glanz er die Fackel vorträgt.«

Liudprand von Cremona steht es durchaus zu, sich bei jeder Gelegenheit, die ihm passend erscheint, an die vorzügliche Schulung in der klassischen Literatur zu erinnern, die ihm an der berühmten Hofschule von Pavia zuteil wurde. Doch selbst wenn es fraglich sein sollte, ob die Mönche und Kleriker seiner Zeit Liudprands Anspielungen auf die Sternbilder und die griechische Mythologie mit demselben intellektuellen Vergnügen lasen, das ihm bei der Niederschrift die Feder führte: Hinter den Schwaden des panegyrischen Weihrauchs zu Ehren seines Herrn und Kaisers Otto des Großen ist selbst nach den mehr als drei Jahrzehnten, die bei der Abfassung des Berichtes Liudprands seit dem Tod König Heinrichs vergangen sind, noch die Betroffenheit, der Kummer, die Angst und Unsicherheit gegenüber dem Kommenden zu spüren, die bei der Nachricht vom Tod des Königs in Memleben das Volk ergriffen hatte. Die Chronisten betonen sämtlich die überaus große Teilnahme von Trauernden in Quedlinburg. Widukind von Corvey findet dafür die Wendung, der König sei zu Grabe getragen worden »unter dem Jammer und den Tränen vieler Völker«.

Vor seinem Tod sollen sich zahlreiche Wunder ereignet haben: So hätte die Sonne plötzlich bei völlig heiterem Himmel allen Glanz verloren, sei aber durch die Fenster ins Innere der Häuser wie Blut eingedrungen; auf dem Schloßberg zu Quedlinburg, der Grabstätte Heinrichs, seien an zahlreichen Stellen Flammen hervorgeschossen. Ob Gerücht oder Aberglaube, Zufall oder Erdichtung: Außergewöhnliche Vorkommnisse dieser Art oder auch Naturkatastrophen wurden seit alters stets mit gewaltigen historischen Ereignissen oder Veränderungen verbunden, und die Berichte der Chronisten über solche Wunder beim Tode König Heinrichs sind nicht wörtlich zu nehmen, sondern als Indiz für die Empfindungen zu werten, die bei seinem Tod um sich griffen.

Quedlinburg war die wichtigste Königspfalz Heinrichs, gleichzeitig aber fast schon ein Regierungssitz. Thietmar von Merseburg behauptet, der König hätte den Ort »selbst von Grund auf geschaffen«, doch meint er damit lediglich, daß der König die alte Burg aus der Karolingerzeit neu befestigte und um dieses Zentrum die Pfalz aufbaute. Mit dem Bau des Königshofes um St. Wigbert wurde schon vor 922 begonnen. König Heinrich wurde später zu Recht als Gründer Quedlinburgs verehrt. Als Karl der Große auf dem Felsen eine Burg befestigte, gab es schon unterhalb davon an der Bode den Edelhof Quitilinga, der sich im Besitz vornehmer Thüringer befand. Die Kirche St. Wigbert wurde später mit einer Klosterkirche überbaut und verwandelte sich dadurch zur Krypta. Hoch auf dem Felsen neben der Burg errichtete König Heinrich eine Kapelle, die er zu seiner Grabstätte bestimmte. Vor sechs Jahrzehnten gab Ricarda Huch eine Schilderung, an der auch heute nichts Wesentliches zu ergänzen ist: »Diese Kapelle ist erst zum Chor einer neuen Kirche und später, als das Gebäude im Jahre 1070 durch Feuer zerstört war, in teilweise erneuertem Zustand zur Krypta einer neuerbauten Kirche geworden. Im Halbdunkel der unterirdischen Apsis steht der schlichte Steinsarg, in dem die Gebeine der Gattin Heinrichs, Mathilde, bestattet sind; der hölzerne Sarg, in dem der große König ruhte, ist mit ihm zu Staub zerfallen. Nichts Körperliches ist übriggeblieben von den Stammeltern einer genialen, den größten Teil des kultivierten Abendlandes beherrschenden Dynastie; aber man sieht die schmalen Stufen, die die Witwe viele Jahre lang täglich hinabstieg, um am Sarge des geliebten Toten zu beten.«

In König Heinrich sah das Volk den Garanten seiner Sicherheit, seines beschützten und durch Recht geordneten Daseins, und neben der persönlichen Betroffenheit, mit der die Nachricht seines Todes aufgenommen wurde, meldete sich auch spontan die Furcht, ob denn nun wiederum alles im Reich in Frage gestellt sei. Dieses Gefühl lebte von Erfahrungen, die den meisten noch höchst vertraut waren. Die Zeiten lagen nur wenig länger als eineinhalb Jahrzehnte zurück, da die Verwüstung im Inneren des Reiches bei weitem die Gefahren übertraf, mit denen die Menschen in den finsteren Urwäldern fertig werden mußten. So wie ein deutscher Kirchenfürst an den Papst schrieb: »Wir schweben hier in solcher Gefahr und Not, daß mir, selbst wenn ich vor Euch erschiene, doch die Frage, die mich zu Euch führte, auf den Lippen ersterben müßte. Unsäglich ist der Jammer des inneren Krieges bei uns, und nimmer kann man ohne Tränen davon sprechen. Der Vater stellt dem Sohn, der Sohn dem Vater, der Bruder dem Bruder nach. Ein Blutsfreund liegt mit dem anderen im Streit, kein Stand, keine verwandtschaftlichen Beziehungen werden geachtet. Der König kann sein Regiment nicht ausüben, den Bischöfen ist das Recht ihres Standes entzogen, sie, die gleichsam Gottes Augäpfel sind, müssen Frondienste tun, werden verbannt und geblendet. Der Herzog und der Graf tun, was des Bischofs ist, der Bischof, was dem Herzog oder Grafen zusteht; keine Kirche gibt es, die nicht Verluste erlitten hätte. Ich klage niemanden an, aber ich klage über die Zustände in diesem Land.«

Das Schreiben liest sich wie eine Kopie der Klagen, die am Ende der Regierung König Konrads I. im Jahr 918 landauf, landab zu hören waren. Und doch stammt es aus den fünfziger Jahren des zehnten Jahrhunderts, kaum daß zwei Jahrzehnte seit dem Tod König Heinrichs vergangen waren. Verfaßt wurde es von Wilhelm, dem ältesten Sohn Ottos des

Großen, der seit Dezember 954 als Erzbischof von Mainz amtierte. Vor der Wiederkehr derartiger Zeiten hatten sich die Menschen beim Tod Heinrichs gesorgt. Jetzt, da sie in den langen Jahren lebten, in denen der Nachfolger König Heinrichs erbittert um den Bestand seines Thrones kämpfen mußte, erschien ihnen nicht nur die vergangene Epoche König Heinrichs in einem besonders wärmenden Licht, einem Licht, in dem sie nochmals erkannten, was er ihnen mit seiner Regierung, mit seinem Königtum, mit der Schaffung des Deutschen Reiches gebracht hatte, sondern auch er selbst, der Herrscher und Mensch Heinrich von Sachsen.

Bischof Thietmar hatte die Knabenschule besucht, die dem Quedlinburger Damenstift angeschlossen war. Auch in Merseburg fühlte er sich stets unter der Ägide des Sachsenherrschers. Im Finale des ersten Buches seiner Chronik, das sich ausschließlich mit der Regierungszeit Heinrichs befaßt, unternimmt Thietmar von Merseburg eine letzte Würdigung des Königs. Sie besitzt auch etwas Charakteristisches für uns Nachkömmlinge, die wir uns von Zeit zu Zeit dazu gedrängt fühlen, das Buch der Historie aufzuschlagen und selbst nachzulesen, auf daß uns die Substanz der Geschichte unseres Volkes nicht aus zweiter Hand zersetzt wird und auf diese Weise der Kern unserer eigenen Substanz: »Zahlreich sind, lieber Leser, die Taten unseres Königs und Herrschers, die einer ewigen Erinnerung würdig sind. Gerade er nahm ja von allen unseren Königen mit Recht seine Würde ein und besaß den Vorrang wegen seiner außergewöhnlichen Tugend und seinen Fähigkeiten. Ich habe nur ein kleines Buch von seinen gewaltigen Leistungen verfaßt, aber ich hoffe, die Erinnerung an ihn ist im Buche des Lebens eingetragen. So sage Gott ohne Unterlaß Dank und erbitte, ständig wachsam in der Furcht des Herrn, daß sich auch an dir durch göttliche Fügung alles Gute vollende. Denn nur schlechte Menschen pflegen des Guten nicht zu gedenken und herabzusetzen, was der Allmächtige in seiner Gnade aufgerichtet hat.«

25. Der Tag des Einhorns

»Den Stoff zu diesem Buche habe ich alten Schriften entnommen, die unter den Namen verschiedener Gewährsmänner auf uns gekommen sind. Sollte ich also Falsches behauptet haben in meinem Bericht: Ich selber irrte nicht, sondern diejenigen, denen ich mit allzu wenig Vorsicht gefolgt bin.«

Roswitha von Gandersheim

Der Bote wußte, wie schwer dem Pater das Sprechen fiel, und wie gerne er doch gesprochen hätte, weil er ihm alles das nochmals sagen wollte, was er ihm schon so oft gesagt hatte, ohne davon überzeugt zu sein, daß es auch richtig gesagt war. Niemals wieder würde sich eine Gelegenheit dazu finden. Der Bote konnte nur bis zur Stunde der Vesper bleiben, dann mußte er sich vom Pater verabschieden und eine Gesandtschaft übernehmen, die ihn für Jahre vom Reich fernhalten würde, und wenn er zurückkam – falls er zurückkam –, würde er diese Klosterzelle leer finden, oder ein Mönch, den er nicht kannte, würde am Tisch sitzen und im Brevier lesen.

»Das Alter ist ein Fehler, der sich jeden Tag vergrößert. Der Herr vergebe mir, ich will seiner Gnade nicht unwürdig sein.« Der Pater lächelte. Er hatte leise gesprochen, doch die

Stimme war so klar und fest wie immer. Nur seine Augen, sie schienen durch ihn hindurchzublicken. Das erinnerte den Boten an den Moment, als er vor dem Beginn der Ungarnschlacht neben dem König sein Pferd verhielt, Heinrich mit dem Grafen Thietmar sprach, und der Bote sah, wie die Augen des Königs von seinem Gegenüber abglitten, als hätten sie zu viele Jahre damit verbracht, in die Weite des Landes und über die Wälder zu starren.

»Nur weil du krank bist, brauchst du nicht an dein Alter zu erinnern.«

»Ein erfreuliches Wort für eine traurige Sache«, gab der Pater zurück. »Wenn mich nur die Schrift nicht gelehrt hätte, daß der Mensch die einzige Erfüllung, die der Herr ihm gewährt, in der Entsagung findet. Doch wir wollten nicht von uns sprechen, sondern von Memleben und Quedlinburg.«

»Du hast dich oft belustigt über die Schwäche des Blicks in die Welt, der deine Mitbrüder dank der Klosterzellen ausgesetzt sind. Gibst du jetzt selbst dieser Schwäche nach?«

»Es wäre kaum verwunderlich, und du würdest mich zu Recht rügen. Sankt Benediktus hat oft vor einer großen Gefahr unseres mönchischen Daseins gewarnt, der invidia clericalis, dem Neid und der Mißgunst unter den Klerikern jeden Ranges. Sie wird besonders schlimm, wenn wir sie gegen die anderen richten, die außerhalb der Klostermauern leben. Das flüstert uns der Satan ein, diesen hin und wieder aufflackernden Wunsch, gerade das zu wollen, was man nicht bekommen kann.«

Der Bote schüttelte erstaunt den Kopf: »Bruder Pater, mir aber hast du als einen der ersten Kernsätze beigebracht, daß sich für den Menschen nur lohnt, nach Dingen zu streben, die er nicht bekommen kann.«

»Für den Menschen im irdischen Dasein, nicht aber für Priester. Hast du die Nutzanwendung vergessen, die sich daraus ergibt für dein Verhalten an jedem einzelnen Tag? Daß nur derjenige, der so gut sein will, wie er nicht kann, so gut wird, wie er kann? Lieber Bruder, du bist doch wohl nicht gekommen, um die hilfreichen Regeln aufzufrischen, die du vor vielen Jahren von mir nur deshalb gehört hast, damit dir der Wechsel vom Bauernhof deines Vaters in den Umkreis der Adelsherren und des Hofes leicht wird. Erzähl mir also jetzt von Memleben und Quedlinburg, ich bitte dich!«

Der Bote wandte sich zum Fenster der Zelle. Der Pater verspürte etwas Merkwürdiges. Sein Gast und Freund war in früher Jugend zu ihm in die Klosterschule gebracht worden. Er kannte jede seiner Empfindungen und Seelenregungen, war immer imstande gewesen, sie von seinem offenen Gesicht abzulesen, weil sich an der menschlichen Gestalt die Verfassung des Mitteilens und des Teilnehmen-lassens am eigenen Inneren, am Herzen und an der Seele zuerst im Antlitz äußert und in den Augen. Jetzt aber schien der Bote mit der Ferne zu sprechen, unbewegt und unhörbar, und doch zutiefst ergriffen.

»Memleben, dort hat die Königin geweint, und die Kinder des Königs. In Quedlinburg hat niemand mehr geweint. Das ist kein Ort zum Weinen, und es ist keine Zeit der Tränen, wenn der König die Großen des Reiches ein letztes Mal zu sich ruft. So sehe ich die Beisetzung des Königs in Quedlinburg: daß er seine Herren und durch sie das Volk noch einmal zu sich gebeten hat. In Quedlinburg, in der Kirche, hat niemand gesprochen, ist kein einziges Wort gefallen, du hast nur die Gebete der Priester gehört – ich soll dir davon erzählen, berichten«, in der Stimme des Boten klang hilflose Ironie auf, und er wiederholte »berichten, berichten: Hast du dir nicht selbst schon oft gewünscht, daß die Sprache, dieses Werkzeug unserer Unzulänglichkeit, nie erfunden worden wäre?

Bruder Pater, du hast mich alles gelehrt, was für einen Boten wichtig ist, für einen guten Boten. Ich wollte nie mehr sein als ein Bote. Doch in Memleben, als der König starb, habe ich mich voll Erbitterung gefragt, ob du mein Leben nicht durch das Aufrütteln zum Nachdenken vergiftet hast. Der Herr soll mir vergeben, und vergib auch du mir, aber in Memleben habe ich dich deswegen verflucht – nur einen Augenblick lang. Dann habe ich bereut, und doch kann ich noch immer nicht sagen, ob ich nicht glücklicher wäre, wenn ich nicht wüßte, daß der Tod König Heinrichs eine ungeheure Gefahr bedeutet, weil jetzt alles, was er geschaffen hat, mit einer gemeinen Endgültigkeit wieder zusammenbrechen kann. Pater, das hat auch den König gequält. Bis zum letzten Augenblick war sein Gesicht so hell wie an jedem Tag seines Lebens. Er hat den Tod vor sich gesehen. Ich war in vielen Kämpfen, auch in den schrecklichsten Schlachten in seiner Nähe. Der König hat sich niemals über Gebühr von der Frage bedrängt gefühlt, ob das Unvermeidliche vermeidbar sei. Die Vorstellung von der Unwiderruflichkeit des Todes hat ihn niemals ernstlich gefesselt oder unzulässig bedrückt. Doch ich weiß, daß er auf dem letzten Lager in Memleben durch eine Hölle gegangen ist. Eine einzige Befürchtung hat ihn gepeinigt: ob sich nach seinem Tod alles auflösen würde, wozu ihn die Stämme erhoben hatten und der *Herr* erwählt, jenes Königtum, in dem sich nichts Persönliches verkörpert, sondern der schlichte Wunsch der Stämme nach Einigung und Einheit, nach dem Reich, dem sich die Bestrebungen jedes einzelnen von uns fügen, weil sie nur auf diesem Fundament zum Ausdruck kommen können.«

»Nein«, unterbrach der Pater mit fester Stimme, »so ist es nicht gewesen. Ich kann dir nicht sagen, lieber Bruder, wie sehr ich mich freue, daß wir immer ein und derselben Meinung waren und daß unsere Wünsche in keiner Angelegenheit jemals auseinandergingen, und dies ist es, was mich in meiner Trübsal am meisten tröstet, wenn ich die Gnade des allmächtigen Gottes beiseite lasse. Was jedoch deine Ängste betrifft, weiß ich einiges besser als du, selbst wenn ich nicht für große Einsichten gemacht bin und für Erleuchtungen. Manchmal aber wird auch einem dürren Blatt das Glück zuteil, so hoch zu fliegen wie ein Adler. Sagt man. Ich glaube daran. Du legst deine Furcht in den Tod des Königs. Zu viele tun dies, auch ich habe es getan. Nicht so König Heinrich. Sein Wissen war nicht von der Art, welches die Menschen aufzublasen pflegt. Die Bildung, mein lieber Bruder, kommt aus den Klöstern und Städten, die Weisheit aber kommt aus der Wüste, der Einsamkeit, und die Weisheit dieses Königs war wie ein Stein. Ob jene, die nach ihm kommen, sie zu halten vermögen? Oder nur darüber stolpern, weil sie nicht wissen, was sie tragen, und ebensowenig, von wem sie und die Geschichte getragen werden: Ist es ihr Volk, das Reich, die Fähigkeit, zu vergessen und sich doch zu erinnern? Ich kenne den König zu gut, durch dich, zu gut kenne ich ihn, als daß ich sein Wirken auf wenige Schnittpunkte begrenzen könnte. Wenn ich dies täte, gäbe es kein Echo aus dem Vergangenen. Die Welt unseres Jahrhunderts leuchtet nicht auf in den Verkürzungen von Krönungen und Kriegen. Durch deine Berichte habe ich ein anschauliches Bild vom König gewonnen, es ist langsam gewachsen, es hat starke Farben, ich glaube sehr viel von ihm zu kennen, nicht nur seine Freuden und sein Lachen, wenn er mit den Kriegern in der Halle saß, nicht nur seine Würde, wenn er Gäste empfing, nicht nur seinen Ernst und seine Entschlossenheit, auch seine anderen Tage kenne ich, glaube ich zu kennen, wenn er niedergeschlagen war, nach Haltung suchte wie die gewöhnlichen Menschen. Mach den König nicht kleiner, als er war, du müßtest doch weit mehr von ihm wissen als ich, oder sollte ich ihn besser kennen als du, weil ich nie in seiner Nähe war? Habe ich dir nicht gesagt, daß ein Bote die Dinge aus der Ferne betrachten muß, um nicht in ihrer Nähe geblendet zu werden?

Ich will dir eine Geschichte erzählen. Ob sie sich so zugetragen hat oder einmal so zutragen wird, ist nicht wichtig, denn das Wesentliche an Geschichten ist nicht ihr Wirklichkeitsgehalt, sondern wichtig allein ist, was sie in demjenigen wecken, der von ihnen hört. Überdies, lieber Bruder, ist die Legende unserer Wirklichkeit nicht zu trennen von der Fiktion dieser Wirklichkeit. Die Königin hat ihre Armspangen gelöst, die bis zu dieser Stunde nur der Goldschmied hatte entfernen können. Du hast es nicht gesehen, wie sie die Goldreifen abgenommen hat, du warst in diesem Augenblick nicht dabei. Aber du hast gesehen, daß sie entfernt waren, daß sie Pater Adaldag in den Händen hielt – daraus ziehst du Folgerungen. So sind alle deine Berichte, so besteht die ganze Geschichte aus Folgerungen aufgrund der Wirklichkeit oder eben dessen, was wir nicht anders bezeichnen können als mit dem Wort Wirklichkeit.

Hier also meine Geschichte: In der Stadt Pavia stand der wundersame Palast König Theoderichs. Fast alle, die nach ihm die Krone trugen, haben den Palast weiter ausgeschmückt. Als eines Tages die Einwohner Pavias erfuhren, daß der regierende König fern von ihnen verstorben war, stürzten sie – wie es die üble Gewohnheit der Menschen ist, bei neuen Ereignissen und großen Veränderungen ohne Maß zu handeln – sofort in den Hof des Palastes und brachen die Mauern und schleppten die Steine fort und trugen alles bis zum Grund ab, damit niemals mehr ein König auf den Gedanken komme, in dieser Stadt nochmals einen Palast zu bauen. Doch dem Nachfolger wurde davon berichtet. Da beeilten sich die Bewohner Pavias, und eine Gesandtschaft machte sich auf den Weg, und sie versuchte, sich dreist vor dem König zu rechtfertigen: ›Wen haben wir denn beleidigt? Wir haben unserem Herrscher Treue und Achtung bis an seines Lebens Ende bewahrt. Da wir aber nach seinem Tod keinen König hatten, kann man uns doch wohl nur zu Unrecht anklagen, wir hätten unseres Königs Palast zerstört.‹ Doch der König erwiderte den Pavesen mit fester Stimme: ›Ich weiß, daß ihr den Palast eures Königs nicht zerstört habt, da ihr zu jener Zeit keinen König hattet. Und doch könnt ihr nicht leugnen, den königlichen Palast zerstört zu haben. Merkt euch und vergeßt es nicht: Wenn der König auch dahingegangen ist, so bleibt doch das Königreich, so wie das Schiff bleibt, dessen Steuermann im Sturm über Bord ging. Es kommt ein anderer Steuermann. Merkt euch also: Das Reich gehört einem anderen zu Rechte, nicht euch!‹ Mein lieber Bruder, das Reich ist nicht mit König Heinrich vergangen, denn es ist nicht an ihn gebunden, so wie er in den Rechten, die zum Königtum gehören, nur die Rechte des Reiches wahrt.

Der König ist tot. Er ist gestorben in den Armen einer Jahreszeit des Lichtes, in diesem Monat, da die Hitze zu knistern beginnt und die Frauen seufzen und die Männer, vor Sehnsucht, und selbst diejenigen, die seufzen müßten, weil sie die Sehnsucht nicht mehr kennen. Unsere fahrenden Sänger bringen das in ihren Liedern, wie du mir vom Hof des Königs erzählt hast: ›. . . wenn alles jauchzt in Freud und Lust / Ach, dann schwellt Seufzen mir die Brust.‹ Seltsam, lieber Bruder, in der Zeit des Lebens zu sterben. Vergib mir, Herr, die Zeit des Todes ist immerdar, auch wenn uns Menschen die Zeit des Todes niemals die rechte Zeit zu sein scheint. Doch das Schicksal König Heinrichs, das immer zu unserem Schicksal gehören wird, kennt den Tod nicht. Bruder, ich sage dir: Sein Geist lebt. Du wirst das auf unsere Welt beziehen, in der wir uns auf Erden abmühen. Ich beziehe es auf eine andere. Sein Geist lebt und wird immer leben, denn ich denke an das Evangelium des Matthäus und die Worte: ›O du frommer und getreuer Knecht, geh ein zu deines Herrn Freude!‹ Das hat schon für Herzog Widukind gegolten, das gilt noch weit mehr für König Heinrich, mit dem sich schon jetzt ein heimliches Namenspatronat dieses Reiches verbindet, das er gegründet hat und das genauso weiterleben wird, wie der Geist dieses Königs den Tod nicht kennt.

Für jemanden, der nicht weiß, wohin er will, ist kein Weg der richtige. Das muß ich dir, dem Boten, nicht sagen. Sicher ist es auch nötig, von Zeit zu Zeit kein Ziel zu haben, einfach fortzureiten, in die Ferne, der älteste Drang, begleitet und getrieben von einem simplen Sehnen, prächtigen Träumen entgegen. Nicht, daß die Gärten des Paradieses gleich zu blühen beginnen müßten, es genügen schon die Kaskaden des Lichtes, die du von den Augenblicken kennst, wenn du die schweren Wälder verläßt, und ich kenne sie nicht anders, wenn ich an einem Tag wie heute, frühmorgens, aus dem Fenster der Klosterzelle blicke. Aber du kannst nicht ständig ohne Ziel sein, so wie ich ohne unsere Regula monasteriorum keine Ordnung des Tages und der Gebete kenne, und so wie die Stämme sich nur in den Herzogtümern finden und diese nur im Reich. So wird an König Heinrich der Sinn des Reiches deutlich. Vielleicht werden die Menschen erst spät erkennen, in welch hohem Maße sie dadurch bereichert sind, daß die Geschichte sie zu ihren Schuldnern macht. Und ebenso wäre es möglich, daß einmal Zeiten kommen, da den Menschen nicht mehr am Himmlischen der Sinn des Irdischen deutlich wird und sie ihn deshalb nur noch im Reich suchen, weil sie ihn dort nicht mehr zu finden vermögen, wo er einmal zu finden war. Ich denke dabei an die Schlußsätze unserer Regel: ›Wer du auch bist, der du zum himmlischen Vaterland eilst, erfülle also mit Christi Hilfe diese geringste Regel für Anfänger. Dann wirst du schließlich unter Gottes Schutz zu den höheren Gipfeln der Lehre und Tugenden gelangen. Amen.‹ Kennst du die Mär vom Einhorn?«

»Hm.«

»Du kennst sie also nicht«, mit einem Universum von Nachsicht in der Stimme. »Du solltest sie kennen, da doch dein König ein großer Jäger war. Bekümmere dich nicht, ich will nicht fragen, ob all die Patres und Fratres in meinem Kloster wissen, was sie singen, wenn sie den Psalm anstimmen: ›Hilf mir aus dem Rachen des Löwen und errette mich von den Einhörnern!‹ Das Einhorn ist ein Pferd, keines wie du es reitest, keines wie Wodans weißes Roß Sleipnir mit seinen acht Beinen, das schnellste aller Rosse. Das Einhorn trägt in der Mitte der Stirn ein spitzes Horn, zwei Ellen lang und gerade wie ein Schwert. Es ist ein Pferd voller Urgewalt, und wie jedes Sinnbild ist es Wirklichkeit und mehr als die Wirklichkeit, so wie auch für uns Sachsen das Pferd eben ein Pferd ist und doch mehr als das, vor allem seit der großen Ungarnschlacht unseres Königs.

Wenn wir Mönche den Psalm intonieren, dann meinen wir mit der Bitte um Errettung etwas anderes, als es die Worte sagen. Die gewaltige Kraft des Einhorns deuten wir als die Kraft des Heilands, der wir unterworfen sind. In Konstantinopel hat vor fünf Jahrhunderten der große Bischof Johannes Chrysostomus gelebt, gelehrt, gepredigt wie kein anderer, deshalb sein schöner Name Chrysostomus, das heißt Goldmund. Du kannst seine Predigten in der Klosterbibliothek nachlesen, aber dazu hast du kaum die Möglichkeit, dein Dienst erlaubt es nicht. Als ich einmal im Skriptorium nach vielen Stunden die Feder einen Moment beiseite legte, weil die Finger verkrampft waren, geschah es bei einem Satz des Bischofs, ich weiß nicht, ob er wirklich von Chrysostomus war, aber so hat er in der Schrift gestanden, die ich kopierte: ›Die Einhörner sind gerecht, und vor allen anderen Christus, der gegen seine Gegner vermittels seines Kreuzes wie mit einem Horn kämpft. In diesem Horn liegt unsere Zuversicht.‹ Lieber Bruder, der Herr hat uns sein Wort offenbart. Doch wir können sein Wort nur verstehen, wenn wir es in unsere Welt des schwachen Geistes übersetzen, übertragen, am einfachsten in Bildern. Das Einhorn ist solch ein Bild, doch auch Bilder leben. In meiner Zeit haben mir fünf, sechs Jäger erzählt, sie hätten das Einhorn schon im Wald gesehen, voll unendlicher Stärke, und wegen seiner wilden Kraft läßt es sich nur mit Hilfe einer einzigen List fangen. Das Einhorn wird sanft und voller Frieden, wenn es eine Jungfrau erblickt. Nun ja, deshalb gehört das Einhorn auch zur Mutter Maria, zu ihrem Wunder, das so gar nichts mit dem Irdischen zu tun hat, deshalb ist das Einhorn auch ein Sinnbild der Liebe, ich fabuliere nicht und murmle dir nichts vor. Das Einhorn ist ebenso ein Sinnbild des Rechtes und der Gerechtigkeit des Königs, da es die Schuldigen mit seinem Horn vernichtet, so wie der König diejenigen vernichtet, die das Recht nicht achten, die es schmähen und brechen.

Nur deshalb erzähle ich dir auch vom Einhorn, an diesem Tag, da du mir vom Tod unseres Königs und seiner letzten Ruhestätte berichtet hast.«

Der Pater hüstelte, räusperte sich, hob seine Stimme: »Du hast mir immer berichtet, ausführlich, verläßlich, du warst ein guter Bote, nicht nur für deinen Herrn, auch für mich. Wenn ich deine Berichte nicht oder nicht immer so aufgenommen habe, wie du es erwartet hast, dann ist das meine Schuld, nicht deine. Mein Leben hat seine Ordnung gefunden in der sakral gesicherten Passivität. Wie könnte ich auch nur in der Vorstellung nachvollziehen, was du erlebt und wovon du mir berichtet hast? Und doch kann ich nicht leugnen, daß wir Kleriker kaum weniger irdisch gebunden sind als ihr Laien. Ich bin zwar ein Mönch, und deshalb befreit mich das für euch Weltleute so erfreulich ärgerliche ›Credo quia absurdum‹ von allen Ketten der Vernunft. Doch ich brauche die Vernunft, wenn ich deinen Berichten folge und sie mit eigenen Worten wiederhole, nein: zu wiederholen versuche.

Mein lieber Bruder, in unserer Welt der Hinfälligkeit ist der Glaube ein Anker und die Vernunft das Steuer – und nicht das Credo des Absurden, auch wenn man sich in Demut vor ihm neigt. Leider. Leider? Du wirst mich bald verlassen, die Stunde der Vesper kommt. Beim Responsorium breve werde ich nochmals an den König denken und an dich, und dann, auch im Gebet, ›die Wahrheit aus dem Herzen und dem Mund sprechen‹, wie es Sankt Benediktus in seiner Regula von uns verlangt. Wenn ich dann in meine Zelle zurückkehre, werde ich selbst, zum erstenmal, einen Bericht schreiben von dem, was du mir erzählt hast und was nicht nur vom Tod unseres Königs zu sagen ist, sondern auch von seinem Leben. Ich werde diesen Bericht an den Bischof Balderich in Utrecht senden. Du weißt, der König hat seinen Sohn Brun zu dem Bischof, diesem erlauchten Mann geschickt, damit er in der Klosterschule den ersten Unterricht erhält. Er wird den Bericht aufbewahren für Brun und für jeden, der ihn zu lesen versteht. Ich werde schreiben:

›Wahre Weisheit ist es zu wissen, woher die Gabe stammt, die einer empfängt, damit er nicht glaube, er habe sie aus sich selbst, oder er habe sie zwar von Gott, aber so, als habe er einen Anspruch darauf. Wenn wir nämlich fragen, was uns von Rechts wegen zukommt, so finden wir nichts als Strafe. Gottes Barmherzigkeit aber kam uns mit ihrer Gnade zuvor, um Wesen zu haben, denen er Gnade erweisen könne um der Gnade willen, und damit dieses schon als verdient erschiene, weil Gott es so wollte, nicht weil der Mensch es verdiente. So hat König Heinrich, der Vater von Brun, durch die unaussprechliche Fürsorge der Güte Gottes in wenigen Jahren jene Ruhe des so heiß ersehnten Friedens erreicht, da er doch beim Antritt seiner Regierung den gesamten Raum seines Reiches durch die ununterbrochenen Einfälle der Nachbarvölker und die fürchterlichsten Zwiste im Inneren, ja sogar unter den Verwandten, zerrüttet und schrecklich heimgesucht vorfand. Von der einen Seite drohte knirschend das wilde Volk der Dänen, mächtig zu Wasser und zu Lande, von der anderen Seite die hundertfache Wut der barbarischen Sclaven, die Rache für erlittene Knechtschaften suchten, und nicht zuletzt verwüsteten die grausamen Ungarn, nachdem sie die Grenzen Mährens überschritten hatten – das sie nicht lange zuvor in gottloser Frechheit an sich gebracht –, weit und breit die Provinzen des Reiches mit Feuer und Schwert. Der Tag würde nicht ausreichen, um all das Elend zu erzählen. Jenseits des Rheines, im Westen, war offener Aufruhr gegen uns; sogar die Fürsten des damals noch engen Reiches wüteten gegen ihr eigenes Fleisch. All dieser Not Einhalt zu gebieten und diese Wunden zu heilen, vermochte nur ein Mann von außerordentlicher Tatkraft und einzigartiger Tüchtigkeit. Nachdem nun der ruhmreiche König Heinrich die wilden Barbaren bezwungen und auch die Gefahr des inneren Krieges gebannt hatte, regierte er endlich das ihm ergebene Volk mit den Zügeln der Gerechtigkeit im sichersten Frieden, und nach einiger Zeit befiel die auswärtigen Völker dank der göttlichen Gnade eine solche Furcht, da ihnen niemand schrecklicher erschien als König Heinrich. Die Bewohner des Reiches einte aber eine solche Liebe, daß in keinem anderen, noch so mächtigen Reiche, eine größere Eintracht gefunden werden konnte.‹ – So werde ich dem ehrwürdigen Bischof Balderich in Utrecht schreiben.«

Der Pater schwieg, erschöpft, erleichtert. Der Bote sah ihn stumm an. Dann stand er auf, beugte sich hinab, und der Pater legte ihm die Hand auf den Scheitel.

Anhang

Literatur

Das Bücherverzeichnis ist auf Titel begrenzt, die sich überwiegend mit König Heinrich und seiner Epoche befassen. Von den Quellen und Zeitdokumenten sind aus Zweckmäßigkeitsgründen nur die deutschen Ausgaben genannt. Die Übersetzungen im Text halten sich zumeist an die vorhandenen Übertragungen, sowohl an die ältern als auch an die neuesten. Wiederholt sind allerdings große Partien anhand des Originals in eine Form gebracht, die dem Leser keine überflüssigen Schwierigkeiten bereitet. Wo es dem Text, seinem Verständnis und dem Zusammenhang der Darstellung zugute kam, wurden Auslassungen vorgenommen. Die szenischen Kapitel beruhen fast durchweg auf Originalberichten, zum Teil sind auch Texte zeitgenössischer Quellen unmittelbar zugrunde gelegt. Die Titel zu den einzelnen Kapiteln beziehen sich häufig auch auf spätere Abschnitte. Ausdrücklich soll noch einmal betont werden, daß sich die

Mediävisten aufgrund der überaus spärlichen Quellen, die sich auch noch vielfach widersprechen, mit dem »desolaten Zustand unserer Kenntnisse« vom zehnten Jahrhundert abgefunden haben.

QUELLEN

Die wichtigsten Chroniken und Zeitzeugnisse (u. a. Quellen zur karolingischen Reichsgeschichte, Regino von Prüm, Jahrbücher von Fulda, Notker der Stammler, Widukind von Corvey, Liudprand von Cremona, Adalbert von Magdeburg, Vita Mahthildis, Thietmar von Merseburg, Ekkehard IV. von Sankt Gallen) sind in der Reihe *Die Geschichtsschreiber der deutschen Vorzeit* und zweisprachig im V. bis X. Band der *Freiherr-vom-Stein-Gedächtnisausgabe,* Darmstadt 1955 ff., erschienen.

ALLGEMEINES

H. Aubin: Das Erste Deutsche Reich als Versuch einer europäischen Staatsgestaltung. 1941. *H. de Boor:* Die deutsche Literatur. Von Karl dem Großen bis zum Beginn der höfischen Dichtung, 770–1170. 1964. *A. Borst:* Lebensformen im Mittelalter. 1973. *C. Brühl:* Die Anfänge der deutschen Geschichte. 1972. *O. Brunner:* Land und Herrschaft. Grundfragen der territorialen Verfassungsgeschichte Südostdeutschlands im Mittelalter. 1939. *A. Dempf:* Sacrum Imperium. Geschichts- und Staatsphilosophie des Mittelalters und der politischen Renaissance. 1954. *J. Dhondt:* Das frühe Mittelalter. 1984. *J. Fleckenstein:* Grundlagen und Beginn der deutschen Geschichte. 1974. *A. J. Gurjewitsch:* Das Weltbild des mittelalterlichen Menschen. 1980. *R. Holtzmann:* Geschichte der sächsischen Kaiserzeit. 1955. *H.*

Kämpf (Hg.): Die Entstehung des Deutschen Reiches 1971. (Wege der Forschung, Bd. 1.) *H. Kämpf* (Hg.): Herrschaft und Staat im Mittelalter. 1974. (Wege der Forschung, Bd. 2.) *P. Kirn:* Politische Geschichte der deutschen Grenzen. 1958. *H. Mitteis:* Lehnrecht und Staatsgewalt. Untersuchungen zur mittelalterlichen Verfassungsgeschichte. 1933. *E. Nellmann:* Die Reichsidee in deutschen Dichtungen der Salier- und frühen Stauferzeit. 1963. *F. Prinz:* Grundlagen und Anfänge. Deutschland bis 1056. 1985. *Th. Schieder* (Hg.): Handbuch der europäischen Geschichte, Bd. 1. 1976. *K. Schmid* (Hg.): Reich und Kirche vor dem Investiturstreit. 1985. *R. Schnell* (Hg.): Die Reichsidee in der deutschen Dichtung des Mittelalters. 1983. *P. E. Schramm:* Kaiser, Rom und Renovatio. 1929. *P. E. Schramm:* Herrschaftszeichen und Staatssymbolik, 3 Bde. 1954–56. *P. E. Schramm:* Kaiser, Könige und Päpste, 4 Bde. 1968–71. *P. E. Schramm/F. Mütherich:* Denkmale der deutschen Könige und Kaiser. Ein Beitrag zur Herrschergeschichte von Karl dem Großen bis Friedrich II., 768–1250. 1962. *G. Tellenbach:* Die Entstehung des Deutschen Reiches. Von der Entstehung des fränkischen und deutschen Staates im 9. und 10. Jahrhundert. 1940. *O. Torsten:* Rîche. Eine geschichtliche Studie über die Entwicklung der Reichsidee. 1943.

GESAMTDARSTELLUNGEN

G. Althoff/H. Keller: Heinrich I. und Otto der Große. Neubeginn und karolingisches Erbe. 1985. *H.-J. Bartmuß:* Die Geburt des ersten deutschen Staates. Ein Beitrag zur Diskussion der deutschen Geschichtswissenschaft um den Übergang vom ostfränkischen zúm mittelalterlichen Reich. 1966. *A. Cartellieri:* Die Weltstellung des deutschen Reiches 911 bis 1047. 1932. *E. Dümmler:* Geschichte des Ostfränkischen Reiches, 3 Bde. 1887/88. *G. Faber:* Der Traum vom Reich im Süden. Die Ottonen und Salier. 1983. *W. v. Giesebrecht:* Geschichte der deutschen Kaiserzeit. 1881. *A. v. Hofmann:* Politische Geschichte der Deutschen, 5 Bde. 1921. *F. Keutgen:* Der deutsche Staat des Mittelalters. 1918. *Th. Schieffer:* Die deutsche Kaiserzeit (900–1250). 1981. *G. Waitz:* Jahrbücher des Deutschen Reiches unter König Heinrich I. 1885.

2. KAPITEL

A. K. Hömberg: Der Hellweg. Sein Werden und seine Bedeutung. In: Zwischen Rhein und Weser. Aufs. u. Vortr. z. Gesch. Westfalens, Münster 1967, S. 196–207. *P. Kletler:* Deutsche Kultur zwischen Völkerwanderung und Kreuzzügen. 1934. *H. Krüger:* Die vorgeschichtlichen Straßen in den Sachsenkriegen Karls des Großen. In: Korrespondenzblatt des Gesamtvereins der deutschen Geschichts- und Altertumsvereine, Jg. 80, Berlin 1932, Nr. 4, Sp. 223–280. *H. J. Rieckenberg:* Königstraße und Königsgut in liudolfingischer und frühsalischer Zeit, 919–1056. In: Archiv für Urkundenforschung, Bd. XVII, Berlin 1941, 1. H., S. 32 bis 154. *G. Steinhausen:* Geschichte der Deutschen Kultur. 1933. *A. Waas:* Der Mensch im deutschen Mittelalter. 1964.

3. KAPITEL

H. Beumann: Widukind von Korvei. Untersuchungen zur Geschichtsschreibung und Ideengeschichte des 10. Jahrhunderts. 1950. *H. Beumann:* Ideengeschichtliche Studien zu Einhard und anderen Geschichtsschreibern des frühen Mittelalters. 1969. *K. Hauck:* Das Wissen Widukinds von Corvey von der Neubildung des sächsischen Stammes im

6. Jahrhundert. In: H. Stoob (Hg.): Ostfälisch-weserländische Forsch. z. gesch. Landeskunde, Münster 1970, S. 1–16. *B. Krüger* (Hg.): Die Germanen. Geschichte und Kultur der germanischen Stämme in Mitteleuropa, 2 Bde. 1979. *W. Lammers* (Hg.): Entstehung und Verfassung des Sachsenstammes. 1967. (Wege der Forschung, Bd. 50.) *H. Lippert:* Thietmar von Merseburg. 1973. (Mitteldeutsche Forschungen 72.) *L. Schmidt:* Die Westgermanen. 1938.

4. KAPITEL

Enger: Ein Heimatbuch zur Tausendjahrfeier der Widukindsstadt. Hg. v. d. Stadt Enger. 1948. *A. K. Hömberg:* Die karolingisch-ottonischen Wallburgen des Sauerlandes in historischer Sicht. In: Zwischen Rhein und Weser. Aufs. u, Vortr. z. Gesch. Westfalens, Münster 1967, S. 80 bis 113. *W. Lammers* (Hg.): Die Eingliederung der Sachsen in das Frankenreich. 1970. (Wege der Forschung, Bd. 185.) *E. Rundnagel:* Der Mythos vom Herzog Widukind. In: Hist. Zeitschr., Bd. 155, 1937, S. 233–277, 475 bis 505. *G. Tellenbach* (Hg.): Studien und Vorarbeiten zur Geschichte des großfränkischen und frühdeutschen Adels. 1957. *H. Zatschek:* Die deutsche Staatsführung im 9. und 10. Jahrhundert. In: Mitt. d. österr. Inst. f. Gesch.forschung, XIV. Erg.Bd., 1939. *H. Zatschek:* Wie das erste Reich der Deutschen entstand. Staatsführung, Reichsgut und Ostsiedlung im Zeitalter der Karolinger. 1940.

5. KAPITEL

H. Beumann: Pusinna, Liudtrud und Mauritius. Quellenkritisches zur Geschichte ihrer hagiographischen Beziehungen. In: H. Stoob (Hg.): Ostfälisch-weserländische Forsch. z.

gesch. Landeskunde, Münster 1970, S. 17–29. *P. Guba:* Der deutsche Reichstag in den Jahren 911–1125. Ein Beitrag zur deutschen Verfassungsgeschichte. 1884. *A. K. Hömberg:* Höxter und Corvey. In: Zwischen Rhein und Weser. Aufs. u. Vortr. z. Gesch. Westfalens, Münster 1967, S. 191–195. *H. K. Klewitz:* Germanisches Erbe im fränkischen und deutschen Königtum. In: Ausgew. Aufsätze zur Kirchen- und Geistesgeschichte des Mittelalters, 1971, S. 55–70. *M. Lintzel:* Die Beschlüsse der deutschen Hoftage von 911 bis 1056. 1924. *W. Metz:* Die Abstammung Heinrichs I. In: Hist. Jahrbuch., Jg. 84, 1964, S. 271–287. *H. Mitteis:* Die deutsche Königswahl. Ihre Rechtsgrundlagen bis zur Goldenen Bulle. 1938. *F. Rörig:* Geblütsrecht und freie Wahl in ihrer Auswirkung auf die deutsche Geschichte. Untersuchungen zur Geschichte der deutschen Königserhebung (911–1198). 1948. *J. Schnur:* Königtum und Kirche im ostfränkischen Reiche vom Tode Ludwigs des Deutschen bis Konrad I. 1931. *W. Stüwer:* Die Geschichte der Abtei Corvey. In: Kunst und Kultur im Weserraum 800–1600, Münster 1967, S. 5–18. *G. Tellenbach:* Königtum und Stämme in der Werdezeit des Deutschen Reiches. 1939. *U. Zeller:* Bischof Salomo III. von Konstanz. 1910.

7. UND 9. KAPITEL

H. Andritsch (Hg.): Ungarische Geisteswelt. 1960. *J. Deér:* Die Entstehung des ungarischen Königtums. 1942. (Ostmitteldeutsche Bibliothek 38.) *Fr. Graus* (Red.): Das Großmährische Reich. 1966. *J. Hofbauer:* Südost-Bayern und Ungarn am Anfang des zehnten Jahrhunderts. Die Schlacht an der Rott 909. In: J. Oswald (Hg.): Ostbairische Grenzmarken, Passau 1960, S. 145 ff. *B. Homan:* Geschichte des ungarischen Mittelalters, 2 Bde. 1940 bis 1943. *R. Lüttich:*

Ungarnzüge in Europa im 10. Jahrhundert. 1910. *C. A. Macartney:* Geschichte Ungarns. 1971. *Sz. de Vajay:* Der Eintritt des ungarischen Stämmebundes in die europäische Geschichte (862–933). 1968.

10. KAPITEL

K. Bosl (Hg.): Zur Geschichte Bayerns. 1965. (Wege der Forschung, Bd. 60.) *H. Eggers* (Hg.): Der Volksname Deutsch. 1970. (Wege der Forschung, Bd. 156.) *W. Eggert:* Das ostfränkisch-deutsche Reich in der Auffassung seiner Zeitgenossen. 1973. *W. Krogmann:* Deutsch. Eine wortge-schichtliche Untersuchung. 1936. *H. Maurer:* Der Herzog von Schwaben. Grundlagen, Wirkungen und Wesen seiner Herrschaft in ottonischer, salischer und staufischer Zeit. 1978. *W. Reindel:* Die bayerischen Luitpoldinger 893–989. Sammlung und Erläuterung der Quellen. 1953. *E. Rosen-stock:* Königshaus und Stämme in Deutschland zwischen 911 und 1250. 1914. *U. Stutz:* Der Erzbischof von Mainz und die deutsche Königswahl. Ein Beitrag zur deutschen Rechts- und Verfassungsgeschichte. 1910. *L. Weisgerber:* Deutsch als Volksname. Ursprung und Bedeutung. 1953. *K. Weller:* Geschichte des schwäbischen Stammes bis zum Untergang der Staufer. 1944.

11. UND 12. KAPITEL

A. Büsing: Mathilde, Gemahlin Heinrichs I. Diss. Halle 1910. *M. Kirchner:* Die deutschen Kaiserinnen in der Zeit von Konrad I. bis zum Tode Lothars von Supplinburg. 1910. *M. Lintzel:* Zur Designation und Wahl König Hein-richs I. In: Deutsches Archiv f. Gesch. d. Mittelalters, Jg. 6., Weimar 1943, H. 2, S. 379–400. *H. Mitteis:* Die Krise des

deutschen Königswahlrechts. 1950. *J. Plischke:* Die Hei-
ratspolitik der Liudolfinger. Diss. Greifswald 1909. *F.
Rörig:* Geblütsrecht und freie Wahl in ihren Auswirkungen
auf die deutsche Geschichte. In: Abhandl. d. dt. Akad. d.
Wiss., Jg. 1945/46, phil.-hist. Kl. Nr. 6, Berlin 1948. *E.
Zeller:* Konrad I. In: Nassauische Lebensbilder 2, 1934.

14. KAPITEL

C. Erdmann: Der ungesalbte König. In: Deutsches Archiv f.
Gesch. d. Mittelalters 2, 1938, S. 311–340. *H. Heimpel:*
Bemerkungen zur Geschichte König Heinrichs des Ersten.
In: Berichte über d. Verhandl. d. Sächs. Ak. d. Wiss. z.
Leipzig, Phil.-hist. Kl., Bd. 88, H. 4, 1936. *E. Hlawitschka*
(Hg.): Königswahl und Thronfolge in ottonisch-frühdeut-
scher Zeit. (Wege der Forschung, Bd. 178.) *H. Keller:*
Grundlagen ottonischer Königsherrschaft. In: K. Schmid
(Hg.): Reich und Kirche, S. 17 bis 34. *W. Schlesinger:* Die
Königserhebung Heinrichs I., der Beginn der deutschen
Geschichte und die deutsche Geschichtswissenschaft. In:
Hist. Zeitschrift, Bd. 221, 1975, S. 529–552. *P. E.
Schramm:* Die Krönung in Deutschland bis zum Beginn des
Salischen Hauses (1028). In: Zeitschr. Savigny-Stift. f.
Rechtsgesch., Bd. 55, Kanonistische Abt. XXIV, Weimar
1935, S. 184–332.

15. KAPITEL

M. Boye: Die Synoden Deutschlands und Reichsitaliens von
922–1059. Eine kirchenverfassungsgeschichtliche Untersuchung. In: Zeitschr. d. Savigny-Stift. f. Rechtsgesch., Bd. 49,
Kanonistische Abt. XVIII, Weimar 1929, S. 131–284. *H.
Büttner:* Heinrichs I. Südwest- und Westpolitik. 1964. *A.

Eggers: Der königliche Grundbesitz im 10. und beginnenden 11. Jahrhundert. 1909. *G. Läwen:* Stammesherzog und Stammesherzogtum. Beiträge zur Frage ihrer rechtlichen Bedeutung im 10. bis 12. Jahrhundert. 1935. *M. Lintzel:* Heinrich I. und das Herzogtum Schwaben. In: Hist. Vierteljahresschrift, Jg. XXIV, N. F., Dresden 1927, H. 1, S. 1–17. *E. Müller-Mertens:* Regnum Teutonicum. Aufkommen und Verbreitung der deutschen Reichs- und Königsauffassung im frühen Mittelalter. 1970.

16., 17. und 18. Kapitel

H. Büttner: Die Ungarn, das Reich und Europa bis zur Lechfeldschlacht des Jahres 955. In: Zeitschr. f. bayer. Landesgeschichte, Bd. 19, 1956, H. 3, S. 433–458. *G. Caro:* Der Ungarntribut unter Heinrich I. In: Mitt. d. Inst. f. österr. Gesch.forschung, Bd. XX, Innsbruck 1899, S.276–282. *J. Duft* (Hg.): Die Ungarn in Sankt Gallen. Mittelalterliche Quellen zur Geschichte des ungarischen Volkes in der Sanktgaller Stiftsbibliothek. 1957. *E. Hlawitschka:* Lotharingien und das Reich an der Schwelle der deutschen Geschichte. 1968. *P. E. Hübinger:* Heinrich I. und der deutsche Westen. In: Annalen des historischen Vereins für den Niederrhein, Bd. 131, 1937, S. 1–23. *H. E. Mayer:* Die Alpen und das Königreich Burgund. In: Die Alpen in der europäischen Geschichte des Mittelalters. Reichenau-Vorträge 1961–1962. Konstanz 1965, S. 57–76. *Th. Mayer* (Hg.): Das deutsche Königtum und sein Wirkungsbereich. In: Mittelalterliche Studien. Gesammelte Aufsätze. Lindau, Konstanz 1959, S. 28 bis 44. *K. Schmid:* Das Problem der »Unteilbarkeit des Reiches«. In: K. Schmid (Hg.): Reich und Kirche, S. 1–15.

19. KAPITEL

H. Büttner: Zur Burgbauordnung Heinrichs I. In: Blätter für deutsche Landesgeschichte, 1956, S. 1–17. *Deutsche Königspfalzen.* Beiträge zu ihrer historischen und archäologischen Entwicklung. 2 Bde. Göttingen 1963–65. (Veröffentlichungen des Max-Planck-Instituts für Geschichte 11/1–2.) *C. Erdmann:* Die Burgenordnung Heinrichs I. In: Deutsches Archiv f. Gesch. d. Mittelalters 6, 1943, S. 59–101. *J. Fleckenstein:* Die Hofkapelle der deutschen Könige, 2 Bde. 1966. *P. Grimm* (Hg.): Varia Archaeologica. Festschrift für U. Unverzagt. 1964. *Ph. Hafner:* Die Reichsabtei Hersfeld bis zur Mitte des 13. Jahrhunderts. 1889. *K.-U. Jäschke:* Königskanzlei und imperiales Königtum im 10. Jahrhundert. In: Hist. Jahrbuch, Jg. 84, München 1964, S. 288–333. *H.-W. Klewitz:* Cancellaria. Ein Beitrag zur Geschichte des geistlichen Hofdienstes. In: Deutsches Archiv für Gesch. d. Mittelalters I, 1937. *H. Lorenz:* Werdegang der tausendjährigen Kaiserstadt Quedlinburg. 1925. *W. Radig-Elbing:* Heinrich I. Der Burgenbauer und Reichsgründer. 1937. *W. Tröge:* Die Kaiserpfalz Memleben in der altthüringischen Geschichte. In: Beiträge z. thür. Volkskunde, 5, 1935.

20. KAPITEL

G. Artler: Die Zusammensetzung der deutschen Streitkräfte in den Kämpfen mit den Slaven von Heinrich I. bis auf Friedrich I. In: Zeitschr. d. Vereins f. thüring. Gesch. u. Altertumskunde, N. F., Bd. 21, Jena 1913, S. 1–40, 283–337. *L. Auer:* Der Kriegsdienst des Klerus unter den sächsischen Kaisern. In: Mitt. d. österr. Inst. f. Gesch.forschung, 79, 1971, S. 316–407/80, 1972, S. 48–70. *N. Naegle:* Kir-

chengeschichte Böhmens. 1915. *A. Naegle:* Der heilige
Wenzel, der Landespatron Böhmens. 1928. *E. Promnitz:*
Der heilige Herzog Wenzel von Böhmen und seine Zeit.
1929. *W. Radig:* Der Burgberg Meissen und der Slawengau
Daleminzien. Die Frühgeschichte einer ostdeutschen Burg-
wallandschaft. 1929.

22. KAPITEL

Fr. v. Bezold: Ein antisimonistisches Gelübde König Hein-
richs I. In: Hist. Vierteljahrsschrift, Jg. XIX, Dresden 1919,
S. 169–188. *M. Lintzel:* Die Schlacht von Riade und die
Anfänge des deutschen Staates. In: Ausgew. Schriften,
Bd. II, Berlin 1961, S. 92–112. *H. G. Voigt:* Heinrichs I.
Ungarnsiege im Jahre 933. 1933.

23. KAPITEL

A. Brackmann: Zur Geschichte der heiligen Lanze Heinrichs
I. In: Deutsches Archiv f. Gesch. d. Mittelalters, Jg. 6, Weimar 1943, H. 2, S. 401 bis 411. *W. Holtzmann:* Heinrich I.
und die Heilige Lanze. Kritische Untersuchung zur Außen-
politik in den Anfängen des Deutschen Reiches. 1947. *J.
Jankuhn:* Haithabu. 1936. *H. W. Klewitz:* Die heilige Lanze
Heinrichs I. In: Hist. Zeitschrift. Bd. 157, 1938. *A. M. Freiin
v. Liliencron:* Beziehungen des deutschen Reichs zu Däne-
mark im 10. Jahrhundert. Diss. Kiel 1914. *M. Lintzel:* Zur
Erwerbung der heiligen Lanze durch Heinrich I. In: Hist.
Zeitschrift, Bd. 171, 1951, S. 303–310. *W. Thaemert:* Die
Kriege Heinrichs I. und Ottos I. gegen Dänemark. 1913.

24. KAPITEL

C. Erdmann: Das Grab Heinrichs I. In: Deutsches Archiv f. Gesch. d. Mittelalters 4, 1941, S. 76–97. *W. Mohr:* König Heinrich I. (919–936). Eine kritische Studie zur Geschichtsschreibung der letzten hundert Jahre. 1950. *H. Rauschning:* Heinrich I. in der deutschen Literatur. Diss. Breslau 1919. *K. Schmid:* Die Thronfolge Ottos des Großen. In: Zeitschr. d. Savigny-Stift. f. Rechtsgesch., Bd. 81, Germ. Abt., Weimar 1964, S. 81–163. *Fr. Schröder:* Das Bild Heinrichs I. in der deutschen Geschichtsschreibung des Mittelalters bis zum Interregnum. Diss. Halle 1949.

Zeittafel

seit 200	Ausbreitung der Sachsen in Norddeutschland
ab 400	Sachseninvasion in Britannien
531–534	Eroberung des Königreichs Thüringen durch Franken und Sachsen
ab 718	Heerzüge der Franken gegen die Sachsen in Westfalen
723	Bonifatius fällt die Donars-Eiche bei Geismar (Fritzlar)
768–814	Karl der Große, König der Franken; seit 800 Kaiser
772–804	Sachsenkriege Karls des Großen
775–785	Herzog Widukind führt den Kampf der Sachsen gegen Karl den Großen
782	Blutgericht Karls des Großen in Verden
785	Taufe Herzog Widukinds
807	Tod Widukinds (7. Januar)
815	Gründung des Klosters Corvey

915–916	Kämpfe Heinrichs mit Eberhard von Franken und König Konrad I.
918	Konrad stirbt am 23. Dezember; auf dem Totenbett designiert er Heinrich von Sachsen zu seinem Nachfolger
919	Eberhard von Franken überbringt Heinrich die Reichsinsignien. Der Sachsenherzog wird im Mai in Fritzlar von den Sachsen und Franken zum König erhoben. Huldigung durch Herzog Burchard von Schwaben Ungarneinfall in Sachsen
921	Herzog Arnulf von Bayern huldigt Heinrich dem Ersten. Im November schließt Heinrich mit dem westfränkischen König Karl einen Friedens- und Freundschaftsvertrag
ab 924	Einfälle der Ungarn
925	Heinrich vereinigt Lothringen mit dem Deutschen Reich. Verhandlungen mit den Ungarn über einen Waffenstillstand mit neunjähriger Laufzeit. Heinrich verpflichtet sich zu Tributzahlungen
926	Im November erläßt König Heinrich auf dem Reichstag zu Worms seine Burgenordnung
928	Feldzug Heinrichs gegen die Heveller, Eroberung der Brennaburg (Brandenburg)
929	Kriegszug gegen die Daleminzier (Meißen/Bautzen) und nach Böhmen. Herzog Wenzel legt den Vasalleneid ab, Böhmen wird tributpflichtig. Eroberung der Burg Lenzen rechts der Elbe am 4. September. Heirat Ottos mit Edgitha, der Tochter König Edwards von Britannien
932	Eroberung der Wendenburg Lebusa in der

Lausitz. Am 1. Juni gibt Heinrich auf einer Reichssynode in Erfurt bekannt, daß er den Tributvertrag und Waffenstillstand mit den Ungarn kündigt

933 Heinrich siegt am 15. März bei Riade an der Unstrut über die Ungarn

934 Sieg über die Dänen, Eroberung von Haithabu

935 Im Juni Treffen der Könige Heinrich, Rudolf von Frankreich und Rudolf von Burgund. Heinrich erwirbt die Heilige Lanze. Im Herbst erleidet Heinrich einen Schlaganfall

936 Reichsversammlung in Erfurt. Heinrich designiert Otto zu seinem Nachfolger. Am 2. Juli stirbt der König in Memleben und wird in Quedlinburg beigesetzt

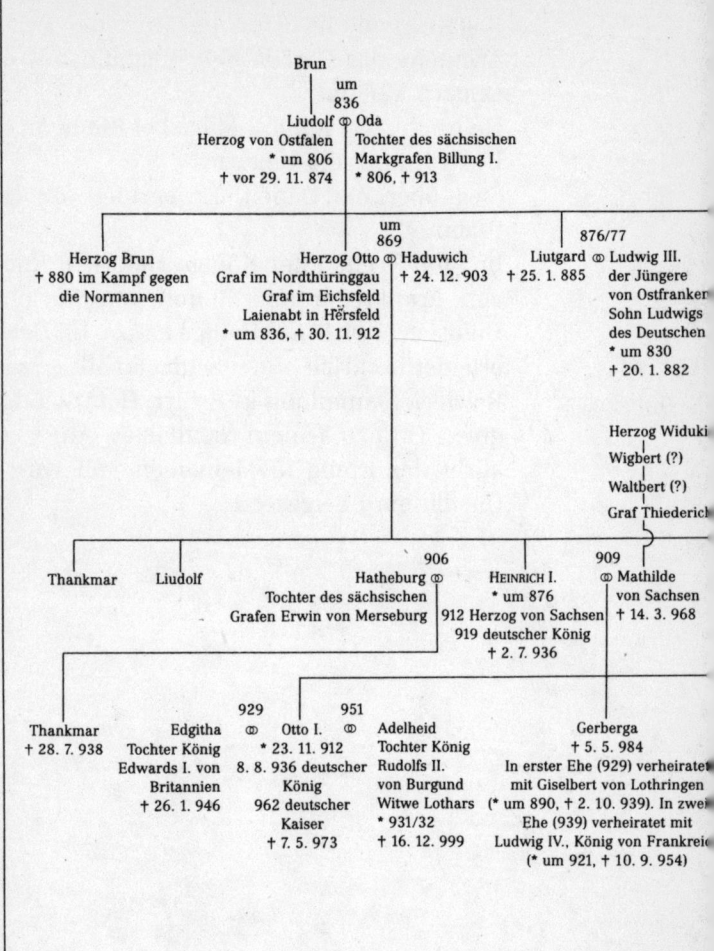

Brun
um
836
Liudolf ⚭ Oda
Herzog von Ostfalen   Tochter des sächsischen
* um 806   Markgrafen Billung I.
† vor 29. 11. 874   * 806, † 913

um
869

876/77

Herzog Brun   Herzog Otto ⚭ Haduwich   Liutgard ⚭ Ludwig III.
† 880 im Kampf gegen   Graf im Nordthüringgau   † 24. 12. 903   † 25. 1. 885   der Jüngere
die Normannen   Graf im Eichsfeld   von Ostfranken
                                    Laienabt in Hersfeld   Sohn Ludwigs
                                    * um 836, † 30. 11. 912   des Deutschen
                                                                                                      * um 830
                                                                                                      † 20. 1. 882

Herzog Widukind
|
Wigbert (?)
|
Waltbert (?)
|
Graf Thiederich

906   909

Thankmar   Liudolf   Hatheburg ⚭   HEINRICH I.   ⚭ Mathilde
                                            Tochter des sächsischen   * um 876   von Sachsen
                                            Grafen Erwin von Merseburg   912 Herzog von Sachsen   † 14. 3. 968
                                                                                    919 deutscher König
                                                                                    † 2. 7. 936

929   951

Thankmar   Edgitha   ⚭ Otto I. ⚭   Adelheid   Gerberga
† 28. 7. 938   Tochter König   * 23. 11. 912   Tochter König   † 5. 5. 984
                    Edwards I. von   8. 8. 936 deutscher   Rudolfs II.   In erster Ehe (929) verheiratet
                    Britannien   König   von Burgund   mit Giselbert von Lothringen
                    † 26. 1. 946   962 deutscher   Witwe Lothars   (* um 890, † 2. 10. 939). In zweiter
                                        Kaiser   * 931/32   Ehe (939) verheiratet mit
                                        † 7. 5. 973   † 16. 12. 999   Ludwig IV., König von Frankreich
                                                                                    (* um 921, † 10. 9. 954)

Stammtafel der Liudolfinger (Ottonen)

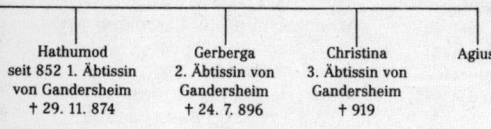

Hathumod	Gerberga	Christina	Agius
seit 852 1. Äbtissin	2. Äbtissin von	3. Äbtissin von	
von Gandersheim	Gandersheim	Gandersheim	
† 29. 11. 874	† 24. 7. 896	† 919	

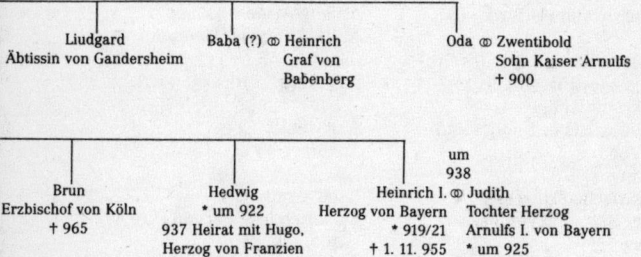

Liudgard	Baba (?) ∞ Heinrich	Oda ∞ Zwentibold
Äbtissin von Gandersheim	Graf von	Sohn Kaiser Arnulfs
	Babenberg	† 900

Brun	Hedwig	Heinrich I. ∞ Judith	um 938
Erzbischof von Köln	* um 922	Herzog von Bayern	Tochter Herzog
† 965	937 Heirat mit Hugo,	* 919/21	Arnulfs I. von Bayern
	Herzog von Franzien	† 1. 11. 955	* um 925
	† 16. 6. 956		† um 987

Personen- und Ortsregister